最新
フランス語話語辞典

映画からの引用文付

窪川英水

NOUVEAU DICO DU FRANÇAIS FAMILIER
avec des exemples tirés de films

早美出版社

装幀　小川単扉

まえがき

　本書はこの50年間のフランス映画・テレビドラマの台詞に見られる標準語から逸脱した語彙・成句を見出し語とし，フランス語によるその定義（同義語が多いときは標準語を前に，話語は後に）・解説と日本語訳を付け，用例と訳を附したものである．小説，BDなどの用例に頼らず，あくまで映画の台詞にこだわり，それに限定したのは，映画は公開された場で文字を媒体とせず音声のみにより台詞の理解を求められるということから，より一般的な広い使用が認められると考えたからである．

　題名のフランス語 français familier とは，日常語 français courant，民衆語 français populaire，俗語 français vulgaire，隠語 français argotique の総称で，本書ではその他，新語 néologisme，省略語 abréviation (aphérèse, apocope, sigle, mot-valise)，逆さ言葉 verlan, lanvère，薬品・飲食物・菓子などの固有名詞，フランス語の方言，ベルギー，カナダの特徴的なフランス語，アラビア語・ユダヤ語・ジプシー語・英語・日本語などの外来語も取り上げている．

　話語の音声の表記は映画の台本では正字法とは違った独特なものを使っているでその概要を示すとともに，特によく使われるものは見出し語として示してある．

　基本語彙に属しながら，その成句的表現が字面とはかなり違った意味になる aller, comme, coup, dire, parler など，また niquer, foutre, chier, con, couilles, cul, merde など，まだ辞書には充分に記述されていない語については用例を多くあげるように努めた．

　なお，いわゆる差別語については，監督・脚本家の意図を忠実に伝えるため，不自然な言い換えをしていない．

　特に68年頃から変化の兆しを見せ始め，95年の Kassovitz 監督の «La haine»「憎しみ」でピークに達した話語の変化も，新世紀を迎えた頃ようやく落ち着きが見られるようになって，フランス語で様々な新語・俗語の辞典類が続々と刊行され本書もその恩恵に預かっている．それでもなお不明な語は監督・脚本家・俳優諸氏に解説をお願いした．Jean-Jacques Beineix, Alain Corneau, Danièle Thompson, Catherine Breillat, Claude Miller, Thomas Gilou, Robert Guédiguian, Olivier Ducastel, Gérard Jugnot, Gad Elmaleh, Ariane Ascardie, Claire Keim, Alain Beigel の方々から懇切丁寧な説明と励ましの言葉を戴いた．

　また，フランス人の同僚・知人・友人 Eric Wiel, Jean-François Boubault, Gérard

Sachs, Hubert Poëlmans, Olivier Etienne, Christine Vendredi-Auzanneau 氏らは暖かい協力を寄せられた．村上義和さんはこの仕事の最終段階になってパソコンの故障から原稿が取り出せなくなり絶望に陥っていた著者を救ってくれ，小倉みさ子さんには校正をお手伝いいただいた．Jean-Claude Veyssière 氏は執筆当初から数々の助言を寄せられ，校正刷り全体を綿密に点検して下さった．木村哲也氏には辞書としての統一という細かい作業をしていただき，中野茂, Marie D'angelo 両氏からは貴重な情報を授かった．

　40年の永きにわたり白水社ふらんす映画対訳シナリオに執筆する機会を与えてくださった編集者諸氏，前二書の刊行により今回の出版への足がかりを提供してくれた大修館書店の編集部に居られた清水章弘氏にも深く感謝する次第である．

　最後に，著者の願いを理解され，その実現に賛同していただいた早美出版社の山崎雅昭氏，また著者の仕事と健康を支えてきてくれた窪川薫の協力なしには本書は日の目をみなかったであろう．

　　2005年5月

　　　　　　　　　　　　　　　　　　　　　　　　　　　　　窪川　英水

目 次

まえがき i

引用映画監督リスト iv

現代フランス語話語の特徴 xiii

  Ⅰ. 発音と表記
  Ⅱ. 省略語
  Ⅲ. 逆さ言葉
  Ⅳ. 婉曲語法
  Ⅴ. 名詞の形容詞化
  Ⅵ. 人称代名詞の機能転換
  Ⅶ. 非人称代名詞
  Ⅷ. 形容詞
    1. 副詞化
    2. pas + 形容詞の意味変化
  Ⅸ. 動詞　活用語尾の欠落
  Ⅹ. 条件文
  Ⅺ. 感嘆文
  Ⅻ. 遊離構文

辞書部　A～Z 1

参考文献 632

監督別作品引用リスト

原題のみは日本未公開，映画祭上映作品
AS は L'Avant-Scène Cinema 誌，AS TV は L'avant-Scène Télévision のナンバー

Aghion, Gabriel
Pédale douce ペダル・ドゥース 1995
Allégret, Yves
Une si jolie petite plage 美しい小さな浜辺 1948
Allio
La vieille indigne 1965 AS 485
Allouache, Merzak
Chouchou 2002
Améris, Jean-Pierre
Mauvaises fréquentations 悪い友達 1999
Anglade, Jean-Hugues
Tonka 裸足のトンカ 1997
Annaud, Jean-Jacques
Coup de tête 1978 AS 477
L'amant 愛人 1992 AS 500
Arcady, Alexandre
Pour Sacha 熱砂に抱かれて 1991
Dis-moi oui 世界で一番好きな人 1995
Assayas, Olivier
Paris s'éveille パリ・セヴェーユ 1996
Irma Vep イルマ ヴェップ 1996
Fin août, début septembre 1999
Attal, Yvain
Ma femme est une actrice 僕の妻はシャルロット・ゲンズブール 2001
Audiard, Jacques
Sur mes lèvres リード. マイ・リップス 2001
Avary, Roger
Killing Zoe キーリング・ゾーイ 1993
Bagdadi, Maroun
Hors la vie 無防備都市 1991
Balasko, Josiane
Gazon maudit 彼女の名は，彼女 1994
Balducci, Richard
Trop jolies pour être honnêtes マドモワゼル à Go Go 1972
Barbossa, Laurence Ferreir

Les gens normaux n'ont rien d'exceptionnel おせっかいな天使 1973 AS 432
Bardiau, Denis
Le monde de Marty 約束 1999
Becker, Jacques
L'été meurtrier 殺意の夏 1983
Les enfants du marais クリクリのいた夏 1999
Beineix, Jean-Jacques
Diva ディーヴァ 1980 AS 407
37°2 le matin ベティー・ブルー 1986
La lune dans le caniveau 溝の中の月 1980
IP5 愛を探す旅人たち 1992
Motel transfert 青い夢の女 2000
Bellon, Yannick
Quelque part quelqu'un 1972 AS 484
Les enfants du désordre 無秩序な少女 1989
Belmont, Charles
Rak 1972 AS 126
Belvaux, Lucas
Pour rire 男と女と男 1996
Belvaux, Rémy / Bonzel, André / Poelvoorde, Benoît
C'est arrivé près de chez vous ありふれた事件 1992
Bénégui, Laurent
Au Petit Marguery パリのレストラン 1995
Bensalah, Djamel
Le ciel, les oiseaux et ... ta mère 1999
Berberian, Alain
La cité de la peur カンヌ映画祭殺人事件 1994
Paparazzi パパラッチ 1998
Six-pack シックスパック 2000
Le boulet ル・ブレ 2002
Berliner, Alain
Ma vie en rose ぼくのバラ色の人生 1997
Le cinéma de Papa 1970 AS 527

Berri, Claude
　Tchao Pantin　チャオパンタン　1983　AS 510
Berto, Juliet
　La neige　1981　AS 421
Blanc, Michel
　Grosse fatigue　他人のそら似　1944
Bilal, Enki
　Bunker Palace Hôtel　バンカーパラスホテル　1989
Blier, Bertrand
　Les valseuses　バルスーズ　1973
　Buffet froid　1979　AS 244
　Tenue de soirée　タキシード　1986
　Trop belle pour toi　美しすぎて　1988
　Merci la vie　メルシー・ラ・ヴィ　1990
　Mon homme　私の男　1995
Bluwal, Marcel
　1986 侵攻　テロリスト軍団　1986
Bonello, Bertrand
　Le pornographe　2001
Bonitzer, Pascal
　Rien sur Robert　1999
　Petites coupures　2002
Bouchitey, Patrick
　Lune froide　つめたく冷えた月　1991
Boughedier, Férid
　Halfaouine　L'enfant des terrasses　1990　AS 483
Bourguignon, Serge
　Les dimanches de Ville d'Avray　シベールの日曜日　1961
Bral, Jacques
　Extérieur nuit　1980　AS 309
Braoudé, Patrick
　Génial, mes parents divorcent　わんぱく離婚同盟　1991
　Neuf mois　愛するための第九章　1993
Breillat, Catherine
　Une vraie jeune fille　本当に若い娘　1976
　Parfait amour　堕ちてゆく女　1996
　Romance　ロマンス　1999
　A ma sœur　処女　2001
　Sex is comedy　セックス・イズ・コメディ　2002

Brisseau Jean-Claude
　De bruit et de fureur　かごの中の子供たち　1988
　Noce blanche　白い婚礼　AS 387
　Choses secrètes　ひめごと　2002
Bunuel, Joyce Sherman
　Salsa　サルサ　1999
Cabrera, Dominique
　L'autre côté de la mer　1997　AS 466
Cantet, Laurent
　L'emploi du temps　2001
Carax, Leos
　Mauvais sang　汚れた血　1986
　Pola X　ポーラX　1999
Carné, Marcel
　Quai des brumes　霧の波止場　1938
Chabat, Alain
　Didier　ディディエ　1997
　Astérix et Obélix Mission Cléopâtre　ミッション クレオパトラ　2002
Chabrol, Claude
　Les bonnes femmes　気のいい女たち　1960
　Le cri du hibou　ふくろうの叫び　1987
　L'enfer　愛の地獄　1994
　La cérémonie　沈黙の女　1995
　Rien ne va plus　1997
　Au cœur du mensonge　嘘の心　1998
Chatiliez, Etienne
　La vie est un long fleuve tranquille　人生は長く静かな河　1988
　Tatie Danielle　ダニエルばあちゃん　1990
　Le bonheur est dans le pré　しあわせはどこに　1995
　Tanguy　タンギー　2001
Chéreau, Patrice
　Le chair de l'orchidée　蘭の肉体　1974
　L'homme blessé　傷ついた男　1983
　Ceux qui m'aiment prendront le train　愛する者よ、列車に乗れ　1998
Chibane, Malik
　Nés quelque part　1997
Chiche, Bruno
　Barnie et ses petites contrariétés　バルニーのちょとした心配事　2000
Chouraqui, Elie

Les menteurs　君が嘘をついた　1995
Clair, René
　La beauté du diable　悪魔の美しさ　1949
Clément, René
　Jeux interdits　禁じられた遊び　1949 AS 15
Collard, Cyril
　Les nuits fauves　野生の夜　1952
Colombani, Laetitia
　A la folie ... pas du tout　愛してる，愛してない...　2002
Corneau, Alain
　Série noire　セリ・ノワール　1979 AS 233
　La menace　メナース　1979
　Nocturne indien　インド夜想曲　1990
Corsini, Catherine
　La répétition　彼女たちの時間　2001
Costa-Gavras
　L'aveu　1971　AS 474
Damme, Charlie van
　Le joueur de violon　ヴァイオリン弾き　1994
Dardenne, Luc et Jean-Pierre
　La promesse　1999
　Rosetta　ロゼッタ　1999
　Le fils　息子のまなざし　2001
Davila, Jacques
　La campagne de Cicéron　1990　AS 402
Dayan, Josée
　Cet amour-là　デュラス　愛の最終章　2001
Delannoy, Jean
　Maigret tend un piège　パリ連続殺人事件　1958
Delrieux, David
　Touche pas à mon école　1997
Demy, Jacques
　Lola　ローラ　1960 AS 4
　Les parapluies de Cherbourg　シェルブールの雨傘　1963
　L'événement le plus important depuis que l'homme a marché sur la lune　モンパリ　1973
　3 places pour le 26　マルセイユの思い出　1988
Denis, Claire
　Nénette et Boni　ネネットとボニー　1996
Deray, Jacques
　La piscine　1969　AS 509
　Les bois noirs　ボワ・ノワール　魅惑の館　1987
Despentes, Virginie
　Baise-moi　ベーゼ・モワ　2000
Devers, Claire
　Max et Jérémie　危険な友情　1992
Deville, Michel
　Le paltoquet　1986 AS 392
　Péril en la demeure　ゲームの殺人　1985 AS 342
　La maladie de Sachs　1999　AS 488
Doillon, Jacques
　Un sac de billes　小さな赤いビー玉　1973
　La fille prodigue　1981 AS 274
　La fille de 15 ans　15歳の少女　1988
　Ponette　ポネット　1996
Doniol-Valcroze, Jacques
　L'eau à la bouche　唇によだれ　1960
　La maison des Bories　風の季節　1969 AS 118
Dridi, Karim
　Pigalle　ピガール　1995
Ducastel, Olivier
　Jeanne et le garçon formidable　ジャンヌと素敵な男の子　1998
　Drôle de Félix　1999
Dugowson, Martine
　Mina Tannenbaum　ミナ　1993
　Portraits chinois　恋人たちのポートレート　1996
Dumont, Bruno
　La vie de Jésus　ジーザスの日々　1997
　L'humanité　ユマニテ　1999
Dupeyron, François
　La machine　ザ・マシーン　1994
　Salomé : (C'est quoi la vie?)　美しい人生　1999
Dupontel, Albert
　Bernie　ベルニー　1996
Duvivier, Julien
　Pépé le moko　望郷　1937 AS 269
El Mechri, Mabrouk
　Génération cutter　2000
Esposito, Philomène

Toxic affaire 可愛いだけじゃダメかしら 1993
Eustache, Jean
La maman et la putain ママと娼婦 1973
Mes petites amoureuses ぼくの小さな恋人たち 1974
Fansten, Jacques
La fracture du myocarde 1990
Fassbinder, Rainer Werner
Querelle ケレル 1982
Faucher, Eléonore
Brodeuses クレールの刺繍 2004
Féret, René
Rue du retrait 夕映えの道 2001
Ferran, Pascale
L'âge des possibles ABCの可能性 1995
Fontaine, Anne
Augustin おとぼけオーギュスタン 1994
Nettoyage à sec ドライ・クリーニング 1997
Fonteyne, Frédéric
Une liaison pornographique ポルノグラフィックな関係 1999
Foulon, Jérôme
Une autre femme 2002 AS TV 3
Gabus, Clarisse
Melancholy baby メランコリー・ベビー 1979
Gainsbourg, Serge
Je t'aime moi non plus ジュテーム・モワ・ノン・プリュ 1975
Equateur 1983
Charlotte for ever 1986
Stan the flasher 1989
Garcia, Nicole
Un week-end sur deux 1990
Le fils préféré 1994 AS 451
Garrel, Philippe
L'enfant secret 秘密の子供 1979
Le vent de la nuit 夜風の匂い 1999
Sauvage innocence 白と黒の恋人たち 2001
Gatlif, Tony
Gaspard et Robinson 君と過ごした季節 1990

Mondo モンド 1995
Gadjo Dilo ガッジョ・ディーロ 1997
Swing 僕のスウィング 2002
Gilou, Thomas
Raï 1994
La vérité si je mens 原色パリ図鑑 1997
La vérité si je mens II 2000
Giovanni, José
Les égouts du paradis 掘った 奪った 逃げた 1979
Mon père 父よ 2001
Girod, Francis
La banquière 華麗なる女銀行家 1980
Passage à l'acte 見覚えのある他人 1996
Gleize, Delphine
Carnages めざめ 2002
Godard, Jean-Luc
A bout de souffle 勝手にしやがれ 1960 AS 79
Une femme est une femme 女は女である 1961
Une femme mariée 恋人のいる時間 1964
Pierrot le fou 気違いピエロ 1965 AS 171
Paris vu par Godard Montparnasse パリところどころ 1965
Vent d'est 東風 1969
Sauve qui peut (la vie) 勝手に逃げろ／人生 1979
Passion パッション 1981 AS 380
Prénom Carmen カルメンという名の女 1983 AS 323
Je vous salue Marie ゴダールのマリア 1985
Grousset, Didier
Kamikaze 神風 1987
Guédiguian, Robert
Marius et Jeanette マルセーユの恋 1997 AS 472
A la place du cœur 幼なじみ 1998
Guit, Graham
Le ciel est à nous シューティングスター 1997
Les kidnappeurs キッドナッパー 1998
Hadzihalilovic, Lucile
La bouche de Jean-Pierre ミミ 1996

Handwerker, Marian
  Marie 裸足のマリー 1993
Haneke, Michael
  La pianiste ピアニスト 2001
Hergé
  Tintin《Le trésor de Rackham le Rouge》1996
Heynemann, Laurent
  La vieille qui marchait dans la mer 海を渡るジャンヌ 1991
  La question 1997 AS 506
Holland, Agnieszka
  Olivier est là オリヴィエ オリヴィエ 1992
Hubert, Jean-Loup
  Le grand chemin フランスの思い出 1987 AS 469
  La reine blanche 恋路 1991
Huth, James
  Serial lover シリアル・ラバー 1998
Iosseliani, Otar
  Adieu, plancher des vaches 素敵な歌と舟はゆく 1999
Jacques, Guy
  Je m'appelle Victor 1993 AS 425
Jacquot, Benoît
  La désenchantée デザンシャンテ 1989
  La fille seule シングルガール 1995
Jacquot, Benoît et Beaujour, Jérôme
  Le septième ciel 1997
Jaoui, Agnès
  Le goût des autres 他人の味 2000 AS 493
Jardin, Alexandre
  Fanfan 恋人たちのアパルトマン 1993
Jarmusch, Jim
  Une nuit sur terre ナイト オン ザ プラネット 1991
Jeunet, Jean-Pierre
  Le fabuleux destin d'Amélie Poulain アメリ 2001
Jugnot, Gérard
  Une époque formidable パリの天使たち 1991
  Monsieur Batignole パティニョール小父さん 2002

Kahn, Cédric
  Bar des rails 1991 AS 416
  L'ennui 倦怠 1998 AS 480
  Roberto Succo ロベルト・スッコ 2001
Kassovitz, Mathieu
  La haine 憎しみ 1995
  Assassin(s) アサシンズ 1997
  Les rivières pourpres クリムゾン・リバー 2002
Klapisch, Cédric
  Le péril jeune 青春シンドローム 1994
  Riens du tout 百貨店大百科 1992
  Chacun cherche son chat 猫が行方不明 1995 AS 481
  Peut-être パリの確率 1999
Klein, William
  Qui êtes-vous Polly Magoo? ポリー・マグーお前は誰だ？ 1968
Koralnick, Pierre
  Cannabis ガラスの墓標 1969
Kounen, Jan
  Le Dobermann ドーベルマン 1997
Krawczyk, Gérard
  Héroïnes プレーバック 1997
  Taxi II Taxi 2 2000
  Wasabi わさび 2001
  Taxi III Taxi 3 2003
Kurys, Diane
  La Baule-les-Pins セ・ラ・ヴィ 1990
  A la folie 彼女たちの関係 1994
Lautner, Georges
  Joyeuses Pâques ソフィー・マルソー 恋にくちづけ
Lauzier, Gérard
  Mon père ce héros さよならモンペール 1991
Leconte, Patrice
  Les bronzés レ ブロンゼ 1978
  Le mari de la coiffeuse 髪結いの亭主 1990
  Les Grands ducs 大喝采 1995
  Une chance sur deux ハーフ ア チャンス 1998
  La fille sur le pont 橋の上の娘 1998 AS 489
  Félix et Lola フェリックスとローラ 2000

Rue des plaisirs 歓楽通り 2002
Ledoux, Mathias
En face 甘い嘘 1999
Lelouch, Claude
Itinéraire d'un enfant gâté ライオンと呼ばれた男 1988
Hommes femmes : mode d'emploi 男と女 嘘つきな関係 1996
Hasards ou coïncidences しあわせ 1998
Lemercier, Valérie
Quadrille カドリーユ 1997
Lemoine, Yvain
Le nain rouge 赤い小人 1998
Le Pêcheur, Didier
J'aimerais pas crever un dimanche 日曜日の恋人たち 1998
Le Roux, Hervé
On appelle ça ... le printemps 2001
Limosin, Jean-Pierre
L'autre nuit 天使の接吻 1988
Novo ノボ 2002
Lioret, Philippe
Tombés du ciel パリ空港の人々 1993
Mademoiselle マドモワゼル 2001
Malle, Louis :
Zazie dans le métro 地下鉄のザジ 1960 AS 104
Le feu follet 鬼火 1963 AS 30
Milou en mai 五月のミル 1989
Manzor, René :
36.15 Code Père Noël ウオンティドMrクリスマス 1988
Marshall, Tonie
Vénus Beauté (Institut) エステサロン ビーナスビューティー 1999
Au plus près du paradis 逢いたくて 2002
Marx, Gérard
Rhapsodie en jaune 激闘チャイニーズマフィア 1985
Masson, Laetitia
En avoir (ou pas) アリスの出発 1995
Megaton, Olivier
Exit イグジット 2000
Menges, Chris

The lost son ロスト・サン 1999
Merville, Jean-Pierre
Le deuxième souffle ギャング 1996
Michel, Bernard T.
Baiser d'été (Les baisers) キス！キス！キス！ 1964
Miéville, Anne-Marie
Mon cher sujet 私の愛するテーマ 1988
Après la réconciliation そして愛に至る 2000
Miller, Claude
La meilleure façon de marcher 1976 AS 168
Garde à vue 拘留 1981 AS 288
L'effrontée なまいきなシャルロット 1985
La petite voleuse 小さな泥棒 1988
Le sourire オディールのいる夏 1994
La classe de neige ニコラ 1998
Mimouni, Gilles
L'appartement アパートメント 1995
Moix, Yaun : Podium 2002
Molinaro, Edouard
La cage aux folles Mr. レディ Mr. マダム 1978
La cage aux folles II Mr. レディ Mr. マダム II 1980
L'amour en douce 優しく愛して 1985
A gauche en sortant de l'ascenseur エレベーターを降りて左側 1988
Moll, Dominik
Harry, un ami qui vous veut du bien ハリー 見知らぬ友人 2000
Monnet, Jacques
Promis, juré クロスマイハート 1989
Moon, Sarah
Mississipi one ミシシッピー・ワン 1991
Mouriéras, Claude
Dis-moi que je rêve 夢だと云って 1998
Muyl, Philippe
Le papillon パピヨンの贈り物 2002
Nauer, Bernard
Les truffes ボクサー最後の挑戦 1995
Noé, Gaspar
Carne カルネ 1991
Seul contre tous カノン 1998

Irréversible アレックス 2002
Ocelot, Michel
　Kirikou et la sorcière キリクと魔女 1998
Oliveira, Manoel de
　Je rentre à la maison 家路 2001
Ophüls, Max
　La ronde 輪舞 1950 AS 25
Othenin-Gérard, Dominique
　Piège à flics 汚辱 堕ちた刑事 1986
Oury, Gérard
　La grande vadrouille 大進撃 1966 AS 515
Ozon, François
　Sitcom ホームドラマ 1988
　Les amants criminels クリミナル・ラヴァーズ 1999
　Gouttes d'eau sur pierres brûlantes 2000 焼け石に水
　Sous le sable まぼろし 2001
　8 femmes 八人の女 2002 AS 513
　Swimming pool スイミング・プール 2003
Palud, Hervé
　Les frères pétards 1986
Pascal, Christine
　Adultère (Mode d'emploi) 不倫の公式 1995
Pawlotsky, Laurent
　Intimités 1995
Philibert, Nicolas
　Être et avoir ぼくの好きな先生 2002
Pialat, Maurice
　Sous le soleil de Satan 悪魔の日の下に 1987
Pinheiro, José
　La femme fardée 厚化粧の女 1990
　L'instit : Le rêve du tigre 1997
Pinoteau, Claude
　La boum ラ・ブーム 1980
　L'étudiante スチューデント 1988
Pirès, Gérard
　SWB (Sweet wounded bird : tendre oiseau blessé) 1968
　Taxi タクシー 1997
Plattner, Patricia
　Les petites couleurs 2002

Poiré, Jean-Marie
　Le père Noël est une ordure サンタクロースはゲス野郎 1982 AS 497
　Les anges gardiens 俺たちは天使だ 1995
　Les visiteurs おかしなおかしな訪問者 1993
　Les couloirs du temps ビジター 1998
Poirier, Manuel
　Western ニノの空 1997
Pradal, Manuel
　Marie, baie des anges アデューぼくたちの入り江 1997
Rapp, Bernard
　Une affaire de goût 趣味の問題 2000
Rappeneau, Jean-Paul
　Bon voyage ボン・ボヤージュ 2003
Renders, Pierre-Paul
　Thomas est amoureux トマ・トマ 2000
Resnais, Alain
　Mélo メロ 1986 AS 359
　On connaît la chanson 恋するシャンソン 1997
Richet, Jean-François
　Ma 6-T va cracker 1997
Rivette, Jacques
　Haut bas fragile パリでかくれんぼ 1995
　Va savoir 恋ごころ 2001
Robert, Yves
　Salut l'artiste 1973 AS146
Rochant
　Aux yeux du monde 愛を止めないで 1991
　Les patriotes 哀しみのスパイ 1994
　Anna Oz アンナ・オズ 1996
　Vive la République 1997 AS 470
Rohmer, Eric
　Le signe du lion 獅子座 1959
　Le beau mariage 美しき結婚 1981 AS 293
　La femme de l'aviateur 飛行士の妻 1981 AS 336
　Pauline à la plage 渚のポーリーヌ 1983 AS 310
　Le rayon vert 緑の光線 1986 AS 355
　4 aventures de Reinette et Mirabelle 四つの冒険 1986
　L'ami de mon ami 友だちの恋人 1987

AS 366
L'arbre, le maire et la médiathèque　木と市長と文化会館　1992　AS 429
Conte d'été　夏物語　1996
Conte d'automne　恋の秋　1998
Ruiz, Raoul
Le temps retrouvé　見い出された時　1999　AS 482
Salomé, Jean-Paul
Belphégor, le fantôme du Louvre　ルーブルの怪人　2001
Salvadori, Pierre
Cible émouvante　巡り逢ったが運のつき　1993
Samuell, Yann
Jeux d'enfants　世界でいちばん不運で幸せな私　2003
Sautet, Claude
Vincent, François, Paul et les autres　1974　AS 153
Une histoire simple　ありふれた愛のストーリー　1978　AS 224
Garçon　ギャルソン　1983　AS 319-320
Quelques jours avec moi　ぼくと一緒に幾日か　1988
Un cœur en hiver　愛を弾く女　1992　AS 253
Nelly et Monsieur Arnaud　とまどい　1995　AS 458
Schoendoerffer, Pierre
Dien Bien Phu　愛と戦火の大地　1992
Skolimowsky, Jerzy
Le départ　出発　1967
Seguin, Boris
Miskine　1998
Serreau, Coline
Pourquoi pas?　彼女と彼たち　1977
Trois hommes et un couffin　赤ちゃんに乾杯　1985　AS 356
La crise　女と男の危機　1992　AS 468
Romuald et Juliette　ロミュアルドとジュリエット　1989
Chaos　女はみんな生きている　2001
Siegfried
Louise (take 2)　ルイーズ　1998

Sinapi, Jean-Pierre
Nationale 7　ナショナル7　1999
Tacchella, Jean-Charles
Escalier C　C階段　1985　AS 343
Tasma, Alain
Jours de vagues　1988
Tati, Jacques
Les vacances de Monsieur Hulot　ぼくの伯父さんの休暇　1953
Mon oncle　ぼくの伯父さん　1958
Jour de fête　ジャック・タティののんき大将　1964
Playtime　プレイタイム　1967
Tavernier, Bertrand
L'horloger de Saint-Paul　1974　AS 147
Une semaine de vacances　1980　AS 253
Un dimanche à la campagne　田舎の日曜日　1984
L 626　1992
La fille de d'Artagnan　ソフィー・マルソーの三銃士　1994
L'appât　独りぼっちの狩人たち　1996
De l'autre côté du périph'　1997
Ça commence aujourd'hui　今日から始まる　1999
Laissez-passer　レセ・パセ　自由への通行許可証　2002　AS 507
Téchiné, André
Barroco　バロッコ　1979
Hôtel des Amériques　海辺のホテルにて　1981
Rendez-vous　ランデヴー　1985
J'embrasse pas　深夜カフェのピエール　1991
Ma saison préférée　私の好きな季節　1992
Alice et Martin　溺れゆく女　1998
Les égarés　かげろう　2003
Thévenet, Virginie
La nuit porte jarretelles　ガーターベルトの夜　1984
Sam suffit　サム・サフィ　1991
Thompson, Danièle
La bûche　ビュッシュ・ド・ノエル　1999
Décalage horaire　シェフと素顔とおいしい時間　2002
Toneffi, Claudio

xi

L'instit : Les chemins des étoiles 1997
Toussaint, Jean-Philippe
Monsieur ムッシュー 1989
La patinoire アイスリンク 1998
Triboit, Philippe
Avocats associés : Premier dossier 1998
Truffaut, François
Tirez sur le pianiste ピアニストを撃て 1960 AS 362
La peau douce 柔らかい肌 1964 AS48
Baisers volés 夜霧の恋人たち 1968
Domicile conjugal 家庭 1970
L'homme qui aimait les femmes 恋愛日記 1977
L'amour en fuite 逃げ去る恋 1979 AS254
La femme d'à côté 隣の女 1981 AS 389
Vivement dimanche 日曜日が待ち遠しい 1983 AS 362
Van-Damme, Charlie
Le joueur de violon ヴァイオリン弾き 1994
Van, Marina de
Dans ma peau イン・マイ・スキン 2002
Varda, Agnès
Cléo de 5 à 7 5時から7時までのクレオ 1961
Sans toit ni loi 冬の旅 1985 AS 526
Kung-fu master カンフーマスター 1987
Les cent et une nuits 百一夜 1994
Les glaneurs et la glaneuse 落ち穂拾い 2000
Veber, Francis
Jaguar ジャガー 1996
Le dîner de cons 奇人たちの晩餐会 1998
Le placard メルシイ！人生 2000
Tais-toi カンタンとルビー 2003

Vernoux, Marion
Love etc. ラブ etc. 1996
Vergez, Gérard
Dans un grand vent de fleurs 美しき花の香り 1996
JP Cambriolage 1997
JP Racket 1997
Veysset, Sandrine
Y'aura-t-il de la neige à Noël? クリスマスに雪は降るの？ 1996
Victor ... pendant qu'il est trop tard ヴィクトール 小さな恋人 1998
Martha ... Martha マルタ...マルタ 2001
Vigne, Daniel
Comédie d'été 夏のアルバム 1989
Villeneuve, Denis
Maelström 渦 2000
Vincent, Christian
La discrète 恋愛小説のできるまで 1990 AS 401
Wargnier, Régis
La femme de ma vie 悲しみのヴァイオリン 1986
Zeitoun Ariel
Yamakasi ヤマカシ 2001
Zidi, Claude
Les sous-doués ザ・カンニング 1980
L'animal ムッシュとマドモワゼル 1978
Les ripoux フレンチ・コップス 1984
Deux ふたり 1989
Profil bas 1993
Arlette アルレット 1997
Zonca, Éric
La vie rêvée des anges 天使が見た夢 1998
Le petit voleur さよならS 1999

現代フランス語話語の特徴

Ⅰ. 発音と表記
1. 脱落
    アポストロフ(')で示されることが多い.
   (1) 母音の脱落
e	[ə]	c'tableau ← ce tableau	j'm'en fous ← je m'en fous
		un p'tit peu ← un petit peu	v'nez voir ← venez voir
e, ai	[ɛ]	c't'enfoiré ← cet enfoiré	m'enfin ← mais enfin
a	[a]	'tens ← attends	
i	[i]	ce qu'est ← ce qui est	
u	[y]	t'as ← tu as	p'tain ← putain
eu	[ø]	p't-êt ← peut-être	
ui	[ɥi]	pis ← puis	
oi	[wa]	v'là ← voilà	
on	[ɔ̃]	b'jour ← bonjour	

   (2) 子音の脱落
l	[l]	y dit ← il dit	y dorment ← ils dorment
		qu'que chose ← quelque chose	
r	[r]	pasque ← parce que	not'voyage ← notre voyage
		p't-êt ← peut-être	
x	[k]	escusez ← excusez	eschiter ← exciter

2. 変化
ch	[ʃ] ← **j** [ʒ]	ch'suis ← je suis	chais pas ← je ne sais pas
ais	[ɛ] ← **i** [i]	ouais ← oui	
en	[ɛ̃] ← **i** [jɛ̃]	ben ← eh bien	

3. 特殊表記
k	[k] ← **c, qu**	k7 ← cassette	keum ← mec
		kaisse ← qu'est-ce	
z	[z]	リエゾンを表す moi zossi ← moi aussi	zont ← ils ont

II. 省略 *abréviation*
さまざまな種類の省略語が多くなってきている．
1. 語頭音省略 *aphérèse*
   bus ← autobus　　　　ricain ← américain
2. 語末音省略 *apocope*
   télé ← télévision　　　séropo ← séropositif
3. 語頭語 *acronyme*
   語群の語頭音を一語として読む
   sida ← syndrome d'immunodéficience acquise
4. 略号 *sigle*
   語群の語頭音をアルファベットで読む
   HLM ← habitation à loyer modéré
5. かばん語 *mot-valise, mot-porte-manteau, mot-gigogne*
   第一語の初めと第二語の終わりを保つ入れ子式語
   autobus ← automobile autobus　　poubelleyeur ← poubelle + balayeur

III. 逆さ言葉 *verlan, lanvère, largonji*
1. 逆さ言葉 verlan (l'envers を逆さまにした語)
   keum ← mec　　béton ← tomber
2. 逆さ言葉の逆さ言葉 lanvère (verlan を逆さにした語)
   femmeu ← meuf ← femme　　rebeu ← beur ← arabe
3. ラルゴンジ largonji
   語頭の文字を l に換え，換えられた語を語末に置いた語
   louf ← lou ← fou　　largonji ← largon ← jargon

IV. 婉曲語法 *euphémisme*
かっては下卑ではしたない語と見なされ，タブー視され c., f., p., m. のように頭文字でしか示されなかった con, foutre, putain, merde のような語も，今や堂々と辞書にも登場し，一般にも気軽に使われるようになった．しかしそうした語を生で使うことに抵抗を感じて，merde を mot de Cambronne, mot de cinq lettres で置き換えていたように，それらを暗示的に表現する場合もある．
1. 言い落とし
   Sur le plan ... pas d'abus？　(... は coït が言い落とされている)
   (医者が患者に)「あちらのほうは」度を過ごされてないでしょうね？
   　　　　　　　　　　　　　　　　　　　　　　Poiré : *Le zèbre*

2. 頭文字，第一音節のみ
   emm ← emmerde   hum ← merde
3. 音・意味が近い語
   suer ← chier
   Vous me faites suer à la fin.「あなたにはうんざりだ.」 Miller : *la voleuse*
4. 代名詞化
   se *les* geler ← se geler les couilles
5. 成句的表現
   tu sais ce qu'il te dit ← merde   trou de balles ← anus
   où je pense ← au cul   le petit coin ← les toilettes
6. 逆さ言葉 verlan, lanvère (verlan を逆さにした語)
   rebeu ← beur ← arabe
7. 非差別語　*mot politiquement correct*
   pays sous-développé「低開発国」を pays en voie de développement「発展途上国」と言い換えるように，主として職業名を今までとは違った言い方で表す．
   technicien de surface ← balayeur
   technicienne de surface ← femme de ménage
   hôtesse d'accueil ← serveuse
   travailleuse sexuelle ← prostituée
   animateur d'espace vert ← jardinier

Ⅴ．名詞の形容詞化 *noms au sens adjectival*
   classe   *T'es classe.* ← T'es belle.
   nickel   *C'est nickel.* ← C'est propre.
   colère   *T'es colère.* ← Tu es en colère.
   coton   *C'est coton.* ← C'est difficile.
   être très...   *Il est très whisky.* ← Il aime beaucoup le whisky.

Ⅵ．人称代名詞の機能転換 *transposition de personnes grammaticales*
  1. je
     = tu
     親が子供に話しかけるときの親愛的用法 emploi hypocoristique の他に相手を皮肉る用法がある．　voir je 1 (辞書部の用例 je の 1 を見よ.)

= il, elle, ils, elles
話者が話の中の人物に成り代わって生き生きと表現しようとするときに使う用法で，que je te ... , vas-y que je te ... という構文をとり，te は相手の関心を引くための complément d'intérêt，動詞は présent de narration に置かれる． voir je 2
2. tu
= on voir tu
3. ils
それを受ける名詞がなく，ils が表すものは文脈から判断する．敵対的・侮蔑的ニュアンスを帯びることがある．**ils**
4. on
話し言葉では l'on は使われない．
= nous
目的語は nous，所有形容詞は notre, nos で，形容詞・過去分詞の一致は自由．voir on 1
= je voir on 2
= tu, vous voir on 3
= quelqu'un : *On* vous appelle au téléphone.

VII. 非人称代名詞 *pronom impersonnel*
ça = il
Ça flotte. ← Il pleut.　　*Ça* caille. ← Il fait froid.

VIII. 形容詞 *adjectif*
1. 副詞化
(1) affectueux, direct, facile, lourd, mou, moyen, pareil, sévère, spécial, tranquille などは，-ment を付けた副詞と意味が変わらない．
(2) fin, grave, sérieux などは意味を異にする．
2. pas + 形容詞の意味変化
pas + 形容詞が否定の ne を伴わず，独立した一個の形容詞として属詞・付加形容詞になり，その形容詞の本来の否定の意味とはずれることがある．
Elle a un caractère *pas possible*. 「彼女は我慢ならない性格をしている．」
このような形容詞に évident, folichon, triste などがある．

Ⅸ．動詞活用語尾の欠落 *absence de marques désinentilles verbales*

fiche のような，活用語尾を欠き，語幹のみの動詞が出てきている．
一部は -er 動詞化している．
Elle t'kiff. / *Elle t'kife. Elle t'a kiffé.*

1. 外来語

   英語　　　　　　fax
   アラブ系　　　　kiff
   ジプシー系　　　特徴的な語末 -av を持つ．chourav, marav

2. 逆さ言葉

   béflan, pécho, péfli, péta, tèj

Ⅹ．条件文 *phrase conditionnelle*

si + 直説法半過去・大過去の代わりに条件法現在・過去を使う傾向が見られる．

Je ne comprends pas pourquoi elle m'a quitté. / Moi, je *serais* vous, j'es-sayerais déjà de comprendre comment elle a pu rester avec vous.
「僕には妻がどうしても出ていったのか分からないのです．」／「私だったら，どうして奥さんがあなたといられたかをまず理解しようとするわ．」

Ⅺ．感嘆文 *phrase exclamative*

1. 直接感嘆文

(1) 強意

que, comme よりも ce que, qu'est-ce que のほうが話語では好まれる．
また，pouvoir を入れて強化することがある．
Qu'est-ce qu'il peut être chiant avec son ballon lui !
「(あたしたちが話しているっていうのに) あの男ったらボールを弾ませっぱなしでうるさいったらありゃしない！」
　　　　　　　　　　Barbossa : *Les gens normaux n'ont rien d'exceptionnel*

(2) 数量

que de よりも qu'est-ce que... comme... の構文が多く見られる．

2. 間接感嘆文

c'est fou, si tu savais などを主節とする感嘆文で，comme は ce que となる．
J'en ai marre. *Si tu savais c'que* j'veux mourir.
「もううんざり．ほんとに死にたくってしょうがないのよ！」　　Berto : *Neige*

XII. 遊離（転位）構文 *dislocation*

話し言葉では文の要素を文頭あるいは文末に置いてなおかつそれらを受ける代名詞・所有形容詞を文中に挿入することがある．文頭では前置詞は省略される．

1. 文頭（左方）遊離構文

主語

Les gonzesses, avec ça, ça va tomber.

「この高級ライターを見せれば女なんかいちころさ．」　　　Tavernier : *L'appât*

直接目的語

Qu'il soit content d'avoir une belle pièce, je veux bien *l'*admettre ...

「パパが見事な獲物を仕留めて喜んでるのはいいとしても…」

Robert : *La gloire de mon père*

間接目的語

Moi, *ma mère,* je *lui* ai présenté Eric ...

「あたし母にね，エリックをあわせたのよ」　　　　　　　Tavernier : *L'appât*

状況補語

L'Amérique, tu iras tout seul.　（y は単純未来形の前では省かれる）

「アメリカにはあんた一人で行ってよ．」　　　　　　　　Tavernier : *L'appât*

所有形容詞

Moi, ma mère, je lui ai présenté Eric.

「あたし母にね，エリックをあわせたのよ」　　　　　　　Tavernier : *L'appât*

2. 文末（右方）遊離構文

主語

Qu'est-ce qu'*il* va dire, *ton père*?

「君の父さんはなんて言うかな？」　　　　　　　　　　　Toneffi : *L'insti*

直接目的語

Ça *en* fait *des étages* à grimper.

「エレベーターが故障してて，何階も歩いて上ることになるわ」

Denis : *J'ai pas sommeil*

間接目的語

J't'avais pourtant bien dit de plus *y* toucher *au môme*!

「でもちゃんと言っといただろう，あの子に手を出すなって！」

Jugnot : *Une époque formidable*

属詞
Pourquoi tu veux *l'*être, *institutrice*?
「なんでなりたいの，先生になんか？」

Malle : *Zazie dans le méro*

3. 複合遊離構文
Un mec devant *lui* **il** commence à *le* braquer *l'Asiat*.
「アジア人の前にいる奴がそのアジア人に銃を向けはじめる．」

Zonca : *Le petit voleur*

Gérard, sa *belle-mère, elle* accouche, **il** a les boules.
「ジェラールは義理の母親がお産なんで，あいつ落ち着かないのさ．」

Braoudé : *Génial, mes parents divorcent*

Tous les mecs ... *les jeunes*, **ils** en veulent à *leur* cul, *les vieilles*, à *leur* sac à main.
「男ってどんな奴も，若い女を見りゃむらむらするし，オバンを見りゃ金狙いよ．」

Klapisch : *Péril jeune*

《凡例》

1. **見出し表現**
   1）2人称に活用する動詞を含む成句では，見出し語は tu にし，vous でも使われる頻度の多いものは〔vous...〕で示した．
   2）否定の ne が脱落することが多いので (ne) ... pas〔plus〕で示し，ne を含めたアルファベット順に並べてある．
2. **カッコ類**
   ( ) は省略可能を示す．
   〔 〕は置き換え可能を示す．
   《 》の不定法は文脈により活用することを示す．
3. **その他**
   / は話者の交替を示す．

A

a

■**faites a a a** (prononcez "a" pour que je puisse voir votre gorge) （医者が患者の喉が見られるように）アーアーアーって言いなさい
　Asseyez-vous. Voilà, *faites a a a*.
　　お座りなさい．ではアーアーアーと言って． Dupeyron : *La machine*

à (de) …の
　C'est le bus *à* Jérémie.
　　それはジェレミーのバスだ． Dumont : *L'humanité*
　C'est un pote *au* Montmirail.
　　この人はモンミラーユのダチだよ． Poiré : *Les visiteurs*

abattis

■**mesure tes abattis!** (tu peux numéroter tes abbatis ; je vais te battre) 五体満足で済むと思うな，こてんぱんにのしてやるぞ
　Eh Fends-la-Bise, *mesure tes abattis!*
　　おい，でかっ鼻，只じゃ済まないぞ，覚悟しとけ！ Monnet : *Promis ... juré*

abouler (montrer ; donner) 見せる，与える
　Ouvre ta veste! Fais voir ce que tu as comme engin, toi! Vas-y, *aboule*.
　　上着を広げて．どんなハジキを持ってるか見せな．ほら，よこすんだ．
　　　　　　　　　　　　　　　　Crawczyk : *Wasabi*

A.B.S. (abus de bien sociaux の略) 会社財産乱用罪
　En plus ils veulent me coller un *ABS*.
　　おまけにABSを俺におっかぶせようとしてるんだ． Gilou : *La vérité si je mens*

ac

■**d'ac** (d'accord の略) OK
　Tu veux qu'on le commence ensemble? / *D'ac*.
　　一緒に始めたい？/ うん． Bardiau : *Le monde de Marty*

accoucher (se décider à parler) 思い切って話す，話す気になる
　T'*accouches*?
　　ゲロするか？ Heynemann : *La question*
　J'ai quelque chose à te dire... / Ben *accouche*, alors.
　　あんたに話したいことあるんだけど … / だったら早く言えよ． Sinapi : *Nationale 7*

■**accoucher sous X** (accoucher sous l'anonymat, sous un pseudo-

accro(c)

nyme）匿名出産する

Vous allez *accoucher sous X* ? / C'est quoi *sous X* ? / Enfin...vous voulez le mettre en adoption...c'est ça ?

（産婦人科医が未婚の娘に）あんた匿名出産するつもり？／匿名ってどういうこと？／つまりその…養子にしたいんでしょう…そうね？ Faucher : *Brodeuses*

accro(c)

1. (accroché の略．dépendant; drogué; ne pas pouvoir se détacher) …なしではいられない，中毒の，抜けられない

On est *accro*.

仕事から抜け出すわけにはいかない． Berberian : *Paparazzi*

La maman de Bébé le Paradis, elle y est *accroc*.

ベベのママは天国にとりつかれているのよ． Guédiguian. : *A la place du cœur*

2. (qui est passionné pour; très amoureux) 惚れ込んでいる

T'étais *accroc*.

あんたほんとにお熱だったよな． Crawczyk : *Wasabi*

Ils m'ont mise à l'héroïne, à la fin du séjour j'étais bien *accro*.

あいつらあたしをヘロイン漬けにして，1か月経ったら完全にヤク中になってたの．

Serreau. : *Chaos*

accroché (courageux; endurant) 勇気のある，根性のある

J'espère que vous avez le cœur *accroché*, parce que c'est une véritable boucherie à l'intérieur.

気をしっかりしていないと，なぜって中はそれこそ血の海ですからね．

Berberian : *La cité de la peur*

accrocher

■ **s'accrocher** (être tenace; persévérer) 頑張る，しがみつく

Vous aimez vraiment Forster ? *Accrochez-vous* !

あんたはほんとうにあたしの息子が好きなのかね？だったら頑張るしかない！

Tacchella : *Escalier C*

acide (LSD) LSD

J'ai un super *acide* hollandais.

オランダ産の上物のLSDがありますよ． Guit : *Le ciel est à nous*

action (allons-y) アクション！

(Metteur en scène) Moteur ! / (Ingénieur son) Ça tourne. / (Metteur en scène) Annonce ! / (Assistant) Dolorés 33 sur un, première. / (Metteur en scène) *Action* ! ... Coupez.

［監督］スタート．／［録音技師］スタートします．／［監督］カチンコ．／［助手］

ドロレス　1の33　テイク1．/ [監督] アクション．…カット．
Toussaint : La patinoire

adjimez (日本語の「始め」から．commencez) 始め！
Pour finir la séance, un petit combat pendant cinq minutes. Saluez! *Adjimez*!
今日の稽古の終わりに5分間試合．礼！始め！
Krawczyk : Taxi II

A.D.N. (acide désoxyribonucléique の略) デオキシリボ核酸, DNA, 遺伝子
Vous pouvez toujours faire un test d'*ADN*.
いつだってDNA鑑定やってもらえますよ．
Crawczyk : Wasabi

ado (adolescent の略) 思春期の子，若者
C'est comme ça les *ados*, ça change tout le temps d'avis et ça pleure pour un rien.
年頃の子ってこんなものよ．意見をころころ変えるし，なんでもないことで泣くし．
Krawczyk : Wasabi

adorer
■**j'adore** (c'est formidable; c'est dégueulasse; quelle merde!) 結構なことだ，なんてことだ
Tout cela ne vous concerne plus. / *J'adore*!
君達にはこの事件の捜査から完全に手を引いて貰う．/ 結構なお話で！
Berberian : Six-pack

Ils m'arrêtent. Fouille intégrale… *j'adore*.
店員があたしを捕まえて隅々まで身体検査よ…もう最高．
Beineix : Mortel transfert

affaire (amant; maîtresse; bonne partenaire sexuelle) 愛人，情婦，いいセックスパートナー
Mauricette, c'était une drôle d'*affaire*.
モーリセットは変わった恋人だったな．
Delannoy : Maigret tend un piège

Keller est en train de dire, si ça se trouve je suis une *affaire* et qu'ils sont peut-être passés à côté de quelque chose.
(女が遠くからケレールの話している唇を読んで隣にいる男に伝える) ケレールが今言ってるのは，もしかしたら私は床上手で，自分たちは上物をふいにしたんじゃなかろうかって．
Audiard : Sur mes lèvres

■**bonnes affaires** (bonnes choses; bonnes nourritures; produits naturels) 良い物，良い食べ物，自然食品
Elles mangent l'herbe, elles mangent que des *bonnes affaires*.
うちの牛は草を食べてます，自然のものしか食べてないんですよ．
Rohmer : L'arbre, le maire et la médiathèque

affectueux

- **ça fera mon affaire!** (ça me convient ; ça me va)　それは都合がいい、ぴったりだ
  Au R.E.R. de Denfert *ça fera mon affaire!*
  　　ダンフェールのエル・ウ・エルの駅だったら助かるわ！
  Varda : Les cent et une nuits

- **ce n'est pas une affaire** (ce n'est pas grave)　問題にならない
  Si je n'étais pas venue ? / *Ce n'est pas une affaire.*
  　　もし私が来なかったら？／どうってことありませんよ。
  Lemercier : Quadrille

- **cette affaire!** (je ne crois pas cette histoire ; tu mens)　そんな話信じられないね、嘘だろう
  Papapapa, l'monde qu'y avait sur les routes ! / Ah ouais, *c'affaire!*
  　　すごいんですよ、道に人がたくさん出てて！／へえ、怪しいね。
  Dumont : La vie de Jésus

- **faire l'affaire pour** (être assez compétent)　充分心得がある
  Putain c'est bouillant, merde ! / Eh alors quoi tu la préfères glacée ? Pour la bavure, on *fera l'affaire.*
  　　（隠れているところを警備員に捕まりシャワーを浴びせられる）畜生、熱いじゃないか！／じゃあ冷たいのがお好きかな？こちとら取り調べの行き過ぎときちゃお手の物なんでね。
  Salomé : Belphégor

- **lâcher l'affaire** (laisser tomber)　やめる、捨てる
  Y'en a qui peuvent réussir en B.E.P. ...mais y'en a beaucoup, ils *lâchent l'affaire* au bout d'un moment.
  　　中等教育をちゃんと終えられる奴もいるけど…ちょっとやっただけでやめちゃう奴もたくさんいるんだ。
  Tavernier : De l'autre côté du périph'

- **occupe-toi de tes affaires** voir **occuper**

affectueux (affectueusement)　愛情を込めて

On a limé *affectueux.*
　　俺たち、愛情を込めてたっぷり愛し合ったんだ。
Blier : Tenue de soirée

affinité

- **plus si affinités** (en plus s'il y a des affinités, s'il y a des points communs, on partage la vie commune, on couche ensemble)　もし気が合えば（一緒に暮らしましょう、寝ましょう）
  C'est prévu pour deux personnes. *Ou plus si affinités.*
  　　このキャンピングカーは二人用なのさ。よければ一緒に住もう。
  Leconte : Félix et Lola
  Vous voulez m'inviter à dîner et *plus si affinités...*

あたしを食事に誘って気が合えばってねらいね

Arcady : *Dis-moi oui*

affirmatif (oui) その通り，そうだ

Tu l'as vu en visu ? / *Affirmatif.*

ディスプレーに怪人が映ってるか？／そうだ。

Salomé : *Belphégor*

affranchir (informer; renseigner) 情報を与える

Je crois savoir mais je ne suis pas certain. / Je vais vous affranchir.

（俺たちの住所を売った奴の）大体の目星はついてるんだけど，そいつだとは言い切れない。／じゃ教えてやろう。

Truffaut : *Tirez sur le pianiste*

Afg(h)an (idiot; abruti) 馬鹿

Tu me prends pour un *Afgan* ?

俺を馬鹿にしてるのか？

Pinoteau : *L'étudiante*

after（英語）

1. (bar, boîte où s'achève la soirée) パーティーの後で行くバー，ディスコ

T'iras à l'*after* après.

はしごするのはもっと後にしろよ。

Klapisch : *Peut-être*

2. (virée nocturne) 夜のお出掛け

Après, on se fait une *after* dans la forêt de Senlis…? l'aube, sous les arbres…pour notre anniversaire de mariage, ça va être romantique non ?

このパーティーの後，サンリスの森に出かけましょうよ … 明け方まで木の下で…あたしたちの結婚記念に，ロマンティックじゃない？

Aghion : *Pédale douce*

agir

■ **il s'agit bien de ça** (ce n'est pas grave; ce n'est pas important)（反語で）大したことではない，取るに足らぬことだ

Je suis confuse ! Je me suis rendu compte après que je ne vous avais pas réglé l'ananas ! / *Il s'agit bien de ça* ! D'ailleurs c'est moi qui ne vous avais pas donné le prix.

恥ずかしいわ！後になって気がついたんだけど，パイナップルのお代まだあげてなかったでしょう！／そんなこと，僕のほうこそお代を言ってなかったんですから。

Hubert : *La reine blanche*

agro (agronomie の略) 農学

Ça c'est un genévrier. / Vous êtes botaniste ? / Non, j'ai fait *agro*.

これはネズの木ですよ。／植物学者なの？／いや，農学をやったんで。

Davila : *La campagne de Cicéron*

ahchouma (ヘブライ語．honte) 恥辱

J'ai plus de chéquier ! La carte bleue, c'est la carte bleue de ma mère !

aile

L'*ahchouma* !
> 俺はもう小切手が切れない．銀行カードもおふくろのだ！ 恥ずかしいったらありゃしない！
> Gilou : *La vérité si je mens II*

aile
■ **glisser dessus comme sur les ailes d'un canard** voir **glisser**

aimer
■ **aimer beaucoup〔bien〕** (avoir l'amitié pour) 好きだ
Je t'*aime beaucoup* mais c'est tout. / C'est tout ? / Je t'ai toujours vue comme une amie… c'est important pour moi l'amitié.
> 君のこと好きだけどそれだけだ．／それだけって？／君のことずっと友達と思ってきたんだ…僕にとって友情って大事なものなんだよ． Dugowson : *Portraits chinois*

Antoine, je vous *aimais bien*, je vous aimais pas, je vous *aimais bien*.
> アントワーヌ，あんたを好きだったけど，愛していなかったわ，好きだっただけよ．
> Truffaut : *L'amour en fuite*

air
■ **avoir la tête en l'air** voir **tête**
■ **de l'air !** (va-t'en ; déguerpis) 行っちまえ！
Dégagez ! *De l'air* !
> 邪魔だよ，帰れ！ Zidi : *L'animal*

■ **de quoi tu as l'air** (tu as l'air pathétique ; tu fais pitié) 悲痛な顔している，哀れである．
Allez, mouche ton nez s'il te plaît. *De quoi tu as l'air* !
> お願いだから鼻をかんでちょうだい．みっともないったらありゃしない！
> Haneke : *La pianiste*

■ **fais de l'air** (va-t'en ; déguerpis) 消えろ，邪魔だ
Eh, bouge de là ! *Fais de l'air*.
> おい，向こうへ行け，邪魔だ！ Miller : *La classe de neige*

■ **foutre en l'air**
1. (mettre en désordre ; gâcher ; briser ; défoncer ; perdre ; détruire ; laisser tomber ; jeter) めちゃめちゃにする，壊す，打ち砕く，台無しにする，見捨てる，放棄する
Tu leur *fous* Noël *en l'air* pour le restant de leurs jours !
> あんたクリスマスを駄目にしたら娘達から一生恨まれるわよ！
> Thompson : *La bûche*

Elle veut surtout pas que tu t'épanouisses. Ça se voit. Elle te plombe, elle *fout* ta vie *en l'air* !

奥さんは君が才能を発揮するのを望んでいない．はっきりしてるよ．君を傷つけ，君の人生をだめにしたいのさ． Moll : *Un ami qui vous veut du bien*

Cinq ans de préparation, en un seul jour on peut tout *foutre en l'air*.

5年も受験勉強してきたのにたった1日ですべてをふいにすることだってあるのよ．

Pinoteau : *L'étudiante*

2. (tuer) 殺す

J'ai tellement eu mal que dans la cour de l'asile j'ai pissé sur les fils de fer barbelés...parce que j'voulais... / Vous *foutre en l'air*?

（電気ショックの）苦痛があんまりひどいので中庭の有刺鉄線に小便を掛けた…そうやって…/ 感電死したかった？ Garrel : *Vent de la nuit*

■ **j'ai l'air de quoi?** (je passe pour qui?; je donne quelle impression?) 俺どういう人間に見える？どう思われる？

On fait la pute pour routiers! Charmant! Et moi, *j'ai l'air de quoi*?

女房はトラック運転手相手に娼婦をしている．結構だよな！こっちはどう思われる？

Leconte : *Tango*

■ **ne pas manquer d'air** (être gonflé; exagérer) 図々しい，厚かましい

C'est ton patron le gazomètre? / Oui c'est Boris. / *Il manque pas d'air*.

（さかんに大きな屁を放る男を見て）あのガスタンクはオーナーか？/ そうよ，ボリスっていうの．/ ひでえ奴だ．（「ガスには不足していない」との洒落）

Gainsbourg : *Je t'aime moi non plus*

■ **s'envoyer en l'air** (faire l'amour) セックスする

T'as cinq bâtons à trouver et tu *t'envoies en l'air* à 3 heures de l'après-midi!

お前は5万のカネを工面しなければならないのに，午後の3時に女を抱いてる！

Garcia : *Le fils préféré*

Ajax (appellation commerciale de produits d'entretien ménager) 家庭用手入れ用品の商標

C'est l'*Ajax*, produit *Ajax*, pour les vitres.

これはアジャックス，アジャックスの製品で，窓用の洗剤よ． Fontaine : *Augustin*

akabi akaba! (sésame ouvre-toi!; abracadabra!) （予期せぬ物を明らかにするときの呪文）ジャンジャン

Y a quoi là-dedans? / *Akabi akaba!* C'est de la part d'André.

そんなかに何が入ってるんだ？/ ジャジャン！アンドレからの差し入れだ．

Chatiliez : *Le bonheur est dans le pré*

al

al

- **al hamdou lillah!** (ヘブライ語．Dieu merci!; grâce à Dieu) 神のご加護で

  Vous avez une magnifique affaire. / Ça va, on survit. *Al hamdou lillah!*

  立派な事業をなさってますな．/ いやもう，なんとか持たせてます．有り難いことで．

  Gilou : *La vérité si je mens II*

alcoolo (alcoolique) アルコール中毒者

Personne n'est à l'abri d'avoir un cousin homo et un père *alcoolo*.

従兄弟にホモがいたり，父親がアル中だったりするのは誰も避けられない．

Poiré : *Les visiteurs*

alien (英語．extraterrestre) ET

Il y a quelqu'un là-dedans? C'est *Alien*!

中に誰かいるのか？エイリアンだ！

Braoudé : *Neuf mois*

aligner (punir) 罰する．

Je vais te l'*aligner*, ton sergent de merde.

お前んとこの駄目な曹長を懲罰にかけてやる．

Heynemann : *La question*

- **s'aligner** (se battre) 争う

  Deux jolies filles, certes, mais, sortant d'une nuit d'amour avec Simon, il faudrait être fou pour oser *s'aligner*.

  確かに，二人とも美人だが，シモンと熱々の夜を過ごした後じゃ，張り合うなんて愚の骨頂だね．

  Pascal : *Adultère*

alik

- **khmousse alik** voir **khmousse**

Allah

- **t'barak Allah** voir **t'barak**

aller

- **aller à** (aller travailler à) …へ働きに行く

  T'*iras aux* patates.

  畑に働きに行きなさい．

  Dumont : *La vie de Jésus*

- **aller avec** (sortir; coucher avec) 親しく交わる，肉体関係を結ぶ

  Aller comme ça, dans l'noir, *avec* des hommes qu'on connaît pas, on sait rien, on verra jamais leurs visages.

  そんなふうに暗いところで見知らぬ男たちと寝たって，何も分からないでしょう，後で顔を見ることもないんだから．

  Annaud : *L'amant*

- **aller et retour** (trip; voyage au LSD) トリップ，ヤク

  Il t'en reste des *aller et retour*?

aller

ヤクは残ってるか？　　　　　Le Pêcheur : *J'aimerais pas crever un dimanche*

■ **aller voir ailleurs** voir **voir**

■ **allons, bon** (zut; merde; c'est ennuyeux; il ne manquait plus que ça; qu'est-ce qui arrive?; encore un problème; voyons)　やれやれ，参ったな，おやおや，なんてこつた

La fête des mères c'est une invention des nazis. / *Allons, bon*!

母の日はナチが創ったものなんですよ．/ また何てことを！

Truffaut : *Domicile conjugal*

Hé là-bas ... / Quoi? *Allons bon*, qu'est-ce qu'il veut cui-là?

（駐車違反係）おい，そこの奴…/ 何だ？ やんなちゃうな，あの野郎どうしろっていうんだ？

Truffaut : *Domicile conjugal*

Vous l'abrutissez exprès avec cette vieille télé qu'elle a dans sa chambre. / *Allons bon*!

へやに古いテレビをあてがって女中をわざとお馬鹿さんに仕立てているのよ．/ おいおい！

Chabrol : *La cérémonie*

■ **allons donc!** (ah bon; qu'est-ce que tu dis?; c'est pas ton problème; change de conversation s'il te plaît)　あーそう，へー，何言ってるの，その話はやめ．

On ne saura jamais rien de la personne en question? / Non jamais. / C'est horrible! / Mais, *allons donc*!

誰だか教えてくれないのか？ / だめ．/ ひどいな！ / もうそれぐらいにしなさいよ！

Lemercier : *Quadrille*

■ **allons-y!** (action!; partez!)　（映画撮影の）アクション！

Allons-y, Séverine!

セヴリーヌ，アクション！

Truffaut : *La nuit américaine*

■ **ça va** (ça suffit; c'est pas la peine d'insister; j'ai compris)　いい加減にしろ，それ以上言うのはやめろ，もう分かった

Oh écoute Sonia, *ça va*, hein! Y'a déjà assez de problèmes dans le monde pour pas se faire encore plus chier avec Noël!

ソニアったら，（クリスマスのことは）もういいんじゃない．世の中そうじゃなくったっていろいろ問題があるんだから，その上面倒を背負い込むことはないでしょう！

Thompson : *La bûche*

■ **ça va pas?** (ça va pas la tête?)　お前いかれたのか？

Michel, j'ai téléphoné à la police. J'ai dit que tu étais ici. / T'es cinglée! *Ça va pas*, non?

ミシェル，あたし警察に電話したの，あんたがここにいるって．/ 気が狂ったな！

aller

おかしいんじゃねえか？　　　　　　　　　　　　　Godard : *A bout de souffle*

■ **comme tu y vas** (tu exagères ; tu y vas fort)　大げさだ，言い過ぎだ
Tu couches pas avec ta femme ? / Ma femme, ma femme, *comme tu y vas*.

君は奥さんと寝てないのか？/ 奥さん，奥さんて言うけど，それはあんまりな言い方だ.　　　　　　　　　　　　　　　Chatiliez : *La bonheur est dans le pré*

Je pourrais sortir bientôt, docteur ? / *Comme vous y allez* !

もうすぐ退院できますでしょうか，先生？ / いくらなんでも！
　　　　　　　　　　　　　　　　　　　　Chatiliez : *Tatie Danielle*

■ **on fait aller** (ça ne va pas très bien mais on y remédie)　どうにかやっている，まあまあだ.
Tu vas bien ? / Ben ouais, comme tu vois, ouais et toi ? / *On fait aller*.

元気？/ ああ，ごらんのように，君は？ / まあぼちぼちね.　　Zidi : *Arlette*

■ **où tu vas ?** voir **où**

■ **plus ça va** (au fur et à mesure qu'on avance dans le temps)　時が経つに連れて
J'ai pas de boulot… / Ah ça, c'est moche. Et *plus ça va aller*, moins y'en aura.

俺仕事がねえんだ. / たまらねえよな. それに，ますます仕事がなくなっていく.
　　　　　　　　　　　　　　　　　　　　Noé : *Seul contre tous*

■ **s'en aller** (essayer ; aller + *inf.*)　やってみる，どうしても…したい
Cette fois, je *m'en vais* l'alpaguer, Belphégor

今度こそベルフェゴールを何が何でもひっ捕らえてやるぞ.　Salomé : *Belphégor*

■ **vas-y** (continue ; encore)　続けて，もっと
Qu'est-ce que t'attends, Raymond ? *Vas-y* !

何ぼやぼやしてんのよ，レーモン，がんがん殴りなさいよ！　Leconte : *Tango*

■ **vas-y que je te…** (il, elle, ils, elles…et encore, toujours, beaucoup)　いつだって…ひどくなんだから
Qui vous engueulent quand vous avez pas l'appoint ou que le pourboire n'est pas à leur goût ? Et puis alors *vas-y que je te* picore dans les cafés à te faire exploser un alcootest, hein ! *Vas-y que je te* râle sur l'OM, la sécu.

客が小銭を用意していなかったりチップの額がお気に召さなかったりして怒鳴るのは誰だ？（お前等タクシーの運ちゃんだろう）おまけにしょっちゅうカフェに入り浸って酒を喰らい，飲酒検知器の針をぶっ飛ばし，マルセーユ・サッカーチームや保険料の文句ばかり言ってるんだから！　　　　　　Pirès : *Taxi*

On fonce à la resecousse de la vieille. / Et là, y'avait deux malfrats. / Et *vas-y que je te* tabasse la pauv'femme. / *Que j'te* la jette dans un placard. / Alors nous, forcément on leur saute dessus.

<small>俺達，婆さんを助けに飛び込むと / 悪党が二人いてね / 可哀想な婆さんをがんがん殴るったらないんだ / それから婆さんをボーンて戸棚にぶち込みやがった / そうなりゃ俺達だって奴等をやっつけるってわけさ.</small>

Zeitoun : *Yamakasi*

Soixante-sept pour cent de divorces, y a aujourd'hui sept chances sur dix que ça finisse au tribunal ! Eh ben ? ça leur fait pas peur, ils continuent ! Et *vas-y* tous les samedis *que je t'*épouse à tour de bras !

<small>離婚率が67パーセントなんですよ，今じゃ10組ちゅう7組が裁判所で消えちまう！ところがみんなそんなこと屁とも思わないんだな．相変わらず結婚するんだ．土曜日になりゃ一目散に式を挙げるってわけさ.</small>

Lioret : *Mademoiselle*

■ **va voir…si j'y suis** voir **être**

■ **y aller**

1. (aller aux toilettes) トイレに行く
   M'dame, je peux *y aller* ?
   <small>先生，トイレに行かせてください．</small>
   Miller : *La petite voleuse*
   Faut vraiment que j'*y aille* là !
   <small>もう我慢できない！</small>
   Pirès : *Taxi*

2. (aller répondre au téléphone) 電話に出る
   J'*y vais* !
   <small>（電話が鳴る）あたしが出るわ！</small>
   Pinoteau : *L'étudiante*

■ **y aller de…** (participer à une activité collective) 催しに…を持ち出す，披露する
   La nuit même, vous pourrez *y aller de* votre sauterie.
   <small>当日の夜，パーティーをやってもいいな．</small>
   Balducci : *Trop jolies pour être honnêtes*

allonger (compléter une somme déjà payée; payer) 残金を払う，支払う
   Ça m'étonnerait qu'ils *allongent* la fraîche.
   <small>彼らが残金を払うなんてあり得ないわ．</small>
   Gainsbourg : *Stan the flasher*

   Il paraît que c'est elle qui *allonge* le fric.
   <small>支払いはみんな奥さんが引き受けてくれるとか．</small>
   Ledoux : *En face*

allouf (allumette) マッチ
   Vous avez du feu ? / Faut vous acheter des *alloufs*.

allu

火がありますか？ / マッチ買いなさいよ.   Corneau : *Série noire*

allu (allumeur の略) ディストリビューター
On doit encore régler l'*allu*.
まだディストリビューターを調整しなきゃ.   Dumont : *La vie de Jésus*

allumer

1. (aguicher ; provoquer ; exciter sexuellement) 欲望をそそる，むらむらさせる
   J'*allume* tout le monde mais je couche pas ... c'est ça ?
   男の気は引くけど誰とも寝ない女をやれって言うのね？   Berberian : *Six-pack*
   Vous m'*allumez*, là, non ? En tout cas je *suis allumé* !
   あんたそうやって私を興奮させてるんだろう？とにかく私はそそられちゃってる.   Miller : *Le sourire*

2. (faire feu sur) 火を付ける
   Je lui *ai allumé*, sa bagnole à c' t'enculé.
   あの馬鹿野郎の車に放火してやったんだ   Assayas : *Paris s'éveille*

3. (battre) 殴る
   T'as eu tort de m'*allumer* hier soir !
   昨日パパ，僕のこと殴ってはいけなかったんだ.   Braoudé : *Neuf mois*

4. (faire boire) 飲ませる
   Je l'*ai allumé* au pastaga, de bon matin.
   俺は朝っぱらからそのデカにパスティスを飲ましたんだ.   Megaton : *Exit*

5. (faire feu sur) 発砲する
   Tu débarques le moindre de tes pourris de flics et j'*allume* le premier client qui me tombe sous la main.
   お前が糞警官の一人でもよこしてみろ，手許にいる客を撃ち殺すからな.   Avary : *Killing Zoe*

■ **s'allumer** (se battre) 殴り合う
Je *me suis allumée* une fois avec elle au gymnase.
あたしその子と体育館で喧嘩したことあるのよ.   Amérís : *Mauvaises fréquentations*

Alonzo

■ **allons-y, Alonzo!** さあ行こう（「反響連鎖」"enchaînement par écho" による洒落）
Allez ! *Allons-y, Alonzo !*
さあ，行こうじゃないか.   Godard : *Pierrot le fou*

alors
- **ça alors!** (dis donc!; ça par exemple!; non mais alors!) なんてこった，これはひどい，いやはや，へーえ
  Tu vas rire...des bébés. / *Ça alors!*
  （僕の絵のテーマのこと話したら）君笑うだろうな…赤ん坊なんだ. / まああきれた！
  Thévenet : Sam suffit

- **et alors!** (qu'est-ce que ça peut faire?; ce n'est pas grave) それが何だっていうの？，大したことないだろう
  C'est pas l'heure! / *Et alors!*
  いつも来る時間じゃないじゃないか！/ だったら何よ！　　Beineix : *37°2 le matin*

alpaguer (retenir; arrêter) ひっ捕らえる，捕まえて離さない
La situation est drôle, la situation de ce maître d'hôtel qui *alpague* ce client, en racontant qu'il vient de faire l'amour avec sa femme, c'est une situation comique.
変なんですよ，この給仕長の立場は，客を捕まえて，その客がセックスした相手は自分の妻だって話してるんですから，コミックな状況ですよね.
Fontaine : Augustin

Alphonse
- **fonce, Alphonse!** 急げ（「反響連鎖」"enchaînement par écho"による洒落）
  Alphonse, je crois que c'est ton wagon. Allez, *fonce, Alphonse!*
  （駅へ旅行する子供を見送りに来て）アルフォンス，あれがお前の車両だろう．さあ，突っ走れ！（Alphonse が子供の名前なので洒落が二重になっている）
  Truffaut : L'amour en fuite

alu (aluminium の略) アルミニウム
Mets-la dans du papier *alu*.
それをアルミホイルにくるんで.　　Thompson : *La bûche*

am
- **Am stram gram pic et pic et colégram ... bourre et bourre et ratatam** (formule servant à désigner celui à qui sera attribué un rôle particulier dans un jeu) 遊びの鬼を選ぶ数え歌．最後の音節に当たった者が鬼になる．（表記に多少の違いがある）
  Je peux aller faire une partie de colin-maillard? *Am, stram, gram, pic et pic et colle et gram.* Vas-y c'est toi qui t'y colle.
  鬼ごっこ1回できるけど？　アム・ストラム・グラム・ピッケ・ピッケ・コ・レ・グラム．さあ，あんたが鬼よ．
  Bourguignon : Les dimanches de Ville d'Avray

amazone

Am stram gram, pic et pic et colégram Am satram gram, pic et pic et colégram... / Tu voudrais qu'on t'aide à choisir objectivement entre nous trois, lequel est le meilleur pour toi ?

ダルマサンコロンダ / 僕ら3人のうち君に一番ふさわしい男を選ぶのを手伝ってやろうか？

Huth : *Serial lover*

amazone (prostituée de grande classe, en automobile) 車に乗って客を拾う高級娼婦

C'était une pute qui draguait en voiture. Une *amazone*, comme on appelle.

車で客を拾う娼婦でした．アマゾーヌってやつです．

Miller : *Garde à vue*

âme

■ **avoir des états d'âme** (avoir des scrupules ; être sensible) 気後れする，敏感である

J'ai pas envie de mettre 15 personnes sur le trottoir parce que monsieur *a des états d'âme*.

こちらの方が尻込みしてるからといって15人の従業員を路頭に迷わすわけにはいかないんだ．

Gilou : *La véité si je mens II*

amener (apporter) 持ってくる

Il t'*a amené* ça.

（ネックレスを見せて）その男が君にってこれを持ってきたんだ．

Leconte : *Rue des plaisirs*

■ **qu'est-ce qui t'amène ?** (qu'est-ce qui me vaut le plaisir ? ; quel bon vent t'amène ?) 何で来たの？，どういう風の吹き回しだい？

Tiens, *qu'est-ce qui t'amène ?*

おや，何かご用？

Rivette : *Haut bas fragile*

Amerlo (Américain) アメリカ人

Y z'avaient des mouflettes, dans leur armée, les *Amerlos* ?

アメリカって軍隊に女もいたのか？

Malle : *Zazie dans le métro*

amerloque (américain) 米語，（大文字で始めて）アメリカ人

Flasher du mot flash, c'est de l'*amerloque*.

露出するはフラッシュが語源で，アメリカ語さ．

Gainsbourg : *Stan the flasher*

Ah zut ! *Des Amerloques* !

しまった，アメリカ人だ！

Godard : *Pierrot le fou*

ami

■ **trente millions d'amis** (chien) 犬（テレビの犬の番組）

30 millions d'amis, mon cul !

（犬に追われた泥棒が）犬のことを30万の友達だなんてよく言うよ！
Zeitoun : *Yamakasi*

amour
■ **à tes amours!** (à la tienne!; tchin tchin!) 乾杯！
A tes amours, Arlette*!* / Et aux tiennes, ma grande!
アルレットに乾杯！/ あんたにも乾杯！
Zidi : *Arlette*

amphète (amphétamine) アンフェタミン（覚醒剤）
Je vais aller te chercher des *amphêtes*.
これからアンフェタミンを持って来てやる.
Limosin : *L'autre nuit*

amphi (amphithéâtre の略) 講堂
Elle était où? / Par terre, dans l'*amphi*.
このブローチどこにあったの? / 下に落ちてた，講堂の.
Lioret : *Mademoiselle*

amuse-bouche (amuse-gueule) 酒のつまみ
Eh, les gars, dans le nouvel *amuse-bouche*, c'est un rognon d'agneau saisi à la racine de chicorée.
（シェフが）おい，みんな，こんどのつまみにはチコリの根をそえた小羊の腎臓を焼いたものだ.
Varda : *Les glaneurs et la glaneuse*

amuse-gueule (haschisch; ligne) 注射以外の麻薬
Tu lui prends pour 3000 balles : shoots et *amuse-gueules*, je t'en rembourserai.
彼から3千フラン分のヘロインやいろいろ買って来て，後でお金をあげるから.
Dupontel : *Bernie*

an
■ **comme de l'an 40** (complètement) まったく
Tes problèmes, moi ta mère, je m'en fous *comme de l'an 40*.
お前の問題なんかお母さんはね，屁とも思っていないんだよ.
Serreau : *La crise*

anar (anarchiste の略) アナーキスト
Tu es un vieil *anar*.
あんたは根っからのアナーキストなのよ.
Chabrol : *Rien ne va plus*

anchois (imbécile) 愚か者
Pour Arthur, mât de misaine, sapajou, *anchois*.
（ヨット乗りの）アルチュール向きの悪口に，フアマストとか醜いちびとか愚か者なんてのはどう.
Miéville : *Après la réconciliation*

andouille (personne stupide) 愚かな人
Tu peux pas faire attention, *andouille*!

angoisse

（皿を落としたウエイトレスに）注意するんだ，この馬鹿！

Gainsbourg : *Je t'aime moi non plus*

angoisse
■ **c'est l'angoisse** (c'est ennuyeux ; c'est très inquiétant ; c'est désagréable ; c'est pénible) それは厄介だ，とても不安だ，不愉快だ
Je travaille mon latin. On a commencé l'écrit hier... *C'est l'angoisse*.
ラテン語の勉強してるの．昨日筆記試験が始まったのよ…とても不安だわ．

Pinoteau : *L'étudiante*

annonce (actionner la claquette au démarrage d'une prise) カチンコ
(Metteur en scène) Moteur ! / (Ingénieur son) Ça tourne. / (Metteur en scène) *Annonce* / (Assistant) Dolorès 33 sur un, première. / (Metteur en scène) Action ! ... Coupez.
[監督] スタート．/ [録音技師] スタートします．[監督] カチンコ．/ [助手] ドロレス 1 の33, テイク 1．/ [監督] アクション．…カット．

Toussaint : *La patinoire*

antigel (spiritueux ; verre de marc) リキュール，スピリッツ
J'ai connu un auxiliaire qui s'est fini à l'*antigel*.
俺の知ってる嘱託はアル中でおだぶつさ．　　Leconte : *Une chance sur deux*

apache (voyou) やくざ
Irma Vep ... c'est les *apaches*.
イルマヴェップってごろつきの世界なんだ．　　Assayas : *Irma Vep*

apéricube (apéritif + cube) アペリチフと共に食べる小さなつまみ
un quotien intellectuel d'*apéricube*
知能指数は最低．　　Berberian : *Paparazzi*

apéro (apéritif の略) アペリティフ
Le meilleur *apéro* du monde, un peu de cassis, un peu de vin blanc.
最高のアペリティフはカシス酒を少々と白ワインを少々だ．

Rhomer : *Le signe du lion*

appart (appartement の略) アパルトマン
Tu nous vois dans notre *appart*, avec un bébé ?
今のアパートで子供が産まれたらどうなるか想像してみて？　　Braoudé : *Neuf mois*

apprendre
■ **ça apprendra à *qn.* à *inf.*** (ça servira de leçon à ; ça corrigera ; fais attention à ne pas...la prochaine fois) …するとどうなるか身にしみるだろう，いい薬になる，この次は…しないように気をつけろ
Ça m'apprendra à être sentimental.

女になんかうつつを抜かすと足元をすくわれるっていい教訓になるよ.
Beineix : Diva

Ça t'apprendra à bosser avec des nazes.
駄目な奴等と働くとこのざまだ. Gilou : <i>La vérité si je mens II</i>

Ça m'apprendra à me mêler de ce qui me regarde pas.
もう自分に関係ないことに口を出さないことにしよう.
Thompson : Décalage horaire

■ **je vais t'apprendre à** *inf.* (si tu fais des choses comme ça, je te corrigerai 〔je te punirai; tu seras puni〕) ただではおかないぞ, お仕置きだ

Je vais t'apprendre à voler les personnes âgées.
お年寄りから盗むようなことをしたら放っとかないからな！
Bardiau : Le monde de Marty

après

■ **être après** (en vouloir à) 恨む, 怒る

Depuis les flics, vous *êtes après* moi, vous me haïssez.
あなた警察に呼ばれたんであたしのこと怒って, 憎んでるんでしょう.
Beineix : Mortel tranfert

aprèsm(') (après-midi) 午後

Tu travailles pas cette *aprèsm'* ?
今日は午後仕事はないの？ Dumont : <i>L'humanité</i>

archi (architecture の略) 建築

Plus personne achète de tableaux, de sculptures ... moi je vais pas prendre de risques, je vais faire *archi* plutôt.
もう誰も絵や彫刻を買わないから僕は危険を冒したくないので, むしろ建築をやろうと思っています. Garel : <i>Le vent de la nuit</i>

argent

■ **en avoir pour *son* argent** (avoir une chose; obtenir un plaisir proportionné à la dépense ou à l'effort) 出費・努力に見合った物・快楽を得る

Vous l'achetez ce journal ou vous le lisez ? / Je le prends mais je n'*en ai* pas *pour mon argent*.
（キオスクのおやじが）その新聞買うんですか, 立ち読みですか？ / 頂くけど（これっぽっち読むためだけじゃ）損しちゃうわ. Truffaut : <i>Vivement dimanche</i>

arguer (jeter) 投げ捨てる

On va l'*arguer* plus loin.
もっと遠くへいって奴を投げ捨てよう. Dumont : <i>La vie de Jésus</i>

arioul (ベルベル語．âne; aghioul; rioul) 愚か者，間抜け
   Arioul, va !
     この阿呆め！
                              Gilou : *La vérité si je mens*

arme
■ **passer l'arme à gauche** (mourir) 死ぬ
   Pour s'évader faut *passer l'arme à gauche*.
     人生から逃げ出すには死ぬしかない．
                              Blier : *Tenue de soirée*

arpion (pied; orteil) 足，足指
   Ça va, les *arpions* ? / On fait aller.
     足指はどうかね？/ まあなんとか．
                              Tavernier : *L. 626*

arracher
■ **s'arracher**
1. (partir; s'en aller rapidement; se casser) 素早く立ち去る，消える
   Allez *arrache-toi*.
     さあ，さっさと行けよ．
                              Rochant : *Vive la République*
   Laisse béton, on *s'arrache* !
     やめとけ，ずらかろう！
                              Zeitoun : *Yamakasi*
2. (accomplir un effort important) 一生懸命にやる
   On continue, on *s'arrache* !
     (水泳コーチが) 続けて，頑張って！
                              Chatiliez : *Tanguy*

arranger
■ **s'arranger** (s'améliorer en vieillissant, avec le temps) 歳と共によくなる
   Tu *t'arranges* pas, toi !
     お前一向にましにならないんだな．
                              Bral : *Extérieur nuit*

arriver (éjaculer; arriver au bout) 射精する，イク
   C'est tout juste si t'*arrives* pas avant d'être parti.
     お前早漏気味なんじゃないか．
                              Blier : *Les valseuses*
■ **arrive ici** (viens ici; approche-toi) こっちへおいで
   Patricia, *arrive ici*.
     パトリシア，こっちへ来いよ．
                              Godard : *A bout de souffle*

arroser
■ **arroser ça; s'arroser** (fêter en buvant) お祝いに一杯やる
   Ça fait aujourd'hui 6 mois que nous nous connaissons. On *arrose ça* ? / Oui, *arrosons ça*.
     僕たち知り合ってから今日で半年になるよ．一杯やる？/ ああ，一杯やろう．
                            Ozon : *Gouttes d'eau sur pierres brûlantes*

Un mariage, *ça s'arrose*.
結婚ともなりゃ祝杯をあげなきゃ.   Molinaro : *La cage aux folles*

arsouiller
■ **s'arsouiller** (boire avec excès) 飲み過ぎる
Le soir de la fête du village, je *me suis arsouillée* comme une vieille noix.
村祭りの晩, あたしものすごく飲んじゃったのよ.
    Davila : *La campagne de Cicéron*

Arte (Association relative à la télévision européenne の略) ヨーロッパテレビ連合局（教養番組が主体）
Mets-toi devant la télé et regarde *Arte*.
テレビの前に座って教養番組を見てな.   Krawczyk : *Taxi II*

artisse (artiste) 芸術家
Les *artisses*, c'est souvent comme ça.
芸術家ってだいたいそんなもんさ.   Malle : *Zazie dans le métro*

artiste (fantaisiste peu sérieux dans le travail) 気まぐれ者, 役立たず
Les deux *artistes*, vous allez m'entendre.
このろくでなしども, パパは怒るからな.   Berliner : *Ma vie en rose*

as
■ **plein aux as** (riche) 金持ちの
C'est tout de même étrange que ce mec qui est *plein aux as*, avec une femme pareille, se fasse la malle, ça pue non ?
それにしても不思議だよな, カネをうじゃうじゃ持ってて, あんないい奥さんがいる奴が姿を消すなんて, 変じゃないか？   Chatiliez : *Le bonheur est dans le pré*

■ **passer à l'as** (escamoter) 巧みに避ける, かわす
Ça fait combien de fois que je le réclame ? Et chaque fois, il *passe à l'as*.
もうどれくらい役所に請求してるだろう？ その度に巧く逃げられちゃってるんだ.
    Tavernier : *Ça commence aujourd'hui*

asiate (asiatique の略) 東洋人
Un mec devant lui il commence à le braquer l'*asiate*, il est devenu fou quand il a vu le flingue.
東洋人の前の男が銃で彼を脅すと, はじきを見たとたん東洋人は気が狂ったようになる.   Zonca : *Le petit voleur*

Aspégic (aspirine qui possède de nombreuses propriétés antalgiques et anti-pyrétiques, mais aussi anti-inflammatoires et fluidifiant le sang)

Aspro

アスピリン系薬品
T'as pas un *Aspégic*?
あんたアスペジック持ってないかな？
Lioret : *Mademoiselle*

Aspro (marque d'aspirine) アスピリン剤
T'as pas une aspirine ? / Un *Aspro*, ça te va ?
アスピリンある？/ アスプロでいいか？
Braoudé : *Neuf mois*

assedic (Association pour l'emploi dans l'industrie et le commerce の略) 商工業雇用組合
Vous n'avez pas touché d'*assedic*?
失業手当は貰わなかったの？
Jacquot : *La fille seule*

assoc (association の略) 団体、協会
Je pleure pas après l'*assoc* pour cinquante balles d'argent de poche par mois.
俺なんかは月50フランの小遣いを協会にせがむような真似はしないな。
Sinapi : *Nationale 7*

associal (contre la société ; sauvage ; antisocial) 非社会的な
Je sais que t'as des tendances *associales*.
君には非社会的傾向があるよね。
Vernoux : *Love etc.*

J'suis pas *associal* à ce point-là.
僕はそれほど社会に反抗的ってわけじゃないんだ。
Varda : *Les glaneurs et la glaneuse*

assurer (être à la hauteur de la situation) 状況を把握して対処できる
J'ai peur de pas *assurer*, le jour J.
僕は出産の日にちゃんとしていられるか自信がない。
Braoudé : *Neuf mois*

■**assure!** (ne te fais aucun souci ; fais sans avoir peur ; je m'en charge) 心配しないでやれ。
Présente-nous là ! Vas-y, *assure* !
俺達をあの女の子たちに紹介してくれ。ほら、あれこれ考えずに！
Siegfried : *Louise*

asticot

1. (individu petit) 小さい人
Dis donc, écoute l'*asticot*.
おい、聞くんだ、ちび！
Bardiau : *Le monde de Marty*

2. (personne de peu d'importance) しがない男、やつ、野郎
Le gros sénateur, le tout petit *asticot*, ces deux-là viennent chez moi pour se faire faire des costumes.

大物の議員さんと、まったくの小者がうちの店に服の注文に来るんだ.
Duchemin : *Faust*

attaque
■ **d'attaque** (courageux; en pleine forme) 元気な、体調のいい
Tu te sens *d'attaque* ?
あんた元気ある？
Guédiguian : *A la place du cœur*
Je suis *d'attaque*.
あたし元気よ.
Thompson : *Décalage horaire*

attaquer
■ **attaquer à** (commencer à boire) 飲み始める、手をつける
Qu'est-ce que t'as ce matin ? T'*as attaqué au* cognac ou quoi ?
今朝はどうしたんだ？コニャックになんか手を出したのか？
Chouraqui : *Les menteurs*

atteint (troublé mentalement ; malade) 心が乱れた、狂った
Remarque, il était gravement *atteint*, hier soir.
そうそう、あの方昨晩はたいそう動揺なさっていましたよ. Lioret : *Mademoiselle*

attendre
■ **attendre après** (attendre pour voir) 会うために待つ
Ça fait une demie-heure que ces gens *attendent après* le maire.
この人たち市長に会うために、もう30分も待ってるんです. Dumont : *L'humanité*

attraper (réprimander) 叱る、とがめる
Je me suis fait drôlement *attraper* par votre frère.
あんたの兄貴にすごくとっちめられたよ.
Becker : *L'été meurtrier*

auberge
■ **ne pas être sorti de l'auberge** (se trouver dans une situation dont il est difficile de se dégager ; être loin d'en avoir fini avec les difficultés) まだ難問が控えている、これからが大変だ.
Qu'est-ce que vous avez envie de jouer ? / Je ne sais pas...quelque chose de facile pour commencer. / Si vous allez à la facilité, vous *êtes pas sorti de l'auberge*.
君は何を演じてみたいかね？/ そうですね、手始めに何かやさしいものを. / 安易さに走っていると、どうにもならないよ.
Téchiné : *J'embrasse pas*

aut' (autre) 別の
On terminera une *aut'*fois.
今度ちゃんとしましょうね.
Leconte : *Tango*

autant
■ **autant le dire** (je ne peux plus le cacher plus longtemps ; ça ne sert

autre

à rien; il vaut mieux le dire)　これ以上隠しておけない，隠そうとしても無駄だ

Mais qu'est-ce que c'est que cette histoire? / *Autant le dire*, c'est vrai.

それどういうことなの？ / 話しちゃったほうがいいわね，本当のことなんです．

Ozon : 8 femmes

■ **autant pour moi**　(je me suis trompé)　間違えちゃった

La petite infirmière? / Elle est avec moi. / Excuse-moi ! *Autant pour moi*.

（ナンパしようとしている若者が黒人の男に尋ねる）あのかわいい看護婦は？／俺の連れだ．/ ごめん，お見それしました． Leconte : *Les bronzés*

Les mains contre le mur...et les jambes écartées. Attention ! Je suis inspecteur principal. / *Autant pour nous*, chef!

（警官たちが男３人に叫ぶ）塀に手を当てて… 脚を開け．／おいおい俺は主任刑事だぞ．/ 失礼しました，ボス！ Blier : *Buffet froid*

■ **tous autant que vous êtes**　(tous sans exception)　みんな例外なく

Vous êtes chiants, *tous autant que vous êtes*!

君達は困ったもんだな，どいつもこいつも！ Assayas : *Irma Vep*

autre

1. (que je dédaigne; que je hais)　あんな，つまらない，嫌な

T'aurais pu m'en garder, au lieu de la faire bouffer à l'*autre* camionneuse.

（この料理を）とっといてくれればよかったのに，あんな女トラック運公なんかに食わせないでさ． Balasko : *Gazon maudit*

A partir d'aujourd'hui je suis votre nouvelle référente. / Alors je ne verrai plus l'*autre* grosse vache?

（身障者の施設で）今日から私があなたの担当になります．/ じゃあもうあの太っちょ女に会わなくって済むわけか？ Sinapi : *Nationale 7*

J'ai quitté l'*autre* Benzakem là. Son affaire, elle est morte ripoux.

俺，あのどうしょうもないベンザケムの会社やめたんだ．事業はぼろぼろさ． Gilou : *La vérité si je mens*

2. (celui-là; celle-là; engin; imbécile)　あいつ，あの野郎

Qu'est-ce qu'elle a, à être encore là, l'*autre*, l'engin, là?

どうしたんだ，また来てるぞ，あのアマ，あいつ？ Balasko : *Gazon maudit*

J'ai pas l'droit, j'te dis. / Oh l'*autre* ! Tu demandes aussi la permission pour aller pisser?

（僕は心臓が悪いから）木に登っちゃいけないんだ．/ あーあ，こいつときたら，お

autrement

前オシッコするのにもいちいち許可を貰うのかよ？　　　　　　Zeitoun : *Yamakasi*

C'est un sculpteur grec qui l'a fait. Takis Naadin chose. / Et à quoi ça sert? / Ça sert à quoi? C'est de l'art. Et l'*autre* me demande à quoi ça sert. Ça sert à rien.

ギリシャ人の彫刻家がこれを作ったのさ．タキス・ナアディンなんとかっていう名だ．/ で何の役に立つんだ？/ 何の役に立つだって？これは芸術なんだぞ．それなのにこの野郎，何の役に立つかなんて聞きやがる．何の役にも立ちゃしないさ．

Gilou : *La vérité si je mens II*

■ **à d'autres!** (raconte ça à d'autres)　馬鹿を言うなよ，そんな話誰が信じるものか

Ça fait un mal de chien, je suppose! / *A d'autres!*

オカマ掘られるってものすごく痛いんだろうな！/ そんな話俺には通用しないぞ！

Fassbinder : *Querelle*

■ **en avoir d'autres comme ça** (connaître d'autres phrases toutes faites)　そのような名文句をもっと知っている

Tu *en as d'autres comme ça*?... Ouais "Le bonheur, c'est la distance qu'on met entre soi-même et les cons."

そういうの，ほかにも知ってる？　…　ああ，「幸せとは，自分と馬鹿どもとの間にもうける距離である」．

Le Pêcheur : *J'aimerais pas crever un dimanche*

■ **en mettre une autre** (mettre une autre baffe)　もう一発喰らわす

Sinon je t'*en mets une autre*!

さもないともう一発見舞うよ！

Blier : *Merci la vie*

■ **en voir d'autres** (rencontrer d'autres problèmes emmerdants)　もっとひどいことを見る，辛い目に何度も遭う

C'est pas grave. Il *en verra d'autres*.

大したことないさ．あいつももっとすごいのに出会うだろうからさ．

Limosin : *L'autre nuit*

■ **en vouloir une autre** (vouloir une autre gifle)　もう一発殴られたい

T'*en veux une autre*?

お前もっと殴られたいのか？

Braoudé : *Neuf mois*

■ **on en a vu d'autres** (on n'est plus étonné de rien; ce n'est pas la première fois)　珍しくもない，がたがたすることはない

Tu restes ici. C'est trop dangereux. / T'en fais pas. *On en a vu d'autres*.

お前はここにいろ．ヤバイからな．/ 心配すんな，どうってことないさ．

Koralnik : *Cannabis*

autrement

■ **tu me parles autrement** (Je t'interdis de me parler sur ce ton)　そ

avancer

んな口の利き方は許さない
Tu pourrais frapper avant d'entrer, non ? / Non mais *tu* me *parles autrement* !
(息子が母親に）入る前にノックぐらいしたらどう？/ なんですかその生意気な口の利き方は！
Klapisch : *Péril jeune*

avancer
■ **être avancé** (être devant la porte) （ホテルで客の車が）入り口の前に来ている
Notre limousine *est avancée*.
(冗談に自分のボロ車をリムジンに見立てて）お車が来ております.
Pascal : *Adultère*

■ **être bien avancé** (ne servir à rien) 何の役にも立たない
Si je dois continuer, je me suicide, tu *seras bien avancée*.
今のまま仕事を続けていけば，僕は自殺することになるぞ，そうしたら元も子もないじゃないか.
Serreau : *La crise*

avé (南仏語．avec) …で
Avance *avé* ta crevette !
そのちっこい車，前へ出ろ！
Krawczyk : *Taxi II*

avec (補語がない副詞的用法) いっしょに
Moi je trouve les femmes formidables. / T'as raison "formidables".
A condition d'pas vivre *avec*.
俺は女って素晴らしいと思うけど．素晴らしいってことは間違いないが，条件付きでだ．一緒に暮らさないって.
Leconte : *Tango*

averto (avertissement の略) 警告，通知
En plus, il faut que je rapporte mon *averto* signé. Et j'arrive pas à faire la signature de ma mère.
おまけに，学校からの警告書にサインして返さなきゃいけないのに，母の筆跡が真似られないんだ.
Fansten : *La fracture du myocarde*

avis
■ **à ton avis?** (c'est évident ; tu devrais savoir ; ta question est stupide ; ne fais pas semblant de ne pas savoir ; devine) 聞くまでもない，分かってるくせに，はっきりしている，言うまでもない，当ててみろ
De toute façon je suppose qu'il s'est pas gêné de son côté. / *A ton avis* !
いずれにせよあの人のほうだって羽を伸ばしてたと思うけど．/ 間違いないよ！
Gilou : *La vérité si je mens II*

Pourquoi tu veux que ce soit Claire ? / *A ton avis ?*

avoir

なんでクレールのせいにするんだ？/ 分かってるくせに．

Moll : *Un ami qui vous veut du bien*

Qu'est-ce que tu fais là ? / *A ton avis*, espèce de charogne !

こんなとこで何してるんだ？/ 見ての通りよ，このくず男め！

Blanc : *Grosse fatigue*

avoir

1. (rouler) 騙す，丸め込む，乗せる

   J'me suis tellement fait *avoir* que j'voudrais comprendre.

   あれだけ丸め込まれるとどうしてだか知りたくなるんですよ．

   Beineix : *Mortel transfert*

   Cette fois-ci on va pas s'faire *avoir*.

   今度こそ逃さないぞ！

   Zeitoun : *Yamakasi*

2. (vaincre) やっつける，征服する

   Ils ne m'*auront* pas.

   あいつらには負けないぞ．

   Guédiguian : *A la place du cœur*

   Tu me rendras mon argent au centuple toi ! J'*aurai*.

   俺のカネを百倍にして返させるぞ．お前を打ちのめしてやる．

   Gilou : *La vérité si je mens II*

3. (avoir des rapports sexuels) 性的関係を持つ

   Il a jamais eu besoin de me payer pour m'*avoir*, Raymond.

   あたしをものにするのにお金や物なんかいらなかったのよ，レーモンは．

   Miller : *La petite voleuse*

4. (tuer) 殺す

   Elle s'est barrée ce matin…mais on l'*a eue* ! Mais on n'avait plus le choix.

   あの女今朝逃げ出したんです…でもやりました！そうするしかなかったんです．

   Beineix : *Diva*

5. (deviner la pensée de qn, pénétrer un secret) 図星である，当たる

   Depuis les flics, vous êtes après moi, vous me haïssez. J'vous *ai eu*.

   あなた警察に呼ばれたんであたしのこと怒って，憎んでるんでしょう．当たりね．

   Beineix : *Mortel tranfert*

6. (avoir qn. au téléphone) 電話で話す

   J'*ai eu* Pauline, il paraît qu'elle est avec Bruno.

   ポリーヌと電話で話したんだけど，ブリュノと同棲してるらしい．

   Dupeyron : *Salomé*

■ en avoir

1. (en vouloir à, s'en prendre à) 恨む，怒る

axa

    C'est à moi que vous *en avez*?
      あたしのこと恨んでるんでしょう？   Skolimowsky : *Le départ*

2. (être courageux)　勇気がある
    En avoir (ou pas)
      勇気があるかないか   Masson : *En avoir*

■ **en avoir après** (s'intéresser à ; aimer passionnnément)　好意を抱く，熱愛する
    Ils *en ont* tous *après* Eva.
      みんなエヴァにお熱なんだ．   Aghion : *pédale douce*

■ **en avoir dans le pantalon** (avoir des couilles ; en avoir deux ; être viril)　男らしい
    On voit tout de suite les types qui *en ont dans le pantalon*.
      ちゃんとタマがついてる男かどうかすぐに分かるもんさ．   Veber : *Le placard*

■ **en avoir de bonnes** voir **bon**

■ **en avoir pour…an** (être condamné à … an de prison)　…年喰らう
    Il *en a pour* cinq *ans*.
      父は5年喰らってムショにいるわ．   Téchiné : *Les voleurs*

■ **qu'est-ce que tu as à + *inf.*?** (pourquoi)　なんで…するんだ，…するのはどうしてだ
    Mais *qu'est-ce que t'as à* me suivre comme un chien, hein?
      でもお前なんで犬みたいに僕にくっついて来るんだ？   Serreau : *La crise*

axa　((il y) a que ça)　それしかない
    Dis-le qu'y *axa* qui t'escite.　(escite は原文のまま)
      認めたらどうだ，お前の心をそそるのはそれしかないって．   Corneau : *Série noire*

A.Z.T.　(nom déposé de azidothymidine, médicament inhibiteur de la transcription génétique, utilisé dans le traitement du sida)　エイズ治療薬
    La came c'est le cauchemar, surtout quand t'en as plus. Ah, c'est autre chose que l'*AZT*.
      ヤクは，とくにあんたが切らしちゃった時なんかは悪夢ね．エイズの薬なんかとは違うのよ．   Dupontel : *Bernie*

B

B.A.　(bonne action の略)　善行（ボーイスカウト用語）

Ça sera votre *B. A.* de la journée.
   そうしてやれば今日の善行になるわ。   Skolimowsky : *Le départ*

baba
■ **en rester baba** (être stupéfait ; ébahi) 開いた口がふさがらない
   Je continue, et finalement, dans un placard…j'*en suis resté baba comme un rond de flanc.*
   （カネを捜し）続けてるとなんのことはない、戸棚のなかにあったのさ。唖然としたよ。   Corneau : *Série noire*

B.A.BA [bea ba] (tout début) 初歩の初歩、いろは
   L'autonomie, c'est le *B.A BA* de la pédagogie moderne.
   自主性は現代教育学の基本ですよ。   Tavernier : *Ça commence aujourd'hui*

babababababa (bla bla bla) べらべら
   Babababababa, t'as entendu qu'est-ce qu'i dit, c'con ?
   べらべらべらべら、聞いたか、あの馬鹿が言ったこと？   Dumont : *La vie de Jésus*

baballe (balle) ボール
   Occupe-toi de tes milliardaires en short qui jouent à la *baballe.*
   お前はショートパンツ姿でボールゲームしてる億万長者を撮ってりゃいいんだ。   Berberian : *Paparazzi*

babo(u) (idiot ; abruti ; âne ; bête ; gars) 馬鹿、阿呆、野郎
   Tu me prends pour un *babo* ?
   俺を馬鹿だと思ってるんだろう？   Gilou : *La vérité si je mens II*
   T'es un *babou* ou quoi ?
   お前阿呆か？   Gilou : *La vérité si je mens*
   J'adore c' t'acteur ! / Ce *babo*, là ?
   あの俳優さん大好き！／あの大根役者が？   Attal : *Ma femme est une actrice*

bac (baccalauréat の略) 大学入学資格試験
   T'as passé ton *bac* ?
   バカロレアはパスしたんでしょう？   Rohmer : *4 aventures*

■ **avoir bac plus…** (après le bac avoir fait…ans d'études) バカロレア取得後…年高等教育を受けている
   Moi, j'ai mon cousin, il *a bac plus six.*
   俺の従兄弟にね、バカロレアの後6年勉強した（ドクターコースまで行った）奴がいるんだけど。   Améris : *Mauvaises fréquentations*

baffe (gifle) 平手打ち
   Il va me foutre des *baffes.*
   パパにビンタ喰らっちゃうよ。   Monnet : *Promis … juré*

bafouille (lettre) 手紙
  Moi je ne retiens de cette *bafouille* que les quatre premiers mots.
   僕がこの手紙で注目するのは最初の 4 語だけだな.　　　　Gainsbourg : *Equateur*

bâfrer (manger avec excès, gloutonnement) 貪り食う，がつがつ腹一杯詰め込む
  Si on le laisse faire, il *bâfrerait* toute la journée.
   (糖尿病なのに) 放っといたらあの人一日中でも食べてるわ.　　Sinapi : *Nationale 7*

bagnole (voiture) 車
  J'aime pas les *bagnoles*.
   俺は車が嫌いだ.　　　　　　　　　　　　　　　　　　Beineix : *Diva*

bahut
1. (école ; lycée) 学校，リセ
  J'en ai marre de rester enfermé toute la journée, *bahut* dodo *bahut*.
   学校に行っておねんねしてまた学校なんて，一日中閉じこもってるのもういやだ.
   (労働者の生活を描いた métro, boulot, dodo をもじったもの)
   　　　　　　　　　　　　　　　　　　Serreau : *Romuald et Juliette*
2. (automobile ; camion) 車，トラック
  Ils sont tous endormis dans le *bahut*.
   みんなトラックのなかで寝ちまった.　　　　　　Becker : *L'été meurtrier*

baigne (coup, choc terrible) 打撃，大きなショック
  Putain con la *baigne* ! doivent pas être beaux à voir !
   (ぐにゃぐにゃになった事故車を見て) わーひでえもんだ！乗ってた連中は見られたもんじゃないだろうな！　　　　　　　　　　Limosin : *L'autre nuit*

baigner (marcher parfaitement ; aller très bien ; baigner dans l'huile, le beurre) 順調だ，完璧だ
  Tout *baigne*.
   すべてうまくいってる.　　　　　　　　　Beineix : *Mortel transfert*
  Tout *baigne* ? / Ça *baigne* à mort.
   万事好調か？／すごく好調です.　　　　　　　　Krawczyk : *Taxi II*

bail (longtemps) 長いこと
  Ça fait un *bail* que ma mère s'est remariée.
   母が再婚してもう長いことになるわ.　　　　　Téchiné : *Les voleurs*

baille
■ **à la baille** (à l'eau) 水に
  Ouais / Tu peux pas dire oui, t'es malpolie ! / Ouais. / Alors *à la baille* !
   うん. ／ ハイって言えないのか？／うん. ／ じゃあ海に投げ込んでやる.
   　　　　　　　　　　　　　　　　　Breillat : *Une vraie jeune fille*

bain

■ **être dans le bain** (être compromis dans une affaire) 事件に巻き込まれている
On *est* tous *dans le bain*.
　俺達（兄弟）はみんな 事件に巻き込まれてるんだ．　　Truffaut : *Tirez sur le pianiste*

■ **mettre *qn*. dans le bain** (impliquer) 巻き込む
Je vous *mets dans* un drôle de *bain*.
　署長を難しい立場に追い込んじゃって．　　Delannoy : *Maigret tend un piège*

baisable (désirable) 寝てみたいような，セクシーな
Donc, ce garçon ? / Je l'ai trouvé *baisable*.
　じゃその男の子って？ / 寝てもいいと思ったわ．
　　　　　　　　　　　　　　　　　　Ducastel : *Jeanne et le garçon formidable*

baisant (qui aime faire l'amour; aimable; sympathique (否定で)) 色事が好きな，愛想の良い，感じがいい
Il est gentil ? Ça dépend... Quand il a sa cuite il est pas *baisant*.
　あの人やさしいかって？ 場合によるわ… 酔っぱらってるときはぶすっとしてるの．
　　　　　　　　　　　　　　　　　　　　　　Hubert : *Le grand chemin*

baiser

1. (faire l'amour) セックスする
Ils sont partis ? / Non, ils *baisent*.
　あの二人出かけたの？ / いいえ，セックスしてるわ．
　　　　　　　　　　　　　　　　Poiré : *Le Père Noël est une ordure*

2. (tromper; duper; avoir; niquer) 騙す，一杯食わす
Cherche pas à me *baiser*.
　あたしを騙そうとしたってだめよ．　　　　　　Dupontel : *Bernie*
Qu'est-ce qui se passe ? / On s'est fait *baiser*. La came, on se l'est fait tirer.
　どうしたんだ？ / やられた，商品をかっさらわれた．　　Gilou : *La vérité si je mens*

■ **baise ta mère!** (merde!; putain!; nique ta mère!) 畜生！
Je peux pas laisser faire ça. / Connard ! *Baise ta mère* !
　見逃すわけにはいかないんだ．/ 阿呆め！こん畜生！　　Siegfried : *Louise*

baiseur (homme qui aime faire l'amour) 助平，色気違い
J'ai déjà beaucoup entendu parler de vous. / En mal, j'espère ? / Exactement. Révolté mondain, *baiseur*, goujat.
　お噂はかねがね伺っておりますわ．/ 悪いんだといいけど．/ ご期待どおり，社交界の反逆児，色好み，無作法者とか．　　Tacchella : *Escalier C*

baisodrome (lieu réservé aux ébats amoureux ; chambre à coucher ; maison de prostitution) 睦言部屋，寝室，娼家
Où il est ce *baisodrome* ?
　　彼の愛の密室はどこかな？
　　　　　　　　　　　　　　　　　Veber : *Le dîner de cons*

bakchich (トルコ語. pourboire ; pot-de-vin ; enveloppe) チップ，袖の下
Y m'demandent un *bakchich*.
　　あいつらリベートをよこせって言うんです．
　　　　　　　　　　　　　　Gilou : *La vérité si je mens*

balader (mener en bateau) 騙す，かつぐ
Tu vois pas qu'ils nous *baladent* là ?
　　お前，奴等に騙されてんの分かんないのか？
　　　　　　　　　　　　　Gilou : *La vérité si je mens II*

■ **envoyer balader** (se débarrasser de) 厄介払いする，捨てる，はねつける
J'arrive de Toulouse, j'ai tout *envoyé balader*.
　　僕トゥルーズから出てきたとこなんだ，みんな捨ててね．
　　　　　　　　　　　　　　　　　　Bunuel : *Salsa*
Et voilà qu'une femme de mon âge m'*envoie balader*.
　　ところが私と同じ年代の女性に振られることになってね．
　　　　　　　　　Truffaut : *L'homme qui aimait les femmes*

balai (an) 歳
T'imagines, faire le gorille à cinquante *balais* !
　　50にもなって遊園地でゴリラの縫いぐるみを着て働くなんて，俺の身にもなってみろよ！
　　　　　　　　　　　　　　　Leconte : *Félix et Lola*

■ **du balai !** (déguerpis ! ; va-t'en ! ; fiche le camp ! ; débarrasse le plancher !) 行っちまえ，退散しろ，出て失せろ
Allez, hop, *du balai !*
　　さあ，さっさと失せろ！
　　　　　　　　　　Poiré : *Le Père Noël est une ordure*

balaise (solide ; impressionnant ; fort ; puissant ; super ; fantastique) でかい，たくましい，しっかりした，衝撃的な，強力なすばらしい，最高の
Putain…le mec sait peindre ! / T'as vu comment c'est *balaise*, tu veux faire quoi ? On a dit : rien d'gros, rien d'lourd, on laisse tomber.
　　（盗みに邸宅に入って）すげえ…うまい絵だなー！／そんなにでっかい絵どうしようっていうんだ？大きなもの，重いもんはやめるって決めてあっただろう．
　　　　　　　　　　　　　　　Zeitoun : *Yamakasi*
Elle est *balaise* ta grenade.
　　強烈だな，君の手榴弾．
　　　　　　　　　　　　　　Krawczyk : *Wasabi*
J'en profite pour t'amener des dossiers. / Je rêve ! Bravo ! / Et ça fait

que trois mois que je suis là ! / *Balaise* !

ついでに書類も持ってきてあげたわ。/ ほんとか！やったね！/ 着任してまだ３か月というのにね！/ すごい！　　　　　　　　　　　　Tavernier : *Ça commence aujourd'hui*

balance (délateur; donneur; balanceur; rapporteur; cafteur)　告げ口屋，密告者

Je sais que la *balance* est à cette table.

この場にサツに情報を漏らした奴がいることは分かってる。　　Berberian : *Le boulet*

balancer

1. (envoyer; donner)　与える，喰らわせる

   Il me met la main dans la culotte…alors là, je lui *ai balancé* un grand coup de marteau.

   そいつがあたしのパンツの中に手を入れてきたのよ，それであたしハンマーをがつんと喰らわせたの。　　　　　　　　　　　　　　Miller : *La petite voleuse*

2. (jeter)　投げる

   Il *a* tout *balancé* contre le mur.

   死刑囚は食事を全部壁に投げつけたんだ。　　　　　　　Giovanni : *Mon père*

   Barrez-vous ou j'vous *balance* dans l'escalier !

   とっとと消えろ，さもないと階段から突き落とすぞ！　　Beineix : *Mortel transfert*

3. (dénoncer; donner)　密告する，吐く

   Ils vont te *balancer*.

   あいつらお前のことをたれこむぞ。　　　　Poiré : *Le Père Noël est une ordure*

4. (dire; raconter)　言う，話す

   T'as vu comment elle nous *a balancé* qu'elle se foutait de nos problèmes !

   おふくろが家族の問題なんてどうでもいいなんてぬかしたさま，ひどいもんだったよな！　　　　　　　　　　　　　　　　　　　　　　　Serreau : *La crise*

■se balancer (se jeter)　身投げする

Sur ce pont, moi aussi j'essayais de *me balancer*.

あの橋の上で僕も身投げしようとしていたんだ。　　Leconte : *La fille sur le pont*

baleine (personne extrêmement grosse)　異常に太った人

Qu'est-ce qu'elle raconte l'autre *baleine*, y a personne.

あの太っちょの馬鹿女何言ってんだ，誰もいないのに。　Balasko : *Gazon maudit*

baliser (avoir peur; être inquiet)　怖がる，不安にかられる，びびる

L'autre il *a balisé*, il commence à tirer.

相手は怖じ気ついてピストルを撃ちはじめる。　　　　Zonca : *Le petit voleur*

balle (franc)　フラン

ballon

C'est vrai que trois cents *balles* de plus ou de moins par semaine c'est primordial pour elle et son connard de Jules.

週に３百フラン浮かせるかどううかってことが彼女とあの馬鹿旦那にとっては重大なことなのよ.

Thompson : *La bûche*

■ **trou de balle** (anus) 肛門

Il y a des mecs qui se les bouffent par le *trou de balle*.

茄子をけつの穴で食う男もいるんだ.

Fassbinder : *Querelle*

ballon

■ **attraper le ballon** (devenir enceinte) 妊娠する

Tu viendras pas te plaindre d'attraper mal au ventre ! Elles sont vertes ces pommes ! / Et toi tu viendras pas te plaindre d'*attraper le ballon*.

あんた後でお腹が痛いなんて言って来たって知らないわよ. このりんご未熟なんだから. ／ 姉さんだってお腹膨らんで泣きついて来たって知らないわよ.

Hubert : *Le grand chemin*

ballot (naïf ; bête. imbécile の euphémisme) 馬鹿, 薄のろ

Fallait m'appeler, *ballote* !

しょうがない子だなー, 俺を呼べばよかったのに！ Jugnot : *Monsieur Batignole*

baltringue (idiot ; imbécile ; bon à rien ; peureux) 馬鹿, 阿呆, 役立たず, 恐がり

Je m'serais emmerdé grave...parce qu'avec vos *baltringues* de surfeurs.

俺だったらえらく退屈しただろうな…だってあんな馬鹿サーファー相手じゃ.

Bennsalah : *Le ciel, les oiseaux et ...ta mère*

baluchon

■ **faire *son* baluchon** (partir ; faire *sa* valise) 出かける

Pourquoi continuent-ils à travailler ? Pourquoi ne *font*-ils pas *leur baluchon* ?

何故あいつら働き続けてるんだ？どうしてどっかに行かないんだ？

Eustache : *La maman et la putain*

bam

■ **wham, bam, crac** voir **wham**

bamboula

1. (fête ; noce ; bombe) 騒ぎ

C'est bientôt fini la *bamboula* !

騒ぎはいい加減にしろよ！ Poiré : *Le Père Noël est une ordure*

2. (homme noir) 黒人

Après-demain, Charlotte m'amènera un *bamboula* ou un niak.

明後日，シャルロットが黒人だかヴェトナム人を連れて来る．
Gainsbourg : *Charlotte for ever*

banane
1. (échec; déficit) 失敗，欠損，赤字
   Franchement, moi, jamais j'aurais osé te proposer l'affaire, c'est pas possible. En plus, avec les *bananes* que tu t'es ramassées... / Quelles *bananes*? J'ai eu deux trois coups durs, il y a pas de quoi s'affoler.
   正直言ってあんたにこの話持ちかける気には全然なれなかった，無理だもん．おまけにあんたが蒙った損害のこと考えると... / 損害だって？ そりゃ2，3度は痛い目にあわされたが，うろたえるほどのものじゃない．
   Gilou : *La vérité si je mens*

2. (imbécile) 馬鹿
   T'as quoi sur l'écran? / "L'inspecteur Derrick" / Mais non, *banane*, pas la télé! Sur les écrans de surveillance.
   画面に何が映ってる？ /「デリック刑事」/ 馬鹿もん，テレビじゃない，監視カメラにだ！
   Salomé : *Belphégor*

3. (sac qu'on met à la ceinture) ウエストポーチ
   Si tu cherches ton ticket de loto de merde, je te l'ai mis dans ta *banane* de merde.
   あんたくだらないロトの券捜すんだったら，あんたのお粗末なウエストポーチに入ってるわ．
   Berberian : *Le boulet*

bananer (battre; prendre le dessus; être vainqueur) やっつける，優位に立つ，勝利する
On les *a bananés* pendant la Coupe du Monde.
ワールドカップのときにあいつらたたきのめしたんだ．
Krawczyk : *Taxi II*

bandant (désirable; qui provoque l'excitation sexuelle) 色気のある，気持ちをそそる，ムラムラさせる
Ce qui me faut, c'est une gonzesse, *bandante*!
俺には女が要るんだ，立っちゃうような女が！
Blier : *Les valseuses*

■ **pas bandant** (pas passionnant; pas enthousiasmant; pas emballant) 気をそそらない
Vous n'avez jamais travaillé dans une maison de retraite? Ben, c'est *pas bandant*.
老人ホームで働いたことない？ 楽しいもんじゃないよ．
Noé : *Seul contre tous*

bande-mou (celui qui n'arrive pas à bander) 立たず野郎
Bande de pédés, impuissants, sales traîtres, *bande-mou*!
ホモ，不能，裏切り者，へなちん！
Pascal : *Adultère*

bander (être en érection) 勃起している
Je *bande* encore.
僕まだエレクトしている.   Téchiné : *Alice et Martin*
Elle me fait vraiment *bander* cette carette.
この女はほんとに興奮させるよ.   Dumont : *L'humanité*

baraque (maison) 家
Elle est sympa cette *baraque*.
この家いいじゃないか.   Braoudé : *Neuf mois*

■ **bouffer la baraque** (ruiner) 破産させる
Il me fout un saumon par sushi, ce hamar-là. Il est en train de me *bouffer la baraque*.
（パーティー料理に）あの馬鹿野郎，でっかいソーモンを鮨に乗せやがって．これじゃ破産だ.   Gilou : *La vérité si je mens*

■ **casser la baraque** (faire échouer ses projets) 計画を挫折させる
J'm'en voudrais de te *casser la baraque*.
（他の女に親しくしようとしている恋人の間近を通り過ぎて）ぶち壊したんなら悪いわね.   Bral : *Extérieur nuit*

baraqué (robuste ; fort de carrure) 体格のよい，がっしりした
Il sort demain. Vingt-six ans, *baraqué*.
明日退院する患者でね．26歳のがっしりした男.   Pinoteau : *L'étudiante*

baratin (discours mensonger ; invention) でまかせ，巧言，でっち上げ
Elle m'a écrit. / *Baratin*.
ママが手紙くれたわ．/そんなでまかせ.   Miller : *La petite voleuse*
Le *baratin*, ça ne marche pas avec moi.
巧いこと言ったってあたしには通用しないの.   Téchiné : *Barroco*

barbaque (viande ; chair humaine) 肉
Moi, mon kif, c'est de leur couper leur langue qu'ils vous fourrent dans la gueule comme un paquet de *barbaque* fraîche.
人の口の中へ生肉の塊みたいに突っ込んでくる奴らの舌を切ってやる，それがあたいの楽しみなのさ.   Megaton : *Exit*

barber
1. (ennuyer ; assommer) うるさがらせる，うんざりさせる
Tu nous *barbes*.
パパ，子どもたちにいろいろうるさく言い過ぎだよ.   Limosin : *L'autre nuit*
2. (voler ; arnaquer) 盗む，だまし取る
T'essaies de m'*barber* là ?

俺から盗もうとしてんな？　　　　　　　El Mechri : *Génération cutter*
barbot(t)er (voler) 盗む
J'ai mis les biberons dans la chambre de bonne pour pas qu'on me les *barbotte* comme l'autre fois.
この前みたいにやられないように酒の瓶は女中部屋に入れといたんだ.
　　　　　　　　　　　　　　　　　　　　Jugnot : *Monsieur Batignole*

barbouiller
■ **être barbouillé** (avoir la nausée) 吐き気がする
Je peux rien manger, je *suis* toute *barbouillée*.
何も食べられないのよ，悪阻(つわり)がひどくて.　　　　Braoudé : *Neuf mois*

barder (prendre une tournure violente ou dangereuse) 険悪になる, 荒れる
Ça *barde* là-haut.
上のほうじゃ騒ぎが起きてる.　　　　　　　Poiré : *Les visiteurs*
Si mon père il me voyait, ça *barderait* !
もしパパに（僕がビールなんか飲んでるのを）見られたらえらいことになるぞ！
　　　　　　　　　　　　　　　　　　　　　　　Gatlif : *Swing*

barge ; barjo(t) (jobard の逆さ言葉. fou ; excité sexuellement) 気が変な（人），性的に興奮した（人）
On va devenir *barges*.
頭がおかしくなる.　　　　　　　　　　　　Berberian : *Six-pack*
C'est un *barge*.
あいつは気違いなんだ.　　　　　　　　Holland : *Olivier est là*
C'est toi le *barjo* !
いかれてるのはお前のほうだ！　　　Manzor : *36.15 Code Père Noël*
Non mais il est *barjot* celui-là !
まあやだ，あいつったらさかりがついちゃって！　Sinapi : *Nationale 7*

barka
■ **barka labsala!** (ユダヤ語. arrête tes bêtises !) 馬鹿なことはやめろ
Barka labsala! Tu veux nous faire honte devant les parents de ta future bru, c'est ça ?
変なことしないで！　未来のお嫁さんのご両親の前であたしたちに恥をかかせたいってわけ？　　　　　　　　　　Gilou : *La vérité si je mens II*

Barnum (bruit ; désordre) 騒ぎ
Barnum de *Barnum* !
なんて馬鹿騒ぎをしやがって！　　　　　　Kounen : *Le Dobermann*

baron

baron (complice d'un escroc) 詐欺師の共犯者
Allez, donne-moi le nom des deux *barons*.
さあ、共犯の二人の名前を吐くんだ。   Siegfried : *Louise*

barouf(le) (vacarme; tapage; scandale) 物議、大騒ぎ、喧噪
Le témoin fait du *barouf* dans un bar.
証人がバーでわめきたてるのよ。   Ducastel : *Drôle de Félix*

barre (dix mille francs; bâton) 1万フラン
Si tu veux rentrer dans l'affaire maintenant, c'est 25 *barres*.
事業に加わりたいんだったら、今なら25万にしとく。   Gilou : *La vérité si je mens*

■ **point barre** (point à la ligne; un point c'est tout) これ以上何も言うことはない
Not'boulot c'est d'exécuter les ordres, *point barre* !
俺達の仕事は命令を実行する、ただそれだけだ。   Zeitoun : *Yamakasi*

barré (un peu fou) ちょっと変な
Je te croyais un peu *barré*, en fait t'es juste con.
お前はすこしおかしいと思ってたが、ほんとはただの馬鹿なんだ。
                                            Guit : *Les kidnappeurs*

■ **être mal barré** (s'engager mal dans une affaire; être mal parti, mal engagé) 出だしが悪い
Pas d'argent, pas de vêtements, pas d'adresse où aller. Je vous vois *mal barrée*.
カネがない、着るものもない、行くあてもないときちゃあんた先が思いやられますよ。
                                            Blier : *Les valseuses*

barrer

■ **se barrer** (s'en aller rapidement; quitter) 立ち去る、姿を消す、別れる
Tout ça pour faire plaisir à mon père qui va *se barrer* de toute façon.
父をよろこばせようとこんなにいろいろやったって、いずれどこかに行っちゃうのにね。
                                            Thompson : *La bûche*
Vite ! on *s'barre* !
早くしろ、ずらかるんだ！   Beinex : *Diva*

se barrer en couilles voir **couille**

bas

■ **bas de laine** (argent économisé) へそくり
Pour vous fourrer dans un mic-mac pareil, il fallait qu'il y ait un joli *bas de laine*.
あんたがこんなに混乱しているのは結構な額のへそくりを見つけたってことだな。
                                            Corneau : *Série noire*

basané (Magrhébin ; Arabe ; bronzé)　赤銅色の肌の人，アラブ系の人
　Pourtant, les *basanés*, ils sont gentils avec les vieux, d'habitude.
　　でも，アラブ系の人って普通年寄りには親切だって言うけど．
　　　　　　　　　　　　　　　　　　　　　　　Gatlif : *Gaspard et Robinson*

basse
■ **doucement les basses** (n'exagère pas)　言い過ぎるな，大袈裟だ
　Foutez-moi la paix ! / Non bah dis donc ! *Doucement les basses*, hein.
　　うるさくしないでくれ！／おいおい，（親切に言ってるのに）その言いぐさはあんまりじゃないか．
　　　　　　　　　　　　　　　　　　　　　　　Oury : *La grande vadrouille*

bassiner (ennuyer ; importuner ; casser les pieds)　うるさがらせる
　Je suis traqué par un homosexuel en rut, les luminaires nous tombent sur le coin de la tronche : commence à me *bassiner* votre tournée à la con.
　　発情したホモには追いかけ回されるし，照明は頭の上に落っこちてくるし，こんな馬鹿馬鹿しい巡業はもううんざりし始めたよ．
　　　　　　　　　　　　　　　　　　　　　Leconte : *Les Grands ducs*
　C'est qui qui nous *a bassiné* avec la Grande Distribution ? C'est pas toi ?
　　大型流通の時代だってうるさく言ってたのは誰だったかな？君じゃなかったっけ？
　　　　　　　　　　　　　　　　　　　　Gilou : *La vérité si je mens II*

baston (bagarre)　乱闘，喧嘩
　Il se la joue super-chaud à la *baston*.
　　あいつ喧嘩じゃすごく強いってとこ見せるのさ．
　　　　　　　　　　　　　　　　　　　　　　　Kassovitz : *La haine*

bastonner
■ **se bastonner** (se battre)　争う
　Moi, je comprends qu'on *se bastonne* pour du fric, des meufs.
　　俺はカネや女のことで争うのは分かるけどさ．　Bellon : *Les enfants du désordre*

bastos [bastos] (balle d'arme à feu)　弾丸
　Un vrai flingue avec de vraies *bastos*.
　　（俺のは）本物の弾が入った本物のピストルだぞ．　Kassovitz : *La haine*
　Il a pris trois *bastos* dans le buffet.
　　かれは胸に3発喰らったんだ．　　　　　　　Gainsbourg : *Equateur*

bastringue
■ **et tout le bastringue** (et tout le reste)　その他もろもろ
　Tu crois qu'ça va durer longtemps ton strip là, ta drogue *et tout l'bastringue* ?
　　あんた，ストリップの仕事とか，ヤクとかいろんなこと長続きすると思ってるの？
　　　　　　　　　　　　　　　　　　　　　　　Berto : *La neige*

bâtard

bâtard

1. (enfoiré; crétin) 馬鹿, 白痴
   Arrête de parler d'mes parents, *bâtard* !
   俺の両親を持ち出すな, 阿呆！
   　　　　　　　　　　　　　　　　　　　　Siegfried : *Louise*
2. (flic) 刑事, デカ
   Ces *bâtards*, ils ont essayé de me menacer.
   あのデカども俺を脅そうとしやがった.
   　　　　　　　　　　　　　　　　　　　　Megaton : *Exit*

bâtarde (salope; vache; putain) 質の悪い女
Putain, elle a même pas dit merci, la *bâtarde* ! 畜生,
（命を救ってやったのに）御礼の言葉もないんだから, くそばばあ！
　　　　　　　　　　　　　　　　　　　　Zeitoun : *Yamakasi*

bateau (不変化) (banal; ressassé) 月並みな
Je pensais que vous alliez me poser des questions plus *bateau*.
あたしインタビューでもっとありふれた質問されると思ってたの.
　　　　　　　　　　　　　　　　　　　　Foulon : *Une autre femme*

■ **embarquer sur le même bateau** (mettre dans la même situation difficile, dans l'emmerdement) 同じような危険な目に遭わせる
Tu vas plus m'*embarquer sur le même bateau* que lui.
奴と同じようなやばい目にもう遭わせないでくれよな.　　Fassbinder : *Querelle*

■ **mener *qn.* en bateau** (tromper; faire des promesses fallacieuses)
騙す, 担ぐ
Je suis sûre que tu es le sien〔son genre〕. Elle te regardait. / Mais non ! Tu me *mènes en bateau*. Ce n'est pas du tout le genre de filles auxquelles je plais.
あんたきっと彼女の好みよ. この間あんたのこと見てたもん. / そんな！ うまいこと言って. 僕のことなんか気に入るようなタイプの女の子じゃぜんぜんないよ.
　　　　　　　　　　　　　　　　　　　　Rohmer : *Conte d'été*

bath (agréable, beau, chic) 感じの良い, きれいな, 素敵な
Vous êtes rien *bath*.
あんたってとても素敵よ.　　　　　　　　Malle : *Zazie dans le métro*

bâton

1. (membre viril; pénis) 男性性器
   Elle touche un *bâton*.
   女はコックに触る.
   　　　　　　　　　　　　　　　　　　　　Denis : *Nénette et Boni*
2. (dix mille francs; barre; boule) １万フラン
   Ce mec-là, il a planté tout le Sentier. Rien qu'à moi, il me doit 12

bâtons.

> あの野郎サンティエ街中を踏み倒してるんだ．俺だけにだって12万も借金があるんだぞ．
> Gilou : *La vérité si je mens*

■ **avoir le bâton** (être en état d'érection) 勃起している
Y se passe que je bande. Tu vois ? C'est pas souvent : *bâton* de gendarme !

> エレクトしちまったてことさ．ほら？滅多にないんだ，こんなにコチコチになるのは！
> Bouchitey : *La lune froide*

■ **en bâton** (qui vaut rien ; en branche ; en barre) まったく価値のない
T'as vu mon dernier film ? De la merde *en bâton*, ils ont écrit les critiques.

> 私の最新作見たかね？ 批評家どもめ，まったくくだらないって書きやがった．
> Blier : *Merci la vie*

battant (personne dynamique, ambitieuse) 闘志満々な人，やり手
Tu passes un moment dans un lit avec une vraie bonne femme, une *battante* !

> これからやる気満々な熟女とお床入りだ．
> Blier : *Les valseuses*

battre

■ **n'avoir rien à battre** (n'avoir rien à foutre ; branler ; cirer) 関係ない，どうでもいい
Les enfants *n*'en *ont rien à battre*. L'amour filial, ça n'existe pas.

> 子供は親の死にざまなんか問題にしない．親に対する愛なんかないんだから．
> Noé : *Seul contre tous*

bavard (avocat) 弁護士
J'ai un combat à huit heures ! Sortez-moi de là ! Je veux un *bavard* qui me sorte de là !

> 8時に試合があるんだ！ここから出してくれ．サツから出してくれる弁護士を頼む．
> Becker : *Les enfants du marais*

baver

■ **en baver** (souffrir ; en chier ; être dans une situation très pénible ; vivre des moments difficiles) 苦しむ，辛い時期を過ごす，酷い目に遭う
Maman *en a* assez *bavé* ! Et c'était toujours des nanas.

> ママはずいぶん苦しんだわよ！ それもいつだってパパの女のことでね．
> Thompson : *La bûche*

Ils lui *en* font pas trop *baver* ?

> 息子は刑務所で酷い目に遭ってないか？
> Guédiguian : *A la place du cœur*

bavure

■ **baver sur** (critiquer ; dénigrer ; dire du mal de) 悪口を言う
Qu'on apprenne pas que t'*as bavé sur* nous, on te tue.
あたいたちにケチをつけたことが知れたらぶっ殺されるわよ.
Brisseau : De bruit et de fureur

bavure (quelqu'un sans importance) つまらない人間
Vous voyez bien que je suis une *bavure*.
ご覧の通り私はつまらない人間です.
Leconte : Les Grands ducs

bazar
1. (désordre ; tapage ; vacarme) 混乱, 騒ぎ
Vous allez voir c'*bazar*!
騒ぎが持ち上がりますからね！
Zeitoun : Yamakasi
2. (ensemble d'affaires) 所持品
Assieds-toi et sors ton *bazar*.
座って持ち物を出しなさい.
Gainsbourg : Stan the flasher
3. (sexe de l'homme) 男性のセックス
Tu crois qu'il a un gros *bazar*? / Un gros quoi? / Tu crois qu'il a un gros kiki?
彼大きなチンポしてると思う？／大きな何？／大きなおちんちんよ.
Poiré : Le Père Noël est une ordure

■ **tout le bazar** (tout le reste) その他諸々
On ramenait un tas de jeunes, avec leurs vélomoteurs, *tout le bazar*.
たくさんの若者たちをトラックで連れてきた, バイクやいろんなものも乗せて.
Becker : L'été meurtrier

bazarder (se débarrasser de, abandonner, balancer) 手放す, 始末する
Moi, j'suis pas comme toi à *bazarder* tout ce qui vient d'avant.
あたしはママと違って前からあったものを捨てたりしないわ.
Marshall : Au plus près du paradis

B.C.B.G. (bon chic bon genre の略) 上品ぶった
Tu me prends pour une bourge *BCBG* mais je suis tolérante moi.
あんたあたしを上品ぶったブルジョワと勘違いしてるけど, 話は分かるのよ.
Thompson : La bûche

B.D. (bande dessinée の略) 漫画
C'est vachement *BD*, hein ça?
この絵すごく漫画っぽいわね？
Rohmer : 4 aventures

beans ; bins ; binz [bins] (pagaille ; problème ; histoire. merdier. bordel の euphémisme) 面倒, ごたごた, 騒ぎ

On fait tellement tout un *binz* autour de cette chose ... alors quand on me demandait de faire la chose une fois ... Ça allait.
> あたしあのこと（セックス）であんまりしつこくされるもんだから… 一度だけ寝てやったのはよかったんだけど.
> Doillon : *La fille de 15 ans*

Qu'est-ce que c'est que ce *beans* ?
> （ホテルの壁面のライトが引きちぎられているのを見て支配人が）なんだこのていたらくは？
> Poiré : *Les visiteurs*

beau
- **en apprendre des belles** voir **belle**
- **en faire des belles** voir **belle**
- **qu'est-ce que...de beau** (qu'est-ce que...d'intéressant) 何か面白いこと，いいこと（de beau は疑問の語気緩和）

Qu'est-ce que tu fais *de beau*? / Moi, je suis allée en vacances.
> あなたは今何してるの？／ヴァカンスに行ってきたところよ.
> Rhomer : *Le rayon vert*

beauf
1. (beau-frère の略) 義理の兄弟

Dis donc, ton *beauf* il a pas un camion ?
> なあ，君の義理の兄貴，トラック持ってなかったっけ？
> Beineix : *37°2 le matin*

2. (Français moyen aux idées étroites, conservateur, grossier et phallocrate ; mec misérable, pépère, grossier, ringard, vulgaire) 偏狭で，保守的で，粗野でマッチョな平均的フランス人，哀れな，粗野な，野暮な，品のない奴（CabuのBDから）

Pour toi, avoir un enfant, c'est forcément être un *beauf*, c'est ça ?
> 子供を持つなんてことはあんたにはどうしたってダサイってことになるんでしょうね？
> Klapisch : *Peut-être*

Qu'est-ce qu'une femme de sa classe foutait avec un *beauf* pareil ?
> 彼女のようにちゃんとした出の女がどうしてあんな下品な男とつるんでるんだ？
> Beineix : *Mortel transfert*

bec
- **se retrouver le bec dans l'eau** (ne rien obtenir) 何も得られない

Si tu fais pas ton film, je vais *me retrouver le bec dans l'eau*.
> あんたの映画が立ち消えになったら，元も子もなくしちゃうわ.
> Garrel : *Sauvage innocence*

- **tomber sur un bec** (rencontrer une difficulté, un obstacle imprévu) 困ったことになる，思わぬ障害にぶつかる

bécane

Ce n'est pas déshonorant de *tomber sur un bec*.
　失敗したって別に不名誉なことじゃない.　　　Rhomer : *Le signe du lion*

bécane
1. (machine; motocyclette) オートバイ
Ils sont d'accord pour me prendre avec eux, mais ils fournissent pas les *bécanes*.
　チームには入れてくれるって言ってるけど, マシーンは提供してくれない.
　　　　　　　　　　　　　　　　　　　　　Miller : *La petite voleuse*

2. (machine; appareil) 機械, 器具
Ça marche au poil cette *bécane*.
　この機械バッチリすよ.　　　　　　　　　Huth : *Serial lover*
Je ne sais pas ce qui me retient de lui foutre la *bécane* dans la gueule.
　あいつのつらにこのタイプを投げつけてやりたいくらいよ.　Miller : *Garde à vue*

bécasse (imbécile) 馬鹿
Allez, faites pas votre *bécasse*.
　さあ, また馬鹿なことしてないで.　　　　Haneke : *La pianiste*

be(c)queter
1. (manger) 食べる
T'as rien à *becqueter* ?
　何にも食い物がないのか　　　　　　　　Rohmer : *Le signe du lion*
2. (mordre) 噛む
Il m'*a becqueté* un mollet.
　こいつおれのふくらはぎに噛みつきやがった.　Poiré : *Les visiteurs*

beignet
■ **claquer le beignet** (gifler; donner une beigne) ひっぱたく
Je vais te *claquer le beignet* !
　この野郎, ひっぱたいてやるぞ！　　　　Skolimowsky : *Le départ*

Belge
■ **fume, c'est du Belge** voir **fumer**

belle
■ **en apprendre des (de) belles sur** (apprendre des choses défavorables, honteuses sur) …についてよくない噂を聞く
J'*en apprends des belles sur* vous !
　あんた評判がよくないよ.　　　　　　　　Varda : *Kung-fu master*

■ **en faire des (de) belles** (faire des fredaines, des bêtises) 羽を伸ばす, やりたいほうだいする

Tu as dû *en faire des belles* pendant trois jours.
　　3日間，羽目を外したんだろう．　　　　　　Gabus : *Melancoly baby*

ben (pantalon) ズボン
Pourquoi vous vous êtes pissé dans votre *ben* ?
　　どうしてズボンにおもらししたんですか？　　Kassovitz : *Assassins*

bénitier (sexe de la femme) 女性性器
Et toi la frustrée du *bénitier*, quand est-ce que tu te tapes le curé ?
　　お前男に飢えてんだろう，いつになったら坊さんとやるんだ？（bénitier の「聖水盤」と curé「司祭」の意味にかけた洒落）
　　　　　　　　　　　　　　　　　　　　Sinapi : *Nationale 7*

berceau
■ **prendre *qn.* au berceau** (prendre *qn.* très jeune) ずっと年下の相手を愛人にする
On les *prend au berceau* ?
　　年下の相手がいいもんな？　　　　　　Corneau : *Série noire*

berlingot (queue; pénis) ペニス
Tu sors ton petit *berlingot* et tu pisses là où il y a de l'eau.
　　（犬になった男に）おちんちんをだして水が流れてるところでおしっこするんだよ．
　　　　　　　　　　　　　　　　　　　　Chabat : *Didier*

bête

1. (mec; type) そいつ，奴
   Déconne pas ! Pousse pas la *bête*.
   　　馬鹿なことを言うな！そいつを挑発するんじゃない．　　Siegfried : *Louise*
2. (grosse moto) 大型オートバイ
   Ah, putain, elle est belle celle-là ! Brave *bête* !
   　　わー，あれ立派だね！すごいオートバイだ！　　Varda : *Kung-fu master*
3. (chose extraordinaire) すごい物
   Voilà la *bête* ! Je t'avais dit que je me mettrais au portable.
   　　これが例のすごいやつです！ノートパソコンにするって言ってたでしょう．
   　　　　　　　　　　　　　　　　　　　　Berberian : *Six-pack*

   Putain, la belle *bête* !
   　　わー，立派なタイプライターだな！　　Marx : *Rhapsodie en jaune*
4. (chiffre) 数字
   C'est pas décalé, t'as oublié cette *bête*, là ! Elle doit êt'ici cette *bête*, là.
   　　（子供に計算を教えている）桁が上がってない，この数字を忘れたんだ，この数字はここにこなきゃいけないんだよ．　　Philibert : *Être et avoir*
5. (le plus simple; pas compliqué) 最も簡単な，シンプルな

béton

Le coquelet à l'américaine, on peut l'avoir sans l'américaine...le coquelet tout *bête*.
その若雄鶏のアメリカ風っていうの，アメリカ風でなくって，若雄鶏だけシンプルでいただけます？
Sautet : Garçon

béton (tomber の逆さ言葉) 落ちる
Laisse *béton*, elle parle pas français.
放っとけよ，彼女フランス語喋らないんだから．
Gilou : La vérité si je mens

beu (herbe の逆さ言葉．cannabis; MSC) マリファナ
Dis-moi, il te reste de la *beu* ?
ねえ，ハシッシュまだある？
Despentes : Baise-moi

beur (jeune Maghrébin de la deuxième génération. arabe の逆さ言葉)
第二世代の若いマグレブ人
Des petits cons qui s'amusent à casser du forain comme on casse du bougnoule ou du *beur*.
北アフリカの移民や，アラブ人を人が見境無くやっつけるように，馬鹿なチンピラどもは移動遊園地の人間を痛めつけて楽しんでるのさ．
Leconte : Félix et Lola

beurk ! (nauséabond; pouah!, dégoûtant; répugnant; écœurant) 吐き気を催す，オエー！気持ち悪い！，嫌気が差す，胸が悪くなる
On boira le lait de la ferme quand il sort tout chaud de la vache. / *Beurk !*
搾りたてでまだ暖かい農家のミルクを飲もうよ．/ やだ！
Truffaut : L'amour en fuite

Il était là, à mater les mômes. Ça m'a vraiment écœuré. / Il est vraiment dégoûtant, ce type, malsain, *beurk !*
あいつはリセの前で高校生をじっと狙ってたんだ．ほんとに．/ まったく気持ちの悪い奴だな，不健全で虫ずが走るよ！
Veber : Le placard

beurre

■ **compter pour du beurre** (être négligé; être méprisé; ne pas être pris en considération) 無視される，軽蔑される，相手にされない
Pourquoi il me dit jamais rien à moi ? Je *compte pour du beurre* ou quoi ?
あいつはどうして僕には何も言ってくれないんだ？ 問題にされてないってことか？
Klapisch : Péril jeune

On ne demande pas notre avis. On *compte pour du beurre*.
大人は俺たち子供の意見なんか聞きゃしない．数に入らないんだ．
Delrieux : Touche pas à mon école

■ **vouloir (avoir) le beurre et l'argent de beurre et le cul de la crémière** (vouloir tout; être trop exigent; falloir choisir entre deux choses)

何でも欲しがる，我侭すぎる，どちらかを選ばなければいけない，どっちもって訳にはいかない

Beuh... mais c'est dégoûtant... en plus, cette substance visqueuse ! / Ah mon vieux, faut savoir ce que tu veux ... on peut pas *avoir le beurre et l'argent du beurre et le cul de la crémière* !
_{（初めてコンドームを手にして）プワー！嫌な感じ…おまけにこのねとねとするやつときたら！／なあ君，どっちかにしなきゃ．何もかもいいって訳にゃいかんのだよ．}

Nauer : *Les truffes*

beurrer
■ **se beurrer la gueule** (s'enivrer ; se saouler) 酔っぱらう
Je déprime. Je vais *me beurrer la gueule*.
_{落ち込んでるんだ．これから酔っぱらおう．}   Téchiné : *Hôtel des Amériques*

bezef (アラビア語. beaucoup) 多くの
Il en reste pas *bezef*. _{いまはあんまり残っていない．}   Corneau : *La menace*

biberon
1. (pistolet) ピストル
Tu poses ton *biberon* par terre et tu mets un coup de pied dedans jusqu'à moi.
_{ハジキを下に置いてあたしんとこまで蹴ってよこしな．}   Crawczyk : *Wasabi*

2. (bouteille de boisson) 酒の瓶
J'ai mis les *biberons* dans la chambre de bonne pour pas qu'on me les barbotte comme l'autre fois.
_{この前みたいにやられないように酒の瓶は女中部屋に入れたんだ．}

Jugnot : *Monsieur Batignole*

bibi (moi) 俺
Je sais comment ça se passe. Il ressort dans un mois et après c'est *bibi* qui l'a sur le dos.
_{今後の成りゆきは目に見えてますよ．こいつは1か月後には出所で，こちとらはこいつに付けねらわれるって筋書きが落ちですね．(bibi は3人称扱いで qui l'ai としない)}   Kassovitz : *Assassins*

bibiche (biche) かわいこちゃん
Oh, ma *bibiche*, viens, on va s'éclater sur le divan.
_{さあ，おねえちゃん，ソファーでお楽しみといこうよ．}   Tavernier : *L'appât*

bibine (boisson de mauvaise qualité ; mauvaise bière) 質の悪い酒，ビール
Je sens pas trop la *bibine* ?

bibli

俺酒臭くないか？ Téchiné : *Alice et Martin*
Mouton-Rothschild 1929 ! C'est pas de la *bibine* !
1929年もののムートン・ロトシルドとは！すごい代物だ！
Tavernier : *Laissez-passer*

bibli (bibliothèque の略) 図書館
Où est-ce que t'as appris ces conneries ? / Ben, à la *bibli*, dans des bouquins.
そんな変なことどこで習ったんだ？ / そりゃ，図書館でさ，本に出てた．
Devers : *Max et Jérémie*

biche (champagne) シャンパン
Sers-moi un coup d'*biche*.
シャンパンを注いでくれ． Gilou : *La vérité si je mens*

bicher
1. (aller bien) 元気だ
Et ton mari, ça *biche* ?
で旦那は元気かい？ Miller : *Le sourire*
Tiens, Suzanne ! Ça *biche* ?
あら，シュザーヌ，調子はどう？ Godard : *Une femme est une femme*
2. (être satisfait ; se réjouir) 満足する，嬉しがる
Seigneur, comme vous devez *bicher* devant tant d'harmonie !
主も調和の取れた世界をご覧になってさぞ喜んでるでしょう！
Heynemann : *La vieille qui marchait dans la mer*

bicoque (maison ; baraque) 家
J'ai trouvé une vieille *bicoque* qu'ils ont rénovée.
あたしが見つけた古い家屋を改装してもらったの．
Klapisch : *Chacun cherche son chat*

bicot (Arabe) アラブ人
Nique ta mère, sale *bicot* !
畜生，アラブ野郎め！ Dumont : *La vie de Jésus*

bide
1. (échec ; revers) 失敗，裏目
Dès qu'on se paye un *bide*, on dirait que ça te fait plaisir.
客が不入りだと，あんた喜んでるみたいね． Téchiné : *Alice et Martin*
2. (ventre) 腹
Tu as risqué de prendre un coup de couteau dans le *bide*.
お前さんは腹にナイフをぐさっとやられるところだったんだぞ． Zidi : *Les ripoux*

bidet (con ; laid) 馬鹿な, 醜い（ひと）
Impuissant, *bidet*, escroc, bâtard!
インポ, 馬鹿, ペテン師, 阿呆！ Leconte : *Les Grands ducs*

bidoche (viande) 肉
J'ai l'impression qu'j'ai pris goût à la *bidoche*.
肉が好きになってきたみたいだ. Kassovitz : *Assassins*

bidon
1. (simulé ; truqué ; artificiel ; de mauvaise qualité) 見せかけだけの, 偽の, 質の悪い
   Il faut que tout le monde comprenne ici qu'il est ton ami et que c'est pas *bidon*.
   彼がお前の友達で, それが嘘じゃないってことを会社の全員に分かってもらわなけりゃいけないんだ. Veber : *Le placard*
   T'as mis qui sur les braquages *bidons*?
   誰を囮の強盗に回した？ Kounen : *Le Dobermann*
   Les filles qui se font choper dans les journaux, elles ont toujours l'air *bidon*.
   新聞に載るしょっ引かれた女たちの写真って, みんな写りがよくないよな. Kounen : *Le Dobermann*

2. (mensonge ; boniment ; n'importe quoi) 嘘, ほら
   J'essaie d'arranger vos *bidons*.
   あんたのごまかしの辻褄を合わせようとしてるんだ. Poiré : *Le Père Noël est une ordure*

■ **c'est du bidon!** (c'est pas vrai ; c'est de la comédie ; c'est du vent ; c'est du bluff) はったりだ, 無価値だ, そんなの嘘だ, 全部お芝居だ
C'est la troisième fois qu'il vomit. / *C'est du bidon!*
彼もう3度も吐いてるのよ. / どうせお芝居よ！ Poiré : *Le Père Noël est une ordure*

bidule (machin ; truc ; chose) それ, あれ, 何とか言うもの
Elle arrête pas de me causer toute la nuit…de ses médicaments, là, de ses *bidules*…
あの子一晩中話しかけるのよ…飲んでる薬のこととか, なんだとかかんだとか… Miller : *L'effrontée*

■ **bidule machin chouette** (n'importe quoi) いいかげんなこと, なんでもいい
Tu baratines, *bidule machin chouette*.

bien

  うまく話をでっちあげるんだ.

Berberian : *Paparazzi*

bien
■ **pas bien** (un peu fou ; pas normal) 頭が変な
  Non mais, ça va pas non ? Il est *pas bien* lui ?
  (伯父に殴られて) もう, ひどいんじゃない, 頭がいかれてるわ！

Miller : *La petite voleuse*

bif(f)eton (billet de banque) 紙幣
  Elle est toujours en train de me montrer des *biffetons*.
  あの女いつも俺に札びらを切るんだ.

Masson : *En avoir*

biffe (honte) 恥
  Ça fait con...donc j'ai un peu la *biffe*. / C'est quoi la *biffe* ? / La honte quoi.
  (イギリス人の英語教師に, 英語の歌を正確に歌えなくて) 馬鹿みたいでしょう... それで僕ちょっとビフなんです. / ビフって何？ / 恥ずかしいってこと.

Klapisch : *Péril jeune*

bignole (concierge) 管理人
  La *bignole* l'a sûrement.
  鍵は管理人が持ってるはずです.

Delannoy : *Maigret tend un piège*

bigo (téléphone ; bigophone) 電話
  Un petit coup de *bigo* et ça ira.
  ちょっと電話すれば充分だろう.

Corneau : *Série noire*

biler
■ **se biler** (se faire du souci ; s'inquiéter) 気をもむ, 心配する
  Te bile pas. On foutra ça dans une poubelle.
  気をもむことはないわ. (死人の) 衣類はごみ箱に捨てちゃうから.

Poiré : *Le Père Noël est une ordure*

billard
1. (table d'opérations chirurgicales) 手術台
  On dirait une opération sur le *billard*.
  あの女は (冷感症で) 手術台に横になった患者を相手にしているみたいだ.

Blier : *Les valseuses*

2. (route droite et plane) 真っすぐで平坦な道路
  Une plage comme ça ce serait du *billard* pour les courses d'autos.
  あんな砂浜ならカーレース用のいい道路になるよ.

Allégret : *Une si jolie petite plage*

bille (argent) お金

Elles sentent mauvais ses *billes*...une boîte de nuit pour laver le fric...
c'est ringard comme truc.

彼のカネは匂うんだよ…洗うのにディスコなんて…やりかたがダサイんだよな.

Téchiné : *Les voleurs*

■ **toucher *sa* bille** (être compétent, efficace)　有能である，精通している
Je suis nulle en bricolage. / Moi, j'*touche* un peu *ma bille*.

あたしって修理だめなのよ. / あたしはちょっとは巧いほうね.

Balasko : *Gazon maudit*

billet

■ **ficher *son* billet que** (assurer que)　断言する，請け合う
Je vous *fiche mon billet qu*'il n'a jamais rien su.

私が自殺しようとしたことなんて彼がぜんぜん知らないのは確かよ.

Truffaut : *La femme d'à côté*

binette (tête ; visage ; gueule)　頭,
Monte pas trop vite, sinon tu vas te casser la *binette*.

あんまり速く登っちゃだめよ，落っこちるから.　　Hubert : *Le grand chemin*

biniou

■ **c'est du biniou** (ce n'est pas vrai)　そんなの嘘だ
Pour ton poteau...wallou ! / Mais non, *c'est du biniou*, j'en ai pas.

（女の子にやる菓子はあっても）ダチにはないんだよな. / 違うよ，そんなことはない，僕持ってないんだもん.

Monnet : *Promis...juré*

bins ; binz voir beans

bique (femme revêche)　気難しい女
Mais qu'est-ce que c'est ? / C'est pour moi. C'est la vieille *bique*.

なんだありゃ？/ あたしに用がある人．うるさい婆さんなの.

Poiré : *Les couloirs du temps*

biroute (membre viril)　男性性器
On ne fait pas les finitions, il y a des endroits spécialisés où on s'occupera de ton problème de *biroute*...

ここではスペシャルはやらないの，あんたのチンポの問題を解決してくれる専門のところがあるでしょう…　　Marshall : *Vénus Beauté*

biscuit

1. (argent)　お金
Il est revenu sans *biscuit*.

あいつ一文無しで帰国したんだ.　　　　　Huber : *La reine blanche*

2. (renseignement)　情報

bisou

　　Je ne me suis jamais embarqué avec si peu de *biscuits*.
　　こんなに乏しい情報で捜査に当たるのは初めてです。
　　　　　　　　　　　　　　　　　　Delannoy : *Maigret tend un piège*

■ **tremper *son* biscuit** (faire l'amour)　セックスする
　　T'as peur que je *trempe mon biscuit*?
　　俺にやられるのが怖いのか？　　　　　Dupeyron : *La machine*

bisou (baiser; bise)　接吻
　　Je peux te faire un *bisou*, Capitaine Haddock ?
　　チューしてもいい，アドック船長さん？
　　　　　　　　　　　　　　　　　Poiré : *Les anges gardiens*
　　Mamy te fait de gros *bisous*.
　　おばあちゃんがあんたによろしくって．
　　　　　　　　　　　　　　　　　Bardiau : *Le monde de Marty*

bisquer (enrager)　腹を立てる
　　Exprès. Rien que pour me faire *bisquer*.
　　わざとそうしたんだ．俺を怒らせるためだけに．　　Corneau : *Série noire*

bistouquette (pénis; membre viril)　ペニス
　　Tu parles espagnol toi? Moi non plus…c'est pas grave, on laissera parler nos *bistouquettes*.
　　スペイン語話す？おれもだめ…そんなのいいさ，あれにものを言わせりゃ．
　　　　　　　　　　　　　　　　　Nauer : *Les truffes*

bite (pénis)　ペニス
　　Mais oui, c'était ça. C'est ma *bite* qu'elle veut.
　　やっぱりそうだったんだ，この女，俺のものが欲しいんだ．　Noé : *Carne*
　　On fera des concours de *bites*.
　　みんなでなにの大きさを競い合おう．　　　　　　Leconte : *Tango*

bit(t)er (comprendre)　理解する
　　J'y dis quoi ? j'*ai* rien *bité*.
　　彼に何と言うのよ？あたしにはチンプンカンプンだったのよ．
　　　　　　　　　　　　　　　　　Poiré : *Les couloirs du temps*

black

1. (femme noire)　黒人女
　　Te casser où ? / Là, où je trouverai une femme…belle. / Une *black*.
　　おまえここを出てどこへ行くんだ？ / 女が見つかるとこさ…美人の．/ 黒人女はどうだ？
　　　　　　　　　　　　　　　　　Dupeyron : *Salomé*
2. (haschisch; noir)　ハシッシュ
　　Ça va pas ton mec…quinze pour cent sur du *black*, il nous prend pour des nases.

どうにかしてるぞ、そいつ…ブラックで15パーも取るなんて、おれたちを馬鹿だと思ってるのか。
Téchiné : Les voleurs

blair (nez) 鼻
Je cherche Pauline Reggio? / Celle qui a une bouche à bite et un grand *blair*, ouais.
ポリーヌ・レッジオって女を捜してるんだが。/ フェラ向きの口とでっかい鼻の女だったらいるけど。
Berberian : Le boulet

blairer (supporter) 我慢する
Moi, elle ne m'*blaire* pas.
俺はあの女に嫌われてるんだ。
Dardenne : La promesse
J'peux pas *blairer* ces connards.
あの馬鹿どもには我慢がならない。
Siegfried : Louise

Blanche-Neige (personne noire) 黒人
Blanche-Neige et moi on va se tirer dessus.
黒ちゃんと（アラブ人の）俺が監視カメラに写っちゃ具合が悪いだろう。
Kassovitz : La haine

Blanchette (personne noire ; Blanche-Neige) 黒人
Comment tu t'appelles? Oh, tu réponds, *Blanchette*!
（刑事が黒人の容疑者に）お前なんていうんだ？（答えないので警官が）おい、答えろ黒んぼめ！
Vergez : Racket

blanchir (laver des capitaux d'origine frauduleuse) マネーロンダリングをする
Je *blanchis* de l'oseille pour la mafia.
今はマフィアのカネを洗う仕事してるんだ。
Gilou : La vérité si je mens II

blé (argent, pognon, oseille) カネ
Tu peux me prêter du *blé* ?
カネ貸してくれないかな？
Beineix : Diva
J'ai pas de *blé*.
あたしお金ないの。
Thompson : La bûche

bled (localité, village, ville d'origine, pays d'origine) 場所、村、出身地、祖国
C'est fade comme *bled*.
しけた町だな。
Blier : Les valseuses
C'est quoi son *bled*, déjà ? / C'est la Mauritanie.
彼の国どこだっけ？/ モーリタニアだ。
Pawlotsky : Intimités

■ **aller au bled** (retourner dans *son* pays natal) 祖国に戻る

blème

Si on veut pas *aller au bled*, faut pas faire de conn'ries, là !

国へ帰りたくなかったら馬鹿なことしちゃだめだぞ，な！　　Pawlotsky : *Intimités*

blème (problème の略) 問題，困ったこと

Comment on va faire avec ta maman ? / Y'a pas d'*blème*. Des fois, j' la vois pas pendant une semaine.

あんたのママにはどう話たらいい？/ 問題ないさ．1週間も会わないことあるもの．

Siegfried : *Louise*

bleu

1. (pour les débutants ; facile) 初心者用の，容易な

Quarante minutes pour faire une piste *bleue*.

初心者用のコースに40分もかけて．　　Pinoteau : *L'étudiante*

2. (débutant ; novice) 新入り，新米

Eh, le *bleu* ? Il faut qu'il prenne un ticket, là-bas !

おい，新米だろう？あそこの番号札とらないとだめだぞ．　　Pirès : *Taxi*

bleuette (chanson d'amour sans importance) 軽い恋愛歌

Y a tout dans cette histoire. L'amour, le meurtre, la jalousie...le sexe. Ça commence comme une *bleuette*, ça finit dans le sang.

そのシナリオのストーリーには総てが揃ってるの．恋愛あり，殺人あり，嫉妬あり…セックスありで．軽い恋のシャンソンみたいに始まって流血事件で終わるのよ．

Chouraqui : *Les menteurs*

bloc (gars fort ; individu invincible, sans faille, qu'on ne peut pas atteindre) 強い奴，不屈な，弱点のない，びくともしない人

Charlie était le meilleur des flics. Un vrai chasseur de tueurs. Un *bloc*.

チャーリーは最高のデカでね，殺し屋ハンターの名に恥じないタフガイだった．

Berberian : *Six-pack*

■ **à bloc** (complètement) 全く

Il est remonté *à bloc* le cousin.

すごくいきり立ってますよ，従兄弟は．　　Lioret : *Mademoiselle*

bloquant (qui paralyse ; qui bloque) おじける，あがる

C'est *bloquant* de chanter devant vous !

あなたの前で歌うなんてあがっちゃうわ．　　Masson : *En avoir*

blouser (tromper) 騙す

On s'est laissé *blouser* par des politicards.

俺たち，政治屋どもにはめられてたんだ．　　Bluwal : *1996*

blues (英語．mélancolie ; déprime ; cafard) メランコリー，憂鬱

J'avais un petit coup de *blues*. / Moi aussi j'ai un coup de *blues*...cette

période tous les ans ça fout les boules.
> あたしちょっと落ち込んでたのよ. / 僕も落ち込んでるな…この時期になると毎年うんざりしちゃうのさ.
> Thompson : *La bûche*

bobard (fausse nouvelle; canulard)　虚報，冗談，嘘
Arrêtons les *bobards*, réponds-moi vraiment.
> おたがいに嘘っぱちはやめよう. 君の本心を言ってくれ.
> Serreau : *La crise*

bobine (tête; expression du visage)　顔，顔つき
Ils vont en faire une drôle de *bobine*.
> その話しを聞いたらみんな変な顔するだろうな.
> Demy : *L'événement le plus important depuis que l'homme a marché sur la lune*

bobinette
■ **en faire une bobinette** (faire une drôle de tête)　変な顔つきをする
C'est pour toi que j'l'ai tué... Ben ça a pas l'air de te faire plaisir! T'*en fais une bobinette*.
> この兎あんたのために絞めたのに. 嬉しそうじゃないわね, 変な顔してるもの.
> Hubert : *Le grand chemin*

bobo (petite plaie; mal)　小さな傷，痛み（幼児語）
Vous avez surtout eu de la chance de ne pas tomber le nez sur le carrelage. Là, vous auriez pu vous faire *bobo*.
> 倒れたとき鼻をタイルにぶつけなくてよかったですね. イタイタしてたかもしれませんから.
> Bonitzer : *Rien sur Robert*

bobonne (femme d'intérieur)　主婦
Dès que *Bobonne* se pointe, les chaloupes à la mer! Les femmes et les enfants d'abord!
> 山の神が姿をみせたら災難を避けるためにまず女子供が先に逃げ出すってわけね.
> Lautner : *Joyeuses Pâques*

bocal
■ **agité du bocal** (individu excité)　興奮した人
Tu vas pas me déterrer un tibia de gamine comme l'autre *agité du bocal* que j'ai connu en taule.
> （気違いのように穴を掘る犬に）俺がムショで知り合った狂躁病のやつみたいに, お前, 女の子の脚の骨なんか掘り出してくれるなよな.
> Gainsbourg : *Stan the flasher*

boche
■ **c'est toujours ça que les boches n'auront pas** voir **ça**

body (英語. sous-vêtement féminin très collant, d'une simple pièce, qui couvre le tronc)　ボディースーツ

bois

J'ai les couches, j'ai le *body*, non j'ai rien oublié.
<small>おしめもある，ボディースーツもある，何も忘れてないな．</small> Braoudé : *Neuf mois*

bois

■ **toucher du bois** (conjurer le mauvais sort; croiser les doigts) （木のものに触って）厄払いする

Pas de blessé ? / Rien pour l'instant... J'*touche du bois*.
<small>負傷者はいないか？ ／ いまのところはゼロだ… このままでいくようにおまじないをしよう．</small> Zeitoun: *Yamakasi*

boîte

1. (école) 学校
   On m'a foutu dans une *boîte* privée... une école de commerce.
   <small>私立学校に入れられちまった…商業学校だ．</small> Téchiné : *Alice et Martin*
2. (bureau; office; usine; société; magasin) 会社，事務所，工場，店
   On ne parle plus de me virer à la *boîte*.
   <small>会社じゃもう僕をクビにする話しなくなったよ．</small> Veber : *Le placard*
   De toute façon la *boîte* va fermer.
   <small>いずれにせよこのデパートは閉鎖になるんだ．</small> Klapisch : *Riens du tout*
3. (discothèque) ディスコ
   Je suis jamais allée en *boîte*.
   <small>あたしディスコになんて行ったことないの．</small> Rhomer : *4 aventures*
4. (boîte à réflexions; tête) 頭脳，頭
   Il te mettra dans la petite *boîte* quelque chose de drôlement poivré.
   <small>（ストリッパーのお尻の動きをみていると）それで頭んなかになんだかとってもエッチな思いが吹き出てくるよ．</small> Miller : *Le sourire*

■ **mettre en boîte** (se moquer) 馬鹿にする

Il nous *met en boîte*.
<small>あいつ俺達を馬鹿にしてる．</small> Pirès : *SWB*

bol (chance) 幸運

Je sais que t'as du *bol*.
<small>お前が憑いてるのは分かってる．</small> Guédiguian : *A la place du cœur*

bombe (belle fille; canon) 美女

C'est devenu une *bombe*, la meuf !
<small>あの娘すごい美女になった！</small> Masson : *En avoir*

■ **bombe atomique** (très belle fille) 最高の美女

T'es une *bombe atomique*... t'arrives, t'as du taf tout'd'suite.
<small>あんたすごくきれいだもの… 来たら，すぐに仕事見つかるよ．</small> Richet : *Ma 6-T*

bomber (utiliser une bombe à peinture pour faire des tags)　ウオールペインティング用のスプレーを使う
　Son fiston *a bombé* la moitié d'une rame de métro.
　そいつの息子が地下鉄の車両の半分にペンキを吹きかけて絵を描いたんだ．
Tavernier : *L.626*

bon! (alors!)　おいおい！（いらだち）
　Bon, on la fait cette photo, oui *!*
　（会社の記念写真を撮るのに手間取っていて社長が）どうなってるんだ，いつになったら写真を撮るんだ？
Veber : *Le placard*

■ **avoir *qn.* à la bonne** (être favorable à; avoir bonne opinion de; avoir de la sympathie)　好意を抱く，よく思う，共感を覚える
　C'est pas parce qu'il t'*a à la bonne qu*'il va te faire un cadeau.
　彼がお前のことよく思ってくれてるからといってプレゼントをくれるわけじゃないぞ．
Gilou : *La vérité si je mens*

　Mon chef y vous a pas vraiment *à la bonne.*
　うちの署長はほんとに君達を毛嫌いしてるんだ．
Zeitoun : *Yamakasi*

■ **c'est bon** (ça suffit)　もういい，やめろ
　C'est bon, lâche-moi.
　よせよ，放してくれ．
Klapisch : *Peut-être*

■ **elle est bonne** voir **elle**

■ **en avoir de bonnes** (plaisanter; avoir de drôles d'idées)　冗談を言う，変なことを考える
　Tout réparer, tout réparer ! Tu *en as de bonnes*.
　みんな修理する，みんな修理するだって！そんな馬鹿な！
Jacques : *Je m'appelle Victor*

　Où est Eva ? / Cherchez. / Vous *en avez de bonnes* !
　エヴァはどこにいるの？／さがしたら．／そんなのないでしょう！
Aghion : *Pédale douce*

■ **être bon pour** (ne pas échapper à *qch.* ; ne pas y couper)　逃れられない，避けられない
　Tiens, passe-moi une clope ? / Si tu recommences, dans trois jours t'*es bon pour* le paquet.
　そうだ，モク1本くれないか？／また始めたらどうしたって一箱吸うってことになっちゃうぞ．
Fontaine : *Nettoyage à sec*

　Oh putain, merde, on *est bon* là. Pourvu qu'ils ouvrent pas le coffre !
　（警官が検問してるのを車のなかから見て）ああ，ヤバイ，だめだ，万事休すだ．

bonbon

トランクを開けられなきゃいいが．

Bouchitey : *La lune froide*

bonbon
■ **coûter bonbon** (coûter très cher) とても高くつく
Ça a dû te *coûter bonbon*.
それきっと高かったんでしょう．

Sinapi : *Nationale 7*

bonbonne (bouteille de butane) ガスボンベ
Une *bonbonne*.
ボンベを1本下さい．

Dardenne : *Rosetta*

bon(n)iche (bonne) 女中
Je suis pas ta *boniche*, moi.
あたしあんたの女中じゃないわよ．

Klapisch : *Chacun cherche son chat*

bonjour; bonsoir (quel...!, c'est trop; c'est insupportable, mauvais, raté; au revoir; il n'y a plus de... ; c'est fini) ひどい…だ！，あんまりだ，耐え難い…だ！…なんてありゃしない
Bonjour le four !
恐ろしい暑さね！

Moll : *Un ami qui vous veut du bien*

T'as assez bu, casse-toi ! / *Bonjour* l'amabilité !
おめえ，もう十分に飲んだだろう，出てけ！／ひでえ扱いだ！

Ducastel : *Drôle de Félix*

Toi tout ce que t'as fait pendant deux jours, c'est d'avoir ton cul assis derrière un volant, hein, *bonsoir* la prise de risques.
あんたがこの2日間したことっていえば，車の運転席に座ってただけじゃない．危ないことなんてぜんぜんしないでさ．

Guit : *Les kidnappeurs*

■ **t'as le bonjour de** (va-t'en; je refuse; t'as le bonjour d'Alfred) 消えちまえ！，お前なんかごめんだ
Tu connais Archimède ? Laisse-moi aller avec la marée et tu verras si je suis immortel. / *T'as le bonjour d'*Archimède !
お前アルキメデスの原理知ってるよな．潮にさらわれるままにさせてくれればわしが不死身かどうか分かるさ．／消えちまえばいいんだ！

Bardiau : *Le monde de Marty*

bonnard
1. (imbécile; crédule) 間抜けの，お人好しの
T'en fais pas, si on est discret, c'est *bonnard*. Personne ne viendra se plaindre.
大丈夫だよ，控えめにやれば，ちょろいもんだ．誰も文句は言ってこないさ．

Rochant : *Vive la République*

2. (chouette; super; bon) 素敵な，いい

C'est *bonnard* parce que ça vous râpe bien la raie du cul.
こうするといい気持ちよ，お尻の割れ目に刺激があって．
Godard : *Sauve qui peut (la vie)*

bonsoir voir **bonjour**

booker (英語の to book から．embaucher; engager) 雇う，契約する
C'est pas grave. Ils me feront crédit. / Crédit sur quoi? T'*étais booké* pour un an.
大丈夫さ，モデルのエイジェントが貸してくれるさ．/ 何を担保に？ あんた1年契約のお金を貰っているのよ．
Téchiné : *Alice et Martin*

bord

■ **sur les bords** (à peu près; sans l'être totalement; quelque peu; légèrement) 幾らか，なんだか，少し，かなり（反語的に）
Moi j'ai toujours cru que, c'était un mec de droite, presque carrément facho *sur les bords*.
そいつは右翼で，筋金入りのファッショとさえ僕は思ってました．
Garrel : *Le vent de la nuit*

T'es pas un peu tapette *sur les bords*, des fois ?
お前もしかしたらオカマっけあるんじゃないのか？
Fassbinder : *Querelle*

bordel

1. (désordre; saleté) 乱雑，雑多な物，汚い物
Tu ramasses ton *bordel*.
そんながらくた持ってけよ．
Ozon : *Gouttes d'eau sur pierres brûlantes*
Je veux plus de *bordel* dans ma chambre.
あたしの部屋を散らかさないでよ．
Miller : *La petite voleuse*

2. (problème) 問題
C'est déjà suffisamment le *bordel* comme ça.
そんなことしたらなおさらこんがらがるぞ！
Klapisch : *Peut-être*

3. (nom de Dieu!; putain!; merde!) 困ったもんだ，畜生！
Faut casser ton image de casseur de pédés, tu comprends ça, *bordel* !
ホモいじめっていうお前のイメージを変えなきゃだめだ，分かってるのかな，しょうがない奴だ！
Veber : *Le placard*

■ **bordel de cul!** (merde!) 畜生
Tu pourrais pas plutôt profiter de ton chômage pour roupiller? / J'ai pas l'habitude... / *Bordel de cul !*
お前失業したんだからせめて（早起きなんてしないで）寝てたらどうだ？ / 慣れてないんだ… / やれやれ！
Ducastel : *Drôle de Félix*

borne

■ **bordel de merde!**
1. (bordel de Dieu!; sacré bordel!)　畜生！
   Bordel de merde! Je vous ai dit que je ne voulais pas de cet enfoiré sur cette affaire!
   > まったくしょうがないな！あの馬鹿，この事件に 係わらせるなって 言っといたじゃないか！　　　　　　　　　　　　　Tavernier : *L' horloger de Saint Paul*
2. (oh là là!; super!; putain!)　すごい，素晴らしい
   Bordel de merde! Dieu a fait son métier.
   > （息子が死刑を免れたのを知って）やった！神様は立派に務めを果たされたんだ．
   > 　　　　　　　　　　　　　　　　　　　　　　　Giovanni : *Mon père*

■ **et tout le bordel** (et tout le reste)　その他諸々，一切合切
   Vous vous tirez et on arrête les répétitions *et tout le bordel*.
   > お前ら出て行け，稽古も何もかも終わりだ．　Bellon : *Les enfants du désordre*

■ **foutre le bordel** (semer un grand désordre)　大騒ぎを引き起こす
   Déjà la dernière fois vous m'*avez foutu le bordel*.
   > この前のときだって俺に迷惑かけたじゃないか．　Gilou : *La vérité si je mens*

borne
1. (kilomètre)　キロメートル
   Tu viens pas de te taper neuf mille *bornes* pour rien.
   > お前何の目的もなしに９千キロもやって来たわけじゃなかろう？
   > 　　　　　　　　　　　　　　　　　　　　　　　Huth : *Serial lover*
2. (signalisation lumineuse de taxi)　タクシー標識灯，屋根灯
   Votre ticket, les deux photos. Vous signez là et là. La carte professionnelle du conducteur, l'autorisation de circuler, le bon d'autorisation pour l'acquisition d'un horodateur, le carnet, la plaque et la *borne*.
   > 番号札と写真を２枚だして．こことここにサインして．タクシー認可証，通行許可証，メーター取得引き替え票，運転手帳，ナンバープレート，それに標識灯．
   > 　　　　　　　　　　　　　　　　　　　　　　　Pirès : *Taxi*

bosser (travailler)　働く
   Tu *bosses* chez toi.
   > 在宅ワークってことにするんだ．　　　　　　　　Berberian : *Six-pack*

botte
■ **chier dans les bottes de** (excéder; taper sur le système)　うんざりさせる，いらいらさせる
   Je n'aime pas qu'on me *chie dans les bottes*.
   > わたしはいらいらさせられるのには我慢できない．　Annaud : *Coup de tête*

■ **en avoir plein les bottes** (en avoir assez) うんざりする
Je suis fatigué... j'*en ai plein* le dos, le cul et le*s bottes.*
僕はやんなっちゃったよ．もうたくさんだ，うんざりだ． Corneau : *Série noire*

■ **proposer la botte** (proposer de faire l'amour) 性的関係を迫る
T'as une chance ? / Peut-être, mais c'est tellement un truc de piston. / Le piston ou *la botte.*
（テレビ局に採用される）チャンスはあるのか？／もしかしたら，でもコネが幅を利かすとこだから．／コネとか色事とか. Assayas : *Paris s'éveille*

botter
1. (plaire) 気に入る
Julienne je suis sûr que ça lui *botterait.*
これきっとジュリエンヌの気に入ると思うよ． Mouriéras : *Dis-moi que je rêve*
2. (donner un coup de pied) 蹴飛ばす
Je vais te *botter* le cul moi !
お前蹴飛ばしてやるぞ！ Nauer : *Les truffes*

boubou (petit enfant; bout; bout de chou; bouchon) 幼い子，可愛い子
J'suis pas ton *boubou.*
あたしあんたの可愛い子ちゃんじゃないわ．
Chiche : *Barnie et ses petites contrariétés*

bouboule (gros; boulette) ふとっちょ
Fais attention, *bouboule*. Je t'ai dans ma ligne de mire.
気をつけるんだな，でぶ．お前に銃の照準を合わせてあるんだぞ．
Guit : *Le ciel est à nous*

bouche

■ **ça t'écorche(rait) la bouche〔la gueule〕**
1. (ça t'arracherait la bouche; c'est si difficile à dire) …と口に出して言えない，口が裂けても言えない，…ぐらい言ったらどう？
Ça vous écorche la bouche de dire Martha !
これは娘のマルタだってどうしても言えないの？ Veysset : *Martha... Martha*
2. (tu ne peux pas au moins...) せめて…ぐらいしたらどうだ
Ça vous écorcherait la gueule de mettre un rétroviseur dans une voiture neuve ?
新車を買うんだからバックミラーぐらい付けたらどうだ？
Godard : *Sauve qui peut (la vie)*

■ **en avoir plein la bouche** (ne parler que d'une chose) あることばかり喋る

bouché

Ils *en ont plein la bouche* de leur connaissance du mal.
医者どもはエイズの症状を得々とぶつのよ.　　　　　　Blier : *Merci la vie*

■ **être plein de bouche** (parler beaucoup) 大いに喋る
Vous *êtes* tous *pleins de bouches* mais quand il faut y aller, vous faites la crêpe.
お前たちはみんな大口を叩いていながらいざとなると貝になるんだ.
　　　　　　　　　　　　　　　　　　　　Kassovitz : *Assassins*

■ **manger la bouche** (s'embrasser sur la bouche) 口にキスする
C'est écœurant, tu lui *manges la bouche* ?
いやらしい，あの女の口にキスしたでしょう？　　Arcady : *Dis-moi oui*

bouché (qui ne comprend rien ; borné ; obtus) 頭が悪い，愚鈍な
J'ai eu un type particulièrement *bouché*.
応対に出た男が頭の固い奴でね.　　Renders : *Thomas est amoureux*

bouchée

■ **ne faire qu'une bouchée de** (vaincre facilement) 楽々と勝つ，簡単にやってのける
Tu sais pourquoi j'en *ferai qu'une bouchée de* toutes ces salopes ? Parce que tout ça, c'est pour toi !
あたしがなぜあの意地悪選手たちに楽勝できるか分かる？　あんたのためにしてるからよ.　　　　　　　　　　　　　　　Anglade : *Tonka*

bouchon (bout ; bout de chou ; boubou) 幼い子，可愛い子
Au revoir, mon petit *bouchon* !
さようなら，可愛い子ちゃん！　　　　　Robert : *Salut l'artiste*

■ **envoyer (plus) loin le bouchon** (exagérer) 度を超す
Faut dire que tu *as envoyé le bouchon* franchement *loin* !
ほんとに行き過ぎたとしか言いようがないな！　Poiré : *Les anges gardiens*

bouclard (boutique) 店
Tu draines plus de vingt *bouclards*.
お前は20以上の店舗からカネを吸い上げてるんだろう.　Gilou : *La vérité si je mens*

boucle

■ **en boucle** (de manière répétitive) 反復して
C'est toi qui m'as fait découvrir Ravel... Je me le passe *en boucle*.
君にラヴェルの魅力を教えてもらったんだ…このCDを繰り返しかけてるよ.
　　　　　　　　　　　　　　　　　　　Foulon : *Une autre femme*

boucler (enfermer, mettre en prison) 閉じこめる，投獄する
On est tous *bouclés* à c't'heure-là.

boudu!

Normalement, pour ça, on vous *boucle*.
その時刻には俺達（囚人は）みんな房に入れられてるからな． Giovanni : *Mon père*

Avec ce que j'sais sur ses combines, j'le fais *boucler* à vie.
こういうケースでは普通拘留されるんですよ． Lioret : *Tombés du ciel*

あたし夫の裏いろいろ知ってるから，一生臭い飯を食わせることができるの．
Beineix : *Mortel transfert*

■ **la boucler** (se taire; la fermer) 口をつぐむ
Elle le sait sûrement. Lui il fait semblant de pas savoir qu'elle le sait. Moi je *me la boucle*.
ママはねパパの浮気知ってるのよ．パパはね，ママが知ってるってこと知らないふりしてんの．あたしは黙ってるわ． Thompson : *La bûche*

Boucle-la!
何も言うんじゃないぞ！ Avary : *Killing Zoe*

boudin

1. (fille mal faite, laide, boudinasse, cageot) 太った醜女
   Les *boudins* dans votre genre on commence à en avoir plein le cul.
   おめえたちみたいなブスにはもう飽き飽きしてきた． Blier : *Les valseuses*

2. (tête) 頭
   Si t'as ce truc dans le *boudin*, fais-le toute seule.
   お前そんなこと考えてるんだったら一人でやることだな．
   Bénégui : *Au petit Marguery*

■ **faire du boudin** (bouder; faire la gueule) ふくれる
T'es en train d'me *faire du boudin*. Qu'est-ce qui va pas?
俺に仏頂面してるけど，何が気に食わないんだ？ Berberian : *Le boulet*

■ **se terminer (partir) en eau de boudin** (mal tourner, échouer progressivement) 失敗に終わる
Vos vacances, elles risquent de *se terminer en eau de boudin*!
あんたたちのヴァカンスも滅茶苦茶になっちゃうぞ． Jugnot : *Monsieur Batignole*

Ta vie, ton roman, tout *part en eau de boudin*.
君の人生も，小説もすべて水泡に帰すってわけだ． Blier : *Trop belle pour toi*

boudinasse (boudin) デブ女
Boudinasse, mante religieuse!
このふとっちょのカマキリ女め！ Miéville : *Après la réconciliation*

boudu! (Bon Dieu!; boudi!; boudieu) まったく，やれやれ
Boudu que vous êtes noire!
まあ，あんた日焼けして真っ黒ね！ Davila : *La campagne de Cicéron*

bouffe

bouffe (aliment ; nourriture ; repas ; cuisine) 食べ物，食事，料理
 Je te laisse la *bouffe*.
  食べ物は置いてくよ．   Beineix : *Diva*
 Tu sais qu'y a de la *bouffe* dedans.
  この中に食い物があるのが分かってるんだろう． Serreau : *La crise*
 Qui est-ce qui lui fait sa *bouffe* au Père Léonard ?
  レオナール爺さんの食事は誰が作ってるんだ？
         Chatiliez : *Le bonheur est dans le pré*

bouffer

1. (manger) 食べる
 Ah, j'ai dû *bouffer* une saloperie.
  わー，あたしひどいもの食べたせいね． Thompson : *La bûche*
 Faut pas toucher à ça ! / Je vais pas te le *bouffer*, ton Nagra !
  それに触っちゃ駄目だ！／あんたのレコーダーなんか取って食いはしないわよ．
         Beineix : *Diva*

2. (gaspiller) 浪費する
 Elle me *bouffe* une oseille cette bagnole, merde !
  この車，カネがかかるったりゃありゃしねえ！ Anglade : *Tonka*

3. (dilapider) 使い果たす
 J'*ai bouffé* la boutique.
  私はね店を食いつぶしちゃったんですよ．
      Chéreau : *Ceux qui m'aiment prendront le train*

4. (détruire ; ronger ; miner) 苛む，破壊する
 C'est le stress, ça : ça les *bouffe* tous.
  それはストレスからくるんだ．みんなそれに苛まれてる． Berberian : *Paparazzi*
 La solitude les *a bouffés* complètement.
  彼らは孤独でまったくだめになったんだ． Varda : *Sans toit ni loi*

■ **faire bouffer sa race** (casser la gueule ; faire fumer ; niquer sa race)
ぶちのめす
 On va leur *faire bouffer leur race* ! / Pas d'accord ! La violence ça résout rien !
  あいつらをやっつけてやろう！／だめだ！暴力はなんの解決にもならない．
         Zeitoun : *Yamakasi*

bouffi

■ **tu l'as dit, bouffi** (tu as raison)（皮肉に）君の言うとおりだ（「反響連鎖」"enchaînement par écho"による洒落）

C'est p't'être comme ça que tu l'as brûlée... / *Tu l'as dit, bouffi.*
彼女を焼き殺したのはそんなふうにしたのかも… / 御説ごもっとも.

Gainsbourg : Charlotte for ever

bouffon (imbécile; individu complètement nul; perdant)　阿呆, だめ人間, 敗者

T'as qu'à prendre une aspirine. / J'ai déjà vidé l'tube ! *Bouffon!*
アスピリン飲みゃいいだろう. / もう一瓶空にしちまったんだ, 馬鹿め!

Zeitoun : Yamakasi

Quoi? J'suis folle? *Bouffonne!*
何ですって? あたしが変だって? この馬鹿女め!

Pawlotsky : Intimités

bouge (café, cabaret mal fréquenté)　いかがわしいカフェ, キャバレー

Qu'est-ce que vous faites dans ce *bouge* ?
こんな酒場で何してるんだ?

Balducci : Trop jolies pour être honnêtes

bouge-bouge (personne qui bouge tout le temps)　いつも動きまわっている人

Çui-là c'est un *bouge-bouge*.
そいつは落ちつきのない奴なんだ.

Giovanni : Mon père

bouger

■ **bouger** *son* **cul**

1. (agir; se remuer; ne pas rester inactif)　行動する, ぼやっとしていない

    Si tu l'*avais bougé ton cul* pour une fois, pour le porter ce putain de panier !
    せめてあの時ぐらいお前がサボってないで（おばあちゃんのところへ）あのくそバスケットを持ってったらね!

    Holland : Olivier est là

    Bouge-toi le cul, va les voir.
    じっとしてないで, 会社に行って見ろ.

    Noé : Seul contre tous

2. (danser)　踊る

    Savoir *bouger son cul* c'est de naissance.
    うまく踊れるってのは生まれつきのものなんだ.

    Fontaine : Nettoyage à sec

■ **ça bouge pas de là** (je garde le silence)　沈黙を守る

Tout ça reste entre nous, tu me promets? / Sans problème, *ça bouge pas de là.*
この事はここだけのことにして, いいですね? / だいじょうぶ, 何も言わないよ.

Fontaine : Augustin

■ **se bouger** (se hâter)　急ぐ

Allez, *bouge-toi* !

bougnat

さあ，ぐずぐずするな！
Krawczyk : *Taxi II*

■ **tout ce qui bouge** (n'importe qui) 誰でも
Fais gaffe à toi, il se fait *tout ce qui bouge*.
気をつけるのよ，あの男，手当たり次第に女と寝るんだから．
Dugowson : *Mina Tannenbaum*

bougnat (Auvergnat) オーベルニュ人
C'était qui? / Un *bougnat*.
殺したのは？／オーベルニュの男
Kassovitz : *Assassins*

bougnoul (Arabe) アラブ人，北アフリカからの移民
Fermez vos gueules, sales *bougnouls*!
黙れ，アラブ人ども！
Dumont : *La vie de Jésus*

bouillav ; bouillaver (過去分詞は bouillave)
1. (posséder sexuellement ; baiser) セックスする
Comment j'en *ai bouillave* plein, moi!
やりまくたのなんのって！
Bensalah : *Le ciel, les oiseaux et... ta mère*

2. (tromper) 騙す
Elle m'*a bouillave*, elle! ... Elle m'a tèj comme ça.
彼女ったら俺を騙したんだ．ぽいっと捨てやがった．
Bensalah : *Le ciel, les oiseaux et... ta mère*

bouille (visage) 顔
T'as vu la *bouille* du crémier ?
あんた乳製品屋がどんなツラしてるか見たことあるの？
Miller : *La petite voleuse*

bouillie

■ **réduire la gueule en bouillie** (blesser *qn.* en le rendant méconnaissable) 顔をめちゃくちゃに傷つける
Si jamais vous avez le malheur de reparaître devant mes yeux, je vous *réduis la gueule en bouillie*.
運悪く俺の前に姿を現したら二度と見られないような面にしてやるからな！
Serreau : *Romuald et Juliette*

boulange (boulangerie) パン屋
On va à la *boulange* ?
パン屋へ行こうか？
Siegfried : *Louise*

boule (dix mille francs ; brique ; bâton ; barre) 1万フラン
Le tout c'est 18 *boules*.
全部で18万だ．
Berberian : *Paparazzi*

■ **avoir les boules**
1. (être très énervé ; en avoir assez) いらいらしている，うんざりしている

boulet

T'*as* pas *les boules* qu'elle soit avec Yoyo ; toi ?
あんたルイーズがヨヨとくっついてるのやにならない？　　　Siegfried : *Louise*

2. (être angoissé ; ne pas être dans son assiette ; avoir peur)　不安におののく，落ち着かない，怖い

Au début ça semblait plus facile mais maintenant qu'on s'approche, ben j'*ai les boules*.
最初は容易だと思えたけど，近づいてきたら気が重いよ.
　　　　　　　　　　　　　　　　　Chatiliez : *Le bonheur est dans le pré.*

■ **coup de boule** (coup de tête)　頭突き
T'as vu ce *coup de boule* !
俺のすごい頭突き見たか！　　　　　　　　　　　　Nauer : *Les truffes*

■ **foutre les boules** (excéder ; énerver ; rendre pénible à supporter ; faire peur)　うんざりさせる，いらいらさせる，辛い思いをさせる，怖がらせる

Ça me *fout les boules* de rester sans elle.
彼女がいなけりゃここにいたって辛い思いをするだけだ.　　Klapisch : *Péril jeune*

Cette période tous les ans ça *fout les boules*.
この時期（クリスマスの頃）になると毎年うんざりしちゃうのさ.
　　　　　　　　　　　　　　　　　　　　Thompson : *La bûche*

■ **mettre en boule** (mettre en colère, en fureur)　怒らせる
Tu veux me *mettre en boule*, c'est ça.
俺を怒らす気なんだな.　　　　　　Truffaut : *Tirez sur le pianiste*

■ **perdre la boule** (devenir fou)　気が狂う，取り乱す
Ce décolleté, ces falbalas ! Vous me faites *perdre la boule* !
そんなデコルテやひらひらした衣装のあなたを見ているとぽーっとしてしまう.
　　　　　　　　　　　　　　　　　Leconte : *Les Grands ducs*

■ **se mettre en boule** (se mettre en colère)　怒る
Qu'est-ce que t'as à *te mettre en boule* ?
どうして怒るんだ？　　　　　　　　　　　Fassbinder : *Querelle*

bouler

■ **envoyer bouler** (envoyer promener)　追い払う
Je l'*ai envoyé bouler*.
あいつを追い出してやった.　　Le Pêcheur : *J'aimerais pas crever un dimanche*

boulet (individu fatigant, inutile)　持て余し者，お荷物
T'es un vrai *boulet*.
お前ってほんとに厄介な奴だな.　　　　　　　　Berberian : *Le boulet*

boulette (bêtise) へま
　Il a oublié ma femme. / La *boulette* !
　　あいつワイフのこと訊くの忘れやがった. / 大失敗だ！　　Veber : *Le dîner de cons*

boulot (travail) 仕事
　J'ai un rencard pour le *boulot*.
　　仕事で約束があるんだ.　　　　　　　　　　　　　　Pirès : Taxi

■ **petit boulot** (job, travail rémunéré qu'on ne considère pas comme un véritable métier) アルバイト
　J'ai voulu être prof mais il n'y a pas de poste, après j'ai voulu être institutrice et puis j'ai raté le concours…alors j'ai fait des *petits boulots*, voilà.
　　あたし, リセの先生になろうとしたけど空きがなくて, その後, 小学校の先生になろうとしたけど試験に落ちて…アルバイトをしてきたってわけ.
　　　　　　　　　　　　　　　　　　　　　Rochant : *Vive la République*

boulotter (manger; bouffer) 食べる
　Si la plus belle te fait saliver, c'est pas un péché de la *boulotter*.
　　一番きれいな苺を見て, よだれが出てきたら食べたってかまわないんだよ.
　　　　　　　　　　　　　　　　　　　　　　Hubert : *Le grand chemin*

boumer (aller bien; gazer) 調子がいい
　Salut, papa ! Ça *boume* ?
　　こんにちわ, パパ. うまく行ってる？　　Balducci : *Trop jolies pour être honnêtes*

Bounty [bunti] (appellation commerciale d'une confiserie au chocolat et à la noix de coco) チョコレートの商標
　Je me suis fait piquer mon *Bounty*.
　　私のチョコレートを盗まれた.　　Chéreau : *Ceux qui m'aiment prendront le train*

bouquet

■ **c'est le bouquet** (c'est le comble; ça dépasse les bornes; c'est trop) あんまりだ, ひどいものだ
　Alors là, *c'est le bouquet*. Des fous, des amnésiques, et des ivrognes en plus !
　　ああもう最低だな, 気違いに記憶喪失者, おまけに酔っぱらいときちゃ！
　　　　　　　　　　　　　　　　　Balducci : *Trop jolies pour être honnêtes*

bouquin (livre) 本
　Merci pour les *bouquins* !
　　ご本を有り難う！　　　　　　　　　　　　　Truffaut : *L'amour en fuite*

bouquiner (lire un livre) 本を読む

Peut-être si tu m'autorises je vais aller *bouquiner* ?
あんたが構わなかったらあたし本でも読もうかしら？
Lelouch : Hasards ou coïncidences

bourdon (cafard) 鬱ぎの虫
J'en ai besoin. Au cas où il me viendrait une brusque poussée de *bourdon*.
(このライターは思い出の品で) 大事なんだ．いつかすごく落ち込まないとも限らないからね．
Leconte : La fille sur le pont

■ **avoir le bourdon** (broyer du noir) 気が滅入る
Il *avait le bourdon*.
彼は落ち込んでいたんだ．
Heynemann : La question

bourge (bourgeois の略) ブルジョワ
Tu me prends pour une *bourge* BCBG.
あんたあたしを上品ぶったブルジョワと勘違いしてるのね．
Thompson : La bûche

bourgeoise (femme; épouse) 妻，奥さん
Demande conseil à ta *bourgeoise*.
かみさんに相談してみろ．
Othenin : Piège à flics

bourre
■ **bonne bourre** (souhait ironique à l'adresse d'un ami qui va à un rendez-vous amoureux) 彼氏 (彼女) とうまくやって！
Allez, bonne année et *bonne bourre* !
じゃ良いお年を，せいぜい彼氏と楽しんでね．
Marshall : Vénus Beauté

■ **être à la bourre** (être en retard, être pressé) 遅れている，急いでいる
J'pars au boulot et en plus j'*suis à la bourre*.
あたし仕事に出かけるとこで，おまけに遅れてんのよ．
Veysset : Victor...pendant qu'il est trop tard

■ **se tirer la bourre** (lutter, faire un match, combattre âprement pour la victoire; se bagarrer) 勝利を目指して闘う，争う
Ils sont beaux-frères mais dans le business, ils arrêtent pas de *se tirer la bourre*.
義理の兄弟同士なんだが商売となると張り合ってるんだ．
Gilou : La vérité si je mens

bourré (ivre) 酔った
Vous étiez *bourré* !
あなた酔ってらしたわ．
Beineix : Mortel transfert

■ **être bourré de** (être plein de) たくさんの

bourre-pifs
C'est un petit cube ça, mais c'*est bourré de* chevaux.
こいつは排気量は小さいけど馬力はうんとあるんだぞ. Beineix : *Diva*
C'*est bourré d'*systèmes d'alarmes.
警報装置だらけだ. Zeitoun : *Yamakasi*
Une chic fille, *bourrée de* fric avec ça, mais fallait qu'elle fauche !
素敵な女でおまけにカネが幾らでもあるっていうのに，盗まずにはいられないたちだったんだ！ Beineix : *Mortel transfert*

bourre-pifs (coup de poing) ビンタ
Vous pouvez pas distribuer des *bourre-pifs* comme ça, à tout bout de champ !
なんだかんだってすぐビンタを喰らわすのはいけないよ. Crawczyk : *Wasabi*

bourrer (aller vite ; bomber) 突っ走る
Allez...*bourrez, bourrez*...allez, ne vous occupez pas des piétons, foncez !
さあ，ふかすんだ，ふかせったら…歩行者なんか気にするな，ぶっ飛ばせ！
Godard : *A bout de souffle*

■ **bourrer une femme** (posséder sexuellement) セックスする
Tu sors l'engin tranquillement et tu la *bourres* bien fort.
ペニスをおもむろに出して，女におもいっきりぶち込むんだ. Noé : *Carne*

■ **se bourrer la gueule** (s'enivrer) 酔う
Bourrons-nous la gueule tous les deux. Z'auriez-vous pas du calva ?
二人して酔っぱらおう. カルヴァドスはないかね？ Corneau : *Série noire*

bourrichon
■ **se monter le bourrichon** (s'illusionner ; se faire des idées ; se monter la tête ; s'énerver) あらぬ事を考える，いらだつ
Je crois qu'on *se monte le bourrichon*.
みんな誤解してるんだわ. Chabrol : *Au cœur du mensonge*

bourricot (têtu) 強情者, 石頭
C'est pas compliqué un mariage, il suffit de répondre par oui ou par non ! / Mais je parle d'un mariage juif, *bourricot* va !
簡単だろう，結婚なんて，ハイかイイエで答えりゃいいんだ. / ユダヤの結婚式のことなんだぞ，この石頭め！ Gilou : *La vérité si je mens*

bourrin (policier) 警官
Tu les connais pas les *bourrins*.
お前サツの遣り口って知らないだろう. Corneau : *Série noire*

bourrique
■ **faire tourner** *qn.* **en bourrique** (abrutir par des exigences; faire devenir chèvre) 難題をふっかけて頭を変にする，いらいらさせる
Si tu continues à la *faire tourner en bourrique*, elle va nous donner ses huit jours.
お前，あの小母さんにあんまりいろいろ言ってるとそのうち出てっちまうぞ．
Miller : L'effrontée

bouse (paysan; bouseux) 百姓
P'is j'suis quand même beaucoup moins dangereux là, à 100, qu'la *bouse* qu'arrive à 20 km / heure !
それに僕が百キロ出してるほうが20キロでモタモタしてる田舎もんよりずっと危険は少ないですよ．
Pirès : Taxi

bousiller
1. (endommager irrémédiablement) 駄目にする
On essaye de *bousiller* ma tournée mais je ne permettrai pas !
あたしの巡業を台無しにしようとする奴がいるけどそうはさせませんからね！
Leconte : Les Grands ducs

Mais tu vas la *bousiller*, là... / Elle s'en remettra.
（リセの男子生徒にフェラをさせてカネを取るようなことを彼女にさせたら）お前彼女を駄目にしちまうぞ…／立ち直るさ．
Améris : Mauvaises fréquentations

Quand tu as emménagé ici, il [=le saphir] ne pouvait absolument pas être déjà *bousillé*.
君がここに越してきたときに，レコードの針が駄目になってたなんて絶対ありえない．
Ozon : Gouttes d'eau sur pierres brûlantes

Tu bois trop...tu vas te *bousiller* le foie.
君飲み過ぎだよ…肝臓がやられちゃうぞ．
Assayas : Fin août, début septembre

2. (tuer; massacrer) 殺す，虐殺する
Des gars comme ça, il faut les *bousiller* tout de suite.
ああいった奴等はすぐに始末しなきゃいけないんだ．
Heynemann : La question

J'sais bien que t'aimes pas les mecs mais t'as quand même *bousillé* ta gonzesse.
君がホモじゃないことはよく分かってるが自分の女を殺してるんだぞ．
Gainsbourg : Charlotte forever

■ **se bousiller** (se tuer) 自殺する
Si tu étais parti avec lui, vous *vous seriez bousilllés* tous les deux.
もし君が兄さんと出て行ってたら，二人とも自殺してたろうな．
Bellon : Les enfants du désordre

bout (petit enfant; bout de chou)　幼い子，可愛い子
　Seize ans! J'en aurai dix-sept en février. / Eh ben, pour moi, tu seras toujours mon petit *bout*.
　　あたしを16歳扱いするけど，2月には17よ． / そうかもしれないけど，あんたはあたしにとってはいつまでも可愛いおちびさんなのよ． Ozon : *8 femmes*

■ **à tout bout de champ** (à chaque instant; à tout propos; pour un oui pour un non)　しょっちゅう，なにかにつけて
　Elles vont au café, au cinéma, elles fument, elles portent des pantalons, elles font du camping, et elles se font engrosser *à tout bout de champ*.
　　いまどきの若い娘たちはね，カフェに行くし，映画館に行くし，タバコは吸う，パンツは穿く，キャンプはするでしょう，だからなにかにつけてはらむチャンスがあるのよ． Ozon : *8 femmes*

■ **bout de cul** (enfant; personne de petite taille)　子供，ちび
　Tu vas jouer avec l'autre *bout de cul*, là!
　　お前なんかあそこのちびっ子と遊んでりゃいいんだ！ Miller : *L'effrontée*

■ **mettre les bouts** (s'en aller précipitamment)　急いで立ち去る
　On casse tout dans la baraque et pis on *met les bouts*, d'accord?
　　家の中のものみんなぶっ壊してそれからずらかるんだ，いいな？ Corneau : *Série noire*

■ **se foutre *qn.* sur le bout** (faire l'amour)　セックスする
　Moi, je *me* la *foutrais* bien *sur le bout*.
　　俺はあんな女とやってみたいな． Chatiliez : *La vie est un long fleuve tranquille*

boutique (lieu de travail)　職場
　Tu restes là, tu gardes la *boutique*.
　　君は署にいて留守番だ． Grousset : *Kamikaze*

■ **fermer boutique** (quitter la profession; cesser de faire *qch.*; renoncer)　職場を去る，活動を停止する，放棄する
　J'ai soixante-dix ans, et je suis fatigué…je suis en train de *fermer boutique*.
　　私は70歳で疲れている…ぼつぼつ引退だ． Chéreau : *Ceux qui m'aiment prendront le train*

boutonneux (adolescent)　若者，にきび面
　Entre ta bourse, la fac et ton *boutonneux* tu te fais quasiment 25 000 balles?
　　ドクターコースの奨学金と大学の講師料，それにガキの家庭教師料を合わせると2万5千も入るんじゃないか？ Chatiliez : *Tanguy*

boutzen (bout de zen ; bout de chou ; petit enfant) 幼い子供
Oh mais c'est pas vrai, regardez-moi ce petit *boutzen* qui s'intéresse aux femmes !
　　もう信じられない，見てご覧なさいよ，あのガキ，色気付いてる.
　　　　　　　　　　　　　　　　　　　　　　　Limosin : *L'autre nuit*
Oh ! *boutzen* ! tu dors !
　　おい，ちび，寝てるのかよ !　　　　　　Limosin : *L'autre nuit*

boxon (désordre ; bordel) 混乱，騒ぎ
Dis donc, t'as foutu un *boxon* terrible !
　　おいおい，えれえ騒ぎを起こしてくれたな．Tavernier : *Ça commence aujourd'hui*

boyau (cœur ; ventre ; tripes) 心，気
Mettez-y vos *boyaux*, nom de Dieu !
　　もっと気を入れてやるんだ，全くもう！　　　Leconte : *Les Grands ducs*

bracelet (menottes) 手錠
Si tu te balades dans le coin avec un mec qu'a les *bracelets*, tu vas te faire écharper par ses potes.
　　この辺をワッカをはめた男と歩いてみろ，そいつの仲間に袋叩きにされるぞ.
　　　　　　　　　　　　　　　　　　　　　　　Zidi : *Les ripoux*

branché

■ **être branché** + 名詞 (se trouver en état de réceptivité) 感化されやすい，影響を受けやすい状態にある
Je *suis* pas *branché* pédé.
　　僕は本当のホモじゃないんだ.　　　　　　Aghion : *Pédale douce*
C'est un ex-séminariste, il *est branché* flagellation à mort.
　　あの男は前は神学生で鞭打たれがものすごく好きなのさ.　　Aghion : *Pédale douce*

brancher

1. (plaire ; passionner ; attirer physiquement) 気に入る, 強い関心を持たせる
Ça vous *branche* le violon ? / Non, pas spécialement.
　　ヴァイオリンに興味ある？ / いいや，別に.　　Téchiné : *Alice et Martin*
Si vous voulez, demain j'ai un autre show pour Armani, si ça vous *branche*.
　　もしよかったら，明日もう1度アルマーニのショーがあるんだけど，どう？
　　　　　　　　　　　　　　　　　　　　　　　Téchiné : *Alice et Martin*
Je vous présente une copine, elle a envie de deux gosses ! Ça vous *brancherait* de lui faire ?

branlée

ガールフレンドを紹介します．子供を二人欲しいっていうんです！作ってやる気はありませんか？
Blier : *Mon homme*

J'ai eu le malheur de lui dire que Maggie me *branchait*.

あたしったらマギーに気があるってあんたの奥さんにうっかり喋っちゃったのよ．
Assayas : *Irma Vep*

2. (mettre en relation, en rapport) 紹介する，会わせる

Tu veux que je te la *branche*?

彼女に会わせてやろうか？
Gilou : *La vérité si je mens II*

branlée (raclée; correction) 殴打(おう)

Le martien leur a mis une *branlée* et il s'est échappé.

火星人は金星人たちを滅多打ちにして逃げ出したんだ．
Rochant : *Aux yeux du monde*

branler (faire; fabriquer) する

Je comprends pas qu'est-ce que tu *branles*.

あんた何してるんだか分かんないわ．
Gainsbourg : *Charlotte for ever*

■ **n'en avoir rien à branler** (n'avoir rien à faire; s'en moquer complètement) どうでもいい，まったく無視する

J'*en* ai rien à *branler* de sa lettre.

こいつの書いた手紙なんかどうでもいいんだ．
Beineix : *37°2 le matin*

J'*en* avais rien à *branler* qu'on lui fauche sa DS.

あいつの車が盗まれたってあたしはなんともなかったのよ．
Blier : *Les valseuses*

■ **ne pas en branler une** (ne rien faire; ne pas travailler du tout) 何もしない，ぜんぜん働かない

J'*en* branlais plus une.

僕はもう働いてなかったんです．
Beineix : *Mortel transfert*

■ **se branler**

1. (se masturber) オナニーする

Tout à l'heure j'étais sous ta fenêtre et j'étais en train de *me branler*.

ついさっき君の家の窓の下にいてオナニーしてたんだ．
Heneke : *La pianiste*

2. (paresser; ne rien faire) のらくらする

Arrêtez de *vous branler* là-dedans, grouillez-vous.

おい，そっちの連中，のろのろしてるな，急ぐんだ．
Godard : *Prénom Carmen*

Je crois que je vais aller *me branler*.

ぶらぶらでもしてこようかな．
Chéreau : *Ceux qui m'aiment prendront le train*

■ **se branler le cervelet** (se casser la tête) 頭を悩ます

A quoi ça sert de *se branler le cervelet*!

そんなこと気にしたってしょうがないだろう！ Berliner : *Ma vie en rose*

■ **s'en branler** (se moquer; s'en foutre) どうでもいいい，軽蔑する
Tu *t'en branles* ! Y'a que tes dinosaures et tes jeux vidéo à la con !
お前どうでもいいんだろう，恐竜と馬鹿みたいなテレビゲームさえありゃ．
Tavernier : *Ça commence aujourd'hui*

Le mec, on *s'en branle*.
そんな奴，かまいやしない． Berberian : *Paparazzi*

Il peut dormir où il veut, je *m'en branle*.
彼は寝たいとこで寝りゃいい，俺の知ったことか． Poiré : *Les visiteurs*

branlette (masturbation; branlée) マスターベーション
Mon grand-père disait : "Une bonne *branlette* vaut mieux qu'un mauvais mariage".
祖父は言ってたよ．「いいマスのほうが悪い結婚よりましだ」って． Leconte : *Tango*

Cinquante balles pour une *branlette*.
手コキは50フランよ． Gainsbourg : *Stan the flasher*

branleur; branlo (individu incompétent; individu qui ne fait rien; glandeur; jean-foutre) ろくでなし，ちんぴら，だめ人間
Que ça veut dire? Que des jeunes *branleurs*.
(酔っぱらって騒いでる学生たちを指して) あいつら何なんだ？チンピラばっかりじゃねえか． Dumont : *L'humanité*

J'en ai rien à foutre de leurs pauvres bites de *branleurs*.
あんな役立たずのヘニャチンなんかどうでもいいの． Despentes : *Baise-moi*

Putain, è m'fait vraiment chier cette pétoire de *branlo* qui n'avance même pas !
やんなっちゃう，このやくざバイクときたら進もうともしないんだから！
Dumont : *La vie de Jésus*

branque (fou; dérangé; insensé; imbécile) 頭のおかしい，無分別な，愚かな
T'es un peu *branque*...c'est pour les grands-mères.
お前ちょっと馬鹿じゃないか…あんなのおばあちゃんが見る番組だぞ．
Ducastel : *Drôle de Félix*

braquemard (membre viril) 男根
Je te sers un coup de Pommard? Ça rime avec *braquemard*.
(ホモがその気のない男を口説く) ポマールを1杯あげようか？アナールで一発とも韻が合うな． Blier : *Tenue de soirée*

braquer
■ **se braquer** (servir à faire des braquages)　強盗の的にする
Moi les caisses d'épargne, on m'a toujours appris que ça *se braquait*.
貯金局なんて強盗しに行くとこだって，ずっと家じゃ教えられてきたんだもの.
Guit : *Les kidnappeurs*

braquot (braquage; attaque à main armée)　強盗，襲撃
J'ai fait des banques, des bagnoles, des *braquots* quoi.
銀行も，車もやったよ，強盗さ.
Audiard : *Sur mes lèvres*

bras
■ **se croiser les bras** (rester sans rien faire; refuser d'agir)　何もしないでいる，腕をこまねいている
On se fait voler et faudrait *se croiser les bras*.
商品が盗まれてるのに黙って見てなきゃいけないなんて.
Rohmer : *Le signe du lion*

bricole (ennui)　煩わしいこと
Il va leur arriver des *bricoles*.
彼らに問題が持ち上がるぞ.
Heynemann : *La question*
Sans parler de la syphilis et autres *bricoles* vénériennes.
その他にも梅毒とかいろんな性病がありますけどね.
Gainsbourg : *Equateur*

briefing (英語 réunion d'information entre personnes devant accomplir une même action; instructions)　ミーティング，指示
Dites-lui huit heures au bar du Lutétia, je lui ferai un petit *briefing*.
8時にリュテシアホテルのバーに来るように伝えて.ちょっと打ち合わせするから.
Thompson : *La bûche*

brin
■ **joli〔beau〕brin de fille** (très belle fille; canon)　とても美しい娘
Oh purée...*joli brin de fille* !
わー…すごい美女だ！
Nauer : *Les truffes*

bringue (fête; bombe; orgie)　どんちゃん騒ぎ
On fait la *bringue*.
これから派手に遊び回ろう.
Rhomer : *Le signe du lion*

brique
1. (emballage parallélépipédique utilisé pour des liquides alimentaires)　紙パック
Il y a plus de lait ? / Il en reste encore une *brique*.
もうミルクありません？/まだパックが一つ残ってるよ.
Jacquot : *La fille seule*
2. (dix mille francs; briquet; bâton)　1万フラン

Si je me secoue, je peux doubler, monter jusqu'à la *brique*.
がんばれば稼ぎを倍にして1万までいけるわよ． Blier : *Mon homme*

briquet (dix mille francs ; brique) 1万フラン
T'as vu ton dernier bilan ? Tu te rends compte, 30 *briquets* de déficit.
銀行通帳の最後の欄見た？ あきれたわ，30万の赤字よ． Téchiné : *Alice et Martin*

briser
■ **les briser** (ennuyer ; excéder) うんざりさせる
Qu'est-ce que tu nous *brises* ?
文句ばっかりでうるさいわね！ Blier : *Les valseuses*
■ **se les briser** (s'ennuyer) 退屈する
Il faut vraiment qu'ils *se les brisent*, chez eux, pour être dehors à une heure pareille !
こんな時間に外に出るなんてあの人たちよっぽど退屈してるにちがいないわ．
Becker : *L'été meurtrier*

broque
■ **pas une broque** (rien du tout) ぜんぜん
Il arrive de Londres. Ne lui parlez pas français, il n'en comprend *pas une broque* !
彼ロンドンから来たんです．フランス語話してもだめですよ，ぜんぜん分かりませんから． Truffaut : *La nuit américaine*

brosser
■ **brosse-toi le cul** (il n'en est pas question) それは論外だ
Tu vas revenir illico à la maison, toi ! / *Brosse-toi le cul* ! J'reviendrai jamais au clapier à René.
お前はすぐに家に帰るんだ！/ とんでもないわ！あたしは絶対ルネのおんぼろやには戻らないからね． Poiré : *Le Père Noël est une ordure*
■ **se brosser de** (s'abstenir de ; se passer de) 差し控える，なしで済ます
Vous êtes tous les bienvenus, ça vous distraira ! / A bon, merci ! De votre macchabée, je *m'en brosse*, moi.
（警部が居合わせた人たちを殺人事件があった現場に誘う）皆さん方，よろしかったらどうぞ，気晴らしになりますよ．/ 死体なんか，私はパスしますよ．
Deville : *Le paltoquet*

brouette
■ **brouette thaïlandaise** voir **thaïlandais**
■ **...et des brouettes** (et une certaine quantité) …といくらか
On arrive à 5 millions, 650 mille *et des brouettes*.

brouter

（映画の制作費は）565万とちょっとぐらいになるでしょう.

Garrel : *Sauvage innocence*

brouter
1. (ennuyer) うんざりさせる
Tu commences à me *brouter* avec ta vie d'enfant malchanceux, toi.
お前のついてない子供時代の話にはうんざりしてきたぞ.

Gatlif : *Gaspard et Robinson*

2. (pratiquer la fellation) フェラチオをする
Un clien pour Rita. / Elle *broute*.
リタに客だ. / 今フェラの最中だ.

Jugnot : *Une époque formidable*

brûlé
■ **tête brûlée** (celui qui n'a peur de rien, qui fait *qch.* sans réfléchir) 向こう見ずな人
Tête brûlée, mais sur qui on pouvait compter.
彼は向こう見ずだが当てにできるやつだった.

Poiré : *Les anges gardiens*

brûler (quitter; être la fin de) 別れを告げる
Vous voulez qu'on dîne ensemble dimanche, je *brûle* ma vie de garçon.
日曜日にいっしょに夕食をしませんか, 僕の独身最後の夜となるので.

Belvaux : *Pour rire*

buffet (poitrine; estomac; ventre) 胸, 胃, 腹
Il a pris trois bastos dans le *buffet*.
彼は胸に弾を3発くらったんだ.

Gainsbourg : *Equateur*

J'ai quinze heures d'avion dans les *buffets*!
15時間も飛行機に揺られて胃が参ってるんだ.

Poiré : *Les anges gardiens*

bug (英語. défaut, difficulté, nœud, erreur) 欠点, 欠陥, 困ったこと, 障害, エラー
J'sais pas s'il y va lui, j'crois qu'il flippe du *bug* donc...
彼仮装パーティーに行くかしら. 巧くいかないとすぐやんなっちゃうほうだから…

Klapisch : *Peut-être*

bugner (frapper; cogner; défoncer; niquer) たたく, 壊す
J'vais la *bugner* cette porte !
このドアをぶち壊すぞ!

Poiré : *Le Père Noël est une ordure*

bulle (univers particulier, isolé) 自分たちだけの隔離された世界
C'était pas possible de rester comme ça, à l'écart de tout, dans notre *bulle*.
そんなふうに, すべてのものから離れて, 二人だけの世界に閉じこもっていること

burne (salaud) 悪党
　Ce mec, il m'a demandé de te charger, la *burne*.
　　その刑事は悪党だな，罪をお前に擦りつけるよう要求したんだぞ．
　　　　　　　　　　　　　　　　　　　　　Megaton : *Exit*

burnes (testicules) 睾丸
　Et encore euh Marlon Brando, c'est 200 000 si on le voit les *burnes* en l'air.
　　それに，そうだな，マーロン・ブランドだって，フリチンの写真でも20万てとこだぞ．
　　　　　　　　　　　　　　　　　　　　　Berberian : *Paparazzi*

■ **casser les burnes** (embêter; casser les couilles) うんざりさせる
　Elle me *casse les burnes*.
　　あの女にはうんざりだ．
　　　　　　　　　　　　　　　　　　　　　Poiré : *Les visiteurs*

burnous
■ **faire suer le burnous** (exploiter des ouvriers ou des employés étrangers) 労働者・外国人被雇用者を搾取する
　On *fait pas suer le burnous*. Ce sont des Arabes.
　　(キブツでは)外国人労働者だからといって搾取しない．あそこにいるのはアラブ人だ．
　　　　　　　　　　　　　　　　　　　　　Arcady : *Pour Sacha*

business (英語．commerce; affaires) 商売，取引
　T'inquiète, je fais mon *business*.
　　心配ご無用，取引してるだけなんだから．
　　　　　　　　　　　　　　　　　　　　　Despentes : *Baise-moi*

buter (frapper; tuer) 殴る，殺す
　J'ai tiré dans sa boîte... j'*ai buté* un mec qui était là.
　　あいつのナイトクラブに弾をぶち込んだんだ…そこにいた男を一人殺しちまった．
　　　　　　　　　　　　　　　　　　　　　Chéreau : *La chair de l'orchidée*
　Max Kubler s'est fait *buter*.
　　マックス・キュブレールが殺された．
　　　　　　　　　　　　　　　　　　　　　Beineix : *Mortel transfert*

Byzance
■ **c'est Byzance** (c'est superbe; c'est le grand luxe; c'est l'opulence) 素晴らしい，豪華だ，贅沢である
　Une puéricultrice pour 250 naissances, *c'est Byzance* à Neuilly, ici c'est une catastrophe !
　　250人の新生児について一人の育児保母なんてヌイイーでは極めて恵まれていますが，ここは悲惨です．
　　　　　　　　　　　　　　　　　　　　　Tavernier : *Ça commence aujourd'hui*
　C'est pas *Byzance*, mais enfin ça évitera de payer l'hôtel.
　　たいした部屋じゃないけど，まあホテル代は浮くわね．
　　　　　　　　　　　　　　　　　　　　　Téchiné : *J'embrasse pas*

c'

C'est une partouze. Ah la vache ! Oh *c'est Byzance* !
（この穴から）オージー・パーティーが見える．わー，すごい見物だ！

Rochant : *Anna Oz*

C

c'

■ **c'tu fais ?** (qu'est-ce que tu fais ?) 何してるんだ？
Eh, on se connaît, mais si ! / Attends, attends, *c'tu fais ?*
（酔っぱらいが）なあ，知り合いだよな，間違いない！／おい，おい，何してるんだ！

Klapisch : *Chacun cherche son chat*

ça

1. (celui-là ; celle-là ; ceux-là ; celles-là) あいつ，あの女，そういうやつら（軽蔑的）
   T'es trop conne ! *Ça* veut être éducatrice spécialisée.
   おまえひどく馬鹿なくせに，専門指導員になりたいんだとさ． Sinapi : *Nationale 7*
   Ça ne comprend jamais rien, les parents.
   親なんて何も分かっちゃいないんだから． Demy : *3 places pour le 26*

2. (c'est sûr ; oh oui, il n'y a pas de doute ; c'est bien vrai ; tu as raison)
   それは確かだ，その通りだ，間違いない
   Elle était attachée sur un lit d'hôpital ! Alors elle a envie de déconner, on déconne. / Ah oui, oui, *ça* pour déconner, tu déconnes.
   あの子は病院のベッドに縛りつけられてたんだ．だから羽目を外したいので，一緒に羽目をはずしてるのさ．／まったくその通りだ，馬鹿をしてるとしか言いようがない．

   Arcady : *Dis-moi oui*

   Comment je fais pour vivre ? / *Ça,* il va nous manquer, hein.
   （ひもの男が警察に捕まって，二人の娼婦が）これからどうしたらいいの？／ほんとに，あの人がいないとね． Blier : *Mon homme*

   Toi et moi, on n'est pas pareilles. / *Ça,* on n'est pas pareilles.
   あんたとあたしじゃ違うわ．／ごもっともね，同じじゃないわ．

   Rohmer : *Le rayon vert*

3. "interrogatif"「疑問詞」+ ça (insistance de l'interrogatif) 疑問詞の強調
   Pt-être j'pars après-demain. / Ah bon, tu pars où *ça* ?
   明日出かけるかも．／あら，どこへ？ Garrel : *Le vent de la nuit*

ça

■ **à ça de...** (tout près de...) …からすぐ近くに
La blessure était *à ça de* la colonne vertébrale.
傷は脊椎からこんなものでした． Wargnier : *Une femme française*
Putain, j'ai failli me flinguer ! Ça m'est passé *à ça de* la Weston.
畜生，危うく自分を撃つところだった！暴発した弾が服をかすめたんだ．．
Tavernier : *L'appât*

■ **ça a été** (ça a bien marché ; ça a réussi ; il n'y a pas eu de problème)
うまくいった，成功だ，問題はなかった．
Ça a été, on a placé les fenêtres.
うまくいった．窓を据えつけられたよ． Dardenne : *Le fils*
Ça a été la pine de ce matin ?
今日はちゃんと朝立ちしたか？ Dumont : *L'humanité*
Ça a été, le piano ?
ピアノのレッスンどうだった？ Braoudé : *Neuf mois*

■ **ça alors** voir **alors**

■ **ça...ce que ça...** (peu importe si...ou non ; on ne sais pas si...
mais ce n'est pas important ; ça m'est égal) …するかどうかは分からない…しようがしまいが構わない，いくら…してもどうでもいい
Il a dix ans de moins que toi, ça pourra pas durer. / Mais non, *ça durera ce que ça durera*, ça m'est bien égal.
彼はママより10歳も若いんだから長続きしっこないわ． / そんなことないさ，長続きしようとしまいと，そんなの平気よ． Serreau : *La crise*
Je vous ai mis en ordre, provisoirement. *Ça tiendra ce que ça tiendra*.
なんとかトイレを直しておきました．応急処置ですよ．どれくらい持つか分かりませんよ． Ducastel : *Jeanne et le garçon formidable*

■ **ça c'est...** (ça s'appelle... ; c'est vraiment...) それこそ…ってものだ，…の名に値する
J'ai envie de me sentir vivant et niquer, ça me rend vivant ! / *Ça c'est* parler Dov, on va se la donner grave.
俺は生きてるって実感したいんだ，セックスすると生きてるって気になる． / いいこと言うな，ドヴ，俺達も大いにやりまくるぞ． Gilou : *La vérité si je mens II*
Julia, impeccable... *Ça c'est* un gigot ! / Qu'est-ce que tu crois !
ジュリア，完璧だ！…これこそジゴってもんだ！／当ったり前だろう
Sautet : *Vincent, François, Paul et les autres*

■ **c'est au moins ça** (c'est déjà ça 〔de pris ; de bien〕 ; c'est mieux que rien) それだけでもないよりはいい

ça

Vous avez souri. *C'est au moins ça.*
> やっと笑顔を見せてくれたね．それだけでも結構なことだ． Leconte : *Félix et Lola*

■ **c'est ça**
1. (c'est exact; tu as raison) それで間違いない，その通りだ
   C'est combien ? / C'est marqué. Vous savez lire ? / Euh, quatre francs trente. *C'est ça ?* / Oui, *c'est ça*.
   > おいくら？／書いてある．読めるんだろう？／うーん，4フラン30．これでいいのね？／そう，その通り．　　　　　　　　　　　　　　　　Rohmer : *4 aventures*

   C'est assez rare de le trouver...surtout dans cet état. / Ah oui, *c'est tout à fait ça.*
   > (古本屋が) この本はなかなか出てこないんですよ…とくにこうしたいい状態では．／ええ，おっしゃる通りですね．　　　　　　　　Vincent : *La discrète*

2. (continue comme ça; arrête; bravo; c'est très bien) そうやってりゃいい（反語），やめろ
   Il manque juste cinq six francs. / Non mais c'est bon, je t'invite. / Ah *c'est ça !* Tu veux jouer à la grande dame, hein ?
   > 5・6フラン足りないだけだ．／いいんだったら．あたしのおごりよ．／結構だよな，奥様気取りで．　　　　　　　　　　　Jacquot : *La fille seule*

■ **c'est toujours ça que les Boches n'auront pas** (je suis content de boire, d'avoir bu une consommation, de prendre, d'avoir pris un repas; c'est toujours ça de pris sur l'ennemi; autant de pris sur l'ennemi) これが飲め（食べられ）る（た）だけでも幸せだ
   Voilà. Beychevelle 82…les derniers bijoux de famille. / C'est pas un peu dommage d'ouvrir ces belles bouteilles ? / *C'est toujours ça que les Boches n'auront pas* !
   > ほら，ベシュヴェルの82年ものさ．わが家の最後の宝だ．／そんなすごいワインを開けるなんてちょっともったいなくない？／これが飲めるだけでもよしとしなきゃ．
   > 　　　　　　　　　　Chéreau : *Ceux qui m'aiment prendront le train*

■ **comme ça** voir **comme**

■ **faire ça** (faire l'amour) セックスする
   Ça te dérange si je parle pendant qu'on *fait ça* ?
   > しながらあたしが喋るの気になる？　　Fonteyne : *Une liaison pornographique*

■ **ne penser qu'à ça** (ne penser qu'à l'amour, qu'au sexe) セックスのことしか頭にない
   A quoi pensez-vous ? / Qu'elles *pensent qu'à ça.*

何を考えてるんだい？/ 女ってセックスしか考えてないって.

Beineix : *Mortel transfert*

cabane (prison) 刑務所
J'ai été en *cabane* moi aussi.

あたしもムショに入ったことあるの.

Giovanni : *Mon père*

câble
■ **péter un câble** (déraisonner ; disjoncter ; perdre les pédales) 気が狂う，プッツンする

T'es complètement folle, t'*as pété un câble* ou quoi ?

お前ほんとにおかしいぞ，何変なこと言ってるんだ？

Gilou : *La vérité si je mens II*

cabot (cabotin ; comédien sans talent ; mauvais acteur) 大根役者
C'est comme le type qu'on voit à la télé, là...Bukowski. En moins *cabot*.

ほら，テレビで見るような奴よ… ビュコウスキーみたいな．それよりましだけど．

Thévenet : *Sam suffit*

caca (excrément) ウンコ
Je leur fais *caca* dessus.

あいつらにウンコひっかけてやる.

Despentes : *Baise-moi*

cacah(o)uète
1. (rien) ゼロ

Leurs problèmes ne sont finalement que des *cacahuètes* à côté de ceux des boat people, par exemple.

子どもたちの問題なんて，例えばボートピープルが抱えてる問題に較べれば無に等しい．

Poiré : *Les anges gardiens*

2. (testicules ; couilles) 睾丸

C'est déjà un petit homme. / Un homme ? Avec quoi ? Avec cette petite *cacahuéte* ?

あの子はもう一人前の男ね．/ 男ですって？ どういうところが？ あんなちっちゃなお道具で？

Boughedier : *Halfaouine*

■ **valoir *son* pesant de cacahuètes** voir **pesant**

cadavre (bouteille vide) 空き瓶
Tenez, j'ai encore un *cadavre*.

ほら，これも空き瓶よ．

Chéreau : *Ceux qui m'aiment prendront le train*

cadeau (rénumération d'une prostituée) 売春婦の料金
Il semblerait que la dernière phrase entendue par le président Bertier

cafard

soit "N'oublie pas mon petit *cadeau*."

ベルティエ会長が最後に聞いたのは「あたしの料金忘れないでね」らしい.

Molinaro : La cage aux folles

■ **ce n'est pas un cadeau** (c'est une personne difficile à supporter) 迷惑なやつだ，有り難くないやつだ

Ça nous arrive à tous à un moment ou un autre de prendre un gamin dans le nez. Parce que faut le reconnaître, y en a, c'est des tiges ! *C'est pas* tous *des cadeaux* !

(幼稚園の教師をしてりゃ) いつかはある子が我慢できないってことを誰しも経験するものさ．否定できないよね，箸にも棒にもかからない子がいるってことは！困ったのもいるってことさ.

Tavernier : Ça commence aujourd'hui

■ **ne pas faire de cadeau(x)** (être impitoyable) 手厳しい，甘くない

Ce qu'il faut, c'est que vous foutiez l'camp, parce qu'on vous *fera pas d'cadeaux*.

あんた出て行かないと．みんな辛く当たりますよ.

Deray : Les bois noirs

cafard (noir) 黒人

Ceux qu'en ont pas, on les met sur les extérieurs de Paris, c'est des nuisibles, c'est des *cafards*.

銭がない奴等はパリの外に住まわせる，有害分子だ，黒人だ，ということで. (qu'en = qui n'en)

Tavernier : De l'autre côté du périph'

■ **foutre le cafard** (rendre triste, mélancolique) 悲しくする，憂鬱にさせる

C'est pas grave, je m'en vais. J'ai horreur de l'alcool, ça me pique et ça me *fout le cafard*.

傷は大したことありませんからお暇(いとま)します．あたしアルコール消毒嫌いなんです，しみるし憂鬱になるんです.

Chouraqui : Les menteurs

cafet (cafeteria の略) カフェテリア

Je suis à la *cafet*.

あたしカフェテリアにいるわ.

Bardiau : Le monde de Marty

caf(e)teur ; caf(e)teuse (dénonciateur; rapporteur) 告げ口屋

Je parle pas aux *cafteuses* !

僕は告げ口屋となんか口を利かないんだ.

Monnet : Promis ... juré

cafouiller (mal fonctionner) 調子が悪い，もたつく

Ça *cafouille* un peu côté FCV.

FCVチームのほうはちょっと調子を落としてる.

Chabat : Didier

cafter (dénoncer) 告げ口する

Elle peut pas *cafter*, sinon je lui rends sa monnaie !
姉さん，言いつけらんないわよ．こっちだってお返ししてやるもんね．
Hubert : *Le grand chemin*

cage
■ **cage à lapins** (HLM) 集合住宅
Si c'est pas malheureux ! Casser des lieux de vie pour reconstruire des *cages à lapins*.
ひどいもんだよな！家を壊して狭苦しい集合住宅を建てるなんて！
Kassovitz : *Assassins*

cageot (fille ou femme sans beauté ; boudin) きれいでない娘，女
J'aimerais bien m'taper une bombe, tu sais, m'sortir au moins une meuf, quoi...pas vraiment une bombe...même une *cageot*...une vilaine que j'puisse la niquer.
きれいなスケをものにしたいよ，せめて一人は欲しいよ…美女でなくたっていい…大した女でなくったってかまわない…ブスだってやれればいい．
Siegfried : *Louise*

caguer
■ **faire caguer** (embêter, faire chier) うんざりさせる
Des pouffes comme ça, c'est rien bon qu'à vous *faire caguer*.
ああした誰とでも寝るような女は人をうんざりさせるだけだ．
Corneau : *Série noire*

caïd (アラビア語. homme respecté dans le Milieu) やくざのボス，大物
Il pensait que j'étais un *caïd*.
彼は僕のこと大物のやくざと思ってたんです．
Ducastel : *Drôle de Félix*

caille (merde) 糞
Tu pues la *caille*.
お前うんこ臭いぞ．
Huth : *Serial lover*

cailler (avoir très froid) とても寒い
Bon ça va prendre longtemps, je *caille*, là ?
まだ時間かかるのかよ？ これじゃ（裸じゃ）寒くてしょうがない．
Pirès : *Taxi*

■ **ça caille** (il fait froid) 寒い
Ça caille non ?
寒いよな？
Téchiné : *Les voleurs*

■ **se cailler (les couilles)** (avoir très froid) とても寒い
Pourquoi j'irais *me cailler* sur une terrasse à espionner des gens dangereux ?
どうしてあたしが屋上で寒い思いをしてギャングを見張らなければならないのよ．
Audiard : *Sur mes lèvres*

caillera

Jamais t'as passé trois jours à *te cailler les couilles* derrière un casino merdique.
みすぼらしいカジノの裏で寒さに凍えて三日も過ごしたことなんか君にはないだろう.
Gatlif : *Gaspard et Robinson*

caillera (racaille の逆さ言葉. petit voyou et qui font des bêtises plus ou moins graves) チンピラ，ごろつき
Moi j'suis une *caillera*.
俺はやくざなんだ.
Siegfried : *Louise*

caillou (diamant) ダイヤモンド
Vous l'avez dégoté où, ce *caillou*?
このダイヤどこでせしめて来たんだ？
Jugnot : *Monsieur Batignole*

caisse (voiture) 車
Moi, j'ai une *caisse*.
あたし車あるわよ.
Despentes : *Baise-moi*

caisson (tête ; crâne) 頭
J'ai toujours eu un faible pour les types qui s'flinguaient, moi, une balle dans l'*caisson*.
頭に弾を撃ち込んで自殺する奴には俺はどうしても甘くなるんだよな.
Beineix : *Mortel transfert*
Sans lui y a longtemps que j'me serais fait sauter le *caisson* déjà hein !
彼がいなきゃとっくの昔にピストル自殺さ.
J. Becker : *Les enfants du marais*

cake (英語. bon à rien ; nullard ; minable ; moins de rien) 駄目な奴，能なし
C'est un *cake*.
あいつはろくでもないやつだ.
Gilou : *La vérité si je mens II*

calancher (mourir) 死ぬ
Des *calanchés* par came, il y en a moins que sur l'autoroute !
ヤクで死んだ奴なんて高速道路の死者より少ないんだぞ.
Bluwal : *1996*

cal(e)cif (caleçon ; calebard) トランクス
J'te fil'rai mon *calecif*.
（海水着がないと言う女に）俺のトランクス貸してやるよ.
Gainsbourg : *Je t'aime moi non plus*

calculer

■ **ne pas calculer** (se moquer de ; se méfier de) 軽蔑する，信用しない
Elle m'évite, elle me *calcule pas*.
彼女俺のこと避けてるんだ. うさんくさく思ってるのさ.
Sinapi : *Nationale 7*

calé (savant; instruit) 物知りの，博識の
   T'es *calé* en mythologie.
   君神話に強いんだね． Ducastel : *Drôle de Félix*

calebard (caleçon; calcif) パンツ，トランクス
   Dis donc, je t'interdis de mettre mes *calebards*, compris ?
   おいおい，俺のパンツは穿いちゃ駄目だぞ，分かったか？
   Bouchitey : *La lune froide*

caler
■ **se caler** (s'installer confortablement, dans un lieu sûr) ゆったりと身を落ちつける，安全な場に身を置く
   On a le temps de *se caler*.
   安全なとこへ行く暇はあるよ． Monnet : *Promis... juré*

calibre (arme à feu) 銃
   Dans ma veste, j'ai peut-être un vrai *calibre*.
   俺の上着の中に本物のハジキがあるかも知れないんだぞ． Kassovitz : *La haine*

calmos [kalmos] (calmement) 穏やかに
   Ferme ta gueule ! / Vas-y *calmos* !
   うるせえ！/ まあ落ち着けよ！ Siegfried : *Louise*

calotte (claque; gifle) ビンタ
   La prochaine fois, c'est une *calotte* !
   今度またやったらビンタだからな！ Poiré : *Les anges gardiens*

calotter (donner une gifle) 殴る
   Je vais le *calotter*.
   あいつをはり倒してやる． Tavernier : *Laissez-passer*

calter (s'en aller; s'enfuir) 立ち去る，逃げ出す
   Allez *calte* !
   さあ失せろ！ Gainsbourg : *Je t'aime moi non plus*

calva (calvados の略) カルヴァドス
   Tu veux pas un petit *calva* avec ton café, Manu, pour te remettre les yeux en face des trous ?
   眠け覚ましにコーヒーにカルヴァを入れてやろうか？ Vincent : *La discrète*

came
1. (marchandise; camelote) 品物
   Elle est pas belle cette *came* ?
   この反物はいいでしょう？ Gilou : *La vérité si je mens*
2. (drogue; cocaïne) 麻薬，（特に）コカイン

camé
J'ai de la *came* à fourguer d'urgence.
急いで捌きたいヤクがあるんだ.
Fassbinder : *Querelle*

camé (drogué; toxicomane) 麻薬中毒者
Ton frangin, il est *camé*.
お前の兄貴はな，ヤクチュウなんだ.
Kassovitz : *Assassins*

camelote (marchandise) 商品
On nous a volé la *camelote* !
売り物を盗まれたぞ！
Jugnot : *Monsieur Batignole*

camembert
■ **ferme ta boîte à camembert** (tais-toi; ferme-la) 黙れ
Ferme ta boîte à camembert ou…
黙れ，さもないと…
Poiré : *Les anges gardiens*

camp
■ **foutre le camp** (partir; disparaître) 去る，姿を消す
Fous le camp, je ne veux plus te voir !
行っちまえ，お前の顔なんかもう見たくない！
Godard : *A bout de souffle*

Canal (Canal plus) ケーブルテレビ局名
Il m'a mis un de ces pains dans la gueule, je te dis pas ! Pendant deux jours j'ai cru que je regardais *Canal* sans décodeur.
あの野郎，俺にすげえパンチを喰らわせやがった，おっそろしいやつを！2日間俺はチューナーなしでケーブルテレビを見てるようなざまだった.
Chéreau : *Ceux qui m'aiment prendront le train*

canard (journal) 新聞
J'ai lu dans un *canard* que les camarades de chez Pirelli avaient fait ça en Italie.
ピレッリ社の同志がイタリアでそれをやったって新聞で読んだよ.
Godard : *Vent d'est*

■ **glisser dessus comme sur les ailes d'un canard** voir **glisser**

canarder (tirer des coups de feu sur) 狙撃する
Les flics vont s'ramener, ils vont vous *canarder*.
警官隊が来て，みんなを狙い撃ちするぞ.
Zeitoun : *Yamakasi*

caner; canner (abandonner; renoncer; terminer) 捨てる，諦める，終える
(Que) toutes tes galères soient enfin *canées* !
君の苦しみが総て消え去るといいね.
Leconte : *Félix et Lola*

canne

1. (jambe) 脚

    Arrête de flipper! Tes *cannes*, c'est toujours celles qui ont tapé à un 1/100 du record d'Europe.

    びくつくことはない．君はヨーロッパ記録に百分の1秒まで迫った脚の持ち主には違いないんだから．

    Anglade : *Tonka*

2. (membre viril; queue) 男根

    Il touche plus un ballon! A la première occasion, tu lui prends la *canne*.

    あの選手はもうボールに触れもしないじゃないか．早いとこしごいてやれ．

    Annaud : *Coup de tête*

canon

1. (belle femme; fille splendide; bombe) 美女，素敵な娘

    Elle est super *canon*, t'as pas vu?

    飛びきりの女よ，見なかった？

    Garrel : *Le vent de la nuit*

2. (bel homme) 美男子

    Le mari riche et *canon*...*canon*, vous comprenez? Beau, quoi, sexy!

    旦那さんたら金持ちでカノン…（スペイン人の旦那に）カノンって分かる？　ハンサム，セクシーってこと．

    Veysset : *Martha ... Martha*

3. (un verre de vin) ワイン1杯

    C'est une chose qui vous prend la tête même quand on dort ou quand on boit un *canon*.

    眠っていようと1杯やっていようと，頭から離れないことなんだ．

    Beineix : *Mortel transfert*

4. (superbe; réussi) 素敵な，巧くいつた

    Pour une débutante, c'est *canon*!

    初心者にしてはすごいじゃないか！

    Masson : *En avoir*

caoutchouc (préservatif; capote) コンドーム

Je suis volage! / N'oublie pas tout de même de leur mettre les *caoutchoucs*, à tes fiancés.

あたしって浮気なのよ．／まあ男にゴムを着けることは忘れるなよ．

Chatiliez : *Le bonheur est dans le pré*

cap (capable の略) できる

J'suis *cap* d'y aller.

そんなの出来るわよ．
　　　　　　　　　　Veysset : *Victor...pendant qu'il est trop tard*

■ **cap ou pas cap?** (tu es capable ou non?; chiche?) （こんなむずかしいゲーム）できないだろう？　やれるもんならやってみろ！

capote

Cap ou pas cap? / *Cap!*
ゲームやる？/ やるさ！
Samuell : *Jeux d'enfants*

capote (préservatif; capote anglaise; caoutchouc)　コンドーム
Tu as la *capote?* / Hein? / Ben il faut la *capote.*
サックある？/ え？/ だってサック着けなきゃだめでしょう．
Gilou : *La vérité si je mens II*

capoter (échouer)　挫折する
Tu sais pourquoi la plupart des mecs ils peuvent pas mettre de capote? Parce qu'ils bandent trop mou. Alors comme on dit, ça fait "*capoter*"!
男がたいていコンドームをはめられないのなぜか知ってる？ ちゃんとエレクトしないからなのよ，「またコンド」ってなようなものね！
Breillat : *Romance*

Le projet *capote.*
計画は頓挫した．
Rohmer : *L'arbre, le maire et la médiathèque*

caquet

■ **rabattre son caquet** (obliger à se taire)　黙らせる，大人しくさせる
Ça va lui *rabattre son caquet* à ce pisse-froid, là.
（殴り合いに負けて）これであの小生意気な野郎も大口をたたけなくなりますな．
Pinheiro : *La femme fardée*

carabiné (fort; violent)　強い，激しい
Il a tout de suite senti que j'avais un coup de cafard *carabiné.*
その人，あたしがすごく落ち込んでるってすぐに見て取ったのね．
Leconte : *La fille sur le pont*

carafe

■ **être en carafe** (être à court de mots)　言葉に詰まる，立ち往生する
Je dis "non, il vient de sortir avec Maurice", et elle me répond "ça m'étonnerait parce que je suis avec Maurice"... c'est moi qui *suis en carafe*, j'ai l'air d'une conne.
こっちがね「いないの，彼，モーリスと出てったとこ」って言うと向こうは「まさかそんな，あたしモーリスと一緒なんですもの」って答えるのよ… あたし言葉に窮しちゃったわ，馬鹿みたい．
Sautet : *Une histoire simple*

■ **tomber en carafe** (tomber en panne)　故障する
Quand j'*tombais en carafe*, il prenait un marteau, un tournevis...
何か壊れると，彼が金槌やねじ回しを持ち出して直してくれるんだ．
Leconte : *Félix et Lola*

carambar (appellation commerciale d'une friandise à base de cara-

mel mou en barre) 棒状の柔らかいキャラメルの商標
Vous allez le rater. / Qui ça ? / Votre *carambar*.
あのぐにゃぐにゃ男（曲芸師）さ．
彼いなくなっちゃうぞ．/ 彼って？/ あのぐにゃぐにゃ男（曲芸師）さ．
Leconte : *La fille sur le pont*

carboniser (ruiner la réputation de) 評判を落とさせる
C'est Gibert qui va vous *carboniser* si vous n'êtes pas prêts dans deux minutes.
お前たち2分後に準備が整ってないと署長に糞味噌にこき下ろされるぞ．
Crawczyk : *Taxi II*

carbu (carburateur の略) キャブレター
On a fini ça. / Ouais, au niveau du *carbu*.
こいつは出来た．/ うん，キャブレターのとこは．
Dumont : *La vie de Jésus*

carburant
1. (boisson) 飲物，酒
Tiens ! plus d'*carburant* !
おや，酒がもうない！
Balasko : *Gazon maudit*
2. (argent) お金
Là-dedans, y a le *carburant*.
このバッグには現金が入ってるの．
Serreau : *Chaos*

carburer (boire habituellement ; se soûler) よく飲む，酔っぱらう
Depuis qu'il a été chez le juge, il est dingue. Il marche aux antidépresseurs et il *carbure* au whisky.
あの人判事のとこへ呼ばれてから変なのよ．抗鬱剤しか口に入れないし，ウイスキーばかり飲んでるの．
Beineix : *Mortel transfert*

carcasse (corps humain) 人体
Il se disait, en vous faisant transporter l'argent, qu'au moindre pépin, à la moindre alerte, il vous laisserait tomber comme une vieille chaussette et sauverait sa misérable *carcasse*.
あいつの腹はですね，あんたにカネを運ばせて，ちょっとでも問題が起こったり，やばいと思ったら，あんたをぽいっと捨てて，しがないわが身の安全を計るってことだったんですよ．
Chabrol : *Rien ne va plus*

carette (fille) 女
Elle me fait vraiment bander cette *carette*.
この女はほんとに興奮させるよ．
Dumont : *L'humanité*

carne (femme méchante, désagréable ; chameau) 意地悪女
Vous dormirez à la maison... et demain si vous y tenez, vous irez voir

carogne
   cette vieille *carne*.
   家に泊まっていきなさい…そしてどうしてもというんだったら明日あの意地悪婆に会いに行けばいいわ。
   Téchiné : *Alice et Martin*

carogne (femme méprisable ou d'un caractère exécrable; charogne)
おぞましい女
Espéce de *carogne*!
   性悪女め！
   Noé : *Irréversible*

carreau
■ **laisser sur le carreau** (vaincre complètement; blesser; tuer) 完全に打ちのめす，深く傷つける，殺す
Ce mec, il t'a bousillé ton enfance, il t'a frappé à te *laisser sur le carreau*.
   あのおやじはあんたの少年期をずたずたにしちまったのよ，立ち上がれないほどぶちのめしたんだわ。
   Tavernier : *Ça commence aujourd'hui*

■ **se tenir à carreaux** (être sur *ses* gardes; se méfier) 警戒する
 Le prochain, il a intérêt à *se tenir à carreaux*.
   次ぎの男は（殺人事件に巻き込まれないように）用心するに越したことはないわね。
   Huth : *Serial lover*

carrée (chambre simple et sans confort) 殺風景な部屋
 J'appelle pas ça une chambre, moi. J'appelle ça *une carrée*.
   こんなの部屋って言える代物かよ．物置ってとこだな．
   Miller : *Le sourire*

carrer
■ **en avoir rien à carrer** (n'avoir rien à faire; ne pas s'intéresser) どうしようもない，興味をひかない
 Je lui branche des nanas, il *en a rien à carrer*.
   彼に女を回してやっても見向きもしないんだ．
   Noé : *Irréversible*

carrossé
■ **bien carrossé** (bien fait; bien roulé) スタイルのいい
 La carrosserie, c'est éternel. / Est-ce que tu trouves que je suis *bien carrossée*?
   （自動車屋が恋人に）車のボディーの美しさは永遠だ．/ あたしのボディーは格好いい？
   Godard : *Paris vu par Godard*

carton
1. (collision entre voitures) 車同士の衝突
 Mais qu'est-ce qui se passe? / Ça sent le *carton*, monsieur le ministre.
   いったい何事だね？/ 衝突事故のようです，大臣閣下．
   Pirès : *Taxi*

2. (succès; victoire) 成功，勝利
   C'ui-là y fait un *carton* en ce moment.
   これが今の売れ筋です。
   Tu vas pouvoir faire un *carton*.
   あんたは出世できるぞ。
   　　　　　　　　　　　　　　　　　　　　　Gilou : *La vérité si je mens*
   　　　　　　　　　　　　　　　　　　　　　Zidi : *Les ripoux*
3. (bref rapport sexuel) 束の間のセックス，ショート
   Elle me fait un *carton*.
   彼女はショートでやってくれる。
   　　　　　　　　　　　　　　　　　　　　　Blier : *Mon homme*

cartonner
1. (réussir) 成功する
   C'est ta dernière chance ! / Je vais *cartonner*.
   あんたの最後のチャンスよ！/ 成功してみせるよ。
   　　　　　　　　　　　　　　　　　　　　　Pirès : *Taxi*
2. (critiquer sévèrement) 厳しく糾弾する
   Je crois que demain je vais me faire *cartonner*.
   俺はあしたこっぴどくやっつけられると思うな。
   　　　　　　　　　　　　　　　Bellon : *Les enfants du désordre*

cas (personne singulière) 変わり者
J'suis quand même tombée sur des *cas*.
それにしてもあたし変な人たちにぶつかったものね。
　　　　　　　　　　　　　　　　　　　　Leconte : *Une chance sur deux*

case
■ **avoir une case de moins** (être fou) 狂っている，異常だ
Les gens qui sortent de taule, il doit leur rester *une case de moins*.
ムショから出てきた連中っていかれたままになってるに違いない。
　　　　　　　　　　　　　　　　　　　　　Blier : *Les valseuses*

casher voir kascher

casier (casier judiciaire) 前科
J'aurais dû l'éclater sur place, ce minable, un coup de tatane sur la gueule pour bien lui faire sentir mon *casier*.
あんなろくでもない奴はその場で殴るべきだったんだ．俺が前科者だってことを肌で感じさせるために面に足げりを一発かましてやりゃよかったのに．
　　　　　　　　　　　　　　　　　　　　　Noé : *Seul contre tous*

casquer (payer) 支払う
Combien il faut *casquer* pour que tu la boucles ?
お前にカネを幾らやったらお喋りをやめるんだ？
　　　　　　　　　　　　　　　　　　　　　Blier : *Tenue de soirée*

casquette
■ **en avoir ras la casquette** (en avoir assez ; en avoir ras le bol) 飽き

casse
飽きしている
J'*en ai ras la casquette* de cette affaire.
(刑事が) 俺もうこの事件嫌になっちゃった.
Serreau : *Chaos*

casse (cambriolage) 押し込み強盗
On fait 3 groupes, deux *casses* chacun, 60 000 par *casse*.
三つのグループに分かれ，各々2回の押し込み，各回の目標は6万.
Zeitoun : *Yamakasi*

cassé (ivre) 酔っぱらった
Il est complètement *cassé*.
あいつぐでんぐでんだ.
Noé : *Seul contre tous*

casse-burnes (personne contrariante ; emmerdeur) 分からず屋
C'est sûrement la *casse-burnes* de la 409.
あれは409号室のうるさいばばあに決まってる.
Bardiau : *Le monde de Marty*

casse-couilles (emmerdeur) うるさい，うんざりさせる
Vous me corrigez sans arrêt, j'ai toujours l'impression de passer un examen, avec vous... C'est *casse-couilles*.
あんたひとのことしょっちゅう直すだろう，あんたといるといつも試験を受けてるようだよ… うんざりだな.
Jaoui : *Le goût des autres*

casse-dalle (casse-croûte) 軽食
Je croyais qu'elle venait pour le *casse-dalle*.
あの女はここ (献血センター) に軽食にありつくために来てると思ってました.
Varda : *Sans toit ni loi*

casse-noisettes
■ **avoir le casse-noisettes** (savoir faire contracter les muscles du vagin) 膣の筋肉を自由に動かせる
Y a des canons qui baisent très mal et puis y a des mères de familles qui ont le *casse-noisettes*.
美女だけどセックスがとても下手な女もいれば，主婦だけど締めるのが巧い女だっているのよ.
Berberian : *Paparazzi*

casse-pied(s) (ennuyeux, emmerdant) うるさい，煩わしい
C'est pas un peu *casse-pieds* ?
この本ちょっとめんどうじゃない？
Miller : *La petite voleuse*
Elle est *casse-pied*, celle-là.
あの馬鹿娘，うるさいな.
Monnet : *Promis ... juré*

casse-pipe (guerre, danger de mort) 戦場，死の危険
Je t'envoie pas au *casse-pipe*.

君を戦場に送り込もうってわけじゃないんだ． Garrel : *Sauvage innocence*
Tu veux m'envoyer au *casse-pipe*, hein...pour garder tes sous !
カネ惜しさにあたしを危ない目に合わせようってわけね．
Molinaro : *Cage aux folles II*

casser
1. (cambrioler) 強盗に入る
Tu t'es fait *casser* ou quoi ? / Ils ont eu vingt minutes pour *casser* le magasin.
お前強盗に入られたんだって？ / 20分も店を荒らす時間があったのさ．
Téchiné : *Les voleurs*

2. (frapper ; casser la gueule ; battre) 殴る
On vient *casser* du pédé.
お前らホモをやっつけに来たってわけか． Téchiné : *Hôtel des Amériques*

■ **à tout casser** (au maximum ; tout au plus ; au plus tard) せいぜい
Vous rentrerez vers quelle heure, Madame ? / Midi. Midi et demi *à tout casser*.
奥様，何時頃お帰りですか？ / 12時．遅くとも12時半ね．
Miller : *La petite voleuse*

A ton avis, c'est du quel âge ça ? / 14, *à tout casser*.
（このブラは）何歳ぐらいの子がしてると思う？ / せいぜい14歳ってとこだな．
Blier : *Les valseuses*

■ **casser du sucre sur le dos à** (dire du mal de *qn.* en son absence)
陰口を言う，陰で中傷する
Tout ce que tu touves à faire c'est de lui *casser du sucre sur le dos*.
お前はおれの親父を中傷することしか思い浮かばないのか．
Ducastel : *Drôle de Félix*

■ **casser les couilles ; les casser** (ennuyer ; fatiguer ; casser les pieds)
うるさがらせる，悩ます
Ça fait des années que vous nous *cassez les couilles*.
あんたにはもう長いこと迷惑してるんだ． Poiré : *Le Père Noël est une ordure*
Tu nous *les casses* avec ton Perrault !
ペロー，ペローってうるさいぞ！ Bagdadi : *Hors la vie*

■ **se casser** (s'en aller ; s'arracher) 立ち去る
Tu passes prendre le courrier et tu *te casses*...et surtout tu touches à rien !
家に郵便物を取りに行ったらすぐ帰るんだ，何にも触るなよ．
Gilou : *La vérité si je mens II*

casserole
■ **passer à la casserole**
1. (subir passivement un rapport sexuel) 性的関係を強要される
    Il faudra d'abord *passer à la casserole*…dans ma casserole et dans ma cuisine !
    > 先ず俺のやり方で，俺の好みで，俺と寝なければならないよ.
    >> Aghion : *Pédale douce*

    Je préfère vous le dire d'une façon simple et directe…pour éviter les malentendus…je suis pas du tout d'accord pour *passer à la casserole*.
    > あたしはっきり言っとくわ…誤解されたくないから…（貧しいからってお金持ちに）身を任せる気はぜんぜんありませんからね.
    >> Téchiné : *Alice et Martin*

2. (subir un grave revers; être tué) 酷い目に合う，殺される
    T'es cuit, pauvre con. *A la casserole* !
    > お前もう駄目だ，馬鹿な奴め．痛めつけられるぞ！
    >> Corneau : *Série noire*

cassos ! [kasos] (on se casse の逆さ言葉) 行こう
    Bon allez, *cassos* !
    > さあ，じゃ帰ろう！
    >> Dumont : *La vie de Jésus*

castagne (coup de poing; rixe; bagarre) パンチ，殴り合い
    Y aura de la *castagne*.
    > けんかになるぞ.
    >> Serreau : *Chaos*

castagner (battre; frapper avec des poings) 殴る
    Ce n'était pas très adroit non plus de *castagner* le duc.
    > 公爵を殴ったのもあまりうまくはありませんでしたね.
    >> Poiré : *Les couloirs du temps*

cata (catastrophe の略) 大事故，破局，失敗
    Tu cours à la *cata*. Faudrait changer les circuits.
    > ほっとくと惨事につながるぞ．配線を替えないと.
    >> Leconte : *Félix et Lola*

cataplasme (imbécile; personne pénible) 阿呆，うんざりさせる奴
    Espèce de *cataplasmes* ! Pompez et plus vite que ça !
    > この大馬鹿どもめ！水をかい出せ，もっと急いで！
    >> Hergé : *Trésor de Rachham*

catho (catholique の略) カトリック教徒
    Il s'est pris un nom de pathos…de *cathos*.
    > （そのユダヤ人は）パトス…つまりカトリックの名前にしたんだ.
    >> Gilou : *La vérité si je mens*

causer (bavarder; parler) お喋りする，話す
    Faut que je t'en *cause*.

お前にその話をしとかないとな.
De quoi tu *causes*?
何の話だ？

Chatiliez : *Le bonheur est dans le pré*

Fassbinder : *Querelle*

cavale (évasion; fuite) 脱走, 逃走
Deux détenus en *cavale* bricolent en ce moment même dans le quartier.
二人の脱獄犯がこの瞬間にもこのへんを荒し回っています.　　Huth : *Serial lover*

cavalerie (police) 警察
Tout'façon, elle est toujours en retard la *cavalerie* !
サツはいつものろいんだから！　　　　　　　　　　　　Zeitoun : *Yamakasi*

cave (individu naïf, bon à rien) お目出たい奴, ドジ, 間抜け
Tu les crois? Mais c'est des *caves* !
お前あいつらを信用するのか, あんなドジなやつらを.

Poiré : *Le Père Noël est une ordure*

caviar (censure) 検閲, 削除
Le *caviar* !
検閲だ！　　　　　　　　　　　　　　　Rochant : *Vive la République*

C.D. (英語の compact disc の略. disque numérique, optique) コンパクト・ディスク
Je prends juste quelques *CD*.
CDを2, 3枚持ってくだけだ.　　　　　　　　　　　　　　Poirier : *Western*

C.D.D. (contrat à durée déterminée) 期限付き契約
J'suis à l'essai, j'suis en *CDD*, moi.
僕はテスト採用中で, 契約社員の身なんだ.　　　　　　Klapisch : *Peut-être*

ce

■ **ce que «pouvoir»!** (comme...!; que...!; qu'est-ce que...!) なんと…なんだ！
C'que vous *pouvez* être con !
あんたって馬鹿にもほどがあるわ！　　　　　　　　　　　Zidi : *Deux*

■ **c'est** (il y a) …がある
Eh, les gars, dans le nouvel amuse-bouche, *c'est* un rognon d'agneau.
（レストランのシェフが）おい, みんな, 今度のつまみには子羊の腎臓だ.

Varda : *Les glaneurs et la glaneuse*

■ **c'est que...?** (est-ce que...?) …か？
Combien *c'est que* tu les vends ?
それ幾らで売るんだ？　　　　　　　　　　　　　　Robert : *Salut l'artiste*

céfran

- **de ces** voir **un(e) de ces**
- **est-ce que** (si) …かどうか

  Je voulais juste vous demander *est-ce que* je peux vous laisser mes clefs pour l'EDF.

  電力会社が検針に来るんだけど家の鍵を預かってもらえないかお聞きしたいだけだったの.

  Dugouwson : *Mina Tannenbaum*

- **un(e) de ces; de ces** (comme on en voit peu; terrible; formidable; bizarre; osé; exagéré; incroyable; étonnant; pas normal; choquant) めったにお目にかかれないような，すごい，ひどい，変な，極端な，思いも寄らない，異常な，ショッキングな

  J'ai *une de ces* faims.

  あたしお腹ぺこぺこ．

  Serreau : *La crise*

  Tu m'as encore fait *une de ces* peurs encore, toi !

  君，またまたひどくびっくりさせてくれたよな！

  Karawczyk : *Taxi II*

  T'aimes bien embrasser toi ? / Tu as *de ces* questions, toi.

  パパはキスするの好き？/ なんだよ，いきなりそんなこと聞いて！

  Mouriéras : *Dis-moi que je rêve*

  Des fois il nous fait rire ! Il nous raconte *de ces* histoires.

  ときどきおやじは僕たちを笑わせてくれた．とてつもない話をしてね．

  Garcia : *Le fils préféré*

céfran (français の逆さ言葉) フランス人

T'es relou Youssef avec tes films de *céfrans* !

お前も馬鹿だな，いつもフランス人の映画の肩を持って！

Bensalah : *Le ciel, les oiseaux et…ta mère*

ceinture

- **boucle ta ceinture!** (prends garde; il va y avoir du danger) 用心しろ，危険が待ち受けてるぞ，気持ちを締めてかかれ

  Maintenant, *bouclez vos ceintures* !

  今度の奴は甘く見るんじゃないぞ！

  Zeitoun : *Yamakasi*

- **se serrer la ceinture** (se priver; jeûner) 無しで済ます，倹約する

  Il va bien falloir qu'on *se serre la ceinture*.

  食事を抜かなきゃならなくなる．

  Fassbinder : *Querelle*

celle

- **celle-là**

1. (l'autre; engin; imbécile) あのあま，馬鹿女

   Regarde-moi ça, *celle-là*, elle n'a même pas de slip !

あのひでえ女見てみろよ，パンツさえ穿いてないじゃないか！

Beineix : *37°2 le matin*

2. (histoire, plaisanterie pareille) こんな話，冗談
 J'voudrais venir te chercher après le golf, pour t'emmener dîner. / Ecoute, Sofia, t'es gentille mais en ce moment, j'ai pas très faim ! On se rappelle plus tard. / Il a pas faim ! Ah, ça on me l'avait jamais fait *celle-là*.
 ゴルフの後，食事に行くのに迎えに行きたいんだけど。/ あのね，ソフィア，嬉しいんだけどこのところあまり食欲が無くてね，また電話しよう。（電話を切る）/ まあ，食欲がないなんて！こんなの聞いたことない！
 Krawczyk : *Wasabi*

3. (gifle) 平手打ち
 Eh Caroline, tu veux pas faire des travaux pratiques ? / Remarque, tu ne l'as pas volée, *celle-là*.
 （妊娠についての講義中に）なあカロリーヌ，僕と実習しないか？/（カロリーヌがビンタする．他の生徒が）ほらな，身から出た錆だ．
 Klapisch : *Péril jeune*

cent
■ **cent sept** (nombreux) 数多くの
 Je ne vais pas rester *cent sept* ans comme ça, hein !
 あたしずっとこのままではいられないでしょう！ Téchiné : *Hôtel des Amériques*

certif (certificat d'études primaires の略) 初等教育修了証書
 J'ai pas été à l'école, j'ai pas eu mon *certif*, moi.
 あたし小学校へ行かなかったから免状もないのよ．
 Bellon : *Les enfants du désordre*

ch (je) 私は
 Ch'suis sûre qu'ça va être mortel !
 きっと最高のできになるわ！ Zeitoun : *Yamakasi*

chais
■ **chais pa** (je ne sais pas) 知らない
 Ton père, qu'est-ce qu'il fait ? / *Chais pas* ! Je l'ai jamais vu.
 君のお父さんて，何してるの？/ 知らない，会ったことないもん．
 Handwerker : *Marie*

chambouler (bouleverser ; mettre sens dessus dessous) 混乱させる，大きく変える，引っかき回す
 C'est le plus beau jour de ma vie. Je suis *chamboulé*.
 人生最高の日だ．僕の人生は一変したんだ． Nauer : *Les truffes*

champ'

C'est pas la rubrique spectacle qui va *chambouler* sa mise en page.
（三流の楽士が死んだからって）新聞が芸能欄を組み換えたりしてくれないよ．
Thompson : *La bûche*

Je sais bien que t'as déjà tes affaires. Je te demande pas de *chambouler* tout du jour au lendemain.
君はもういろいろ事業に手を出していることはよく分かっている．だから今日明日にも総てを手放せとは言っていない．
Gilou : *La vérité si je mens II*

champ' (champagne の略) シャンパン

Le patron veut qu'on lui monte une bouteille de *champ'*.
ボスがシャンパンを一瓶持って来いって．
Audiard : *Sur mes lèvres*

champignon (accélérateur) アクセルペダル

Nous on est pressé aussi, alors hein appuie sur le *champignon* !
こっちも急いでるんだ，もっと飛ばせよ．
Klapisch : *Peut-être*

chandelle

■ **tenir la chandelle** (assister à une liaison) ひとの房事に立ち会う

J'en ai marre de *tenir la chandelle*. Ils ont baisé tout l'après-midi derrière ton dos.
あの人たちがやってるのに付き合わされるのもうごめんよ．あんたに隠れて午後ずーっとやってんだから．
Pascal : *Adultère*

Il semble que vous *teniez la chandelle* entre Bob et moi.
あなたボブとあたしがセックスしてるとこ見てたみたいね．
Le Moine : *Le nain rouge*

chansonnette (interrogatoire de police) 尋問，取り調べ

Pour la *chansonnette* vous irez le relayer.
あの男の取り調べは君が引き継いでくれ．
Delannoy : *Maigret tend un piège*

chanter

1. (raconter des choses sans importance ou très étonnantes) つまらないことを言う，意外なことを言う

Tu le veux cet enfant ? C'est avec Joseph ? / C'est avec personne. / Qu'est-ce que tu *chantes* ?
（医者が）君この子を生みたいのかね？相手はジョゼフかな？／相手はいないの．／何を言ってるんだ．
Godard : *Je vous salue Marie*

2. (plaire ; aimer) 気に入る

J'vis comme ça me *chante*.
僕は好き勝手に生きてるんだ．
Zidi : *Deux*

Je veux faire le ménage seulement une fois par an si ça me *chante*.

あたしは1年に1度気が向いたら掃除をするってような生活をしたいの．
Serreau : *La crise*

■ **faire chanter** (exercer un chantage sur)　脅迫する
Pourquoi vous *ferait*-il *chanter* ?
なんでそいつがあんたを脅すんです？
Othenin : *Piège à flics*

chantier (désordre; bazar; bordel)　乱雑
Oh là là, quel *chantier* !
まあ，この散らかりようったら！
Truffaut : *La femme d'à côté*

chaparder (voler des choses de peu de valeur; piquer)　くすねる，かっさらう
Les requins, c'est comme les renards, toujours à la recherche d'ordures qui tombent à l'eau ou de quelque chose à *chaparder*.
鮫ってね，狐みたいなもんで，海に落ちてくるごみとか，何かちょろまかすものがないかと，いつも狙ってるのさ．
Gatlif : *Mondo*

chapardeur ; chapardeuse (voleur, voleuse)　泥棒
T'es encore là, toi, la *chapardeuse* ? Rends-moi mes deux steaks tout de suite !
お前まだそこにいたのか，このかっぱらい女！ビフテキを2枚すぐ返せ！
Poiré : *Les visiteurs*

chapeau

■ **porter le chapeau** (avoir une responsabilité honteuse; être accusé)
責任をかぶせられる，罪を擦(なす)りつけられる
Il a détourné des fortunes et c'est quelqu'un d'autre qui a *porté le chapeau*.
彼女のパパはしこたま財産を横領してその罪を他の人に擦りつけたのよ．
Rivette : *Haut bas fragile*

char

1. (ケベック語．automobile; voiture)　自動車
Va voir le *char*. C'est mon premier *char* neuf, sacrement !
車がどうなってるか見てみろ．俺の最初の新車だっていうのに，もう！
Loulouch : *Hasards ou coïncidences*

2. (exagération mensongère; bluff)　誇張，はったり
Tu racontes un gros *char* encore !
お前またはったりのきかせ過ぎだ．
Klapisch : *Péril jeune*

■ **arrête ton char, Ben Hur** (cesse de raconter des histoires, de bluffer; ça suffit; arrête de raconter des blagues)　いい加減にしろ，ほら話は

Charles

やめろ，はったりをきかすな（char の bluff「はったり，誇張」と映画「ベン・ハー」に出てくる voiture「車」の意味による洒落と，ton char / Ben Hur の反響連鎖による洒落が重なっている．）

J'ai failli mourir. / *Arrête ton char, Ben Hur*. Je t'ai vu te planquer au café.

> （デモのとき）僕もうちょっとで死ぬとこだったんだぞ．/ いいとこ見せるのやめて．あんたがカフェに逃げ込むの見たんだもの． Klapisch : *Péril jeune*

Ce sont des enfants, je ne sais pas ce que vous voulez faire mais ils n'y sont pour rien ! / *Arrête ton char*, eh, allez au fond et fermez-la !

> （バスジャックをした男に女の先生が）あれはまだ子供たちですよ，あなたが何をなさりたいのか分かりませんが，ぜんぜん関わりがないじゃありませんか！/ ぐずぐず言うんじゃねえ，おい，バスの後部に行って黙って座ってろ！
> Rochant : *Au yeux du monde*

Charles

■ **tu parles, Charles** よく言うよ，お前さんよ（「反響連鎖」"enchaînement par écho"による洒落）

Je me demande ce qu'elle a dit à la police. L'ont peut-être pas encore interrogée ? / *Tu parles, Charles* ! Elle a dit tout le mal de toi qu'elle pouvait.

> ワイフは警察に何と言ったかな，まだ尋問されてないのかも．/ 何言ってんのよ．あんたの悪口をありったけご披露してるわよ． Godard : *Pierrot le fou*

charlot (pauvre type; pitre; imbécile; rien du tout) 哀れな野郎，ふざけた奴，道化，阿呆，能なし

Dégage... *Charlot* ! C'est pas la peine de venir pleurer pour du travail.

> 出てけ…阿呆！仕事をくれって泣きついて来たって駄目だぞ．
> Noé : *Seul contre tous*

La LCR nous traite de *charlots*.

> 共産主義革命同盟は俺達高校生を道化扱いだ． Klapisch : *Péril jeune*

charrette (groupe de personnes sacrifiées, licenciées; licenciement collectif d'une entreprise) 犠牲者，解雇者の群，大幅な人減らし，処分

Il est sur une *charrette* pour septembre ou octobre.

> 彼は10月あるいは11月の大量解雇のリストに載ってるんだ．
> Sautet : *Une histoire simple*

Il ne le sait pas encore. Il est dans la *charrette*.

> 彼はまだ知らないが，クビ切り組のなかに入ってるんだ． Veber : *Le placard*

charrié (exagéré) 行き過ぎの

C'est vrai, c'est *charrié* ! Nous forcer à mentir à un prêtre.
　ほんとよ，あんたってひどいわ，神父さんに嘘をつくようにあたし達をしむけるなんて！
Poiré : Les anges gardiens

charrier (se moquer; exagérer) 馬鹿にする，言い過ぎる
Je l'ai toujours imaginée cocue, mais jamais veuve. / Imaginée, tu *charries* : c'est toi qui l'as faite championne du titre.
　彼女が夫を寝とられたって姿を想像したことはしょっちゅうだけど，未亡人っていうのはないな。/ 想像したなんて，よく言うよ。自分でママを寝取られ妻のチャンピオンにしたくせに。
Thompson : La bûche

C'est vrai que tu m'emmènes faire un tour, tu me *charries* pas ?
　それほんと，オートバイに乗せてくれるって，からかってるんじゃないわね？
Berri : Tchao Pantin

châssis (corps bien roulé) 魅力的な体
Elle a un *châssis* de première !
　この看護婦は最高級の体をしているぞ！
Bardiau : Le monde de Marty

chat
■ **avoir d'autres chats à fouetter** (avoir d'autres sujets de préoccupations plus importants, d'autres affaires) 他にもっと重要なことがある
Pourquoi tu me l'as pas dit ? / Mais t'*avais d'autres chats à fouetter*.
　どうして僕に言わなかったんだい？ / だってお取り込み中だったじゃない？
Serreau : Pourquoi pas ?

chatte
1. (sexe de la femme; vulve) 女性性器，膣
Ma *chatte*, je peux pas empêcher les connards d'y entrer.
　あたしのプッシーに馬鹿男どもが入るのは止められないわ。
Despentes : Baise-moi

2. (chance) 幸運
Putain, les mecs, vous avez une super *chatte* !
　すげえ，お前らすごくついてるぞ！
Gilou : Raï

chaud
1. (risqué; dangereux) うかつに手を着けられない，危険な
C'est la marchandise. Du tout bon, XVIIe authentique. / XVIIe ? Je suis pas sûr. On dirait plutôt début XIXe. Non, c'est trop *chaud* pour moi, je touche pas à ça.
　これがものです。ちゃんとした17世紀の本物です。/ 17世紀？ そうかなー，むしろ19世紀の始めみたいだ。だめだ，僕にはヤバすぎる，手はださないよ。
Chabrol : Au cœur du mensonge

chauffard

2. (entreprenant) ずうずうしい，手が早い
Oh dis donc, il est *chaud*, il a de l'avenir !
おやまあ，まだちっちゃいのにこの子ったら，女に手を出すなんて，末恐ろしいわね。
Siegfried : *Louise*

3. (près) 近い (復活祭の卵捜しから．cf. froid=loin. tiède=proche. brûlant=juste à côté)
Il est sous mon lit. / De quel côté ? / Devinez, le nord, le sud, le *chaud*, le froid.
（本は）ベッドの下にあるわ．/ どっち側？/ 北かな，南かな，近いかな，遠いかな？
Rivette : *Va savoir*

■ **c'est chaud** (il n'y a pas beaucoup de temps) あまり時間がない
A quelle heure ? / Neuf heures. / Huit heures et demie…*c'est chaud*. hein.
授業は何時から？/ 9時 / 今8時半か…もうすぐじゃないか．
Serreau : *Chaos*

■ **chaud devant!** (attention!) 注意して，通るよ！（カフェ・レストランの給仕が通るとき発する警告の言葉）
Chaud devant!
危ないよ！
Zidi : *Arlette*

■ **faire les chauds** (faire le malin ; faire des bêtises) 図に乗る，馬鹿な真似をする，得意になる
On *fait* un peu *les chauds*, mais on n'est pas des criminels.
俺達ちょっとは羽目を外してるが犯罪者じゃない．
Zeitoun : *Yamakasi*

■ **ne pas être très chaud** (ne pas avoir très envie) あまり乗り気でない
Vous en voulez ? / Non merci, j'*suis pas très chaud*.
コーラ飲んでみません？/ いや結構，それはどうも苦手でね．
Miller : *La petite voleuse*

■ **quartier chaud** (quartier de prostitution) 売春街
C'est le *quartier chaud*. Y'a 10 putes au mètre carré.
歌舞伎町は風俗街でね，1平米に10人も娼婦が立ってるんだ．
Zeitoun : *Yamakasi*

■ **se mettre au chaud** (entrer dans le lit ; faire l'amour ; coucher avec)
ベッド入りする，抱く
Ça vous a pas gêné autrefois de *vous mettre au chaud* avec la femme d'un autre ?
他の男の女と床入りして気がひけるようなことは前になかったかね？
Leconte : *Une chance sur deux*

chauffard (mauvais conducteur) 下手な運転手，無謀な運転手

Eh *chauffards*, bande de nœuds! La priorité, c'est pour les glands?!
へぼ運転手め，馬鹿ったらありゃしない，阿呆が優先するのかよ！
Poiré : *Les couloirs du temps*

chauffer
1. (préparer graduellement; exciter; préparer au coït) 興奮させる，その気にさせる
On lui a drôlement *chauffé*, sa minette.
あの女のプッシイちゃんをあつあつにしちまったもんな。 Blier : *Les valseuses*
Putain, t'es saluad! C'est moi qui l'ai *chauffée*, merde.
おい，ひどい奴だな．俺が彼女をその気にさせたのに，畜生！
Gilou : *La vérité si je mens*
2. (exciter; attiser le zèle; échauffer) 活気づける，あおり立てる
Comment on va les *chauffer* ce soir! / Oui, ça va être très chaud.
今夜のパーティー盛り上げましょうね！/ ええ，うんと盛り上がるわよ．
Klapisch : *Peut-être*
3. (fatiguer; ennuyer) うんざりさせる，悩ませる
Me *chauffe* pas.
うんざりさせるなよ． Siegfried : *Louise*
4. (faire une cour pressante) 執拗に口説く
Tu la *chauffes* à donf, sinon c'est niqué.
その女を口説きまくるんだ，さもないとものにできないぞ．
Gilou : *La vérité si je mens II*
5. (dérober) 盗む
Toi, débrouille-toi pour lui *chauffer* les clés.
あんたはなんとかしてあの女からキーをくすねるのよ．
Poiré : *Les couloirs du temps*
■ **ça va chauffer** (ça va barder) 喧嘩になるぞ，一荒れしそうだ
Vous pouvez lui dire que j'en ai marre d'attendre, que j'en ai marre de ses rendez-vous foireux et que c'est une belle conne. / *Ça va chauffer*.
彼女にこう言ってもいいですよ．僕はもう待つのはうんざりで，いい加減な待ち合わせにうんざりで，彼女は美人の馬鹿だって．/ こりゃ喧嘩だな．
Klapisch : *Riens du tout*

chaussette
■ **être en chaussettes** (avoir l'air ridicule) みっともない，滑稽である
Bon, vous pourriez dire quelque chose, merde, je suis en *chaussettes* moi là.

chauve

何か言ってくれたっていいでしょう，まったくもう，格好がつかないじゃないですか．
Marshall : Vénus Beauté

■ **jus de chaussette** voir **jus**

chauve (membre viril; chauve à col roulé) 男根
C'est quoi ton boulot? / Shampouineuse. / Shampouineuse de quoi? De gland ? / Des *chauves* ?
お前の仕事は?/ シャンプー係. / なんのシャンプーだ? 金ちゃんのか? / キトウさんのか? (Chauves 「はげ男」にかけたしゃれ)
Blier : Les valseuses

chef (femme qui porte un titre) 女の上司
C'est ma *chef*, d'accord, mais je ne suis pas un objet.
彼女は僕の上司に違いありませんが，だからといって僕に好き勝手なことをされては困ります．
Veber : Le placard

chela (lâcher の逆さ言葉) 放り出す
Quand j'me *chela*, ça part en couilles.
俺が放っとくとだめになっちゃうんだ．
Kassovitz : Assassins

chelou (louche の逆さ言葉．pas crédible; étrange; zarbi) 怪しい，変な
T'es un *chelou*.
お前変な奴だよ．
Siegfried : Louise
Il connaît plein de trucs *chelou*.
その爺さん妙なこといろいろ知ってるんだ．
Kassovitz : Assassins

chemar (marcher の逆さ言葉) 事が運ぶ
Ça voulait dire que pour lui ça allait... / Nous maintenant on dit ça *chemar*.
それは彼にとってうまく行ったってことね… / 俺たちゃうまく「クイ」って言うんだ．
Bardiau : Le monde de Marty

cheptel (ensemble de personnes) 群，グループ
Je suis le seul qui sait que vous êtes un psychanalyste. Il suffit de voir le *cheptel* qui rentre dans votre immeuble.
あんたが分析医だって知ってるのは僕だけです．あんたの建物に出入りする連中を見ただけでぴんときますよ．
Beineix : Mortel transfert

chercher (provoquer; vouloir la bagarre) 挑発する，喧嘩を売る
Faut pas m'*chercher* moi, hein !
俺に喧嘩売るとろくなことにならねーぞ！
Bouchitey : La lune froide
On se connaît par cœur et, en même temps, elle me *cherche* comme si elle ne savait pas comment je suis faite.
あたしたち何も言わなくても分かり合ってる仲なのに，それでいて彼女はあたしの

chercher

性格を知らないかのように挑撥するのよ．   Sautet : *Un cœur en hiver*

■ **aller chercher dans les…** (atteindre)（期間・値段が）…になる，…の刑を喰らうことになる

Faire avorter une femme, je ne sais pas combien ça peut *aller chercher*.

女に（暴行して）流産させると，どれくらい喰らい込むのか知らないが．

    Noé : *Seul contre tous*

Port illégal de décorations, tu sais c'que ça *va chercher*?

勲章をいんちきで着けてるとどんな罰を受けるのか分かってるのか？

    Gainsbourg : *Je t'aime moi non plus*

Braquer un civil quand on n'a pas cette petite carte, ça peut *aller chercher dans les* douze mois de prison.

このちっちゃなカード（警察手帳）がないのに市民に銃を向けると12か月は刑務所に行くことになりますよ．   Zeitoun : *Yamakasi*

■ **l'avoir bien cherché** (avoir tout fait pour en arriver là, par inconscience ou provocation) 自業自得である

C'est parce que tu *l'as bien cherché*.

そうなったのも自業自得よ．   Rohmer : *Conte d'été*

Un de ces jours, il va nous arriver un pépin. Tu *l'auras bien cherché*.

近いうちに厄介なことが起こるよ．あんたが自分で種を蒔くことになるんだ．

    Beineix : *37°2 le matin*

■ **où est-ce que tu vas〔as été〕chercher ça?** (qu'est-ce que tu vas chercher là?; C'est incroyable que tu penses ça) どうしてそんなこと考える〔た〕んだ？

Vous avez escamoté un homme…et maintenant vous voulez que je vous couvre? / *Où est-ce que vous allez chercher ça*?

あなたはある男を隠した…そして今になって援護してもらいたいと思ってるんでしょ？／なんでまた変なこと考えるんだ？   Heynemann : *La question*

■ **qu'est-ce que tu cherches?** (tu cherches la bagarre?; tu cherches des compliments, des critiques?) 喧嘩を売るのか，どう言やいいんだ，文句でもあるのか．

Je ne suis pas fier de moi. / Mais *qu'est-ce que tu cherches*? Tu as joué comme un dieu.

あんな演奏で自分が情けないよ．／何が気に入らないって言うんだ．神技だったじゃないか．   Van-Damme : *Le joueur du violon*

■ **qu'est-ce que tu vas〔es allé〕chercher?** (c'est incroyable ce que tu penses) どうしてそんなこと考える〔た〕んだ？

105

cherloute

J'ai l'air d'une pute! / Mais non, t'as pas l'air d'une pute! *Qu'est-ce que tu vas chercher*?

あたし娼婦っぽいでしょう！／そんな，娼婦っぽくなんかないよ．また妙なこと思いつくんだな？
Blier : *Mon homme*

cherloute (北仏語．mauvais café comme de l'eau) 水みたいでまずいコーヒー

De la vraie *cherloute* ton café !

ママのコーヒーは水みたいだね．
Tavernier : *Ça commence aujourd'hui*

cheval (héroïne) ヘロイン

Cheval, en bon français, ça signifie héroïne.

馬っていうのはいいフランス語ではヘロインって意味だ．
Marx : *Rhapsodie en jaune*

■ **être au cheval avec** (être à la période où l'enfant est chez son père ou sa mère qui sont divorcés) （離婚した親を持つ子供が）一方の親のところにいる

J'ai un fils de 10 ans mais il *est au cheval* avec sa mère.

10歳になる息子がいるが，今は母親のほうに行っているんだ．
Zeitoun : *Yamakasi*

■ **et ton cheval avec!** (va te faire enculer!) 消え失せろ！

Et ton cheval avec ! / Mais d'où tu sors ça eh !

とっとと消え失せろ！／へえ，驚いたな，君がそんなこと言うなんて！
Limosin : *L'autre nuit*

■ **j'en parlerai à mon cheval** (je ne suis pas disposé à écouter; il est inutile de me parler; je ne te crois pas; j'en parlerai à mes lapins) 聞く耳持たぬだよ，興味ないよ，言っても無駄だね，信じないね

J'veux pas aller à l'école. / *J'en parlerai à mon cheval*.

（母親に）学校に行きたくないの．／そんなこといちいち聞いてられないよ．
Veysset : *Martha...Martha*

chèvre

■ **rendre chèvre** (faire enrager; exaspérer) 怒らせる，いらだたせる

Ils finiront par me *rendre chèvre*.

あの人たち終いには私を怒らせることになるわよ．
Leconte : *Les Grands ducs*

chez

■ **...de chez...** (vraiment...) ほんとうに…

Il est mort *de chez* mort.

あの男は間違いなく死んだね．
Kassovitz : *Assassins*

On risque rien, rien *de chez* rien.

危険はないわ，ぜんぜんよ． Serreau : *Chaos*

chfafa (アラビア語．tissu de mauvaise qualité; serpillière) 質の悪い生地
C'est de la merde ça, d'la *chfafa*, même les solderies elles en veulent pas !
こりゃひどいもんだ，安売り屋でもこんな雑巾みたいな生地ご免だって言うだろう！
Gilou : *La vérité si je mens*

chiadé (qui est fait avec grand soin) 念入りに作られた
C'est pour un spot. J'ai vu le story-board, c'est vachement *chiadé*.
CMのスポットの仕事なんだ．ストーリー・ボードを見たけど，すごく緻密に出来てるよ．
Téchiné : *Alice et Martin*

chialer (pleurer) 泣く
Qu'est-ce que c'est gentil ! J'en *chialerais*.
なんてやさしいんだ！泣けてくるよ．
Chatiliez : *Le bonheur est dans le pré*

chiant (embêtant; ennuyeux) 煩わしい，面倒な，うるさい，つまらない
J'arrive pas à joindre le type qui me doit du fric...c'est *chiant*.
カネを貸した奴になかなか連絡が取れないんだ…参っちゃうよな．
Godard : *A bout de souffle*

C'est *chiant*, elle a arrêté la pilule...alors depuis c'est la galère, moi, les capotes.
やんなっちゃうよ，彼女ピルやめたんだ…だからそれからってもの面倒なのさ，俺，ゴムなんて．
Klapisch : *Peut-être*

chiard (petit enfant) 小さい子供
C'est à cause du *chiard* !
あのガキンチョのせいだ．
Bardiau : *Le monde de Marty*

chiasse (ennui; zut!; merde!) 煩わしいこと，畜生！
Ce n'est pas mon frère, *chiasse* !
兄弟じゃないって言ってるでしょう，もうやんなっちゃうな！
Poiré : *Les visiteurs*

chibre (pénis) ペニス
Je vois pas pourquoi je m'userais le *chibre*.
(こんな燃えない女と) しこしこやっても始まらないな．
Blier : *Les valseuses*

chiche! (tu paries?; tu veux que j'essaie?) よし，やってやるぞ，
Je parie que tu arriveras pas à faire tout ce que je fais. / *Chiche* !
あんたなんかにあたしがやってることできっこないわ． / よーし，見てろ！
Godard : *Une femme est une femme*

chico (chic; beau; élégant) 粋な，美しい，エレガントな
On était archi-*chicos*.

chié

僕たちみんなシックな服装でね．

Lioret : *Mademoiselle*

chié
- **être chié** (exagérer; avoir du culot; être gonflé)　図々しい，やりすぎる
  Elle m'a jeté. / C'est toi qui t'es barré. / T'*es chié*.
  ワイフが俺を追い出したんだ．/ お前が逃げ出したんだろう．/ それはあんまりだ．

Jugnot : *Une époque formidable*

chien
- **ce n'est pas fait pour les chiens** (si cela existe, c'est qu'il y a une raison)　それを利用しない手はない，それはぴったりだ
  Vous savez l'euthanasie, *c'est pas fait pour les chiens*.
  いいですか，安楽死って手もあるでしょう．　　　Bardiau : *Le monde de Marty*
  Je m'offre ce que je veux : un Picasso, un Miro... Il n'y a pas de raison pour s'en priver : les reproductions, *c'est pas fait pour les chiens*!
  私はね，好きなもの買うんです．ピカソだろうがミロだろうが… 複製だって捨てたもんじゃありませんよ．

Thévenet : *Sam suffit*

- **être chien** (être méchant, dur, avare)　意地悪，無情，けちだ
  Ne *sois* pas *chien*!
  (代講を断るなんて) 意地悪しないで！

Chatiliez : *Tanguy*

- **humeur de chien** voir **humeur**
- **mal de chien** (beaucoup de difficultés)　大変な苦労
  Je peux plus plier la jambe, ça me fait un *mal de chien*.
  もう脚を曲げられない，曲げようとすると大変なんだ．

Anglade : *Tonka*

- **tuer le chien** (faire le silence absolu sur le plateau)　スタジオ内で静粛にする
  On va tourner, on n'oublie pas de *tuer le chien*...moteur...tourne.
  撮影を開始します，音を立てないように…スタート！…アクション！

Breillat : *Sex is comedy*

chienne (obsédée sexuelle)　淫らな女，色気違い
Il est à vous ce chien-là? / Ah non, ce que je sais, elle se fait niquer par tous les chiens du coin. / C'est une vraie *chienne* alors!
あの犬あんたの？ / いいや，知ってるのは，あのメス犬こ の辺のオスみんなとやりまくってるってことだけだ．/ それじゃ名に恥じないメス犬ってことだ！

Bouchitey : *La lune froide*

chier
1. (déféquer)　大便をする
   J'ai *chié*.

chier

(怖くて) ウンコもらしちゃった．

　　　　　　　　　　　　　　　　　　　　　Monnet : *Promis...juré*

Si tu me *chies* dessus, t'es morte !

(アナルセックスして) 俺のモノを汚したらぶっ殺してやるからな！

　　　　　　　　　　　　　　　　　　　　　　Noé : *Irréversible*

2. (barder ; se gâter ; aller mal) 困ったことになる，もめる，えれえことになる

Ça *chie*, y'a les keufs !

だめだ，デカが来てるぞ！　　　　　　　　Kounen : *Le Dobermann*

3. (donner naissance à) 産む

Avec les coups que je lui ai foutus, elle doit être en train de *chier* son fœtus sur la moquette.

俺があれだけ殴りつけたから，あの女きっと今頃胎児を絨毯の上に産み落としているだろう．

　　　　　　　　　　　　　　　　　　　　　Noé : *Seul contre tous*

4. (tu me fais chier) うんざりさせる，不愉快だ

Ta gueule, *chier* !

黙れ，うるせー！　　　　　　　　　　　　Siegfried : *Louise*

■ **à chier** (très mauvais) とても悪い

Demain matin, quand je vais relire, je vais trouver cela complètement *à chier*.

明日の朝この原稿を読み返すと，まったく駄目だって思うだろう．

　　　　　　　　　　　　　　　　　　　　Vincent : *La discrète*

■ **chier dans la colle** voir **colle**
■ **chier dans les bottes de** voir **botte**
■ **chier dans son froc** voir **froc**
■ **être chié** voir **chié**
■ **faire chier** (importuner, embêter ; fatiguer) うんざりさせる，困らせる

Ça me *fait chier* ! Je m'intéresse toujours aux filles qui ne sont pas faites pour moi.

やんなっちゃうよな，俺，いつだって自分に向いてない女に惹かれちまうんだから！

　　　　　　　　　　　　　　　　　　　　Godard : *A bout de souffle*

Putain, è m'*fait* vraiment *chier* cette pétoire de branlo qui n'avance même pas !

困っちゃう，このやくざバイクときたら進もうともしないんだから！

　　　　　　　　　　　　　　　　　　　　Dumont : *La vie de Jésus*

Je vous l'avais bien dit qu'on se planterait. / *Fais* pas *chier*, Frank.

どうせ上手くいかないって言っといただろう．／ お前嫌な奴だな，フランク．

　　　　　　　　　　　　　　　　　　　　Téchiné : *Alice et Martin*

chier

Il fait quoi dans la vie à part *faire chier* le monde ?
あいつは人に迷惑を掛ける以外に何してるんだ？　　　Leconte : *Félix et Lola*

■ **fais chier ; fait chier** (前項 faire chier の主語と目的語を省略した間投詞的用法．putain ; merde) うんざりさせる奴だな，嫌な奴だな，うるせーぞ
Louise, ouvre, Louise ! / Arrête ! Merde ! *Fais chier* !
(部屋に閉じこもって鍵を掛けたルイーズに) 開けるんだ，ルイーズ！／うるさいわね！もう，やんなっちゃうったらありゃしない！　　　Assayas : *Paris s'éveille*

J'ai même plus envie. *Fais chier* !
もうお前とやる気もない．うんざりだ！　　　Despentes : *Baise-moi*

Je n'ai rien contre les homosexuels, moi ! *Fait chier*, ce pédé !
俺は同性愛者を差別なんかしとらんに！あのホモ野郎手を焼かせやがる．
Veber : *Le placard*

■ **ne pas se faire chier** (ne pas s'embêter ; ne pas s'emmerder ; c'est facile) 困らない，図々しい
Désolé, mais ce qu'elle raconte chez moi relève du secret professionnel. / C'est quand même ta patiente ? / C'est une patiente, oui. / Ah ben, *vous vous faites pas chier*, putain ! Quand j'pense qu'on s'crève le cul !
悪いけど彼女の話は守秘義務にひっかかるからね．／君の患者には違いないんだろう？／うん，患者は患者だ．／あーあ，精神分析医は楽しくやってられていいな，こちとら警察は苦労してるっていうのに！　　　Beineix : *Mortel transfert*

Putain, vingt balles ! Ils *se font pas chier* ! / En plus il est dégueulasse leur café.
ひでえ，20 フランだとさ！いい気なもんだ！／おまけに不味いコーヒーなのにね．
Jacquot : *La fille seule*

■ **se chier sur la gueule** (subir de l'humiliation) 屈辱を味わう
Je souffre pas assez, je *me suis* pas assez *chié sur la gueule* ?
これでもまだ苦しみが足りない，もっと侮辱を受ければいいとでも？
Doillon : *La tentation d'Isabelle*

■ **se faire chier**
1. (s'ennuyer à l'excès) すごく退屈する，うんざりする
J'étais seul et je *me faisais chier*.
そんとき僕は一人でね，すごく退屈してたんだ．　　　Blier : *Trop belle pour moi*

Je *me fais chier* avec eux, je les intéresse pas, ils m'intéressent pas.
あの人たちと一緒だとつまんないの．向こうはあたしに興味がないでしょうし，あたしはあの人たちに興味がないんだもの．　　　Assayas : *Paris s'éveille*

2. (être ennuyé ; se faire ennuyer ; déranger) 煩わされる
Oh écoute Sonia, ça va, hein ! Y'a déjà assez de problèmes dans le monde pour pas *se faire* encore plus *chier* avec Noël !

> ソニアったら、(クリスマスのことは)もういいでしょう。世の中そうじゃなくったっていろいろ問題があるんだから、その上クリスマスのことで面倒を背負い込むことはないんじゃない！
>
> Thompson : *La bûche*

chieur ; chieuse (emmerdeur, emmerdeuse ; individu qui provoque des problèmes) うるさい奴、面倒を起こす奴、人を困らせる奴
L'emmener chez les putes. / On n'a pas le choix. Quel *chieur* !

> (あの身障者を要求通りに)娼婦のところに連れてくんだ。／それしかないな。まったく面倒な奴だ！
>
> Sinapi : *Nationale 7*

J'avais le trac pour le concours, je deviens *chieuse* dans ces cas-là et je fais trinquer les autres.

> あたしコンクールのときはあがるから嫌味な女になって、人を不愉快な目にあわせるの。
>
> Téchiné : *Alice et Martin*

Vous êtes vraiment un *chieur*. / Toute ma vie, on m'a reproché d'être chiant, Monsieur le Président. Aujourd'hui, vous me traitez de *chieur*. Je considère ça comme une promotion.

> あんたは引っかき回し屋だね。／これまでずっと私はつまらない男だと文句を言われてきましたが、今日、社長が引っかき回し屋と見なして下さったことを私は昇進と受け取ります。
>
> Veber : *Le placard*

chiffe (personne d'un caractère faible) 無気力な人
Et vous un vieux trumeau, une *chiffe* lessivée !

> あんたなんか、老いぼれの腑抜けよ！
>
> Miéville : *Après la réconciliation*

chiffonner (ennuyer ; intriguer) 悩ます
Il y a quelque chose qui me *chiffonne* là-dedans.

> そのことで何か引っかかるんだよな。
>
> Truffaut : *Vivement dimanche*

chignole (tout véhicule ; mauvaise voiture ; bagnole) 車両、ポンコツ
On peut fumer dans votre *chignole* ?

> あんたの車んなかでタバコ吸ってもいいの？
>
> Chiche : *Barnie et ses petites contrariétés*

■ **chilom** voir **shilum**

chimio (chimiothérapie の略) 化学療法
Elle commence la *chimio*.

> 彼女化学療法を始めたんだ。
>
> Bonello : *Le pornographe*

chiner (fouiller les étalages des marchés aux puces et des brocanteurs) 出物を漁る
  Il sait si elles aiment *chiner* aux Puces.
  犯人は狙った女たちがのみの市をのぞいて回るのが好きかどうか知っているんですよ.
  Berberian : *Six-pack*

chinetoque (chinois) 中国人
  Je chausse aussi bien les Juives que les femmes arabes et même les *chinetoques*.
  あたしはアラブ女だろうとユダヤ女だろうとぴったりの靴を売ってますよ、支那人だろうとね.
  Truffaut : *Baisers volés*
  Sale *chinetoque* de merde !
  汚ねえチャンコロ野郎め！
  Noé : *Irréversible*

chinois
1. (restaurant chinois) 中華料理店
   L'autre jour quand vous nous avez invités au *chinois*, vous êtes sorti un peu de votre mutisme.
   こないだ中華をご馳走してくれたとき、あなたいつもとすこし違って自分のこと話してくれたじゃない.
   Téchiné : *Alice et Martin*
2. (cuisine chinoise, repas chinois) 中華料理
   On mange *chinois*, c'est d'accord ?
   中華料理を作るけどそれでいい？
   Deray : *La piscine*

■ **c'est du chinois** (c'est incompréhensible ; c'est de l'hébreu) それはちんぷんかんぷんだ
  A mon époque, c'était du *chinois* d'aimer quelqu'un.
  ママの頃には男を愛するなんて訳の分からないことだったのよ.
  Jacquot : *La fille seule*

chiotte
1. (toilettes) トイレ
   Y'a tout à l'heure, il m'a dit qu'il allait aux *chiottes*.
   さっき、トイレに行くって言ってたけど.
   Klapisch : *Peut-être*
2. (voiture) 自動車
   Je l'ai pas encore bien en main cette *chiotte*.
   あたしまだこの車に慣れてないのよ.
   Poiré : *Les visiteurs*
   Ça tète, ces vieilles *chiottes* !
   たくさんガソリン喰うのよね、古い車って！
   Poiré : *Les couloirs du temps*

3. (merde) 畜生！
　　T'as choisi ? / Oui, celle-là. Oh *chiottes* !
　　　決めたか？／うん、このカード。ひでえ！　　　　　Bardiau : *Le monde de Marty*

■ **aux chiottes!** (à la poubelle!; à la casse!; c'est de la merde!) くたばれ
　　Aux chiottes, l'OM !
　　　マルセーユ・チームなんかくたばれ。　　　　　　　Veber : *Le dîner de cons*

■ **bordel de chiottes!** (bon sang!; merde!) 畜生！
　　Mais fous-moi la paix, *bordel de chiottes* !
　　　ほっといてくれよ、まったくもう！　　　　　　　Corneau : *Série noire*

■ **c'est la chiotte** (c'est très ennuyeux) とても困ったことだ
　　Combien qui reste ? / Dix sacs. / Mais *chiotte*, mon pote, *chiotte* !
　　　幾ら残ってる？／１万フラン。／参ったな，ダチよー，参ったぜ！
　　　　　　　　　　　　　　　　　　　　　　　　Blier : *Les valseuses*

■ **de chiotte** (merdique; nul; très mauvais) くだらない，無価値な
　　Il m'a obligé à faire comme lui, à reprendre ses tournées *de chiotte* !
　　　あんな愚にも付かない巡業をあいつと同じようにまた始めざるを得ないようにしむけやがって！　　　Leconte : *Les Grands ducs*
　　Question déco, on se demande de qui il tient. Quel goût *de chiottes* !
　　　息子の部屋のインテリアは誰の血かしらね、ひどい趣味！　　Chatiliez : *Tanguy*

chiper (voler; attraper; pincer) 横取りする，くすねる，捕らえる
　　Ce vaurien m'*avait chipé* mon lit.
　　　このごろつきがあたしのベッドを占領してたんです。　Bardiau : *Le monde de Marty*

chipie (femme acariâtre, difficile à vivre; petite fille qui se plaît à agacer les autres) がみがみ言う女，気難しい若い女
　　Regarde-moi, t'en fais une tête toi ! Allez, embrasse-moi *chipie* !
　　　僕を見て、ふくれてんだな！さあ、頬っぺにキスして、気難し屋さん！
　　　　　　　　　　　　　　　　　　　　　　Hubert : *Le grand chemin*

chipoter (faire des difficultés pour des vétilles) つまらぬことに文句を言う，けちをつける
　　Tu commences à *chipoter* dès le matin.
　　　あんた朝っぱらからうるさいわね。　　　　　　Truffaut : *L'amour en fuite*

chique
■ **ça t'arracherait la chique de sourire?** (c'est si difficile de sourire?)
　嬉しい顔ぐらいしたっていいんじゃないか？
　　Ça t'arracherait la chique de sourire ?

chiqué

せめて嬉しそうにしたらどうだ？ 　　　　　　　Leconte : *La fille sur le pont*

chiqué
■ **c'est du chiqué** (c'est du bluff pour en imposer) それはいんちきだ，はったりだ

Tante Augustine est toute pâle... *c'est du chiqué*?

オーギュスティーヌ叔母さん真っ青だけど…あれってお芝居？　　Ozon : *8 femmes*

chlak (d'un seul coup) ぱたっと
Ce soir, au deuxième acte, vous tournez de l'œil : *chlak* !

今晩二幕であんたは目を回してパッタリ倒れることにする．

　　　　　　　　　　　　　　　　　　　　Leconte : *Les Grands ducs*

chmiblic, schmilblick (les choses) ものごと（ラジオ，テレビ番組より）

Ça va pas faire avancer le *chmiblic*.

そんなことしたって事態は進展しませんよ．　　Poiré : *Les visiteurs*

chochotte (femme maniérée; jeune homme efféminé; prétentieux; snob) かまとと，女っぽい男，気取り屋，自惚れ屋

Hé, regardez! Y'a *chochotte* qui fait encore des manières ! T'as des nichons ou quoi ?

おい，見てみろ，男おんながまた科(しな)を作ってるぞ．お前オッパイ あるのかよ？

　　　　　　　　　　　　　　　　　　　　Berliner : *Ma vie en rose*

Oh, c'est à peine éraflé, quelle *chochotte* alors !

弾がかすったぐらいなのに，ほんとに女の腐ったようなやつだ！

　　　　　　　　　　　　　　Poiré : *Le Père Noël est une ordure*

chocolat (anus; boîte à chocolat) 肛門，尻

Un mec comme moi, je te coince entre deux portes et puis hop : bonjour le *chocolat* !

俺みたいな体格してりゃおめえのような小男なんか簡単に身動きを封じてアヌスにご挨拶ってもんだ．　　　　　　　　　　Blier : *Tenue de soirée*

■ **être chocolat** (être privé d'une chose sur laquelle on comptait) 当てが外れる

Vous savez, cette Julie Baker, moi je l'admire autant que vous. Vous l'avez voulue, nous l'avons. Mais si elle ne termine pas le film, on *sera* tous *chocolat*.

あのジュリー・ベーカーという女優はあなた同様素晴らしいと私も思ってますよ．あなたが使いたいとおしゃるから契約しました．だがもし彼女に途中で降りられたら，みんなおじゃんになるんですよ．　　Truffaut : *La nuit américaine*

choper

■ **être tout chocolat** (être tout chose; éprouver un malaise difficile à analyser; être déconcentané, souffrant, triste) 何だか変だ，どぎまぎしている，淋しい
Ce matin, j'ai pris un bain, j'ai mis du parfum, c'est au petit poil. Je me sens *tout chocolat*.
　今朝あたしお風呂に入って，香水をつけたの．ぴったりだわ．なんだかいつもと違う感じ．　　　　　　　　　　　　　　　Klein : *Qui êtes-vous Polly Magoo?*

chocotte voir **choquote**

chômdu (chômage; chômeur) 失業，失業者
Je ne suis pas au *chômdu*.
　あたしは失業なんかしてないんだから．　　　　　　Tavernier : *L'appât*

chômer
■ **ne pas chômer** (s'activer sans s'arrêter) 休まず働く，活発に続ける
Il en a deux avec la Jannine du pressing? / Oui, il *a pas chômé*.
　彼はクリーニング屋のジャニーヌとのあいだに二人子供がいるんだろう？ / そうさ，お盛んなものさ．　　　　　　　Chatiliez : *Le bonheur est dans le pré*

choper
1. (prendre; saisir) 取る，つかむ
Dès qu'vous rencontrez une femme, la plus sainte nitouche, vous avez pas fini votre campari soda que déjà, des p'tites marques roses parsèment son cou, elle vous *chope* la main.
　どんなに猫かぶりの女でも，男と会っていると，相手がまだカンパリ・ソーダを飲み終えないのに首にはピンクの斑点が出てきて，男の手をつかむんだ．
　　　　　　　　　　　　　　　　　　　Beineix : *Mortel transfert*

2. (arrêter; prendre) 逮捕する，捕まえる
J'ai volé un bouquin et j'en ai gardé un très mauvais souvenir, je me suis fait *choper*.
　あたしね，本を万引きしたやな思い出があるの，すぐ捕まったのよ．
　　　　　　　　　　　　　　　　　　　　　Téchiné : *Les voleurs*
T'es prof de gym, t'es un ami de lycée du fils…t'*es chopé* là, hein?
　あんたは体育の教師で，ここの息子とリセのダチだ…どうだ，図星だろう？
　　　　　　　　　　　　　　　　　　　Bénégui : *Au petit Marguery*

3. (attraper; ramasser) （病気に）かかる，（虫が）たかる
J'*ai chopé* une grippe carabinée.
　俺ひどえ流感にかかっちゃった．　　　　　Téchiné : *Hôtel des Amériques*
Vos cheveux, pourquoi vous les avez rasés comme ça? / C'est parce que

chopine

　j'*ai chopé* des poux.
　　髪の毛，どうして坊主にしちゃったの？/虱がたかったんだ． Téchiné: *Les égarés*
■ **choper la gueule** (arrêter; attraper) 捕まえる
　On va lui *choper sa gueule* à c'bougnoul!
　　あのアラブ野郎をふん捕まえてやるぞ！　　　　　　Dumont: *La vie de Jésus*
■ **se choper** (se prendre) 背負い込む
　Tu *t'chop'* des suées à Saïgon.
　　君はサイゴンで苦労を背負い込むよ．　　　Resnais: *On connaît la chanson*

chopine (petite bouteille de vin) 葡萄酒の小瓶
　Vous n'auriez pas cinq, dix balles? C'est pour m'acheter une *chopine*.
　　5フランでも10フランでも持ってない？ 葡萄酒をちょっと買いたいんだけど．
　　　　　　　　　　　　　　　　　　　　Poiré: *Le Père Noël est une ordure*

choquote

■ **avoir les choquotes** (avoir peur) 怖がる
　On va enfin voir ce dont tu es capable. T'*as les choquotes*, petit?
　T'as ton petit déjeuner qui monte?
　　さあそろそろお前の（殺しの）腕前を見せて貰おう．お前さん，ビビッてんのか？
　　朝飯を戻しそうなんだろう？　　　　　　　　　　　Kassovitz: *Assassins*

chose

1. (bidule; machin; truc) とかなんとかいうもの
　C'est un sculpteur grec qui l'a fait. Takis Naadin *chose*.
　　ギリシャ人の彫刻家がこれを作ったのさ．タキス・ナアディンなんとかっていう名だ．　　　　　　　　　　　　　　　　　　　Gilou: *La vérité si je mens II*
2. (coït) 性行為，事
　Quand on me demandait de faire la *chose* une fois…ça allait, mais plusieurs fois, non.
　　寝てくれと頼まれたら一度は…まあいいけどそれ以上はだめ．
　　　　　　　　　　　　　　　　　　　　　　　Doillon: *La fille de 15 ans*
3. (règles) 生理
　Si c'est des *choses* de jeune fille, tu peux en parler avec Léone.
　　（お前の悩みの種が）女の子のあれのことだったら，レオーヌ小母さんに相談したらどうだ．　　　　　　　　　　　　　　　　　　　　Miller: *L'effrontée*
4. (décontenancé; triste; bizarre; mal à l'aise) 狼狽した，沈んだ，落ち着かない，変な
　Qu'est-ce que tu as? Tu a l'air tout *chose*.
　　どうしたんだお前？ なんだか変だぞ．　Tavernier: *Un dimanche à la campagne*

cho-shu (日本語) 焼酎
J'ai pas de champagne mais j'ai du très bon *cho-shu*. Ça ira ?
　　シャンパンはないけど，極上の焼酎がある．それでいい？　　　Crawczyk : *Wasabi*

chou
■ **avoir du chou** (être intelligent; en avoir dans le chou) 頭がいい
Pourquoi moi ? Pourquoi pas lui ? / C'est toi qu'on veut, toi t'*as du chou*.
　　どうして俺を選んだんだ，彼じゃいけないのか？ / お前がいいんだ，脳味噌がいっぱいあるから．　　　Rochant : *Vive la République*

■ **bête comme chou** (simple comme bonjour) 簡単な，単純な
C'est *bête comme chou*.
　　簡単なことよね．　　　Poiré : *Le Père Noël est une ordure*

■ **faire chou blanc** (échouer) 失敗する
On dirait bien qu'elle *fait chou blanc*.
　　どうやら巧く行ってないみたいだな．　　　Salomé : *Belphégor*

■ **prendre le chou** (agacer) いらだたせる
Ils me *prennent le chou*, grave !
　　あの学生どもには全くいらつくな！　　　Dumont : *L'humanité*

■ **rentrer dans le chou** (battre) 殴る
On va leur *rentrer dans le chou*.
　　あいつらをやっつけてやろう．　　　Annaud : *Coup de tête*

■ **se monter le chou** (s'irriter; s'exciter) 興奮する
Elle va encore dire du mal des mecs. Vous allez *vous monter l'chou* toutes les deux.
　　彼女はまた男の悪口を言うだろう．そしてあんたがた二人ともいきり立つに違いない．
　　　Zidi : *Deux*

chouchou (petit chou à la crème) 小型のシュークリーム
Qu'est-ce que tu veux ? / Deux croissants. / Ensuite ? / Heu...des *chouchous*.
　　坊や，何欲しいの？ / クロワッサン2個．/ それから？ / シュシュ．
　　　Veysset : *Victor...pendant qu'il est trop tard*

chouchouter (dorloter; gâter; choyer) 可愛がる，甘やかす
Des bienfaiteurs l'*ont chouchouté*, nourri, logé.
　　親切な人たちがそいつを可愛がって，食事も住まいも提供したんだ．
　　　Giovanni : *Mon père*

chouette voir bidule

chouf! (ヘブライ語. regarde!) 見て！
  Chouf, l'infirmière！
    見てみろ，あの看護婦！ Gilou : *La vérité si je mens II*

chouïa
■ **un chouïa** (アラビア語. un peu) ちょっと
  Elle est peut-être *un chouïa* frappée.
    彼女少しおかしいんじゃないか． Leconte : *Les Grands ducs*

chouiner (pleurnicher) めそめそする
  J'suis fatiguée. / C'est pas le moment de *chouiner*！
    （母親に）あたし疲れちゃった．/ そんな泣き言を言ってるときじゃないでしょう！
      Veysset : *Martha... Martha*

chouquette (femme maniérée; pédéraste) 気取った女，男色家
  Un truand c'est un homme, c'est pas une *chouquette*.
    やくざっていうのはちゃんとした男なんだ．オカマとは違うぞ．
      Garrel : *Sauvage innocence*

chour(r)er (voler, faucher) 盗む
  On va pas *chourrer* une voiture en plein après-midi, non？
    まさか真っ昼間に車をいただくなんて言わないだろうな？ Pirés : *Taxi*
  Tu vas quand même pas t'faire *chourrer* ta meuf par un bicot, sérieux？
    お前まさかアラブ野郎にスケを取られるんじゃあるまいな，真面目な話？
      Dumont : *La vie de Jésus*

chrono (mesuré avec un chronomètre の略) クロノメーターで計って
  Quinze à l'heure *chrono*.
    正確に時速15キロだ． Sinapi : *Nationale 7*

chtouille (maladie vénérienne; syphilis) 淋病
  J'espère que l'autre folle, elle m'a pas refilé la *chtouille*.
    あの変な女に性病を移されてないといいけどね Noé : *Seul contre tous*
  Si t'as attrapé la *chtouille* c'est bien fait pour toi.
    お前性病にでも罹ってればいい気味だ． Gainsbourg : *Charlotte forever*

chuter (tomber; baisser beaucoup, tout d'un coup) 落ちる，倒れる，急激に下がる
  J'*ai chuté*. Je suis dans la merde.
    俺は転落したんだ．ひでえ状況だ． Noé : *Seul contre tous*
  Ça a gelé, je ne sais pas. Ça *avait chuté* par là.
    凍ったんだろうな．この辺で急に温度が下がって． Rohmer : *4 aventures*

cibiche (cigarette; clope) たばこ

T'aurais pas une petite *cibiche* pour moi ?
たばこ1本くれないかな？　　　　　　　　　Rohmer : *Le signe du lion*

ciboulot (tête) 頭
Les yeux, c'est comme la queue : reliés direct au *ciboulot*.
目は性器と同じで直接脳と繋がってるんだ．
Le Pêcheur : *J'aimerais pas crever un dimanche*

Cif (marque d'un produit pour laver les lavabos et les baignoires, appellation commerciale de produits d'entretien ménager. Société Kever) 洗面台，浴槽の洗剤の商標
Il faudra penser à racheter du *Cif*.
またシフを忘れないで買っといて．　　　　　Chatiliez : *Tanguy*

cigare (tête) 頭
Maintenant, tu vas faire marcher ton *cigare*, connard !
今度は頭を働かすんだぞ，馬鹿め！　　　　Bluwal : *1996*

■ **passer au-dessus du cigare** (ne pas pouvoir comprendre ; dépasser) 理解できない，理解を超えている
Quand je t'parle de respect, pour toi c'est de l'hébreu, hein ? Ça t'*passe au-dessus du cigare*.
お前に尊敬なんて言ったってちんぷんかんぷんで，馬の耳に念仏ってとこだよな．
Leconte : *Tango*

■ **y aller du cigare** (risquer sa tête) クビを賭ける
Si tu te fais piquer...c'est pas six mois qu'ils vont te coller ! T'*y vas du cigare* !
(奴をバラして)とっつかまってみろ… 半年喰らい込むくらいじゃすまない！クビが飛ぶんだぞ！　　　　　　　Becker : *Les enfants du marais*

cinéma (comédie) 芝居，はったり
Allez, arrête ton *cinéma* !
さあ，お芝居はやめなさいよ！　　　　　　Haneke : *La pianiste*

cinglé (fou) 気違いの
Michel, j'ai téléphoné à la police. J'ai dit que tu étais ici. / T'es *cinglée* ! Ça va pas, non ?
ミシェル，あたし警察に電話したの，あんたがここにいるって．／ 気が狂ったな！おかしいんじゃねえか？　　　　　Godard : *A bout de souffle*

cinoche (cinéma ; comédie) 映画，お芝居，はったり
Il faut éviter l'ankylose si on veut refaire du *cinoche*.
また映画に出たいんだったら関節を硬直させといちゃだめだ．　Zidi : *L'animal*

cinq

Arrête ton *cinoche*!
お芝居はやめて！
Lautner : *Joyeuses Pâques*

cinq
■ **cinq à sept** (rencontre adultère; aventure) 浮気，情事
Il m'a dit que t'aurais rien contre un petit *cinq à sept* avec un mec super bien monté.
彼の話だと あんたは精力絶倫の男性とちょいと濡れ事を楽しむのに異存はないそうだけど．
Gilou : *La vérité si je mens II*

On se comprend, hein? Le *5 à 7*... Tac tac tac.
分かるよな？仕事の後浮気して…ペチョペチョペチョってやるの．
Braoudé : *Neuf mois*

Ce n'est pas des *cinq à sept* qu'elle recherche.
彼女が求めているのは情事なんかではないのよ．
Doillon : *La fille prodigue*

■ **cinq sur cinq** ((recevoir, entendre) parfaitement) 完全に（受信する，聞こえる）
Vous me recevez? / *Cinq sur cinq.*
受信してるか？/ 感度良好．
Krawczyk : *Taxi II*

■ **(c'était) moins cinq!** (on l'a échappé belle) 危ないとこだった
Alors, t'as eu le visa? / *Moins cinq!*
でビザは貰えたのか？/ もうちょっとで危ないとこだった．
Cabrera : *L'autre côté de la mer*

cirage
■ **être dans le cirage** (être dans le vague; ne pas comprendre) 朦朧としている，分からない
Regarde, elle *est* complètement *dans le cirage* la môme.
ほら，あの娘ぼーっとしちゃってる．
Dridi : *Pigalle*

cirer
■ **n'en avoir rien à cirer** (se désintéresser de) 興味がない
De toute façon, j'*en ai rien à cirer*.
とにかくそんなことどうでもいいの．
Miller : *L'effrontée*

cirque
1. (comédie; cinéma; bêtise) 見せかけ，茶番，芝居，はったり，馬鹿なこと
Moi je te dis que ça suffit ce *cirque*.
（仮病を使った息子に）いいか，そんなお芝居はもうやめろ．
Téchiné : *Alice et Martin*

On l'embarque là? / Non, qu'il arrête son *cirque*!
あいつを連行しましょうか？ / いや，馬鹿な真似をやめさせればいい． Pirès : *Taxi*

2. (agitation ; désordre) 騒ぎ，混乱
A chaque fois qu'il y a quelqu'un qui vient à la maison, c'est le même *cirque*.
家に誰か来る度にいつもこの騒ぎなんだ． Gilou : *La vérité si je mens*

cistra (raciste の逆さ言葉) 人種差別主義者
Tous les contrôleurs du Sud de la France sont *cistras*!
南フランスの検札係はみんな差別主義者なのか！
Bensalah : *Le ciel, les oiseaux ... et ta mère*

citron
1. (tête) 頭，頭脳
Je sais plus où j'en suis. J'ai peur d'en perdre le *citron*.
もうどうなってるのか分からない．頭がおかしくなりそうだ． Vernoux : *Love etc.*

2. (Asiatique) アジア人，黄色人種
T'entends ce moulin? / Ah, ils peuvent aller se rhabiller les *citrons*!
このオートバイのエンジン音すごいだろう？ / これじゃあ日本車も顔負けね！
Beinex : *Roselyne et les lions*

citrouille
■ avoir la tête comme une citrouille (avoir des maux de tête ; être mal en point à force de réfléchir ; avoir une tête comme une pastèque, un melon) 考えすぎて頭が働かない，頭が痛い
Au début faut y aller mollo, sinon t'as vite fait d'*avoir la tête comme une citrouille*.
最初はのんびり始めないとすぐに頭がふにゃふにゃになっちゃうぞ．
Leconte : *Félix et Lola*
J'ai fumé un joint avec lui. Il m'a affirmé que c'était bon et il avait raison, j'*avais la tête comme une citrouille* le lendemain matin.
息子とジョイント吸ったんだ．ほんとにいいブツだって息子は言ってたけど間違いなかったよ．次の日，頭がふらふらだったもんな． Veber : *Le placard*

claboter (mourir) 死ぬ
Encore une veine qu'Eugéne ait *claboté*.
ウジェーヌが死んだのもついてたな． Gainsbourg : *Equateur*

clair
■ c'est clair? (tu as compris?) 分かったか？
Je veux plus te voir dans le secteur, *c'est clair?*

Clairefontaine

もうお前をこの辺で見たくない，分かったな？
           Miller : *La petite voleuse*

■ **pas clair** (bizarre) 怪しい，奇妙な
Y a trop de gens *pas clairs* autour de moi.
あたしの回りには変な人が多すぎるわ
           Rivette : *Haut bas fragile*

Clairefontaine (appellation commerciale de papeterie scolaire)
学校用文房具の商標
Ses camarades m'ont dit qu'il prenait ses notes sur un petit *Clairefontaine* spiralé.
同僚達の話では彼は小さなリングノートにメモをとっていたということです．
           Poiré : *Les couloirs du temps*

clampin (individu plutôt lent et paresseux ; individu vague ; individu quelconque) のろま，不精者，やつ，人
Simplement ici, c'est pas possible, y a toujours un *clampin* qui téléphone.
ここじゃうかうか本も読んでられないのよ，いつだって誰かが電話してくるんですもの．
           Ducastel : *Jeanne et le garçon formidable*

clamser (mourir) 死ぬ
Toutankamon "live" en train de *clamser* dans mes bras.
ツタンカーメンに取り憑かれた同僚が私の腕の中で息絶えようとしていた．
           Salomé : *Belphégor*

Il *a clamsé*.
彼は死んじまった．
           Gainsbourg : *Equateur*

Mon père *est clamsé*.
おやじは死んだ．
           Vergez : *Racket*

clapet (bouche) 口
Toi, tu vas fermer ton *clapet*.
お前は黙ってるんだ．
           Poiré : *Le Père Noël est une ordure*

clapier (petit logement malpropre) 狭苦しく汚い住居，兎小屋
J'reviendrai jamais au *clapier* à René.
あたしは絶対ルネのおんぼろ小屋には戻らないからね．
           Poiré : *Le Père Noël est une ordure*

clapoter (mourir ; claboter) 死ぬ
Ils peuvent rien faire de plus, il *est clapoté*. / Il es mort, Pierre !
もうどうしようもない，くたばっちまった．/ 死んじゃったの，ピエール！
           Poiré : *Le père Noël est une ordure*

claque (bordel) 娼家
C'est pas un *claque* ici.

ここは淫売宿じゃないんだぞ. Molinaro : *L'amour en douce*

■ **en avoir *sa* claque** (en avoir assez ; être dégoûté de) 飽き飽きする, うんざりする
Les trucs à trois j'*en ai ma claque*.
3Pのポルノビデオはもう飽き飽きだ. Sinapi : *Nationale 7*

claqué (fatigué ; exténué) 疲れている
Elle est *claquée*.
彼女はくたくたなんだ. Gilou : *La vérité si je mens II*

claquer
1. (dépenser ; payer) カネを使う, 支払う
Je sais que tu *claques* ton fric avec des putes, connard !
お前, カネを商売女たちにつぎ込んじゃってるんだろう, 馬鹿だよなー！ Kounen : *Le Dobermann*
2. (sauter) ものにする
Des petites pisseuses comme ça, j'en *ai* trop *claqué* dans ma vie.
ああした小娘でものにしたのは掃いて捨てるほどいるよ. Noé : *Seul contre tous*
3. (mourir) 死ぬ
De l'urémie ! Mais on en *claque*.
尿毒症だって！それが命取りになることもあるんだよ. Resnais : *Mélo*

■ **claquer dans mes doigts...** (comme une sorcière, changer d'une façon magique) 魔女のように指を鳴らして何事でも叶うようにする, 魔法みたいに変える
Je voudrais *claquer dans mes doigts* et que Francis soit en chaise roulante.
あたし魔力でもってフランシスを車椅子のご厄介になるようにしたいわ. Marshall : *Vénus Beauté*
Les choses ne se passent pas toujours de la même façon, il ne suffit pas de *claquer dans ses doigts*.
物事はいつも同じようになるとは限らないんだ. 魔法で変えるってようなわけにはいかないのさ. Chéreau : *Homme blessé*

claquos (camembert) カマンベール
Comment tu veux vendre des sapes entre du *claquos* et du gruyère ? Ça pue ici.
チーズの露天商に挟まれてどうやって衣類を売れっていうんだ？臭くてしょうがない. Gilou : *La vérité si je mens II*

classe (beau ; formidable ; prestigieux ; bien ; chic) きれいな, よい, 素

classieux

晴らしい，最高級の，立派な，すごい

T'es *classe*.
 君きれいだよ.   Siegfried : *Louise*

Il est sympa le directeur. Il est *classe* ce mec.
 所長はいい人だ．立派な男だよ.   Poirier : *Western*

Une BMW pistache! C'est *classe*!
 薄緑のＢＭなんて，豪華だな！   Bagdadi : *Hors la vie*

Ce serait pour une chambre, s'il vous plaît. La plus *classe*, hein!
 お部屋あるかしら，一番豪華なの！   Despentes : *Baise-moi*

Ils sont *classes* tes seins.
 君の胸すてきだね.   Klapisch : *Chacun cherche son chat*

On va faire la fête avec Rémifasolasido, Yoyo et tous les autres. / Ouais, *classe*.
 レミやヨヨやみんなでお祝いしよう. / うん，いいね.   Siegfried : *Louise*

■ **c'est la classe!** (c'est formidable; classe) すごい，最高だ

C'est la classe! / Ah ouais franchement, c'est mortel!
 すごいもんだな！ / ああ，ほんとに最高だ！   Zeitoun : *Yamakasi*

classieux (classeとgracieuxのmot valise「かばん語」. avec beaucoup de classe) すてきな

Comment tu la trouves sa baraque? *Classieuse*, non?
 彼の家どう思う？すごいもんだろう？   Gilou : *La vérité si je mens*

clavier (dentier) 入れ歯

Je lui ai pété les dents de devant, tout le *clavier*!
 奴の前歯を折ってやったよ，入れ歯全部だ！
          Chatiliez : *Le bonheur est dans le pré*

clébard ; clebs [klɛps] (chien) 犬

Le *clébard* qui fait pas où on lui dit de faire : au gnouf!
 言われたところでクソをしないワン公は保健所行きだ！   Zidi : *Les ripoux*

T'es vraiment un dégueulasse de lui avoir descendu son *clebs*.
 あの爺さんのワンちゃんを殺すなんてお前も見下げ果てた奴だな.
          Chatiliez : *Le bonheur est dans le pré*

clic (英語のclick. pression sur le bouton d'une souris d'ordinateur) クリック

Catherine... Fichier... Ouvrir... Dossier Saint-Denis, double *clic*... .
 カトリーヌ，ファイルを開けて…文書名サン・ドニをダブル・クリック.
          Pascal : *Adultère*

client

■ **être client** (vouloir; être preneur) 欲しがる，関心がある
Si y'en a qui sont *clients*, j'en ai encore pour leur pif.
このボールを欲しいやつがいたら，まだあるからね。　　Kounen : *Le Dobermann*

clim (climatisation の略) 冷房
Vous avez pas la *clim*?
車にクーラーないの？　　Moll : *Un ami qui vous veut du bien*

clip
■ **prendre *ses* clips et *ses* clopes** (filer; s'en aller rapidement)（持ち物と共に）急いで立ち去る
Je *prends mes clips et mes clopes* et j'me tire d'ici.
あたしは荷物をまとめてここからバイバイするよ。
Poiré : *Le Père Noël est une ordure*

cloche
1. (clochard) 浮浪者，ホームレス
Il n'y a plus que des *cloches*.
もう浮浪者しかいない。　　Rohmer : *Le signe du lion*
2. (personne incapable; bon à rien) 能なし，役立たず
C'est un de mes informateurs. / C'est une *cloche*.
あれは情報提供者です。/ あんな能なしが。　　Beineix : *Diva*

clocher (être défectueux; aller de travers) しっくりしない，うまくいかない
Y'a pas un détail qui *cloche*.
細かい点までぴったり合う。　　Beineix : *Mortel transfert*
C'est vrai ce qu'ils disent dans les journaux? / Y'a quelque chose qui *cloche*.
新聞で伝えられてることは本当なんですか？/ なにかぴんとこないんだがな。
Lelouch : *Itinéraire d'un enfant gâté*

clodo (clochard) 浮浪者
T'es pas *clodo*, toi?
お前浮浪者じゃないのか？　　Siegfried : *Louise*
Le directeur laisse entrer une *clodo* dans l'hôtel.
支配人は構わずに女浮浪者をホテルに入れるのか。　　Poiré : *Les visiteurs*

clonage (reproduction d'un individu animal ou végétal à partir d'une de ses cellules, insérée dans un ovule dont le noyau a été supprimé) クローン作製，クローニング
Le *clonage*, ce sera la fin de l'humanité.

clope

クローン人間なんて人類の破滅だ. 　　Bonello : *Le pornographe*

clope (cigarette) タバコ
Je vais fumer une *clope*.
タバコ吸ってくるわ.　　Thompson : *La bûche*
J'vais acheter des *clopes*.
たばこ買ってくる.　　Despentes : *Baise-moi*

cloper (fumer) タバコを吸う
Tu *clopes*?
君モクやる?　　Poiré : *Les anges gardiens*

clopinette (rien; rien du tout) 何でもないこと, つまらないもの
Tu trouves quelque chose? / Rien! Enfin, des *clopinettes*. Ça ne vaut même pas le déplacement.
(新聞を読んでいる相手に) 何か見つかった? / 何も! まあつまらないものだ. わざわざ行ってみることもない.　　Chabrol : *Rien ne va plus*

cloque

■ **en cloque** (enceinte) 妊娠した
C'est un pédé. / Avec sa femme *en cloque*!
あれホモよ. / かみさんの腹がでかいのに!　　Othenin : *Piège à flics*
Je suis peut-être *en cloque*.
俺もしかしたらはらんでいるのかも.
　　Demy : *L'événement le plus important depuis que l'homme a marché sur la lune*

clou (mont-de-piété) 質屋
Je te donne mon briquet... Je te donne ma montre aussi! Mets-les au *clou*.
君にライターをやる. 時計もやる. 質に入れたらいい.　　Skolimowsky : *Le départ*

■ **ça ne vaut pas un clou** (ça ne vaut rien) それは三文の価値もない
Elle ne vaut plus un *clou*.
この時計はもうどうしようもない.　　Corneau : *La menace*

■ **des clous** (jamais de la vie) 嫌だ, とんでもない, お生憎さま
Faudrait peut-être me payer maintenant! / *Des clous*!
さあ部屋代を払ってもらおうか. / まっぴらごめんよ!
　　Jugnot : *Monsieur Batignole*

coal(-)tar; coltar (英語)

■ **dans le coaltar**

1. (dans une situation difficile; dans la merde) 困った状況に
Ça marche mieux avec du courant. / Ah oui, merde! / *Dans le coaltar*,

le mec.

(停電しているのに蝋燭が明るいのでテレビをつけようとする男に) テレビは電気だとよく映るよ. / ああ, 糞! / どうにもならんな, 君.

Miller : *La meilleure façon de marcher*

2. (à demi inconscient) 朦朧とした, ぼんやりした

Un accident? / Non, c'est rien. J'étais un peu *dans le coltar*.

事故ですか? / いや, 大丈夫です. ちょっとふらっとしてただけで.

Dupeyron : *La machine*

cocard (œil poché) 腫れ上がった目

Ton *cocard*? / Oh! Ça va. J'ai plus mal.

兄さんの目の腫れは? / ああ, だいじょうぶ, もう痛くない.

Truffaut : *Tirez sur le pianiste*

cochon (individu qui a le goût des obscénités; vicieux; paillard) 好色漢

Je me méfie de ce genre de vieux *cochons*.

そういうタイプのひひ爺はどうも信用できないな.

Chabrol : *Rien ne va plus*

Ton frère est un *cochon*.

あんたの弟って助平ね.

Beineix : *La lune dans le caniveau*

■ **cochon qui s'en dédit!** (c'est promis!, tope là!) 約束だぞ, 約束を破るなよ

D'accord? / D'accord. Topez-là! / Mais *cochon qui s'en dédit!*

いいこと? / いいよ. 約束だ! / 嘘ついたら針千本飲ます!

Truffaut : *L'amour en fuite*

■ **jouer un tour de cochon** (nuire par une action malveillante) 汚い手を使う

Le *tour de cochon* que tu m'*as joué*! Ça n'a pas de nom!

あんたが使った汚い手ときたら, まったくひどいものよ!

Chabrol : *Rien ne va plus*

■ **tête de cochon** (individu têtu, qui n'est jamais content) 頑固な, 文句の多い人

C'est une *tête de cochon*!

あの子って言い出したら聞かないんだから.

Breillat : *A ma sœur*

cochonne (femme luxurieuse) みだらな女

Viens…il y aura plein de *cochonnes*.

行こうよ…色事好きな女たちがごまんといるぞ.

Nauer : *Les truffes*

cochonnerie (chose mauvaise, désagréable) 嫌なもの, 厄介なこと

coco

Je ne sais pas comment te le dire...y'a des petites *cochonneries*.
（女医が患者に）これをどう言ったらいいのかしらね…ちょっと質の悪いのがあるのよ．
Lelouch : *Hommes femmes : mode d'emploi*

coco
1. (communiste の略) 共産党員
   Tu me débectes, sale *coco* !
   お前にはむかつくよ，汚いアカめ！
   Heynemann : *La question*
2. (carburant; essence) 燃料，ガソリン
   Y'a même pas d'*coco*.
   ガソリンさえないのか．
   Gilou : *Raï*
3. (cocaïne) コカイン
   Donnez-moi de la *coco*.
   コカインをくれ．
   Gainsbourg : *Stan the flasher*
4. (bonhomme) そいつ
   Quand on connaît le *coco*, c'est du propre.
   そいつを知ってるだけにむかつくな．
   Allio : *La vieille indigne*

coconne (conne) 馬鹿女
   Pépère, *coconne* est partie.
   おじさん，馬鹿女が出てったよ．
   Poiré : *Les couloirs du temps*

cocotier
■**gagner le cocotier** (gagner le gros lot; avoir fait une bêtise) １等賞を当てる，へまをする
   T'*as gagné le cocotier* !
   あんたへまをやらかしたね！
   Miller : *L'effrontée*

cocotte (parfum) 香水
   Je veux pas sentir la *cocotte*.
   （女から香水をかけられそうになって）俺，女の香水の匂いを立てたくないんだ．
   Ducastel : *Drôle de Félix*

cocotter (sentir mauvais) 悪臭がする
   Oh mon Dieu, ça *cocotte* ! Ils ne voudront jamais avaler ça !
   まあ，ひどい匂い，これじゃあの人たちぜったい飲みっこないわね！
   Poiré : *Les couloirs du temps*

code
■**passer en code** (tomber; se baisser) （自動車のライトが）下向きになっている，下がる
   Les seins pleins phares à son âge, ils vont pas tarder à *passer en code*.

あの歳で上向きになってる乳房も間もなく垂れ下がっちまうな.
Gainsbourg : Charlotte for ever

coffer (faire très chaud ; taper dur)　すごく暑い
　Putain, i *coffe* c't'après-midi !
　　やんなっちゃうな，今日の午後はやけに暑いじゃないか！
Dumont : La vie de Jésus

coffrer (emprisonner)　投獄する
　Des voyous dans ton genre, j'en fais *coffrer* à la douzaine.
　　お前のようなちんぴらはごっそりムショに送り込んでるんだぞ．
Blier : Les valseuses

cogiter (réfléchir)　熟考する
　Cogite !
　　よく考えときな！
Thévenet : Sam suffit

cogne (agent de police ; flic)　警官
　Y a les *cognes* qu'encerclent le quartier.
　　デカがこの辺を包囲してるのよ．
Berto : La neige

cogner
■ **s'en cogner de** (se moquer de)　どうでもいい
　Je *m'en cogne du* détour.
　　遠回りでもかまわない．
Chéreau : Ceux qui m'aiment prendront le train

■ **se cogner** (faire l'amour avec)　セックスする
　Vous êtes pas encore arrivé à *vous* la *cogner* ?
　　まだあの女とやってないんですな？
Gainsbourg : Je t'aime moi non plus

coin
■ **dans le coin** (dans les environs ; pas loin ; par ici)　このあたりに，近くに，ここで
　C'était Harry. / Il est dans le *coin* ?
　　ハリーからの電話だったの．／ 近くに来てるのか？
Deray : La piscine
　Qu'est-ce que vous faites *dans le coin* ?
　　こんなとこで何してるの？
Rohmer : Le rayon vert

■ **en boucher un coin** (stupéfier ; déconcerter ; clouer le bec ; épater)　唖然とさせる，あっと言わせる
　Tu ne devineras jamais d'où j't'appelle ! ... De Monte-Carlo ! Ça t'*en bouche un coin*, ça !
　　あたしがどこから電話してるかわかりっこないわよ！…モンテカルロよ！びっくり仰天でしょう！
Zidi : Arlette
　Tu sais jouer au flipper toi ? / Ça t'étonne hein ! Hé, je vais t'*en bou-*

coincé

cher un *coin*.
あんたピンボールできるんだ！/ びっくりだろう．僕の腕前にぶったまげるぞ！
Dupeyron : La machine

■ **le petit coin** (toilettes) トイレ
Je m'absente un instant, hein. Je vais *au petit coin*.
あたしちょっとここ離れるわよ．トイレに行くの．
Krawczyk : Taxi II

coincé
1. (mal à l'aise ; guindé ; timide) 気詰まりになった，頑なになった，対応に窮した，気後れした
Elle était pas farouche. / Faut vraiment être une arriérée mentale doublée d'une *coincée* du cul pour dire des conneries pareilles.
あの女はお尻が軽かったもんね．/ そんな馬鹿なことが言えるのはよっぽどの知恵遅れでおまけに色恋も侭ならぬ女じゃなくっちゃね．
Krawczyk : Héroïnes
Puis bouge tes épaules aussi. T'es trop *coincé* comme mec.
それに肩も動かしなさいよ．あんたって男にしては憶病ね．
Fontaine : Nettoyage à sec

2. (rigide ; froid) 固い，生彩のない
T'as pas un truc un peu moins *coincé*.
君，もうちょっと堅苦しくない服ないのかな．Klapisch : *Chacun cherche son chat*

coincer (mettre en difficulté d'agir ; prendre en faute ; rattraper ; arrêter) 立ち往生させる，現場を押さえる，捕まえる，追いつめる
C'est un formidable professionnel. Lucien, tu en *as coincé* d'autres, des fraudeurs.
彼はすごいプロなんですよ．なあ，ルシアン，君は他に何人もの現場を押さえたよな，脱税者たちの．
Veber : Le dîner des cons
Elle se fait *coincer*.
その娼婦は（殺し屋に）追いつめられてる．
Beineix : Diva
Ce jour-là j'*avais coincé* un dealer.
その日俺は麻薬の売人を逮捕していた．
Téchiné : Les voleurs
Ils arrivent pas à la *coincer*.
なかなか（万引きする）彼女の尻尾をつかめないんだ．
Beineix : Mortel transfert

■ **se coincer** (se retenir de dire *sa* pensée, *ses* sentiments) 自分の考えや感情を語るのを控える
Faut pas que je boive trop... Il faut que je *me coince*.
飲み過ぎは禁物… 考えを表に出しちゃいかん．
Téchiné : Ma saison préférée

coke (cocaïne) コカイン

Non, la *coke* c'est dangereux.
  だめ，コカインは危険よ．
  　　　　　　　　　　　　　　　　　　　　Huth : *Serial lover*
J'ai pris de la *coke*, ça m'a rendu un peu bizarre.
  コカインをやってちょっと変な気分になったんです．
  　　　　　　　　　　　　　　　Garrel : *Le vent de la nuit*

colère
■ **être colère** (être en colère) 怒っている
  Rends-moi mon pull. / Mais tu me l'as prêté hier. / Je te l'ai prêté, tu me le rends, merci. / Oh là là, t'es chiante, t'*es colère*.
  セーター返して．/ 昨日貸してくれたのよ．/ 貸したのよ，だから返して，どうも．/ あらまあ，面倒な人ね，怒っちゃったりして．
  　　　　　　　　　　　　　　　Chouraqui : Les *menteurs*

colle
1. (concubinage; union libre; collage) 同棲
   Mais mariée et tout ou alors euh, simplement à la *colle* ?
   ちゃんと結婚しているのか，単に同棲してるのか？
   　　　　　　Chéreau : *Ceux qui m'aiment prendront le train*
   Ils sont à la *colle*.
   あの男たち同棲してるんだぞ．　　Gainsbourg : *Je t'aime moi non plus*
2. (interrogation; devinette) 質問，なぞなぞ
   Et maintenant, une petite *colle*, juste pour rire.
   じゃ今度はちょっとお遊びで質問します．
   　　　　　　　　　　　　　　　Veber : *Le dîner de cons*
3. (diluant synthétique) シンナーを含んだ接着剤
   Tu proposes quoi à la place ? On s'met à la *colle*, on brûle des bagnoles, c'est ça ?
   その代わりに何をしたらいいんだ？ シンナーでもやるか，車を燃やせっとでも言うのか？
   　　　　　　　　　　　　　　　　Zeitoun : *Yamakasi*

■ **chier dans la colle** (exagérer; manquer de tact) やりすぎる，憎らしい，忌まわしい
  Tu fais chier. Tu *chies dans la colle*.
  お前にはうんざりだ．あんまりだぞ．　　Corneau : *Série noire*

■ **pot de colle** (personne dont on ne peut pas se débarrasser) しつこく付きまとう奴，うるさい奴
  Lâche-moi. T'en as pas assez d'jouer les *pots de colle*, non ?
  もう放っといてよ．付きまとうのもいいかげんにしなさいよ．
  　　　　　　　　　　　　　　　Deray : *Les bois noirs*

collec (collection の略) 蒐集
  J'fais la *collec*.

coller

あたしこのコレクションしてるの. 　　　　　　　　　Siegfried : *Louise*

coller
1. (mettre avec force) 無理矢理入れる，有無を言わさずに入れる
   Je te demande simplement de récupérer ce môme et de le garder deux jours discrètement chez toi jusqu'à ce que je revienne à Paris et que je le *colle* en pension...
   > 君に頼みたいのは，あのガキを取り戻して，僕がパリに戻って寄宿学校にぶち込むまで二日間人目につかぬように預かってもらいたいということだけだ.
   　　　　　　　　　　　　　　　　　　　　　Poiré : *Les anges gardiens*

   J'ai mis toutes mes affaires dedans. C'est bourré, on peut même pas y *coller* un doigt.
   > あたし持ち物を全部このなかに入れてあるの. ぱんぱんで指一本入らないくらいよ.
   　　　　　　　　　　　　　　　　　　　　　Balasko : *Gazon maudit*

2. (appliquer; donner; imposer; transmettre qch.de désagréable) 与える，押しつける
   Ses yeux en plastique me *collait* une frousse pas possible.
   > 縫いぐるみのキリンのプラスティックの眼がものすごく怖かった.
   　　　　　　　　　　　　　　　　　　　　　Beineix : *Mortel transfert*

   Vous êtes peut-être en train de nous *coller* le béribéri avec du transgénique.
   > 僕たちに遺伝子組替えのワインを飲ませて脚気にしてるんじゃないかね.
   　　　　　　　　　　　　　　　　　　　　　Lioret : *Mademoiselle*

3. (mettre) ある状態に陥れる
   Il m'*a collée* enceinte ce sale con égoïste...sans aucune jouissance.
   > あの馬鹿なエゴイストの野郎ったらあたしをはらませたのよ，あたしぜんぜんいかなかったのに.
   　　　　　　　　　　　　　　　　　　　　　Breillat : *Romance*

4. (convenir; correspondre) ぴったり合う，符合する
   Je crois que je suis enceinte. / C'est qui ? / Raoul. Ça doit être quand on était au bord de la mer. Les dates, tout, ça *colle*.
   > あたし妊娠したみたい. / 父親は誰？/ ラウル. きっと海岸にいたときね. 日付もなにもかもぴったし.
   　　　　　　　　　　　　　　　　　　　　　Miller : *La petite voleuse*

   T'es dans l'coup, ça *colle*.
   > 君が一枚噛んでると考えると辻褄が合う.
   　　　　　　　　　　　　　　　　　　　　　Beineix : *Mortel transfert*

5. (punir d'une colle; consigner) 居残りさせる
   Comme je *suis collé* tous les soirs, j'arrive jamais à l'attraper ce putain

de car scolaire.
> 僕，毎晩居残りさせられるからあの意地悪なスクールバスには間に合わないんだ.
> Nauer : *Les truffes*

6. (aller; marcher bien) うまく行く，しっくりしている
Y'en a, on voit tout de suite, que ça va pas *coller*.
> (これから結婚式を挙げようとしているカップルには) うまく行かないってすぐに見て取れるようなのがいるね.
> Lioret : *Mademoiselle*

Ça *colle* Monsieur Pierre ? / A peu près.
> ピエールさん，お元気ですか？／まあね.
> Rohmer : *Le signe du lion*

■ **coller** *qch.* **sur le dos de** (imputer la culpabilité sur, mettre sur le compte de) 罪をおっかぶせる
Si on essaie de me *coller* quoi que ce soit *sur le dos*, je vous préviens, ça ne se passera pas comme ça.
> 何だろうと俺に濡れ衣を着せようとしたら，言っとくけど，ただじゃすまさんぞ.
> Corneau : *La menace*

■ **en coller une** (donner une gifle, une tarte) ぶん殴る
J'ai perdu une lentille ouais je te vois encore assez bien pour t'*en coller une*.
> 僕はコンタクトレンズ片っぽうなくしたけど，お前に一発かますぐらいは見えるぞ.
> Krawczyk : *Taxi II*

■ **s'en coller** (boire; manger) 飲む，食う
Sous prétexte d'échanges culturels, on va *s'en coller* plein le tronc pour pas un rond.
> 文化交流をだしに地方の名士たちは懐をぜんぜん痛めることなくたらふく飲み食いするんだ.
> Truffaut : *La peau douce*

collimateur

■ **avoir** *qn.* **dans le collimateur** (surveiller de près; avoir à l'œil) 注意して見張る，狙いをつける
Le propriétaire t'a *dans le collimateur*, tu sais ça.
> 大家がお前のこと注意して見張ってるんだぞ，お前も分かってるだろう.
> Rochant : *Vive la République*

Il t'a vraiment *dans le collimateur*.
> ほんとに君が (クビ切りの) 標的になってるんだぞ.
> Veber : *Le placard*

colo (colonie de vacances の略) 林間学校，臨海学校
Moi je préfère une semaine de stage à quinze jours de *colo*.
> 僕は2週間臨海学校へ行くより1週間の研修のほうがいいな.
> Fontaine : *Nettoyage à sec*

colon
■ **ben mon colon!** (oh là là!; eh…bien!; chapeau!; mon vieux!) （驚き，賛嘆の間投詞）いやはや，これはこれは
  Qu'est-ce que t'entends par "beaucoup" ? / Dix mille. / *Ben mon colon!*
    たくさんって言ったけどどれくらいなんだ？／1万．／へえすごい！
    Corneau : *Série noire*
  J'veux pas d'argent, Madame. / Eh *ben mon colon*, t'es pas en r'tard!
    奥さん，僕お代は頂きません．／おやまあー，おませさんね．
    Monnet : *Promis … juré*

coltar voir coaltar

coltiner
■ **se coltiner** (se taper; exécuter une tâche pénible) 辛い仕事をする，嫌な仕事を引き受ける
  Je ne peux quand même pas *me coltiner* toute la misère du monde.
    いくらなんでも俺ひとりでこの世の不幸をすべて背負い込むわけにはいかないね．
    Noé : *Seul contre tous*
  C'est très fragile, je *me* la *coltine* depuis Rio.
    これは壊れやすいんでね．リオからたいへんな思いで運んで来たんだ．
    Huth : *Serial lover*

com.
1. （commission の略）歩合
  Je suis à la *com.*
    僕は歩合制で働いているんだ．
    Audiard : *Sur mes lèvres*
2. （communication の略）通信
  Tu bossais dans la *com.* ?
    あんた通信社で働いてたのか？
    Cantet : *L'emploi du temps*

comater (à moitié endormi; être hébété) ぼうっとしている
  On va pas *comater* ici toute la nuit.
    こんなとこで一晩中ぽかんとしてるわけにはいかないだろう．
    Siegfried : *Louise*

combo (télévision qui donne l'image de la caméra) 撮影機の映像を映すテレビ
  Y'a pas le truc qui fait que moi je suis scotchée derrière mon *combo*.
    あたしを撮影テレビの後ろに釘付けにするようなものが欠けてるわ．
    Breillat : *Sex is comedy*

com(m) （commission の略．pourcentage）手数料，コミッション
  Donc ça fait ma petite *comm.*, ça fait vingt pour cent.

だからちょっとコミッションを頂くよ。20パーだ。　　Guit : *Le ciel est à nous*
On va pas rester des petits vendeurs à la *comm* toute notre vie.
　俺達いつまでもここでけちな歩合制の販売係をやってるわけにはいかないだろう。
　　　　　　　　　　　　　　　　　　　　　　Gilou : *La vérité si je mens*

comme

■ **alors comme ça** (ah bon; donc; en fin de compte) へーえ, じゃなにかね, そんなわけで
Viens Marie, viens je te dis ! / *Alors comme ça* tu veux m'piquer ma gonzesse ?
　来いよ, マリー, 来るんだ。/ なにかね, 俺のスケを取ろうっていうのか？
　　　　　　　　　　　　　　　　　　　　　　　　　Leconte : *Tango*
C'est moi qu'ai tout fait. / *Alors comme ça* c'est toi qui as tout fait ?
　俺が（殺しを仕切って）全部やったんだ。/ へーえ, お前が全部やったとはなー。
　　　　　　　　　　　　　　　　　　　　　　Kassovitz : *Assassins*
C'est tes enfants ? / Oui. / *Alors, comme ça* tu t'es mariée ?
　あんたの子供？ / ええ。 / じゃ結婚してるってこと？　Veysset : *Martha ... Martha*

■ **c'est comme ça** (il n'y a rien à faire; c'est ainsi fait; c'est la vérité; je ne changerai pas) 決まったことだ, どうにもならない, 変えはしない, 本当のことだ
Je n'y peux rien faire. *C'est comme ça*.
　私にはどうにもならない。しょうがないんだ。　　Dayan : *Cet amour-là*
Je ne mets pas les préservatifs, moi. C'est pas dans le contrat. / Ah, bon ? / *C'est comme ça*.
　（娼婦が）あんたにコンドームは着けてやらないわよ。契約にないもの。/ へえ, そうなの？ / そう決めたんだから。　　　　　　Sinapi : *Nationale 7*

■ **c'est comme ça et c'est pas autrement** (c'est la vérité; j'ai raison) ほんとうなんだ, 俺が正しい
Il m'a jamais touché. *C'est comme ça et c'est pas autrement*.
　あいつは僕に触ったことなんかないよ。ほんとのことだ。　Fassbinder : *Querelle*

■ **comme ça**
1. (ainsi; tel) そのように
Il faut que je vous raconte ce dîner, enfin si on peut appeler ça *comme ça*, puisqu'elle est partie sans manger.
　ぜひ彼女との食事のことお話しませんとね, まあそれが食事と言えるかどうか, というのも彼女食べないで出ていっちまったんです。　Veber : *Le placard*
2. (dans cette condition; dans ce cas-là; si c'est comme ça) それだっ

135

comme

たら，そういうことなら
On est quatre copines... Toute seule, j'aurais jamais pu... / *Comme ça* je comprends.

四人，女のダチがいるんです… あたし一人じゃとうていそんな邸宅を建てるなんて… / それで納得がいきました.

Balducci : Trop jolies pour être honnêtes

3. (sans problème ; aussi facilement) わけなく，難なく，容易に，簡単に
Je pleure pas *comme ça* pour un rien.

おれはつまらないことでそう簡単に泣きはしないよ.

Serreau : La crise

Est-ce que vous voulez m'adopter? / On ne peut pas adopter les enfants *comme ça*.

僕を養子にしてくれない？ / 子犬を貰うようなわけにはいかないんだよ.

Gatlif : Mondo

4. (sans faire exprès ; par hasard ; spontanément) 自然に，偶然
Tout de suite, il y a eu une règle implicite : on ne parle pas de nos vies... mais c'était pas une décision consciente, ça s'est trouvé *comme ça*.

すぐに暗黙の申し合わせができたの. お互いの生活のことは話さないって. でも考えて決めたわけじゃないの. なんとなくできたのよ.

Fonteyne : Une liaison pornographique

Je l'ai rencontrée tout à l'heure. *Comme ça*.

その女の人にさっき会ったんです. 思いがけなくも.

Demy : Lola

5. (sans rien faire) 何もせずに，そのまま
Quand la maman a oublié de payer la leçon, toi tu la laisses partir. / *Comme ça*!

生徒のママがレッスン代を払い忘れても君はそのまま行かせちゃうんだ. / 何も言わずに.

Truffaut : Domicile conjugal

6. (n'importe comment ; pour rien ; sans raison ; d'un seul coup ; sans réfléchir ; à la légère) いいかげんに，でたらめに，思いつくまま，なんとなく，訳もなく，良く考えもせず，むやみに
C'est important. Je dis pas ça *comme ça*.

大事なことなの. いい加減なこと言ってるんじゃないのよ.

Ozon : Les amants criminels

Tu étais avec elle? / Oui. / Tu me dis ça *comme ça*!

あんた彼女といたんでしょう？ / そうさ. / あっさり言うわね.

Dupeyron : La machine

Alors c'est Cendrillon, hein? / Non, j'ai dit *comme ça*, c'est de l'improvisation. C'est une esquisse.

comme

じゃ彼女はシンデレラってことか？ / いや，思いつきで言ったままですよ，即興です．デッサンですよ．　　　　　　　　　　　Klein : *Qui êtes-vous Polly Magoo?*

On n'offre pas une voiture *comme ça*.

車なんてむやみにプレゼントするもんじゃないわ．

　　　　　　　　　　　　　　　　Moll : *Un ami qui vous veut du bien*

Tu y crois, toi, à la résurrection? / Mais qu'est-ce qui te prend? / Rien. Je dis ça *comme ça*.

あんた復活を信じてる？ / いったいどうしたのよ？ / 何でもない，ただ言ってみただけ．　　　　　　　　　　　　　　　　　　Téchiné : *Barroco*

7. (brusquement) だしぬけに，不意に

J'aime pas que tu rentres *comme ça*.

黙って部屋に入って来ないでよ．　　　　　　　　Miller : *L'effrontée*

8. (pas particulièrement; pas spécialement pas tellement; à l'occasion, presque pas) まあね，時たま，大して…でない

T'as déjà entendu du jazz? / *Comme ça*.

ジャズ聞いたことある？ / 大してね．　　Becker : *Les enfants du marais*

Tu m'aimes? / *Comme ça*.

僕のこと好き？ / まあまあね．　　　Klein : *Qui êtes-vous Polly Magoo?*

9. (très bien; formidable; super) すごい，素晴らしい，最高の

Elle fait une très belle décoration, Angélique, leur intérieur, il est *comme ça*! (il lève le pouce).

とても美しい装飾をするよ，アンジェリークは．彼らのうちのインテリアは最高だ！（親指を立てるしぐさをする）　　　　　　　Jaoui : *Le goût des autres*

Quant aux Noires, elles sont toujours fatiguées. Oh non, vraiment les Asiatiques, elles sont *comme ça*!

黒人のメイドときたら，いつも疲れてるって言うし．アジア系は全然違うわ，トップよ！　　　　　　　　　　　　　　　　　Serreau : *La crise*

Oui, oui, j'en ai acheté. C'est une nouvelle marque. *Comme ça*!

ええ，買ったわよ歯磨き．新製品なの．すごくいいわ．

　　　　　　　　　　　　　　　　Truffaut : *Domicile conjugal*

10. (peu important) 大した価値のない

C'est toi qui as écrit sur toutes les pages de ces carnets? / Mais oui, mais c'est des trucs *comme ça*! C'est n'importe quoi.

（未刊の小説の原稿のノートを指して）この何冊ものノートにびっしり書き込んだのはあんたなのね？ / そりゃそうだけど，大したもんじゃない．いい加減なもんさ．

　　　　　　　　　　　　　　　　Beineix : *37°2 le matin*

comment

■ **comme tout** (très ; vraiment ; extrêmement ; tout à fait) とても，ほんとに，すごく，全く

Elle est mignonne *comme tout*.
あの娘ほんとに可愛いね。　　　　　　　　　Gilou : *La vérité si je mens*

Les cheveux longs comme ça, c'est joli *comme tout*.
そんな風にロングヘヤーにしてるのとってもきれいよ。　　Varda : *Kung-fu master*

■ **des comme ça** (des choses pareilles ; des semblables) 匹敵するもの

Pour des surfins, même chez Cassegrin on n'en trouve pas des *comme ça*.
こんな極細のさやいんげんなんか，八百屋に行ったってありゃしないよ。
　　　　　　　　　　　　　　　　　　　　　Hubert : *Le grand chemin*

Depuis que la moukère est partie, des *comme ça*, je t'en ai connues vingt-cinq.
あの女が出てった後，似たような女，たくさん作ったの 知ってるわよ。
　　　　　　　　　　　　　　　　　　　　　　　　Pascal : *Adultère*

Vous pouvez pas vous en taper des *comme ça*.
お前らにはこんな上等な女は高嶺の花だ。　　　Blier : *Les valseuses*

■ **quoi comme** (quel) どんな

Un jour, y'en a un qui tombera d'là-haut. C'jour-là tu f'ras *quoi comme* tête ?
（お前たちの真似をして）いつかは高いところから落っこちるガキが出るだろう。そしたらどういうツラができるんだ？　　　Zeitoun : *Yamakasi*

■ **un(e) comme ça** (une chose pareille) こういうもの

C'est *une* (cassette) *comme ça* que la police recherche.
警察が捜してるのはこういうやつだ。　　　　　Beineix : *Diva*

comment

■ **comment donc!** (bien sûr) もちろんいいよ，どうぞどうぞ

Tu me présenteras tes maîtresses. / Mais *comment donc* !
あたしと別れても（これからできる）恋人たちを紹介してね。/ いいとも！
　　　　　　　　　　　　　　　　　　　　Rohmer : *Le beau mariage*

■ **comment que** (comment ; comment est-ce que) どのように

C'est atroce, commandant, *comment qu'*on peut faire ?
むごたらしいもんです，署長，あんなことがよくできるもんですね。
　　　　　　　　　　　　　　　　　　　　　Dumont : *L'humanité*

■ **et comment!** (vraiment!) そりゃもう，もちろん

Il te plaît ? / *Et comment* !

気に入った？/ もちよ！　　　　　　　Tavernier : *Ça commence aujourd'hui*
Tu connais ? / *Et comment* ! Ça a été mon livre de chevet.
その本知ってる？/ 知ってるなんてもんじゃない．僕の愛読書だったんだもの．
　　　　　　　　　　　　　　　　　　　　　　　Rohmer : *Conte d'été*

■ **et comment que** (bien sûr que)　もちろん…だ
Je vous suis reconnaissante. *Et comment que* je vous suis reconnaissante.
あなたに感謝してるわ．そりゃあもうあなたに感謝してますとも．
　　　　　　　　　　　　　　Ozon : *Gouttes d'eau sur pierres brûlantes*
Ben vas-y à la mer, mais si tu y vas, c'est plus la peine de revenir ! Je te chasse ! / *Et comment que* je m'en vais, et tout de suite même !
（恋人に一晩だけ会いに行かせてくれという家政婦に）だったら海に行きゃいいでしょう．でも行くんだったらもう戻って来なくてもいいわ．お払い箱よ．/ 行きますとも，すぐにね！
　　　　　　　　　　　　　　　　　　　　　　Chatiliez : *Tatie Danielle*

commission
■ **faire la petite commission** (uriner; pisser; faire pipi)　おしっこする
Madame Musquin a affreusement envie de *faire la petite commission*.
ミュスカンさんはすごくおしっこしたいんですって．
　　　　　　　　　　　　　　　　　Poiré : *Le père Noël est une ordure*

compact (英語の disque compact の略)　コンパクトディスク
Ça c'est à toi…et les cassettes aussi, les *compacts* aussi…ça fera d'la place.
（家を出ていく夫に物を投げつけて）これあんたのよ…カセットも…CDも…清々するわ．
　　　　　　　　　　　　　　　　　　Jugnot : *Une époque formidable*

compagnie
■ **c'est…et compagnie** (c'est…et les choses semblables)　…か似たようなものだ
C'est magouille *et compagnie*.
奴等はみんな闇取引の類をする連中だ．　　　　Jaoui : *Le goût des autres*

compassionnel (personne qui a de la compassion (pour les malades du sida))　（エイズ患者を）励ます人
On peut te trouver un *compassionnel*.
君を励ます人を見つけてあげられるよ．　Ducastel : *Jeanne et le garçon formidable*

compète (compétitionの略)　競技，試合
T'es hors *compète*.
お前に勝ち目はないぞ．　　　　　　　　　　　　　　Huth : *Serial lover*

comprenette (compréhension) 理解力

Il a la *comprenette* difficile.
あの人，物わかりが悪いのよ．　　　　　　　　　　Tavernier : *Laissez-passer*

compta (comptabilité の略) 経理課

Et là, on met la *compta* et tout le service du personnel.
で，ここに経理部と人事関係全部を置くことにしよう．　Gilou : *La vérité si je mens*

compte

■ **avoir *son* compte** (avoir ce qu'on mérite de désagréable ; être maltraité, battu) 当然の報いを受ける，ひどい仕打ちを受ける，殴られる

J'y fous un coup de bombe ! ... Il *a eu son compte* hein !
（勝手に家に入り込んで料理を食っている男に）催涙ガスをひっかけてやる！…（男は悲鳴を上げて逃げ出す）いい気味だ！　　Jugnot : *Une époque formidable*

■ **comment t'as fait ton compte ?** (comment tu as pu faire ça ? ; comment ça a pu t'arriver ?) どうしてそんなことしたの？どうしてそんなことになったの？

Fais voir ! Oh, t'as une belle bosse, dis donc... *Comment t'as fait ton compte* ?
見せてごらん！まあ，立派なたんこぶったらないわ…いったいどうしたのよ？
　　　　　　　　　　　　　　　　　　　Améris : *Mauvaises fréquentations*

■ **tu te rends compte** (tu t'imagines ; pense donc) 想像できる？，すごいよな，まったくあきれたもんだね

On dit que si le premier client qui entre dans un restaurant est un homme, cela porte bonheur... *Vous vous rendez compte*, j'ai fait l'ouverture de vos prédécesseurs.
（レストラン開店の日，男が入って来る）レストランの最初の客が男だと繁盛するって言われてます… すごいでしょう，私は前のオーナーたちの開店日にも来てるんですから．　　　　　　　　　　　　　　Bénégui : *Au petit Marguery*

con

1. (vagin ; vulve) 膣，陰部

Vive les putes, leur *con* juteux, gluant et chaud !
娼婦万歳，お汁たっぷりで，ぬるぬるで暖かいプッシーちゃん！
　　　　　　　　　　　　　　　　　　　　Fassbinder : *Querelle*

2. ([individu qui est] stupide ; bête) 愚かな（人），馬鹿な（人）

Après tout, je suis *con*.
要するに俺は馬鹿なんだ．　　　　　　　　　Godard : *A bout de souffle*

Être secrétaire, que c'est *con* et archi-*con* !
　秘書になるなんて馬鹿だ，馬鹿の骨頂だ！
　　　　　　　　　　　　　　　　　　　Miller : *La petite voleuse*
Dégage, *con* de chien !
　おどき，馬鹿犬！
　　　　　　　　　　　　　　　　　　　Varda : *Sans toit ni loi*

■ **à con** (pour les gens crédules, faciles à tromper, imbéciles)　お人好し向きの，お目出たいやつら用の
　Ça m'a l'air d'être un piège *à con* ce tiroir de merde là.
　　この引き出しはどうやら甘っちょろい仕掛けがしてあるみたいだな．
　　　　　　　　　　　　　　　　　　　Blier : *Les valseuses*
　Le crocodile a sauté. Piège *à con*.
　　クリップが飛んじまった．こんなのに引っかかるんなんて！
　　　　　　　　　　　　　　　　　　　Godard : *A bout de souffle*
　Y'a des trous partout dans ta nasse ! C'est un vrai piège *à cons*.
　　部長は罠を仕掛けたっていうけど穴だらけでしょう！素人騙しもいいとこだ！
　　　　　　　　　　　　　　　　　　　Kounen : *Le Dobermann*

■ **à la con**
1. (ridicule ; sans intérêt ; mauvais ; nul)　ばかばかしい，くだらない
　Tu t'en branles ! Y'a que tes dinosaures et tes jeux vidéo *à la con* !
　　お前どうでもいいんだろう，恐竜と馬鹿にみたいなテレビゲームさえありゃ．
　　　　　　　　　　　　　　　　　　　Tavernier : *Ça commence aujourd'hui*
2. (pourri, bon à rien)　だめな，役立たずの
　S'il croit qu'il va me doubler celui-là avec sa Frégate *à la con* !
　　あの野郎，あんなポンコツのフレガートで俺様を追い越そうなんて，できっこねえのに！
　　　　　　　　　　　　　　　　　　　Godard : *A bout de souffle*

■ **faire le con** (faire l'imbécile)　馬鹿な真似をする
　Moi, je reste. Toi, taille-toi. / *Fais pas le con*.
　　俺は行かない．お前はずらかれ．/ 馬鹿な真似するんじゃない．
　　　　　　　　　　　　　　　　　　　Godard : *A bout de souffle*

■ **pas con** (pas mal)　悪くない，良い思いつきの
　C'est quoi, ton truc ? / Tiens, regarde ! / *Pas con* !
　　（万引きは）どうやってやるんだ？/ ほら，見て．/ なかなかやるじゃん！
　　　　　　　　　　　　　　　　　　　Beinex : *Diva*

conchier (mépriser)　軽蔑する
　Je vous hais, je vous *conchie* !
　　あんたが憎らしい，軽蔑してやるわ！　　Poiré : *Père Noël est une ordure*

conclure (aller jusqu'au bout ; coïter)　一線を越える，性交する
　　On n'est plus des gamins. On n'a pas besoin de se précipiter. On n'a même pas besoin de *conclure*. J'ai envie de rester avec le désir de toi.
　　　僕たちは子供じゃないんだから，せっかちにする必要はないんだ．最後までやることもない．僕はじっと君を欲しいままでいたい．　　Chabrol : *Au cœur du mensonge*

condé (policier ; flic)　警官，刑事
　　Arrête, Marco, c'est plein de *condés* ici.
　　　やめとけよ，マルコ，ここはデカがうじゃうじゃいるぞ．　　Pirès : *Taxi*

confiture
■ **de la confiture pour les cochons** (bien à *quelqu'un* qui en est indigne ; des perles aux cochons)　猫に小判
　　C'est vraiment *de la confiture pour les cochons*.
　　　(君の講演はあいつらには) 豚に真珠もいいところだ．　　Truffaut : *La peau douce*

Conforama (nom d'une chaîne de magasins spécialisés dans la vente de mobilier, d'équipement hi-fi et électroménager, de luminaires *etc*.)　家具，音響家電機器，照明器具等の販売のチェーン店
　　C'est pas du *Conforama* !
　　　ここにあるのはコンフォラマ社のとは違うな !　　Salomé : *Belphégor*

confusant (qui peut créer une confusion)　誤解を与えやすい
　　Je pouvais pas le savoir, moi, elle me dit : "C'est Marlène, sa sœur", avouez que c'est *confusant*.
　　　そんなの分かりっこないですよ，「彼の妹のマルレーヌ」って思っちゃうでしょう．
　　　(あたしマルレーヌ・サスールと同音)　　Veber : *Le dîner de cons*

congélo (congélateurの略)　冷凍庫
　　Suffit de mettre les petits-fours au *congélo*.
　　　プチ・フールをフリーザーに入れるだけでいい．　　Samuell : *Jeux d'enfants*

connaître
■ **ça me [le] connaît** (j'y suis [il y est] habitué ; je connais [il connaît] ça très bien, j'en suis [il en est] au courant)　よく知っている，慣れている，まかせられる
　　C'est bourré d'systèmes d'alarmes. / T'inquiète pas, l'électronique, *ça me connaît*.
　　　警報装置だらけだ．/ 心配すんな，エレクトロニックはお手のものさ．
　　　　　　Zeitoun : *Yamakasi*
　　Je vais monter un bistrot avec un ami, et j'ai pensé à toi. J'ai dit à mon copain : «Martineau, *ça le connaît*, les bistrots.»

友だちとビストロを始めようと思ってるんだが，君のこと思いついてね，そいつにこう言ったんだ.「マルティノーだったら事情に詳しい」って.　　Verber : *Tais-toi*

■ **connais pas** (je ne le connais pas ; je ne veux pas le savoir) 知らない，知りたくもない
Le type que je cherche s'appelle l'Autrichien. Ça ne te dit rien ? / *Connais pas.*
僕が追っている男はオーストリア人ていう名だ．心当たりない？／知らない．
Menges : The lost sun

Où exactement ? / Euh, près de Lit et Mix. / *Connais pas.*
（ボルドーの）詳しく言うとどこ？／えーと，リトエミクスの近くよ．／知らんな．
Ozon : Sous le sable

■ **connaître la musique** voir **musique**

■ **tu connais la dernière ?** (tu connais la nouvelle étonnante, incroyable ; tu connais la meilleure ?) 最新ニュース知ってる？ひどい話聞いた？
Tu connais la dernière ? / Non. / Il paraît que le remplaçant du gynéco, c'est une catastrophe.
あんたひどい話知ってる？／いいえ．／産科の代理ドクター，最低みたいよ．
Braoudé : Neuf mois

connard (imbécil ; abruti) 間抜けな人
Fous-lui la paix, *connard* !
彼女をそっとしとかなきゃ，馬鹿ね！
Pinoteau : L'étudiante

conasse (fille ou femme stupide) 馬鹿女
Est-ce que moi je te dis de te débarrasser de Prune parce que c'est une *conasse*, qu'elle a un pois-chiche dans la tête ?
この俺が君に言ったかね，プリュヌが馬鹿で，頭が空っぽだから縁を切れだなんて？
Moll : Un ami qui vous veut du bien

connaud ; conneau ; connot (con ; imbécile ; connard) 馬鹿者
Retournes-y mon *connaud*.
あっちへ戻りなさいよ，お馬鹿さん．
Poiré : Les couloirs du temps

Viens, mon *connot* ! Y nous tire comme des lapins.
お馬鹿さんね，こっちへ逃げておいで．あいつに撃ち殺されちゃうよ．
Poiré : Les visiteurs

connement (bêtement) 愚かに
J'espérais de toi autre chose que cette attitude *connement* sceptique.
あんたはそんな馬鹿みたいに懐疑的な態度はとらないと期待してたのに．
Poiré : Les couloirs du temps

connerie
1. (bêtise ; parole stupide ; idée idiote)　馬鹿なこと，失言，浅はかな考え
   J'ai envie qu'on ait un enfant. / Arrête de dire des *conneries*.
   　　子供が欲しいの. / 馬鹿言え.　　　　　　　　　　Klapisch : *Peut-être*
2. (erreur)　間違い
   Vous êtes sûrs d'pas faire une *connerie* ?
   　　間違いじゃないのは確かなんだね？　　　　　　　Leconte : *Tango*

conso (consommation の略)　飲み代
Tu paies pas la *conso*.
　　飲み代を払う必要はない.　　　　　　　　　　　　　Gilou : *Raï*

constipé (contraint ; anxieux ; coincé)　当惑した，ぎこちない，心配顔の
Tu as l'air tellement *constipé* que forcément on a envie de te charrier.
　　あんたがあんまり困ったようなんでどうしたってからかいたくなるのさ.
　　　　　　　　　　　　　　　　　　　　　　　Blier : *Tenue de soirée*

contrefoutre
■ **se contrefoutre** (se moquer ; s'en foutre)　軽蔑する，問題にしない
Il *se contrefout* de ce qu'on trouve sur le lieu du crime.
　　犯罪現場で何が見つかろうと犯人はへっちゃらなんだ.　Berberian : *Six-pack*

converse (conversation)　会話
Un peu de *converse* ... ça peut pas faire de mal.
　　ちょっと話さない…体に障りはしないわよ.　　　Dayan : *Cet amour-là*

cool （英語）
1. (calme ; détendu)　落ち着いた，くつろいだ
   Le mec connu, on le voit qui transpire sa race, qui fait semblant d'être *cool*.
   　　その有名人はすごく怖がっているのが分かった，落ち着いてるような振りをしてたけど.　　　　　　　　　　　　　　　　　　　Kassovitz : *La haine*
2. (sympathique ; chouette)　感じのいい，楽しい
   Ouah ! Trop *cool* ! Vous êtes venus pour m'voir ?
   　　わー！すごく嬉しい！みんなで俺に会いにきてくれたんだ！　Zeitoun : *Yamakasi*
3. (à la mode ; dans le vent)　流行っている，ヒットしている
   J'espère que ça te fera plaisir, on a eu beaucoup de mal à le trouver. / Trop *cool* !
   　　このゲーム，気に入ってもらえるといいけど. 探すのに苦労したのよ. / すごく流行ってるやつだ！　　　　　　　　　　　Bardiau : *Le monde de Marty*

coopé (coopérative の略)　生活協同組合

C'est moi le président de la *coopé*!
　俺が生協の代表なんだぞ！
　　　　　　　　　　　　　　　　　　　　Sinapi : *Nationale 7*

copier (entendre) 聞く
Ça va faire dix bornes que j'*copie* tes conneries débiles!
　（トラックの無線の交信で）もう10キロもお前のくだらんお喋りを聞かされてんだぞ！
　　　　　　　　　　　　　　　　　　　　Sinapi : *Nationale 7*

■ **tu me la copieras!** (c'est un peu fort!; je m'en souviendrai!) ひどい話だ，覚えてろ
Vous me la copierez!
　俺をこんな目に遭わせて，覚えてろ！
　　　　　　　　　　　　　　　　　　　　Tavernier : *Laissez-passer*

coqueluche
■ **être la coqueluche** (être aimé, admiré) もてはやされる
Vous savez que vous allez *être la coqueluche* de tous les candidats au divorce.
　（弁護に成功したので）あんたはこれから離婚志願者たちから引っ張りだこにされますよ．
　　　　　　　　　　　　　　　　　　　　Le Moine : *Le nain rouge*

corde
■ **être dans les cordes de** (être de *sa* compétence) 能力がある
Une boutique, commander à deux ou trois filles, *c'est* tout à fait *dans vos cordes*.
　あなただったら2・3人女の子を使ってお店をやってけるわ．
　　　　　　　　　　　　　　　　　　　　Marshall : *Vénus Beauté*

corniaud (imbécile) 間抜け
Alors *corniaud*, tu en balances des crottes!
　（兎に）おい間抜け，糞を散らかして！
　　　　　　　　　　　　　　　　　　　　Denis : *Nénette et Boni*

correct
■ **politiquement correct** (conforme aux bonnes mœurs) 公序良俗に沿った
Tu trouves que c'est plus *politiquement correct*?
　（撮影にナマよりも張り型を使ったほうが）検閲を通しやすいと思うのね？
　　　　　　　　　　　　　　　　　　　　Breillat : *Sex is comedy*

cossard (paresseux) 怠け者
Mais c'est vrai, je suis *cossard*.
　いやほんとに僕はぐうたらなんだ．
　　　　　　　　　　　　　　　　　　　　Garcia : *Le fils préféré*

costar(d) (costume d'homme) 背広
Tu mets un *costar*, d'abord. T'y vas pas comme ça.

coton

まず背広を着るんだな．そんな格好でデートに行っちゃだめだ． Siegfried : *Louise*

coton
■ **c'est coton** (c'est difficile, compliqué) 難しい，厄介だ
Pour le retrouver, ça va être *coton*.
奴を見つけるとなると一筋縄じゃいかないぞ． Veber : *Le dîner de cons*

■ **être dans le coton** (être dorloté) 甘やかされる
Il *est dans le coton* toute la journée.
兄さんは一日中甘やかされてんだ． Mouriéras : *Dis-moi que je rêve*

couche
■ **mettre une couche** (verser copieusement à boire ; aggraver la situation) 飲物をなみなみと注ぐ，火に油を注ぐ
J'aimerais juste savoir pourquoi, quand je vous envoie faire des excuses à son fils, vous lui en *remettez une couche*?
君を警視総監の息子にお詫びをするように差し向けてるのに，なんでまた恥の上塗りをするような真似をやってのけるのか教えてもらいたいものだね．
Crawczyk : *Wasabi*

coucher (tuer) 殺す
Tu es sûr de *coucher* ta victime.
（この武器だったら）確実に殺しの標的を倒せる． Kassovitz : *Assassins*

■ **nom à coucher dehors** (nom très long ou difficile à prononcer) とても長い，発音しにくい名前
Y'en a qui ont des *noms à coucher dehors*.
舌を噛みきりそうな名前の人がいるよ． Grousset : *Kamikaze*

■ **se coucher** (renoncer par peur, par lâcheté) 放棄する，試合を投げる
J'ai le coude fêlé ! Oh mais vous me le paierez, je vous écraserai comme une bouse ! / Il faut *vous coucher* !
あたしの肘にひびが入ってるのよ．覚えてなさい．ぺちゃんこにしてやるから！/
諦めないとえらいことになるぞ！ Leconte : *Les Grands ducs*

couchotter (avoir des relations sexuelles plus ou moins fréquentes et en général médiocres) 惰性で性関係を続けている
Vous *avez* bien *couchotté* ensemble, non?
あんたたちずっと続いてるんでしょう？ Tavernier : *Laissez-passer*

couci-couça (comme ci comme ça) どうにかこうにか
Elle va un peu mieux. / *Couci-couça*.
あの人少し容態がよくなったとか．/まあまあですな．
Chatiliez : *La vie est un long fleuve tranquille*

coucouche
■ **coucouche panier!** (va dormir de bonne heure!; laisse tomber!; rentre chez toi!) 行って早く寝ろ，もうやめとけ，帰れ
Là, *coucouche panier*, hein !
<small>もう帰るんだぞ！</small>　　　　　　　　　　　　　　　Zeitoun : *Yamakasi*

couic
■ **faire couic** (tordre le cou, mourir de mort violente) 絞め殺す，急死する
J'attends mon homme qui sort ce matin. / Alors c'est pas à lui qu'on *a fait couic*.
<small>うちの人が今朝出所するのを待っているんです． / じゃばっさりやられたのは別の人だ．</small>　　　　　　　　Giovanni : *Mon père*

couille
1. (testicule) 睾丸
Si tu la touches, ton pénis, ta bite, ton zboub tomberont en poussière et tes *couilles* se dessécheront.
<small>この女の死体に触ったら，お前のペニス，チンポ，竿は粉々になり，タマタマはひからびちまうぞ．</small>　　　　　　　Beineix : *Mortel transfert*

2. (homme) 男
Demeurons entre *couilles*. C'est plus relax.
<small>男同士で話しましょう．そのほうがリラックスできていい．</small>　　　　Miller : *Le sourire*

■ **à couilles rabattues** (beaucoup; énormément; énergiquement; souvent) たくさん，ものすごく，猛烈に，しょっちゅう
Que vous vous fassiez sauter *à couilles rabattues* par qui vous voulez, la terre entière, c'est pas un problème.
<small>あんたがね，誰とでも，世界中の女とやりまくったって，そんなこと問題じゃないよ．</small>
　　　　　　　　　　　　　　　　　　La Roux : *On appelle ça ... le printemps*

■ **avoir des couilles (au cul)** (être courageux, audacieux) 勇気がある，向こう見ずである
T'*as* pas *les couilles* de le dire.
<small>お前にはそんなこと言う勇気はないだろう．</small>　　Tavernier : *Ça commence aujourd'hui*
Il *a des couilles* comme ça.
<small>彼奴は恐ろしく向こう見ずなんだ．</small>　　　　　　　　　　Leconte : *Tango*

■ **casser les couilles** voir **casser**
■ **couilles en or** voir **se faire des couilles en or**
■ **couille molle** (individu sans énergie) 腰抜け，弱虫，意気地なし
Pétochcard ! / *Couille molle* !

couille

腰抜け！/ 弱虫！ Monnet : *Promis ... juré*

■ **des couilles!** (courage!) しっかりしろ，頑張れ！
Vous jouez comme des tantes, les gars. *Des couilles*, merde! *Des couilles!*
お前らのラグビーはまるでオカマのラグビーじゃないか．男らしくやれったら！男らしくだ！
 Veber : *Le placard*

■ **faire une couille** (faire une erreur) 間違いを犯す
Vous me *faites* encore *une couille*, ça va très mal se finir.
これ以上変な真似をしでかしたら，ろくな事にならないからな．
 Avary : *Killing Zoe*

■ **mes couilles!** (tu parles!; mon cul!; mes fesses!; c'est faux; ça n'existe pas) 問題にならない，嘘っぱちだ，そんなものありゃしない
La justice? ... *Mes couilles*, la justice*!*
正義だって？ そんなものありゃしない，正義なんて！ Jaoui : *Le goût des autres*
C'est une question de principe. / Principe *mes couilles!*
それは原則の問題だ．/ 原則なんて糞食らえだ． Kassovitz : *Assassins*

■ **ne pas avoir de couilles** (être lâche) 憶病な
On va le voir / Pas envie. / Tu vois, t'*as pas de couilles*.
彼に会いに行こう．/ 行きたくないな．/ ほらね，弱虫なんだから．
 Kassovitz : *Assassins*

■ **partir en couilles** (mal tourner, se déglinguer; faire n'importe quoi; se dégrader; se désagréger; être sur le déclin; devenir de plus en plus déstabilisé, déorganisé, mauvais) がたがたになる，壊れる，いいかげんなことをする，崩れる，悪化する，落ち目になる，不安定になる
On dirait que notre belle amitié *part en couilles*.
僕たちの美しい友情もこれで終わりか． Miller : *La meilleure façon de marcher*
J'ai pas ton teuchi. / Pars pas en couilles, sois correct.
お前のマリファナないよ．/ そんなでたらめやるな，ちゃんとしろよ．
 Siegfried : *Louise*
Et puis le pays *partait en couilles*.
それにアルジェリアはがたがたになってきてたからな．
 Cabrera : *L'autre côté de la mer*

■ **péter les couilles** (agacer, casser les couilles, importuner, faire mal à) いらだたせる，苦しめる
Tu vas plus m'*péter les couilles!*
もういらいらさせるなよな！ Dumont : *La vie de Jésus*

- **se barrer en couilles** (mal tourner, se déglinguer) 駄目になる，がたがたになる
  Même leur chapelle, elle *se barre en couilles*.
  （修復中のランスの教会を指して）これだってばらばらじゃないか．
  Nauer : *Les truffes*

- **se cailler les couilles** voir **cailler**
- **se faire des couilles en or** (devenir trés riche, gagner beaucoup d'argent) 大金持ちになる
  On peut *se faire des couilles en or* si vous marchez avec moi.
  俺と組めばカネがじゃんじゃん入ってきますよ．
  Gilou : *La vérité si je mens*

- **s'en battre les couilles** (s'en ficher ; s'en cogner ; être indifférent, n'avoir rien à faire de) 軽蔑する，何とも思わない，意に介さない
  Casse-toi ! / *J'm'en bats les couilles*.
  消え失せろ！/ へとも思わないぞ！
  Siegfried : *Louise*
  J'm'en bats les couilles de la légende.
  俺は名前なんか気にしないな．
  Kounen : *le Dobermann*

- **tenir** *qn.* **par (la peau des) les couilles** (avoir à *sa* merci, à *sa* pogne) 自分の思い通りにする，弱みを握っている
  Il nous *tient par les couilles* et on a pas le choix.
  奴に弱みを握られている，奴の言う通りにするしかない．
  Gilou : *La vérité si je mens II*

- **tes couilles** (toi) お前
  On pourrait peut-être s'adjoindre ? / Dégage *tes couilles* et fais pas chier.
  一緒に飲もうじゃないか？/ お前向こうへ行ってうるさくしないでくれ．
  Blier : *Mon homme*

- **vider les couilles** (faire décharger ; faire éjaculer) 射精させる
  Et ta grosse, tu l'aimes parce qu'elle te fait la cuisine, te *vide les couilles*.
  かみさんを愛してるのは，食事を出してくれたり，イカセてくれたりするからさ．
  Noé : *Seul contre tous*

couiller

- **se faire couiller** (se faire avoir) 騙される
  Tu *t'es* encore *fait couiller* hein ?
  お前またかつがれたんだな？
  Monnet : *Promis...juré*

couillon (niais ; stupide) 阿呆
Voilà ce qu'il a fait *ce couillon* !

couillonner

この馬鹿こんなことしでかしおって！ Bénégui : *Au petit Marguery*

■ **couillon de** (niais; stupide) 愚かな，阿呆な
Elle aimerait bien le récupérer son *couillon de* mari.
その女は（逃げた）阿呆な亭主を取り戻したいんだってさ． Vernoux : *Love etc.*

couillonner (tromper; rouler; duper; avoir) 騙す
Vous auriez vu sa tête, quand il s'est aperçu que vous l'*aviez couillonné* avec les mallettes.
あんたにアタッシュケースをすり替えられたと気付いたときの彼の顔ったらなかったですよ． Chabrol : *Rien ne va plus*

J'ai été *couillonné* par une journaliste.
新聞記者に巧く乗せられちゃったんです． Tavernier : *L'horloger de Saint Paul*

Un quart d'heure? Je vais pas me faire *couillonner*.
15分したらまた来いだって？　その手は食わないよ． Limosin : *Novo*

couler

■ **se la couler douce** (mener une vie agréable et sans soucis) のんびり快適な生活を送る
T'as pas à te plaindre, en fin de compte, tu *te la coules douce*.
あんたは不平を言う立場じゃない．なんだかんだ言ったってのんびり暮らしてるじゃないか． Malle : *Zazie dans le métro*

couleur

■ **ne pas en voir la couleur de** (ne rien voir, même l'apparence) ぜんぜん目にしない，当てにしていたものが手に入らない
Il dit qu'il peut m'avoir du chocolat. / Ben, si c'est comme le pont, t'es *pas* près d'*en voir la couleur* !
彼，あたしのためにチョコレート手に入れられるって言ってるわ．/ そんなの橋（を爆破する）の話と同じで，当てが外れるに決まってら！ Monnet : *Promis ...juré*

coup (coït) 性行為
J'ai quarante balais...un *coup* tous les quinze jours, c'est plus d'mon âge... J'ai envie d'autre chose.
あたしもう40よ…半月ごとにセックスするなんてこの歳ですることじゃないわ…あたしほかのものが欲しいの． Zidi : *Arlette*

■ **casser les coups de** (faire avorter les liaisons, les amitiés) 異性と親しくなるのを邪魔する
Ça fait un an qu'elle te *casse tes coups*.
もう1年も別れた奥さんに恋路の邪魔されてるのね． Pinoteau : *L'étudiante*

■ **ce coup-ci** (cette fois-ci) 今度は

coup

C'*coup-ci*, c'est plus subtil que ça.
　今度のはずっと微妙なんだ．
　　　　　　　　　　　　　　　　　　Pinoteau : *L'étudiante*

Eh bien, *ce coup-ci*, je m'en vais.
　じゃこれでおいとまします．
　　　　　　　　　　　　　　　　　　Berri : *Tchao Pantin*

■ **être dans le coup** (être au courant des idées à la mode)　事情に通じている，時勢に明るい

C'est stupide de faire ça sans précaution ! T'*es* pas *dans le coup*.
　サック無しでやるなんて馬鹿げてる！お前何にも知らないのか！
　　　　　　　　　　　　　　　　　　Despentes : *Baise-moi*

Je l'admire, même s'il *est* pas toujours *dans le coup*.
　パパって世の中のことに疎いことがあってもあたし尊敬してるの．
　　　　　　　　　　　　　　　　　　Ozon : *8 femmes*

■ **faire le coup à** (duper)　だます

Elle vient de me *faire le coup* y a cinq minutes.
　その女，ついさっきあたしを騙したばかりなんですよ．　　Rohmer : *4 aventures*

■ **faire les quatre cents coups** (mener une vie déréglée)　素行が悪い，放縦な生活をする

J'*ai fait les 400 coups,* moi, ici.
　あたしここでね，いろいろ悪い遊びしたのよ．　　Thompson : *La bûche*

■ **filer un coup** (faire l'amour)　セックスする

Si je faisais autant de manières à chaque fois qu'on veut m'en *filer un coup*...
　男があたしを抱きたいと思う度ごとにあたしがもったいぶってた日にゃ…
　　　　　　　　　　　　　　　　　　Blier : *Tenue de soirée*

■ **foutre** *qn.* **dans le coup** (demander à *qn.* d'aider ; impliquer)　助けを求める，巻き込む

Y fait tellement noir dehors que je suis rentré dans un poteau. / On te courait après. / Oh, pas les flics, en tout cas, sans ça, je t'*aurais pas foutu dans le coup*.
　外があんまり暗いんで俺，電柱にぶつかっちまった．/ 誰かに兄さん追われてたぞ．/ いや，デカじゃない，（額の怪我を見せて）これがなきゃお前を巻き込みなんかしなかったさ．　　Truffaut : *Tirez sur le pianiste*

■ **mettre** *qn.* **sur le coup** (donner l'information, le tuyau)　情報を与える

C'est Pauline qui m'*a mis sur le coup*.
　ポリーヌが仕事の話を持ってきてくれたんだ．　　Dupeyron : *Salomé*

■ **mettre un coup** (servir un coup à boire)　1杯注ぐ

couper

Tiens, *mets*-nous *un coup*, patron.
そうだ，マスター，1杯くれ.
Noé : *Seul contre tous*

■ **pour un coup** (pour une fois ; exceptionnellement) 珍しく，例外的に
D'habitude, j'aime pas ça... Mais là, *pour un coup*... hein ?
いつもはこんなの（女とアナルでする）好きじゃないんだ…だがこいつは珍しくいいぞ.
Noé : *Irréversible*

■ **tirer un coup** voir **tirer**

couper

■ **couper les jambes** voir **jambe**

■ **la couper à** (couper la parole ; rendre muet d'étonnement ; mettre *qn.* dans impossibilité de répondre) 唖然とさせる
C'est lui, ça t'*la coupe*.
彼がそうしむけたんだ．驚いただろう．
Beineix : *Mortel transfert*

Pourquoi vous me dites ça ? / Parce qu'on pourrait bien te *la couper*.
なぜそんなことおっしゃるんで？／お前がぐうの音も出なくなるからさ．
Delannoy : *Maigret tend un piège*

■ **y couper** (échapper à une chose désagréable, à une punition) 不快なこと，刑罰を免れる
Je crois bien qu'on ne va pas *y couper*...elle va devoir consulter un psychiatre.
避けては通れませんな…彼女を精神科医のところに連れてかないと．
Rochant : *Anna Oz*

courant

■ **courant d'air** (individu qui n'est jamais là, qui disparaît tout de suite) （忙しくて）ほとんどいたためしがない人，すぐにいなくなる人
Comment t'as fait pout trouver une femme assez stupide pour faire un enfant avec un *courant d'air* ?
鉄砲玉みたいな男と子供を作るお馬鹿さんな女をあんたどうやって見つけたのかしらね？
Krawczyk : *Taxi II*

course

■ **ne pas être dans la course** (ne pas être au courant ; vieillir) 事情に通じていない，時代遅れである
Je t'ai dit hier que t'*étais plus dans la course*.
あんたはもう今どうなってるか分ってないって昨日言ったでしょう．
Beineix : *La lune dans le caniveau*

courser (poursuivre en courant) 走って追いかける

J'ai pas envie qu'ils se fassent *courser* par les flics.
あの子たちがサツに追い回されるなんてあたし嫌よ．
Mouriéras : *Dis-moi que je rêve*

court-jus (court-circuit) （電気の）ショート
C'est rien. C'est juste un petit *court-jus*.
なんでもありません．ちょっとショートしただけです．
Salomé : *Belphégor*

cousine
■**présente-moi la cousine!** (donne-moi la même chose; apporte-moi sa sœur) 同じ物をくれ
Allez Résine...*présente-moi la cousine!* / Vous devriez pas boire comme ça.
レジーヌちゃん…もう１本くれ．／そんなに飲んじゃだめですよ．
Nauer : *Les truffes*

couv' (couvertureの略) 表紙
Il fait aussi les *couv'* des Cahiers.
彼，カイエの表紙にも出てるわよ．
Chabat : *Didier*

cow-boy （英語. policier, flic） 刑事，デカ
Qu'est-ce qui va se passer quand les *cow-boys* vont donner l'assaut ?
サツが突入したらどうなる？
Zidi : *Les ripoux*

coxer (arrêter) 逮捕する
Tu vas te faire *coxer*, Bobby, fait gaffe.
パクられるわよ，ボビー，注意しなさいよ．
Berto : *La neige*

crac voir **crack**

craché (très ressemblant) よく似ている
Vous savez les papiers collants qu'attirent les mouches, en spirale, ben c'est moi *craché*.
あんた蝿取り紙って知ってる，渦巻き型の，あれあたしそっくりなのよ．
Leconte : *La fille sur le pont*

cracher
■**cracher sur** (mépriser; refuser) 軽蔑する，拒否する
Ton boulot c'est de la merde ! Je *crache dessus*.
こんな糞仕事やめてやら！
Zonca : *Le petit voleur*

crack; crac （英語）
1. (cocaïne à fumer) クラック
Qu'est-ce que c'est que ça ? Du *crack* ? Du LSD ?
これは何だ？クラックか，LSDか？
Poiré : *Les visiteurs*

crade; cradingue; crado

2. (personne compétente, sujet remarquable, as, champion) 腕の立つ人，優秀な人，達人，名人

Il vient d'avoir son bac. C'est un *crac*.
バカロレア通ったばかりだけど秀才なのよ.　　　Michel : *Baiser d'été*

C'est mon copain kiné. C'est vraiment un *crack*, Maurice.
私の仲のいい整体師でしてね．モーリスはほんとに腕がいいんですよ.
　　　　　　　　　　　　　　　　　　　　　　Veber: *Le dîner de cons*

crade; cradingue; crado (très sale) とても汚い

T'es tout *crade* !
あんたすごく汚いわよ.　　　　　　　　　　　　Siegfried : *Louise*

C'est *cradingue*, c'est insupportable.
家は汚ったなくって我慢できないわ.　　　　　Braoudé : *Neuf mois*

En plus, *crados* comme elles sont, il y aurait le service d'hygiène qui débarquerait que je serais pas surpris.
おまけにあの女達ものすごく不潔だから，衛生局が踏み込んで来たって驚きゃしねえな.　　　　　　　　　　　　　　　　　　　Noé : *Seul contre tous*

Arrête de manger ça, c'est *crado* !
そんなの食べるのやめなさい，不潔よ！　　　Siegfried : *Louise*

craignos [krɛɲos] (douteux; inquiétant; minable; moche) 怪しい，気味の悪い，冴えない，ぱっとしない

Puis c'était bizarre, c'était pas clair leur truc. / *Craignos* !
それに，そいつらのしてることって変だった，うさん臭かった．/ 怪しいわね！
　　　　　　　　　　　　　　　　　　　　　　Beineix : *Diva*

craindre (être faible, nul) 弱い，価値がない

Elle *craint* encore plus que celle de Colombo.
あんたの好きなテレビ連続映画はコロンボよりずっと落ちるね．Nauer : *Les truffes*

■ **ça craint** (c'est moche, bête, vieux, ringard, ridicule, dangereux, difficile; ça sent le roussi; ce n'est pas possible de faire ça; ça me fait peur) 面白くない，馬鹿馬鹿しい，古くさい，冴えない，危ない，難しい，うさん臭い，そんなことはできない，ぞっとする

J'aime pas les mots des sentiments, je peux pas dire : ressentir, émouvoir, tous ces mots-là, *ça craint*.
感情を言葉で出すなんて嫌い．感じるとか感動するなんてあたしには言えないわ，格好悪いわよ．　　　　　　　　　　　Doillon : *Fille de 15 ans*

Il leur ressemble...*ça craint*.
彼ったらあの馬鹿どもに似てきてる．みっともないわ．Doillon : *Fille de 15 ans*

Volatilisé le témoin, *ça craint*.
 証人が消えたとなると、どうも怪しい。   Berberian : *Six-pack*

Il pourrait aller voir Mme Melikian... *Ça craint* trop.
 (ギヨームが) メリキャンさんに会いに行ってくれるかも… / そんなのだめだったら.
                Faucher : *Brodeuses*

■ **c'est à craindre** (ça se peut) それはあり得る
Donne-les. Je t'en prie, sinon nous ne sortirons pas vivants d'ici. / *C'est à craindre*.
 (番号を) 教えちゃいなさいよ. さもないとあたし達ここから生きては出られないわよ. / その恐れはありますな.
                Chabrol : *Rien ne va plus*

■ **tu crains** (c'est dangereux) 危険だぞ
Elle m'a embrassé ! / *Tu crains*, putain ! Vas-y descends putain, arrête ! Arrête, t'es marteau !
 彼女がキスしてくれたぞ！（車の上に登り、車から車へとジャンプする）/ 危ないぞ、しょうがねえな！降りろったら、やめろ！やめろったら、いかれちまった！
                Rochant : *Vive la République*

crampe
■ **tirer sa crampe** (éjaculer ; faire l'amour ; coïter) 射精する、性交する
Qu'est-ce que t'as ? Ça te démange, t'as besoin de *tirer ta crampe* ?
 どうしたのよ？むずむずしてるの？あれだしたいの？   Guit : *Les kidnappeurs*

crampon (importun ; emmmerdeur) うるさい奴、しつこい奴
Tu croyais pas qu'j'allais te laisser tranquille... J'suis un vrai *crampon*, t'as pas oublié ?
 僕が君のこと放っとくなんて思ってなかったろう… 僕ってほんとにしつこいんだぞ、忘れてないだろう？
             Améris : *Mauvaises fréquentations*

cran (courage ; audace) 勇気、大胆さ
Si tu n'as pas de *cran*, tu moisiras jusqu'à la fin de tes jours.
 もし勇気がなけりゃ、お前一生うだつがあがらないよ.
              Allégret : *Une si jolie petite plage*

■ **être à cran** (être irrité, exaspéré, prêt à se mettre en colère) 怒っている、いらだっている、キレそうだ
Je comprends que vous *soyez à cran*.
 あなたがカリカリしてるのももっともですよ.   Berberian : *Six-pack*

crâne (tête) 頭
J'ai mal au *crâne*.
 頭痛なのよ.   Truffaut : *L'amour en fuite*

crâner (frimer ; être orgueilleux)　気取る，自慢する
　C'est pas parce que t'as une fille dans les bras qu'il faut *crâner*.
　　女を抱いてるからっていばることはないだろう. 　　　　Dumont : *L'humanité*

crâneur ; crâneuse (frimeur ; vaniteux)　気取る奴，空威張りする人
　Hé, *crâneur*, t'as pas dix balles ?
　　おい，自惚れやさん，10フラン持ってないか？　　　　Siegfried : *Louise*
　Ses copines, c'est des *crâneuses*, grave.
　　あの女の女友達って，ほんといばってるんだ. 　　　　Siegfried : *Louise*

crapahuter (marcher dans un terrain difficile)　歩きづらい道を進む
　Tu sais bien que j'en ai marre de *crapahuter*.
　　あたしどさ回りもううんざりしてるってよく知ってるでしょう.
　　　　　　　　　　　　　　　　　　　　　　　　Fontaine : *Nettoyage à sec*

crapaud (petit enfant ; grenouille)　ガキ
　J'en ai une mieux, super pour un petit *crapaud* comme toi.
　　あたしもっといい腕時計持ってるわ，あんたみたいなガキンチョには最高の.
　　　　　　　　　　　　　　　　　　　　　　　　　　　　Beineix : *Diva*

crapule (individu très malhonnête ; canaille ; escroc ; voleur)　無頼漢，ならず者，やくざ，ペテン師，泥棒
　T'es qu'une *crapule*, un bon à rien.
　　お前なんかただのやくざだ，役立たずだ. 　　　　Zonca : *Le petit voleur*

craquant (agréable ; chouette ; épatant ; excitant ; enthousiasmant ; très bien ; formidable)　感じの良い，素敵な，すごい，心が震える
　Elle m'a dit qu'elle m'a trouvé mignon...non...*craquant*.
　　パン屋のお姉さん僕のこと可愛い…そうじゃない…しびれるって言ってくれたんだ.
　　　　　　　　　　　　　　　　　　　　　　　　　　Nauer : *Les truffes*
　Il est assez attractif. / Il est *craquant* à mort.
　　彼ってかなり魅力的ね. / 色気たっぷりよ. 　　Dugowson : *Portraits chinois*

craque (mensonge)　嘘
　Dis donc, c'est pas bientôt fini, ces *craques*. / Mais c'est pas des *craques*. Je te jure que c'est vrai.
　　おいおい，ホラもいいかげんにしないか. / ホラなんかじゃないの. 本当のことよ.
　　　　　　　　　　　　　　　　　　　　　　　　Chabrol : *Rien ne va plus*

craquer
1. (s'effondrer nerveusement ; avoir une défaillance ; disjoncter)　参る，力つきる，負ける，挫折する，プッツンする
　Ils lui ont tout cassé... Il *craque*.

奴等にみんな壊されたんだ… 参ってるさ. Beineix : *Diva*

Ces abrutis de flics ne voulaient pas me croire. Quand j'ai abordé les détails, ils *ont* quand même *craqué*.

刑事どもは馬鹿で私の供述を信じようとしなかったが，わたしが事件の隅々まで立ち入って話すと認めざるを得なかった. Megaton : *Exit*

2. (fondre; rendre amoureux) うっとりする，愛情で心を一杯にする

Il est mignon ! / Qu'est-ce qu'il m'fait *craquer* !

あの男の子かわいいわね！/ あたしもうだめ！ Masson : *En avoir*

Toi, t'es un mec à femmes. Elles *craquent* devant toi.

お前は女にもてるものな. 女をメロメロにしちまうんだから. Siegfried : *Louise*

Il *a craqué* sur une des serveuses.

彼ウエイトレスの一人に惚れたんだ. Berberian : *Paparazzi*

Eva elle plaît aux hommes. Elle l'a fait *craquer* le petit Cyril.

エヴァは男にもてるんだ. シリルを夢中にさせちまった. Aghion : *Pédale douce*

3. (céder; succomber brusquement à une envie) 我慢できない，目がない

J'ai pris un peu…il y a plein de mecs qui vendent des…trucs dans la rue, donc j'*ai craqué* un peu.

ちょっとやったんです… 売ってる奴がいっぱいいたんで…外でブツをね，それでつい手を出しちゃったんです. Garrel : *Le vent de la nuit*

J'en ai rêvé trois nuits et puis j'*ai craqué*.

これを三日も欲しいな欲しいなと思い続けて，もうどうにもならなくて（盗んじゃったの）. Siegfried : *Louise*

T'as choisi ? / Moi, j'*craquerais* bien sur une crème brûlée.

あんた何にする？/ あたしプリンには目がないのよ. Balasko : *Gazon maudit*

crasse (mauvais tour; méchanceté; traîtrise) 下劣な行為，意地悪，裏切り

Ça m'ennuie, précisément parce que c'est fini, de lui faire cette *crasse*.

彼女とのことはもう終わったからこそ，そんな汚い真似はしかねるな. Rohmer : *Conte d'été*

créature

1. (femme; fille) 女，娘

Hé, *créature*, tu viens avec moi, *créature* ?

おい，娘さん，俺と来るか，娘さんよ？ Siegfried : *Louise*

2. (femme de mauvaise vie) 身持ちの悪い女

Vous avez brisé le tabou absolu : il ramène des *créatures*.

(老母が息子に) あなたがた夫婦は家訓を破ったわね．孫がいかがわしい女たちを家へ連れ込んでるでしょう．
Chatiliez : *Tanguy*

crécher (habiter) 住む
Tu sais où il *crèche*?
あいつどこに住んでるか知ってるか？
Berto : *La neige*

crème (élite) エリート，えり抜き，かがみ
Tu peux m'appeler un taxi, s'il te plaît, j'vais être en retard ! / Oh, j'en ai trouvé un parfait, tu verras. Il est gentil, aimable, c'est une vraie *crème* !
ママ，タクシー呼んでくれないかな，遅刻しちゃう！/ ああ，申し分のないのを見つけといたよ．いい人で，感じがいいんだから．えり抜きの運ちゃんだよ．
Pirès : *Taxi*

crémerie
■ **changer de crémerie** (quitter un lieu) 場所を変える
On *change de crémerie* pour la journée.
昼間はショバを変えるんだ．
Heynemann : *La question*

crénom ! (sacré nom de Dieu !) 畜生，なんてこった
Pff Zazie... Tandis qu'une belle personne comme vous... *Crénom* !
ザジなんか … あなたみたいにお綺麗なひとがいるのに … いまいましいったらありゃしない！
Malle : *Zazie dans le métro*

crêpe
■ **faire la crêpe** (ne rien dire ; se dégonfler) 口を閉じる，怖じ気づく
Vous êtes tous pleins de bouches, mais quand il faut y aller, vous *faites la crêpe*.
お前たちはみんな大口を叩いているけど，いざとなるとびびっちゃうのさ．
Kassovitz : *Assassins*

crête (tête ; cheveux en forme de crête) 頭，鶏冠型の髪の毛
Au moins tu mets un casque. / Et ma *crête* ?
(バイクを運転するなら) せめてヘルメットをかぶれよ．/ そしたら髪の毛めちゃめちゃだ．
Sinapi : *Nationale 7*

crevard ; crévard (personne peu recommandable) 悪党
Dans cette cité-là y'a plein les vacreux, y'a qu'des *crévards*.
この団地は悪党だらけだ，悪い奴しかいない．
Tavernier : *De l'autre côté du périph'*

crevé (épuisé ; fatigué) ばてた，疲れた
Si j'ai pas mes six heures de sommeil, j'peux pas, après j'suis *crevée*.

もしいつも通り六時間睡眠を取らないとあたしだめなのよ，あとで疲れが出ちゃって．
　　　　　　　　　　　　　　　　　　　　　　　Pinoteau : *L'étudiante*

crève (maladie; froid) 病気，風邪
　Mettez ça, vous allez attraper la *crève*.
　　これを着なさい，風邪を引きますよ．　　　　Blier : *Les valseuses*

crever
1. (mourir) 死ぬ，くたばる
　J'veux r'voir ma vieille avant qu'elle soit *crevée*.
　　おふくろが死ぬ前に会いたいな．　　Gainsbourg : *Je t'aime moi non plus*
　On peut pas se laisser *crever* comme ça sans rien faire.
　　ただ手をこまねいてくたばるのを待つなんてだめよ．　Despentes: *Baise-moi*
2. (crever de chaleur) 恐ろしく暑い
　On *crève* ici. T'as encore monté le chauffage.
　　ここ暑くて死にそうよ．また暖房の温度上げたんでしょう．　Thompson : *La bûche*
3. (avoir une crevaison) （主語は人）…の車，自転車がパンクする
　On dira à ta mère qu'on *a crevé*.
　　お前のママにはパンクしたってことにしよう．　Téchiné : *Alice et Martin*

crevette (voiture minuscule) とても小さな車
　Avance avé ta *crevette*!
　　そのちっこい車，前に出ろ！　　　　　　　　Krawczyk : *Taxi II*

crevure (ordure; personne méprisable) 下司野郎
　Ces *crevures* m'ont mis à pied.
　　あの屑ども，おれをクビにしやがった．　　　Megaton : *Exit*

cri(c)
■ **cri cri cri; cric cric** (bruit de ressort du lit) ギシギシ
　Elle t'en a parlé, là pendant vos *cri cri cri*.
　　彼女その話したんでしょう，あんたがた（セックスして）長椅子をきしませている最中に．　　　　　　　　　　　　　　　　Beineix : *Mortel transfert*
　Vers 4 heures du matin, il s'est réveillé et *cric cric* en 5 minutes c'était fini.
　　あの子ったらね，朝の4時頃目を覚ましてあたしを抱いたと思ったら5分で終わりなのよ．　　　　　　　　　　　　Thévenet : *La nuit porte jarretelles*

croc
■ **avoir les crocs** (avoir faim) 空腹である
　J'*ai les crocs*.
　　お腹空いちゃった．　　Chéreau : *Ceux qui m'aiment prendront le train*

croire

croire

- **(il) faut croire** (oui, d'après ce que je comprends ; c'est très possible) そうだと思える

    Il est avec sa fille. / Il a une fille ? / *Faut croire.* / Il m'en a jamais parlé.
    彼，娘と来てるんだって．/ 娘がいるのか？/ そうでしょうね．/ そんな話はしてなかったけど．
    Deray : La piscine

- **qu'est-ce que tu crois ?** (c'est naturel ; ça va de soi ; tu es bête ou quoi ?) そんなの当たり前だ，言うまでもない，そんな風に考えるなんてどうかしてるぞ

    C'est toi qui l'as faite ? / Ah ben oui... Evidemment, *qu'est-ce tu croyais ?*
    このお料理あんたが作ったの？/ そうさ… もちろん，怪しいとでも？
    Arcady : Dis-moi oui

- **si tu crois (s'il croit ; si vous croyez ; s'ils croient) que...!** (tu te trompes が略された文．qu'est-ce que tu racontes ; bien sûr) …なんて考えるとしたら大間違いだ，何言ってるんだ，決まってるじゃないか

    *S'il croit qu'*il va me doubler celui-là avec sa Frégate à la con !
    あの野郎，あんなポンコツのフレガートで俺様を追い越そうなんて，できっこねえのに！
    Godard : A bout de souffle

    Elle a 30-35. / Ouais... c'est pas la même chose. / *Si tu crois que* j'ai pas pensé à ça.
    彼女30から35ってとこかな．/ へえ，君よりだいぶ上だな．/ そんなこと考え済みさ．
    Dupeyron : Salomé

croix

- **croix de bois, croix de fer, si je mens je vais en enfer** (je le jure, cochon qui s'en dédit) 嘘をついたら地獄に行ってもいい

    Tu es sûr qu'il n'y a rien d'autre ? *Croix de bois ?* / *Croix de fer* !
    ほんとに隠してることは他にもうないのね？ 誓う？/ 誓うよ．
    Othenin : Piège à flics

- **mettre (faire) une croix sur** (y renoncer définitivement) 断念する

    Il ne faut surtout pas que j'y retoune. Ni ce soir, ni jamais. Allez, tu *mets une croix dessus*.
    家に戻っちゃだめだ．今夜だけじゃなく，ずっとだ．さあ，きっぱり諦めるんだ．
    Noé : Seul contre tous

    Tu m'oublies. Tu *fais une croix dessus*.
    俺のことは忘れてくれ．消しちまうんだ．
    Berri : Tchao Pantin

croquer (posséder sexuellement ; profiter d'une aubaine) ものにする，棚ぼたを頂く
　Il la nique. C'est normal. C'est lui qui paie l'addition, c'est toi qui *croques*, tu trouves ça juste, toi ?
　　彼女と寝る，当たり前だろう．勘定を払うのは彼で，いいとこ頂くのはお前だなんて公平だと思うのか？　　　　　　Gilou : *La vérité si je mens II*

crotte
1. (chose sans valeur ; merde) 価値のないもの
　Tout ça, c'est de la *crotte*. Mon père, il dit qu'ils sont tous manipulés par les Russes.
　　（人道援助なんて）そんなのどれもインチキだ．みんなロシアに操られてるんだってパパが言ってたぞ．　　Braoudé : *Génial, mes parents divorcent*
2. (merde !) 畜生！
　Crotte ! j'ai cassé mon couteau.
　　まあ，包丁折っちゃった！　　　　Poiré : *Le Père Noël est une ordure*

crouille (Arabe ; Nord Africain) アラブ人，北アフリカ人
　C'est pas de ma faute à moi si les *crouilles* y vous ont virés de l'hôtel Aletti.
　　お前たちがアラブ人にアレッティホテルから追い出されたのは俺のせいじゃない．
　　　　　　　　　　　　　　　　　Giovanni : *Les égouts du paradis*

crouter (voler ; choucrouter ; chourave) 盗む
　On l'*a crouté* à deux, ça d'accord ?
　　俺達ふたりでこのビデオカメラせしめたんだ，分かってるな？　　Dridi : *Pigalle*

croûton (personne bornée, routinière) 石頭，時代遅れの人
　Laissez les vieux *croûtons* comme moi !
　　俺みたいな時代遅れの老人は捨てちゃいいんだ．　　Masson : *En avoir*

croyab (croyable の略) 信じられる
　C'est pas *croyab* !
　　まさかそんなこと！　　　　　　Malle : *Zazie dans le métro*

cruche (personne stupide) 愚か者
　Ta carrière, pauvre *cruche*, va !
　　お前のキャリアーだって，馬鹿言ってらー！　　Téchiné : *Rendez-vous*

cube
■ **petit cube** (petite motocyclette, petite cylindrée) 排気量の少ないオートバイ，小型オートバイ
　C'est un *petit cube* ça, mais c'est bourré de chevaux.

cueillir

こいつは排気量は小さいけど馬力はうんとあるんだぞ. Beineix : *Diva*

cueillir
1. (arrêter) 逮捕する
On va l'attendre ici pour le *cueillir*.
ここで待っていて彼を逮捕することにしよう. Giovanni : *Mon père*
2. (émouvoir) 感動させる，心を捕らえる
Elle nous *a cueillis* la petite, quand elle a crié "Papa" !
その娘が「パパ」って叫んだときにはぐっときましたね. Veber : *Le placard*

c(')ui (celui) これ
Qu'est-ce qu'il veut *cui*-là ?
あの野郎何だっていうんだ？ Truffaut : *Domicile conjugal*
C'ui-là y fait un carton en ce moment.
これが今の売れ筋です. Gilou : *La vérité si je mens*

cuiller ; cuillère
■ **ne pas y aller avec le dos de la cuiller** (faire les choses sans restriction, carrément) 極端なことをする，度を超す
Des fraises en cette saison ! Vous *n'y allez pas avec le dos de la cuiller* !
この時期に苺を買うなんて！ 思い切ったことを！
Demy : *L'événement le plus important depuis que l'homme a marché sur la lune*

cuillerée
■ **une cuillerée pour...** (formule d'encouragement à manger, adressée aux jeunes enfants) さあいい子だからこれを食べてね
Encore *une cuillerée pour* papa...ou pour Nanny...
さあこれはパパにあげようかな…これはナニーちゃんにかな…
Garcia : *Un week-end sur deux*

cuir (ballon) サッカーボール
Ça fait six mois qu'il vient plus à l'entraînement...il touche plus un *cuir*.
もう６か月も彼は練習に来てない…ボールに触ってないんだ. Annaud : *Coup de tête*

cuire
■ **être dur à cuire** (opposer une grande résistance) 手強い，煮ても焼いても食えない
C'est pas ça qui fait peur à Marcelle ! Elle *est dure à cuire*.
そんなことでマルセルは怯まないよ. したたかなんだから. Hubert : *Le grand chemin*

cuisiner (soumettre à un interrogatoire serré afin d'obtenir des aveux) 問い詰める，自白に追い込む
  Ça serait plus facile de *cuisiner* un nouveau.
    新参者を締め上げるほうが簡単だろう． Gainsbourg : *Equateur*

cuistot (cuisinier) 料理人
  Une ordure de planteur qui venait de prendre son *cuistot* en train de pisser dans ses casseroles, l'avait pendu.
    自分の料理人が鍋に小便してるのを見た農園主がひどい奴でね，木に吊るしちまったんだ． Gainsbourg : *Equateur*

cuit
1. (fichu ; hors d'usage) だめになった，使い物にならない
  Il est *cuit* votre pneu.
    このタイヤはもうだめですね． Becker : *L'été meurtrier*
2. (pris ; sur le point d'être pris) 捕まった，捕まりかかった
  Encore une rue et ils sont *cuits* là.
    次の通りでやつらも袋の鼠だ． Pirès : *Taxi*

■**c'est cuit** (c'est manqué ; c'est fini) 失敗だ，万事休す
  Il arrive et c'est *cuit*.
    あんな奴がやってきたとする，そしたらもうだめだ．
      Lelouch : *Hommes femmes : mode d'emploi*

■**c'est (du) tout cuit** (c'est facile ; c'est réussi d'avance ; c'est dans la poche) 成功間違いなしだ，造作のないことだ
  A mon avis, *c'est du tout cuit*.
    あたしは簡単だと思うけど． Kahn : *L'ennui*
  Elle n'a pas l'air mal. / Mais *c'est pas du tout cuit*.
    今度のお目当ての娘，なかなかいいじゃないか． / それが一筋縄じゃいかないんで．
      Doniol-Valcrose : *L'eau à la bouche.*

cuite (excès de boisson) 過度の飲酒
  C'est pas parce qu'on prend une *cuite* qu'on arrête pas de boire.
    酔っぱらうからといって酒をやめはしないよ． Berliner : *Ma vie en rose*
  Tu ne te rappelles pas ? Qu'est-ce que tu devais tenir comme *cuite* !
    覚えてないの？ きっとすごく酔っぱらっていたのね！ Ophüls : *La ronde*

cuiter
■**se cuiter** (s'enivrer) 酔う
  On réussit à *se cuiter* le même jour.
    俺たち同じ日に酔っぱらえるな． Fassbinder : *Querelle*

cul

cul

1. (derrière) 尻
   Pour aller au cinéma, voir "le bal des sirènes". Des filles qui nagent avec des plumes dans le *cul*.
   映画館に行って「世紀の女王」を見るためよ，ケツに羽根毛をつけて泳ぐ女たちが出てくる．
   Miller : *La petite voleuse*
2. (anus) 肛門
   Ils étaient prêts à me fouiller le *cul* avec une lampe torche.
   警官に懐中電灯でケツの穴をもうちょっとで調べられるところだった．
   Poiré : *Les anges gardiens*
3. (sexe; acte sexuel) セックス，性行為
   Combien de temps ça dure le *cul* ? Y en a qui disent neuf mois.
   （同じ相手に）どれくらいセックスしてるんだろう？ 9か月って言う奴もいるし．
   Serreau : *La crise*
   On s'racontera des histoires de *cul*.
   みんなでエロ話をしよう．
   Leconte : *Tango*
   Les femmes, c'est toutes des emmerdeuses ou des folles du *cul*.
   女ってみんなうるさいか，エロきちさ．
   Leconte : *Tango*
4. (pornographie) ポルノ
   Ce soir il y a du *cul*. Pour vingt balles, tu peux te payer "Les Esclaves de l'enfer anal".
   今晩ポルノ番組があるぞ．20フランで『アナル地獄の奴隷達』が見られるんだ．
   Chabrol : *Rien ne va plus*
   D'où ça sort ? / Ben ! d'un journal de *cul*.
   そんなのどこに出てるの？ / どこって，エロ新聞さ．
   Zidi : *Deux*
5. (con) 馬鹿
   Y conduisent comme des *culs* là.
   ひでえ運転しやがる．
   Berberian : *Six-pack*

■ **avoir du cul** (avoir de la chance) 運がいい
Tu te fais souvent tirer dessus ? / Pour l'instant j'*ai du cul*. On m'a toujours raté.
お前よく撃たれるのか？ / 今のところついてましてね．いつも弾が外れて．
Kassovitz : *Assassins*

■ **avoir la tête dans le cul** (être abruti, endormi, mal réveillé, fatigué)
頭がぼーっとなった，ぼんやりした，寝ぼけた，疲れた
Avec le décalage là, j'*ai la tête dans l'cul*.

あたし時差ボケなのよ. Chabat : *Didier*

J'ouvre ma boulangerie vachement tôt…et les gens arrivent, ils ont encore complètement *la tête dans le cul*.

あたしパン屋をやるとしたらすごく早くに店を開けるわ. やってくるお客はまだ寝ぼけてるの. Chéreau : *Ceux qui m'aiment prendront le train*

■ **avoir une main au cul** (se faire mettre la main aux fesses; être tripotée) セックスをいじられる

C'est pas d'main qu'elle *aura une main au cul*, celle-là!

あのぶす女, なかなか男になんか相手にしてもらえないさ. Dumont : *La vie de Jésus*

■ **boîte à cul** (cabaret de strip-tease) ストリップキャバレー, 娼館

Ce qui nous a pas empêchées l'une comme l'autre de nous retrouver dans la même *boîte à cul*.

(あたしたち二人とも大学出だけど) 同じいかがわしいキャバレーで働くことになっちゃたわね. Brisseau : *Choses secrètes*

■ **bordel de cul** voir **bordel**
■ **bouger son cul** voir **bouger**
■ **bout de cul** voir **bout**
■ **casser le cul à** (faire l'amour avec puissance) 激しくセックスする

Vite! / J'arrive! J'vais te *casser le cul*!

早く来て! / 待ってろ, 腰が立たなくしてやるからな! Gilou : *La vérité si je mens II*

■ **chauffer le cul** (énerver) いらいらさせる

Il me *chauffe le cul*. Il a jamais l'air content.

あの男にはいらいらだわ. いつだって不満げなんだから. Beineix : *La lune dans le caniveau*

■ **cuire le cul** voir **va te faire cuire le cul**
■ **cul bénit!** (bigot; clérical) 信心に凝り固まった人

Tarentule! / *Cul bénit*!

タランテラ女め! / 狂信男め! Miéville : *Après la réconciliation*

■ **cul sec** (d'un seul coup; jusqu'aux dernières gouttes) 一気に, 最後の一滴まで

C'est du bon. / Allez *cul sec*. / Eh non, doucement.

このLSDは上物だよ. / さあ, 一気にやれ. / おいおい, ゆっくりだ. Klapisch : *Péril jeune*

■ **cul serré** (personne guindée, rigide) 鯱張った, 杓子定規な

cul

T'arrives bien pour m'enlever de ce tribunal de *culs serrés*.
いいとこへ来てくれたわ，この杓子定規な人たちにつるし上げられてたので助かるわ．
Krawczyk : *Héroïnes*

■ **de mon cul** (qui est nul; sans intérêt; de mes deux) 価値のない，つまらない

Depuis sept mois tu fais rien... Ambulancier *de mon cul*!
あんたったらこの7か月ぜんぜん働いてないじゃない… 救急車運転手なんて名ばかりで！
Beineix : *La lune dans le caniveau*

■ **en avoir plein 〔ras〕le cul de** (en avoir assez; être excédé) 飽き飽きしている

Il *en a plein le cul de* sa vie.
彼は人生にうんざりしてたんだ． Lelouch : *Hommes femmes : mode d'emploi*

On *en a un peu ras le cul d*'entendre toujours parler des mêmes trucs.
いつも同じ話ばかり聞かされてもううんざりしてきてる．
Dugowson : *Portraits chinois*

■ **être (comme) cul et chemise** (être très lié; être très intime) 切っても切れない仲である，ぐるである

[les chauffeurs de taxi] C'*est cul et chemise* avec les flics.
タクシーの運ちゃんなんてデカと同じ穴の狢だよ． Pirès : *Taxi*

■ **être sur le cul** (être étonné) 驚く

Quand j'ai appelé, tu n'as absolument rien dit. / J'étais estomaquée, j'*étais sur le cul*.
電話したとき，君はまったく何も言わなかったじゃないか．/ 仰天したの，驚いたのよ． Bonitzer : *Rien sur Robert*

C'était vraiment bien, ta fleur! J'*étais sur le cul*.
すごくよかったわ，あんたの花のパントマイム．びっくりしちゃった．
Attal : *Ma femme est une actrice*

■ **faux(-)cul** voir **faux**

■ **film de cul** (film pornographique) ポルノ映画

Paraît qu'ils t'ont vue tourner dans des *films de cul*.
あんたポルノに出てるの見られたみたいよ． Despentes : *Baise-moi*

■ **foutre** *qch.* **au cul** voir **tu peux te foutre au cul**

■ **gros cul** (personne méprisable) 卑劣な奴

Sur un autre ton, hé, espèce de *gros cul*!
そんな口を利くなんて，汚たねえ奴だな！ Poiré : *Les couloirs du temps*

■ **l'avoir dans le cul** (manquer de chance; être dupe; être victime, ne

pouvoir rien faire) 運がない，騙される，被害を被る，どうにもならない
Si c'était le cas, les keufs auraient rappliqué et on *l'aurait dans le cul*.
仮に警報装置が作動している場合には，もうサツが来ていてどうにもならなくなってただろう。
Avary : *Killing Zoe*

Maman peut plus avorter. Je vais naître et, toi, tu seras papa ! Tu l'*as dans le cul*.
ママはもう堕胎できない。僕は間もなく生まれ，あんたはパパになる，ついてないね。
Braoudé : *Neuf mois*

On a tout fait au black ! La came, elle existe pas ! On *l'a dans le cul*.
何も申告しないでやってるんだから，商品なんて存在しないのさ。（騙されれば）すべてはパーだ。
Gilou : *La vérité si je mens*

Faites que ce petit mec soit réglo. Seigneur, et que nous ne l'*ayions pas dans le cul* !
主よ，どうかあの若者がまっとうで，期待を裏切られることがありませんように！
Heynemann : *la vieille qui marchait dans la mer*

■ **mettre *qn.* sur le cul** (surprendre) びっくりさせる
Moi, ce film y m'*a mise sur le cul*. Il a été tourné en 1930 maximum. C'est d'une modernité...
パプストの「リュリュ」にはびっくりさせられたわ。撮影はせいぜい30年でしょう。それなのにすごく現代的で…
Corsini : *Le répétition*

■ **mon cul** (pas du tout ça; tu parles; non jamais) 真っ平ご免だ，とんでもない，嘘っぱちだ
30 millions d'amis, *mon cul* !
（犬に追われた泥棒が）犬のことを30万人の友達だなんてよく言うよ！
Zeitoun : *Yamakasi*

Je t'ordonne de faire des excuses à ton père./ Des excuses, *mon cul* !
命令よ，パパにちゃんと謝りなさい。/ 謝るなんてやなこった！
Serreau : *La crise*

■ **papier (à) cul** (papier hygiénique; P.Q.) トイレットペーパー
Tu veux du *papier cul* ?
お前糞ひりてえのか？
Blier : *Les valseuses*

■ **pétasse à cul** (maîtresse) 情婦
J'espère qu'il y en aura au moins un qui aura le courage de me dire qu'avec ça j'ai l'air d'un con. Celui-là il aura gagné le gros lot, hein. / Et tu fais ça aussi avec tes *pétasses à cul* là ?
こんなネクタイを締めていると僕が馬鹿みたいに見えるって言う勇気のある奴が重役のなかに一人はいて欲しいもんだな。そいつが（栄転の）金的を射止めるってわけ

cul

だ. / それをあんたの情婦たちにもしてみるの？
　　　　　　　　　　　　　　　　　　　　　Chouraqui : *Les menteurs*

■ **pisser au cul** voir **pisser**

■ **poil de cul** (poil du pubis) 陰毛

Chez nous, ça sera pas le bordel ! Il y aura pas un *poil de cul* qui traînera.

僕たちの部屋はきれいにしとこうね．あそこのお毛けなんか一本も落ちていないように．
　　　　　　　　　　　　　　　　　　　　　Duchemin : *Faust*

■ **pomper le cul** voir **pomper**

■ **retrouver un poil du cul** (retrouver une aiguille dans une botte de foin) 見つかりそうもないものを探し出す

Joël *retrouverait un poil du cul* rue Saint-Denis.

ジョエルの手に掛かったらどんなものでも捜しだせるんだ．（娼婦がごまんといるサン・ドニ街で陰毛一本でも識別できる）
　　　　　　　　　　　　　　　　　　　　　Guit : *Le ciel est à nous*

■ **revue de cul** (revue pornographique) ポルノ雑誌

C'étaient les *revues de cul*, les films pornos, peut-être les putes.

（あんたのパパだって性的妄想を満足させていたのはママ相手ではなく）エロ雑誌とかポルノ映画とか，娼婦だったのかもしれないわ．
　　　　　　　　　　　　　　　　　　　　　Brisseau : *Choses secrètes*

■ **se casser le cul** (faire des efforts ; travailler dur ; se donner à fond à son travail) 苦労する，懸命に働く，仕事に打ち込む

Faut que je me remette à bosser. / Ouais, tu vas *te casser le cul* pour trois francs six sous, quoi !

あたしまた働かなきゃ．/ ふーん，あんなはした金のためにあくせくするっていうのか！
　　　　　　　　　　　　　　　　　　　　　Téchiné : *Alice et Martin*

■ **se crever le cul** (faire de gros efforts pour trouver une solution ; travailler dur ; se donner à fond à *son* travail) 努力する，懸命に働く，解決策を模索する

Vous n'allez pas libérer ce paysan ? / Pourquoi pas, avec une bonne caution. / Ah vous faites chier, vous les juges, on *se crève le cul* à vous trouver des coupables, et...

(警官が裁判官に）まさかその田舎っぺを釈放するんじゃないでしょうね？ / それもあるな，たっぷり保釈金を積めば．/ あんたたち裁判官ってまったくひどいよな，こっちは懸命に犯人を追いかけてるのに，いざ…
　　　　　　　　　　　　　　　　　　　　　Godard : *Prénom Carmen*

Désolé, mais ce qu'elle raconte chez moi relève du secret professionnel. / C'est quand même ta patiente ? / C'est une patiente, oui. / Ah ben vous vous faites pas chier, putain ! Quand j'pense qu'on *s'crève le cul* !

悪いけど彼女の話は守秘義務にひっかかるからね。/ 君の患者には違いないんだろう？/ うん、患者は患者だ。/ あーあ、精神分析医は楽しくやってられていいな、こちとら警察は苦労してるっていうのに！
Beineix : Mortel transfert

Je vais lui désintégrer la gueule moi à ce petit mec qui se tape ma femme pendant que je *me crève le cul* à bosser chez ces enculés de rosbifs !

こっちはイギリスの馬鹿どものとこであくせく働いてるってのに、あの野郎俺の女房とやりやがって、ツラ滅茶苦茶にしてやるからな！
Chiche : Barnie et ses petites contrariétés

■ **se faire un cul de** (emboutir à l'arrière de) …の後部に衝突する
J'ai failli *m'faire un cul d'*bus.

バスのケツにぶつかりそうになったんだ.
Beineix : Mortel transfert

■ **se lever *son* cul** (se déplacer soi-même) 人に頼まずに自分で行く
Arrête-moi cinq minutes à la maison de la presse. Je lui ai promis de lui rapporter Télé 7 jours et Mariage. / Elles peuvent pas *se lever leur cul*, ces deux grosses pétasses ?

そこの雑誌屋でちょっと車停めてくれ。ワイフに「週間テレビ」と「結婚」を買ってくって言っといたから。/ お前のワイフも娘もひでえもんだな、それくらい自分で腰を上げればいいのに。
Chatiliez : Le bonheur est dans le pré

■ **se magner le cul** (se dépêcher; se presser; se magner le train) 急ぐ
Allez, *magne-toi le cul*. On t'attend dans la voiture.

さあ、急ぐんだ、みんな車で待ってるから。
Gilou : La vérité si je mens

■ **se mettre au cul** (garder pour soi) 取っておく
Voilà cent balles. / Vous pouvez *vous* les *mettre au cul* vos cent balles.

ほら、百フランやるよ。/ 要りませんよ、そんな百フランなんか。
Serreau : La crise

■ **tête de cul** (con; connard) 馬鹿
Tu vas l'ouvrir, ta gueule là hein, *tête de cul* va !

口を割るんだ、おい、この阿呆め！
Berberian : Six-pack

■ **tire(-)au(-)cul** (fainéant) 怠け者
Tire au cul, Jean foutre !

怠け者の役立たず！
Miéville : Après la réconciliation

■ **ton cul** (toi; ta gueule; ta viande) お前
On dirait qu'il te fait peur ? / Tu fais chier Fox, occupe-toi de *ton cul*.

お前あいつが怖いみたいだな。/ うるせえな、フォックス、余計なお世話だ。
Téchiné : J'embrasse pas

culbuter

Pousse *ton cul*-là, laisse ton fauteuil à Monsieur.
お前そこどいて，この方に席を譲れ． Téchiné : *Les voleurs*

■ **torcher le cul** (essuyer les excréments) けつを拭く
S'il n'y avait pas trois millions de chômeurs dehors, on trouverait personne pour soulever notre viande et nous *torcher le cul* !
巷に3百万もの失業者があふれてなきゃ，俺達身障者の体を持ち上げたり，尻を拭いたりするやつは見つからないだろう． Sinapi : *Nationale 7*

■ **trouer le cul** (faire un effet monstre) 強烈な印象を与える，肝を潰す
Alors comme ça, y vous manque ? / Ça vous étonne ? / Ça fait plus que m'étonner. Ça me *troue le cul* !
つまりなんだね，旦那が出てって淋しいってことか？ / 驚いた？/ 驚いたなんてもんじゃない．度肝を抜かれたよ． Chatiliez : *Le bonheur est dans le pré*

■ **tu peux te〔il peut se〕foutre *qch*. au cul** (je me moque de; je ne veux pas de) …なんか糞くらえだ，真っ平ご免だ
Je vais vous mettre des compresses. / Oh toi, *tu peux te* les *foutre au cul*.
湿布をしてさしあげましょう． / あんたったら，あんたの湿布なんか願いさげよ．
Heynemann : *La vielle qui marchait dans la mer*

■ **va te faire cuire le cul** (va-t'en; va te faire cuire un œuf; va voir ailleurs si j'y suis) とっとと消え失せろ
D'où j'me calme. *Va te faire cuire le cul,* toi.
どうして俺が大人しくしなけりゃいけないんだ．消えちまえ！
Gilou : *La vérité si je mens II*

■ **vendre *son* cul** (se prostituer) 売春する
Si t'étais une vraie femme, y a un bail que tu *vendrais ton cul* pour aider ton frère.
お前がちゃんとした女だったら，とっくの昔に体を売って兄さんを助けてるとこだ．
Guédiguian : *A la place du cœur*

culbuter (posséder sexuellement) ものにする，犯す
Tu t'imagines que je t'ai amenée ici pour te *culbuter* ?
あんたを犯すためにここに連れてきたとでも思ってるの？ Jardin : *Fanfan*

culé (enculé の略) 阿呆，馬鹿
Culé, va !
あの馬鹿ったら！ Balasko : *Gazon maudit*

culotte
■ **faire dans *sa* culotte**

1. (faire caca ; chier dans sa culotte) そそうする
J'ai mal au ventre ! / Dépêche-toi sinon tu vas *faire dans ta culotte* !
>僕お腹が痛い！/ 急いで，パンツ汚しちゃうから！ Hubert : *Le grand chemin*

2. (avoir très peur) とても怖がる
Ça vous dérange pas trop que les p'tites s'fassent insulter ? Vous *faites dans votre culotte* devant lui.
>あんたたち あたしの子どもたちが父親にひどいこと言われてもあまり気にしないのね？父親が怖くてしょうがないってわけ。
Veysset : *Y aura-t-il de la neige à Noël*

culotté (effronté ; audacieux ; qui a du culot) 図々しい，恥知らずな
Vous m'avez drôlement laissé tomber hier après-midi, hein ? Vous êtes *culottée*.
>昨日の午後よくもまあ俺をすっぽかしてくれたね。ひどいよなー．
Miller : *L'effrontée*

cureton
■**bouffer du cureton** (être violemment anticlérical) 反教権主義である
Cette valise est à vous ? / Oui, mon fils. / Je ne suis pas votre fils. / Non mais attendez... Qu'est-ce que vous cherchez à faire... à *bouffer du cureton* ?
>［税関吏］このスーツケースはあなたのですか？/［神父］そうです，わが子よ．/［税関吏］私はあなたの子供じゃありませんよ．/［(男が税関吏に)］おいおい，あんたどういうつもりかね，坊主嫌いを見せつけたいのかね？
Poiré : *Les anges gardiens*

cuti(e)
■**virer sa cuti(e)** (subir un changement radical dans sa vie ; changer de partenaire) 生き方が激変する，転向する，相手を変える
Qu'est-ce que tu fous ici ? T'*as viré ta cutie* ?
>(ホモが集まる場所で知っているヘテロの男を認めて) お前こんな所で何してるんだ？宗旨替えか？
Téchiné : *Hôtel des Amériques*

cuver
■**va cuver** (va t'en ; fous le camp) 失せろ，消えちまえ
Va cuver ailleurs...tu fais chier.
>よそへ行きなよ…うるさいんだよ． Beineix : *Diva*

c.v. (ラテン語の curriculum vitæ の略) 履歴書
Je vous laisse mon *CV*.
>私の履歴書を置いていきます． Toussaint : *La patinoire*

D

dache (lieu indéterminé et lointain)　どこか遠いところ
Si ça trouve, ton père, il est à *dache*.
もしかしたら君のお父さんはどっか遠いところにいるのかも知れない.
Miller : La classe de neige

dadais (imbécile)　愚か者
Allez relève-toi, grand *dadais*.
さあ起きあがるんだ，お馬鹿さん！
Dardenne : Rosetta

dadame (dame rangée, à l'esprit fermé, obtus, étroit, pas libre. mégère)　偏狭なばあさん
Il aime les jeunes d'accord, mais la jeunesse qu'il cherche, la jeunesse de corps et d'esprit, tu l'as mille fois plus qu'une fille de vingt ans qui deviendrait *dadame* dans quelques années.
彼が若い娘好きなのは認めるけど，彼が求めてる若さって心と体の若さで，数年後には口うるさいばばあになっちゃう二十歳の娘より，あんたのほうがずっとそうした若さに恵まれてるわ.
Rohmer : Conte d'automne

dalle (faim)　空腹
J'ai trop la *dalle* là.
腹がぺこぺこだ.
Berberian : Six-pack

■ **crever la dalle** (crever de faim; être dans la misère)　腹ぺこである，困窮している
On continue à *crever la dalle*.
俺達は相変わらず困っている.
Rochant : Vive la République

Moi je *crève la dalle*. T'as pas faim ?
俺腹の虫が鳴いてる．あんた腹へってない？
Garrel : Vent de la nuit

dal(l)e

■ **que dal(le)** (rien du tout)　まったくゼロ
J'y comprends *que dalle* à ce film, moi.
僕にはこの映画ぜんぜん分からない.
Miller : La meilleure façon de marcher

Faudrait pt'être que t'appelles sa boîte ? / J'appelle *que dalle*.
会社に電話してみたら？／電話なんかするものか.
Grousset : Kamikaze

dame
■ **dame-pipi** (femme chargée de la surveillance et de la propreté des

toilettes dans un lieu public) 公衆トイレ管理のおばさん
La *dame-pipi,* on n'en a pas tiré une ligne.
あのトイレ係の小母さんが殺されても新聞は一行も書かなかった.
Belvaux : *C'est arrivé près de chez vous*

dans
■ **dans les + 数詞** (environ ; à peu près) 約
Je me fais *dans les 8 000* par mois.
月に8千ぐらいはカネが入る. Dupeyron : *Salomé*
Il avait *dans les quatre-vingts* ans.
彼は80歳ぐらいだった. Oliveira : *Je rentre à la maison*

danse
■ **foutre une danse** (rouer de coups) 殴る
Je te fous une *danse.*
お前をぶん殴っちゃうぞ. Poiré : *Le Père Noël est une ordure*

dare-dare (à toute vitesse) とても速く
On voit encore les doigts dis donc! ... Remarque, ma mère elle dit que ça fait circuler le sang ! Il doit y aller *dare-dare,* hein le tien.
（ぶたれて）まだ指の跡が見えるじゃない！... そう言えばママが言ってたわ，ぶたれると血の循環が良くなるんだって. あんたの血もびゅんびゅんめぐっているかもね.
Hubert : *Le grand chemin*

dass (sida の逆さ言葉) エイズ
Tu veux d'venir séropo avec le *dass* qui court, c'est ça ?
はやってるエイズに罹りたいっていうのか？ Gilou : *Raï*

daube (chose sans valeur, tromperie) 屑, ごまかし
T'as écouté ta chanson ? C'est de la *daube.*
自分の歌聞いたか？ 最低だぞ. Krawczyk : *Héroïnes*

DDASS (Direction Départementale d'Action Sanitaire et Sociale の略)
保健社会事業施設
Ce sera avec *DDASS* et tout le tremblement.
（この子を今度入れるのは）保健社会事業団とその関連施設だな.
Mouriéras : *Dis-moi que je rêve*

de
■ **de là à ...** (il y a loin が略されている. il y a trop de différence ce n'est pas une raison pour... ; il ne faut pas exagérer) だからって…するなんて, とんでもない
Il faut pas être grand clerc pour deviner qu'il y a une femme là-dessous.

deal

/ Que Pierre n'ait pas une horloge dans le ventre, je vous l'accorde volontiers...mais *de là à* lui prêter une liaison, c'est mal connaître les sentiments qu'il porte à sa femme.

<small>（ピエールが遅れてきた）陰に女がいることは誰にだって簡単に分かることよ。／彼が時間にルーズなことはあたしだって認めるけど，だからって女が絡んでるなんてまで言うのは，彼の奥さんに対する気持ちがよく分かってないってことよ。</small>

Poiré : *Le Père Noël est une ordure*

■ **de toi à moi** (entre nous; soit dit entre nous) ここだけの話だが，内緒で

De toi à moi...t'es un escroc, hein?

<small>人には言わんが…お前って詐欺師なんだろう？</small>

Nauer : *Les truffes*

deal (英語)

1. (vente de drogue; trafic) 麻薬の取引，密売

    Pendant un *deal*, si tu croises un type qui a l'air un peu louche, si t'as un doute, sors ton calibre, vise-le sans hésitation.

    <small>ブツの取引中に，もしちょっと怪しい男に出くわして変だと思ったら，銃を出してためらわずに狙いを付けるんだ。</small>

    Guit : *Le ciel est à nous*

2. (affaire; marché) 取引

    J'te propose un *deal*.

    <small>一つ取引しようじゃないか。</small>

    Beineix : *IP5*

3. (marché conclu!; tope là!) 取引成立，決めた，手を打とう

    Eh ben alors *deal*! / *Deal*!

    <small>じゃ承知だ！／オーケー！</small>

    Zeitoun : *Yamakasi*

dealer (英語)

1. (faire; se débrouiller) 処理する，なんとかする

    Le problème c'est pas la vérité, c'est de *dealer* avec la merde qui nous tombe dessus toute la journée!

    <small>問題は本当かどうかなんてことじゃなくって，一日中降りかかってくる厄介なことをどう処理するかってことだ！</small>

    Zeitoun : *Yamakasi*

2. (vendre de la drogue) 麻薬を売る

    Je gagne pas grand-chose. / C'est pour ça que tu *deales*? / Ben oui... c'est pas par plaisir.

    <small>あたしたいして稼いでないのよ。／それでヤクを捌いてるのか？／そりゃそうよ。なにも好き好んでやってはいないわ。</small>

    Jaoui : *Le goût des autres*

3. (revendeur de drogue) 麻薬の売人

    Il est *dealer* comme son grand frère, maintenant.

兄さんと同じように彼も売人になったんだ。 Despentes : *Baise-moi*

deb (débutant の略) 初心者

Faut encore que tu te fasses ton frère j'ai dit ! / C'est juste parce qu'il est *deb*.

(妹が頭の弱い兄とキスしているのを見て) おまえ兄貴にまで手を出さなきゃいけないのかって言ってるんだ。／悪いことないでしょう、兄さんしたことないんだもん。

Mouriéras : *Dis-moi que je rêve*

déballer (raconter ; avouer) ぶちまける、秘密を明かす

Il est capable d'aller au journal de 20 heures et de tout *déballer* !

奴だったら8時のニュース番組に出て、みんなぶちまけるってことさえしかねないぞ。

Lelouch : *Hommes femmes : mode d'emploi*

Avec toi, je peux tout *déballer*.

あんたにだったら何でも打ち明けられる。 Braoudé : *Neuf mois*

déballonner

■ **se deballonner** (reculer par manque de courage devant une action)
尻込みする、怖じ気づく

Qu'est-c'que t'as ? Tu vas pas *te déballonner* ?

どうしたのよ？尻込みするんじゃないでしょうね？ Hubert : *Le grand chemin*

débander (cesser d'être en érection) 勃起を止める

Moi, la capote, ça me fait immédiatement *débander*.

俺コンドームをするとたちどころに萎え萎えになっちゃうんだ。 Pascal : *Adultère*

■ **ça fait débander** (ça gâche le plaisir, le désir) 楽しみを損なう、水を差す

Elle baisait bien mais elle discute trop avec ses tirades antisocitété, *ça fait débander*.

あの娘セックスが巧いのに世間に楯突く台詞をぶつもんだからげんなりしちゃうんだ。 Varda : *Sans toit ni loi*

débarquer

1. (ignorer un fait récent, les circonstances d'une situation ; être nouveau)
事情に疎い、新入りである

Comment on peut pas faire ça ? Une gamine a été assassinée, le vagin défoncé, vous *débarquez* ou quoi ?

あんな犯罪は考えられないって言いぐさはなんだ？子宮をずたずたにされて女の子が殺されたぐらいで、新米刑事じゃあるまいし。 Dumont : *L'humanité*

2. (arriver à l'improviste) 不意に来る

Il *débarque* avec une girafe bleue.

175

débecter
　　父が突然青いキリンの縫いぐるみを持って僕の所に来たんです.
Beineix : Mortel transfert

débecter (dégoûter) むかむかさせる，気に入らない
　Tu me *débectes*.
　　お前にはむかむかする.　　　　　　　　Heynemann : *La question*

débile (idiot; crétin) 阿呆な
　Les enfants, c'est l'amour, c'est la vie…tu trouves ça *débile* de dire ça?
　　子供って愛であり，命よ…なんてこと言うと馬鹿みたいに思われるかしら?
Klapisch : Peut-être

débilos (débile; crétin) 阿呆な
　Je suis pas *débilos*.
　　俺は愚か者じゃない.　　　Toneffi : *L'instit. Le chemin des étoiles*

débloquer (dire des bêtises) 馬鹿なことを言う
　Il ne faut pas faire trop attention, je *débloque*.
　　あんまり気にしないでちょうだい，あたしつまんないこと言ってるんだから.
Bluwal : 1996

débotté
■ **au débotté** (à l'improviste) 出し抜けに，いきなり
　Je te prends un peu *au débotté*, hein?
　　家を買い換えるなんて話不意に持ち出したりして.　Foulon : *Une autre femme*

débouler (arriver inopinément; arriver d'un seul coup, subitement)
　不意にやって来る，押し掛ける
　Vous ne savez pas que dans un conservatoire, on ne *déboule* pas au milieu d'un cours?
　　音楽学校じゃ授業の最中に入ってはいけないって知らなかった?
Haneke : La pianiste

débrayer (cesser le travail, notamment pour protester; faire grève)
　職場放棄する，抗議ストをする
　Vous *débrayez* comme ça devant ce chantier sans prévenir les autres camarades.
　　お前たちは現場の前で仲間にも知らせずにストしてるのか.　Godard : *Vent d'est*

débris (déchet) 人間の屑，かす
　Ça suffit, le *débris*.
　　これ以上くどくど言うな，この屑野郎!　　　Nauer : *Les truffes*

■ **vieux débris** (vieux) 爺

Il a quand même du chagrin, ce *vieux débris*.
あの爺それでも悲しんでるんだ.　　　　　　Malle : *Zazie dans le métro*

déc voir **déconner**

déca (café décaféiné の略)　カフェイン抜きコーヒー
Deux serrés dont un double, un *déca* et trois allongés.
濃いのが2杯で一つはダブルで，デカフェインが一つに薄いのが三つね.
Bénégui : *Au petit Marguery*

décaniller (se sauver; s'enfuir; partir)　ずらかる，立ち去る
C'était noir du monde. *Décanillaient* plus, les gens.
人だかりがすごかったの. みんな出て行こうとしないのよ.　　Holland : *Olivier est là*

décapoter (décalotter; ôter son chapeau)　帽子を脱ぐ
Ben fais comme moi, *décapote*.
(暑いんだから) 俺みたいに帽子を脱げばいいんだ.　　Hubert : *Le grand chemin*

décarcasser
■ **se décarcasser** (se donner beaucoup de peine pour parvenir à un résultat)　骨身を削る
T'as jamais rien fait pour qu'il change. Y'a que moi qui *me décarcasse*.
お前は何もしてないじゃないか，あの子(の女装癖)が治るように. 俺だけだ骨を折ってるのは.　　Berliner : *Ma vie en rose*

décarrer (sortir; partir; être licencié)　出ていく，首になる
Si j'avais refusé de faire les samedis, je *décarrais* tout de suite, c'est évident.
もし土曜日に働くことを拒否したら，すぐ追い出されることになってたろうな，それは目に見えている.　　Rochant : *Vive la République*

dèche (misère)　悲惨
Mon père est clamsé. Ma mère est à l'hosto. C'est la *dèche* totale.
父は死に母は入院中. 全く悲惨だ.　　Vergez : *Racket*

déchirer (battre; gagner; avoir)　やっつける，勝つ，うち負かす
On va les *déchirer*, j'te jure.
きっと奴等をやっつけてやるからな.　　Gilou : *La vérité si je mens II*

■ **se déchirer** (boire; se soûler)　酒を飲む，酔っぱらう
Les Lituaniens ils passent toutes leurs soirées au casino à *se déchirer*.
リトアニア人たちは毎晩カジノで酔っぱらっているのさ.　　Guit : *Les kidnappeurs*

décloisonner (divaguer; être fou)　耄碌する，頭がおかしい
Il *décloisonne* complètement, le pauvre vieux.
爺さん可哀想にいかれちゃってる.　　Rochant : *Vive la République*

déco

déco (décoration の略) 装飾
　Tu t'occupes de la *déco* plus tard.
　　飾りつけの話は後にしてくれ.
　　　　　　　　　　　　　　　　　　Kounen : *Le Dobermann*

décoiffer
■ **ça décoiffe** (c'est fort) （酒が）強い
　Ça décoiffe, ça scalpe.
　　（ウオッカの瓶を持ってきて）こいつは強いぞ，ぐっとくるからな.
　　　　　　　　　　　　　　　　　　Gainsbourg : *Stan the flasher*

décoller
1. (déguerpir; partir) 逃げ出す，出ていく
　J'ai plus une thune, j'ai à peine de quoi faire cinquante bornes dans le réservoir...j'*décollerai* jamais moi.
　　もう一文無しだ，それに車のタンクにはやっと50キロ行けるぐらいしか入っていない，奴等の手から逃れられっこないだろうな.　　Guit : *Le ciel est à nous*
　Je suis prête à *décoller* devant tout le monde.
　　あたし，みんなの見ている前で席を立って出て行ってもいいよ.
　　　　　　　　　　　　　　　　　　Becker : *L'été meurtrier*
2. (planer; éprouver la béatitude) トリップする，恍惚状態になる
　Le crack, c'est un truc tu *décolles* pas vraiment.
　　クラックじゃほんとにトリップできないよ.　　Garrel : *Le vent de la nuit*

déconner
1. (dire ou faire des sottises) 馬鹿なことを言う，する
　J'ai failli *déconner*...tout foutre en l'air.
　　俺変なことしてぶち壊すところだった.　　Poirier : *Western*
　Je préfère mourir tout de suite que de repartir avec toi! / Mais *déconne* pas Josette.
　　あんたとまた行くぐらいならすぐに死んだほうがましよ！/おい，変なこと言うなよ，ジョゼット.　　Poiré : *Le Père Noël est une ordure*
2. (s'amuser à faire des bêtises; se livrer aux excès) ふざける，浮かれる
　On peut *déconner*.
　　羽目を外したっていいだろう.　　Berberian : *Paparazzi*
3. (mal fonctionner; ne pas aller) 不調である
　C'est ça que j'fais avec ma radio quand elle *déconne* trop.
　　ラジオがあんまりよく聞こえないときにはこうやってたたくんだ.
　　　　　　　　　　　　　　　　　　Mouriéras : *Dis-moi que je rêve*
■ **sans déc(onner)** (c'est vrai; c'est sûr; sans exagérer) 本当に，確か

に，マジで
Moi quand j'avais ton âge je suis sorti avec une fille qui avait quinze ans. / Oh? *Sans déc?*
> 俺はお前ぐらいの（7, 8歳）年頃のとき，15歳の女の子とデートしたことあるんだぞ. / えー！ 嘘だろう？ Nauer : *Les truffes*

On ferait des raviolis à tous les étages. / Non mais *sans déconner*.
> （大きなホテルを作ったら）各階にあるレストランでラヴィオリを出そう. / おいおい，マジで話してるのに. Klapisch : *Péril jeune*

décor

■ **envoyer dans le décor〔dans les décord〕** (envoyer promener) 投げだす，放棄する

Il m'a dit que, qu'au début il était complètement certain que ça durerait pas entre nous, entre Jean-Marie et moi, et que, et qu'à cause de la dope, que la dope nous enverrait dans les *décors*.
> ジャン・バティストがあたしに言ったの，ジャン・マリとあたしの仲はきっと続かないって最初は思ってたって，それから，麻薬のせいであたし達は破局を迎えるだろうって. Chéreau : *Ceux qui m'aiment prendront le train*

décrocher

1. (cesser de se droguer) 麻薬をやめる

   Quand j'étais toxicomane, j'ai dû...faire des conneries...j'ai tué personne! J'ai payé ma dette! et tout mais...j'*ai décroché* d'ailleurs.
   > 僕は麻薬中毒のときはきっと…馬鹿なことしただろうけど…殺人はしてない！借金は返したし…とにかくヤクはやめたんだ. Rochant : *Vive la République*

2. (prendre la retraite) 引退する

   Je vais peut-être même *décrocher*.
   > 俺もしかしたら引退するってことだってあるんだぞ. Berberian : *Paparazzi*

3. (abandonner; laisser tomber) やめる

   Tu comptes partir avec elle? *Décroche* tant qu'il est encore temps.
   > （教師の君が奥さんを捨てて）あの女生徒と駆け落ちか？ 大事にならんうちに手を引くんだな. Brisseau : *Noce blanche*

4. (se décontracter; se calmer; se reposer) 緊張をほぐす，気を静める

   Il me tue les nerfs. / *Décroche* un peu!
   > あいつのせいで気がおかしくなる. / 少し気を静めろ！ Gilou : *La vérité si je mens II*

dedans (dans) …の中で

Elle est morte...*dedans* le fossé.
> 女が死んでます…溝の中で. Varda : *Sans toit ni loi*

défendre

défendre

■ **se défendre** (se livrer à la prostitution) 売春する

Je suis au chômage. Alors comme beaucoup de femmes qui ne sont pas trop mal foutues, eh bien je *me défends*.

あたし失業中なの．あまりブスでない女はよくそうしてるけど，そう，あたしも身を売ってるのよ． Truffaut : *L'amour en fuite*

défiler

■ **se défiler** (se cacher ou se récuser au moment critique ou devant d'éventuelles responsabilités) いざというときに責任を回避する，逃げ出す

J'ai pas le droit de *me défiler*. Je suis flic aussi.

あたしには尻込みすることは許されないわ．あたしだってデカですもの．
Berberian : *Six-pack*

Chaque fois que j'essaye de la ramener là-dessus, elle *se défile*.

盗みの問題に触れようとする度に彼女はかわしてしまうんだ． Beineix : *Mortel transfert*

défonce (prise de drogue ou état de celui qui s'est drogué) 麻薬の摂取，麻薬による恍惚状態，トリップ

J'ai les moyens de ma *défonce*.

あたい自分のヤク代は出せるんだから． Dupontel : *Bernie*

défoncé (drogué) 麻薬に浸った

T'es tous les jours *défoncée*.

お前毎日ヤク浸りじゃないか． Despentes : *Baise-moi*

défoncer

1. (casser la gueule) 殴る

Toi tu me parles bien ou c'est toi que je *défonce*.

お前ほんとのこと言うんだぞ，さもないとぶん殴るからな． Despentes : *Baise-moi*

2. (pénétrer sexuellement avec brutalité) 乱暴にセックスする

Il se faisait *défoncer* pour payer ses dealers.

ヤクの売人にカネを払うために彼はおかまを掘られてたのさ．
Gainsbourg : *Charlotte for ever*

■ **se défoncer** (se droguer ; atteindre un état d'ivresse en se droguant) 麻薬に耽る，トリップする

Il y en a qui *se défoncent* à la colle d'avion.

接着剤中毒の奴もいる． Beineix : *Diva*

défouler

■ **se défouler sur** (se libérer des contraintes, des tensions) 怒りをぶ

つける，鬱憤を晴らす，当たり散らす
Arrête de *te défouler* sur lui.
彼に八つ当たりするのはやめろ． Bagdadi : *Hors la vie*

défourailler (sortir une arme à feu et tirer rapidement)　銃を抜いてぶっ放す，撃ちまくる
Ça *défouraille* sévère !
銃を撃ちまくってる！ Bardiau : *Le monde de Marty*

défriser (contrarier; désappointer)　失望させる，拍子抜けさせる
Moi je croyais que ça vous ferait plaisir cette petite balade. / Oui ben, je le croyais aussi mais je *suis défrisé*.
ちょっとお出かけすればあなたも喜ぶと思っていたのに．/ 私もそう思ってたんだけど嫌になっちゃったのさ． Miller : *Le sourire*

défroquer (priver, enlever le droit d'exercer une profession)　資格を剥奪する
Hans est un ancien toubib, l'ordre des médecins l'*a défroqué*.
ハンスは元医者なんだが，医師会が免状を取りあげたんだ． Carax : *Mauvais sang*

dégager (partir; débarrasser le plancher)　立ち去る，部屋を出る
Dégagez, j'attends quelqu'un.
出てってくれ，人が来るんだ． Beineix : *Roselyne et les lions*
Faites *dégager* l'entrée, là.
あそこの入り口の奴ら，追っ払え！ Noé : *Irréversible*

déglinguer (désarticuler)　ばらばらにする
Venez vous faire *déglinguer*. Je vous garantis, vous êtes plus le même quand vous m'avez connue.
すっかりたがを外してあげるわ．あたしの体を知ったら別人みたいになるのは請け合いよ． Blier : *Mon homme*

dégobiller (vomir)　吐く
Il *a dégobillé* sur mes chaussures.
この野郎俺の靴にゲロしやがった． Poiré : *Les visiteurs*

dégommer
1. (tuer)　殺す，射殺する
Cible à la portée. Je le *dégomme*.
射程距離に入りました．撃ちます． Salomé : *Belphégor*
2. (abattre)　打ち壊す
Avec le karaté, tu *dégommes* les chiottes de Marcelle d'une seule main.
空手を使えば片手でマルセルのトイレなんか粉々よ． Hubert : *Le grand chemin*

dégonflé

3. (vieillir; perdre sa fraîcheur) 老いる
Mais si c'est avec la même Milo que t'as l'intention de te fixer, vaudrait mieux que tu te magnes. Ah, t'as vu les ravages? Elle *se dégomme* de partout.
ミロおばさんと身を固めるつもりだったら急いだほうがいいぞ，容色が衰えてきてるだろう？ あっちこっち萎れてきてるもんな． Leconte : *Les Grands ducs*

dégonflé (sans courage; lâche) 意気地のない，憶病な（人）
Je suis un *dégonflé*! J'ai rien dit. J'y arrive pas. Je suis un *dégonflé*!
わたしゃ憶病もんだ！ 何も言えなかった．だめなんだ．憶病もんだ！
Thompson : *La bûche*

dégonfler

■ **se dégonfler** (manquer de courage; avoir peur; renoncer par peur au moment d'agir) 怖じ気付く，萎縮する，諦める
Il *s'est* pas *dégonflé*.
男は（カネがなくなったからといって）しょげはしなかった．
Godard : *A bout de souffle*

dégoter (trouver; obtenir; découvrir) 見つける，獲得する，探し出す
C'est qui c'môme? Tu l'*as dégoté* où?
その子だーれ？ どこで拾ってきたのよ？
Veysset : *Victor...pendant qu'il est trop tard*
Il faut absolument que tu me *dégotes* une piaule pour roupiller ce soir.
今晩のねぐらをどうしても見つけてくれよ． Rohmer : *Le signe du lion*

déguerpir (s'en aller rapidement; décamper; filer) 速やかに退散する，逃げ去る
Ton frère voudrait descendre au Crillon. / Bonne idée, seulement dis-lui de *déguerpir* à l'heure parce qu'ils rigolent pas là-bas.
あんたの兄さんがクリヨンに泊まりたいって．/ そりゃいいが，チェックアウトの時刻にさっと出るように言っといて，あそこは厳しいからね．
Lelouch : *Hommes femmes : mode d'emploi*

dégueu(x); dégueulasse

1. (sale; dégoûtant; répugnant) 汚い，嫌な
Vous vous embrassez sur la bouche, avec la langue et tout. Trop *dégueu*.
あんたたち口にキスしながら舌でいろいろやってるだろう．汚いったらありゃしない． Siegfried : *Louise*
Ils puent des pieds, c'est *dégueu*!
あいつら足が臭い，やんなっちゃうな！ Poiré : *Les visiteurs*

Vos mouchoirs *dégueulasses*, là, ça vous dérange pas?
  (車から路上に) 汚いティッシュ捨ててあんた平気なの？　　　Pinoteau : *L'étudiante*
T'y trouves le bordel le plus *dégueux* du monde.
  ブレストには世界中で一番いやらしい淫売屋があるんだ．　　　Fassbinder : *Querelle*
2. (personne répugnante; individu dégoûtant, ignoble) 下劣な奴, おぞましい奴, 汚らわしい奴
Ton frère est un cochon. C'est un *dégueulasse*!
  あんたの弟って助平ね．下司野郎よ．　　　Beineix : *La lune dans le caniveau*
T'es vraiment un *dégueulasse* de lui avoir descendu son clebs.
  あの爺さんの犬を殺すなんてお前も見下げ果てた奴だな．
　　　Chatiliez : *Le bonheur est dans le pré*

■ **pas dégueu** (bien; pas mal) 悪くない
Pas dégueues l'prépuces, hein? / Gros con !
  (生まれてくる男の子に割礼させると言い張るユダヤ人の妻に夫がセックスしながら) 乙なもんだろう．包皮があるのも，な？ / 大バカモン！
　　　Attal : *Ma femme est une actrice*

dégueulasser (salir; tacher; gâter) 汚くする, だめにする
J'vais *dégueulasser* mon lacoste.
  俺ラコステのシャツ汚しちゃうぞ．　　　Siegfried : *Louise*

dégueuler (vomir; gerber; dégoûter) 吐く, 嫌気がさす
J'espère que le café ne va pas me faire *dégueuler*.
  コーヒーを飲んでもどさなきゃいいけど．　　　Deville : *La maladie de Sachs*
J'étais rond à *dégueuler*.
  吐くほど酔っぱらってたんだ．　　　Corneau : *La menace*
Elle *a dégueulé*. / Je t'ai défendu de dire ce mot... on dit vomi ou rendu.
  妹はゲロリンしたんだ．/ そう言っちゃいけないっていっただろう．吐くとか戻すって言いなさい．　　　Tavernier : *Un dimanche à la campagne*
Vous me faites *dégueuler*, vous et votre vieux !
  あんたにも爺さんにも反吐がでるわ．
　　　Heynemann : *La vieille qui marchait dans la mer*

déguster (recevoir des coups; subir des injures) 悪口を浴びせられる, 殴打を喰らう, 辛い目に遭う
Il y a un môme qui *déguste*.
  いじめられっ子がいる．　　　Tavernier : *Ça commence aujourd'hui*
Je *dégustais* tout le temps : des amendes, des contrôles, des réquisitions.

déjà

しょっちゅうひどい目にあったよ．罰金だの監査だの徴発だので．

Malle : *Zazie dans le métro*

déjà (d'abord; premièrement; avant tout) まず，第一に，なによりも

Bon alors, je vais *déjà* prendre note de ton nom, prénom, âge, filiation, l'adresse de ton domicile, celle de ton travail. / Oui, mais vous l'avez déjà.

(刑事が容疑者に）じゃ，まずお前の氏名，年齢，家族，現住所，会社の住所を書く事にしよう．/ はい，でももう申し上げたでしょう．

Tavernier : *L'appât*

On dort plus, hein. / Qu'est-ce que vous voulez que je fasse ? / *Déjà* si vous pouviez enlever vos talons.

(あんたが上の部屋に来てから）もう寝られないんです．/ 私にどうしろと？ / 手始めにヒールの靴をやめてもらえれば．

Kurys : *La Baule-les-Pins*

J'amènerai des copines. / Quel genre ? / On prend le contraire de sa femme... *déjà* jeunes... sexyes.

(彼をスパイ活動に引き入れるために）女を何人か連れていくよ．/ どんなタイプの？ / 彼の奥さんとは反対の…なにより若くって，セクシーな．

Rochant : *Les patriotes*

Un break tout neuf ! Mais regardez-moi ce qu'il en reste !... *Déjà* qu'on est écrasé par les taxes...

新車のステーションワゴンなのに！（爆破されて）見る影もないでしょう！ 税金で参っているところへきて…

Chatiliez : *La vie est un long fleuve tranquille*

■ **comment... s'appeler déjà ?** (rappelle-moi... j'ai oublié) …は何て言ったっけ？ …の名前を忘れちゃった

Alain... Julien... *comment* il *s'appelle déjà ?*

彼アランだったかな… ジュリアンだったかな… 何てったっけ？

Aghion : *Pédale douce*

■ **pas déjà** (pas encore; pas tout de suite; pas si vite) まだ，すぐにではなく

Tu veux que je t'encule ? / ... *Pas déjà*, j'ai encore envie que tu me baises.

アナルにしてやろうか？ / …まだよ．もっと普通にセックスして欲しいの．

Breillat : *Romance*

On y va ? / Non, *pas déjà*.

行きましょうか？ / まだまだ．

Leconte : *Tango*

déjanté (fou; dégenté) 気が狂った

Elle était un peu *déjantée* cette fille.

あの娘ちょっと変だった.　　　　　　Renders : *Thomas est amoureux*

déjanter (devenir fou)　気が狂う
Tu *déjantes* complètement.
お前ほんとにおかしいぞ.　　　　　　　　　　Serreau : *Chaos*

délire
1. (chose excessive ; déraisonnable ; rêve un peu fou)　極端なこと，常軌を逸したこと，気違いじみた夢
    C'est une mairie FN. On peut pas passer par là, on boycotte. / C'est quoi ce *délire*, on fait que passer.
    そこの市長は国民戦線派だ．通るわけにはいかない，ボイコットだ．/ なに変なこと言ってるのよ．だだ通り過ぎるだけなのに．　　Ducastel : *Drôle de Félix*
    J'vais t'le faire ton *délire,* moi, sur la vie de ma mère.
    君の夢を実現させるよ，誓ってもいい．　　　　Krawczyk : *Héroïnes*
2. (formidable)　すごい
    J'ai amené un truc *délire*!
    俺いいもん持って来たんだ！　　　　　　Bardiau : *Le monde de Marty*
3. (putain! ; très ennuyeux!)　畜生，やんなっちゃう
    Y a plus de train à cette heure-ci. *Délire*!
    この時間には電車はないわね．まったくもう！　　Despentes : *Baise-moi*

délirer (déraisonner ; dérailler ; divaguer ; dire n'importe quoi)　常識外れのことを言う，変なことを言う，支離滅裂なことを言う
T'es sûr de ton coup, là ou quoi ? / Oh, tu *délires* ou quoi Rachid ! Ça c'est le coup du siècle !
お前このヤマ大丈夫なんだろうな？ / なにたわけたこと言ってんだ，ラシド，滅多にお目にかかれないすげえヤマなんだぞ！　　Krawczyk : *Taxi II*
Elle t'a bien pris la tête celle-là. T'*as déliré* grave, là.
お前彼女にのぼせてるな．ほんとにうわごとばかり並べて．　　Dupeyron : *Salomé*

demain
■ **ce n'est pas demain (la veille)** (ce n'est pas pour bientôt ; ça n'arrivera jamais)　それはまだ先のことだ，望み薄だ
Si tu passes à Belfort, t'hésites pas. / *C'est pas demain la veille*, j'ai plein de trucs à régler.
もしベルフォールに来ることがあったら遠慮しないで寄ってくれよ．/ いつになることやら，片づけなきゃいけないことがたくさんあるんでね．
　　　　　　　　　　　　　　　　　　　　Fontaine : *Nettoyage à sec*
C'est pas d'main qu'elle aura une main au cul, celle-là !

demander

あのブス，男にいじられるなんてことありゃしないのに！
Dumont : La vie de Jésus

demander
■ **le demander** (demander de faire l'amour) セックスすることを求める
Si on se voit cinq fois, ben la cinquième fois, vous me *le demanderez*. Alors *demandez-le*-moi tout de suite.

5回会うとしたら5回目にはアレしたいって言うでしょう．だったらすぐにアレしたいって言って．
Miller : La petite voleuse

dément (extraordinaire) すごい，とてつもない
Il a fait une photo *démente*.

彼，すごい写真撮ったんだ．
Bardiau : Le monde de Marty

démerder
■ **se démerder** (se débrouiller; s'arranger) 切り抜ける，なんとかする
Je *me démerderai* pour me faire du fric et récupérer ma fille.

なんとかしてカネを作って娘を引き取ることにしよう．
Noé : Carne

Je veux pas le savoir. Vous *vous démerdez*.

俺の知ったことか．自分たちでなんとかしろ．
Heynemann : La question

dentelle
■ **c'est de la dentelle** (c'est facile) 簡単だ
Le coffre-fort, pour des minettes comme vous, *c'est* pas *de la dentelle*.

あんたたちみたいな若い娘さんたちには金庫破りなんて楽じゃないよ．
Balducci : Trop jolies pour être honnêtes

dépanner
1. (tirer d'embarras; aider) 困っているところを助ける
Je suis en panne de Monsieur Propre, je me demandais si vous pouviez me *dépanner*.

あたし洗剤を切らしちゃったんだけど，すこし貸していただけないかしら？
Vernoux : Love etc.

2. (prêter de l'argent) カネを貸す
Je voulais vous demander si vous pouviez pas m'*dépanner*, genre cinquante francs.

50フランってとこ助けていただけるかどうかお聞きしたいんです．
Siegfried : Louise

déparler (parler à tort et à travers; divaguer) 訳の分からぬことを言う
S'il conduit aussi bien qu'il *déparle*, je peux te dire qu'on est morts d'avance.

奴の運転があの訳の分からぬご託と同じ程度のものなら，俺達死んだも同然だぞ．
Bluwal : *1996*

dépasser
■ **ça te dépasse** (c'est trop difficile pour que tu puisses le comprendre) 難しくて分かるまい

Benjamin, il a un vrai talent d'acteur... J'ai beaucoup d'admiration pour lui... Mais enfin, bon, *ça vous dépasse* un peu.
  バンジャマンは俳優の才能がほんとにある人だし，とても素晴らしいと思ってるの… でも，まあ，あんたには分かんないでしょうけど． Téchiné : *Alice et Martin*

dépiauter (dépouiller un animal de sa peau) 動物の皮を剥ぐ
A la morgue, ils sont encore tièdes quand je les *dépiaute*.
  検死で私が皮膚を剥ぐときには死体はまだ生暖かいんです． Salomé : *Belphégor*

derche (derrière; fesse; cul) 尻，けつ
Parce que j'aurai des bottes en hiver. Avec de grands éperons pour leur larder la peau du *derche*.
  だってあたい冬には長靴を履くんだもん．大きな拍車のついたやつで，生徒たちのケツの皮にごりごり当ててやるのさ． Malle : *Zazie dans le métro*

■ **faux derche** (hypocrite; faux cul) 偽善者

La voilà. / C'est qui le grand con qui va avec? ...voiture ritale, tête de *faux derche*, attitude lèche-cul...
  主演女優が来たぞ．／一緒にいる馬鹿男は誰だ？ イタリア車に乗って，偽善者然としておべっか使いが見え見えの… Leconte : *Les Grands ducs*

dermato (dermatologue の略) 皮膚科の医師
Je sors déjà avec son collègue qui lui travaille de jour, qui est *dermato*.
  あたしもう彼の同僚とデートしてるのよ，その人，日直で皮膚科なの．
Mimouni : *L'appartement*

dernier
■ **dernier pour la route** (dernier verre) 最後の一杯
Allez, un petit *dernier pour la route*.
  さあ，出発前にもう一杯だけやろう． Krawczyk : *Taxi II*

■ **le dernier des derniers** (déchet) 人間の屑
Toi tu me traites comme *la dernière des dernières*!
  あんたはあたしのことを最低のオカマ扱いするのね！ Blier : *Tenue de soirée*

dernière (dernière invention) 最新の思いつき
Tu sais pas la *dernière*? Je pars avec Shapiron.
  君聞いたかい？ 俺シャピロンと巡業に出るんだ． Leconte : *Les Grands ducs*

dérouillée

On sait plus quoi faire avec elle ! La *dernière* qu'elle a trouvée, c'est de voler de la marchandise dans les magasins.
あの娘もうどうしたらいいか分からない。最近やらかしたのは万引きすることなの。
Miller : *La petite voleuse*

dérouillée (volée de coups) 連続パンチを喰らわせること
Foutre une *dérouillée* à cet esclavagiste, d'accord.
あの鬼みたいな店長をポカポカ殴ったって構いはしない。
Nauer : *Les truffes*

dérouiller
1. (être battu ; attraper des coups) 殴られる，懲らしめられる
Qu'est-ce que j'*avais dérouillé* !
散々ぶちのめされたよ！
Nauer : *Les truffes*
2. (souffrir) 苦しむ
Je vais plaquer ici. Je suis en train de me rouiller. / Mieux vaut rouiller que *dérouiller*.
俺ここをやめるんだ。腐っちまいそうなんだ。／ 腐るほうが苦労するよりましさ。
Godard : *A bout de souffle*

derrière
■ **se faire mettre par derrière** (se faire avoir) 騙される
Et toi t'es quoi ? Tu *te fais mettre par derrière*.
お前だって偉そうな口きけるのかよ？騙されてるくせに。
Jacquot : *La fille seule*

des (des + 名詞) そうしたもの
J'en ai, des bloudjinnzes. En vlà *des* qui sont positivement inusab.
ありますとも，ブルージーンズは。こちらなんか，たいへん持ちのよいものですよ。
Malle : *Zazie dans le métro*

désaimer (cesser d'aimer) 愛するのをやめる
On aime, on *désaime*.
恋愛したり失恋したりするのよ。
Esposito : *Toxic affair*

désaper
■ **se désaper** (se déshabiller) 服を脱ぐ
Il la cogne, et des trucs pas possible…là-dessus elle *se désape* pour me montrer.
旦那は彼女をなぐって，信じられないようなことをするんだって…そう言って彼女は服を脱いで僕に見せるんだ。
Beineix : *Mortel transfert*

descendre (tuer) 殺す
Cette Nadia Machinsky *aurait été descendue* parce qu'elle voulait parler ?

そのナディア・なんとかスキーって女は喋ろうとしたんで殺されたってわけか？
Beineix : *Diva*

■ **se descendre** (boire) 飲む
Y *s'descend* 2 bouteilles de rhum par jour.
親父は1日にラム酒を2本空けるんだ．
Beineix : *IP5*

descente
1. (capacité de boire) 酒量
Encore un petit verre ? / Oui, oui. / Vous avez une sacrée *descente*, dites donc !
お客さん，もう1杯？ / ええ，ええ．（カルヴァドスを一気に飲み干す）/ 見事な飲みっぷりですね，まったく！
Iosseliani : *Adieu, plancher des vaches*

2. (fin du voyage du drogué) ヤク切れ
Tu t'fais une mauvaise *descente* ?
ヤク切れでおかしくなってるんだな？
Esposito : *Toxic affair*

3. (rafle de police) 警察の手入れ
Y a eu une *descente* chez ta mère.
お母さんのホテルにサツの手入れがあったのよ．
Téchiné : *Hôtel des Amériques*

désintégrer (détruire complètement) 滅茶苦茶にする，粉々にする
Je vais lui *désintégrer* la gueule moi, à ce mec.
あの野郎のツラをめちゃくちゃにしてやるからな．
Chiche : *Barnie et ses petites contrariétés*

désirer
■ **vous désirez ?** (que désirez-vous ? ; que puis-je faire pour vous ?)
何を差し上げましょうか？
Vous *désirez* ? / Un parapluie.
いらっしゃい．/ 傘を下さい．
Demy : *Les parapluies de Cherbourg*

désordre (désordonné) 乱雑な
C'est bizarre que tu sois si *désordre* à la maison, alors qu'au cabinet il paraît que tu ranges impeccable.
不思議ね，先生は家では散らかしっぱなしなのに，診療所は完璧に整理整頓なさってるというはなしだわ．
Deville : *La maladie de Sachs*

désosser (démonter en pièces détachées) 分解する
Où il est votre pognon ? Ça fait une heure qu'on *désosse* !
カネはどこにあるんだ？もう長い時間をかけていろいろ家具をばらしてるのに！
Blier : *Tenue de soirée*

dessaouler (cesser d'être ivre) 酔いが覚める

dessin

J'*ai* pas *dessaoulé* pendant trois jours.
　　3日も酒が抜けなかったよ。
　　　　　　　　　　　　　　　Beineix : *La lune dans le caniveau*

dessin
■ **faire un dessin** (expliquer en long et en large)　事細かに説明する
Je suis avec quelqu'un. / Ah bon. Avec qui? / Avec Kris Vergeris. Le chef déco. / Le chef déco, et alors? / Ben il faut te *faire un dessin*?
　　人が来てるの。/ ああそう、誰? / クリス・ヴェルジュリ，主任デザイナーの。/ 主任デザイナー、へえそれで? / あんたに何もかも言うこともないでしょう?
　　　　　　　　　　　　　　　Bonitzer : *Petites coupures*

dessouder (tuer)　殺す
Aujourd'hui on va apprendre comment se font *dessouder* les garagistes, c'est ça?
　　今日は車のディーラーがどんな具合に殺されるのか見学に行こうってわけですね。
　　　　　　　　　　　　　　　Leconte : *Une chance sur deux*

dessous
■ **être dans le trente-sixième dessous** (être dans une situation inférieure, dans la misère, dans l'accablement psychologique)　悲惨な，絶望的な状態にある
Elle *est dans le trente-sixième dessous*.
　　彼女（精神病院に入院していて）とても惨めな状態よ。
　　　　　　　　　　　　　　　Truffaut : *La femme d'à côté*

destroy; distroy (英語. vandalisme)　蛮行，破壊
Tu dis à tes copains que mollo sur le *distroy*?
　　お前仲間にな，壊すのは程々にって言うんだぞ。
　　　　　　　　　　　　　　　Klapisch : *Peut-être*

détraqué (déséquilibré; piqué)　異常者，変質者
T'es une *détraquée*! T'es une putain de *détraquée*!
　　おまえはイカレてる! 恐ろしい異常者だ!
　　　　　　　　　　　　　　　Huth : *Serial lover*

détraquer
■ **se détraquer** (tomber en panne; se dérégler)　故障する，正常に作動しない
Ça *s'détraque* tout le temps ces machines.
　　（銀行のATMが動かなくて）こういうのはしょっちゅう故障するんだから。
　　　　　　　　　　　　　　　Jugnot : *Une époque formidable*

deux
■ **de mes deux** (méprisable; de mes deux couilles)　くだらない
Ça vous ferait une drôle de publicité à SOS *de mes deux*.

Dieu

(あんたたちが浴室でセックスしてたことが知れれば) いんちきな命のSOSの大宣伝になるだろうよ． Poiré : *Le Pére Noël est une ordure*
Même à un franc le mètre je lui prendrai pas, son coton *de mes deux*.
たとえメーター1フランだってあんなひでえコットンは買わないよ．
Gilou : *La vérité si je mens*

dévisser (mourir) 死ぬ
Une fois la semaine, je me paie le traiteur, histoire de pas *dévisser*.
週に1度はね，くたばらないために外の料理を奮発するのよ． Bluwal : *1996*

dézipper (ouvrir la fermeture-éclair) ジッパーを開ける
Tu *dézippes* les deux duvets, tu les rézippes ensemble.
羽毛の寝袋二つのジッパーを開けて一つにしてからジッパーを閉めるの．
Varda : *Kung-fu master*

diam (diamant) ダイヤモンド
Toutes ces vieilles peaux se les mettent aux nichons comme des *diams*.
あの婆さんたちみんな（蘭の花を）ダイヤみたいにおっぱいに飾るのよ．
Gainsbourg : *Equateur*

dico (dictionnaire の略) 辞書
Oto-rhino-laryngologue, tu connais? On va quand même pas acheter un *dico*?
オト・リノ・ラランゴログ（耳鼻咽喉科医）ってなんだ？ ま，辞書を買うこともあるまい． Blier : *Les valseuses*

Dieu
■**nom de Dieu!** (Bon Dieu!; merde!) 畜生！
Sainte Marie, mère de Dieu, priez pour nous, pauvres pêch…*nom de Dieu*!
（命の危険を察して）天主の御母聖マリア，祈り給え，罪人なる我ら… （助からないと分かって）畜生！ Leconte : *Tango*

■**qu'est-ce que j'ai〔que tu as; qu'il a; que nous avons; que vous avez; qu'ils ont〕fait au bon Dieu〔à la Sainte Vierge〕pour…**
(j'ai dû faire quelque chose de très mal pour qu'il m'arrive cela; c'est injuste; c'est disproportionné d'être puni à ce point-là) いったい何の報いなのか？ どういう神罰なのか？
Un garçon-fille, mais *qu'est-ce que j'ai fait au bon Dieu*?
息子が男おんなだなんて，なんの祟りなの？ Berliner : *Ma vie en rose*
Qu'est-ce que ce type *a fait au Bon Dieu* pour écoper d'une fille pareille?

ding(u)o
あんな女を背負い込むなんてあの男はいったい何をやらかしたんだ？
Leconte : *Tango*

■ **vingt Dieux!** (Bon Dieu!; merde!)　畜生，くそ！
Vingt Dieux, mets donc le contact*!*
何やってんだ，エンジンをかけろ！
Pirès : *SWB*

ding(u)o (fou; dingue)　気違い
Et la vitesse! Non mais c'est des *dinguos*, là.
あんなにスピードを出して，まったくもう，気違いだ．
Poiré : *Les anges gardiens*
C'est un *dingo*.
あいつは気違いだ．
Poiré : *Les visiteurs*

dingue
1. (fou; pas croyable; terrible)　気違いの，信じられない，ひどい
Je suis complètement *dingue*.
俺ってほんとにどうかしてるよ．
Godard : *A bout de souffle*
2. (fou amoureux)　惚れ込んだ
Je suis raide *dingue* de toi.
僕は君に夢中なんだ．
Gilou : *La vérité si je mens II*

dire
■ **à qui le dis-tu ?** (mais je le sais parfaitement; je ne le sais que trop)
そんなこと言わなくても分かってる，百も承知だ
C'est quasiment impossible d'être servi à notre époque! / *A qui le dites-vous?*
今の世の中じゃもう召使いにちゃんと仕事してもらうなんて望めませんことね．/ 言われるまでもございませんわ．
Molinaro : *La cage aux folles*

■ **autant le dire** voir **autant**

■ **ben dis** (tu sais; de toutes façons)　そんな，おいおい，言っとくけど
Tu crois que tu vas pouvoir tenir 10 jours sans ton Eric? / *Ben dis*! On n'est pas mariés, hein.
あんたかわいいエリックなしで10日もいられるの？ / そんな，結婚してるわけじゃないのよ．
Tavernier : *L'appât*
Tu l'as piqué? / *Ben dis*, il y a intérêt. Avec ce qu'il me paie, je vais pas non plus lui acheter ses fringues.
(あたしにくれた服) 店から失敬したの？ / そりゃそうでしょう，そうでもしなきゃ，あんな給料で店のもんなんか買わしないわよ．
Tavernier : *L'appât*

■ **ça dit bien ce que ça veut dire** (tu as très bien compris; il n'y a pas de sous-entendus) 君にもよく分かってるだろう，それだけの意味だ

Jeanne est partie. / Partie, partie? / *Ça dit bien ce que ça veut dire*, hein.

　ジャンヌは出て行ったよ．/ 出て行ったって，ほんとに？/ 君にもよく分かってるだろう．
　　　　　　　　　　　　　　　　　　　　Molinaro : *L'amour en douce*

Ne sois pas cynique, ça ne te va pas. / Mais je plaisante! / Au fond, pas tant que ça. / Ça veut dire quoi? / *Ça dit très bien ce que ça veut dire.*

　そんな自嘲的な言い方しないで，似合わないわよ．/ 冗談で言ったのさ．/ 実はそうでもなかったりして．/ それどういうこと？/ それだけのことよ．
　　　　　　　　　　　　　　　　　　　　　Rohmer : *Conte d'été*

■ **ce que j'en dis** voir **moi ce que j'en dis**

■ **c'est dit** (c'est d'accord) 承知した

Alors, *c'est dit*, vous le prenez?

　どう，お決めになった，この本お買いになる？
　　　　　　　　　　　　　　　　Ducastel : *Jeanne et le garçon formidable*

■ **c'est moi qui te le dis** (tu ne peux pas ne pas le faire; c'est un ordre) そうしないでは済まされないぞ，命令だ

Vous allez me rembourser le pressing, *c'est moi qui vous le dis*.

　クリーニング代は出してもらいますからね，どうしても．　　Poiré : *Les visiteurs*

■ **c'est pas dit** (ce n'est pas sûr; ce n'est pas obligé) 確実ではない，必ずしもそうではない

Qu'est-ce qui va se voir? / Que je suis un homme. / *C'est pas dit.*

　何が分かっちゃうって？/ 私が男だってこと．/ そんなこともないさ．
　　　　　　　　　　　　　　　　　　　Malinaro : *La cage aux folles II*

■ **c'est pas pour dire, mais** (je m'excuse de dire ça mais; si j'ose dire; je le dis en passant) こう言っちゃなんですが，ついでに言わせてもらえば

Vous avez une mine splendide. *C'est pas pour dire, mais* sincèrement il fait beau.

　すごく顔色がよろしくて．それにしてもほんとに良いお天気で．　Leconte : *Tango*

C'est pas pour dire, mais votre copain d'il y a deux mois, il était plus causant.

　こう言っちゃ悪いけど2か月前のあなたのお仲間の人もっと話し好きだったわ．
　　　　　　　　　　　　　　　　　　　　　　Bluwal : *1996*

■ **c'est te dire** (tu imagines; tu te rends compte; je te dis pas; c'est

dire

vrai quoi ; c'est la preuve que...) ほんとだったら，そりゃすごかった
C'est à croire que les gens veulent plus s'amuser en semaine. De mon temps, même les lundis étaient bons, *c'est t'dire*.

> まるでウイークデーにはみんなもう遊びたくないみたいだな．俺の若いころには月曜だって（遊園地の）入りがよかった，ほんとだぜ． Leconte : *Félix et Lola*

■ **c'est toi qui le dis** (c'est ton avis ; c'est pas sûr)　それはお前の考えにすぎない，確かじゃない
C'est du bluff! / *C'est toi qui l'dis*.

> （俺を30年もぶち込めるなんて話は）こけおどしだ！/ そう思ってりゃいい． Leconte : *Tango*

Je n'avais rien bu ce jour-là. / *C'est toi qui le dis*.

> あの日俺は何も飲んでなかった．/ パパはそう言うけど． Gainsbourg : *Charlotte for ever*

■ **c'est tout dire** (il n'y a rien d'autre à ajouter pour comprendre)　それですべてが言い尽くされている
Pierre est un homme sauvage. Il vit seul, voyage seul et parfois même travaille seul. *C'est tout dire*.

> ピエールは人付き合いの悪い男でね．一人暮らしで，単独旅行それに仕事も人とはしない．あとは押して知るべしだ． Gabus : *Melancholy baby*

■ **c'est vite dit** (tu exagères ; tu n'as aucune preuve ; c'est facile à dire mais c'est pas facile à faire)　根拠のないことを言う，簡単に言う，言うのは容易だが実行は難しい，そう決めつけるのは早計だ
Ce connard a refilé une assurance-vie bidon à ma grand-même. / Bidon, *c'est vite dit*!

> この馬鹿，俺のばあさんをいんちき生命保険に入らせたんだ．/ いんちきだなんて，いいかげんな！ Nauer : *Les truffes*

Tu vis avec une... / Dites-le, une pute ! / Pute, *c'est vite dit*. Je suis quasiment son seul et dernier client.

> あんたの暮らしてる相手はその…/ 遠慮しないで娼婦っておっしゃいよ．/ そんな身も蓋もない．今じゃたった一人の最後の客なのに． Zidi : *Les ripoux*

Maintenant, assieds-toi, on arrive ! / On arrive ! on arrive ! *c'est vite dit*, hein !

> （捕らわれている女刑事に携帯無線機で）もう座ってて，今行くからな！/ 今行く！今行く！だなんて，そう簡単に言ってもらいたくないね． Krawczyk : *Taxi II*

■ **dire merde** voir **merde**

■ **dis donc!** (eh bien!)　あらまー！，へー！

dire

Dis donc, tu allais t'envoyer un chili à toi tout seul !
あんたったら、ひとりでチリを平らげようとしてたのね！　Beineix : *37°2 le matin*

■ **dis-moi** (hein ; n'est-ce pas ?)　な、そうだろう
T'as une touche, *dis-moi* !
君、あの男に惚れられたな！　　　　　　　　　　　　　Veber : *Le placard*

■ **(il) faut dire que** (c'est bien vrai que ; il ne faut pas oublier de dire que)　確かに…だから、というのも…だから、…ということもある
Elle nous a signalé leurs démêlés avec la justice pour avoir saccagé le coin poubelles d'un supermarché. *Il faut dire que* de la javel avait été versée sur les aliments jetés.
　私の知り合いの女性が、出会った若者達がスーパーのゴミ置き場を荒らしたので裁判ざたになったと連絡してきたのです。それには、捨てた食べ物に消毒液が掛けられていたということがあるんです。　　　Varda : *Les glaneurs et la glaneuse*
Il avait l'air tout étonné de ma question. *Faut dire qu*'elle était bête.
　その子はそんなこと聞かれてとてもびっくりしたみたいでしたよ。もっとも私の質問もまずかったんですがね。　　Tavernier : *L'horloger de Saint Paul*

■ **(il n') y a pas à dire** (c'est exactement ça ; c'est absolument certain)
その通りだ、間違いない
Il s'en fout, c'est très clair quoi, *y'a pas à dire*.
　彼どうでもいいのよ、はっきりしてるわ、確かよ。
　　　　　　　　　　　　　　　　　　　　Dugowson : *Mina Tannenbaum*

■ **je dis pas** (je ne dis pas le contraire ; j'accepte ; peut-être ; je dis pas que tu as tort ; t'as peut-être raison ; c'est possible)　まあね、構わない、いいんだ、反対はしない、それは認める、あんたの言う通りかもしれない
D'habitude, je prends jamais les mecs seuls en stop. Je me méfie... Les filles seules, *je dis pas*, mais c'est rare.
　普段は決して男だけのハイカーは乗せないんだ、心配だからね… 女だけなら構わないけどめったにいやしない。　　　　　　Ducastel : *Drôle de Félix*
Je me dis toujours, la mort ce n'est rien, c'est la souffrance. Ah ça, la souffrance, *je dis pas*.
　僕は日頃思ってるんだが、死ぬのはなんともない、問題は苦痛だ。苦痛ってそれは恐ろしいもんだ。　　　　Chéreau : *Ceux qui m'aiment prendront le train*
C'est quand même un copain... / Ah ben oui, *je dis pas*.
　そうは言ってもダチなんだから… / ああそうね、それはそうなんだけれど。
　　　　　　　　　　　　　　　　　　　　　　　Noé : *Seul contre tous*

195

dire

- **je (ne) dis pas ça comme ça** (je dis ça sérieusement)　真面目な話だ
  C'est important. *Je dis pas ça comme ça.*
  > 大事なことなの，いいかげんなこと言ってるんじゃないのよ．
  >
  > Ozon : *Les amants criminels*

- **je (ne) peux pas te dire** (c'est impossible à t'expliquer ; je te dis pas à quel point...)　君には分からないほどだ
  Je l'ai dans la peau... *je peux pas vous dire.*
  > 俺彼女に心底惚れてるんだ…そりゃもう…．
  >
  > Serreau : *La crise*

- **je (ne) te le fais pas dire** (oui, tu as bien raison ; je suis d'accord avec toi ; on est d'accord tous les deux ; tu as tout compris)　まったく君の言う通りだ，君だってそう思うだろう
  Mais alors il reste que les cons. / *Je te l'fais pas dire.*
  > そんなこと言ったら世の中馬鹿だけになっちゃうじゃないの．/ まったくその通りさ．
  >
  > Lelouch : *Itinéraire d'un enfant gâté*

  Elle a oublié d'être con, celle-là. / *Je te le fais pas dire.*
  > あの女も馬鹿な生き方はやめたんだな．/ よく分かってるんじゃないか．
  >
  > Chatiliez : *Le bonheur est dans le pré*

- **je te dis** (je t'affirme ; puisque je te le dis ; crois-moi)　ほんとだ
  C'était un film cochon, *je te dis.*
  > あれはいやらしい映画だったわ，間違いないったら．
  >
  > Miller : *La petite voleuse*

  Elle commençait à sauter, à tirer, *je te dis.*
  > その女，俺に跨って出し入れ始めたんだ，ほんとに．
  >
  > Noé : *Seul contre tous*

  Espèce de vieille conne, *je te dis.*
  > 大馬鹿女め，それしか言いようがねえ．
  >
  > Noé : *Seul contre tous*

- **je te dis pas** (c'est incroyable ; je te raconte pas ; c'est fou ; c'est presque impossible à expliquer ; c'est terrible ; c'est zéro)　信じられないほどだ，すごい，ほとんど言い表しようもない，お話にならない，ひどいもんだ
  C'est un film cochon, je te dis. Et avec les garçons, *je te dis pas.*
  > あれはいやらしい映画だったわ，間違いないったら．それに男たちといちゃついて，ひどいもんだったでしょう．
  >
  > Miller : *La petite voleuse*

  La poitrine qu'elle avait cette salope... Oh là, *je te dis pas.*
  > その女の胸ときたら…すごいのなんのって．
  >
  > Noé : *Seul contre tous*

  Le LSD *j'te dis pas*, c'était terrifiant.
  > LSDはもう，すごかったよ．
  >
  > Garrel : *Le vent de la nuit*

  Dans un service où ils faisaient tous des maths ! Alors *je vous dis pas*

...moi, des maths!

<small>私が配属された課はみんな数学を使ってるのよ！ それがね，私ときたら数学なんてだめなのよ！</small>

<small>Brisseau : *Choses secrètes*</small>

■ **je vais te dire** (écoute-moi bien; tu sais; tu sais quoi; je dois te faire ce reproche; remarque; je te dis franchement)　いいか，よく聞け，正直言って，あのなー，文句を言っとかないとね

J'ai perdu 30 bons légionnaires. Pour rien... *Je vais te dire*, c'est aujourd'hui qu'on a perdu la bataille de Dien Bien Phu.

<small>俺は部下の30人もの立派な外人部隊兵士を失った．無駄にだ… いいか，ディエン・ビエン・フーは今日という日で負けが決まったんだ．</small>

<small>Schoendoerffer : *Dien Bien Phu*</small>

Tu aurais quand même pu demander une chambre avec un grand lit, *je vais te dire* ...

<small>あんたダブルベッドの部屋頼めたんじゃない，言っときますけど…</small>

<small>Truffaut : *La nuit américaine*</small>

Tu vas choper un P.V. / Mais je m'en fous, *je vais te dire*.

<small>君，駐車違反喰らうぞ．／ そんなの気にしてないよ，ほんとに．</small>

<small>Tavernier : *Une semaine de vacances*</small>

■ **(moi) ce que j'en dis** (c'est une manière de parler; c'est pour causer; c'est pas très important ce que j'ai dit; tu n'es pas obligé de suivre mes conseils; tu fais ce que tu veux)　何の気無しに言っただけだ，言葉の綾にすぎない，聞き流してくれ，好きにしてくれ

Oh, vous fâchez pas, *moi ce que j'en dis*!

<small>おいおい怒るなよ，軽く言ったまでだから．</small>

<small>Allégret : *Une si jolie petite plage*</small>

Avance un p'tit peu. / Mais tais-toi! / OK. *Moi ce que j'en dis*.

<small>（スタートラインから車を）ちょっぴりだしたらどうだ．／ 黙れったら！／ 分かったよ，好きにしてくれ．</small>

<small>Berberian : *Le boulet*</small>

Tu n'dis pas c'que tu fais à Marseille. P't-être les mêmes conneries qu'ici?... Et des conneries, à mon sens, t'en as déjà assez fait, mais enfin, *c'que j'en dis*!

<small>（便りをくれた女にモノローグで語る）マルセーユで何しているのか書いてないけど，パリでしたのと同じような馬鹿なことやってるんだろうな？ … 馬鹿なことっていえば，君はもう充分やったと思うけどな，まあ，余計なお世話かもしれないが！</small>

<small>Bral : *Extérieur nuit*</small>

Laissez-la donc tranquille, vous feriez mieux d'être plus compréhensive ... / Nous nous passerons de vos conseils! / *Moi, ce que j'en dis*, c'est

dire

juste pour aider.
> (娘が妊娠したからってそうきついこと言わないで) そっとしてあげたらどう，物わかりがよい母親でいたほうがいいんじゃない？… / あんたの忠告なんていらないわよ！/ 別に押しつけで言ったんじゃないの，ただなんとかしてあげようと思って.
>
> Ozon : 8 femmes

■**on peut toujours dire ça** (c'est facile à dire; ça ne veut rien dire)
そんなこと言うのは簡単だ，そんなの意味がない
Je t'adore mais le passé c'est du passé. / Ça, *on peut toujours dire ça*.
> 君のこと好きだけど，過去のことは過去のことだからね. / そんなつまらないこと言って！
>
> Thévenet : La nuit porte jarretelles

■**on va dire** (par exemple; n'importe quoi) 例えば，何でも
Ces choses-là, ça vous suit partout, c'est infernal. Allez à votre passé et puis au mien! Et puis aux mensonges et aux trahisons, à France télécom et à la communication moderne, *on va dire*.
> (若い女性とシャンパンを飲んでいると携帯電話が鳴り，仕事中だと嘘をつく) こういうもんにどこにでも着け回されるんですよ，ひどいもんですね．さあなたの過去に乾杯，それに僕のにも．それから嘘と裏切りに．フランス・テレコムと現代の通信なんかに乾杯！
>
> Masson : En avoir

■**quand je te dis que…** (je t'assure; puisque je te dis; je te répète depuis tout à l'heure) ほんとだぞ，さっきからそう言ってるじゃないか
Ça va pas toi ou quoi? / *Quand j'vous dis qu'*elle a un problème!
> (弟が姉にそんなこと言うなんて) おかしいんじゃないか？/ (義兄) だから言っているじゃないか，ワイフはトラブルをかかえてるって！
>
> Attal : Ma femme est une actrice

■**quand je te disais que…** (qu'est-ce que je te disais; c'est bien ce que je disais; je te l'avais bien dit) 俺が言ってた通りだ，やっぱりそうだ
Si c'est eux, de toute façon, ça ne peut être qu'une mauvaise nouvelle. Ouvrez-là, vous en mourrez d'envie. / Seigneur, ils arrivent mercredi! Oh c'est demain! / *Quand je disais que* ce serait une mauvaise nouvelle.
> (女中に) 甥の一家からの手紙だったらとにかくろくな便りじゃないね．見たくてたまらないんだろう，開けてごらん． / あら大変，水曜日にこちらに来るんですって！明日ですよ！/ やっぱりろくな便りじゃなかったじゃないか.
>
> Chatiliez : Tatie Danielle

*Quand je disais qu'*elle était idiote.
> (妊娠を伝えたとたんに男に捨てられた姪について) ほらね，あの子は馬鹿なんだよ.
>
> Chatiliez : Tatie Danielle

dire

■**que dis-je ; qu'est-ce que je dis** (enfin) それどころか，…というよりも

Dans quel but aurais-je inventé tout cela ? / Un prétexte pour venir ici, ce matin. *Que dis-je*, revenir !
　どうして私がそんなでっちあげを？ / 今朝ここに来る口実よ．来るというより戻るためね．　　　　　　　　　　　　　　　　　　　　　Ozon : *8 femmes*

La ressemblance est si parfaite que j'ai l'impression de revenir dix ans, *qu'est-ce que je dis*, quinze ans, en arrière.
　(あなたが僕の若い頃の恋人に) あんまり似ているんで なんだか10年も，いや15年も前に戻ったような気がしているんです．　　　　　　　　　　Demy : *Lola*

■**qu'est-ce que je te disais〔t'avais dit〕** (c'est bien ce que j'avais prévu, je te l'avais bien dit, quand je te le disais, j'avais raison, c'est comme je t'avais dit, oui c'est vrai) 俺の言ってた通りだろう

Je viens là avant le dîner, je regarde la fin du jour, c'est jamais pareil. J'attends que Dolorès m'appelle... / A table ! / Tu vois, *qu'est-ce que je te disais* !
　この丘に夕食前に来て，日が暮れるのを見るんだ．一日たりとも同じのはない．そしてドロレスが呼ぶのを待っているのさ． / ご飯ですよ ! / ほらね，言った通りだろう．
　　　　　　　　　　　　　　　　Chatiliez : *Le bonheur est dans le pré*

Il est très gentil, Marcello. C'est un type formidable. / Quel type formidable ce Marcello... / *Qu'est-ce que je vous avais dit* ?
　(自分について) このマルチェロ様はとても親切なんだから．いいやつだよ． / マルチェロってなんていいやつなんだ … / ほら，ほんとうだろう．
　　　　　　　　　　　　　　　　　　　　　Blier : *Trop belle pour moi*

■**qu'est-ce qu'on dit〔tu dis〕?** (alors, on ne dit pas merci ? ; et la politesse alors ?) 何か言うのを忘れてない？ちゃんとお礼を言いなさい

Qu'est-ce qu'on dit Colette et Simone ? / Merci, madame !
　(パンを頂いたのに) 何も言わないなんてお行儀はどうした？ / ありがとう，おばさん．　　　　　　　　　　　　　　　　　Jugnot : *Monsieur Batignole*

Qu'est-ce que tu dis ? / Merci.
　(伯父さんにピーナッツを買ってもらった子供に母親が) お礼は？ / ありがとう．
　　　　　　　　　　　　　　　　　　　　　Kurys : *La Baule-les-Pins*

■**que tu dis** (c'est toi qui le dis ; ça te plaît de le dire ; j'en doute) 君はそう言うけど，そう言うのは君の勝手だ

Allez, Jane, du cran, Bon Dieu ! / Eh dis donc, ne charriez pas, c'est le dernier ! / *Que tu dis*.

dire

 さあ，ジェーン，しっかり飲めったら！/ そんな，冗談でしょう，これが最後よ！/ へえそうかなー.
             Chabrol : *Les bonnes femmes*

■**qui me dit que...** (je n'ai aucune preuve du contraire; j'ai le droit d'imaginer que...) …ではないとは言えないでしょう，そう思われてもしょうがないでしょう

Sortez, je sais que vous êtes là. Quand vous cambriolez une maison, vous passez toujours par les fenêtres? Mais *qui me dit que* c'est pas vous l'cambrioleur?

 出てらっしゃい，そこに隠れてるの分かってるんだから．あんた強盗するとき，いつも窓からはいるの？強盗と思われたってしょうがないわね. Jardin : *Fanfan*

Qui me dit que c'est pas toi qui as appelé la police? / Ben, je ne serais pas ici.

 警察に通報したのはお前臭いな？/ だったらここに来やしないぞ.
             Dupeyron : *La machine*

■**si je te le dis** (puisque je te le dis) だからそう言ってるだろう

Il n'y a rien à voir. / C'est vrai, je ne vois absolument rien. / *Si je te le dis*.

 見たって何もないわよ．/（自分で確かめてみて）ほんとだ，何も見えない. / だから言わんこっちゃない.
          Ocelot : *Kirikou et la sorcière*

■**tu crois〔comptes〕pas si bien dire** (tu as vraiment raison; c'est exactement comme ça; tu peux pas dire mieux) あんたの言うとおり

T'as pas intérêt à me faire d'emmerdes quand on est là-bas, OK? / J'ai carrément pas intérêt, *tu crois pas si bien dire*.

 あっちへ行っても変な真似をするとろくなことないよ，いいね？/ もちよ，おっしゃる通りよ.   Despentes : *Baise-moi*

Pauline ... là, t'as du pognon. Garanti. / Ah, *tu crois pas si bien dire*.

 ポリーヌだったらお前にカネがはいる．保証付きだ. / ああ，お説ごもっともだ.
             Dupeyron : *Salomé*

Tu vas nous péter une durite, ça serait dommage. / *Tu comptes pas si bien dire*.

 俺たちをかんかんに怒らせたらお前だって困るよな. / それに違えねえ.
             Berberian : *Le boulet*

■**tu disais** (qu'est-ce que tu disais?) なんだって？

Ils ont lavé le couloir et c'est pas le jour. / *Vous disiez*?

 監房の廊下を洗ってたんです．定期の日ではないのに. / なんですって？
             Giovanni : *Mon père*

■**tu l'as dit** (c'est ça; tu as raison; c'est bien vrai; moi aussi je veux le dire) その通りだ，もっともだ，俺もそう言いたいよ

Elle s'incruste. / *Tu l'as dit*, ouais. Elle s'incruste. J'y pense tous les jours.
> 彼女のことで頭が一杯なんだろう。/ それなんだ，うん。頭が一杯だ。毎日彼女のこと思ってる。 Dupeyron : *Salomé*

C'est vraiment bizarre, hein, l'amour? / Ah oui, ça *tu l'as dit*, hein.
> ほんとに不思議ね，恋って？/ そうよ，あんたの言う通りね。 Miller : *L'effrontée*

Ah! Merde alors! / *Tu l'as dit*. Au Carrefour Edgar Quinet, au plein milieu, pan, la panne.
> (トラックが故障したと言われて) ああ，畜生め！/ まったくなー！ エドガー・キネーのマーケットのまん真中の交差点で，ガタガタってきてエンコさ！ Demy : *L'événement le plus important depuis que l'homme a marché sur la lune*

■**tu me diras** (tu ne diras certainement pas le contraire; tu es d'accord avec moi) 君だってそう思うだろう，本当だぜ

La médecine a fait des progrès, faut en profiter. / Ah ben ça c'est sûr que t'en profites, ça, ça se voit. / Remarque, les médecins aussi ils en profitent, *tu me diras*.
> 医学は進歩したものな，それを利用しない手はない。/ ああ，君が利用してるのはよく分かる(整形医療で瘤だらけの頭を見て) 目に見えるものな。/ もっとも医者だってそれにつけこんでるって君だって思うだろう。 Serreau : *La crise*

■**tu m'en diras des nouvelles** voir **nouvelle**

■**tu peux le dire** (c'est bien ça; tu as raison; c'est vrai; je suis tout à fait d'accord) まさにその通りだ，賛成だ

Je suis à l'hosto, j'peux même plus bouger. / Oh merde! / Ah ça *tu peux le dire*!
> (電話で) 俺入院してて身動きもできない始末なんだ。/ なんてこった！/ ほんとにその通りだ！ Poiré : *Les anges gardiens*

■**tu sais ce qu'il te dit...** (il te dit merde が略されている) お前なんか糞食らえだ

C'est pas pour le bifteck de Riki que les clients viennent, c'est pour ton glamour! / *Tu sais ce qu'il te dit*, le bifteck de Riki?
> こいつのビフテキ目当てで客が来るわけじゃありませんよ。マダムの魅力ですよ。/ 俺のビフテキに文句をつけやがって，この野郎！ Aghion : *Pédale douce*

direct

1. (un demi de bière) 生ビール

Un *direct*!
> 生を1杯くれ！ Godard : *A bout de souffle*

dirlo

2. (directement; immédiatement; tout de suite) 直接，じかに，すぐに
On peut aller en boîte *direct*.
すぐにディスコに行ってもいいな。　　　　Le Roux : *On appelle ça... le printemps*
J'ferais p't'être mieux d'aller *direct* chez Sony ?
(修理するのに) 直接ソニーに持ってったほうがいいかしら？　　Huth : *Serial lover*
Si l'aile du Président a brûlé, on va *direct* au procès.
もし会長の車のフェンダーが焦げてたらなにがなんでも訴訟ですからね。
Poiré : *Les visiteurs*
Masson, je lui dis un truc comme ça, il pète les plombs *direct*.
マッソンにそんなこと言ったらたちどころに怒り狂っちゃうよ。
Audiard : *Sur mes lèvres*

dirlo (directeur; directrice; principal) 校長
Pourquoi tu lui as raconté toutes ces conneries à la *dirlo* ?
なんでまた校長にあんな馬鹿なことべらべら喋ったのよ？　　Siegfried : *Louise*

disco (discothèque の略. la musique pour la discothèque) ディスコ，ディスコ向きの音楽
Dommage que j'aime que le *disco*.
あたしディスコ音楽しか好きじゃなくってお生憎様ね。　　Beineix : *Diva*

discrétos [diskretos] (discrètement) 秘かに，こっそり，目立たないように
Faut qu'on se voit ce soir... *discrétos*.
今晩会わなくっちゃ…こっそり　　　　Miller : *La classe de neige*
Il va falloir que tu ouvres un troisième compte et que tu sortes l'argent progressivement, hein, *discrétos*, Serge, *discrétos*, hein !
三つ目の口座を開くんだ，そしてカネを少しずつ引き出せ，地味にやるんだぞセルジュ，地味にだ。　　Gilou : *La vérité si je mens II*
Tu prends ça *discretos*.
(この覚醒剤やるから) 人目に付かないようにやれ。　　Limosin : *L'autre nuit*

discuter
■**on peut en discuter** (il y a beaucoup d'opinions là-dessus) 意見が分かれるところだ
Moi aussi j'aurais pu faire des études... si j'étais né sous une bonne étoile ! / Jaune par exemple. / Ça, *on peut en discuter*.
俺だって大学へ行けたかもね，いい星の許で生まれてたら！/ (ユダヤ人狩りで独軍に捕まりそうになっている医者が) 黄色い星だったらね。/ それにはいろいろ意見があるからね。　　Jugnot : *Monsieur Batignole*

disjoncter (se rendre fou-amoureux; devenir fou; délirer; perdre le contact avec la réalité) 気が狂う，プッツンする，キレる，夢中になる
Il m'a juré qu'il n'avait jamais parlé à une fille comme ça, qu'il ne comprenait pas, je l'avais fait *disjoncter*.
彼は本当に今まで女の子にこんなふうに話したことは一度もなかったし，訳が分からないって．あたしが彼を夢中にさせたんだって． Bonitzer : *Rien sur Robert*

disque
■**changer de disque** (parler d'autre chose; cesser de répéter la même chose) 話題を変える，同じことを繰り返すのをやめる
J'en ai ras le bol de tes boniments. Alors *change de disque*!
あんたのでたらめはもうたくさん．そんなのもうやめなさい！ Poiré : *Les visiteurs*

disquette
■**péter la disquette** (perdre la tête; péter les plombs) 気が狂う，取り乱す
Il *a* complèmement *pété la disquette*, il a flingué Max Kubler.
奴は全くいかれちまって，マックス・キュブレールを撃ち殺したのさ． Beineix : *Mortel transfert*

dissert [disɛrt] (dissertation の略) 小論文
Je lui prêtais de l'argent et il me faisait mes *disserts* de philo.
僕が彼にカネを貸すと，彼は僕の哲学の小論文を代筆してくれるんだ． Vernoux : *Love etc.*

distrib (distribution の略) 流通，販売網
C'est lui qui nous a soutenu sur la grande *distrib*.
あの銀行家が大手との取引のために我々に資金を融通してくれたんだ． Gilou : *La vérité si je mens II*

distroy voir **destroy**

doc
1. (docteur の略. médecin) 医者
Amenez-moi le *doc*, s'il est pas trop pété.
ぐでんぐでんじゃなかったらドクターを連れて来てくれ． Gainsbourg : *Equateur*
2. (film documentaire の略) 記録映画
Il y a un *doc* sur la Yougoslavie, je veux voir.
ユーゴのドキュメンタリーがあるから見たいんだ． Bonitzer : *Petites coupures*

doche (règles; périodes) 生理
Pourquoi t'es à cran comme ça…t'as tes *doches*…
なんでそんなにいらいらしてるんだ… あれなのか？ Gainsbourg : *Charlotte for ever*

docu (film documentaire の略) 記録映画，ドキュメンタリー
   Moi je ne veux pas y aller! / T'as raison! Tu sais pas ce que j'ai vu dans un *docu*?
   俺はそんなとこ（孤児院なんか）に行きたくない．／そりゃそうだ．俺，ドキュメンタリーで見たんだけど，ひでえもんだった． Fansten : *La fracture du myocarde*

dodo (sommeil; lit) おねんね，ベッド
   Moi je monte me coucher. / Oui, c'est ça, au *dodo*.
   僕は寝るからね．／そうよ，おねんねしなさい． Poiré : *Les visiteurs*

doigt

■**bouger le petit doigt** (agir) 行動する
   Ils rêvent tous de séduire une belle femme, mais y en a pas un qui *bouge le petit doigt*.
   男はみんな美女を誘惑したいと願ってはいるが，誰一人として実行する奴はいないね． Leconte : *Tango*

■**comme les deux doigts de la main** (inséparable; uni) 切り離せない，固く結びついた
   Je te présente ma copine. Sarah, elle s'appelle. On est *comme les deux doigts de la main*.
   女友達を紹介するわ．サラっていうの．あたしたち切っても切れない仲なのよ． Blier : *Mon homme*

■**croiser les doigts** (toucher du bois) 厄払いをする，現状が続くことを願う
   Je *croise les doigts* pour toi.
   君のつきが落ちないことを願うよ． Téchiné : *Rendez-vous*

■**les doigts dans l'nez** (sans effort; très facilement) 楽々と，容易に
   On a gagné *les doigts dans l'nez*, y'ont perdu, les doigts dans le cul!
   俺たちゃ楽勝，奴等はいちころ！ （gagné...nez, perdu...cul の韻を合わせたしゃれ） Kounen : *Le Dobermann*
   Avec le karaté, tu dégommes les chiottes de Marcelle d'une seule main, *les doigts dans le nez*.
   空手を使えば片手でマルセルのトイレなんか粉々よ．ちょろいもんだわ． Hubert : *Le grand chemin*

■**mon petit doigt me l'a dit** (je l'ai su par un moyen secret) 情報源は教えない
   Comment t'as su pour ce soir? / *Mon petit doigt*...
   今晩会があるってどうして知ったんだ？／それは秘密… Bénégui : *Au petit Marguery*

■**ne pas avoir été fait avec un doigt** (ne pas être né avec la dernière pluie) うぶではない，駆け出しではない，経験豊かである
Attention, j'*ai pas été fait avec un doigt* moi, hein! Tu vas me rendre mon oseille maintenant!
　おいおい，おれをなめるなよ．今すぐカネを返すんだ！
Gilou : La vérité si je mens II

■**ton doigt dans le cul** (arrête de me faire des reproches; fous-moi la paix) ほっといてくれ
C'est pas des frites, ça! C'est plein d'gras, ça! / Et *ton doigt dans l'cul*.
　こんなのフライドポテトじゃない，脂だらけだ！／うるせー．
Dumont : La vie de Jésus

Doliprane (antalgique et antipyrétique) 鎮痛解熱剤
Du *Doliprane* 500 et de la mousse à raser, s'il vous plaît.
　ドリプラーヌ5百とシェービングムースをください．
Lioret : Mademoiselle

donf
■**à donf**
1. (à fond; totalement; tout à fait; sans hésitation) 完全に，とことん，ためらわずに
Tu la chauffes *à donf*, sinon c'est niqué.
　その女を一心不乱に口説きまくるんだ．さもないとおじゃんだぞ．
Gilou : La vérité si je mens II

2. (très vite) フルスピードで
Mets le frein! / *A donf!*
　ブレーキを掛けろ！／全速だ！
Bardiau : Le monde de Marty

donner (vendre; dénoncer) 密告する，売る
Qu'est-c'qu'a pu l'*donner*?
　いったい誰がサツに彼を売るような真似をしたのかしらね？
Berto : La neige

■**avoir déjà donné** (avoir déjà suffisamment fait sans avoir l'intention de recommencer; avoir fait l'expérience de; avoir déjà supporté) 経験済みだ，もうやる気はない
Bergère de chiens, non merci. J'*ai déjà donné* avec les bêtes.
　犬の面倒を見るなんてごめんよ．羊でこりごりなんだから．
Varda : Sans toit ni loi
Le room-service, on *a déjà donné*.
　（ホテルのレセプションに電話で）ルームサービスはもうごめんだね．
Thompson : Décalage horaire

■**c'est donné** (ce n'est pas cher) 高くない，ただ同然だ

dont

Ce n'*est* pas *donné*, mais généralement c'est excellent.
　決してお安いとは申せませんが，たいてい結構なお味ですわ． Haneke : *La pianiste*

■**se la donner** (se donner de la joie) 快楽を共にする
　Avant on niquait du matin au soir, n'importe où, on s'*la donnait* grave.
　前は朝から晩までやりまくった，所構わず快楽を貪りあった.
　　　　　　　　　　　　　　　　　　　　　　　Gilou : *La vérité si je mens II*

On va *se la donner* grave.
　俺達も大いにやりまくろう．　　　　　　　　　Gilou : *La vérité si je mens II*

■**voilà ce que ça donne** (voilà le résultat)　その結果がこれだ．
Moi aussi j'ai gueulé comme lui... *voilà ce que ça donne*.
　わしも今の息子そっくりに怒鳴っていた．こうなったのも仕方あるまい.
　　　　　　　　　　　　　　　　　　　　　　　　　　Dupeyron : *Salomé*

dont

■**de...dont** (de...que ; ...dont)
　C'est *de* ça *dont* tu voulais parler ?
　このこと話したかったの？　　　　　　　　　　Klapisch : *Riens du tout*
　C'est *de* lui *dont* je te parle dans mon message.
　留守電に入れといたのはそいつのことなんだ．　Girod : *Passage à l'acte*
　Ce n'est pas *de* moi *dont* elle a besoin en ce moment.
　今，彼女が必要としているのはこの僕ではないんです．　Doillon : *La fille prodigue*

dope (英語. drogue) 麻薬
　On s'est vraiment fait avoir par la *dope*.
　ヤクですっかりおかしくなっちゃったな．　　　Klapisch : *Péril jeune*

doper (corriger) 改めさせる
　C'est Dolorès qui te *dope* comme ça ? / Si on veut.
　君をこんな風に変えたのはドロレスなのか？/ そうとも言えるな．
　　　　　　　　　　　　　　　　Chatiliez : *Le bonheur est dans le pré*

dos

■**avoir *qn.* sur le dos** (être énnuyé par la présence de) 煩わされる
Les pédés, vaut mieux les *avoir sur le dos* que dans le...
　ホモに後ろからなにされるよりまだうるさいこと言われるほうがましってもんですよ．（重役会議での発言なので dans le の後の cul を言い落としている）
　　　　　　　　　　　　　　　　　　　　　　　　　Veber : *Le placard*
On est mieux à manger ici plutôt qu'au foyer. / On est mieux qu'à les *avoir sur le dos*.
　(身障者の俺たちには）施設で食うよりここのほうがいいな．/ ああしろこうしろな

んてないからな. Sinapi : *Nationale 7*

■**en avoir plein le dos** (en avoir assez) うんざりする
　Je suis fatigué... j'*en ai plein le dos*, le cul et les bottes.
　　僕はやんなっちゃったよ. もうたくさんだ, うんざりだ. Corneau : *Série noire*

■**foutre sur le dos** (rendre responsable ; charger) 責任を負わす
　Si au moment où j'allais lui gicler dedans, j'avais su qu'elle allait me *foutre* un marmot *sur le dos*, je me serais retenu.
　　あの女の中で射精する瞬間に, 俺にガキを押しつけようとしているのが分かっていたら, 出すのを抑えたんだが. Noé : *Seul contre tous*

■**les mains dans le dos** (très adroitement ; habilement) とても器用に
　Donne-moi ça ! ... Et voilà ! / Il y arrive même *les mains dans le dos* !
　　俺に貸してみな. (ばらばらになったピストルを手際よく組み立てる) 一丁上がり！ / 目をつむってたってできるだろうな！ Iosseliani : *Adieu, plancher des vaches*

■**se mettre qn. à dos** (s'en faire un ennemi) 敵に回す
　Vous *vous mettez* tout le monde *à dos*.
　　あんたみんなを敵に回してるわ. Sinapi : *Nationale 7*

dose

■**avoir sa dose** (en avoir assez) うんざりする
　J'ai pas envie de redescendre cet après-midi ! J'*ai eu ma dose*.
　　また午後街まで降りてきたくないわ. もうたくさん！ Moll : *Un ami qui vous veut du bien*
　Moi, les contes de fées, moi j'*ai eu ma dose*, merci !
　　あたしそんな夢物語なんてうんざり, もう結構よ！ Leconte : *La fille sur le pont*

doubler (tromper) 騙す

　T'as essayé de me doubler ? / Il y a peut-être beaucoup mieux à faire que de te *doubler*.
　　あんた僕のこと騙そうとしたの？ / 君を騙すよりずっといいことがあるんじゃないか？ Beineix : *Diva*

douce

■**en douce** (secrètement ; en cachette) こっそり, 隠れて
　Vous me regardez là, comme ça, *en douce*, là.
　　あんた, ほら, ね, あたしを盗み見してるでしょう. Masson : *En avoir*

douche

■**douche écossaise** (alternances de bonne et de mauvaise attitude, humeur) 態度, 機嫌などの豹変
　J'en ai marre de tes *douches écossaises* !

doudou

そんな猫の目のようにくるくる変わるのにはもうついていけないよ！

Mimouni : *L'appartement*

■**être bon pour la douche** (avoir besoin d'une douche; avoir besoin d'être calmé, être fou)　頭を冷やす必要がある，頭が変だ

Tu *es bonne pour la douche.*

あんた落ち着かないと駄目だよ．　　　Miéville : *Après la réconciliation*

■**se prendre une douche** (se téléphoner; s'appeler)　電話し合う，連絡し合う（douche シャワーの蛇口が受話器の形と似ていることから）

On s'appelle? / On s'appelle, on *se prend une douche.*

電話する？/ 電話する，連絡を取り合おう．　　Klapisch : *Péril jeune*

doudou

1. (objet précieux pour bébé; peluche; tissu; objets transitionnels)　赤ん坊の大事な物，過渡対象となる縫いぐるみ，布など

   Je l'ai achetée au marché un jour. / C'était déjà son *doudou* quand il était petit.

   あのマフラーは昔あたしが市で買ったものよ． / あの子のちっちゃいときからもう宝になってた．　　　　　Mouriéras : *Dis-moi que je rêve*

2. (chou, bout de chou, cher)　かわいこちゃん

   Y'a tout ce que j'aime! Merci, *doudou* gros loup!

   （買ってきてくれたケーキは）あたしの好きなものばっかり！ ありがとう，ダーリン！　　　　　　　　　　　　　　Braoudé : *Neuf mois*

doudoune

■**vieille doudoune!** (vieille vache!)　ばばあ

Je vais te scalper, *vieille doudoune!*

頭の皮を剥いでやる，くそばばあめ！　　　　Miller : *L'effrontée*

douiller (payer)　買収する

Il *était douillé.*

彼は買収されてたんだ．　　　　　　　　　　　Bluwal : *1996*

doux

■**filer doux** (obéir sans se révolter; agir selon les volontés de *qn.*)　従順である，言いなりになる

T'as fait du mal à quelqu'un? / T'es malade ou quoi? Ils *filent doux.*

（人質の）誰かに怪我させた？ / そんな馬鹿な，みんな大人しいもんさ．

Rochant : *Aux yeux du monde*

douze

■**douze sur douze** (sans arrêt)　四六時中，いつも

Ça vous arrive quand même de temps en temps? / Oh pas beaucoup, on travaille pratiquement *douze sur douze*. Qu'est-ce que vous croyez, c'est un boulot de galérien.
 時々旅行することだってあるでしょう？ / いや，あんまりね．四六時中働いてるのも同然です．ひどい職業ですからね．
          Fontaine : *Nettoyage à sec*

D.P.L.G. (diplômé par le gouvernement の略)　政府認定の
Les paysans, autrefois étaient des artistes. Beaucoup plus artistes que M. l'architecte *D.P.L.G.*
 農民は昔は名人気質を持ってました，政府認定建築士さんよりずっとね．
      Rohmer : *L'arbre, le maire et la médiathèque*

Dragonal (sommnifère)　睡眠剤
C'est du *Dragonal*. Je lui en ai donné à haute dose. Il a à peine somnolé deux heures! C'est un costaud!
 これは睡眠剤です．彼にたっぷりと盛りましたが2時間そこそこうつらうつらしただけです．頑丈な男ですよ．
          Poiré : *Les visiteurs*

draguer (faire la cour ; essayer de séduire, racoler)　ナンパする，ひっかける，ハントする
Je *drague* pas toutes les filles qui passent.
 僕は通り過ぎる女の子をかたっぱしからナンパするようなことはしない．
        Guédiguian : *A la place du cœur*
Moi, elle m'a vue à la terrasse d'un café, elle m'*a draguée*.
 彼女あたしをカフェのテラスで見てね，あたしをレズに誘ったのよ．
         Bonello : *Le pornographe*

droit

■**avoir droit à** (devoir subir ; ne pas pouvoir éviter)　避けられない
Rends-moi les bijoux de suite, l'escroc, ou t'*as droit à* mon genou dans les couilles!
 すぐに宝石を返しな，このペテン師，さもないと急所に膝げりをくらうはめになるよ！
        Poiré : *Les couloirs du temps*
Pas le Lever de soleil de Haydn! J'*y ai droit* tous les matins.
 ハイドンの「日の出」をかけるのはやめてくれ！毎朝聞かされてるんだから．
         Tacchella : *Escalier C*
T'*y as eu droit* toi aussi? Elle t'a mesuré ta portière?
 あんたもやられたの？あの女ドアの寸法を計ってたんでしょう？
          Sinapi : *Nationale 7*

■**être en fin de droit** (être arrivé à la fin de la période légale de per-

drôle

cevoir des indemnités du chômage, RMI etc.) 失業手当，RMIなどの手当を受け取る法的期限が切れそうになっている
Lundi je *suis en fin de droits*!
月曜に失業手当が切れるんだ． Blier : *Mon homme*

drôle
■drôle de
1. (beaucoup de)　たくさんの
Ça vous ferait une *drôle de* publicité à SOS de mes deux.
（あんたたちが浴室でセックスしてたことが知れれば）そりゃいんちきな命のSOSの大宣伝になるだろうよ． Poiré : *Le Père Noël est une ordure*
2. (vraiment, très)　ほんとうに，とても
Il nous a fait un *drôle de* beau cadeau.
彼は俺達にほんとにすごい贈り物をしてくれたもんだ． Beineix : *37° 2 le matin*

drôlement (très ; beaucoup) とても，すごく
Je vous les donne. / Ben dites donc, ça fait *drôlement* plaisir.
（牡蛎のからを）あんたにあげるよ．／まあ，すごく嬉しいわ．
Poiré : *Le Père Noël est une ordure*

Ducon (imbécile ; con) お馬鹿さん
Il s'appelle Jean-Patrice Benjamin, mais au Ministère on l'appelle *Ducon*.
彼はジャン=パトリス・バンジャマンという名前なんですけど，役所じゃみんなお馬鹿さんと呼んでいますよ． Veber : *Le dîner de cons*
Je me marie dans un mois. / Mazeltov, *ducon*!
俺ひと月後には結婚するんだ．／やれやれ，阿呆め！ Gilou : *La vérité si je mens II*

dugenou (imbécile) 馬鹿
C'est pas un torchon, hé *dug'nou*!
これは布巾なんかじゃないんだぞ，この馬鹿！ Berliner : *Ma vie en rose*

dur (prison) 刑務所
Adèle est une bonne petite, qui ne mérite pas de faire huit ou dix ans de *dur*.
アデールはいい娘で８年から10年もムショで暮らすことはない．
Gainsbourg : *Equateur*

Duracell (nom de société qui fabrique des piles) 電池製造会社名
Tu travailles chez *Duracell*?
あんた電池会社で働いてんのかよ？ Beineix: *IP5*

E

è (elle) それは，彼女は
　Putain, *è* m'fait vraiment chier cette pétoire de branlo qui n'avance même pas!
　　やんなっちゃう，このやくざバイクときたら進もうともしないんだから！
　　　　　　　　　　　　　　　　　　　　　　　Dumont : *La vie de Jésus*
　Tu rigoles, l'infirmière *è* nous a dit qu'tu sortais d'main.
　　(もう先が長くないと言う老人に) 冗談だろう，看護婦が言ってたよ，明日退院だって．
　　　　　　　　　　　　　　　　　　　　　　　　　　　　Beineix : *IP5*

eau
■**ne pas avoir inventé l'eau chaude** voir **inventer**

écarter (écarter les genoux; coïter) セックスする
　Elle griffe pas, elle mord pas, elle *écarte* tranquille.
　　あの女は引っかきも噛みもしない，平然と股を開くんだ．　　Blier : *Les valseuses*

échangiste (couple qui échange des partenaires sexuels; partouzard) スワッピングを行うカップル
　J'ai jamais trouvé une partouze. Pas un club d'*échangiste*.
　　まだオージーパーティーなんか一度もお目にかかったことなんかない．一つもスワッピングクラブが見つからないんだ．　　Bonello : *Le pornographe*

écharper
■**se faire écharper** (se faire massacrer) 攻撃される
　Si tu te balades dans le coin avec un mec qu'a les bracelets, tu vas *te faire écharper* par ses potes.
　　この辺をワッカをはめた男と歩いてみろ，そいつの仲間に袋叩きにされるぞ．
　　　　　　　　　　　　　　　　　　　　　　　　　　　　Zidi : *Les ripoux*

échassière (prostituée de bar) バーにたむろする娼婦
　Toutes les putes de Paris ont travaillé pour moi. Les tricoteuses, les *échassières*.
　　パリじゅうの娼婦が僕のために働いてくれた．街娼であろうと，バーの娼婦だろうと．
　　　　　　　　　　　　　　　　　　　　　　　　　Leconte : *Rue des plaisirs*

échelle (série de mailles filées sur la longueur d'un bas, d'un collant) ストッキングの伝染，ラン
　Hier, tu es sortie avec un bas filé à la jambe gauche et quand tu es

écho
rentrée, l'*échelle* était à la jambe droite.
> 昨日君が出掛けたときには左脚のストッキングが伝染してたが，帰ってきたときには右脚になっていたぞ．
> Gainsbourg : *Stan the flasher*

écho (échographie の略) 超音波造影
Gaby m'a fait une *écho*.
> ギャビーがエコーを撮ってくれたんだ．
> Miller : *Le sourire*

éclater
1. (frapper avec violence) ぶん殴る
Tu la fermes, sinon j't'*éclate* !
> 黙れ，さもないと殴り飛ばすぞ！
> Zeitoun : *Yamakasi*

2. (plaire; trouver fantastique; admirer) 気に入る，感心する
Il paraît qu'il écrit même des romans, maintenant. Il fait du sport, il tire des gonzesses... Il m'*éclate*, ce mec.
> 彼はこの頃小説も書いてるみたいだ．スポーツはやるし，女もたくさんいる．すごいもんだよあいつは．
> Chabrol : *Au cœur du mensonge*

■s'éclater
1. (s'amuser) 楽しむ，発散する
Je travaille dur toute la semaine, mais le samedi soir je *m'éclate*.
> ウイークデーはすごく働くけど，土曜日の夜は大いにはしゃぐの．
> Téchiné : *Alice et Martin*

T'es vachement vieux pour un vieux, mais ensemble, on va bien *s'éclater* !
> あんた爺さんっていってもよぼよぼだけど，二人で楽しくやろうや！
> Bardiau : *Le monde de Marty*

2. (prendre un plaisir intense; éprouver l'orgasme) 強烈な快楽を覚える，オルガスムを感じる
Aujourd'hui j'ai eu envie de *m'éclater*.
> 今日はとことんまで快楽に浸りたいんだ．
> Gilou : *La vérité si je mens II*

écluser (boire de l'alcool) (酒を）飲む
Qu'est-ce qu'il *écluse*, avec son diabète !
> 彼，糖尿のくせに飲むったらないんだ！
> Sautet : *Garçon*

école
■à bonne école (avec des gens capables de former, de servir d'exemple)
有能な教師についていて
C'est la première fois qu'il baise ? / Mais il a été *à bonne école*.
> あの男 初体験なんですか？（それにしては女のよがり声がすごい）/ そりゃ俺みた

いないい先生がついてりゃ．　　　　　　　　　　　Nauer : *Les truffes*

écolo (écologiste の略) 環境保護主義者
Alors, là-haut, vous êtes devenue *écolo*.
じゃあ，上のほうに住んでいて環境保護主義になったんですね．
　　　　　　　　　　　　　　　　　　　Dupeyron : *Salomé*

éconocroque (économie) 貯金
C'est un type sérieux, Charles. Pas trop vieux, pas trop jeune ! Des *éconocroques* !
シャルルって真面目な男よ．あまり歳もいっていないし，若すぎないし！ 蓄えもあるわ！
　　　　　　　　　　　　　　　　Malle : *Zazie dans le métro*

écoper (faire l'objet d'une peine) 罰を喰らう
Mon fils est en prison. J'ai besoin d'un avocat, sinon il *écopera* du maximum.
息子が刑務所に入っていて弁護士に頼まないと最高刑を喰らっちゃうんです．
　　　　　　　　　　　　　Serreau : *Romuald et Juliette*

écouilles (sexe de la femme) 女性性器
Je dois dire que pendant ton absence j'ai... Ça lui a bien dégagé les *écouilles*.
こいつは話とかなきゃな，お前がいない間に俺… 彼女のあそこ通りをよくしといた．
　　　　　　　　　　　Chatiliez : *Le bonheur est dans le pré*

écrabouiller
■**s'écrabouiller** (s'écraser salement ; se mettre en bouillie) つぶれる，粉々になる
Moi, j'y vais pas ! On va *s'écrabouiller* !
僕，木に登らないよ．落っこちて粉々になっちまうもん．
　　　　　　　　　　　　　　　　Hubert : *Le grand chemin*

écraser (se taire ; ne pas insister ; laisser tomber) 黙る，やめる，諦める
Il est génial, son frère, moi si j'en avais un comme ça, Dodoche elle *écraserait*.
彼女の兄さんていいなあ，ああいうのが一人いれば義母のドドシュもうるさく言えないだろうにな．　　Fansten : *La fracture du myocarde*
Ecrase un peu Ako, tu fais chier.
ちょっとやめてくれ，アコ，うるさいぞ．
　　　　　　　　　　　　　　　　　　Klapisch : *Peut-être*
■**s'écraser** (ne pas protester ; n'oser rien dire ; se taire ; ne pas dénoncer) 抗議しない，口出ししない，告発しない

ecstasy

Je peux pas la sacquer celle-là. J'en ai marre de ce boulot de con, putain ! / Non mais attends, t'es assistante tu peux faire attention... je veux dire, heu... même moi je fais pas ce que tu fais. / Oui, ben toi tu *t'écrases*, c'est tout.

<small>あたしもうあんな女我慢できない．こんな馬鹿みたいな仕事もういや．/ ちょっと，あんた，助手でしょう，気をつけなきゃ…つまりね…あんたが言ってるようなこと，このあたしでさえ言ってないのよ．/ だったらあんた，引っ込んでればいいんじゃない．</small>

Klapisch : Chacun cherche son chat

ecstasy (英語 amphétamine; adam; zoom; ecsta) アンフェタミン系の麻薬

On a pris un *ecstasy*.

<small>俺たち，エクスタシーやったんだ．</small>

Assayas : Fin août, début septembre

effeuilleuse (strip-teaseuse) ストリッパー

Pas très belle cette fermeture-éclair pour une *effeuilleuse* !

<small>ストリッパーが身につけるものにしちゃこのファースナーいただけないな！</small>

Othnin : Piège à flics

eh
■eh bien, eh ben

1. (et alors ? ; si c'est comme ça ?) それで？，だったらどうだっていうんだ？

   Le petit a bien dit que tu étais attaché culturel ? / Oui, *eh bien* ?

   <small>あの子は確かにあんたが文化アタッシェだって言ったんだね？/ そうさ，だったら何なんだ？</small>

   Molinaro : La cage aux folles

2. (si c'est comme ça; dans ce cas-là) それだったら

   Je ne sais pas, à la fin du mois. / A la fin du mois... Bon, *eh bien* d'accord !

   <small>(新しい原稿を渡すのは) そうですね，月末では．/ 月末… そう，それでしたら結構．</small>

   Vincent : La discrète

3. (voilà; bien sûr; évidemment; ça va de soi; voyons) その通りだ，もちろん，そうに決まってる

   On vous a dit que j'étais la présidente de l'association "le chat mon ami" ? *Eh bien*, je suis la présidente de l'association "le chat mon ami".

   <small>私が「猫は我が友」会の会長だってお聞きになった？そうなのよ，私は「猫は我が友」会の会長なの．</small>

   Klapisch : Chacun cherche son chat

4. (oh là là !; ça alors !; tu es méchant; dis donc !) おやまあ！，ひどいも

んだ
Je voyais que je plaisais, alors ça me suffisait. / *Eh ben !*
　ママはね，男の人に好きになってもらえばそれでよかったのよ. / へーえ！
Jacquot : *La fille seule*

J'te crois pas. / *Eh ben !*
　あんたの言ってることなんか信じられない. / それはないだろう.
Cabrera : *L'autre côté de la mer*

élastique
■**les lâcher avec un élastique** (être avare ; être dur à la détente)　けちだ，締まり屋だ
　D'habitude tu *les lâches avec un élastique*, tes sous.
　あんたはいつもはけちなくせに.　　　　　　　　Monnet : *Promis...juré*

électro (électricien の略)　電気屋
　En attendant qu'il trouve du travail, il est *électro*.
　定職を見つけるまで，電気係をやってるんだ.　　　Thompson : *La bûche*

éléphant (personnage important dans la hiérarchie)　大物，お偉方
　J'aime mieux passer mon temps à séduire mes électeurs plutôt que les *éléphants* du parti.
　党の大物より地元の支持者のご機嫌を取ってるほうがいい.
Rohmer : *L'arbre, le maire et la médiathèque*

elle (bite)　男根
　C'est pas possible... *Elle* disparaît... Je la fais fondre... Je lui fais peur.
　あらまあ…あれ消えちゃったわ…溶かしちゃったのかしら…あたしが怖かったのね.
Aghion : *Pédale douce*

■**elle est bonne** (l'eau est à bonne température)　水は暖かい，湯加減がいい
　Voilà, *elle est bonne* !
　飛び込め，水は暖かいぞ！　　　　　　　　Robert : *Salut l'artiste*
　Vous prenez un bain ? *Elle est bonne* ?
　風呂に入ってるのか？ 湯加減は？　　　Salvadori : *Cible émouvante*

■**elle est (bien) bonne** (ce que tu viens de raconter, l'histoire, la plaisanterie est drôle, incroyable ; ça ne tient pas debout)　そいつは面白い，おかしな話だ，辻褄が会わない
　Elle a rien votre voiture. / Ah bon, celle-là *elle est bonne* !
　(信号待ちで追突して車を壊したと文句を言われた男が) あんたの車なんともないじゃないか. / おいおい，馬鹿なこと抜かしおって！　　Tati : *Mon oncle*

emballant

Tu manges ? / Non, je suis en train de chier. / *Elle est bonne*, celle-là.
  (2人用の監房に新しく入って来た囚人が何かを食べている男にうるさく話しかける) お前食べてんのか？ / くそひってるとこだ．（見れば分かるだろう）/ そいつは大笑いだ！
  Veber : Tais-toi

emballant (exaltant) 夢中にさせる，熱狂させる

C'est pas très *emballant*.
  (その献立じゃ) あまりぞっとしないわね． Chatiliez : <i>Le bonheur est dans le pré</i>

emballer (remplir d'admiration ; faire une conquête ; séduire) 口説き落とす，夢中にさせる

T'*avais emballé* le maître d'hôtel.
  小母さん，給仕長を虜にしちゃったね． Giovanni : <i>Les égouts du paradis</i>

Celle-là, tu me laisses dix minutes de plus, j'te l'*emballe*, j'te l'allonge et j'te la fais crier.
  もう10分くれれば，あの女を落としてベッドに連れ込み，よがり声をあげさせてみせるよ． Zeitoun : <i>Yamakasi</i>

■**emballé c'est pesé** (c'est terminé ; ça y est) 出来あがり！，うまく行った！

Tu me regardes ramer, tu vas écrire tout ça de ta belle écriture, *emballé c'est pesé*.
  (刑事の) 俺が苦労して捜査してるのを見ているだけで（ジャーナリストの）お前は巧く文字にして一丁上がりってわけだな． Marx : <i>Rhapsodie en jaune</i>

■**s'emballer**

1. (s'exciter ; se passionner) 興奮する，夢中になる

   Je *me suis* peut-être un peu *emballée*, j'ai pas réfléchi.
     あたしちょっと興奮したのかもね，よく考えなかったのよ．
     Leconte : La fille sur le pont

2. (se précipiter) 駆け寄る，突進する

   Allez mesdames et messieurs ! Vous avez raison, faut *s'emballer* maintenant.
     いらっしゃい，いらっしゃい，そうだよ，さあ，早い者勝ちだよ！
     Gilou : La vérité si je mens II

embarquer

1. (arrêter ; conduire à la police) 逮捕する，連行する

   Juste devant moi, il y avait des flics qu'*embarquaient* une nana.
     僕の目の前でデカが女をしょっ引いていったよ． Beineix : <i>Diva</i>

2. (emmener) 連れていく

J'ai l'impression d'être un divorcé qu'*embarque* ses mômes pour son tour de week-end.
> なんだか離婚した父親になって，子どもたちを週末旅行に連れていくみたいだな．
> <div align="right">Tavernier : <i>L'appât</i></div>

3. (emporter avec soi) 持っていく
Elle *a* tout *embarqué*?
> 彼女（ホテルから荷物を）ぜんぶ持ってっちゃったの？　　Leconte : *Félix et Lola*

4. (voler) 盗む
On l'*embarque*.
> これいただいちゃおう．
> <div align="right">Siegfried : <i>Louise</i></div>

5. (conquérir; séduire; lever) 物にする，陥落させる，（客を）くわえ込む
Ça concerne certaines filles qui acceptent deux mecs à la fois, recto verso ... pis c'est passé dans le langage de la rue quoi ! Pour parler des filles faciles qu'on *embarque* comme ça.
> 二人の男を同時に前と後ろで受け入れる女のことで… それが一般にも使われるようになって，簡単に引っかかる女の意味になったのさ．　　Berberian : *Six-pack*

Si ça se trouve, c'est la môme qui vous *a embarqué* derrière les dunes.
> もしかしたら小娘のほうがあんたを砂丘の後ろに誘ったのかも．
> <div align="right">Miller : <i>Garde à vue</i></div>

embêter (ennuyer; importuner) 困らせる，うるさがらせる，退屈させる
Ça t'*embête* pas trop qu'on cause ?
> お喋りしてもあまり迷惑じゃない？　　Beineix : *Diva*

■**ne pas s'embêter** (avoir une vie agréable; ne pas être à plaindre; ne pas se gêner; dépenser beaucoup d'argent; être riche) 生活に困っていない，結構な身分である，金持ちだ
Des fraises, en cette saison ! Vous *vous embêtez pas*.
> 今の季節に苺なんて！豪勢ですね！　　Ducastel : *Drôle de Félix*

Je me suis farci Ramona. / Tu *ne t'embêtes pas* !
> 俺ラモナとできちゃった．/ うまいことやってるな！
> <div align="right">Demy : <i>L'événement le plus important depuis que l'homme a marché sur la lune</i></div>

embobiner (convaincre; tromper; duper) 説得する，騙す，丸め込む
Tu me déçois. Je t'aurais jamais cru capable de te laisser *embobiner* par une fille aussi vulgaire.
> あんたにはがっかりね．あんな下品な女に易々と言いくるめられるなんて，思ってもみなかったわ．　　Rohmer : *Conte d'été*

embringué (enrôlé fâcheusement) 引きずり込まれた

embrouille

Je ne veux pas être *embringué* dans la merde.

俺は面倒なことに巻き込まれたくない.   Fassbinder : *Querelle*

embrouille

1. (problème compliqué, difficile à résoudre) 込み入った問題, 難問

   Tout va bien. Non, pas d'*embrouille* !

   万事オーケーだ. 困ったことはないよ.   Bunuel : *Salsa*

   Y veut pécho la meuf à Greg ! / Oh, l'*embrouille* !

   あっ野郎グレッグのスケを取ろうとしてるんだぞ！ / そいつはまずいな！

       Siegfried : *Louise*

2. (tour de cochon ; tractation louche ; quelque chose de bizarre ; histoire bizzare) 汚い手, 裏工作, 何か怪しいこと

   Quand j'suis rentré, j'ai tout de suite vu que c'était une *embrouille*.

   帰ってきたときなにかあるなってピンときたんだ.   Gilou : *La vérité si je mens II*

   Il la nique. C'est normal. C'est lui qui paie l'addition, c'est toi qui croques, tu trouves ça juste toi ? / Non mais attends…c'est quoi cette *embrouille* là ?

   彼が彼女と寝る, 当たり前だろう. 勘定を払うのは彼で, いいとこ頂くのはお前だなんて公平だと思うのか？ / おいおい, 待てよ…そんな汚い手ってあるかよ？

       Gilou : *La vérité si je mens II*

3. (bagarre ; baston) 喧嘩, 乱闘

   Viens avec moi dans les chiottes…je crois qu'il y a une *embrouille* avec Eddie là.

   俺とトイレに来てくれ…エディーと何かあったらしい.

       Gilou : *La vérité si je mens*

embrouiller (troubler ; gruger ; ensorceler par *son* baratin ; raconter des histoires) 頭を混乱させる, ペテンにかける

Mel Gibson, je viens de lui parler, je l'*ai embrouillé* grave.

メル・ギブソンとたった今話したとこなんだ, 大いに煙に巻いてやったよ.

    Gilou : *La vérité si je mens II*

T'avais l'air de bien les *embrouiller* les deux mémés à l'entrée, là.

あんた学校の入り口で婆さん二人をうまくたらしこんだみたいね.

    Siegfried : *Louise*

■**ni vu ni connu je t'embrouille** (cela se fait secrètement, sans qu'on y comprenne rien, de façon à tromper) 知られないうちにまんまとことを運ぶ

T'as jamais entendu parler de ça, les types qui plantent un gosse dans

le ventre d'une femme et qui foutent le camp ? Après ils refont leur vie, *ni vu, ni connu je t'embrouille.*
あんた聞いたことない，女をはらませといてずらかっちまう男たちの話？ その後どっかでのうのうと暮らしてるのさ，ちょろいもんさ. Veysset : *Martha... Martha*

■**se faire〔se laisser〕embrouiller** (se faire〔se laisser〕mener en bateau) かつがれる，騙される
Interroge-le et *te laisse* pas *embrouiller.*
このオカマを尋問するんだ，惑わされるんじゃないぞ. Crawczyk : *Wasabi*

■**s'embrouiller** (se disputer) 喧嘩する
Remerciez-la au lieu d'*vous embrouiller*, là, connards va !
そんな喧嘩なんかしてないで彼女に御礼を言ったらどうだ，馬鹿ども！ Siegfried : *Louise*

Tu *t'embrouilles* avec tout le monde !
あんたったら誰とでもけんか腰なんだから！ Siegfried : *Louise*

émerger (sortir du sommeil) 眠気が覚める
J'ai eu du mal à *émerger* ce matin.
今朝はなかなか眠気が取れなくてね. Pascal : *Adultère*

emm... (emmerder の後の部分を飲み込んで発音したことを示す表記) 馬鹿にする
La nouvelle vague, elle t'*emm...*
ヌーヴェルヴァーグ なんてく（そ）…喰らえよ. Malle : *Zazie dans le métro*

emmener (emporter) 持って行く，運んで行く
Faut bien qu'il le trempe quelque part son fute, non ? Ou Mademoiselle veut l'*emmener* au pressing ?
あいつだってどこかにズボンを漬けとかなければならんだろう？ それともお嬢様がクリーニング店に持って行ってくださるのか？ Tavernier : *L'appât*

emmerdant (ennuyeux ; désagréable) 具合が悪い，まずい，厄介な
Il s'est cassé le bras, c'est *emmerdant* pour son piano.
その子腕を折っちゃったんだ. ピアノの練習には困ったことだが. Pinoteau : *L'étudiante*

emmerde (ennui ; problème ; emmerdement) 厄介ごと，面倒なこと
C'est une diva des *emmmerdes.*
あれはトラブルの女王さ. Thompson : *La bûche*

Dans un mois, elle m'épouse, je serai Français ! Fini les *emmerdes.*
ひと月後には俺彼女と結婚してフランス人だ. もう問題はない. Bunuel : *Salsa*

emmerder

1. (ennuyer; embêter) うんざりさせる，困らせる
   Je *suis* d'autant plus *emmerdé* que je suis amoureux.
   惚れてるだけに俺困ってるんだ．   Godard : *A bout de souffle*
2. (tenir pour négligeable; se ficher de) 馬鹿にする，無視する
   Je l'*emmerde* ton Député.
   パパにはね，お前の代議士なんかどうでもいいんだ． Molinaro : *La cage aux folles*
   Etes-vous prêt à nos questions, Monsieur Thomas Thomas ? / Je t'*emmerde* !
   もう質問に答えていただけますか，トマ・トマさん？/ うるさい！
       Renders : *Thomas est amoureux*

■**ne pas s'emmerder** (ne pas se gêner; savoir profiter; ne pas s'embêter; ne pas se faire chier) 遠慮なく…する，結構なご身分である
Qu'est-ce que tu fous dans cette caisse ? Tu t'*emmerdes pas* toi ! T'as gagné au loto ou quoi ?
そんな車に乗ってどうしたんだ？豪勢なもんだな．宝くじにでも当たったのか？
    Gilou : *La vérité si je mens II*
La came, les filles...il devait *pas s'emmerder* tous les jours.
ヤクだとか女たちとか…そいつは毎日お楽しみってわけか．
    Marx : *Rhapsodie jaune*

■**s'emmerder** (s'ennuyer) 退屈する，飽き飽きする
Tu *t'emmmerdes* toute seule, hein ?
お前一人で退屈してたんだろう？   Leconte : *Tango*

emmerdeur; emmerdeuse
(faiseur d'histoires; personne qui dérange) うるさいやつ，しつこい奴
Les femmes, c'est toutes des *emmmerdeuses* ou des folles du cul.
女ってみんなうるさいか，エロきちさ．   Leconte : *Tango*

empaffé (enculé; con) 馬鹿者
Ils m'ont pas laissé passer, ces *empaffés* !
俺のこと入れてくれなかったんだ，あの野郎ども！   Annaud : *Coup de tête*

emplafonner (heurter) 衝突する
Eh, attention, patate, eh ! Tu vas nous faire *emplafonner* !
まあ危ないじゃないの，馬鹿ね！ぶつかっちゃうじゃないの！
    Poiré : *Les couloirs du temps*

emplâtrer (frapper) 殴る
Y'a Belmond qu'*a emplâtré* Martinaud !

ベルモン刑事がマルティノーを殴っちまったんです。　　　Miller : *Garde à vue*

■**s'emplâtrer** (se gêner; s'embarrasser)　動きにくくなる，自由を奪われる
Quand j'm'entraîne sur l'écran j'suis imbattable. Premier au championnat. Et à peine j'suis sur la route, j'*m'emplâtre*.
　（自動車運転の）シミュレーションじゃ誰にも負けないでチャンピオンだけど，路上に出たとたんコチコチになっちゃうのさ。　　　Pirès : *Taxi*

empoisonner (ennuyer; emmerder; agacer)　うんざりさせる
Et juste pour parler, tu m'*empoisonnes*! Tu peux pas parler de la pluie et du beau temps comme tout le monde!
　（相手が空豆の毒性についてえんえんと話すので）あんたちょっと話すだけだと言いときながらうんざりさせるわね。みんなと同じようにお天気のことでも話せないの!
　　　Guédiguian : *Marius et Jeannette*

emporter
■**emporter la gueule** (causer une sensation de brûlure)　辛くてひりひりする
Ça *emporte la gueule*, hein. C'est l'cayenne.
　この料理はすごく辛いだろう。カイエンヌ・ペッパーが入ってるからね。
　　　Gainsbourg : *Je t'aime moi non plus*

empoté (maladroit et lent)　不器用な人，ぐず，冴えない男
Restez pas comme une *empotée*.
　馬鹿みたいに突っ立ってないで。　　　Poiré : *Les visiteurs*

encadrer
■**ne pas pouvoir encadrer** (ne pas pouvoir supporter)　大嫌いだ
Elle *a jamais pu m'encadrer*... Par contre, mon père, lui au moins tu vois, il t'a acceptée.
　君のママは僕のこと毛嫌いしてるけど，僕のおやじは，ほら君のこと受け入れてるじゃないか。　　　Jacquot : *La fille seule*

encaisser (supporter)　耐え忍ぶ，我慢する
Tu sais ce que j'*encaisse* ici?
　僕がここで（刑務所）どんなに苦しんでるか分かるか?
　　　Guédiguian : *A la place du cœur*

enchrister (emprisonner)　投獄する
Vous allez m'*enchrister* ce type-là.
　この男をぶち込んどいてくれ。　　　Blier : *Buffet froid*

encombrant (déchet encombrant)　粗大ごみ
On a toutes les rues, les secteurs, les jours auxquels on peut se rendre

encore

pour récupérer les *encombrants*.
> (町役場で出している地図には）粗大ごみを拾いにいける街，地区，日付が全部出ている． Varda : *Les glaneurs et la glaneuse*

encore
■**et encore** (c'est tout juste, presque à peine ; ce n'est pas sûr) それもぎりぎりだ，それだってどうだか，怪しいもんだ

Juste de quoi m'acheter un sandwich, *et encore* ... soit jambon, soit fromage, mais pas les deux.
> サンドイッチを買うぐらいのカネしかない，それもぎりぎりだ…ハムかチーズか，二つは買えない． Noé : *Seul contre tous*

Je suis peintre. / Vous exposez ? / Si on veut. Non, je bricole, je vends surtout la peinture des autres...*et encore*.
> 画家です．/ 展覧会でも？/ まあね．いや，日曜画家ってとこでね，もっぱら人の絵を売ってますが…たいしたことありません． Rohmer : *Le signe du lion*

■**mais encore** (ça ne suffit pas comme explication ; encore plus de précisions) それだけじゃはっきりしない，もっと正確に言って

Qu'est-ce que tu aimes ? / Tout. / *Mais encore* ?
> (SMルームの女が）どんなのが好き？/ 全部．/ と言うと？ Pascal : *Adultère*

enculé
1. (homosexuel passif) 女役のホモ

Moi je trouve ça bien de faire gaffe à comment on parle et je propose qu'on n'utilise plus de termes sexistes comme "salope", "pédé", "*enculé*".
> 自分の話し方に注意するのはいいことだと思います，それで提案ですが，「淫売」，「ホモ」，「オカマ」といった性差別語は使わないようにしたいのです． Rochant : *Vive la République*

2. (salaud ; imbécile) 下劣な奴，馬鹿

Mais vous êtes vraiment des *enculés*. Tu vois pas que c'est un pauvre môme ?
> あんたたちってほんとにひどいわよ．まだちっちゃい子でしょう？（それを殴るなんて） Despentes : *Baise-moi*

Dans le show-bizz c'est tous des *enculés*.
> 興行界って馬鹿ぞろいだもんね． Poiré : *Les visiteurs*

Retourne dans ta poubelle ! / Qui c'est qui te l'a dit ? *Enculé* de Français !
> (孤児院で育ち，アメリカ人の子供だと思い込んでいる若者に）お前なんか（捨てられてた）ごみ箱に戻りゃいいんだ！/ 誰にそんなこと聞いたんだ？ 糞フランス人め！ Dupontel : *Bernie*

enfer

■**faire un coup d'enculé** (faire une tromperie) 騙す

Je te casse la tête, c'est tout. Tu m'as *fait un coup d'enculé*, je t'avais prévenu.

お前を殴ってやる，それだけだ．汚い手を使いやがって，殴るって言っといたろう．

Rochant : *Aux yeux du monde*

enculer

1. (sodomiser) アナルセックスをする

D'abord il m'*encule*, toi tu m'*encules* jamais. / Je savais pas que tu aimais *être enculée*.

まず，彼はあたしとアナルでするのよ．あんたはぜんぜんしないけど．/ 君がアナルでされるの好きだとは知らなかった．

Bonitzer : *Rien sur Robert*

Pour *enculer* un homme, il faut l'aimer.

男のオカマを掘るには，そいつを好きにならなければならない．

Fassbinder : *Querelle*

2. (tromper; baiser) 騙す

Je vais pas me laisser *enculer*.

はめられっぱなしじゃいないぞ．

Gilou : *La vérité si je mens*

Tout le monde *encule* tout le monde.

世の中騙し合いさ．

Blier : *Mon homme*

■**va te faire enculer!** (va t'en!; va voir là-bas si j'y suis!; va te faire!; tu peux crever!) 消えろ，くたばれ

Dis quelque chose! / *Va t'faire enculer!*

何か言ってったら！/ うるせえ！

Attal : *Ma femme est une actrice*

enculeur (emmerdeur, pinailleur) ドジ野郎；うるさい奴

Tu fermes ta gueule. *L'enculeur* ici c'est toi.

お前は黙ってろ．お前がいちばんドジなんだぞ．

Audiard : *Sur mes lèvres*

endoffer (sodomiser) 肛門性交する

Tu t'es fait *endoffer*.

お前オカマ掘られたんだな．

Demy : *L'événement le plus important depuis que l'homme a marché sur la lune.*

enfer

■**d'enfer** (exceptionnellement bon; super; génial) すごくいい

Elle a une pêche *d'enfer*.

彼女すごく元気がいいんだよ．

Thompson : *La bûche*

Vous êtes venus pour m'voir ? C'est *d'enfer* !

みんな僕に会いに来てくれたの？最高！

Zeitoun : *Yamakasi*

enfiler (forniquer; posséder sexuellement) 肉体関係を持つ
Moi, j'enfile le manteau et vous, vous...*enfilez* la petite.
あたしはコートを着て出てくから，あんたは…あんたはあの子をザギればいいだろう．
Corneau : Série noire

A la limite, j'aimerais encore mieux me taper la vieille. Ou alors faire une partouze à trois. Je suis sûr qu'elles aimeraient ça, les vicelardes : que je les *enfile* toutes les deux sur le lit du père de famille.
極端なこと言えば，カカアのおふくろとやるほうがまだましだ．さもなきゃ3Pだ．あの変態女どもあれが好きに決まってる．一家の父のベッドの上で俺に抱かれるのがさ．
Noé : Seul contre tous

■**s'enfiler** (boire; manger) 飲む，食べる
Tu vas pas *t'enfiler* de la vodka de bon matin.
朝っぱらからウオッカを飲むんじゃないだろうな．
Bral : Extérieur nuit

enfin
■**m'enfin** voir **m'**

enflure (crétin) 阿呆
Tape, il aime ça, l'*enflure*.
殴るんだ，それが嬉しいんだ，その阿呆．
Chéreau : Homme blessé

enfoncer (vaincre) 勝つ，打ち負かす
Elle les *enfonce* tous !
（モーターボートの競争で）彼女がみんなを負かすぞ！
Miller : L'effrontée

engin
1. (membre viril) 男性性器
Je vais t'enfourner mon gros *engin* dans la fente.
俺の太いやつをお前の割れ目に突っ込んでやる．
Denis : Nénette et Bonis
Les lèvres de ton ventre ont aspiré mon *engin*.
君の下の唇が僕のモノを呑み込んだ．
Carax : Mauvais sang

2. (jolie fille; canon) きれいな女
T'as vu l'*engin* ? Oh là là ! On a bien fait de venir.
（すけすけの服を着ている女を指して）あれ見たか？おーすごい！ここへ来てよかったな！
Poiré : Les anges gardiens

3. (machin; bidule; truc) これ，あれ
Fais voir ce que tu as comme *engin* toi.
どんなもの（ハジキ）持ってるか見せるんだ．
Crawczyk : Wasabi
T'as pas honte de t'enfermer dans des *engins* pareils, non ?
そんな窮屈なもの着込んじゃって恥ずかしくないの？
Tavernier : Un dimanche à la campagne

4. (celui-là; l'autre; individu laid et désagréable)　あの野郎, あいつ, やな奴, ぶす
   T'as vu l'*engin*?
   あのブスみたか?　　　　　　　　　　　　Améis : *Mauvaises fréquentations*
   Qu'est-ce qu'elle a, à être encore là, l'autre, l'*engin*, là?
   どうしたんだ, また来てるぞ, あのアマ, あいつ?　　Balasko : *Gazon maudit*
5. (motocyclette)　オートバイ
   C'est spécial comme *engin*.
   特殊なんだこのオートバイは.　　　　　　　　　　　　Beineix : *Diva*

engrosser (rendre enceinte, grosse)　妊娠させる, はらませる
Elles se font *engrosser* à tout bout de champ.
今の娘たちはなにかにつけて子供をはらむチャンスがあるのよ.　Ozon : *8 femmes*

engueuler (réprimander)　叱る, 怒鳴る
Comment tu sais que c'est un garçon? / Y m'*engueule* quand y réclame.
どうして雄猫だって分かるんだい? / 餌が欲しいときにあたしを怒鳴りつけるのよ.
　　　　　　　　　　　　　　　　　　　　　　Miller : *La petite voleuse*

■**s'engueuler** (se disputer)　口論する, 罵り合う
Les travaux n'en finissent pas. On est crevé. Du coup on *s'engueule*.
家の工事はきりがないし. くたくただ. で夫婦喧嘩ってわけ.
　　　　　　　　　　　　　　　　　　Moll : *Un ami qui vous veut du bien*

énième; nième (qui est à un rang indéterminé mais très grand)　何度目かの
Je n'ai aucune envie d'entendre pour la *énième* fois tout le mal que tu penses de moi, ça va!
お前の目から見た俺の欠点を洗いざらい何度も聞かされるのは真っ平だね, もうたくさんだ.　　　　　　　　　　　　Resnais : *On connaît la chanson*

énorme (formidable)　素晴らしい, すごい
J'adore quand tu me dis que c'est *énorme*. / C'est *énorme*.
君がそれはすごいって言うの気に入ったよ. / それはすごい.
　　　　　　　　　　　　　　Lelouch : *Hommes femmes : mode d'emploi*

enquiller
■**s'enquiller** (dissimuler un objet volé)　盗んだ物を隠す
Je vais m'en *enquiller* un...petit crayon.
万引きしちゃおうかな, ひとつ, かわいいペンシル　　Esposito : *Toxic affair*

enquiquiner (ennuyer; importuner)　うるさがらせる, うんざりさせる
Il va m'*enquiquiner* pendant des années!

enrhumer

この子にはこれから先も苦労させられるんだわ.　　　　　　　　Monnet : *Promis...juré*

enrhumer (dépasser largement *qn.* et à la vitesse du son)　ものすごいスピードで大きく引き離す

Je les *ai enrhumés* pour la semaine ces deux-là!

俺な，その2台の白バイをあっと言う間に追い越してやったよ.　　Pirès : *Taxi*

entamé (fou; malade)　気違いの，ビョーキの

T'es complètement *entamé* !

お前ほんとにいかれちまったな！　　　　　　　　　　Berberian : *Le boulet*

entarter (plaquer une tarte à la crème sur le visage de *qn.*, spécialememt une personalité que l'on veut ridiculiser)　顔にクリームパイを押しつける（特に有名人を笑い物にするため）

C'est Bill Gates. Le même, *entarté*.

（写真を見せて）これはビル・ゲイツだ.（もう1枚見せて）これもビル・ゲイツでパイを喰らっている.　　　　　　　　　　Limosin : *Novo*

entendre

■**en entendre** (en entendre de belles, de dures, de bonnes; se faire engueuler)　ひどい話，馬鹿げた話を聞かされる，怒鳴られる

Si Antoine nous voyait, on n'aurait pas fini d'*en entendre*.

もしアントワーヌがあたしたち（女二人がキスしてるとこ）を見たら，ひどいこと延々と聞かされるでしょうね.　　　　　　　Truffaut : *L'amour en fuite*

■**entendre parler de; entendre** (se faire engueuler par)　…に怒鳴られる

Je commence à en avoir marre de cette fille-là. Je te garantis qu'elle va *entendre parler de moi*.

あの女にはもう我慢ならん. きっと怒鳴り込んでやるからな！

　　　　　　　　　　　　　　　　　　　　　　　Chabrol : *La cérémonie*

Si ce n'est pas sérieux...il va *m'entendre*.

（結婚する気がなくて）娘を弄んでいるんだったら…どやしつけてやるわ.

　　　　　　　　　　　　　　　　　　　　　Serreau : *Pourquoi pas*

Si j'arrive et que vous êtes pas dans votre lit, vous allez *m'entendre* !

あたしが寝室に見に行ってもまだベッドに入ってなかったらお仕置きですよ.

　　　　　　　　　　　　　　　Veysset : *Y aura-t-il de la neige à Noël?*

■**je ne veux plus entendre parler de toi!** (je ne veux plus te voir; disparais!)　もうお前の顔を見たくない，消え失せろ！

Si tu veux, tu peux rester ici jusqu'à demain matin...mais après *je ne veux plus entendre parler de toi* !

（ドイツ軍の手から逃れてきたユダヤ人の少年に）いたけりゃ明日の朝まではいてもいいが，その後お前との関わりはごめんだ.　　Jugnot : *Monsieur Batignole*

entourloupe

■**qu'est-ce qu'il ne faut pas entendre!** (ce que tu dis est incroyable; on aura tout entendu; tu exagères)　ひどいことを言うね，なんてこと言うんだ

Nous étions justement en train de déménager. / *Qu'est-ce qu'il ne faut pas entendre!*
　ちょうど今引っ越そうとしていたところです．/ ひどいもんだ！
Ozon : Gouttes d'eau sur pierres brûlantes

Mon charme personnel ne vous laissera pas indifférente. / *Qu'est-ce qu'il faut pas entendre!*
　私の個人的な魅力はあなたを引きつけずにはおかないですよ．/ まあまあ言わせて置けば．
Malle : Zazie dans le métro

Tu ne sais pas ce que c'est que l'amour! / Bien sûr, bien sûr, je ne sais ce que c'est que l'amour! Vous deux, c'est pas de l'amour, c'est de la rage! / Et alors? / *Qu'est-ce qu'il ne faut pas entendre!* Je préfère aller me coucher.
　あんたには愛なんて分かんないのよ．/ そりゃそうだ，僕には愛なんて分かんないさ．あんたたちのはもう愛なんてもんじゃなくって，狂乱ってもんだな．/ だったらどうだっていうのよ？/ あーあ，聞いてらんねえ，帰って寝たほうがよさそうだ．
Tacchella : Escalier C

Vous allez me déposer dans le 18e, hein? *Qu'est-ce qui faut pas entendre!*
　僕を18区まで乗せてってくれるでしょう？/ まあ調子いいこと！
Bénégui : Au petit Marguery

entôler (voler un client en trompant, en parlant d'une prostituée)　売春婦が客から盗む

Ton type, avec plus de vingt mille balles dans son portefeuille, il ne viendra pas l'idée qu'il *a été entôlé*.
　お前さんの彼氏，財布に2万以上残しといてやればカネを抜かれたとは思いもしないだろう．
Chabrol : Rien ne va plus

entourloupe (entourloupette の略．mauvais tour; tour de cochon)
たちが悪いいたずら，悪ふざけ，汚い真似

J'ai l'impression qu'il fait une *entourloupe*.
　なんだかあの人汚いことしてるみたいに思えるのよ．<div align="right">Chabrol : <i>Rien ne va plus</i></div>

Pas d'*entourloupe*! Je suis armé.
　変な真似するんじゃないぞ．こっちにはピストルがあるんだから．
Poiré : Les visiteurs

entre

■**entre...et～** (avec le total de) 全部で，…と～を合算すると

T'es payé quinze mille balles pour donner dix heures de cours par mois? / Quelquefois plus, quelquefois moins. / Ce qui veut dire qu'*entre* ta bourse, la fac et ton boutonneux tu te fais quasiment 25 000 balles?

お前，月10時間の講義で１万５千貰ってるのか？／ それ以上のこともあるし，それ以下のこともあるよ．／ つまり，博士課程の奨学金と大学の給料それにガキの個人教授料を合わせるとほとんど２万５千にもなるじゃないか！ Chatiliez : *Tanguy*

entuber (duper; escroquer) 騙す

J'étais amoureux, quoi... Et je me suis fait *entuber* pendant trois ans.

その女を愛してた… それで３年間騙されてたのさ． Jaoui : *Le goût des autres*

envers

■**faire à l'envers** (raconter n'importe quoi; bluffer; mentir) いい加減なことを言う，はったりを利かす，嘘をつく

Tu vas pas m'*faire à l'envers* à moi s'il te plaît !

あたしに嘘はつかないでね． Bensalah : *Le ciel, les oiseaux et... ta mère*

envie

■**avoir envie**

1. (avoir envie de vomir) 吐きたい

Tu pourrais pas t'arrêter un peu? J'*ai envie*...

（バスの運転手に）ちょっと停めてくれないかな？吐きそうなんだ．

Annaud : *Coup de tête*

2. (avoir envie de faire l'amour) セックスしたい

Elle m'a laissé l'embrasser. Elle *avait envie*, quoi !

あの女キスさせたんだ．男が欲しかったってことさ．

Chéreau : *La chair de l'orchidée*

envoyer (donner) 渡す

Il te reste donc deux cents. Allez, *envoie*.

じゃあまだ２百フランは残ってるな．さあよこせ． Gainsbourg : *Stan the flasher*

■**envoyer le blé** (payer) 支払う

Envoie le blé !

お金払ってよ！ Dridi : *Pigalle*

■**s'envoyer**

1. (posséder sexuellement) セックスする

Les Suédoises sont formidables, je *m'en suis envoyé* trois par jour.

スウェーデン女ってすばらしいぞ，俺１日に３人と寝たんだ．

2. (manger) 食べる
Tu allais *t'envoyer* un chili à toi tout seul ?
あんた一人でチリを平らげようとしてたの？
Beineix : *37°2 le matin*

épaule
■ **avoir les épaules** (avoir les moyens d'assumer un rôle) 任に堪える，できる
C'est un cake. Il *avait* pas *les épaules*, lui.
あいつは駄目な奴だ．力がなかったのさ．
Gilou : *La vérité si je mens*

épiderme
■ **avoir qn. dans l'épiderme** (aimer; avoir qn. dans la peau) 愛している
Elle m'*a dans l'épiderme*.
彼女，俺のこと愛してるんだ．
Malle : *Zazie dans le métro*

épingler (arrêter; dénoncer) 逮捕する，告発する
Si on doit *épingler* le gars, autant que ce soit nous.
ホシをパクルとなりゃ俺達の手でやりたいもんだ．
Delannoy : *Maigret tend un piège*

éponge (poumon) 肺
J'ai les *éponges* bouffées aux mites.
俺の肺はぼろぼろなんだ．
Giovanni : *Mon père*

éponger
■ **éponger ses dettes** (payer *ses* dettes) 借金を肩代わりする
Ils *épongent* toutes *les dettes*, ils mettent une grosse somme d'argent sur ta production.
マフィアは総ての借金を肩代わりし，君のプロダクションに大金を投資する．
Chouraqui : *Les menteurs*

épouvantail (personne laide à faire peur ou habillée ridiculement)
ぞっとするほど醜い，滑稽な身なりをした人
Y va attendre que j'aie plus de cicatrices ! A moins que vous ayez envie de dîner avec un *épouvantail* ?
あたしと食事するの傷が治るまで延ばしてくれるわね．もっともこんな不格好な女でもそうしたいとおっしゃるなら別だけど．
Pirès : *Taxi*

ersatz [εrzats] (ドイツ語．ce qui remplace; remplaçant) 代用品，代わりの人
Comment se fait-il quand on a été abandonnée par daddy, qu'on

esbroufe

réagisse en allant coucher avec des *ersatz* de daddy?
娘が父親に見捨てられると父親代わりの年上の男と寝るようになるのはどうしたことだろう？
Vernoux : *Love etc.*

esbroufe (frime; bluff) はったり，こけおどし
Je trouve son penchant pour l'*esbroufe* suspect.
あの人，はったり嚙ませようとするのはなんだか怪しいわね。 Haneke : *La pianiste*

escalier
■**avoir l'esprit de l'escalier** (réagir après coup) 後知恵である
J'ai eu l'esprit de l'escalier.
それが後になって思いついたんだ。
Sautet : *Garçon*
■**entre deux escaliers** (en vitesse et n'importe comment) 急いで，いい加減に
C'est vraiment pas une chose dont on parle *entre deux escaliers*.
（子供を作るなんて話は）じっくり話し合って決めることよ。 Zidi : *Deux*

eschiter (exciter) 興奮させる
Dis-le qu'y axa qui t'*eschite*.
認めたらどうだ，お前の心をそそるのはそれしかないって。 Corneau : *Série noire*

espèce
■**espèce de** (complet; vrai) ひどい，どうしようもない
Relève-toi, *espèce de* con!
起きるんだ，この大馬鹿め！
Gilou : *La vérité si je mens*

Espingouin (Espagnol) スペイン人
Peut-être qu'il est *Espingouin*, ou Portos.
あいつはスペ公か，ポルトガル野郎かもしれない。 Noé : *Seul contre tous*

esquinter (abîmer; blesser; endommager) 駄目にする，傷つける
T'as pas vu comment elle *est esquintée* là. Regarde. Ils l'*ont esquintée*.
彼女の焼きの入れられようったらないぞ，ほら，見てみろ。奴ら焼きを入れやがった。
Dridi : *Pigalle*
De nos jours tellement de gens *esquintent* les voitures et partent comme des voleurs.
近頃は人の車を壊しといて知らん顔で行っちまう輩が多いからね。
Poiré : *Le Père Noël est une ordure*

estomac
■**la faire à l'estomac** (faire un coup de bluff) はったりを利かせる
C'était pas la police. Je ne vais pas vous *la faire à l'estomac*.
（さっき来た男たちは）警察じゃないよ。あんたにはったりを利かせるつもりなんか

ないさ．　　　　　　　　　　　　　　　　　　Bluwal : *1996*

et
■**et d'une, et de deux** (et voilà la première chose et la deuxième chose) 第一に…，第二に…．一丁あがり…，二丁あがり…
Il faut du doigté *et d'une, et de deux* trouver le pigeon.
（いかさま賭博をやるには）第一に指捌きがよくなきゃいかんし，第二にカモを見つけなきゃだめだ．　　　　　　　　　　　Gainsbourg : *Stan the flasher*

êt' (être) …である
J'ai l'impression d'*êt'* vieux.
俺歳とったような気がする．　　　　　　　　　　　Siegfried : *Louise*

état
■**état d'âme** voir **âme**
■**mettre *qn.* dans tous *ses* états** (rendre affolé, agité) 激しく興奮させる
À chaque fois qu'on couche ensemble, ça m'fait grimper au plafond. Il *me met dans tous mes états* à chaque fois.
彼と寝る度にあたしいっちゃうの．毎回乱れちゃうのよ．
　　　　　　　　　　　　　　　　　Améris : *Mauvaises fréquentations*

éteignoir (rabat-joie; trouble-fête) 陰気で興ざめな人
Tire au cul, *éteignoir*!
この怠け者め，白ける奴だ！　　　　　Miéville : *Après la réconciliation*

étendre (tuer) 殺す
Y s'est fait *étendre* devant chez Tati par la brigade des Stups.
彼は麻薬取り締まり班にタチの店の前で殺されたんだ．　　Berto : *La neige*

étiaffé (vautré) 寝ころんだ
Le problème, c'est que je ne veux pas d'un mec *étiaffé* sur mon canapé qui bâille en disant : «Qu'est-ce qu'y a à bouffer ce soir?»
問題はね，うちの長椅子に寝そべってあくびをしながら「晩飯は何だ？」って言う男なんていらないってことよ．　　　　　Serreau : *La crise*

étoile (indice de puissance d'un appareil) 器具の働きの度合いの標識
Je vais mettre ça au frais...freezer deux *étoiles*.
シャンパンのびんを冷やしとくよ．強で冷凍だ．　　Chatiliez : *Tanguy*

étonner
■**ça m'étonne de toi** (je ne pensais pas que tu étais comme ça) そんなふうだとは思ってもいなかった．あんたらしくもない
Ça m'étonne de toi, maman...comme si de rien n'était, tu te mets à jouer à la bonniche.

étonner

<blockquote>ママがね…（夫が戻ってきたら）何事もなかったみたいにつくしてるなんて.</blockquote>
Holland : Olivier est là

■**ça m'étonne pas de…** (c'est bien son genre; de sa part c'est pas étonnant) 彼のやりそうなことだ，彼らしいやりかただ，彼だったらやりかねない，驚くには当たらない，当たり前だ

Il m'a dit que t'étais un peu fêlé. / Ouais, *ça m'étonne pas de* lui ça…
<blockquote>あんたの兄さん，あんたのことちょっといかれてるって言ったわよ. / うん，あいつの言いそうなことだ.</blockquote>
Téchiné : Les voleurs

Y'a un truc qui me gêne. C'est quand tu te grattes le cul devant tout le monde. / Ça, c'est vraiment dégueulasse ce que tu viens de dire, et *ça m'étonne pas de* toi.
<blockquote>俺参っちゃうんだよな，あんたみんなのいるところで尻を掻くんだもん. / なんてひどいこと言うのよ，まああんただったら当たり前か.</blockquote>
Miller : L'effrontée

■**ça m'étonnerait!** (ce n'est pas possible; c'est peu probable; c'est peu vraisemblable; par exemple!; penses-tu!; tu parles!) まさか，そんなことあり得ない，そんな馬鹿な

Vous, j'ai déjà vu votre tête quelque part. / *Ça m'étonnerait!*
<blockquote>あんた，あんたの顔どっかで見たことあるわ. / まさか.</blockquote>
Malle : Zazie dans le métro

■**étonne-toi** (ne sois pas surpris; c'est normal) （反語的に）何言ってるの，当たり前じゃない，決まってらー，しらばっくれて

Etonne-toi, avec tout ce que tu lui as servi à boire!
<blockquote>当たり前よ，あんなに飲ませちゃったら！</blockquote>
Chabrol : Au cœur du mensonge

■**tu m'étonnes** (mais oui; bien sûr; c'est normal; tu as raison; ah oui alors) もちろん，そりゃそうだ，当たり前だ

Arrête! Viens! On bouge. / *Tu m'étonnes*. J'vais dégueulasser mon lacoste.
<blockquote>(浮浪者を殴っている恋人に) あんたやめて！ こっちへ来て！ もう行きましょう. / そうだよな，俺の上等なシャツを汚しちまう.</blockquote>
Siegfried : Louise

Elle es pas mal, hein, la boulangère? / *Tu m'étonnes*… c'est la plus belle gonzesse que j'aie jamais vue.
<blockquote>パン屋のお姉ちゃん悪くないよな？ / あたりきよ，僕が今まで見たなかで最高のスケだもん.</blockquote>
Nauer : Les truffes

On est mieux qu'à les avoir sur le dos. / Oh ben oui, *tu m'étonnes!*
<blockquote>(身障者の俺たちには施設で) うるさくされるよりここのほうがいいな. / そりゃそうさ，あったりまえだよ.</blockquote>
Sinapi : Nationale 7

être

Putain, elle est encore bonne, sa mère! / *Tu m'étonnes* qu'elle est bonne.
わっ，先生のお母さんまだまだ色気があるな．/ ほんとに色気たっぷりだ！
Chatiliez : Tanguy

être
■**avoir été** (être allé) 行った
　Il *a été* en Suisse.
　　彼はスイスに行きました．　　　　　　　　　　　Costa-Gavras : *L'aveu*
　Il est hormossessuel. / Où t'*as été* chercher ça?
　　あたいの叔父さんホ（ル）モなんだもん．/ 何でそんなこと考えたんだ？
Malle : Zazie dans le métro

■**ça été** voir **ça**
■**en être** (être pédéraste) 男色家である
　J'ai rencontré des tas de matelots qu'*en étaient*.
　　俺はホモの船乗りにたくさん会ったことがある．　　Fassbinder : *Querelle*
　Au premier coup d'œil, je me suis dit : lui, c'*en est* une.
　　彼を一目みただけでぴんときたのよ．ホモだってね．　Veber : *Le placard*

■**être avec** *qn.* (écouter ce qu'on dit) 人の話を聞く
　Oh, t'*es avec* nous toi!
　　あんた，（新聞なんか読んでないで）人の話を聞きなさいよ．
Jugnot : Monsieur Batignole

■**être dans …** (travailler dans le domaine …; *sa* spécialité est dans)
…関係の仕事をしている，専門は…である
　Je ne sais pas si c'est parce que je *suis dans* le textile, mais moi, un prof de lettres, ça m'épate.
　　あたしが繊維関係の仕事をしているからかどうか知らないけど，文学の先生なんて素敵だと思うわ．　　　　　　　　　　　Pinoteau : *L'étudiante*

■**être d'un + 形容詞** voir **un**
■**va voir là-bas〔ailleurs; à…〕si j'y suis!** (va-t'en!; j'en ai marre de te voir!; laisse-moi tranquille!; va te promener!; va te faire cuire un œuf!; va te faire foutre!) 消え失せろ，行っちまえ，放っといてくれ
　Faut que je te parle. / Pourquoi tu *vas pas au Trocadéro voir si j'y suis*?
　　君に話があるんだ．/ どうしてどっかへ行ってくれないのよ？
Godard : Une femme est une femme

　Je ne sors pas d'ici sans réponse. / Sans vouloir vous offenser, jeune homme, *allez voir dehors si j'y suis*.
　　（お嬢さんと結婚するお許しの）ご返事が頂けるまでここを動きません．/ お若いの，

étriper

気に障ったら悪いが，お前さんの顔も見たくない！

Tavernier : *La fille de d'Artagnan*

étriper (blesser; tuer à l'arme blanche) 刃物で傷つける，殺す

Il les *a étripés* pour leur faucher quatre sous.

その野郎は恩人を惨殺したが僅かなカネしか盗めなかったんだ．

Giovanni : *Mon père*

évident

■**pas évident** (pas facile; pas simple) 容易でない，難しい

Tu vas faire quoi maintenant ? / Ben ... c'est *pas évident* hein.

（楽団が解散しちゃって）これからどうするんだ？／そうね，難しいわね．

Téchiné : *Alice et Martin*

De toute façon, t'allais pas me présenter à mon beau-père tout de suite, hein ? / Te présenter...euh ! Je sais pas, c'est *pas évident*...

（ホモのカップルの一人が）いずれにせよ君は僕の義理の父さんに僕を紹介するつもりはなかったんだろう？／君を紹介するのは…うーん！ そうだな，それはどうもね…

Ducastel : *Drôle de Félix*

ex (ex-mari, ex-femme, ex-amant, ex-maîtresse の略) 前夫，前妻，前の恋人

C'était où ? / Près de Grasse. / Ah ! Là où tu étais, il y a deux ans, chez ton *ex*.

どこへ行ってたの？／グラースの近く．／ああ，２年前に君が行ってたモト彼のとこだね．

Rohmer : *Conte d'été*

Figure-toi que la vraie Lisa vient de m'appeler... Son *ex*, celle qu'il connaît vraiment.

本物のリザがさっき僕に電話して切ったんだぜ… 彼の前の彼女で，彼が本当に知ってる女だ．

Mimouni : *L'appartement*

C'est son mari...son *ex*.

あれは彼女の夫…前の夫だ．

Serreau : *La crise*

exaque (exact) その通り

C'étaient bien deux de vos clients, non ? / *Exaque* !

（殺されたのは）二人ともたしかあんたのお客だったよな？／その通り．

Corneau : *Série noire*

exister

■**si ... n'existait pas, il faudrait l'inventer** voir **inventer**

exploser

1. (battre; rouer de coups) 手ひどく殴る

Si elle continue à me prendre la tête, il n'y a pas que sa gueule que je vais *exploser*.
　あの女が俺をいつまでもいらつかせていると，面をぶん殴るだけではすまなくなるぞ． Noé : *Seul contre tous*
2. (faire éclater; tuer) 粉砕する，殺す
Je les *explose*.
　奴等を粉々にしてやる． Gilou : *La vérité si je mens II*

exta (extase の略 ecstasy より．drogue) エクスターズ
O.d à l'*exta*.
　エクスターズのオーバードーズで死んだのよ． Le Pêcheur : *J'aimerais pas crever un dimanche*

extra-super (formidable; génial) すごい，最高な
Ben d'accord, je viens avec vous. / Formidable, *extra-super*!
　分かった，ご一緒しましょう．/ いいわー，最高！ Miller : *Le sourire*

F

F... (familial の略．logement de ... pièces principales)　…部屋の住居
C'est un *F2* ou *F3*? / Un *F3* avec deux chambres, un séjour.
　二部屋なの，三部屋なの？/ 三部屋，寝室が二つに居間よ． Tavernier : *Ça commence aujourd'hui*
T'achètes un *F3* à crédit.
　三部屋のアパートをローンで買うんだ． Zidi : *Les ripoux*

fabriquer (faire) する
Qu'est-ce que tu *fabriques*?
　お前何やってるの？ Miller : *La petite voleuse*

■**se fabriquer** (faire l'amour) セックスする
Si les traditions ne se perdent pas, ça va grouiller de monde qui *se fabriquent* dans les fourrés.
　伝統が失われてなければの話だけど，間もなくこの辺に人がうようよやって来て，薮の中でやるんだ． Garcia : *Le fils préféré*

fac (faculté の略) 学部，大学
Comme vous ne passez plus à la *fac*...je savais pas comment vous joindre.

facho

もう大学のほうへいらしてなかったので，どうやって連絡したらいいか分からなくて．
　　　　　　　　　　　　　　　　　　　　　　　　　Téchiné : *Les voleurs*

J'ai un cours très important à la *fac*.
大学でとても大事な講義があるのよ．　　　　Gilou : *La vérité si je mens*

facho (faciste; réactionnaire; extrême droite; fanatique; prêt à tout) ファシスト，反動主義の，極右の，狂信的な，どんなことでもする
Ils sont *fachos*.
あいつらどんなことでもやりかねない連中よ．　　　Beineix : *Diva*

facile (facilement) 容易に
Ça se pique *facile*, hein, des mob'.
バイクなんて簡単に盗まれちゃうんだぞ．　　　Berri : *Tchao Pantin*

fada (南仏語. un peu fou; simplet) ちょっと頭が変な，おめでたい，単純な
Vous êtes complètement *fadas*.
あんたたちってほんとにおめでたいわね．　　　Guédiguian : *A la place du cœur*

faf(f) (fasciste; facho) ファシスト
Tu fais gaffe. Pendant les trucs, il va sûrement y avoir des infiltrations de *faffs*.
目を光らせてるんだぞ．デモにファッショがきっと潜入してくるからな．
　　　　　　　　　　　　　　　　　　　　　　　Klapisch : *Péril jeune*

faillot ; fayot (haricot sec) いんげん豆
Ça nous changera un peu des *faillots*.
いつもいんげん豆ばっかりだから違うものがいいわ．
　　　　　　　　　　　　　　　　　　Becker : *Les enfants du marais*

faire

1. (paraître; avoir l'air de; donner l'impression de) らしく見える
Vous avez quel âge ? / J'ai 15 ans. / Ben vous les *faites* pas.
あんたいくつ？ / 15歳． / うーん，そうは見えないな．
　　　　　　　　　　　　　　　Lelouch : *Hommes femmes : mode d'emploi*

Il *fait* un peu clodo intersidéral, tu trouves pas ?
あの人なんだか宇宙を放浪してる人みたいだと思わない？
　　　　　　　　　　　　　　　　　　　　　Téchiné : *Alice et Martin*

2. (visiter; faire du shopping) 訪れる，ショッピングする
J'*ai fait* les grands bijoutiers.
あたし有名宝石店を回ってみたの．　　　　　Beineix : *Diva*

3. (voler ce qu'il y a dedans) 入っているものを盗む
Une ancienne Miss France *faisait* les sacs à main dans les lavabos du

faire

métro.
元ミス・フランスが地下鉄のトイレで人のハンドバッグを漁ってたって.
Bellon : *Quelque part quelqu'un*

4. (ramasser; fouiller) 拾う, 漁る
On se débrouille comme on peut. On *fait* les patates, on *fait* les bennes.
なんとかやってますよ. ジャガイモを拾ったり, ごみ収集車のものを漁ったりして.
Varda : *Les glaneurs et la glaneuse*

5. (dire) 言う
Je peux pas la sacquer celle-là. J'en ai marre de ce boulot de con, putain! / Non mais attends, t'es assistante, tu peux faire attention... je veux dire, heu...même moi je *fais* pas ce que tu *fais*.
あたしもうあんな女我慢できない. こんな馬鹿みたいな仕事もういや. / ちょっと, あんた, 助手でしょう, 気をつけなきゃ… つまりね… あんたが言ってるようなこと, このあたしでさえ言ってないのよ.
Klapisch : *Chacun cherche son chat*

"Pas de danger, je pars pour toujours" qu'il me *fait*.
「心配ないよ, 俺行っったっきりだから」って奴言いやがった.
Bourguignon : *Les dimanches de la ville d'Avray*

■**ça commence à bien faire** (ça suffit; en voilà assez) いいかげんにしろ
Ecoutez, *ça commence à bien faire*.
（長いことまたされて）ねえ, もういいかげんにしてくださいよ.
Dumont : *L'humanité*

■**ça fait... que** (voilà... que; il y a... que) …前から～している
Ça fait cinq minutes *que* je suis là.
あたし5分も前からここにいるのよ.
Rohmer : *4 aventures*

■**ça ne se fait pas** (ce n'est pas poli, correct; ce ne sont pas des choses à faire, à dire) そんなことする〔言う〕もんじゃない
J'ai envie de jouer du piano…je tiens plus. / T'es folle…pas aujourd'hui…*ça ne se fait pas*.
ピアノ弾きたいな… もう我慢できない. / どうかしてるわ… 今日は（お葬式だから）駄目よ… そんなこと.
Téchiné : *Ma saison préférée*

■**ça va le faire** (ça va aller; ça va marcher) 巧くいきそうだ
Plus tu fais ça, plus on s'enfonce, arrête! / Non, *ça va l'faire*!
（砂に埋まったバギー車を）エンジンを掛けて発進させようとすればするほどめりこんじゃうじゃないか, やめろ！ / いや, 巧くいきそうだぞ！
Berberian : *Le boulet*

■**comment se fait-il que** (pourquoi) どうして

faire

Comment se fait-il que vous ne m'ayez jamais parlé du petit bois?
どうして今までその小さな森の話をしなかったんです？　　Miller : *Garde à vue*

■**faire avec** (se débrouiller comme on peut; ne pas pouvoir faire autrement)　現状でなんとかする，他にしようがない

J'espère que vous n'avez rien contre la cuisine asiatique? Le dîner vient du restaurant d'en face. / Je *ferais avec*.
あなたアジア料理別にお嫌いじゃないでしょうね？食事を前のレストランからとるんだけど。/ まあいいですよ。　　Tacchella : *Escalier C*

T'es enceinte, alors tu *fais avec*, maintenant.
あんたね，妊娠してるのよ，今は贅沢言わないの. 　　Braoudé : *Neuf mois*

■**faire dans**

1. (travailler dans)　(…の部門で)働く，携わる
   J'ai jamais *fait dans* la pompe, moi.
   ガソリンスタンドで働いたことはないですね.　　Nauer : *Les truffes*

2. (pratiquer le genre de; aimer)　売り物にする，気に入っている
   Plutôt lugubre comme décor. / Tu crois? Ici on *fait dans* le désastre... le désastre de luxe!
   インテリアは陰気なほうね。/ そうかね，ここでは災禍を売り物にしてるんだ，デラックスな災禍をね！　　Beineix : *Diva*

   Tu *fais* aussi *dans* l'exotisme?
   お前異国趣味もあるのか？　　Marx : *Rhapsodie en jaune*

■**faire dedans** (faire *ses* besoins naturels dans *son* slip)　お漏らしする

Qui pête un pyjama? / Et si y *fait dedans*?
誰かパジャマを貸してあげる？/ もしおねしょしたら？　　Miller : *La classe de neige*

■**faire ni une ni deux** voir **une**

■**faire sous soi** voir **sous**

■**il faut le faire** (c'est difficile à faire; c'est formidable; c'est incroyable)　なかなかできることではない，大したものだ，常軌を逸している

Foutre une prison à côté d'une gare, *faut le faire*.
刑務所の横に駅を作るなんてどうかしてるよな.　　Tavernier : *Une semaine de vacances*

■**la faire à** (essayer de tromper)　騙そうとする

Tu vas pas me *la faire à moi*. J'suis pas un enfant de chœur!
俺に嘘っぱち並べようとしたってだめだ，甘くはないんだぞ.　　Fassbinder : *Querelle*

■**le faire** (faire l'amour)　セックスする

faire

On se croirait à la police. J'ai seize ans et je *l'ai* jamais *fait*, si c'est ça que vous voulez savoir !
> まるで警察の取り調べね．あたしは16で，アレしたことないわよ，そこが聞きたかったんでしょう． Miller : *La petite voleuse*

Je lui avais demandé de *le faire* encore et encore.
> 私は（中国人に）もっとして，もっとしてとせがんだ． Annaud : *L'amant*

■**savoir y faire** (être compétant, habile, débrouillard; savoir s'y prendre) やり方を知っている，扱い方を心得ている，上手だ

Si tu *sais y faire*, mamie t'produit un film et hop, t'as enfin un premier rôle.
> お前あのおばーちゃんを巧く丸め込んだら映画のプロデュースをしてくれるぞ，そうなったらやっとお前も一躍スターになれるんだ． Zidi : *Arlette*

Vous *savez y faire* avec les femmes, commissaire !
> 女の扱いは心得たもんですな，警視さんは！ Crawczyk : *Wasabi*

■**se faire**

1. (faire l'amour; coucher; se taper) ものにする，寝る
   Je *me suis fait* un malade de toute beauté cette nuit.
   > あたし今夜ハンサムな患者と寝たの． Pinoteau : *L'étudiante*

2. (tuer) 殺す
   On va *se le faire* dans le parking.
   > 駐車場でバラシちまおう． Beineix : *Diva*

3. (gagner) 稼ぐ
   Je *me fais* dans les 8 000 par mois.
   > 月に8千ぐらい入る． Dupeyron : *Salomé*

4. (voler) 盗む
   On en profite pour *s'en faire* une.
   > ちょうどいいや，ビールを1本いただいちゃおう． Gatlif : *Swing*

■**se faire dessus** (pisser dans *son* slip) 漏らす
J'peux aller pisser ? / Non. / Je vais *me faire dessus*.
> オシッコしに行ってもいい？/ だめ．/ もれちゃいそうだ． Crawczyk : *Wasabi*

■**se la faire** voir **la**

■**s'en faire** (se faire du souci; s'inquiéter) 気を使う，心配する
Ah c'est gentil ça, mais ça va. *Vous en faites* pas pour moi.
> あ，それはご親切にどうも，でも結構です，気を使っていただかなくとも． Serreau : *La crise*

Avec le temps, tout s'remet. *T'en fais* donc pas.

faisan(t)

時間がたてばなんでも元通りになるさ．心配することはないよ．

Allégret : *Une si jolie petite plage*

■ **va te faire** (va te faire foutre, enculer)　行っちまえ

Ta gueule ! / *Va te faire* !

うるせーな！/ 消えろ！

Miller : *La classe de neige*

faisan(t) (escroc)　詐欺師

Il faut faire une contre-expertise ! Vous voyez pas que c'est un *faisan* !

再鑑定が必要です．あいつがペテン師だって分からないんですか．

Chatiliez : *Tanguy*

fait

■ **être bien fait pour** (être tout à fait mérité)　ざまみろ，当然の報いだ，自業自得だ

Michel il est dedans depuis vingt-six ans et c'*est bien fait pour* sa gueule... il m'a tué mon chien.

ミシェルはこの井戸に（落っこちて）25年になる．いい気味だ…わしの犬を殺したんだからな．

Chatiliez : *Le bonheur est dans le pré*

■ **être fait** (être drogué, ivre)　麻薬をやっている，酔っている

T'*es* complètement *faite* ? / Je *suis* légèrement *faite*.

あんたすごくラリッてるんじゃないのか？/ 軽くね．

Balasko : *Gazon maudit*

falloir

■ **il faut ce qu'il faut** (c'est absolument nécessaire ; on ne saurait se contenter de moins)　絶対そうしなければならない，それだけはどうしても必要だ

Les tapis flottent ! / *Faut ce qu'il faut*, Messieurs-dames. Mais rassurez-vous, tout risque est écarté pour la nuit.

(消防夫の放水で) 絨毯が浮いてるわ！/ これぐらいしとかないとね，皆さん．まあ安心してください，これで夜は絶対安全です．

Poiré : *Les couloirs du temps*

■ **il faut mieux**　(il vaut mieux)　…のほうがいい

Faut encore *mieux* travailler chez les autres.

（主婦になるよりは）働きに出たほうがいいわ．

Allégret : *Une si jolie petite plage*

■ **il ne fallait pas** (c'est trop ; c'est trop gentil ; c'était pas la peine ; merci beaucoup)　（プレゼントをもらって）こんなことをなさらなくてもよろしいのに，恐れ入ります

Oh ! Mais *il ne fallait pas*...

famille

（食事に招待した客から花束を差し出されて）まあ，ご丁寧に．
Cantet : L'emploi du temps

■**qu'est-ce qu'il te faut ?** (tu n'es jamais content; on ne peut faire le mieux) 文句が多いんだな，むずかしい奴だな

Alors ? / Je touche du bois qu'elle est pas mal. / *Qu'est-ce qu'il te faut.* / Je parlais de la nouvelle bonne.

（夫は買ったばかりの衛星放送がみられるテレビのことを尋ねる）どうだい？ / ずっとうまくいくといいわね，まあまあだとは思うけど． / 要求が多いんだな． / 私は来たばかりの女中のことを話してたのよ．
Chabrol : La cérémonie

fameux

■**pas fameux** (pas très bon; pas terrible; médiocre) 芳しくない，ほめられたものではない，ぱっとしない

Je vous le déconseille. Je veux dire que c'est *pas fameux*.

（社員食堂は）やめといたほうがいいですよ．あんまりうまくないんです．
Limosin : Novo

Pas fameux ces erreurs de calcul !

よくないわね，この計算間違い！
Limosin : Novo

famille

■**dans la famille... , je veux〔demande〕~** (dans le jeux des sept familles, je demande ~ de la famille...) 家族合わせの…家族の~のカードを出して

J'arrive pas à dormir toute seule, je peux venir dans ton lit ? / Bah oui bien sûr...oh eh, doucement Laura, s'il te plaît ! / Oh là là, *dans la famille* molassonne *je demande* la mère !

あたし一人じゃ寝つかれないの．ママのベッドに来てもいい？ / そりゃいいわよ…あんたったら，どしんどしんしないでったら！ / まあまあ，あたしはぐうたら家族のママが必要なの．
Collard : Les nuits fauves

Tu as besoin de moi pour la retrouver et tu le sais. / Comment tu sais qu'elle existe ? / *Dans la famille* salope, *je veux* la fille.

この女を見つけるのに俺が必要だ，自分でも分かってるくせに． / どうして女がいるって分かるんだ？ / 悪党一家に娘は付き物さ．
Megaton : Exit

Quel joli tableau familial ! *Dans la famille* Garlinde *je demande* la belle-fille.

ご家族がよくお揃いで！私はガルランド家のお嫁さんのことをお話ししたいわ．
Vergez : Dans un grand vent de fleurs

fantôme

fantôme
■**faire ouhouh les fantômes** (faire peur) お化けだぞと言っておどす
T'es mort comme tout le monde, y'a pas de quoi *faire "ouhouh les fantômes"*.
パパはみんなと同じようにもう死んでるんだから，「うらめしや」なんて怖がらせることはないんだ．
Klapisch : Peut-être

faramineux (extraordinaire; fantastique; prodigieux) すごい，とてつもない
Le plus formidable, le plus *faramineux*, le plus mirobolant, c'est que ça marche.
いちばん素晴らしく，とてつもなく，信じられないことは，仕事がどんどんはかどっていくことだ．
Dayan : Cet amour-là

farcir
■**se farcir**
1. (posséder sexuellement) ものにする
Mais s'il te plaît autant, t'as qu'à *te* le *farcir*, ce connard !
ママそんなに気に入ってるんだったら，寝りゃいいじゃない，あの馬鹿と．
Ozon : Sitcom

Je *me suis farci* Ramona.
俺ラモナとできちゃった．
Demy : L'événement le plus important depuis que l'homme a marché sur la lune

2. (faire quelque chose de pénible) 辛いことをする，耐える
Faut toujours *se farcir* le discours du préfet.
いつも知事の演説を我慢して聞かなきゃいけないんだ．
Téchiné : Les voleurs

3. (supporter qn. de désagréable) 嫌な奴の相手をしなければならない
On va pas passer notre vie à *se farcir* du veau ?
これ以上気のない女とおつきあいするのはごめんだぜ．
Blier : Les valseuses

farfouiller (fouiller) 引っかき回す，弄ぶ
Depuis qu'elle est toute petite, elle *farfouille* derrière ce bar.
妹はね，ちっちゃいころからこのカウンターの後ろでごそごそやってたんだ．
Bénégui : Au petit Marguery

faribole (chose, propos vain et frivole) つまらないこと，たわごと
Il y a des grèves, des défilés de lycéens et autres *fariboles* sans aucun intérêt.
今はストライキとか高校生のデモとかぜんぜん興味のないたわごとが新聞に載っている．
Tavernier : L'horloger de Saint Paul

fastoche (facile) 容易な
Tu prends le bébé et tu lui apportes, c'est tout / *Fastoche*.
> この赤ちゃんを抱いてお母さんに渡しに行く，それだけだ．/ 簡単！
>
> Ducastel : *Drôle de Félix*

fauche (vol) 盗み
Le samedi je travaille. C'est le jour où il y a le plus de *fauche*.
> 土曜日は俺は（警備員として）ここで働いてる．いちばん万引が多い日だからな．
>
> Blier : *Les valseuses*

fauché
■**être fauché** (qui n'a pas d'argent du tout) 素寒貧だ，からっけつだ
A Rome, en décembre, j'*étais fauché*.
> ローマに12月にいたとき，一文無しになっちゃってね． Godard : *A bout de souffle*

■**on n'est pas fauché** (ça ne nous aide pas) 期待通りだ，困ったものだ
C'est le nouveau patron. / Eh ben, *on n'est pas fauché* !
> 彼が今度の社長だ．/ ヘー，期待を裏切らないわね．（反語 私はがっかりよ）
>
> Lelouch : *Hommes femmes : mode d'emploi*

faucher (voler ; piquer) 盗む
T'en *fauches* beaucoup comme ça ?
> この手でたくさん万引きするのか？ Beineix : *Diva*

faucheton (faux jeton ; hypocrite ; type déloyal) 偽善者，腹黒い奴
C'est un vrai *faucheton* cette gamine.
> あの娘ときたらほんとにすれっからしよ． Becker : *L'été meurtrier*

faute
■**c'est de ma faute** (c'est ma faute) 僕が悪い
C'était pas *de ma faute*.
> あたしのせいじゃなかったのよ． Klapisch : *Riens du tout*

faux
■**avoir (tout) faux** (se tromper (complètement)) (全く) 思い違いしている
Eh, t'*as* tout *faux* toi.
> おい，お前 全く勘違いしてるぞ． Noé : *Seul contre tous*

■**faux(-)cul** (hypocrite ; type déloyal, sournois ; faucheton) 偽善者，不誠実な，腹黒い奴
Si la France est dirigée par des types comme lui, on est vraiment au royaume des *faux-cul*.
> フランスがあいつみな奴等に支配されてるんじゃ，まったく偽善者が幅を利かす国になっちゃう． Noé : *Seul contre tous*

fax

fax
1. (英語) ファックス
   J'ai reçu un *fax* du Père Noël.
   パパはサンタのおじさんからファックスをもらったんだよ． Thompson : *La bûche*
2. (faxer ; envoyer par fax) ファックスで送る
   Y'a qu'à leur demander une photo. / Ah oui ... faudrait qu'ils nous la *fax*.
   役所に顔写真を頼めばいいでしょう．/ そうね…ファックスで送ってもらわないと．
   Lioret : *Tombés du ciel*

faxer (英語. envoyer par fax) ファックスを送る
Tu *faxes* ça à la Dépêche.
これをデペッシュ社にファックスしてくれ． Téchiné : *Alice et Martin*

fayot voir faillot
fayot,e (personne qui fait du zèle pour se faire bien voir de ses supérieurs ; lèche-cul) 点取り虫
Vous jurez d'arrêter de vous moquer de moi, plus de "lèche-cul", plus de "*fayote*", plus rien.
もうあたしのことからかうのやめるって誓ってよ．ゴマすりだとか，点取り虫だとか，もうみんないやよ． Fansten : *La fracture du myocarde*

feignant ; feignasse (fainéant) 怠け者
Elle est où l'autre *feignante* ?
あのぐうたら女どこ行った？ Masson : *En avoir*
Allez ! Cours un peu, *feignasse* !
さあ，走るのよ，怠け者！ Guédiguian : *A la place du cœur*

fêlé (fou) 頭がいかれた，気がふれた
On reçoit pas mal d'appels, de gens un peu *fêlés*.
ちょっといかれた人たちからかなり電話が掛かってきますからね．
Renders : *Thomas est amoureux*

fellouze (militaire arabe qui se battait contre la France) アルジェリアの対仏アラブ戦士
Si on les interroge tous un par un, vous croyez que dans le tas on va pas coincer trois ou quatre cents *fellouzes*, non ?
一人一人尋問すれば中から反対分子を3，4百人挙げられると思ってるのかね？
Heynemann : *La question*

femme
■**bonne femme** (femme ; femme âgée) 女，おばさん
Elle fout l'cafard vot'*bonne femme* !

あんたの好きなおばさん歌手を聞いてると気が滅入るな.

Allégret : *Une si jolie petite plage*

■**mec à femmes** (grand séducteur; Don Juan) 女にもてる男，女たらし
Toi, t'es un *mec à femmes*.
お前は女にもてるものな.

Siegfried : *Louise*

feng-shui (中国語) 風水
Je suis un peu *feng-shui*, la géomancie chinoise. C'est l'art d'organiser l'environnement pour attirer la bonne chance.
あたしちょっと風水やるの. 中国の土占いで，幸運を呼ぶために環境を整える術なのよ.

Rivette : *Va savoir*

fermer
■**la fermer** (se taire; la boucler) 黙る
De toute manière, là où elle est maintenant, elle *la fermera*.
いずれにせよ，あの世に行っちまっちゃ，死人に口なしですからね.

Beineix : *Diva*

Laisse-moi t'expliquer. / *Ferme-la*!
説明させて. / 口出しするな!

Huth : *Serial lover*

ferraille
■**tas de ferraille** (voiture en très mauvais état) ひどい状態の車
Il retape des *tas de ferrailles* comme celui-là, qui roulent on ne sait comment.
彼はこのような事故車をざっと修理してるんだが，どんな走りをしてるものやら.

Limosin : *L'autre nuit*

fesse
■**avoir qn. aux fesses** (avoir qn. à ses trousses) …に追われる
T'*auras* le patron *aux fesses*.
君，店長に追求されるぞ.

Skolimowsky : *Le départ*

■**barre tes fesses!** (va t'en rapidement!; dégage!) とっとと消え失せろ
Barre tes fesses, Marie!
マリ，早く出てって!

Dumont : *La vie de Jésus*

■**la peau des fesses** (très cher) とても高く
T'embarque pas dans un procès que tu vas perdre…qui va te coûter *la peau des fesses*.
裁判に持ち込まないほうがいい，どうせ負けるんだから…すごく高いものにつくぞ.

Serreau : *La crise*

■**mes fesses!** (non jamais!; mon cul!; mes couilles!) そんなのご免だ，まっぴらだ

fête

L'amitié Franco-Allemande, hein… *Mes fesses!*
独仏友好なんてね，あたしゃご免ですよ！
Pirès : *Taxi*

■**occupe-toi de tes fesses** (mêle-toi de ce qui te regarde) 余計なお世話だ
Chef, c'est lequel? / *Occupe-toi de tes fesses.*
看守長，どちらにします？／いらんこと言うな！
Giovanni : *Mon père*

■**remuer les fesses** voir **remuer**

fête (orgie; partouze) 乱交パーティー，オージー
Coucher avec vous…enfin…avec Juliette et vous…tous les trois. / Ah bon d'accord…la *fête* quoi! Comme dans l'antiquité.
あなたと…つまりその…ジュリエットとあなたと…3人で寝たいんです。／ああ，分かった…酒池肉林ってことね。古代ローマみたいに．
Téchiné : *Les voleurs*

■**ça va être ma fête** (je vais être réprimandé) 叱られるだろう
Antoine, Monsieur Blady vous demande. / Oh *ça va* encore *être ma fête*!
アントワーヌさん，ブラディさんがお呼びよ．／やれやれまたお小言か！
Truffaut : *Baisers volés*

■**être à la fête** (passer un moment très chaud) 性的に興奮した状態に陥る
Sa femme va *être à la fête* ce soir.
あの人の奥さんは今晩熱々になるわよ．
Othnin : *Piège à flics*

■**faire sa fête** (malmener) ひどい目に会わせる，手荒く扱う，懲らしめる
Il est pas réveillé. / Quel flemmard! On va *faire sa fête*?
パパは起きてないわよ．／まあ，なんて怠け者なんでしょう！やっつけてやらない？
Ozon : *8 femmes*

Et lui il t'a *fait la fête* ce soir?
お腹の赤ん坊今晩は暴れなかったかい？
Othnin : *Piège à flics*

feu

■**avoir le feu au cul**

1. (être très pressé) とても急いでいる
T'*as le feu au cul*? / Je tiens pas à rater mon train.
お急ぎのようだね．／列車に乗り遅れたくないからね．
Téchiné : *Hôtel des Amériques*

2. (être excité sexuellement) 性的に興奮している
Et Toulouse…ta gonzesse? J'croyais qu'tu *avais l'feu au cul*!
（こんな森の中をうろうろしていて）トゥールーズにいるあんたのスケはどうなってるんだ？彼女にムラムラじゃなかったのかい？
Beineix : *IP5*

■**avoir qch. sur le feu** (avoir qch. en préparation)　料理している
J'*ai* le travelo *sur le feu*.
　　今オカマを吐かせてるとこなんですが.　　　　　　Crawczyk : *Wasabi*

■**coup de feu** (moment où l'on doit déployer une grande activité)　最も忙しいとき，手が放せないとき
Vous ne voulez pas rester un pet't peu? / Heu, c'est l'*coup d'feu*, j'peux pas!
　　もうちょっとここにいていただけませんか？ / ううん，今，猫の手も借りたい時だから無理ね.　　　　　　Zidi : *Arlette*

■**il n'y a pas le feu** (rien ne presse)　慌てることはない
Il n'y a pas le feu. / Si, moi je suis pressé.
　　まあ落ち着けよ. / だめだ，俺急いでるんだ.　　　　　　Blier : *Les valseuses*

■**péter le feu** (avoir une énergie intense)　元気いっぱいである
Tu *péteras le feu*.
　　張り切ってやれるよ.　　　　　　Dupeyron : *La machine*

feuille (herbe; haschisch)　ハシッシュ
Elles sont où tes *feuilles*? / Dans la corbeille derrière. Tu fumes toi maintenant?
　　葉っぱどこ? / 後ろの篭の中. あんた吸うようになったの?
　　　　　　Despentes : *Baise-moi*

■**être dur de la feuille** (être un peu sourd)　耳が遠い
Je *suis* un peu *dur de la feuille*. Réponds plus fort, j'entends pas.
　　俺少し耳が遠いんだ. もっと大きな声で答えろ，聞こえない.　　Megaton : *Exit*

feuj (juif の逆さ言葉)　ユダヤ人
T'es *feuj*. / Pourquoi? T'es comme tous ces petits cons de banlieue qui peuvent pas blairer les...les *feujs* pour on n'sait quelles raisons, c'est ça!
　　お前ユダヤ人だな. / なんでだ? 訳もなくユダヤ人を毛嫌いする郊外の馬鹿ガキとお前も同じってことだな.　　　　　　Bensalah : *Le ciel, les oiseaux et ... ta mère*

fiancé (amant; petit ami; mec)　恋人，彼氏
Je suis volage. / N'oublie pas tout de même de leur mettre les caoutchoucs, à tes *fiancés*.
　　あたしって浮気なのよ. / ともかく彼氏にゴムを着けることは忘れるなよ.
　　　　　　Chatiliez : *Le bonheur est dans le pré*

fibro (fibroscopie の略)　ファイバースコープによる検査
Si tu peux faire une petite *fibro*, et puis tu me communiques le résultat.

fiche

　　ファイバースコープをちょっとやって，結果を知らせてくれ．
Lelouch : Hommes femmes : mode d'emploi

fiche (gringalet; petit; maigre; trapu; minable)　貧弱な男，痩せた小男，ろくでもない奴
　　Petite *fiche*, mon cul !
　　　あのろくでもない奴なんか，クソ食らえだ！
Noé : Seul contre tous

fiche(r) (faire, foutre)　する
　　Mais qu'est-ce qu'on en a à *fiche* que tu sois pas réélu ?
　　　パパが再選されなくたってどうだっていうんだ？
Serreau : La crise
　　Je vous emmène ? Je n'ai pas que ça à *fiche*.
　　　お部屋へご案内しますか？ 他にも仕事がいっぱいあるのに．
Poiré : Les visiteurs
　　Vous m'*avez* vraiment *fichu* la trouille.
　　　おどかさないでよ！
Mimouni : L'appartement

■**ficher la paix** (laisser tranquille)　ほっとく
　　Oh ! *Fichez-moi la paix* !
　　　まあ，うるさいわね！
Vincent : La discrète

■**se ficher de** (se moquer de; se foutre de)　馬鹿にする，無視する
　　J'ai un ami qui habitait là. / Je *m'en fiche de* votre ami.
　　　僕の友人がこのへんに住んでいたんだ．/ あんたの友人なんかどうでもいい．
Rohmer : 4 aventures

fichu
1. (perdu; dans une fâcheuse situation)　駄目になった，ひどい状態の
　　Toute la beauté du carrefour est *fichue* maintenant.
　　　この十字路の美しさも今や台無しだ．
Godard : A bout de souffle
2. (bizarre; mauvais)　変な，悪い
　　T'as une *fichue* imagination.
　　　お前って変なこと想像するんだな．
Ducastel : Drôle de Félix
3. (bâti; fait)　体つきの
　　Ça existe vraiment des femmes *fichues* comme ça ?
　　　（ピンナップ写真を見て）ほんとにこんな体した女の人っているのかしら？
Sinapi : Nationale 7

■**être mal fichu** (ne pas se sentir bien)　具合が悪い
　　Je reste, je *suis mal fichu*.
　　　俺はここにいる．調子がよくないんだ．
Godard : A bout de souffle

fifille (fille)　娘
　　J'fais chauffer la petite *fifille*, celle avec les gros seins.

あのデカパイの女を（彼のために）ウオーミングアップさせとくよ．
Gilou : La vérité si je mens

figurer
■**figure-toi** (remarque; crois-moi; mets-toi à ma place)　それがだな，実は…なんだ．考えても見ろ，いいか…なんだ
Je savais pas que vous aviez eu une fille aussi bien gaulée ! / Oui, moi non plus, *figure-toi*.
あんたにあんなスタイルのいい娘さんがいたなんて知らなかったもんだから．/ 俺だってそうさ，俺の身にもなって見ろ．
Krawczyk : Wasabi

La rue de la Gaîté, s'il vous plaît ? / Ah ben, vous avez de la chance ! J'en viens ou presque. *Figurez-vous* que c'est à gauche, là.
すみません，ゲーテ通りってどっちでしょう？/ やあ，あんたついてますね，僕はたった今そこから来たようなもんです．いいですか，その左のほうです．
Rohmer : Quatre aventures

C'est l'article R-26. Et en cherchant dans un très vieux recueil Dalloz, ben *figurez-vous* que j'ai trouvé un arrêté, qui est en réalité un édit, du 2 Novembre 1554.
このことは刑法の26条に出ているんですけど，ダローズの古い判例集でしらべていたら，実は（これと同じ）条例をみつけたんです，実際は勅令で1554年11月2日のものです．
Varda : Les glaneurs et la glaneuse

filer
1. (donner) 与える
   Je lui *ai filé* la clé.
   俺，彼女にうちの鍵渡したんだ．
   Pinoteau : L'étudiante
   T'as vingt ou trente sacs à me *filer* ?
   兄さん，2・3百くれない？
   Despentes : Baise-moi
2. (s'en aller; partir) 行く，出かける
   Je suis encore à Aix, là. Je *file* sur Nîmes.
   今，まだエクスなんだ．これからニームに向かうよ．
   Thompson : La bûche
   Allez, *file*, tu vas être en retard.
   さあ，行けよ，遅れちゃうぞ．
   Ducastel : Drôle de Félix
3. (se sauver; fuir) 逃げ出す
   On attend que j'aie le dos tourné et puis on *file*.
   （カフェには）ボーイが背を向けると飲み逃げする客がいるんだ．
   Rohmer : 4 aventures

■**filer droit** (obéir sans discuter; respecter les règles; ne pas faire de

fille

bêtises) つべこべ言わずに従う，規則に従う，馬鹿な真似はしない
T'as intérêt à *filer droit*.
あんた，黙って言われた通りにしたほうがいいわよ．
Le Roux : *On appelle ça ... le printemps*

fille (fille publique; prostituée) 娼婦
Une *fille*! Voilà ce que tu es! Une *fille*!
（妊娠を告白した娘に母親が）娼婦よ！お前なんか！娼婦と同じよ！
Ozon : *8 femmes*

■**fille-mère** (mère célibataire) 私生児を生んだ娘，未婚の母
Les pécheresses se comprennent entre elles : les inverties avec les *filles-mères*.
罪を犯した女同士って理解しあえるのね．同性愛の女と未婚の母なんか．
Ozon : *8 femmes*

film

■**film à lire** (film à soutitrage) 字幕付きの映画
Change! T'es chiant avec tes *films à lire*!
チャンネルを変えろ！いつも難しい映画ばっかり見て面白くない奴だな！
Sinapi : *Nationale 7*

filoche (filature; poursuite) 尾行，追跡
On a qui en *filoche*?
尾行には誰をやってる？
Kounen : *Le Dobermann*

filon (source de réussite; aubaine) 思いがけないチャンス
J'ai eu de la chance... J'ai trouvé un *filon*.
僕はついてただけさ… その糸口が見つかったってことさ．
Téchiné : *Alice et Martin*

fin (complètement) 完全に，すっかり
Si tu dois rentrer *fin* saoul, arrange-toi pour trouver la porte sans réveiller toute la maison!
ぐでんぐでんになって帰ってくるようなことになっても，家中を起こさないでドアを探り当てるようにしなさいね．
Hubert : *Le grand chemin*

(')fin (enfin) そうは言ったけれども，まあ
Dix francs! Vous êtes folle, tandis que le petit café, là, quatre francs, c'est aussi bien, *'fin* je vous dis ça, vous faites comme vous voulez.
あそこじゃ10フランもするのよ．おかしいんじゃない．でもこっちのコーヒーは4フランだけど同じくらいおいししいわ．まあそうは言ったけど，お好きなようにね．
Klapisch : *Chacun cherche son chat*

finasser (user de subterfuges) 計略をめぐらす
　Tu tournicotes ! Tu *finasses* !
　　あんたそんなとこ行ったり来たりして，変なこと考えてるんでしょう！
　　　　　　　　　　　　　　　　　　　　　　Hubert : *Le grand chemin*

finir
■**c'est fini, oui? ; tu as bientôt fini?** (arrête! ; ça suffit! ; c'est pas un peu fini?) もうやめろ，いいかげんにしろ，いつになったらやめるんだ
T'as bientôt fini?
　　（皮肉を延々と聞かされて）いつまでやってんだ？　　　Bral : *Extérieur nuit*
　Elles se dévissent pas. / Et puis, elles sont pas belles. / *C'est fini, oui?*
　　（男の子と孤児の女の子が教会のなかで十字架を数えている．母親がシーとたしなめても続けている）あれは外せないな．／それに立派じゃないわ．／（兄が）いいかげんにしろ！
　　　　　　　　　　　　　　　　　　　　Clément : *Jeux interdits*
■**se finir** (éjaculer ; se masturber) 射精する，オナニーする
　Je vais quand même pas *me finir* tout seul dans une chiotte.
　　（君が嫌だからって）まさか俺トイレで一人で済ませるなんてごめんだね．
　　　　　　　　　　　　　　　　　　　　　Breillat : *A ma sœur*

finition (éjaculation) 抜き，フィニッシュ
　On ne fait pas les *finitions*. Il y a des endroits spécialisés où on s'occupe de ton problème de biroute.
　　このお店じゃスペシャルはやらないの．あんたのチンポの問題を解決してくれる専門の所があるでしょう．　　　　　　　　Marshall : *Vénus Beauté*

fiole
■**se payer sa fiole** (se moquer de) 馬鹿にする
　On dirait vraiment qu'elle *se paie votre fiole*.
　　あの娘ほんとにあなたのこと馬鹿にしてるみたいですね．　　Miller : *Le sourire*

fion
1. (anus ; cul) 肛門，尻
　Heureusement qu'ils ont déchiré le *fion* à ces excréments humains qui étaient leurs épouses.
　　嬉しいことに米・露軍がナチのかみさんたち糞女どもの尻の穴を痛めつけてくれたんだ．　　　　　　　　　　　　　　　Noé : *Seul contre tous*
2. (individu méprisable) あさましい人
　C'est quoi cette face de *fion*? Tu sais bien que je supporte pas les pédés !
　　（おまえが連れてきた）あのいやらしい顔つきの男は何だ？　俺のホモ嫌いはよく知ってるだろう！　　　　　　　　　　　Nauer : *Les truffes*

fiotte

■**tronche de fion** (tête de cul) 馬鹿面
Pour qui elle se prend avec sa *tronche de fion*!
（テレビの女キャスターを見て）馬鹿面して偉そうに！

Chatiliez : *la vie est un long fleuve tranquille*

■**tu peux te carrer *qch.* dans le fion** (je n'en veux plus; tu peux te le garder; tu peux te le mettre au cul) もう欲しくない，いらない
Quant à tes citations pseudo-intellectuelles, *tu peux te* les *carrer dans le fion*.
きみのインテリまがいの引用はもう願い下げにしてもらいたいね.

Gainsbourg : *Charlotte for ever*

fiotte (homosexuel; homme efféminé) ホモ，女性的な男
Ce sont tous des *fiottes*.
あいつらみんな女の腐ったような奴らよ.　　Despentes : *Baise-moi*
On n'a rien en commun, c'est une petite *fiotte*.
俺たち何も共通なとこがないんだ，あいつはホモだもんな. Veber : *Le placard*

Fischer (marque de bière) ビールの商標
Vous avez de la *Fischer*? / Ah non, Heineken ou mille six cent soixante quatre.
フィシャービールある？/ いや，ハイネッケンか1664なら.

Guédiguian : *A la place du cœur*

fissa (アラブ語．vite) 急いで
Vous me rendez mon pognon et *fissa*.
わしのゼニ返せ，すぐにだ.　　　　　　　　　　Chatiliez : *Tanguy*

fister (英語より．mettre un bras dans l'anus) フィストファッキングする
Fiste-moi！
フィストしてくれ！　　　　　　　　　　　　　Noé : *Irréversible*

fixe (injection de drogue; shoot) 麻薬の注射
J'crois qu't'as un *fixe*.
あんたのとこにはシュートあるんだろう？　　　Dupontel : *Bernie*

fixette (fixation sur un objet, une idée, idée fixe) 執着，固定観念
Il nous fait une *fixette* sur Noël maintenant.
パパったら今度はクリスマスのことしつっこく持ち出すのよ.

Thompson : *La bûche*

Ça fait un an qu'il fait une *fixette* sur cette fille et au moment où ça marchait, il laisse tomber.
彼ったら１年もあの女を狙ってて，落ちそうになったとたん手を引いちゃったのよ.

Dugowson : *Portraits chinois*

flag (flagrant délit の略) 現行犯
　OK. Tu vas l'avoir ton *flag*.
　　大丈夫だ，現行犯で挙げられるよ．
　　　　　　　　　　　　　　　　　　　　　　　Pirès : *Taxi*

flagada (fatigué ; sans force) 疲れた
　Je suis un peu *flagada*.
　　わしはちょっと疲れた．
　　　　　　　　　　　　　　　　　　　　　Salomé : *Belphégor*

flambe (tripot) 賭場
　On a décidé de faire rentrer personne en cours de *flambe*.
　　賭場が開いてるときには誰も入れないことに決めたんだ．
　　　　　　　　　　　　　　　　　　Giovanni : *Mon père*

■**taper la flambe** (crâner ; frimer ; flamber) いいところを見せる，格好をつける
　Vas-y, roule ! On va *taper la flambe*.
　　さあ，車を転がすんだ．みんなをうらやましがらせてやろう．　　Kassovitz : *Assassins*

flamber
1. (frimer ; faire l'intéressant) 格好をつける
　Pour des filles en cavale, vous avez pas l'air très angoissées. / C'est parce qu'on manque d'imagination. / Ouais, tu *flambes*.
　　逃げ回っている女の子たちにしちゃあまりおびえた様子がないね．/ あたしたち想像力がないから．/ へえ，格好つけちゃって．
　　　　　　　　　　　　　　　　　　Despentes : *Baise-moi*
2. (jouer avec passion ; dépenser beaucoup d'argent au jeu) のめり込む，賭け事に金をつぎ込む
　Les médecins boivent, se droguent, fuguent, *flambent* aux courses et au casino…
　　医者って酒は飲むは，麻薬はやるは，家出はするは，競馬やカジノに入れあげるはで…
　　　　　　　　　　　　　　Deville : *La maladie de Sachs*

flan
■**au flan** (au hasard) 出任せに，行き当たりばったりに
　Carrément deux cents balles de l'heure…j'y suis allée *au flan*… Ça a marché.
　　（ヴァイオリンのレッスンの授業料を）はなから1時間2百フランていい加減にふっかけたのよ…そしたら通っちゃった．
　　　　　　　　　　　　　　　Téchiné : *Alice et Martin*

flanc
■**avoir le flanc** (avoir le courage) 気力がある
　J'*ai* jamais *eu le flanc* de me coltiner aux pouilleux sur le terrain.
　　僕には貧乏人と実際に向き合う気力がない．　　Poiré : *Les anges gardiens*

flancher

1. (plaisanter) 冗談を言う
   C'est pas le moment de *flancher*.
   冗談なんか言ってるときじゃないぞ.
   Dridi : *Pigalle*
2. (se dégonfler) 怖じ気ずく, 駄目になる
   Tu iras jusqu'au bout de ce rôle, ou alors tu *flancheras*.
   このジュリエットの役をとことんまでやり抜くんだ. さもないとしぼんじまうぞ.
   Téchiné : *Rendez-vous*

flanelle (fiasco; échec) 不能

Cette nuit j'ai abordé l'idée d'un enfant : pour la première fois depuis douze ans ; la *flanelle* absolue.
その夜, あたし子供のこと持ち出してみたの. そしたらね, (あたしたちこういう関係になって) 12年間で初めてのことなんだけど, 彼ぜんぜん立たなかったのよ.
Thompson : *La bûche*

flanquer

1. (donner; coller; provoquer brutalement) 与える, 加える, 引き起こす
   Si tu lui *flanques* la frousse, il colle la panique dans tout le corps.
   脳を怯えさせると, 脳は体全体をパニック状態に陥れるんだ.
   Lelouch : *Hommes femmes : mode d'emploi*
2. (lancer; jeter; mettre) 投げる
   Ils *ont flanqué* le feu à l'hôtel Nixon.
   彼らはニクソンホテルに放火した.
   Godard : *Vent d'est*
3. (appliquer; donner avec énergie) 喰らわせる, かませる
   Si je vous *flanquais* une tarte ?
   あんたをひっぱたいたらどうする？
   Miller : *Le sourire*

flash (英語. état de plaisir intense; obtenu de l'effet d'une drogue)
麻薬をやった後のきらめき
T'as pas le *flash* quand tu sniffes.
コカインを嗅いだだけじゃ (ヘロインみたいに) ぱっと来ないのよ.
Garrel : *Sauvage innocence*

flasher (英語のto flashから)

1. (faire une photographie au flash; enregistrer; surprendre) フラッシュ撮影する, 記録する, 現場を押さえる
   Je me suis fait *flasher* par un radar.
   (スピード違反の) ねずみ取りに引っかかったんだ.
   Nauer : *Les truffes*
2. (exhiber ses organes génitaux) (男が) 性器を露出する

C'est sur quoi ? / Un type qui *flashe*.
それ何の映画なの？/ 露出狂の男.   Gainsbourg : *Stan the flasher*

■**flasher sur** (être très intéressé par; avoir le coup de foudre; craquer pour) 関心を持つ，注意を引かれる，一目惚れする
Les ordinateurs ont *flashé sur* le nom de cet homme.
コンピューターがこの男の名前を割り出したんだ.   Berberian : *Six-pack*

fleur
■**comme des fleurs** (sans aucun problème) 問題なく
On pourrait passer *comme des fleurs*.
何の問題もなく通れるかもしれない.   Molinaro : *Cage aux folles II*

■**faire une fleur à** (consentir gracieusement un avantage dans une affaire; accorder une faveur) 好意を示す，特別に計らう
T'es veinard, Eddie. René te *fait une fleur*. Tu as une rallonge de 24 heures.
(暴力団員風の男がエディを殴りながら) お前ついてるぞ，エディ，ルネさんが好意的に (借金の返済を) 24時間延ばしてくださったんだ.   Gilou : *La vérité si je mens*

flic; flicaille; flicard (agent de police; poulet) ポリス
Tu sais, Victor a foutu le bordel dans un troquet et les *flics* sont arrivés.
あのな，ヴィクトルの奴ビストロで騒ぎを起こして，ポリ公が来たんだ.   Rochant : *Vive la République*

Merde ! La *flicaille* !
畜生！サツだ！   Godard : *A bout de souffle*

Je suis *flicard*.
私はデカだ.   Malle : *Zazie dans le métro*

flingue (arme à feu; pistolet) ピストル
T'en as un, toi, de *flingue* ?
お前1丁持ってるだろう，ハジキを？   Zeitoun : *Yamakasi*

flinguer (tirer avec une arme à feu) 銃で撃ち殺す
Paraît qu'elle *a flingué* son mari.
彼女，旦那を撃ち殺したらしいね.   Beineix : *Mortel transfert*

■**se flinguer** (se suicider avec une arme à feu) 銃で自殺する
J'ai toujours eu un faible pour les types qui *s'flinguaient*, moi, une balle dans l'caisson.
俺は頭に弾をぶち込んで自殺する連中にはどうしても甘くなっちゃうんだ.   Beineix : *Mortel transfert*

flip (英語. flipper; billard électrique) ピンボールゲーム

flippant

Vous étiez au *flip*?
あんたフリッパーやってたの?
Klapisch : *Péril jeune*

flippant (démoralisant; qui fait peur; déprimant) がっくりさせる, 意気消沈させる, 震え上がらせる

Faut pas que ça dure une seconde de plus... Qu'est-ce que c'est *flippant*...
あれ以上少しでも続いたらもう我慢出来なかったわ. ほんとに怖かった.
Breillat : *Romance*

Il est *flippant* son père.
あの子の父親って人をがっくりさせるところがあるよ.
Siegfried : *Louise*

flippé (fou; drogué) 気違い, 薬ちゅう

J'ai pas fait tout ça là pour me retrouver avec un *flippé* qui me pose des questions tordues.
あたしいろいろしてあげたのにその相手がよりによって変な質問する気違いだなんて.
Thompson : *Décalage horaire*

flipper

1. (avoir peur) 恐れる

    Pourquoi il faut le boucher? / Ça fait *flipper* Claire à cause des gamines.
    なぜ汚水タンクを埋めなきゃいけないんだ? / 娘たちがいるからクレールが怖がってるんだ.
    Moll : *Un ami qui vous veut du bien*

    Mon curateur il *flippe* que je brûle le pognon, alors il me refile que des pièces.
    僕が札を燃やしちゃうんじゃないかと思って財産管理人は硬貨しか渡してくれないんだ.
    Beineix : *Mortel transfert*

2. (être déprimé) 憂鬱になる, 落ち込む

    Putain, j'*flippe*, il faut que j'aille voir mon père.
    ちぇ, やんなっちゃう, 父のとこに行かなきゃいけないのよ.
    Améris : *Mauvaises fréquentations*

■**flipper *sa* mère** (avoir très peur; flipper sa race) とても怖がる

Le mec connu il *flippe sa mère*.
その有名人はとても怖がってた.
Kassovitz : *La haine*

fliquer (surveiller) 監視する

J'aime pas *être fliqué*.
おれは見張られるのは嫌だ.
Devers : *Max et Jérémie*

fliquette (femme policier; fliquesse; fliqueuse) 女警官

Y'a une *fliquette* hystérique qui matraque dans votre quartier.

あんたの街には駐車違反を厳しく取り締まるヒステリー女警官がいますね.

Beineix : *Mortel transfert*

flirt (英語. amoureux; soupirant) ボーイフレンド
Non, ce soir je peux pas parce que j'ai une surpatte avec mon *flirt*.
駄目なの，今晩は，ボーイフレンドとダンスパーティーに行くの.

Berberian : *La cité de la peur*

flotte (eau; fleuve; mer) 水，川，海
J'bois plus, que d'la *flotte*.
もう酒は飲まない，水だけにする

Pialat : *Nous ne vieillirons pas ensemble*

Balance-moi ça dans la *flotte*.
こいつを川に投げ込んじまえ！

Koralnik : *Cannabis*

Y a moins de *flotte* que la dernière fois.
前よりも下水の量が少ないな.

Giovanni : *Les égouts du paradis*

flotter (pleuvoir) 雨が降る
Oh, mince il commence à *flotter*！
まあ，やだ，降ってきたわ！

Kurys : *A la folie*

flouse; flouze (argent) カネ
Dans trois ans on aura le *flouze*.
3年後にはカネになるわ.

Gainsbourg : *Equateur*

flûte! (zut!; mince!; merde!) 残念！ひどい！
C'est pas ça , le silence! *Flûte* alors!
静寂ってあんなもんじゃないのよ！やんなっちゃう！

Rohmer : *4 aventures*

fofolle voir **foufou**

foie

■**avoir les foies** (avoir peur) 怖い
Si t'*as les foies*, tire-toi! Moi, j'y vais.
お前怖じ気づいたんなら帰れ．俺は行くぞ.

Corneau : *Série noire*

■**foutre les foies** (faire peur) 怖がらせる
Elle me *fout les foies*.
あの女にはぞっとする.

Blier : *Les valseuses*

foin

■**faire du foin** (faire du vacarme; faire scandale) 騒ぎ立てる，大騒ぎする
Ce n'est pas la peine de *faire* tout *ce foin*.
そんなに騒ぎ立てることもないでしょう.

Poiré : *Les couloirs du temps*

foire (tumulte confus; lieu bruyant où règne le désordre et la confusion;

foirer

bazar)　喧噪，どんちゃん騒ぎ
Si je les emmène, ça va être la *foire*.
　子どもたちを連れてったら大騒ぎになるわ。　　　Ducastel : *Drôle de Félix*

foirer (échouer; rater; finir mal)　失敗する，台無しにする，だめにする
Il faut que tu dormes, tu vas tout *foirer*.
　寝なきゃだめだ，元も子もなくしちゃうぞ。　　　Téchiné : *Alice et Martin*
J'arrive même pas à dire à une fille que j'suis amoureux d'elle!
Tellement j'ai peur que ça *foire*!
　俺，惚れてる女の子に打ち明けることさえできないんだ．ふられるのがすごく怖くってね。　　　Masson : *En avoir*
Votre plan *a* complètement *foiré*.
　あんたの計画は完全におじゃんになった。　　　Berberian : *Six-pack*

foireux

1. (peureux)　怖がりの
Vous aussi je vous emmerde, tas de pédés *foireux*!
　あんたたちも糞食らえよ，意気地なしのホモどもめ！　　　Blier : *Les valseuses*
2. (qui risque d'échouer)　うまく行きそうもない，調子の悪い
Attends, y a plein de gens qui nous ont vus. C'est *foireux*, tu vois pas?
　待って，たくさんの人に見られちゃったでしょう．やばいんじゃない？
　　　Tavernier : *L'appât*
3. (sans valeur; nul)　価値のない，駄目な
J'ai pas envie de participer à des actions *foireuses* avec tous ces mecs-là.
　あんな奴等と意味のないデモに参加したくはないね。　　　Klapisch : *Péril jeune*

fois

■**des fois**

1. (parfois; quelquefois)　ときどき
Des fois il nous fait rire! Il nous raconte de ces histoires.
　ときどきおやじは僕たちを笑わせてくれた．とてつもない話をしてね。
　　　Garcia : *Le fils préféré*
J'en ai *des fois* dix, douze, l'été.
　夏には猫を10匹も，12匹も預かることがあるのよ。
　　　Klapisch : *Chacun cherche son chat*
2. (par hasard)　もしかして，ひょっとしたら
T'es un peu tapette sur les bords, *des fois*?
　お前ひょっとしたらオカマのけがあるんじゃないのか？　　　Fassbinder : *Querelle*
Des fois qu'elle serait pas là, t'auras qu'à m'le dire demain soir en

passant.

もしマリーがいなかったら，明日の晩立ち寄るときに言ってくれればいい．

Allégret : Une si jolie petite plage

■**trois fois rien** (une petite chose sans importance) 取るに足らないこと
Une semaine de bonheur peut être engloutie par une minute merdeuse, un *trois fois rien* qui dégénère.

1週間の幸せもくだらない1分，ささいなことがもとでパアになることだってある．

Leconte : Tango

Qu'est-ce qui se passe ici ? / *Trois fois rien*.

何があったの？ / 大したことじゃない．

Jeunet : Le fabuleux destin d'Amélie Poulain

■**une fois** (ベルギー訛り．donc ; un peu) 特に意味はない．(Veber, Lelouch の例文は，フランス人がベルギー人に化けるために une fois を加えているもの)

Qu'est-ce qu'il a encore *une fois* fait ?

あの人また何かしでかしたの？

Dumont : L'humanité

Allo, pourrais-je parler à Monsieur Leblanc Juste, *une fois* ?

もしもし，ルブラン・ジュストさんをお願いしたいんですがね？（名前の Juste と juste une fois「一回だけ」のしゃれがある）

Veber : Le dîner de cons

Ça fait plaisir de voir un Français par ici parce que... / Belge. / Ah oui, pardon. Non mais comme vous n'avez pas d'accent je... / Ben, vous savez *une fois* euh...

こんなところでフランス人に会えるなんて嬉しいですね，だって… / ベルギー人だ / あ，失礼．訛がないので僕は… / だって君ねえ…

Lelouch : Itinéraire d'un enfant gâté

folichon

■**pas folichon** (pas amusant ; pas réjouissant ; pas drôle ; pas terrible ; pas luxueux) 面白くない，大したことはない

Il travaille dans les hamburgers, une très très grosse boîte ! / Evidemment, c'est *pas* très *folichon*, mais enfin, dans l'mariage, la sécurité, ça n'a pas d'prix !

彼，ハンバーガーのとっても大きな会社の経営者なのよ！ / たしかに面白味はないけど，結婚生活じゃ安定が第一よ．

Zidi : Arlette

Pardon, mais je ne peux pas dormir dans une chambre avec quelqu'un. / Votre vie doit *pas* être très *folichonne*, dites donc.

悪いけど僕，人と一緒じゃ寝られないんだ．/ あんたの生活って味気ないでしょう

follasse

ね，そんなんじゃ．

Salvadori : *Cible émouvante*

Je gagne ma vie comme tout le monde. C'est *pas* très *folichon*.

あたしもみんなと同じように食べるために働いてるのよ．楽しいってわけじゃないけど．

Téchiné : *Alice et Martin*

C'est *pas* très *folichon*.

このホテルはあんまり大したもんじゃないわ．

Ducastel : *Drôle de Félix*

follasse (homosexuel; folle) ホモ

Tu as toujours ton job chez tes deux *follasses*...

あんた相変わらずあのホモのカップルのとこで働いてるのね…

Thévenet : *Sam suffit*

folle (homosexuel) ホモ

Si tu crois que c'est mener une vie normale que de faire des ménages pour des *folles* tordues.

あの変態のホモのカップルのために家事をするのがまともな生活を送ってるなんて考えるんだったらお話にならない．

Thévenet : *Sam suffit*

Ça me gêne de défiler avec des *folles*.

ホモたちと行進するなんて気が重いな．

Veber : *Le placard*

fonbou (bouffon の逆さ言葉．nul; connard) 馬鹿，阿呆

De quoi tu m'as traité, là ? / De bouffon, va ! *fonbou* !

お前，なんて俺の悪口言ってたんだ？/ 馬鹿ってさ，このカバ！

Gilou : *Raï*

foncedé (défoncé の逆さ言葉．ivre; drogué) 酔っぱらった，麻薬で恍惚状態の，麻薬中毒の

J'étais *foncedé* l'aut' soir. J'suis romantique quand j'ai fumé.

あの晩はラリってたんだ．マリファナやるとロマンティックになる質でね．

Siegfried : *Louise*

fonceder (défoncer の逆さ言葉．casser; abîmer) 痛めつける，やっつける

J'vais *fonceder* ta mère, espèce de gros fils de pute !

おめえのお袋痛てえめに遭わせてやるからな，このど阿呆め！

Kassovitz : *Assassins*

foncer (aller très vite; courir) 突っ走る

Je *fonce*. Je suis pas en avance.

急いでいくよ．遅れてるんだ．

Braoudé : *Neuf mois*

Je m'étais installé dans un renfoncement, de manière à voir sans être vu, quand soudain cette fille est arrivée *fonçant* droit sur moi.

カフェの奥まった，こちらからは見えても人からは見られない席に陣取っていると，

forme

あの娘が突然僕のほうへまっしぐらに押しかけて来た. Vincent : *La discrète*

■**fonce, Alphonse** voir **Alphonse**
fond
■**à fond** (très fort ; à la vitesse maximum ; complètement) とても強く，アクセルをいっぱいに踏み込んで，フルスピードで，完全に
Je crois bien qu'il est bourré. / Oui, il a l'air... il est *à fond*.
あの人酔っぱらってるわね. / ええ，どうやら…泥酔ってとこね.
Noé : *Irréversible*
Putain, *à fond* d'un coup, i m'fait sursauter.
おい，急にでかい音だして，びっくりするじゃないか. Dumont : *La vie de Jésus*
Vas-y, Julien, *à fond* !
さあ，ジュリアン，(バイクを) ぶっ飛ばして ! Mouiéras : *Dis-moi que je rêve*
■**à fond la caisse** (intensément ; complètement ; très vite ; fortement)
完全に，強烈に，全速力で
Vous voulez être amoureux, *à fond la caisse* ?
あなたはとことんまで愛したいんですか？ Krawczyk : *Héroïnes*
Un mec, prout *à fond la caisse*.
その男は100パーセント女役のホモに違いありませんや. Serreau : *La crise*
C'est le genre de mec qu'écouterait Luis Mariano sur une platine laser *à fond la caisse*.
ルイス・マリアノをCDでがんがん聞くタイプの男だ. Beineix : *IP5*
■**à fond les gamelles** voir **gamelle**
fondu (fou) 気が狂った
T'es vraiment *fondu* !
お前いかれちまったな！ Giovanni : *Les égouts du paradis*
force
■**à force** (à la longue ; finalement ; enfin) ついには，もう
Vos gueules merde ! Faites chier *à force* !
(二人の女がえんえんと喧嘩しているのを見て) あんたたち，黙れ！ほんとにもううんざりだぜ！ Collard : *Les nuits fauves*
forêt (poils du pubis) 陰毛
Tu vas montrer ta belle *forêt*.
今度は立派なお毛けを見せてやるんだ. Godard : *Sauve qui peut (la vie)*
forme
■**(c'est) la forme ?** (ça va bien ? ; c'est la pêche ?) 調子はいい？ 元気？
C'est la forme ? / Ça va, merci.

fort

調子はいい？ / いいですよ，ありがとう． Anglade : *Tonka*

fort (étonnant; difficilement croyable) すごい，なかなか信じられない，途方もない，ひどい

DR... ça veut dire "droits réservés"... Ils signent jamais. Ils ont bien trop peur des représailles. / "Droits réservés". *Fort.*
DRって，著作権所有ってことなの．名前なんか出さないの．報復がとても怖いから．/ 著作権所有とはね．驚いた． Berberian : *Paparazzi*

Ce qui me fâche le plus, c'est qu'il dort. C'est *fort* ça.
いちばん癪なのは彼が寝てるってこと．ひどいじゃない． Davila : *La campagne de Cicéron*

■**ça ne va pas fort** (ça ne va pas bien; ça ne marche pas) 調子が良くない

Qu'est-ce que tu as ? / Ben rien...*ça va pas fort*.
どうしたんだ？ / やあ，別に…調子が出ないだけだ． Siegfried : *Louise*

■**y aller fort** (exagérer; dépasser les bornes) 大げさに言う，誇張する

Elle *y va fort*.
ママはおおげさに言ってるだけだ． Krawczyk : *Wasabi*

fortiche (fort; malin; rusé) 強い，優れた，巧みな

Elle s'en est bien sortie. Elle est *fortiche*, très très *fortiche*!
（演奏ミスはあったけど）うまく切り抜けた．たいしたもんだよ，まったく！ Miller : *L'effrontée*

fou

■**c'est fou ce que...!** (comme; que; ce que; qu'est-ce que...!) なんと…なんだ！

C'est fou ce qu'il me ressemble*!*
恐ろしいまでにあいつ俺にそっくりだな！ Chatiliez : *Le bonheur est dans le pré*

foufou; fofolle (un peu fou; léger; folâtre) ちょっと変な，頭の軽い，ふざけた

Tu ne prends pas de risques, il suffit qu'une *fofolle* te tombe dessus, pour que tu te prennes pour le roi des tombeurs.
あんたって振られるリスクは避けて，いかれた女がむこうから落ちてくればそれだけでナンパの王様気取りなんだから． Rohmer : *Conte d'été*

fouille-merde (personne curieuse; personne qui fouine dans les détails de la vie des autres pour y rechercher les histoires scandaleuses)
詮索好き，人のスキャンダルを嗅ぎ回る人

Tu vas arrêter un peu de saloper la vie des autres, *fouille-merde*!

お前，他人の生活を嗅ぎ回って傷つけるのを少しは控えたらどうだ！
Tavernier : *Ça commence aujourd'hui*

fouiner (explorer ; fouiller) 捜し回る，漁る
Je vais *fouiner* un peu.
俺はちょっと聞き込みに回る.
Devers : *Max et Jérémie*

four (sexe de la femme) 女性性器
C'était chaud comme un jésus qui sort du *four*.
女のあそこから出てきたばかりの男の一物みたいに熱かったぞ！
Blier : *Tenue de soirée*

■**four à merde** (individu méprisable ; sac à merde) 卑劣な奴
Fous-moi la paix, *four à merde* !
うるさいったら，この下司野郎！
Poiré : *Le Père Noël est une ordure*

fourchette
■**dans une fourchette de...à～** (entre... et ～) …から～の間に
C'est une gamine qui se situait *dans une fourchette de* quatre *à* neuf ans.
その頃4歳から9歳の間ぐらいだった女の子だ.
Lautner : *Joyeuses Pâques*

fourguer
1. (vendre au rabais ; jeter) 安売りする，叩き売りする，捨てる
On a un kilo d'héro sur les bras. / *Fourgue*-le dans ton évier.
1キロもヘロインを抱え込んでるんです. / 流しに捨てちまえ.
Beineix : *Diva*
J'ai de la came à *fourguer* d'urgence.
急いで捌きたいヤクがあるんだ.
Fassbinder : *Querelle*
2. (vendre à un receleur) 故売屋に売る
Y'a des mecs qui essayaient de la *fourguer*.
俺のオートバイを故売屋に売ろうとした奴らがいるんだ.
Jacquot : *La fille seule*

fourmi
■**avoir des fourmis dans les jambes** (sentir des picotements dus à la mauvaise circulation du sang) （血行が悪くて）脚がしびれる
Attends, on va en faire encore une... / J'en ai marre ! *J'ai des fourmis dans les jambes*.
ちょっと待って，もう1枚（写真を撮ろう）/ もううんざりよ，脚がしびれちゃったわ.
Truffaut : *La peau douce*

fourré
■**coup fourré** (action méchante ; méchanceté) 汚い手，だまし打ち
Tu ne serais pas en train de me faire un *coup fourré*, toi, par hasard ?
あんたまさか俺に汚い手を使おうってんじゃないだろうな？
Blier : *Tenue de soirée*

fourrer
1. (faire l'amour) セックスする
    Si je peux plus *fourrer*?
    俺もう女とできなくなったらどうしよう？　　　Blier: *Les valseuses*
2. (tromper) 騙す
    Tu as voulu me *fourrer*, hein?
    俺様をだまくらかそうとしたんだろう？　　　Gilou: *La vérité si je mens II*

foutaise (chose sans importance) つまらぬこと
Vous vous aimez, l'un l'autre plus que tout. / *Foutaise*, on est frères.
あんたたち何よりも愛し合ってるのね。/ ばかばかしい，兄弟なんだもん．
　　　　　　　　　　　　　　　　　　　　　Fassbinder: *Querelle*

foutoir
1. (échec) 失敗
    Ça m'est jamais arrivé, un *foutoir* pareil.
    こんなへまはやったことがない．　　　Salvadori: *Cible émouvante*
2. (grand désordre) 大騒ぎ
    Ça nous est déjà arrivé d'être moins que prévu. / Justement c'était le *foutoir*.
    前にも（食事の時）予定の人数を下回ったこともあるでしょう。/ そう，それで騒ぎになったわね．　　　Sinapi: *Nationale 7*
3. (absence d'ordre; bordel) 散らかった場所
    Quel *foutoir* cet hôtel!
    このホテルの部屋はひどい散らかりようだ！　　Wargnier: *La femme de ma vie*

foutre
1. (sperme) 精液
    De toute façon t'as jamais avalé que du *foutre*.
    いずれにせよ君はザーメンしか飲み込んだことがないんだから．
    　　　　　　　　　　　　　　　　　Gainsbourg: *Charlotte for ever*
    A la Sorbonne, il paraît qu'on glisse sur le *foutre*.
    （1968年，5月危機をパリで目撃してきたトラック運転手が語る）ソルボンヌ大学じゃザーメンで滑るほどだって．　　　Malle: *Milou en mai*
2. (mettre) 置く，入れる，付ける
    Tu m'*as foutu* en retard.
    あんたのせいで遅刻よ．　　　Assayas: *Paris s'éveille*
    Je vais appeler le détective de l'hôtel et vous faire *foutre* dehors.
    ホテルの警備員を呼んであんたをたたき出させるわ．　　　Beineix: *Diva*

foutre

Dans l'énervement, j'*ai foutu* le feu à sa bagnole.
いらいらしてたから奴の車に火を付けてやったんだ.
Chatiliez : *Le bonheur est dans le pré*

Hier Olga m'a vidé le coffre, sept cent plaques... alors elle les a forcément *foutues* quelque part.
昨日オルガは金庫のカネを全部持ち出した. 7百万だ… きっとどこかに隠しているに違いない.
Beineix : *Mortel transfert*

3. (faire; fiche(r))　する

A force de rien *foutre* assis sur des fauteuils, leurs gènes deviennent mous et dégénérés.
ソファーに座りっぱなしで何もしなけりゃブルジョワどもの遺伝子はやわになって退化しちまうってもんだ.
Noé : *Seul contre tous*

Qu'est-ce qu'elle *fout* ?
あの女何やってんだ？
Beineix : *Diva*

C'est toujours des petites frappes dans votre genre, douze, treize ans qui savent même plus quoi *foutre* de leur journée.
そういうことやらかすのはお前らみたいな, 12, 3歳で, どうやって1日を過ごしたらよいかさえ分からないちんぴらにきまってる.
Tavernier : *Ça commence aujourd'hui*

4. (donner)　与える

Putain, tu nous *as foutu* une de ces trouilles !
畜生, お前のせいで命が縮まる思いをしたぞ！
Zeitoun : *Yamakasi*

■**ça la fout mal** (ça fait mauvais effet; c'est scandaleux)　それはまずい, 困ったことだ

Dommage que j'aie pas le temps. Malheureusement j'ai un dîner et c'est moi qui invite. Alors, *ça la fout mal* si je suis pas là.
悪いけど暇がない. 生憎夕食会があって, 招待者だからいないとまずいんだ.
Blier : *Mon homme*

J'ai un problème, Faust. Je suis pas juif. *Ça la fout mal* dans une boucherie casher.
ひとつ困ったことがあるんだ, フォースト. ぼくはユダヤ人じゃないから, ヘブライの掟の肉屋ではよく見られないだろう.
Duchemin : *Faust*

■**foutre dehors** (mettre à la porte)　追い出す

Pierre mon enculé de mari m'*a foutue dehors*.
糞亭主のピエールったらあたしを追い出したのよ.
Avary : *Killing Zoe*

■**foutre en l'air** (gâcher; démolir)　駄目にする, 壊す

foutre

Tu veux tout *foutre en l'air* ou quoi ?
何もかもめちゃくちゃにしたいってことなの？
Tavernier : *Ça commence aujourd'hui*

■**foutre la paix** (laisser tranquille) 放っておく
C'est pas pour ça que je suis venu te voir ! *Fous*-moi *la paix,* hein !
カネを借りるためにお前に会いに来たんじゃない．余計な気を回すな．
Miller : *La petite voleuse*

■**foutre le camp** voir **camp**

■**foutre par terre** (gâcher) 駄目にする
Si jamais vous faites ça...vous *foutez* tout *par terre.*
あんたがたがそんなことをしたら，すべてパーになっちゃうぞ．
Mouriéras : *Dis-moi que je rêve*

■**n'en avoir rien à foutre de** (se moquer de ; ne pas intéresser) …なんかどうでもいい，関係ない，興味がない
J'*en ai rien à foutre de* vos deux cents francs.
あんたの2百フラン札なんかどうでもいい．
Rohmer : *4 aventures*

■**n'en foutre pas une** (ne rien faire ; ne pas travailler du tout) 何もしない，働かない
Moi, j'ai une classe à Paris, ils *en foutent pas une.*
僕はパリのリセで教えてるけど，生徒たちはまったく勉強しないね．
Klapisch : *Peut-être*

■**pour ce que j'en ai à foutre** (j'en ai rien à faire ; ce n'est pas important) どうでもいい，大したことじゃない
On la compte faute si tu veux. *Pour c'que j'en ai à foutre*, moi.
（テニスの審判をしていて）今のはフォールトにしてもいいよ，どっちだっていいんだ．
Kounen : *Le Dobermann*

■**qu'est-ce que ça peut foutre?** (quelle importance?) だったらどうだっていうんだ，大したことはない
Il a pas d'fil au bout d'sa ligne. / *Qu'est-ce que ça peut foutre?*
彼の釣竿には糸が付いていない．/ そんなのどうでもいい．
Leconte : *Tango*

■**se foutre de** (se moquer de) 馬鹿にする，問題にしない
Vous *vous foutez de* moi ! Deux cents francs pour quatre francs trente !
人をなめるんじゃないよ！ 4フラン30に2百フラン札を出すなんて！
Rohmer : *4 aventures*

J'vous aurais dit qu'j'étais une voleuse, vous *vous en seriez foutu* pareil.
あたしが泥棒だって話したところで，先生はなんとも思わなかったでしょうね．
Beineix : *Mortel transfert*

Ça, j'peux pas t'le dire, sinon tu vas *t'foutre de* ma tête.
それ（母の職業）は言えないな．だってあんた俺のこと馬鹿にするから．
Siegfried : Louise

■**se foutre en l'air** (mourir; se suicider; se tuer) 死ぬ，くたばる，自殺する
Le jour où j'ai arrêté de *me foutre en l'air*, ma femme n'était plus là.
私が自殺を思いとどまった日には妻はもういなかったんだ．
Wargnier : Le femme de ma vie

■**va te faire foutre!** (va t'en!; va au diable!; va voir là-bas si j'y suis!)
出て行け，消えろ
Va te faire foutre! Vous êtes tous des salauds!
出てってよ！あんたたちみんなひどい人ね．
Thompson : La bûche

foutu

1. (raté; fichu; fini; perdu) 取り返しの付かない，駄目になった
   Je l'ai tellement tenue à bout de bras cette affaire, puis maintenant tout ça va être *foutu*.
   この事業を苦労して育ててきたが今や潰れようとしている．
   Chatiliez : Le bonheur est dans le pré

2. (mauvais; détestable; sacré) ひどい，嫌な
   T'es qu'un *foutu* connard de merde.
   兄さんは救いようのない最低の阿呆よ．
   Despentes : Baise-moi

3. (voué à une mort certaine) 死を免れない
   Mais si jamais ils s'en aperçoivent, je suis *foutue*!
   でも万が一あいつらに知れたらあたしお陀仏よ．
   Dridi : Pigalle

■**être foutu de *inf.*** (être capable de) 出来る
Vous n'*êtes* même pas *foutu de* faire la vaisselle!
あんたって人は皿洗いも満足に出来ないのね．
Iosseliani : Adieu, placher des vaches
Y a pas un témoin qu'*a été foutu de* donner notre signalement.
サツに俺達の人相を言えた証人は一人もいないんだ．
Giovanni : Les égouts du paradis

■**mal foutu** (mal portant; souffrant; malade) 調子が良くない，苦しい
Ça vous ferait rien de faire un peu moins de bruit...je suis *mal foutu* moi.
もうちょっと静かにして貰えないかな…具合がよくないんだ．
Téchiné : Alice et Martin

fracass(é) (soûl; drogué) 酔った，ヤクがまわった

fraîche

Ça fait si longtemps que j'avais pas fumé, je suis *fracass*.
長いことヤク吸わなかったから、まわっちゃったな。　　Kassovitz : *La haine*

fraîche (argent en espèces) 現金
C'était bien hier soir? / Ouais, il y a de la *fraîche* qui est rentrée.
昨日の夜は客の入りはよかったか？ / ああ、カネが入ったよ。　　Dridi : *Pigalle*

fraise
■**sucrer les fraises** (être gâteux ; être atteint de tremblements séniles)
耄碌する、体をぶるぶる震わせる
Si un jour je *sucre les fraises*, je compte sur toi pour me faire sauter le caisson, hein Max?
いつかわしがヨイヨイになったら、脳天をぶちぬいてくれるよな、マックス。
Kassovitz : *Assassins*

frangaoui (アラビア語. Français) フランス人
Ils l'ont quand même renvoyée chez les *frangaouis* cette salope.
そうは言ってもあの女をフランス野郎どものところへ帰したんだ。
Heynemann : *La question*

frangibus (frère) 兄弟
Au revoir. Tiens, pour ton *frangibus*.
さようなら。ほら、これきみの兄貴に渡してくれ。　　Jugnot : *Monsieur Batignole*

frangin (frère) 兄弟
Je vais me trouver un petit gars, qui serait comme un *frangin*.
あたし兄弟みたいな恋人を見つけるわ。　　Blier : *Mon homme*

frangine (sœur) 姉妹
C'est vrai que tes parents t'ont acheté? / On peut dire ça comme ça moi et ma *frangine*.
あんたの親、あんたを買ったってほんと？ / 俺と妹はそんなところだ。
Guédiguian : *A la place du cœur*

frap(p)adingue (fou ; frapa ; tapé) 気違いの
Y'a qu à sauter le pont. / T'es complètement *frapadingue*!
橋を爆破すりゃいいんだ。 / お前いかれちまったな！　　Monnet : *Promis...juré*

frappe (voyou ; fripouille) やくざ、ごろつき
Avec qui cette fois? Avec quel genre de *frappe*?
今度の浮気の相手？どんなタイプのやくざだ？　　Delannoy : *Maigret tend un piège*

■**petite frappe** (jeune voyou) ちんぴら
C'est toujours des *petites frappes* dans votre genre.
そういうことやらかすのはお前らみたいなちんぴらに決まってる。
Tavernier : *Ça commence aujourd'hui*

frappé (*fou*) 気が変な
C'est des *frappés* ces mecs.
そいつらいかれてるんだ.
Ton frère il est pas *frappé*.
兄さんはおかしくなんてないのよ.

Beineix : *Diva*

Mouriéras : *Dis-moi que je rêve*

frérot (jeune frère) 弟
Ça va mon petit *frérot*?
大丈夫か，きょうだい？

Mouriéras : *Dis-moi que je rêve*

fric (argent; blé; pognon) カネ
L'amour filial, ça n'existe pas. C'est un mythe. Ta mère, tu l'aimes juste quand elle te donne du lait. Et ton père, quand il te prête du *fric*.
親に対する愛なんてないね．そんなの嘘っぱちさ．母親を愛してるなんて，お乳を貰ってるときだけ，父親はカネを貸してくれるときだけのことさ．

Noé : *Seul contre tous*

fric-frac (cambriolage avec effraction) 押し込み強盗
Un *fric-frac* chez Charvel, c'est la simplicité même, il ferme jamais ses portes.
シャルヴェルのとこへ押し入るなんてわけないさ，戸締まりしないんだから．

Balducci : *Trop jolies pour être honnêtes*

fricoter
1. (manigancer; mijoter) 企む，こそこそやる
Qu'est-ce qu'elle *fricote*?
彼女は何を企んでるんだ？

Chabrol : *Rien ne va plus*

2. (avoir des relations sexuelles) 性的関係を持つ
Pourvu que ça m'empêche pas de pioncer, ça m'est bien égal ce que vous pouvez *fricoter* ensemble.
(寝室を共有する姉に妹が) あたしが寝るのをさまたげなけりゃ，姉さんがいくら彼とセックスしたってあたしは平気よ．

Breillat : *A ma sœur*

frigo
1. (商標 frigidaire の略．réfrigérateur) 冷蔵庫
Avec ce froid, je me demande si ça vaut la peine de le mettre au *frigo*.
こんなに寒いんだから死体を冷凍することもないんじゃないかな．

Bilal : *Bunker Palace Hôtel*

2. (frigide) 不感症の
Je suis bien plus *frigo* que d'autres.
あたしって人よりずっと不感症なのよ．

Breillat : *Romance*

frime (apparence trompeuse) 偽りの見せかけ
   Son héritage c'était de la *frime*.
      あの遺産の話ってのは彼のはったりだったのさ. Rohmer : *Le signe du lion*

frimer (épater ; se faire valoir ; se vanter) あっと言わせる，自慢する
   Si tu veux *frimer* la fille Benzakem, laisse tomber ! Elle n'est pas pour toi.
      もしベンザケムの娘にいいとこ見せようと思ってるんだったらやめときな. お前には向いてない. Gilou : *La vérité si je mens II*

frimeur (jeune homme qui se donne en spectacle) 見栄っ張りの若者
   Je le connais, c'est un gros *frimeur*.
      あいつだったら知ってる. すごく気取った奴だ. Ozon : *Les amants criminels*

frimousse (visage agréable ; bouille ; minois) （子供・少女の）かわいい顔
   Vous avez grandi devant elle pour admirer votre jolie *frimousse*.
      あなたはこの鏡の前で成長して自分のきれいな顔にみとれることになったんだ.
      Skolimowsky : *Le départ*

fringue (vêtement) 衣類
   Les *fringues*, t'es pas trop à l'étroit ? / Ça va.
      俺の服，お前にはきつすぎないか？/ だいじょうぶ. Téchiné : *Alice et Martin*

fringuer
■**se fringuer** (s'habiller) 服を着る
   J't'ai dit d'*te fringuer* c'est tout.
      おれは着替えろって言っただけだ. Gainsbourg : *Je t'aime moi non plus*

fripe (vêtement ; vêtement d'occasion) 衣類，古着
   Qu'est-ce que vous vendez ? / *Fripes*.
      (この市場で) 何を売るつもりかね？/ 古着. Veysset : *Martha ... Martha*

fripouille (canaille ; escroc ; voyou ; crapule) ごろつき，ペテン師
   La barbe est un bon test, parce que si tu es une *fripouille*, ça te donne l'air d'un Landru et si tu es idéaliste, ça te donne l'air du Christ.
      顎髭っていいテストなのよ. あんたがならず者だと色魔のランドリュみたいな感じになるし，理想主義者だとキリストみたいに見えるんだから.
      Rohmer : *L'arbre, le maire et la médiathèque*

friqué (riche) 金持ち（の），財産家（の）
   Les femmes, c'est parfois des pauvres animaux. Comme elles n'ont pas de bite, la seule manière qu'elles ont de se sentir fortes face à un homme, c'est de le trahir en s'accrochant à une autre bite, surtout si celle-ci est plus *friquée*.

女はときには哀れな動物になる．ペニスを持っていないから．男に対して強いと感じるただ一つのやりかたは他のペニスにしがみついて男を裏切ることだ．そのペニスの持ち主が金持ちだったらなおさらだ.
Noé : Seul contre tous

fritter
■**se fritter** (se bagarrer) 殴り合う
　Tu vas *te fritter* avec Fredo.
　　フレドと喧嘩になるぞ.
Zonca : La vie rêvée des anges

froc (pantalon) ズボン
　Baisse ton *froc*.
　　ズボンを脱げ.
Despentes : Baise-moi

■**se chier dans le froc ; faire dans son froc** (avoir très peur) とても怖がる
　N'empêche quand il rapplique, tu *chies dans le froc*.
　　そんな強がり言ってるけどほんとに兄貴が来たら，あんた怖くて死にそうなくせに.
Poiré : Le Père Noël est une ordure

　Laisse-le ce pauv'con, il *fait dans ses frocs*.
　　ほっときなさいよ，そんな哀れなやつ，怖くて糞たらしてるわよ.
Gainsbourg : Je t'aime moi non plus

froid (loin) 遠い（復活祭の卵捜しから．cf. glacial = très loin. tiède = un peu près. chaud = près. brûlant = juste à côté）
　Il est sous mon lit. / De quel côté ? / Devinez, le nord, le sud, le chaud, le *froid*.
　　（本は）ベッドの下にあるわ．/ どっち側？ / 北かな，南かな，近いかな，遠いかな？
Rivette : Va savoir

　C'est un secret, maman les a cachées. / Bien sûr, c'est un secret, mais je vais deviner ! / *Froid*, très *froid*. Glacial. Moins *froid*. Tiède. Pôle nord…chaud, très chaud…brûlant !
　　（アル中の男が友人宅で親が留守の間に酒瓶のありかを子供から聞き出そうとする）そんなの秘密だよ．ママが隠したんだ．/ そりゃ秘密さ．でも小父さんが当てるからね．/ 遠いよ，とっても遠いな，すっごく遠い．すこし近寄った．すこし近い…北極だ…近い，とっても近い，火がつきそうだ！
Wargnier : La femme de ma vie

fromage
■**avoir du fromage mou dans la tête** (être bête ; ne pas avoir la cervelle) 愚かである
　T'*as du fromage mou dans la tête*.

froque

お前って脳味噌ないのか.
Corneau : *Série noire*

■**en faire un fromage** (exagérer ; en faire une histoire) 大騒ぎをする

Mais c'est pas vrai. Je l'ai pas vue depuis des mois. / Oui mais on va pas *en faire un fromage*.

そんなことないわ. もう何カ月も彼女と会ってないもん. / まあそんなことをガタガタ言うこともないだろう.
Chouraqui : *Les menteurs*

■**fromage blanc** (déconfiture) 失敗, 挫折

Ça a commencé comme un mariage d'affaires...qui s'est très vite terminé en... / en *fromage blanc* !

彼女とは政略結婚みたいなことで始まって…たちまち… / 破局ってわけ.
Sautet : *Quelques jours avec moi*

froque voir **froc**

froussard (poltron) 憶病者

Il est bien trop *froussard*.

あいつは憶病すぎて何もできない.
Fassbinder : *Querelle*

frousse (peur ; trouille) 恐怖

Tu ne peux pas monter en avion ? / Si, mais je suis blanc, blanc comme un cachet. J'ai une *frousse* terrible, pendant tout le vol.

あんた飛行機に乗れないの？ / そんなことはないが, 青く, 真っ青になっちゃうんだ. 飛んでるあいだじゅうとっても怖くってね.
Fonteyne : *Une liaison pornographique*

frusque (vêtement) 衣類

Pour tes *frusques*, t'auras mille balles.

服は千フランで買おう.
Skolimowsky : *Le départ*

fumer

1. (battre ; rouer de coups) 殴る, 負かす

Tu vas pas te laisser *fumer* par un taxi, quand même.

(レースカーともあろうものが)タクシーごときに抜かれ放しってことはないだろう.
Krawczyk : *Taxi II*

Ça résout rien, mais on va quand même les *fumer* tes p'tits bourgeois là !

なんの解決にもならないが, とにかくあのプチブルどもを懲らしめに行こう.
Zeitoun : *Yamakasi*

C'est sûr, on les *a fumés*, m'sieur l'commissaire, mais j'vous jure, vous en auriez fait autant.

そりゃー確かに彼らをぶん殴りましたよ, でもね署長さん, あなただってきっと同

2. (plomber; brûler; tuer) 射殺する，殺す
Tu vas vraiment *fumer* un flic si Abel meurt?
もしアベルが死んだらお前ほんとにデカをやるのか？ Kassovitz : *La haine*
3. (fumer un joint, un pot) 大麻を吸う
Mais qu'est-ce qu'il y a? Vous *avez fumé* ou quoi?
一体どうしたの？マリファナでもやったの？ Chatiliez : *Tanguy*

■**fume, c'est du Belge** (va te faire foutre) とっとと消え失せろ
Laisse-le ce pauv'con, il fait dans ses frocs. Tiens! *Fume! c'est du Belge*.
ほっときなさいよ，そんな哀れなやつ，怖くて糞たらしてるわよ．ほれ（自分の内股を叩きながら）消えちまえ！ Gainsbourg : *Je t'aime moi non plus*

fumier (individu méprisable) 汚い奴
Qu'est-ce que tu crois, espèce de *fumier* de salopard?
何だと思ってるんだ，この汚いごろつきめ！ Fassbinder : *Querelle*

fumiste (personne qui ne fait rien sérieusement, sur qui on ne peut pas compter) 当てにならない人，いい加減な人
Et puis ça me change de la cantine, c'est infect, ce chef-cuisinier est un *fumiste*.
食堂の食事と違っていいわ，ひどいんだもの．あのシェフはいい加減だから． Salvadri : *Cible émouvante*

furax (furieux) 怒り狂った
Il est *furax*.
彼はかんかんだ． Heynemann : *La question*

furieux
■**fou furieux** (personne extrêmement emportée) 激昂した人
T'es un *fou furieux*. お前息巻いてるな． Gilou : *La vérité si je mens*

furoncle (individu sale) 不潔な人間
Tu vas quand même pas baiser avec ce *furoncle*!
まさかあんな汚い男と寝るんじゃないでしょうね！ Corsini : *La répétition*

fusil (pénis) ペニス
Elles arrivent avec leurs *fusils* mais elles n'ont pas les cartouches!
オカマどもは銃は持ってんだけど弾が入ってないんだ． Aghion : *Pédale douce*

fute (pantalon; futal) ズボン
Vous êtes assis sur mon *fute*!
あんた僕のズボンの上に座ってますよ！ Beineix : *37°2 le matin*

fute-fute (intelligent; astucieux) 抜け目のない，狡賢い

gadjo

Ils sont pas *fute-fute* hein quand même !
それにしてもデカなんて抜けてるよな！
Pirès : *Taxi*

G

gadjo (ジプシー語. homme non-gitan; homme en général) ジプシー以外の男，男
J'veux plus voir, ni sentir les *gadjos* !
彼奴らにもう会いたくもないし，我慢もできない．
Gatlif : *Gadjo dilo*

gadoue (ordure; boue) ごみ，泥
Vous avez de la *gadoue* plein les yeux.
あんたは目に塵がいっぱいつまってものが見えないのよ．
Serreau : *Romuald et Juliette*

gaffe (attention!) 注意しろ
Gaffe à la marche.
段差に気をつけろ．
Audiard : *Sur mes lèvres*

■**faire gaffe** (faire attention; se méfier) 注意する，警戒する
Fais *gaffe* ! C'est une grenade.
危ないぞ！そいつは手榴弾だ．
Miller : *La petite voleuse*

Il faut que je *fasse gaffe* aux flics.
デカには気をつけないとな．
Noé : *Seul contre tous*

Ah tiens, c'est du vinaigre à l'échalotte. J'*ai* pas *fait gaffe*.
おや，これはエシャロット入りの酢だ．うっかりしてた．
Ducastel : *Drôle de Félix*

gaga (gâteux, sénile) 耄碌した，老いぼれた
Il est sûrement *gaga*, le pauvre vieux.
可哀想にじいさん，きっと耄碌してるな．
Becker : *L'été meurtrier*

gagner
■**c'est tout ce que tu auras gagné** (ça ne pourra aboutir que...; tu finiras par...) …にしかならない
T'es encore retourné sur la route nationale ? On va supprimer ta moto, *c'est tout ce que tu auras gagné*.
あんたまた国道で運転したのね？オートバイは禁止にするわ，それが落ちよ．
Sinapi : *Nationale 7*

■**que le meilleur gagne** voir **meilleur**

gagneuse (prostituée d'un bon rapport)　稼ぎの良い娼婦

　Mais pas le genre han han han...non, une *gagneuse*!

　　お上品ぶったタイプの女はごめんだ…売れっ子の女がいい.　　Blier : *Les valseuses*

gai (homosexuel)　ホモ，ゲイ

　Je vais boire. Ça me rend gai. Enfin, je veux dire, pas *gai* au sens où...

　　（ホモとレストランに行って）俺飲むことにするよ. 飲むと陽気（ゲイ）になるんだ. いや，ゲイって言ったけど，別にあっちの意味じゃないんだよ.

　　　　　　　　　　　　　　　　　　　　　　　Veber : *Le placard*

■**c'est gai** (c'est dur, pénible, ennuyeux; c'est charmant)　これは弱った，これは参った，結構だね（反語）

　Mademoiselle Sergent doit aller signer son contrat. / Eh ben! *C'est gai*...s'il faut aussi se taper le boulot des autres!

　　セルジャンさんは今契約書にサインしに行ってるから. / へーえ，結構なことね，人の仕事までやんなきゃいけない日にゃ！　　Jacquot : *La fille seule*

galère

1. (situation extrêmement pénible)　苦境

　C'est chiant, elle a arrêté la pilule...alors depuis c'est la *galère*, moi, les capotes.

　　やんなっちゃうよ，彼女ピルやめたんだ…だからそれからってものつらいのさ，俺ゴムなんて.　　Klapisch : *Peut-être*

2. (travail)　仕事

　Après tu seras paré pour la *galère*.

　　そうしたら仕事の支度もできたってもんさ.　　Siegfried : *Louise*

3. (difficile à supporter; ennuyeux)　耐え難い，面倒な，困った

　Pourquoi tu te lances toujours dans des histoires *galères*?

　　なぜ君はいつも厄介な色事にはまりこむんだ？　　Mimouni : *L'appartement*

　Ça a pas été trop *galère* ?

　　あまり大変じゃなかった？　　Zeitoun : *Yamakasi*

galérer (être dans une situation difficile)　苦境にある

　T'arrives, t'as du taf tout d'suite...mais nous on *galère*.

　　あんたは来てすぐに仕事が見つかるけど… 俺達は苦労してるんだ.

　　　　　　　　　　　　　　　　　　　　　　　Richet : *Ma 6-T*

galérien (personne qui est dans la galère; personne en difficulté)　生活困窮者，つらい生活を送る人

　Il sait pas où aller. / C'est un *galérien*, quoi.

galipette

あの人行く当てないのよ. / 暮らしに困ってるってことさ. Siegfried : *Louise*

galipette
■**faire ses galipettes** (mener une vie très libre; faire des frasques; avoir des ébats érotiques) 放蕩生活を送る, 浮気をする, 性愛に耽る
On l'emmène *faire ses galipettes*.
女を抱かせに彼を連れて行こう. Sinapi : *Nationale 7*

gamberger (réfléchir; méditer) とくと考える
J'ai fait un faux-départ…alors j'ai commencé à *gamberger*. Au coup de feu j'suis parti derrière tout le monde.
フライングをしてね…あれこれ考え始めてたんだ. そしたらスタートはビリだった. Anglade : *Tonka*

gamelle
■**à fond les gamelles** (à toute vitesse) フルスピードで
Allez, on se magne là, l'homme au bandeau, *à fond les gamelles*!
（マラソン大会で）さあさあ, 急ぐんだ, 鉢巻きおじさん, 全力疾走だ！ Klapisch : *Riens du tout*

gamine
■**rhabiller la gamine** (resservir à boire) 飲物のお代わりを出す
Tiens, tu me *rhabilles la gamine*, s'il te plaît.
そうだ, お代わりをくれないか. Becker : *Les enfants du marais*
On *rhabille les gamines*?
お代わりを差し上げましょうか？ Jugnot : *Monsieur Batignole*

gamme
■**bas de gamme** (ensemble des produits les moins chers) 低級品, 安物
Je te donne ma parole d'honneur que j'ai réservé et que c'était complet! / Ben il y a pas qu'un restaurant dans Paris quand même. / Ouais, mais fallait pas aller dans le *bas de gamme*.
誓って言うけど予約したのに席がなかったんだ. / なにもパリにレストランが1軒しかないってこともないでしょう. / そうだけど格を落とすってわけにもいかなくって. Lelouch : *Hommes femmes : mode d'emploi*
Avant j'étais dans la variété, alors le niveau…hein, vraiment *bas de gamme*.
まえはバラエティ番組を担当してたんだがレベルときたら… ほんとに低俗でね. Miller : *L'effrontée*

■**haut de gamme** (le plus cher; de luxe; de qualité supérieure) 最高の, 一番高価な, 豪華な

C'est superbe, ça. Ça, c'est *haut de gamme*.
この生地は素晴らしいでしょう．これこそ最高級品ですよ．
Gilou : La vérité si je mens

C'est le *haut de gamme*, avec véranda panoramique et évacuation des eaux usées.
そのキャンピングカーは最高なんだ．展望用のベランダと排水装置まで付いててね．
Berberian : Le boulet

gang (英語．bande de malfaiteurs) ギャング
Le mec qui te fait horreur...il a déstructuré le *gang* des petites vieilles !
お前をぞっとさせた男は老婆を狙うギャング団を根絶やしにしたんだぞ！
Lelouch : Hommes femmes : mode d'emploi

gangster (英語．membre d'un gang; bandit) ギャング団の一味
La traction avant fut la voiture de la police mais aussi celle des *gangsters*.
前輪駆動車は警察用の車でしたがギャングの車でもあったのです．
Beineix : Diva

Gardenal (marque de somnifère) 睡眠薬名
Avec ce qu'elle a mis de *Gardenal*, les enfants sont partis en moins de cinq minutes !
母親にあれだけ睡眠薬を盛られたら子どもたちはあっというまにあの世行きだったね！
Tavernier : Ça commence aujourd'hui

garder
■ **garde; tu peux te le (la; les) garder** (je n'en ai pas besoin; je ne prends pas; je n'en veux pas, je te le (la; les) rends) 受け取らない，返す
J'vous donne 60 francs pour un p'tit tour. / Demain, non. Mais *gardez* vos 60 francs.
60フラン出すから1周させて．/ だめ，明日お出で，60フランなんて貰わないよ．
Siegfried : Louise

Tu *peux* te *les garder*, tes bijoux.
こんなブレスレット要らないわ．
Chabrol : L'enfer

■ **tu gardes ça pour toi** (c'est secret, tu n'en parles pas) これは秘密だ，喋るな
Me dis pas que... / Si. *Tu gardes ça pour toi*.
まさか（あの二人ホモなの）… / そうなのよ．胸の内にしまっといてね．
Sinapi : Nationale 7

Gaston
■ **dis donc, Gaston** 何言ってるんだ，おいおい （「反響連鎖" "enchaîne-

gastro

ment par écho"による洒落）
J'avais des scrupules…à cause de Georges Massigne. / *Dis donc, Gaston*, je suis la propriété de personne.
（僕が帰ったのは）気を使ってのことだ…ジョルジュ・マッシーニュのことで. /
なんだって，あたし誰の持ち物でもないのよ.　　　Becker : *L'été meurtrier*

gastro (gastro-entérite の略．colique) 胃腸炎，下痢
Justement elle en a mangé. Elle est malade. Elle a une *gastro*.
それがね，彼女カキを食べて具合が悪いんだ．下痢してる.　　Sinapi : *Nationale 7*

■**épidémie de gastro** (intoxication alimentaire) 食中毒
On a encore eu une *épidémie de gastro*.
また食中毒が起きたのよ.　　　Tavernier : *Ça commence aujourd'hui*

gâteau

■**c'est du gâteau** (c'est facile à faire ; c'est de la tarte) たやすいことだ
C'*était* pas *du gâteau*, les histoires de nanas, au lycée.
リセじゃ女の子との恋愛沙汰はすんなり行かなかったもんな.
　　　　　　　　　　　　　　　　　　　Klapisch : *Péril jeune*

gauche

■**jusqu'à la gauche** (complètement ; jusqu'au bout) 完全に，徹底的に
Tu m'as fait chier *jusqu'à la gauche*.
お前もとことんまでわしを手こずらせたよな.
　　　　　　　　　　Chéreau : *Ceux qui m'aiment prendront le train*

gaufre (imbécile ; moule à gaufres) 馬鹿
Vous appelez la gare au lieu de rester là comme une *gaufre*.
馬鹿みたいに突っ立ってないで駅に電話しなさいよ.　　Leconte : *Les Grands ducs*

gaule

■**avoir la gaule** (être en érection) 勃起している
Tu crois qu'elle va montrer ses cuisses ? Oh là là, je vais avoir la *gaule*.
あの女尻見せるかな？ あー，俺立っちゃいそうだ.　　Monnet : *Promis…juré*

■**foutre la gaule** (faire bander) エレクトさせる
Tu m'as trop *foutu la gaule* avec ton plan.
お前の計画ですごくエレクしちまったよ.　　　　　Megaton : *Exit*

gaulé (bien proportionné ; bien fait ; bien roulé) いい体をした
Elle est bien *gaulée*.
色っぽいな，あの娘の体.　　　　　　　　Krawczyk : *Wasabi*

gauler ; guoaler

1. (voler) 盗む

Son coffre était vide. Soit il a caché l'pognon ailleurs, soit elle l'*a gaulé*.
彼の金庫が空だった。彼がカネをどこかに隠したか，彼女が猫ばばしたかだ。
                 Beineix : *Mortel transfert*

2. (prendre) 捕らえる，つかむ
J'te mets remplaçant si tu continues à *gauler* comme l'homme invisible !
お前，透明人間みたいなボールの取り方をしてるんだったら控えのゴールキーパーにしてしまうぞ！   Bardiau : *Le monde de Marty*
Tu t'es jamais fait *guoaler* ?
お前一度もサツにパクられたことないのか？   Kassovitz : *la haine*

gaulois (français de souche) 生粋のフランス人
Blanche-Neige et moi on va se faire tirer dessus. Place au *Gaulois*.
黒ちゃんと（アラブ人の）俺が監視カメラに写っちゃ具合が悪い。ここはフランス人の出る幕だ。   Kassovitz : *La haine*

gaver (importuner; ennuyer; chier) 悩ます，うんざりさせる
Tu m'*gaves*. Ça fait deux jours que j'ai pas dormi.
うるさいわね。あたし二日も寝てないんだから。 Denis : *Nénette et Boni*
Ça commençait à m'*gaver* cette histoire !
この事件にはもううんざりし始めてたんだ！   Zeitoun : *Yamakasi*

■**se gaver** (gagner beaucoup d'argent) 大金を手に入れる，がっぽり稼ぐ
C'est l'arnaque ce jeu. C'est l'Etat qui *se gave*.
競馬なんて詐欺だ。国が儲かるようにできてるのさ。 Kassovitz : *Assassins*

gazer
1. (aller bien; marcher) 巧く行く，調子がいい
Elles étaient très jolies, mais ça *gazait* pas...ça marchait pas.
すごくきれいな娘だったけど調子でなかった…だめだったのさ。
              Godard : *A bout de souffle*
Ça va ? / Ça *gaze* ?
元気？ / 調子はどう？   Thévenet : *La nuit porte jaretelles*
2. (insulter) 侮辱する
Si tu payes pas, ils te *gazent*.
もしカネを払わなければ，罵られるんだ。   Noé : *Seul contre tous*

gégène (groupe électrogène; torture par l'électricité) 発電装置，電気拷問器具
C'est la grosse *gégène*.
これが大型の電気拷問器具さ。   Heynemann : *La question*

geler (être loin) 離れている，遠い

genar

Où t'a mis la grenouille ? / Non, par là tu *gèles*...ah très très froid... par là ça se réchauffe...un peu plus chaud encore...là tu brûles.

(兄に飼っている蛙を隠された幼い妹が) 蛙どこにかくしたの？ / そっちに行くと離れちゃう…とっても遠い…こっちは近づいてきた…もうちょっと近づいた…すぐそばだ.

Téchiné : *Les égarés*

■**se les geler** (avoir très froid; se geler les couilles) とても寒い，縮み上がる

Je *me les gèle* moi.

俺寒くてしょうがない.

Becker : *Les enfants du marais*

genar voir **gentar**

gêner

■**il ne faut pas te gêner** (ne te gêne pas; fais comme chez toi; tu es vraiment impoli) 図々しいにも程がある，遠慮というものがないんだな

Faut pas vous gêner, hein !

(レストランで席を外した客のウオークマンの電池を抜き取って自分のに入れ替えている子供に) お前ひどいことするんだな！

Beineix : *IP5*

■**je vais me gêner; on va se gêner** (je ne vais pas me gêner; tu vas voir; je vais me conduire énergiquement) まあ見てろ，とことんまでやるぞ，なりふり構わずやってやるぞ，遠慮なんかするものか

Tu veux faire les marchés ? / Ouais, bien sûr, *je vais me gêner*.

露天商をやるつもりか？ / ああ，もちろん，こうなったら格好なんかつけていられるか！

Gilou : *La vérité si je mens II*

On va pas chourrer une voiture en plein après-midi, non ? / Ah ouais, *on va se gêner*.

まさか真っ昼間に車をいただくなんて言わないだろうな？ / 構いやしないさ．

Pirès : *Taxi*

genhar voir **gentar**

génial

1. (formidable; super) すごい，すばらしい

C'est *génial* hein, deux skis, c'est la préhistoire !

モノはすごい，普通のスキーなんか古くさくって.

Pinoteau : *L'étudiante*

2. (formidablement) すばらしく

Tu joues *génial*, mon vieux.

君のピアノ演奏はすごいよ.

Bunuel : *Salsa*

genre

1. (environ) だいたい，約

Je voulais vous demander si vous pouviez pas m'dépanner, *genre* cinquante francs.

　　50フランってとこ助けていただけるかどうかお聞きしたいんです.

　　　　　　　　　　　　　　　　　　　　　　　Siegfried : *Louise*

2. (dans le genre de; égale; c'est-à-dire; quelque chose comme; par exemple) つまり，…というような，…みたいな

Genre toi, t'es un vicieux.

　　お前みたいな子供って，助平なんだな.　　　Siegfried : *Louise*

Ça vous dirait pas une p'tite virée dans les Alpes ? *Genre* chalet, crêpes au sucre et grimpette toute la journée ?

　　アルプスへちょっと出掛けるなんてどうだい？ 山小屋に泊まって砂糖クレープを食べ一日中岩登りなんてのは？　　　　　　　Zeitoun : *Yamakasi*

3. (oui, j'ai compris ; oui, c'est ça ; je ne te crois pas) ああ，分かった，そう言ったって，そうかな

Rendors-toi...fais comme si j'étais pas là. / *Genre*.

　　また眠るんだ，わしのこと気にしないで. / うん.　　Kassovitz : *Assassins*

gentar (argent の逆さ言葉) カネ

Faut qu'tu m'laisses un peu d'*gentar*.

　　お金少し置いてってよ.　　　　　　　　　　　　　　Gilou : *Raï*

gentil

■**c'est gentil** (ce n'est pas gentil) 意地悪だ，厳しい（反語）

T'es le roi des cons ! / Ça, *c'est gentil* !

　　あんたって最高のお馬鹿さんね！/ ほんとに嬉しいこと言ってくれるね.

　　　　　　　　　　　　　　　　　　　　Beineix : *37°2 le matin*

gerbe (vomissement) 吐き気

Mais j'ai pas de bûche, hein : ça me fout la *gerbe* les bûches.

　　（あんたを招待したけど）うちには薪ケーキはないわよ. あれ, 反吐がでるんだもの.

　　　　　　　　　　　　　　　　　　　　　Thompson : *La bûche*

gerber (vomir; dégoûter) 吐く，嫌な気持ちにさせる

Ça me fait carrément *gerber*.

　　そんなの見てると俺はほんとにむかつくよ.　　Téchiné : *Les voleurs*

Vous me faites *gerber* tous.

　　お前らにはみんな虫ずが走る.　　　Bellon : *Les enfants du désordre*

ghetto (la cité ou le quartier que l'on habite) 団地，居住地

Quand tu as quatre reubeurs ou quatre renois qui sirotent un p'tit thé, c'est le thé bu du *ghetto*.

giclée

アラブが四人か黒が四人集まってお茶でも飲んでりゃもうスラムの始まりさ．(thé bu は début の洒落)　　　　　　　　　　　　　　　Chibane : *Né quelque part*

giclée (rafale de mitraillette; décharge d'arme automatique)　機銃掃射
　Barre-toi ou je t'en mets une *giclée* !
　　行かないと銃をぶっ放すよ．　　　　　　　　　　Sinapi : *Nationale 7*

gicler
1. (éjaculer)　射精する
　Si au moment où j'allais lui *gicler* dedans, j'avais su qu'elle allait me foutre un marmot sur le dos, je me serais retenu.
　　あの女の中で射精する瞬間に，俺にガキを押しつけようとしているのが分かっていたら，出すのを抑えたんだが．　　　　　　　Noé : *Seul contre tous*
2. (s'en aller; sortir)　立ち去る，出る
　Ta gueule ! Mais *gicle* !
　　黙れ！消えちまえ！　　　　　　　　　　　　　　Dridi : *Pigalle*
　Goldberg, une visite. Allez, *giclez* !
　　（看守が監房に向かって）ゴールドベルグ面会だ，さあ出るんだ．
　　　　　　　　　　　　　　　　　　　　Gainsbourg : *Stan the flasher*

G.I.G.N (Groupe d'intervention de la gendarmerie nationale の略)　国家憲兵隊出動チーム
　Le *GIGN* collabore à l'opération, en nous prêtant un pilote par équipe.
　　国家憲兵隊出動チームが我々に協力して，各チームに運転手を配備してくれる．
　　　　　　　　　　　　　　　　　　　　　　　　　Pirès : *Taxi*

gigolo (jeune homme entretenu par une femme plus âgée que lui)　つばめ
　Tu n'as jamais été *gigolo*, par hasard ?
　　あんたもしかしてジゴロだったことあるんじゃない？　Godard : *A bout de souffle*

gironde (bien faite)　スタイルのよい，むっちりした
　Elle est pas mal quand même. Elle est *gironde*.
　　この（絵の）女，それにしても悪くないよ．グラマーだ．　　Beineix : *Diva*

giton (jeune homosexuel)　若いホモ
　Ton p'tit *giton* il est maqué avec une pute qui lui fournit sa coke.
　　お前の若いホモだけど，コカインをくれる娼婦と暮らしてるぞ．
　　　　　　　　　　　　　　　　　　　Gainsbourg : *Charlotte for ever*

givré (fou; ivre)　気が狂った，酔った
　Pourquoi il a allumé partout ? Il est complètement *givré* ou quoi ?
　　どこもかしこも電気をつけてどうしたんだ？おかしいんじゃないか？
　　　　　　　　　　　　　　　　　　　　Téchiné : *Alice et Martin*

glace
■**ne pas sucer des glaces〔de la glace〕** (être alcoolique ; boire comme un trou) アル中である，大酒を飲む
Elle *suce pas de la glace.*
伯母さんの飲みっぷりときたら． Miller : *La petite voleuse*

gland
1. (imbécile ; lourd ; bête) 愚か者，鈍，馬鹿
Mais non, pas comme ça, pauvre *gland.*
（コンドームを巧く付けられない男に）だめだよ，そんなんじゃ，しょうがない奴だな． Nauer : *Les truffes*
2. (pénis) ペニス
C'est quoi ton boulot? / Shampouineuse. / Shampouineuse de quoi? De *gland*?
お前の仕事は？／シャンプー係．／なんのシャンプー係だ？金ちゃんのか？ Blier : *Les valseuses*

glande
■**foutre les glandes** (angoisser) いらだたせる，怯えさせる
Ça me *fout les glandes.*
気がひけるよ． Assayas : *Fin août, début septembre*

glander
1. (flâner ; perdre son temps ; ne rien faire) 何もしない，のらくらする
T'en as pas marre de *glander* sur ton banc ?
ベンチに座ってぶらぶらしてるの飽きない？ Berliner : *Ma vie en rose*
Tu crois que j'*ai glandé* pendant ton absence ?
あんたが留守の間，僕は何もしてなかったとでも思ってるの？ Berberian : *Six-pack*
2. (faire ; foutre) する
Qu'est-ce que tu *glandes* ?
君何してるんだ？ Garrel : *Le vent de la nuit*

glauque (lugubre ; sinistre ; sordide) 胡散臭い，陰鬱な，下劣な
Je trouve ça un poil *glauque.*
この部屋はちょっぴり気味が悪い． Ledoux : *En face*

glaviot (crachat ; personne méprisable) 唾，唾罵すべき人間
Je suis un *glaviot.*
俺は軽蔑すべき人間だ． Nauer : *Les truffes*

glisser

■**glisser dessus comme sur les ailes d'un canard** (ne laisser aucune trace psychologique) ぜんぜん気にかけない

Ça lui *glisse dessus comme sur les ailes d'un canard.*

息子ったら（家を出て行くようにいろいろ意地悪しても）どこ吹く風なのよ．

Chatiliez : *Tanguy*

■**se laisser glisser** (mourir de mort naturelle ou de maladie) 自然死する，病死する

Je pensais comme toi au stalag. "Qu'est-ce que je fabrique dans ce monde ? A quoi bon ?" Je *me serais laissé glisser.*

僕も収容所で君と同じように考えていたんだ．「俺はこの世で何してるのかな？ ただ生き延びてたって何にもなりゃしない．」それでこのまま死んじまう気になっていたんだ．

Tavernier : *Laissez-passer*

gna

■**gna gna et gna gna** (et patati et patata; etc.; et ainsi de suite) ぺちゃくちゃ，なんだかんだ

Jean-Baptiste est tellement drôle quand il est méchant , et *gna gna et gna gna...*

ジャン・バティストって意地悪なときはとっても面白いのよ，なんだかんだって．

Chéreau : *Ceux qui m'aiment prendront le train*

■**gna gna gna** (ce ne sont que des paroles) 大いに喋るだけだ

Quand on hait trop la vie et les autres, on finit toujours par se haïr soi-même. / *Gna gna gna,* t'es aussi conne que les autres toi !

人生と他人を憎み過ぎると，どうしたって自分を憎むことになるのです． / 口先だけのきれい事並べやがって，お前もみんなと変わりない馬鹿だ．

Grousset : *Kamikaze*

gnognote

■**de gnognote** (tout à fait négligeable) 全く取るに足りない

C'est pas du jus *de gnognote* ! / C'est du vin ? / Un peu oui ! Je vais rajouter du rhum, ça f'ra au moins 15 degrés !

これつまんないジュースなんかじゃないのよ．/ ワイン？／そりゃそうだけど，ラムを入れるの，15度にはなるんだから．

Hubert : *Le grand chemin*

gnôle (eau de vie) 蒸留酒

P't'être bien que le bourreau va venir lamper un coup de *gnôle.*

（仕事を終えた）死刑執行人が強い酒を引っかけに来るかも知れない．

Giovanni : *Mon père*

gnouf (prison) 牢屋，むしょ
S'ils te choppent, c'est quinze ans au *gnouf*.
しょっ引かれたら15年はくらい込むぞ.
　　　　　　　　　　　　　　　　Corneau : *Série noire*

go (fille ; jeune fille) 女，娘
On peut avoir une *go* comme ça et pas s'marier avec.
女が簡単に手に入って，結婚しなくたっていいんだ.
　　　　　　　　　　　　　　　　Richet : *Ma 6-T*

go! (英語．allez! ; va!) 行け
Allez, magnez-vous, *go, go, go!*
さあ，急げ，行くんだ！
　　　　　　　　　　　　　　　　Zeitoun : *Yamakasi*

gober (croire naïvement, sans examen ; avaler) 信じ込む，真に受ける
C'est mon frère. / Tu parles, ton frère, à poil dans ton lit, c'est à moi que tu vas faire *gober* ça !
あたしの兄よ．/ 兄さんだなんてよく言うよ，君のベッドに裸で寝ててか，それを鵜呑みにさせようったって.
　　　　　　　　　　　　　　　　Serreau : *La crise*

godasse (chaussure) 靴
Ça me rend complètement folle les godasses.
靴を目にするとあたしもう夢中になっちゃって.
　　　　　　　　　　Chéreau : *Ceux qui m'aiment prendront le train*

gode (godemiché の略) 張形
Je peux quand même te mettre des petites pinces sur les seins ? Et les *godes* ?
(SMの娼館で) 乳首にクリップぐらいはしてもいいわね？ それに張形はどうする？
　　　　　　　　　　　　　　　　Pascal : *Adultère*

T'as pas du Popper's ? / Oui, il est là à côté des capotes, des *godes*.
ポッパーある？/ ええ，あそこのコンドームと張形の横に． Aghion : *Pédale douce*

godemiché (membre viril postiche ; gode) 張形
Mets-toi un *godemiché*.
張形をつければいい.
　　　　　　　　　　　　　　　　Fassbinder : *Querelle*

godiche (gauche ; maladroit) 不器用な，下手な
Tu n'es pas aussi *godiche* que tu t'en donnes l'air.
あんたって見かけほどぶきっちょじゃないのね.
　　　　　　　　　　　　　　　　Rohmer : *Conte d'été*

godiller (jouir) オルガスムに達する
Si t'arrives à la faire *godiller*, je te paye un litre.
あの女をイカせられたら1杯おごるよ.
　　　　　　　　　　　　　　　　Blier : *Les valseuses*

gognan (enfant ; môme) 子供，ガキ
Leurs grands *gognans*, où sont-ils ?

gogo
    上の男の子たちはどこにいるの？   Tavernier : *Un dimanche à la campagne*

gogo (individu crédule; pigeon) 騙されやすい人
Quand est-ce qu'on fait raquer les pigeons? / Les pigeons? / Oui, ben oui! Les *gogos* qu'on fait adhérer là!
    カモにはいつカネを払わせるんだ？ / カモって？ / そうさ，ほら，入党させるお人好しどもだよ．   Rochant : *Vive la République*

gogues (toilettes; chiottes) 便所
C'est où les *gogues*? / Les quoi? / Les chiottes.
    雪隠どこ？／なあにそれ？／トイレ．   Gainsbourg : *Je t'aime moi non plus*

goguette
■**en goguette** (légèrement ivre) ほろ酔いの
Une bougeoise en *goguette*.
    ほろ酔い気分の金持ち女．   Delannoy : *Maigret tend un piège*

goinfre (individu qui mange beaucoup et salement) がつがつ貪り食う人
Mais ne mange pas tout, espèce de *goinfre*!
    全部食べるんじゃないよ，食い意地が張ってるんだから！   Mouriéras : *Dis-moi que je rêve*

gomme
■**mettre la gomme** (accélérer; faire porter *son* effort) スピードを出す，力一杯やる
Ils mettent la *gomme*!
    （湖上のモーターボートの走りぶりを見て）みんなすごく飛ばしてるな！   Miller : *L'effrontée*

gonfler
1. (exagérer; bluffer) 冗談を言う
Tu *gonfles*, là! Tu prends tes cachets et te couches!
    （妻の電話に）そんな馬鹿な！薬を飲んでさっさと寝るんだ！   Audiard : *Sur mes lèvres*

2. (ennuyer; assommer; énerver) うんざりさせる
Vous allez arrêter de me *gonfler* avec ça!
    その話でうんざりさせるのはやめてよ．   Thompson : *La bûche*

gonzesse (femme; épouse; petite amie) おんな，妻，恋人
Ce qui me faut, c'est une *gonzesse*, bandante!
    俺には女が要るんだ，立っちゃうような女が！   Blier : *Les valseuses*
C'est qui la *gonzesse* qui gazouille, là?
    （電話で）甘ったるい声出してるスケは誰よ？   Krawczyk : *Taxi II*

Je l'ai vu à la télé, y'a Clinton avec sa *gonzesse*.
　　テレビで見たんだ，クリントン大統領がかみさんと来ている。　　　Pirès : *Taxi*

gougnafier (bon à rien; rustre; goujat) 役立たず，がさつな男，無神経な男

C'est pas des amnésiques, c'est deux *gougnafiers*.
　　そんなの記憶喪失者じゃない，無作法者なだけだ。　　　Poiré : *Les visiteurs*

gougnotter (pratiquer l'amour lesbien) レズのセックスをする

Tu veux te la *gougnotter* ?
　　彼女とレズしたいのか？　　　Le Pêcheur : *J'aimerais pas crever un dimache*

gouine (femme homosexuelle) 同性愛の女，レズビアン

Passe-moi la *gouine* tout de suite.
　　レズ女をすぐに電話に出せ！　　　Poiré : *Le Père Noël est une ordure*

Elle est *gouine* ou quoi ?
　　（お前の妹が俺に気がないのは）彼女はレズってことか？
　　　　　　　　　　　　　　　　　　　　　Téchiné : *Hôtel des Amériques*

goulée (bouffée) ひと吹き

Oh non, le fais pas fumer ! / Ah ben, une *goulée* de temps en temps ça peut pas faire de mal.
　　あの子にタバコ吸わせないでよ。/ そうかな，ときどき吸ったってかまわないんじゃないか。　　　Bouchitey : *La lune froide*

goulette (bouche; gosier) 口，のど

J'lui renfonce dans la *goulette* tout ce que je trouve de langue pour qu'il n'gueule plus.
　　男がもうわめかないように，あたしは舌の根っこまで男の口に突っ込んでやる。
　　　　　　　　　　　　　　　　　　　　　Godard : *Une femme mariée*

goulot (bouteille; alcool) 瓶，酒

Il a rien d'autre dans sa vie, le *goulot* et la chance !
　　（母が逃げ出してから）おやじは酒と賭事しかなくなった。　　　Beineix : *IP5*

goupiller
■**se goupiller** (s'arranger) 手筈が整う，行われる

Je travaille chez eux. / Ah merde. / Non, ça *s'est goupillé* comme ça, mais je suis pas copain avec eux.
　　俺，彼らんとこで働いてるんだ。/ まずいな！/ いや，成りゆきでそうなったが，べつに仲がいいわけじゃない。　　　Tavernier : *Laissez-passer*

gourance (erreur) 間違い，ミス

Y a *gourance* ! La sortie, c'est pas là.

gourbi

違うわよ．出口はそっちじゃないの．
Poiré : Les visiteurs

gourbi (habitation misérable et sale; domicile; appartement; chambre) 惨めで汚い住居，住まい，アパルトマン，部屋

Tu peux pas imaginer le *gourbi* dans lequel elle vit.
そのお婆さんが住んでいる部屋，あんたが想像もつかないほどひどいもんなの．
Féret : Rue du retrait

Puisqu'y veut se débrouiller tout seul avec son *gourbi*, il a qu'à faire pareil avec sa tambouille.
一人暮らしでなんとかやっていきたいんだったら，食事も同じようにすりゃいいのよ．
Hubert : La reine blanche

gourbiche (habitation misérable et sale) みすぼらしく汚い家

J'en ai ras le bol de c'*gourbiche*.
こんなあばら屋もうたくさんよ．
Poiré : Le Père Noël est une ordure

gour(r)er

■**se gourer** (se tromper) 間違える，勘違いする

Je *me suis gourré* d'étage?
僕，階を間違えてますかね？
Pirès : Taxi

goutte (eau de vie; alcool très fort) 強いリキュール

Plus de vin, plus de gras, plus de *goutte* dans le café.
葡萄酒もだめ，脂肪分もだめ，コーヒーにリキュールをたらしてもだめ．
Deville : La maladie de Sachs

goy [gɔj] (nom donné par les Juifs aux personnes étrangères à leur culte, spécialement aux chrétiens) ユダヤ人から見た異教徒，特にキリスト教徒

Surtout ne nous ramenez pas une *goy*.
ユダヤでない女を連れてくることだけはするなよ．
Gilou : La vérité si je mens

Ils fêteront Noël entre *goys*.
キリスト教徒だけでクリスマスを祝えばいいんだ．
Thompson : La bûche

grabuge (bagarre; dispute, désordre) 衝突，喧嘩，混乱

Il y a du *grabuge*?
なにか騒ぎがあるのか？
Ducastel : Drôle de Félix

grain (danger; risque) 危険

Mon frère est bien placé pour veiller au *grain*.
俺の兄貴はヤバイことがあればすぐ分かる立場にある．
Fassbinder : Querelle

graine

■**en prendre de la graine** (prendre modèle, exemple) お手本にする

Regarde et *prends-en de la graine*.
よく見ろ，こうやってやるんだ。
Blier : *Les valseuses*

graisse (corps; viande) 体，図体
■**ta graisse** (toi) お前
J'en ai marre de balader *ta graisse*, moi !
（リヤカーに乗せて）お前を連れ歩くのはもううんざりだ！
Rohmer : *le signe du lion*

grand-chose
■**pas grand-chose** (bon à rien) 取るに足らぬ奴，ろくでなし
La machine coupera la tête de *pas grand-chose*.
（俺みたいな）ろくでなしはギロチンで首をちょん切られりゃいいんだ。
Giovanni : *Mon père*

grappe
■**lâcher la grappe** (laisser tranquille; foutre la paix; cesser d'importuner) 放っておく，そっとしとく
Lâche-moi *la grappe*.
俺のこと放っといてくれ。
Nauer : *Les truffes*

grappin
■**mettre le grappin sur** (accaparer; se réserver l'usage de) 捕まえて放さない，独り占めする
C'est pas encore aujourd'hui qu'ils vont lui *mettre le grappin dessus* !
（今の警察の実力じゃ）あの暴走タクシーをとっ捕まえるのはまだ先だな。
Krawczyk : *Taxi II*
Ce serait terrible quand même. Brooke *remettrait le grappin dessus*.
それにしてもひどいことになるかも，ブルックがまた彼を独り占めするようなことになれば。
Ducastel : *Drôle de Félix*

gratin (haute société; grand bourgeois; élite) 上流階級，エリート
Ils ont tous filé là-bas, tout le *gratin*.
みんなボルドーに逃げちまったよ，金持ちどもは。
Rappeneau : *Bon voyage*

gratiné (exagéré; outré; qu'on peut en rire) 途方もない，並外れた
Tu vas voir les conneries qu'ils vont mettre ! Ça va *être gratiné* !
（投書箱を作ったら）生徒は滅茶苦茶なこと書いて入れるぞ！とんだお笑い草だ！
Miller : *La meilleure façon de marcher*

gratos [gratos] (gratuitement) ただで
Ils te font un prix ou c'est *gratos* ?
（刑事のあんたには）ホテル代おまけしてくれるの，それともただ？
Téchiné : *Les voleurs*

gratter
1. (extorquer; taper) ゆすり取る，だまし取る
   Tu vas lui *gratter* des thunes?
   あの男からゼニを巻き上げるんだぞ． Siegfried : *Louise*
2. (faire un petit bénéfice; économiser) 出費を控える
   Va falloir encore que je tape ma mère... Déjà que je *gratte* sur tout, tout!
   (あんたの給料からそんなに引かれたら) また母にせがまなくっちゃ．もう何からでもお金を浮かせるようにしてるのに． Othenin : *Piège à flics*

grave (beaucoup; très; vraiment) すごく，ひどく，ほんとに
Ils me prennent le chou, *grave*!
あの学生どもには全くいらつくな！ Dumont : *L'humanité*
Elle t'a bien pris la tête celle-là. T'as déliré *grave*, là.
お前彼女にのぼせてるな．うわごとばかり並べて． Dupeyron : *Salomé*
C'était un jaloux, *grave*.
旦那はえらく焼き餅焼きだったのさ． Beineix : *Mortel transfert*
Avant on niquait du matin au soir, n'importe où on s'la donnait *grave*.
前は朝から晩までやりまくった，所構わず快楽を貪りあった． Gilou : *La vérité si je mens II*

Grec
■va (...) chez les Grecs! (va-t'en!; va te faire foutre, enculer!) 消え失せろ
Allez faire votre football *chez les Grecs*!
(サッカーの関係者に) とっとと出ていって下さい． Annaud : *Coup de tête*
Allez, réponds-moi! / Ah, *va chez les Grecs*!
さあ，答えるんだ．/ まあ，放っといてよ． Allio : *La vieille indigne*
Va te faire fourrer *chez les Grecs*!
とっとと失せろ！ Corneau : *Série noire*

greluche (jeune femme; poule) 若い女，恋人
Ecoutez, les *greluches*, il est onze heures.
おねえちゃんたちよー，もう11時だぜ． Blier : *Les valseuses*
Elle serait pas un peu défoncée ta *greluche*?
あんたのいい人，ちょいといかれてるんじゃない？ Miller : *Le sourire*

greniger (remuer; farfouiller) かき回す
Qu'est-ce que tu viens *greniger* dans le frigo, toi?
お前冷蔵庫で何ごそごそやってるの？ Hubert : *Le grand chemin*

grenouille
■**jus de grenouille** (vin ordinaire) 普通のワイン
C'est pas du *jus de grenouille*.
これはそんじょそこらの酒じゃありませんな.   Becker : *Les enfants du marais*

grifton (soldat; griveton) 兵隊
Quel panard il va prendre, le *grifton* !
兵隊さんはよ, (奥さんに会えて) おっそろしく楽しい思いをするんだろうな.
    Blier : *Les valseuses*

grillé (repéré) 正体を暴かれた, 化けの皮を剥がされた
T'as vu les flics dehors, on est *grillé*.
外のデカども見たか, 俺たちの正体がばれちまったのさ.   Avary : *Killing Zoe*

griller
1. (repérer) 目をつける, マークする
   Vas-y tout seul, je vais me faire *griller*.
   一人で行けよ, おれはマークされちゃうからだめだ.   Kassovitz : *La haine*
2. (démasquer) 暴露する, 正体を暴く, 明かす
   Jérémy *est grillé*.
   ジェレミーがスパイだってことばれた.   Rochant : *Les patriotes*
3. (dépenser) 使い果たす
   En trois jours, ils *ont grillé* les cinq millions.
   三日間で二人は (盗んだ) 5百万を使い果たした.   Godard : *A bout de souffle*
4. (franchir sans s'arrêter; brûler) 停まらずに通過する
   Tu viens de *griller* quatre feux rouges.
   お前, 4回も信号無視したぞ.   Jarmusch : *Une nuit sur terre*

■**se griller** (gâcher *sa* chance; tout perdre; se faire virer) 駄目にする, クビになる
A ta place, je ferais pas ça. Tu peux aussi *te griller*.
あたしだったらそんなことしないわ. せっかくの仕事をふいにするかも.
    Van : *Dans ma peau*

■**se griller avec** (être discrédité) 信用を失う
Je *me grille avec* Haguette.
俺はアゲットの信用を失っている.   Aghion : *Pédale douce*
Ne *te grille* pas *avec* eux pour René. Ça vaut pas le coup.
ルネのことでみんなから白い目で見られるようなことしないほうがいいわ. つまんないでしょう.
    Sinapi : *Nationale 7*

grimpant

■plante grimpante (parasite) たかり屋
  Vous êtes décidément une bécasse, une ribaude, une *plante grimpante*.
  あんたってやっぱり，おろかで，ふしだらで，たかり屋だな．
  Miéville : Après la réconciliation

grimper (posséder sexuellement) (女を) ものにする
  Vous voulez la *grimper* non ?
  あんたあの娘とやりたいんでしょう？
  Miller : Le sourire

■grimper au plafond voir **plafond**

■grimper sur (posséder sexuellement) 性交渉を持つ
  Si on se met à arrêter tous ceux qui lui *ont grimpé dessus*, il y aura bientôt plus personne dans le coin.
  あの娘とやった男を逮捕し始めたら，この辺にはじきに誰もいなくなっちゃうぞ．
  Corneau : Série noire

■se grimper (coucher ensemble) 寝る
  Moi je me disais que vous *vous grimpiez*. / On *se grimpait* pas.
  君達もういっしょに寝たんだとばかり思ってたけど．/ 寝てないさ．
  Leconte : Félix et Lola

gringue

■faire du gringue (chercher à plaire ; faire la cour) お世辞を言う，口説く
  C'est pas pour aller leur *faire du gringue*.
  あいつらにおべんちゃらを言いに行こうってんじゃないんだ．
  Jugnot : Monsieur Batignole

grognasse (femme ; femme laide et d'humeur acariâtre) 女，醜く気難しい女
  Il téléphone à sa *grognasse*.
  あいつ彼女に電話してるんだ．
  Rohmer : Le signe du lion

grole (chaussures ; godasses) 靴
  Elle a salopé le tapis avec ses *groles*.
  あの女靴で絨毯を汚したぞ．
  Poiré : Les visiteurs

gros

■c'est du gros (c'est du gros poisson) 大物だ
  Chef, ça mord ! / Oh putain, *c'est du gros* ça !
  (スピード違反車取り締まりの警官が) チーフ，かかりました！/ やった，こりゃ大物だぞ！
  Krawczyk : Taxi II

grosse
1. (personne importante; grosse légume) 重要人物
   Y'a une *grosse* qui arrive.
   お偉いさんがやってくるぞ.   Avary : *Killing Zoe*
2. (amante; femme; épouse) 愛人，かみさん
   Avec la *grosse*, j'ai de plus en plus de mal à triquer.
   かかあを相手にしていると，だんだん立たせるのが難しくなってきた.
                                                        Noé : *Seul contre tous*

grouiller
■**se grouiller** (se dépêcher) 急ぐ
   Tu *te grouilles*!
   おい早くしろよ!   Pinoteau : *L'étudiante*

grove (top-délire) ひじょうに興奮させる
   Allez les filles, les mains vers le ciel. Top, top mega*grove*.
   (舞台稽古で) さあみんな，手を上に挙げて，ストップ，ストップ．ヴェーリー・エクサイティング.
                                                      Krawczyk : *Héroïnes*

grue (prostituée) 娼婦
   T'es une *grue*. Tu te fais entretenir.
   君は娼婦だよ．男に囲われてるんだから.   Tavernier : *Laissez-passer*

gruyère (traces de piqûres de drogue) 麻薬の注射の跡
   Dis donc, c'est du *gruyère*, hein?
   (刑事が容疑者のワイシャツの袖をまくりあげる) おやまあ，これ注射の跡だよな?
                                                      Vergez : *J.P Racket*

guedin (dingue の逆さ言葉. fou) 気違い
   T'es *guedin*, bois, c'est gratuit.
   馬鹿だなー，お前，飲めよ，ただなんだぞ.   Kassovitz : *La haine*

guêpe
■**pas bête la guêpe** (fin et habile; pas folle la guêpe) したたかな, めったに騙されない
   C'était pas vrai, c'était pour le feinter. *Pas bête la guêpe*!
   (買物に行くというのは) ほんとじゃなかったの．パパを騙すため．したたかな女でしょう!
                                                   Malle : *Zazie dans le métro*

gueulante (cri d'acclamation, de douleur) 歓声, 絶叫
   Avec tes *gueulantes* on n'y arrivera jamais. / Ça fait mal, c'est pas de ma faute.
   (アナルセックスをしていて) そんなに悲鳴あげたらいきっこない. / 痛いんだもん. あたしのせいじゃないわ.
                                              Gainsbourg : *Je t'aime moi non plus*

gueule

gueule

1. (visage; physionomie) 顔，容貌

   Max aime sauver les apparences, la belle *gueule* et le pardessus en cachemire.
   夫は外づらをよくしときたいのよ，愛想のいい顔をして，カシミアの外套を着込んで．
   　　　　　　　　　　　　　　　　　　　　　　　Beineix : *Mortel transfert*

   Est-ce que j'ai une *gueule* de flic ?
   あたし女刑事のつらしてる？　　　　　Ducastel : *Drôle de Félix*

2. (bouche; parole) 口，言葉

   Il a fermé sa *gueule*. Il a pas dit un mot.
   彼は口を閉ざしたんだ．一こともい言わなかった．　　Jaoui : *Le goût des autres*

   Si on sort, on vous baise. / Ouais c'est ça. Allez, venez, que de la *gueule*.
   デートするんならセックスするぞ．/ そんなこと言っても，口先だけのくせに．
   　　　　　　　　　　　　　　　　　　　　　　　Kahn : *Bar des rails*

■**avoir de la gueule** (faire de l'effet ; être bien, réussi, beau) 感銘を与える，見事である，成功している，見栄えがする

   Ça *a de la gueule* ta peinture là.
   あの絵はすごいもんだね．　　　　　Beineix : *Mortel transfert*

   J'ai toujours eu un faible pour les types qui s'flinguaient, moi, une balle dans l'caisson, hein ... ça *a de la gueule*.
   俺はどうしても頭に弾をぶち込んで自殺する連中には甘くなっちゃうんだな …ぐっとくるんだ．　　　　　　　　　　　　Beineix : *Mortel tansfert*

   Ça *avait de la gueule*.
   撮影は見事だったな．　　　　　　Garrel : *Sauvage innocence*

■**avoir la gueule de bois** (avoir mal à la tête apès avoir trop bu) 二日酔いである

   Faut que je dorme ... j'*ai la gueule de bois*.
   おれ眠らないと…二日酔いなんだ．　　Beineix : *La lune dans le caniveau*

■**avoir une grande gueule** (parler beacoup mais agir peu; être fort en gueule) 大いにしゃべるが実行を伴わない

   Vous les Français, vous *avez* toujours *une grande gueule*.
   お前たちフランス人なんて，いつだって口先だけなんだ．　　Pirès : *Taxi*

   Il a l'air *grande gueule* comme ça mais il a un bon fond.
   こいつは口うるさいように見えるけど根はいい奴なのさ．　　Kassovitz : *Assassins*

■**choper la gueule** voir **choper**

■**crever la gueule ouverte** (mourir dans les pires souffrances) すご

く苦しんで死ぬ
J'ai parlé à mon père cet après-midi... il a recommencé à me donner des conseils pour la vente de l'appartement... Plutôt *crever la gueule ouverte* que de le laisser mettre son groin dans mes affaires.

<small>今日の午後父に話をしたの… またアパルトマンの売却のことでいろいろアドバイスを始めたのよ… 私のことに干渉させるぐらいならのたうち回ってくたばるほうがましだわ.</small>

Assayas : Fin août, début septembre

■**emporter la gueule** voir **emporter**

■**en avoir dans sa gueule** (recevoir des coups) 殴られる
Il *en a eu* assez *dans sa gueule*. 奴を思う存分殴ってやったよ.

Dumont : La vie de Jésus

■**en faire voir dans la gueule à** voir **voir**

■**en mettre plein la gueule** (donner des coups dans la figure; critiquer sévèrement, à fond) 顔面を殴打する, 厳しく批判する
C'est la presse de métropole, mon Général. Elle nous *en met plein la gueule* !

<small>パリの新聞のせいです, 将軍. われわれをこっぴどく槍玉に挙げています.</small>

Heynemann : La question

■**en prendre plein la gueule** (se faire battre; être infériorisé; être sévèrement critiqué) 打ちひしがれる, 劣等感を植えつけられる, 散々にたたかれる
J'*en prends plein la gueule*...parce que je dis que je les déteste.

<small>[女性監督] あたしは糞味噌に言われてるの … だって俳優が嫌いって話してるもんね.</small>

Breillat : Sex in comedy

■**faire la gueule** (bouder; tirer la gueule) 不機嫌になる, ふくれる
T'auras beau m'insulter ou *faire la gueule*, ça ne changera rien.

<small>ママの悪口言おうが, 仏頂面しようが, どうにもならないからね.</small>

Téchiné : Alice et Martin

T'en as pas marre de *faire la gueule* ?

<small>お前いつまで膨れてるんだ?</small>

Despentes : Baise-moi

■**fort en gueule** (celui qui parle beaucoup) よく喋る人
Vous êtes un *fort en gueule* ?

<small>あんた, 弁が立つほうかね?</small>

Blier : Mon homme

■**foutre sur la gueule** (battre) なぐる
J'espère qu'on sera encore assez nombreux pour leur *foutre sur la gueule*.

<small>まだ俺達のメンバーがかなり残っていて, 奴等をやっつけられるといいけど.</small>

Godard : Vent d'est

gueule

■**gueule d'amour** (séducteur) 色男，女たらし
Ce qu'il sait pas, ta *gueule d'amour*, cette nuit sa femme je l'ai baisée.
お前のいい男は知らんだろうが，今晩奴のワイフと俺やったんだ．
Dupeyron : *La machine*

■**gueule en bouillie** voir **bouillie**
■**ma [ta; sa; notre; votre; leur] gueule** (moi [toi...]) 俺，お前 [⋯]
Ils se sont foutus de *sa gueule* pendant toute la soirée.
パーティーの間じゅう，彼みんなに馬鹿にされてたわ． Jaoui : *Le goût des autres*
Je ne reverrai plus *votre gueule*.
あんたになんかもう会わないわ． Pinoteau : *L'étudiante*
J'ai mal au ventre. / Bien fait pour *ta gueule* !
お腹が痛いんです．／いい気味だ． Serreau : *La crise*
Plus il la tapait, plus elle hurlait de rire, plus elle se foutait d'*sa gueule*, de son désir pour elle.
彼が彼女をたたけばたたくほど大笑いし，彼を馬鹿にして彼女への欲望をあざ笑ったのです． Beineix : *Mortel transfert*
Ramène *ta gueule* ici !
こっちへ来い！ Dumont : *La vie de Jésus*

■**marcher sur la gueule** (se moquer de; contredire) 踏みつける，楯突く
Je me mets plus dans la situation de me faire *marcher sur la gueule*, alors je pêche.
(家庭内で) 自分がないがしろにされるような状況にはもう陥りたくない，それで釣りをしてるのさ． Ducastel : *Drôle de Félix*

■**péter à la gueule** voir **péter**
■**péter la gueule à** *qn.* voir **péter**
■**plein la gueule** (plein les poches) たくさん
A côté de toi y'en a qui ont du fric *plein la gueule*.
君の周りにだってカネをしこたま持ってる奴らがいるだろう．
Zonca : *Le petit voleur*

■**pousser un coup de gueule** (gueuler; s'emporter) 怒りに駆り立てられる，一時的に激昂する
Il *a poussé un coup de gueule* et alors…c'est normal.
彼はあんときは怒ったけど…当たり前さ． Téchiné : *Les voleurs*

■**prendre la gueule** (emmerder; énerver; prendre la tête) いらつかせる
Il m'*prend la gueule*.

gueule

あいつにはいらつくな.　　　　　　　　　　　　　　Siegfried : *Louise*
■**ramener sa gueule** (crâner; faire le malin) 空威張りする, 虚勢を張る
　Excuse-le. C'est un acteur. Faut toujours qu'il *ramène sa gueule*.
　ごめんね. あいつ俳優なもんだから, 目立ちがり屋で.　　　Arcady : *Pour Sacha*
■**se beurrer la gueule** voir **beurrer**
■**se bourrer la gueule** voir **bourrer**
■**se casser la gueule**
1. (tomber; échouer) 倒れる, 落ちる, 失敗する
　Vous voulez tous que mon truc *se casse la gueule* ou quoi ?
　みんな俺の（クラッカーを積み重ねた）ゲームが壊れればいいと思ってるんだろ？
　　　　　　　　　　　　　　Chéreau : *Ceux qui m'aiment prendront le train*
　Il me donnait une saison pour que je me *casse la gueule*.
　あんたのパパは一シーズン僕を泳がせといて失敗させたんだ.
　　　　　　　　　　　　　　　　　　　　　Gilou : *La vérité si je mens*
　Je vais *me casser la gueule* !
　転んじゃうよ！　　　　　　　　　　　　　　Tavernier : *Laissez-passer*
2. (se battre) 殴り合う, 争う, 喧嘩する
　Hé, les journaux. / Dans quels pays qu'on *s'casse la gueule* aujourd'hui ?
　ほら, 新聞だよ. / 今日はどこで戦争やってんだ？
　　　　　　　　　　　　　　　　　Allégret : *Une si jolie petite plage*
■**se fendre la gueule** (s'amuser; rire) 楽しむ, 笑う
　Fendez-vous la gueule pendant qu'il en est encore temps.
　今のうちにせいぜい笑っておくがいいや.　　　Becker : *L'été meurtrier*
■**se foutre de la gueule** (se moquer de) 馬鹿にする
　Arrête de *te foutre de notre gueule*, on sait qu'il est là.
　俺達をなめるんじゃねえぞ, あいつがいるのは分かってるんだから.
　　　　　　　　　　　　　　　　　　　　Dumont : *La vie de Jésus*
■**se foutre sur la gueule** (se taper dessus; se disputer) 殴り合う, 喧嘩する
　Hé ! Vos gueules ! Y'a pas assez de drame pour la soirée là ? Et vous voulez *vous foutre sur la gueule* en plus ?
　おい, 口げんかをやめろ！今夜はあんな悲しい事件があったというのに, この上殴り合いをしたいのか？　　　　　　　　　　　　Zeitoun : *Yamakasi*
■**se péter la gueule** voir **péter**
■**se prendre dans la gueule** (recevoir; souffrir; endurer) 受ける, 加えられる, 投げつけられる

gueulement

Les 50 ans d'humiliation que je *me suis pris dans la gueule*, lui, le pédé, il va les vivre en six minutes.
　俺に加えられた50年間の屈辱をあのホモに6分間で味わさせてやる．
Noé : Seul contre tous

■**se soûler la gueule** (se soûler)　酔う
On va *se soûler* un peu *la gueule*.
　ちょっと酔っぱらおう．　　　Ducastel : *Jeanne et le garçon formidable*

■**se taper sur la gueule** voir **taper**

■**ta gueule!** (tais-toi!; ferme-la!)　黙れ，うるさい
Ta gueule, ou je la tue *!*
　黙らないと娘を殺すぞ！　　　　　　　　　　Heneke : *La pianiste*

■**taper dans la gueule** (infliger une correction en frappant au visage; casser la gueule)　体罰で顔を殴る
Je te demande si ça t'arrive souvent de te faire *taper dans la gueule* par des mecs.
　男があんたを殴って懲らしめることよくあるのか聞いてんのよ．
Blier : Merci la vie

■**t'as ma main sur la gueule** (je te donne une gifle)　一発お見舞いするぞ
Touches-y voir, *t'as ma main sur la gueule* !
　それ（あたしのカメラ）に触ったりしてごらん，はり倒してやるから！
Miller : La petite voleuse

■**tirer la gueule** (bouder; faire la gueule)　ふくれる，不機嫌な態度を示す
Oh là là, vous me *tirez la gueule*, hein !
　あらまあ，ご機嫌斜めだこと！　　　　　　　Miller : *Le sourire*

■**vouloir la main sur la gueule** (vouloir qu'on te gifle)　殴られたい
Bonjour Madame Busato. Je voudrais bien une boîte d'allumettes familiale, s'il vous plaît? / Et *ma main sur la gueule*, tu la *veux*?
　今日は，ビュザートさん，家庭用マッチ1箱いただけませんか？（この言葉が堕胎を頼むときの符丁になっていて，少女があまりにも若いから，からかっていると見て取って）/ それにビンタも喰らいたいのかね？　　Miller : *La petite voleuse*

gueulement (cri; hurlement)　叫び声，怒鳴り声
Qu'est-ce que c'est que ces *gueulements*?
　テレビがガンガンしててうるさいじゃないか！　　Bouchitey : *La lune froide*

gueuler
1. (crier très fort; vociférer)　怒鳴る，喚く，怒鳴る

Aïe-euh ! / *Gueule, gueule* ma fille. Ça va pas te tuer, va.
（注射器を乱暴に突き刺されて）痛い！／ せいぜい喚くがいい．死にはしないんだから．
　　　　　　　　　　　　　　　　　　　　　　　Miller: *La petite voleuse*

2. (protester) 文句を言う
Lundi les jaunes viendront *gueuler* qu'ils veulent rentrer dans l'usine, au nom de la liberté du travail.
月曜にはスト破りどもがやってきて，労働の自由の名の下に工場に入れろとがなりたてるだろう．
　　　　　　　　　　　　　　　　　　　　　Godard : *Vent d'est*

gueuleton (repas abondant et sortant de l'ordinaire) 珍味の大ご馳走
On se tape un bon *gueuleton*.
大ご馳走にあずかろう．　　　　　　　　　　　Vernoux : *Love etc.*

gueuse (femme de mauvaise vie; prostituée) 娼婦
T'as vu, le type de Clermont s'est trouvé une *gueuse* ?
気がついた，クレルモンから来た奴，商売女を見つけたの？
　　　　　　　　　　　　　　　　　　　　Chabrol : *Rien ne va plus*

■**courir la gueuse** (se débaucher) 放蕩する
Deux nuits sans rentrer ... t'*as couru la gueuse* ?
あんた二晩も家を空けて…女を買ってたんでしょう？　　Giovanni : *Mon père*

gugus(se) [gygys] (gus; clown; crétin) 道化，ふざけた奴，馬鹿
Je fais le *gugusse* et je suis fatigué.
俺は馬鹿を演じてきてくたびれた．　　　　　Robert : *Salut l'artiste*
Je vais pas passer la nuit à écouter ce *gugus*.
こんな奴の話を一晩聞かされるのはごめん蒙る．　Delannoy : *Maigret tend un piège*

guibolle (jambe) 脚
Il a été blessé à la *guibolle*.
この方は脚を負傷されたんだ．　　　　　　　Rohmer : *Le signe du lion*
C'est le cric que je tiens entre mes *guibolles*.
脚の間にジャッキを挟んで歩いてるんだ．　　Giovanni : *Les égouts du paradis*

guignol (personne involontairement comique ou ridicule; personne peu sérieuse; imbécile) 道化者，滑稽な奴，ふざけた奴，阿呆
Debout les *guignoles* ! Y'a le chef qui veut vous parler.
立つんだ，このふざけた野郎ども．署長が話されたいとおっしゃってる．
　　　　　　　　　　　　　　　　　　　　Zeitoun : *Yamakasi*
Tu me prends pour un *guignol* ?
おれをまともな男とは思ってないんだな？　　Leconte : *Félix et Lola*

guili-guili

■**faire guili-guili à** (chatouiller) くすぐる
Avec toi, je me sens un gosse, un tout petit gosse à qui on *fait guili-guili* et qui rit.
僕は君といると，あやされて笑い声を立てる幼い子供になったような気がするんだ．
Chiche : *Barnie et ses petites contrariétés*

guincher (danser) 踊る
On va *guincher*.
踊りましょうよ．
Berto : *La neige*

guinde (voiture) 車
A part les motos, les japonaises, c'est de la merde. Elle tirait pas, c'te *guinde* !
オートバイ以外の日本車は屑だ．この車も性能が悪かった．　Miller : *Garde à vue*

guirlande (gyrophare) 回転灯
Vu le quartier, moi j'serais vous, j'enlèverais la *guirlande*.
場所が場所ですからね，僕だったら（パトカーの）そのぐるぐるは外しますけど．
Pirès : *Taxi*

guisdé (flic ; kisdé ; policier qui se déguise) （私服の）刑事
J't'avais dit de m'attendre là-bas. / Mais il y avait tous les *guisdés* là-bas.
あっちで待ってろって言っといたのに．／だってあっちはデカだらけなんだもの．
Kassovitz : *Assassins*

gus [gys] (individu ; mec) 男，やつ
Qu'est-ce que c'est que ce *gus* ?
こいつは誰だ？
Blier : *Merci la vie*

gynéco (gynécologue の略) 産婦人科医
Il paraît que le remplaçant du *gynéco*, c'est une catastrophe.
産科の代理ドクター，お話にならない腕だそうよ．　Braoudé : *Neuf mois*

H

hab

■**comme d'hab** (comme d'habitude) いつものように
Tu fais un relevé d'empreintes, comme d'*hab*.

お前，例によって指紋を採取しとけ． Tavernier : *Ça commence aujourd'hui*

hacker [akœr] (英語．pirate informatique) ハッカー
Le terrorisme informatique, c'est bien. Les *hackers*, c'est bien.
情報テロっていいもんだ．ハッカーはいい． Bonello : *Le pornographe*

hal(l)ouf (アラビア語．cochon; ceux qui mangent du cochon; chrétiens; français de souche) 豚，豚を食う奴等，キリスト教徒，保守的なフランス人
Hallouf! T'as vu comment ils s'en fichent de moi !
（アラブ人がキリスト教に改宗して洗礼を受けようとするが思うようにやらせてもらえず）豚野郎，あいつ等，俺を馬鹿にするのも程ってものがあるだろう！
Sinapi : *Nationale 7*

hamadou
■**al hamadou lillah** voir **al**

hard (英語のhard core. genre pornographique explicite, obscène) ハードコア
Regardez s'il n'y a pas mieux. / Mieux comment ? / Des trucs plus *hard*.
（ポルノビデオの）もっといいのがないか見てくれ．/ もっといいってどういうの？/ もっとハードなやつだ． Sinapi : *Nationale 7*
C'est un peu *hard* à voir…mais à l'écran on le verra très peu.
（撮影してるときは）ちょっとハードコアーぽく見えるけど，画面ではほんのちょっとしか映らないのよ． Breillat : *Sex is comedy*

hareng
■**tête d'hareng** (imbécile) 馬鹿者
T'as rien à m'interdire du tout, *tête d'hareng* !
あんたにはこれしちゃいかん，あれしちゃいかんなんて口をきかせないわよ，馬鹿もん！ Poiré : *Le Père Noël est une ordure*

haricot
■**c'est la fin des haricots** (c'est la fin de tout; c'est le comble) 万事休すだ，あんまりだ
Quand la violence n'arrive pas à sortir dans un couple, *c'est la fin des haricots*.
夫婦の間に暴力沙汰が起こらなくなったら夫婦もお仕舞いだ．
Téchiné : *Les voleurs*

■**courir sur le haricot** (énerver) いらいらさせる
Il m'*court sur le haricot* !

has(c)h

あいつ頭にくるわ！　　　　　　　　　　Gainsbourg : *Je t'aime moi non plus*

has(c)h (haschisch) ハシッシュ，マリファナ
J'ai fumé un joint avec lui. / Quoi? / Du *hash*.
息子とジョイント吸ったよ．/ 何を？/ マリファナだよ．　　Veber : *Le placard*

hébreux

■**c'est de l'hébreux** (c'est incompréhensible; c'est du chinois; c'est de l'algèbre) わけが分からない，不可解だ
Quand je t'parle de respect, pour toi c'est de l'*hébreu*, hein? Ça t'passe au-dessus du cigare.
お前に尊敬なんて言ったってちんぷんかんぷんで，馬の耳に念仏ってとこだよな．
　　　　　　　　　　　　　　　　　　　　　　　　Leconte : *Tango*

hein

1. (comment; pardon; quoi) え，何だって，もう１度言って
Il y a un problème? / *Hein*? / Il y a un problème? / J'ai perdu quelque chose.
何かあったか？/ え？/ 何かあったのか？/ 無くし物したんだ．
　　　　　　　　　　　　　　　　　Belvaux : *C'est arrivé près de chez vous*
Monsieur, votre femme vient d'avoir un accident, elle est passée sous un autobus. / *Hein*?
奥さんがついさっき事故に遭われました．バスにひかれたんです．/ え？
　　　　　　　　　　　　　　　　　　　　　　　　Leconte : *Tango*

2. (n'est-ce pas?) そうだろう？
Quand je t'parle de respect, pour toi c'est de l'hébreu, *hein*? Ça t'passe au-dessus du cigare.
お前に尊敬なんて言ったってちんぷんかんぷんで，馬の耳に念仏ってとこだよな．
　　　　　　　　　　　　　　　　　　　　　　　　Leconte : *Tango*
Samuel va très bien. *Hein*, Samy?
うちの人はとても元気です．そうよね，サミー？　　Braoudé : *Neuf mois*

3. (tu m'entends?; tu fais ce que je t'ai dit) いいか！
Tu l'appelles le mec, tu l'appelles, *hein*, le mec!
電話するんだぞ，そいつに，電話するんだぞ，いいな，その男に．
　　　　　　　　　　　　　　　　　　　　　　Braoudé : *Neuf mois*
Sois gentil avec les petites filles, *hein*!
女の子にはやさしくするんだよ，いいね！　　Truffaut : *L'amour en fuite*

4. (c'est vrai) 本当だよ，…ぞ
J'te jure, *hein*, il a voulu m'tuer, *hein*!

histoire

全くもう，ほんとだよ，あいつ俺を殺そうとしたんだぞ！ Leconte : *Tango*

herbe (cannabis; haschisch) マリファナ
　Tu vends de la poudre, aussi ? / Non, je vends de l'*herbe* et du shit.
　君はヘロインも売ってるのか？ / いいえ，マリファナとハシッシュなの．
　　　　　　　　　　　　　　　　　　　Jaoui : *Le goût des autres*

héro (héroïne の略) ヘロイン
　J'ai arrêté l'*héro*.
　俺ヘロインはやめたんだ．　　　　　Garrel : *Le vent de la nuit*

hétéro (hétérosexuel の略) 異性愛の（人），ストレート
　Il y aura que des *hétéros*.
　ホモは一人も来てないからね．　　　　Aghion : *Pédale douce*

heure
■**à t'à l'heure** (à tout à l'heure) また後で
　Tu me rappelles, hein. A t'à l'heure.
　また電話してね．じゃまた．　　　　　Huth : *Serial lover*

■**je〔on〕te demande l'heure qu'il est?** (je ne t'adresse pas la parole; mêle-toi de ce qui te regarde) 口を挟むな，余計なお世話だ
　Condamnable, mon cul! J'*vous demande pas l'heure qu'il est*!
　非難すべきだなんて，糞食らえよ．お節介はやめて！　Malle : *Zazie dans le métro*

■**t'à l'heure** (tout à l'heure) すこし後で
　Tu viens avec moi, *t'à l'heure*?
　俺と来るか，後で？　　　　　Brisseau : *De bruit et de fureur*

heureux
■**(c'est) encore heureux** (c'est la moindre des choses; c'est bien le moins; heureusement) せめてもの救いだ，それだけでも嬉しいと思わなくちゃ
　Tiens, y a le compte ... j'ai pas pris ma part. / *Encore heureux*, j'ai tout fait tout seul.
　ほれ，仕事のカネだ．わしの分は取ってない．/ ま，ありがたいと思わなくっちゃ，俺一人で殺しをやったんだからな．　　　Kassovitz : *Assassins*
　Il paraît que le remplaçant du gynéco, c'est une catastrophe. *Encore heureux* que c'est pas lui qui fait les accouchements.
　産科の代理ドクター最低の腕らしいわよ．赤ちゃんを取りあげないのがせめてもの救いね．　　　　　　　　　　　Braoudé: *Neuf mois*

histoire
■**histoire de** (pour; afin de) …するために

h'mare; hamar

Je te dis, c'est juste *histoire de* voir.
ただ試してみるためにそう言ってるんだ．
Blier : *Tenue de soirée*

■**raconter des histoires** (mentir) でたらめを言う，嘘をつく
Elle parlait pas de toi. / C'est pas vrai. Elle voulait tout savoir! Mais pourquoi tu lui *racontes des histoires*, toi?
あんたのママはあんたのことなんか手紙に書いてないよ．/ そんな！ 何でも知りたがってたぞ．お前どうしてそんなでたらめを言うんだ？
Miller : *La petite voleuse*

h'mare; hamar (ベルベル語．âne) 阿呆，間抜け
D'où il est pas juif Charlie? Ohayoun, y s'appelle! *Hamar*!
シャルリーはユダヤ人でないとどうして言えるんだ？オハユーンって姓なんだぞ，阿呆め！
Gilou : *La vérité si je mens II*

Pourquoi y va pas la chercher, ce *hamar*!
なんであの娘を迎えに行かないのかしらね，馬鹿息子は！
Gilou : *La vérité si je mens II*

Ça va, je suis pas un *hamar*.
もう分かったよ．阿呆じゃあるまいし．
Gilou : *La vérité si je mens II*

homme

■**mon homme** (mon ami; mon mari) いい人，うちの人
Je t'avais parlé de *mon homme* : le voilà!
叔父さんに話しておいたでしょう，これが彼氏！
Varda : *Sans toit ni loi*

homo (homosexuel の略) ホモ
Il est pas *homo*? / Mais pas du tout, il vit avec Laure.
彼ホモじゃないの？/ そんなことないよ，ロールと同棲してるもん．
Jardin : *Fanfan*

honteux (qui se cache d'être...; qui n'affiche pas ses convictions)
正体を隠している，公表しない
C'est peut-être une folle *honteuse*.
彼は隠れゲーなのかも知れない．
Aghion : *Pédale douce*

horloge

■**avoir une horloge dans le ventre** (savoir intuitivement l'heure qu'il est) 本能的に時刻が分かる，体内時計がある
Que Pierre n'*ait* pas *une horloge dans le ventre*, je vous l'accorde volontiers ...
ピエールが時間にルーズなのはあなたのおっしゃるとおりだけど…
Poiré : *Le Père Noël est une ordure*

hosto (hôpital) 病院
　Y a deux semaines elle était à l'*hosto*.
　　2週間前に彼女は入院していた。
　　　　　　　　　　　　　　　Téchiné : *Les voleurs*

hotte
■**en avoir ras la hotte** (en avoir marre ; être épuisé) うんざりだ，参っている
　Ça commence à bien faire maintenant, hein ! J'*en ai ras la hotte* !
　　いいかげんもう嫌気がさしてきたぞ。うんざりだ！
　　　　　　　　　　　　　　　Poiré : *Les anges gardiens*

H.P. (hôpital psychiatrique の略) 精神病院
　Depuis quand il est sorti d'*HP* ?
　　あいつ精神病院を出てからどれくらいになるんだ？
　　　　　　　　　　　　　　　Guit : *Les kidnappeurs*

huile (personnage important ; grosse légume) お偉方，有力者，高官
　Ils sont venus de Paris pour ça. Y'a des *huiles* là-dedans.
　　あれはそのためにパリからやって来た連中だ。なかには大物もいる。
　　　　　　　　　　　　　　　Heynemann : *La question*

■**baigner dans l'huile** (aller bien) 調子がいい
　Tout *baigne dans l'huile*.
　　万事好調よ。
　　　　　　　　　　　Balducci : *Trop jolies pour être honnêtes*

■**mettre de l'huile** (apaiser) 落ち着かせる
　T'es bonne qu'à ça ! / Eh René, *mets de l'huile* !
　　おめえにはそれぐらいしかできねえんだ！／おいルネ，程々にしろ！
　　　　　　　　　　　　　　　Sinapi : *Nationale 7*

huit
■**donner *ses* huit jours** (quitter *son* emploi) 暇をとる
　Si tu continues à la faire tourner en bourrique, elle va nous *donner ses huit jours*.
　　お前があの小母さんにあまりうるさいことばかり言ってると，小母さん出てっちゃうぞ。
　　　　　　　　　　　　　　　Miller : *L'effrontée*

■**faire les trois huit** (travailler sans s'arrêter, 24 heures sur 24 heures) 休まずに働き続ける
　J'ai vraiment l'impression de *faire les trois huit*.
　　24時間働きづけって気がするよ。
　　　　　　　　　　　　　　　Audiard : *Sur mes lèvres*

huitante (スイスで. quatre-vingts) 80
　Allô..., Elysée nonante-neuf, *huitante*-quatre ?
　　もしもし…エリゼ9984番ですか？
　　　　　　　　　　　　　　　Godard : *A bout de souffle*

humeur

humeur
■**humeur de chien** (humeur exécrable) ひどい不機嫌
Ils étaient tous d'une *humeur de chien*.
みんなひどく機嫌が悪かったわ。
Thompson : *La bûche*

humm (merde を控えめに発音した表記) 糞，ひどい代物
Il y a déjà plus de quarante pour cent de la production mondiale de saumon qui serait transgénique. / Ça fait pas trop envie ... hein. / On nous fait manger de la *humm*, vous voulez dire, excusez l'expression.
養殖鮭の40％以上が遺伝子組替えされてるみたいですよ。/ それを聞いたらあまり食う気がしなくなったよな。/ （く）そみたいなもの食わされてるって言いたいとこでしょう。悪い言葉を使って失礼。
Lioret : *Mademoiselle*

hussard
■**à la hussarde** (debout et face à face) （セックスの際）立位で対面して
Quand on veut tirer un coup *à la hussarde*, il y a deux règles à observer : ne jamais mettre un pantalon blanc et fermer sa braguette en rempochant l'oiseau !
立ったまま向き合って一発抜きたいときには守らなければならない規則がふたつあるの．白いズボンをはかないこと，オチンチンをしまったらチャックを閉めること！
Heynemann : *La vieille qui marchait dans l'eau*

hyper (super ; très ; grand) すごく
Si t'as des plans boulots à me proposer, tu m'appelles, hein ? Ça me ferait *hyper* plaisir.
何かあたしに向くような仕事の話があったら電話してね，すごく嬉しいわ。
Klapisch : *Chacun cherche son chat*

hystéro (hystérique の略) ヒステリックな
Tu es *hystéro*, Hub !
あんたヒステリーおこしてる，ユベール！
Poiré : *Les visiteurs*

I

i (il)
Putain, *i* coffe c't'après-midi !
やんなっちゃうな，今日の午後はやけに暑いじゃないか！
Dumont : *La vie de Jésus*

-i (est-ce que ? ; -ti) …か？

Ça serait-*i* de ton âge?
それってあんたの年令にふさわしいこと？
　　　　　　　　　　　　　　　　　　　　Malle : *Zazie dans le métro*

ici
■**d'ici à ...** (Il y a une différence entre... et 〜 ; de là à...)　…なんだが〜となると話が違う
Beaucoup de femmes ont des fantasmes de viols collectifs, mais bon, *d'ici à* se faire violer par une demi-douzaine de gros camionneurs, non, c'est juste un fantasme et il faut que ça reste un fantasme.
多くの女性は複数の男にレイプされたい願望があることはあるけど，半ダースもの太ったトラックの運転手にレイプされるとなると，嫌なのよ，それは単なる妄想であって，妄想に留まっていなければならないの．
　　　　　　　　　　　　　　　　Fonteyne : *Une liaison pornographique*

■**par ici...** (donne-moi...)　俺に…をよこせ！
Par ici l'oseille !
ゼニを俺によこせよ！　　　　　　　　　　　　　　Tati : *Mon oncle*

idée
■**avoir une idée derrière la tête** voir **tête**
■**c'est des idées** (c'est une conception imaginaire, fausse ou irréelle)
そんなの空想にすぎない，気まぐれだ
Elle a haussé les épaules quand je lui ai dit que je serais écrivain. Elle dit que *c'est des idées*.
あたしが将来作家になりたいって言うと母は肩をすくめてそんなの妄想だと片づけた．
　　　　　　　　　　　　　　　　　　　　　Annaud : *L'amant*
■**c'est une idée** (c'est une bonne idée)　いい思いつきだ
On pourrait peut-être aller boire au bar ? / *C'est une idée* ça.
飲みに行くっていうのはどうかな？ / いいわね．　　　Allio : *La vieille indigne*
■**il n'y a〔on n'a〕pas idée** (c'est ridicule, stupide)　滑稽だ，おかしい
Y a pas idée d'péter un plomb pour ça !
あれぐらいのことで怒るなんておかしいよ！　　　Dumont : *La vie de Jésus*
Maman, elle a honte de toi, hein ! *On a* vraiment *pas idée*, hein !
ママはお前のこと恥ずかしいんだよ！まったくみっともないったらありゃしない！
　　　　　　　　　　　　　　　　　　　Dumont : *La vie de Jésus*

-ième
-ième (prise, enregistrement d'un plan, entre le départ du moteur de la caméra et son arrêt demandé par le réalisateur)　カットのテイク，撮影（実際には prise という語は表に現れず，序数詞だけで示される）
Paméla, un *deuxième*.
　パメラ，1，テイク2．
　　　　　　　　　　　　　　　　　Truffaut : *La nuit américaine*

ienche (chien の逆さ言葉) 犬
　Un super keuf qui flippe des *ienches*!
　　あんたみたいなスーパー・デカがワンコロを怖がるなんて！
　　　　　　　　　　　　　　　　　　Kassovitz : *Les rivières pourpres*

I.G.S. (Inspection Générale des Services の略) パリとその近郊の警察監査官室
　A l'*IGS*, les plaintes contre toi, ils en font des colonnes pour soutenir les plafonds.
　　君に対する苦情が監査室にわんさと来て，床が抜けるほどだ．
　　　　　　　　　　　　　　　　　　Kounen : *Le Dobermann*

illico (ラテン語．immédiatement; sur-le-champ) ただちに，たちどころに
　Saporta veut que je fasse une synthèse, tout de suite, *illico*!
　　署長がレポートを書けっていうんだ，すぐに，ただちにだって！　Beineix : *Diva*

ils (des personnes qu'on préfère ne pas mentionner) (はっきり名指したくない人を指す．文脈から政府，権力者，金持ち，責任者，担当者などを表す．cf. les)
　J'ai peur que ce soit glacé. / Ben évidemment que c'est glacé, qu'est-ce que vous croyez : qu'*ils* la chauffent?
　　(橋の上から身投げしようとしている娘がそれを止める男に) 水がすごく冷たいと思うとなかなか．/ そりゃすごく冷たいに決まってるさ，河川管理局が暖めてくれるとでも？
　　　　　　　　　　　　　　　　　　Leconte : *La fille sur le pont*
　Ils avaient annoncé les orages pour le soir.
　　夕立があるという天気予報だった．　　　　Beineix : *37°2 le matin*
　Mais qu'est-ce qu'*ils* t'ont fait?
　　いったい医者に何されたんだ？　　　　　　Beineix : *37°2 le matin*
　(*Ils*) Font super bien ici le café, tu trouves pas?
　　ここのコーヒーとってもおいしいわね，そう思わない？
　　　　　　　　　　　　　　　　　　Dugowson : *Mina Tannnenbaum*

impec (impeccableの略) 完璧な
　On t'a rien volé? / Non, le matos était *impec*.
　　何も盗まれなかったのか？ / いいや，機材は無傷だったよ．　Beineix : *Diva*
　Voilà, ça ira? / *Impec*!
　　(絵をかいてやって) 出来た，これでどうかな？ / 申し分なし！
　　　　　　　　　　　　　　　　　　Ducastel : *Drôle de Félix*
　Papa, t'es *impec*.
　　パパのスタイル完璧よ．　　　　　　　　　Grousset : *Kamikase*

imper (imperméable の略) レインコート
　J'vais quand même chercher mon *imper*. On n'sait jamais.
　　やっぱりレインコート持ってくるわ．まさかってこともあるでしょう．
　　　　　　　　　　　　　　　　　　　　　　Rohmer : *4 aventures*

impossible (insupportable) どうしようもない，手に負えない
　Quand elle est *impossible*...
　　彼女って手に負えなくなると…　　　　　Pinoteau : *L'étudiante*

impro (improvisation の略) 即興
　Vous vouliez voir une *impro*?
　　あんたたち即興劇が見たかったんだろう？　Leconte : *Les Grands ducs*

increvable (qui n'est jamais fatigué) 疲れを知らない，丈夫な
　Il y a des vieux qui sont *increvables*!
　　タフな老人だっているんだ！　　　　　　Garcia : *Le fils préféré*

incruste
■**taper l'incruste** (se conduire en parasite chez *qn.*; s'introduire dans une soirée sans y avoir été invité) 居候する，パーティーに押し掛ける
　Je voulais plus *taper l'incruste*.
　　いつまでも押し掛けの居候をしてるわけにもいかないもんね．
　　　　　　　　　　　　　　　　　　　　Téchiné : *Alice et Martin*

incruster
■**s'incruster** (s'enraciner) 長居する，居座る，心を占める
　Il vient, il *s'incruste*, il raconte des conneries.
　　彼はやってき来ては長居して馬鹿なこと喋るの．　Jaoui : *Le goût des autres*
　Elle *s'incruste*. / Tu l'as dit, ouais. Elle *s'incruste*. J'y pense tous les jours.
　　彼女のことで頭が一杯何だろう．/ その通りだ．頭が一杯さ．毎日彼女を思ってる．
　　　　　　　　　　　　　　　　　　　　Dupeyron : *Salomé*

indic (indicateur の略) 情報提供者
　J'ai mes *indics*.
　　情報屋を配置してある．　　　　　　　　Téchiné : *Les voleurs*

info (information の略) 情報
　Elle veut ses 10 000 dollars avant sinon tintin pour l'*info*.
　　あの女，前金で1万ドルよこせって，さもないと情報はなしだと．
　　　　　　　　　　　　　　　　　　　　Othenin : *Piège à flics*

info-route (information routière の略) 道路情報
　Je regarde rarement les variétés à la télé. Je me cantonne à la météo et

inquiéter

à *info-route*.
テレビでバラエティ番組は滅多に見ませんね．もっぱら天気予報と道路情報です．
Poiré : *Les couloirs du temps*

inquiéter
■**t'inquiète** (ne t'inquiète pas ; ne t'en fais pas) 心配するな
T'inquiète, je fais mon business.
心配ご無用，取引してるだけなんだから．
Despentes : *Baise-moi*

instit (instituteur, institutrice の略) 先生
L'*instit*, elle écoute vraiment des trucs nazes.
先公ってほんとにひどい曲聞いてるんだな．
Ducastel : *Drôle de Félix*

intello (intellectuel の略) インテリ
La vie, c'est un mélo puis les *intellos* dans les mélos, ben vous êtes nuls.
人生ってメロドラマなのよ，それにあんたがたインテリってメロドラマでは最低なの．
Lelouch : *Hasards ou coïncidences*

intérêt
■**il y a intérêt** (c'est ce qu'il faut faire ; bien sûr ; évidemment) そうしなくっちゃ，当たり前だ，身のためだ
Tu l'as piqué ? / Ben dis, *il y a intérêt*. Avec ce qu'il me paie, je vais pas non plus lui acheter ses fringues.
これかっぱらってきたの？／そうでもしなきゃやってらんない．あれぽっちの給料じゃ店の服にカネなんて出さないわ．
Tavernier : *L'appât*

On y va tout de suite ? / *Y a intérêt*. Y a 700 bornes à se taper !
すぐに行くのか？／それがいい．なにしろ7百キロもあるんだからな．
Blier : *Les valseuses*

■**tu as intérêt à** (il faut que tu) …したほうが身のためだぞ，…しないとひどいぞ
Tu as intérêt à nous dire où est ton coffre ... parce que ta copine Nathalie, je l'ai butée... Alors !
金庫のありかを言わないとろくなことにならないぞ…お前の女のナタリーを殺しちまったんだから… さあ！
Tavernier : *L'appât*

interfé (interférence の略) 電波の干渉
Ça doit être les *interfés*.
きっと電波のせいでかかりが悪くなってるんだ．
Berberian : *Six-pack*

interro (interrogation の略) 試験，テスト
On a une *interro* ?

これから試験があるのか？ Klapisch : *Péril jeune*

intox (intoxication の略) 洗脳，撹乱，マインド操作
Les autres le sentent. Ils te la jouent à l'*intox*.
ライバル選手たちはそれ（僕が弱気になっているの）を感じとって，僕に揺さぶりをかけてきた． Anglade : *Tonka*

inusab (inusable の略) すり減らない，持ちのよい
En v'là des qui sont positivement *inusab*.
これがまったく持ちのよいジーンズです． Malle : *Zazie dans le métro*

inventer
■**ne pas avoir inventé...** (ne pas être très intelligent) それほど利口ではない，頭が少し足りない （…には l'eau chaude, la poudre, le calcul différentiel, fil à couper le beurre, les trous dans le gruyère, un vaccin など）
On peut pas dire que j'aurais été très utile à la société. C'est *pas* moi qu'*aurais inventé un vaccin* ou tout juste bon à faire hurler les gens.
（遊園地のゴリラ役じゃ）あまり世の中に役立ったとは言えないよな．それほど賢いわけじゃないから，ま，せいぜいお客さんに悲鳴をあげさせるぐらいが関の山だ．
Leconte : *Félix et Lola*
Vous *n'avez pas inventé le calcul différentiel* que je sache.
私の知る限りではあなたはそう聡明な方とも思えませんが．
Miéville : *Après la réconciliation*

■**si... n'existait pas, il faudrait l'inventer** (...est remarquable, nécessaire, unique en son genre) …は傑出している，必要な人である
Ce garçon-là, c'est un trésor, *s'il n'exitait pas, il faudrait l'inventer*.
あれは貴重な人よ，掛け替えのない存在よ． Truffaut : *La femme d'à côté*
Alors vous, *si vous n'existiez pas, il faudrait* surtout pas vous *inventer*!
あんたなんていないほうがいいくらいだ． Truffaut : *Vivement dimanche*

invite (invitation; carte d'invitation) 招待，招待状
Laisse-moi passer! J'ai une *invite*!
通してくれ！招待されてるんだ． Berberian : *La cité de la peur*

iroquois (rocker aux cheveux hérissés, en crête) 鶏冠頭のロック歌手
Iroquois, gros ballot!
鶏冠頭の薄のろめ！ Miéville : *Après la réconciliation*

italien (cuisine italienne; restaurant italien の略) イタリア料理(屋)
Allez, viens. On va manger *italien*.
さあ，いらっしゃいよ，イタリア料理屋に行きましょう． Tacchella : *Escalier C*

I.U.F.M.

I.U.F.M. (Institut Universitaire de Formation des Maîtres) 大学に設置された教師養成所

A l'*I.U.F.M.* de Lille, on m'avait dit que je ferais plus de social que d'enseignement.

リール大学の教師養成所であたしは教職より福祉関係が向いてるって言われたのよ．

Tavernier : *Ça commence aujourd'hui*

I.V.G. (interruption volontaire de grossesse の略) 人工妊娠中絶

S'agit-il de votre première IVG ?

今回が初めての人工妊娠中絶ですか？

Miéville : *Mon cher sujet*

J

J

■**jour J** (jour fixé pour une attaque, une opération militaire, une entreprise importante) 重要な予定日，決行日

J'ai peur de pas assurer le *jour J*.

僕，出産予定日にちゃんとしていられるか自信がないんだ．
Braoudé : *Neuf mois*

jacter (parler) 喋る，話す

Ça te console peut-être d'avoir les foies de *jacter* autant.

そんなに喋ってると怖さも紛れるかもしれないな．
Bluwal : *1996*

jacuzzi (英語．baignoire équipée d'un dispositif qui provoque des remous dans l'eau) ジャグジー，気泡風呂

C'est la mode des *jacuzzi*, eh bien j'ai des *jacuzzi*.

ジャグジー流行ってるだろう，それがね，家にあるんだ．
Breillat : *Romance*

jambe (larme) 脚，涙（葡萄酒がグラスの内面につけるグリセリンの立ち）

Mmm jolie *jambe* ... Bourgogne ça hein ?

うーん，綺麗な脚してる…ブルゴーニュだろう？
Bénégui : *Au petit Marguery*

■**couper les jambes** (priver de réaction) 反応しなくする

Bois donc ! / Oh non, ça *coupe les jambes*.

飲めったら！/ だめだよ，（自転車に乗るのに）足が利かなくなっちゃう．

Tavernier : *Laissez-passer*

■**écarter les jambes** (ouvrir les jambes ; accepter de faire l'amour) 股を広げる，男を受け入れる

Il l'a rencontrée, elle a *écarté les jambes*.

男が女と会う．女は股を広げる． Leconte : *Tango*

■**entre les jambes** (dans la chatte de) 股の間を
Tu veux que ce soit la guerre du Golf *entre les jambes*?
お前，プッシーを男たちに奪い合いさせたいのか？ Siegfried : *Louise*

■**faire une belle jambe à *qn.*** (ne servir; n'avancer à rien) 何もならない，どうでもいいことだ
J'en ai vendu quand même trois en deux mois. / Tu parles, ça te *fait une belle jambe.*
それでも2か月に（テレビ）を3台売ったよ．／よく言うよ．そんなぐらいじゃ何もならないのに．
Demy : *L'événement le plus important depuis que l'homme a marché sur la lune*

■**il n'y a que le furet du bois〔le train; le bus; le métro〕qui n'est pas passé entre ses jambes** (elle couche avec tout le monde; elle est facile) 彼女は誰とでも寝る，尻が軽い．
Il paraît que c'est un coup d'enfer. *Y a que le furet du bois qui est pas passé entre ses jambes.*
すごくいいんだってね，あの娘とするの．みんなとやる人だもんね．
Samuell : *Jeux d'enfants*

■**partie de jambes en l'air** (ébats sexuels) 乱交パーティー
On va se faire une jolie petite *partie.* / Une *partie de* quoi? / *Jambes en l'air.*
みんなでしゃれたパーティーをするか．／どんなパーティー？／オージーパーティー．
Blier : *Tenue de soirée*

■**tenir la jambe** (importuner par une conversation) 長話でうんざりさせる
Ma mère s'est séparée d'avec son mec, donc du coup elle m'*a tenu la jambe* toute la soirée au téléphone.
ママがね男と別れたのよ，それでね一晩中電話でつかまっちゃってうんざりよ．
Klapisch : *Chacun cherche son chat*

japonais (cuisine japonaise; restaurant japonais の略) 日本料理（屋）
On peut déjeuner ensemble si vous voulez. / *Japonais*, ça te va ?
よかったらお昼ご一緒にできるわ．／日本料理でいいかな？ Kurys : *A la folie*

japonaise (voiture japonaise) 日本車
Pour ouvrir une *japonaise*, faut être zen.
日本車の鍵をこじ開けるには禅の精神でいかないと駄目だ． Beineix : *IP5*

jaquette
■**être de la jaquette** (être homosexuel, pédale, bâtiment; en être) ホ

jaune

> モである
> Vous ne *seriez* pas un peu *de la jaquette*?
>> あんたホモの気があるんじゃない？　　　　Gainsbourg : *Charlotte for ever*

jaune (briseur de grève) スト破りの労働者

> Lundi les *jaunes* viendront gueuler qu'ils veulent rentrer dans l'usine, au nom de la liberté du travail.
>> 月曜にはスト破りどもがやってきて，労働の自由の名の下に工場に入れろとがなりたてるだろう．　　　　　　　　　　　　　　　　Godard : *Vent d'est*

java (fête; bombe) 馬鹿騒ぎ，どんちゃん騒ぎ

> Elle fait payer à son mari les *javas* qu'il s'offre avec ses copains en la plantant là avec le môme.
>> 旦那が自分と子供を置き去りにして遊び友だちとどんちゃん騒ぎを楽しんでるんで，奥さんはその仕返しをするんだ．　　　　　Deville : *La maladie de Sachs*

> Je suis sûre que si j'avais vécu à Paris, j'aurais fait la *java* tous les soirs.
>> あたしがパリで暮らしていたら，きっと毎晩浮かれ遊んでたでしょうね．
>>> 　　　　　　　　　　　　　　　　　　Téchiné : *Alice et Martin*

je

1. (tu) お前は

 Ça n'empêche que vous êtes un lèche-cul de Schleuhs ... / J'ai le courage de mes opinions, moi. Je les ai combattus, mais je respecte les vainqueurs ... / Et *je* moucharde.
>> でもやっぱりドイツ軍におべっかつかってるじゃないか…／僕は自分の意見をはっきり言える．彼らと闘ったが勝者を尊敬してるんだ…／ついでに密告もしてる．
>>> 　　　　　　　　　　　　　　　　　　Tavernier : *Laissez-passer*

2. (il; elle; ils; elles) そいつが，その女が，そいつらが

 cf. **vas-y que je** voir **aller**

 Elle vous chope la main...et que *j*'te passe une petite langue sur les lèvres et que *j*'me touche un nichon mine de rien.
>> 女は男の手をつかむ…唇にかわいい舌をちろちろ這わせ，何気ない振りでオッパイに触るんだ．　　　　　　　　　　　　　Beineix : *Mortel transfert*

 On fonce à la rescousse de la vieille. / Et là, y'avait deux malfrats. / Et vas-y que *je* te tabasse la pauv' femme. / Que *j*'te la jette dans un placard. / Alors nous, forcément, on leur saute dessus.
>> 俺達婆さんを助けに飛び込むと／悪党が二人いてね／可哀想な婆さんをがんがん殴るったらないんだ／それから婆さんをボーンと戸棚にぶち込みやがった／そうなりゃ

俺達だって奴等をやっつけるってわけさ。　　　　　　Zeitoun : *Yamakasi*

Qui vous engueule quand vous avez pas l'appoint ou que le pourboire n'est pas à leur goût? Et puis alors vas-y que *je* te picore dans les cafés à te faire exploser un alcootest, hein! Vas-y que *je* te râle sur l'OM, la sécu.

客が小銭を用意していなかったりチップの額がお気に召さなかったりして怒鳴るのは誰だ？ おまけにしょっちゅうカフェに入り浸って酒を喰らい，飲酒検知器の針をぶっ飛ばし，マルセーユ・サッカーチームや保険料の文句ばかり言ってるんだから！
　　　　　　　　　　　　　　　　　　　　　　　Pirès : *Taxi*

Je suis capable de rien, ni de me noyer correctement, ça toujours été comme ça... / Et allons-y : le violoncelle, et que *je* te chiale un coup.

あたしって何もできないのよ，ちゃんと溺れ死にすることも，いつもこうなの… / さあさあ，せいぜい愚痴をこぼして，おいおい泣きゃいい.
　　　　　　　　　　　　　　　　　　Leconte : *La fille sur le pont*

Et *je* te patauge dans la semoule!

こいつのまごつきようったらねえや！　　　　Blier : *Tenue de soirée*

Ils savent pas comment la guérir... Ils en ont plein la bouche de leur connaissance du mal. Et *je* te fais des congrès, des émissions spéciales.

医者どもはエイズを治せないのよ．症状のことばかり得々と喋るの．学会とかテレビの特別番組とかたくさんやってね．　　　　　　　　Blier : *Merci la vie*

Jean
■**Jean foutre** (imbécile; gredin) 阿呆，悪党，ろくでなし
Tire au cul, *Jean foutre*!

この怠け者の悪党め！　　　　　　　Miéville : *Après la réconciliation*

Jeanlin; Jenlain (marque de bière) ビールの銘柄
Allez ma fille, sers une *Jenlain*!

さあ，ジャンランを持ってきな！　　　Tavernier : *Ça commence aujourd'hui*

jerrico (英語. jerrican; bidon) ガソリン容器
Porte ces deux gros *jerricos*.

この二つの大きな容器を持って．　　　　Poiré : *Les couloirs du temps*

jésus (pénis (en érection)) （勃起した）ペニス
Eh ben, retire la main de ton *jésus*.

あらまあ，おちんちんから手をどけなさいよ．　Hubert : *Le grand chemin*

C'était chaud comme un *jésus* qui sort du four!

女のあそこから出てきたばかりの一物みたいに熱かったんだ．
　　　　　　　　　　　　　　　　　　　　Blier : *Tenue du soirée*

jeter

Il l'a fait glisser comme un petit *Jésus*
(あたしのダイヤの指輪を盗んだ）その男はチンポみたいに（おんなのあそこに）指輪を滑り込ませて隠したのよ． Heynemann : *La vieille qui marchait dans la mer*

jeter
■**en jeter** (avoir belle apparence ; faire impression ; avoir belle allure ; faire de l'effet ; exagérer ; en faire trop) いかす，素敵だ，人目を引く，強い印象を与える，しゃれたまねをする，やりすぎる

J'espère ne pas être importun si je me permets de baiser la main qui joue Bach de la sorte ! / N'*en jetez* plus !
バッハをあれほど見事に演奏した手に接吻することをどうかお許しいただきたいと存じます．／もうそんな行き過ぎた真似をさらないで！ Haneke : *La pianiste*

La vache ! Dis donc, ça *en jette*.
（ドレスを着てみて）わあ！ねえ，これすごいじゃない． Plattner : *Les petites couleurs*

■**s'en jeter un** (boire un coup) 一杯やる

Laissez-nous passer. La demoiselle veut *s'en jeter un* !
通してください．お嬢様が一杯やりたいんですって． Miller : *La meilleure façon de marcher*

jet-lag (英語．fatigue due au décalage horaire) 時差による疲れ

Ils sont archi *jet-lag*... Ils ont six heures de décalage.
彼らは時差ですごく疲れてる．6時間も違うんだ． Berberian : *Paparazzi*

jeton
■**avoir les jetons** (avoir peur) 恐れる

Ils *ont* tous *les jetons*.
そいつらみんな怖がってるんだ． Chéreau : *Homme blessé*

■**flanquer les jetons** (faire peur) びっくりさせる

Il m'*a flanqué les jetons*.
あの人にはびっくりしたわ． Téchiné : *Alice et Martin*

■**foutre les jetons** (faire peur) 怖がらせる

T'allais sauter cinq étages. Tu nous *as foutu les jetons*.
君は6階から飛び降りようとしてたんだぜ．ほんとにびっくりさせるよな． Kurys : *A la folie*

jeu
■**grand jeu** (tout ; ensemble) 全部，一揃い

Allez hop, contrôle des papiers, contrôle du véhicule...*grand jeu* quoi !
（警官がスピード違反でトラックを停止させて）ぐずぐずするな，書類検査に車両検

査…要するにフルコースだ. Beineix : *37° 2 le matin*

■**vieux jeu** (démodé) 時代遅れの
Même si cela doit paraître *vieux jeu*, moi je pense qu'une femme qui a décidé d'épouser un homme devrait rester fidèle toute sa vie.
古くさいと思われるかも知れないけど，結婚を決意した女は一生浮気をしてはならないと私は思うの. Serreau : *Pourquoi pas*

jeune
■**jeune homme** (monsieur) 若いの
J'peux avoir un jeton ? / Ah trop tard, *jeune homme*.
コインを1枚くれませんか？/ ああ，もうゲームは終わったんだよ，兄さん.
Siegfried : *Louise*

job (英語. travail) 仕事
Tu as trouvé un *job* normal chez des gens normaux ?
普通の人のところでの普通の仕事見つかった？ Thévenet : *Sam suffit*

joint (英語. cigarette de haschisch) マリファナタバコ
J'ai fumé un *joint* avec lui. / Quoi ? / Du hash.
息子とジョイント吸ったよ. / 何を？/ マリファナさ. Veber : *Le placard*

joli
■**c'est bien joli mais…** (c'est très bien mais; ce n'est pas sans intérêt mais) それも結構だがしかし
Vincent a voulu du chocolat. / Ah oui, *c'est bien joli mais* tu vas être en retard à l'école.
ヴァンサンがココア欲しいって言うから. / そうか，それはいいけど，学校に遅れちゃうぞ. Chabrol : *L'enfer*

Il veut monter sa boîte tout seul. / *C'est bien joli* ça, *mais* sans un capital au départ…
彼，父親の援助無しでお店を出したいのよ. / それは結構だけど，スタートするには資金がないと… Tavernier : *L'appât*

jouasse (content; joyeux; joice) 嬉しい，陽気な，はしゃぐ
Ils seront trop *jouasses*.
（こちらからカネを持って行ったりしたら）刑事どもははしゃぎすぎるだろう.
Corneau : *Série noire*

jouer
■**la jouer** (adopter tel comportement; faire semblant de; imiter; se conduire comme si…) 真似をする，…ぶる，振りをする
Arrête de m' *la jouer* galérien !

jouir

苦労してる振りなんかするなよ． Siegfried : *Louise*

Il faut que je la surprenne. Je vais *la jouer* archi-cool.
彼女を驚かさなきゃ．超クールな態度でいこう． Gilou : *La vérité si je mens II*

Quel sale boulot ? / Essayez pas de me *la jouer* !
（身障者施設の）汚い仕事って？／しらばっくれんなよ！ Sinapi : *Nationale 7*

■**se la jouer** (s'y croire; se croire important; se vanter; frimer; crâner)
自惚れる，もったいぶる，鼻に掛ける，気取る，格好をつける

Des boudins qui *se la jouent* Cindy Crawford.
トップ・モデルを気取るブスども Berberian : *Paparazzi*

Toi, me dis pas arrête. / Attends, ça va pas, tu *te la joues*.
お前はやめろなんて言うなよな．／おい，そんなのないだろう，格好つけやがって． Bonitzer : *Rien sur Robert*

40 plaques ! Et en plus cash parce que cet enculé, il *se la joue*. "Je suis artiste, je prends pas les chèques."
（この彫刻）40万だぞ．しかも現金でだ．あの馬鹿，大物ぶっちゃって．「私は芸術家です．小切手は受け取りません」だとさ． Gilou : *La vérité si je mens II*

jouir (épouver un orgasme) オルガスムに達する

Non mais dis donc, tu *jouis* ? / Ah ben évidemment que je *jouis* ! / Et c'est moi qui te fais *jouir* ?
おやまあ，お前いったのか？／そりゃもちろんいったわよ．／この俺がいかしたのか？
Blier : *Mon homme*

J'aime pas qu'ils *jouissent*. Ça, j'leur interdis.
あたしは男がいくのが嫌なの．射精させないわ． Beineix : *Mortel transfert*

joujou
■**faire joujou** (jouer) 遊ぶ

Va *faire joujou* avec ton fumier.
（肥料用の家畜の糞尿を市役所に撒いて抗議運動をしようとする相手に）肥料ごっこしに行きゃいいんだ． Chatiliez : *Le bonheur est dans le pré*

jour
■**ce n'est pas le jour** (ce n'est pas un jour de chance) 今日はついていない

C'est pas le jour ! On s'est fait arrêter, j'avais pas d'assurance !
今日は駄目な日だな！（お母さんに愛人がいたのを知ったばかりか）トラックで走ってとっ捕まったのに保険に入ってなかったんだ． Dupeyron : *Salomé*

■**tous les jours** (vêtement de tous les jours) 普段着

Tu t'habilles en star. / Avec ce que je vends, je peux pas me permettre d'être en *tous les jours*.

 スターなみの服装ね． / この婦人服売場にいたらカジュアルってわけにもいかないでしょう．
                Klapisch : *Riens du tout*

Jules; jules (mari; amant; homme) 旦那，愛人，男，彼氏
Les filles disent que c'est ton *jules* qui te l'a donné ton Rolley.

 みんな言ってるわよ，あんたの恋人にカメラ貰ったんだって．
               Miller : *La petite voleuse*

C'est vrai que trois cents balles de plus ou de moins par semaine c'est primordial pour elle et son connard de *Jules*.

 週に3百フラン浮かせるかどうかってことが彼女とあの馬鹿旦那にとっては重大なことなのよ．
                Thompson : *La bûche*

julot (souteneur; maquereau) 娼婦のひも
Maintenant je vais tomber le *julot*.

 こんどはひもをとっ捕まえてやる．
                Tavernier : *L.627*

junkie (英語．toxicomane qui consomme des drogues dures) ハードな麻薬の中毒者
Qu'est-ce que tu fais encore à traîner avec cette putain de *junkie* ?

 なんであんな薬中とまだ切れてないんだ？
               Despentes : *Baise-moi*

jus
1. (café) コーヒー
Vous auriez pas une petite pièce pour boire un *jus* ... pour manger quèqu'chose ...

 小銭を恵んでいただけませんか，コーヒーを飲むのに… 何か食べるのに…
                Blier : *Mon homme*

2. (énergie) 元気
Allez ! Donne-moi du *jus*.

 さあ，やる気を出させて！
               Denis : *Nénette et Boni*

T'as 32 piges. T'as plus de *jus*

 お前ももう32だ．活力がなくなったのさ．
                Anglade : *Tonka*

3. (courant électrique) 電流
Excusez-moi mais j'ai peur de prendre du *jus* !

 悪いけど僕感電が恐いんでね！   Poiré : *Le Père Noël est une ordure*

■**jus de chaussette** (mauvais café) まずいコーヒー
Non, pas de *jus de chaussette* !

 まずいコーヒーはいらない！
         Balducci : *Trop jolies pour être honnêtes*

■**jus de grenouille** voir **grenouille**

Juvamine

Juvamine (produits vitaminés) ビタミン剤
S'il n'est pas capable de comprendre pourquoi il vaut mieux s'appeler Jacquart que Jacquouille ... qu'il prenne de la *Juvamine*.
ジャクーユよりジャカールって名前のほうがいいってことが分らぬようだったらおつむのよくなる薬を飲んでもらうしかないな。(Jacouille には couille が含まれている)
Poiré : *Les visiteurs*

K

ka

■**y'a ka** (il n'y a qu'à)　…するしかない
Monsieur TEFOU, TATRICHÉ... Bon, *y'a ka* l'appeller le niak.
防衛庁長官，ええと，名前はテフウ (t'es fou お前馬鹿か)，タトゥリシェ (t'as triché いんちきしたな) だったかな？ … しょうがない，もうアジ公でいこう。
Krawczyk : *Taxi II*

kaisse (qu'est-ce que) 何を
Et toi *kaisse* t'en penses ?
君それどう思う？
Gainsbourg : *Charlotte for ever*

karaoké (日本語. divertissement consistant à chanter en public à l'aide d'un appareil qui fait défiler les paroles sur un écran et qui fournit l'accompagnement musical) カラオケ
C'est parti pour une grande soirée de *karaoké* !
さあ，今晩はカラオケ大会だ！
Masson : *En avoir*

kascher ; casher (aliment préparé rituellement et dont la consommation est autorisée par la loi hébraïque) ユダヤの掟に従って処理した食料品
J'ai un problème, Faust. Je suis pas juif. Ça la fout mal dans une boucherie *casher*.
ひとつ困ったことがあるんだ，フォースト．ぼくはユダヤ人じゃないから，ヘブライの掟の肉屋ではよく見られないだろう．
Duchemin : *Faust*

k7 (cassette) カセットテープ
Je me permets de vous déposer cette *k7* pour vous remercier.
失礼ながらお礼までにこのカセットをお宅にお届けしました．
Dupontel : *Bernie*

kawa (café ; caoua) コーヒー

C'est bon, les gars, pause *kawa* allez.
それでいいぞ，みんな，コーヒーブレイクにしよう． Poiré : *Les couloirs du temps*

kek (qu'est-ce que) 何を
Kek tu fous là ?
お前何やってんだ？ Corenau : *Série noire*

kékcékça (qu'est-ce que c'est que ça) それは何か？
La source du Styx. / *Kékcékça* ? / Le fleuve des Enfers.
スティクスの泉だ．/ それ何のこと？/ 三途の川さ．
Gainsbourg : *Je t'aime moi non plus*

ken (niquer の逆さ言葉；faire l'amour) セックスする
J'espère que tu vas te faire *ken* là-bas !
お前なんかムショでおかま掘られるがいいんだ． Noé : *Irréversible*

kesseksa (qu'est-ce que c'est que ça?) これはなんだ？
Kesseksa ? / Un copain pour Moby Dick !
なんだこれ？/ モビー・ディック [飼っている金魚の名前] のお仲間よ．
Le Roux : *On appelle ça...le printemps*

keuf (flic の逆さ言葉．policier) 警官
Moi, j'me suis fait pécho par les *keufs*.
おれデカにしょっぴかれたんだ． Siegfried : *Louise*

keum(é) (mec の逆さ言葉) 男，愛人
Où est ton problème que j'aie un *keumé* ou pas...
あたしに男がいようがいまいがあんたに関係ないでしょう． Richet : *Ma 6-T*

keus(s)
1. (sac の逆さ言葉) 袋
Il est où mon *keus* là ?
俺のザックどこにあるんだ？ Kassovitz : *Assassins*

2. (10 francs; argent; sac) 10フラン，カネ
T'crois quand même pas qu'j'vais lâcher quatre *keuss* pour un film de merde !
俺がこんなくだらない映画に40フランも出して入ると思ってんのか！
Bensalah : *Le ciel, les oiseaux et ... ta mère*

khmousse

■**khmousse alik** (ユダヤ語．Dieu te protège du mauvais œil) 神がお前を邪眼からお守りくださるように
Qu'est-ce qu'il est beau mon fils ! T'bara Allah... *Khmousse alik* !
なんて息子は立派なんでしょう！神のお恵とご加護を！
Gilou : *La vérité si je mens II*

kiça

kiça (qui ça) それは誰だ？
L'Apollon est bien matinal ! / *Kiça?*
アポロンってえらく早起きだな！/誰のことだ？
Le Roux : *On appelle ça ...le printemps*

kicker
1. (英語. donner un coup de pied) 蹴る
J'ai *kické* un petit chien.
俺，子犬を蹴飛ばしたんだ．
Bonello : *Le pornographe*
2. (ベルギー方言. football de table ; baby-foot) サッカーゲーム
On va se faire une partie de *kicker*?
サッカーゲーム一試合しない？
Dardenne : *Le fils*

kid (英語. gosse, môme, gamin) 子供
T'es un *kid*, toi.
お前ってガキだな．
Gilou : *La vérité si je mens*

kif(fe)
1. (plaisir ; trip ; extase) 楽しみ
C'est ça leur *kif*, avoir une date avec une gonzesse.
アメリカ男のお楽しみは女の子とデートすることなのさ．
Gilou : *La vérité si je mens II*

C'est pas ton *kif*, toi, de les buter? Moi, mon *kif*, c'est de leur couper leur langue.
あんたの楽しみってあいつらを殺すことじゃないの？ あたしのはね，あいつらの舌を噛み切るってことよ．
Megaton : *Exit*

2. (drogue) 麻薬
C'est un grand kiffe, les mecs! Y'a juste un truc qui m'inquiète là, moi. Si la brigade du *kiffe* elle passe, qu'est-ce qu'on fait?
みんな大いに楽しいな．だが一つだけ気に掛かることがある．もし(麻薬捜査班みたいな) 快楽捜査班がやってきたらどうしよう？ (kiffe の二つの意味に掛けた洒落)
Gilou : *La vérité si je mens II*

■**c'est du kif** (アラビア語. c'est pareil) 同じことだ
C'est ni meilleur ni pire que la carpe, *c'est du kif*.
その魚は鯉より良くも悪くもない，同じようなものだ． Tavernier : *Laissez-passer*

kiff(er) (adorer ; aimer ; apprécier) 大好きだ，いいと思う
J'*kiff* trop les grosses comme toi.
あんたみたいに太った人大好きなのさ．
Siegfried : *Louise*

Si elle t'*kiff*, tu sais, c'est pourquoi? C'est pasqu'elle pense que t'as d'l'oseille.

お前，あの子に好かれるのはなぜだか分かるか？ お前ゼニ持ってると思われてるからさ．
Siegfried : *Louise*

■**kiffer sur** (adorer; aimer) 大好きだ，愛してる
J'ai rencontré c'métier-là ... ça m'a plu, c'était vraiment bien ... *j'ai kiffé d'ssus*.

この仕事にありついて…気に入った，ほんとにいい…これ大好きだ．
Tavernier : *De l'autre côté du périph'*

kif-kif (アラビア語．pareil; la même chose) 同じだ
Les hommes, c'est *kif-kif* !

男だって（女と）同じようなもんよ．
Godard : *Pierrot le fou*

Je suis pas américaine, je suis canadienne. / C'est *kif-kif* canadien ou américain.

あたしはアメリカ人じゃないわ，カナダ人よ．／ カナダ人だろうとアメリカ人だろうと変わりはない．
Godard : *Paris vu par Godard*

On est plus près de Bakel ou Touba ? / *Kif-kif*.

バケルとトゥバとではどっちが近いんだ？／同じようなもんだ．
Berberian : *Le boulet*

■**c'est (du) kif kif bourricot** (c'est la même chose) それは同じことだ
Cascadeur, catcheur, pilote de rallye, *c'est du kif kif bourricot*.

スタントマンだろうとレスラーだろうとラリーのパイロットだろうと似たようなものよ．
Poiré : *Les visiteurs*

kiki (sexe de l'homme) 男性のセックス
Tu crois qu'il a un gros bazar ? / Un gros quoi ? / Tu crois qu'il a un gros *kiki* ?

彼大きなチンポしてると思う？／大きな何？／大きなおちんちんよ．
Poiré : *Le Père Noël est une ordure*

Quand le nez est grand, le *kiki* est vaillant.　鼻が大きいとおちんちんが元気なのよ．
Monnet : *Promis...juré*

Kinder (ドイツ語．pochette dans laquelle se trouvent des friandises pour enfants avec un petit jouet en plastique) おまけ付きの菓子袋
Eh ! T'as eu ton permis dans un *Kinder* ou quoi ?

（乱暴な運転を見て）お前お菓子のおまけで免許もらったのかよ．
Kounen : *Le Dobermann*

kiné (kinésithérapeute の略) 運動療法師，整体師
J'appelle un *kiné*.

kleenex

整体師に電話します。　　　　　　　　　　　Veber : Le *dîner de cons*

kleenex
■**il faut vendre des kleenex à l'entracte** (le film est tellement triste que tout le monde va pleurer)（映画が）お涙頂戴だ

Si on met la tête que je fais dans un film, *il faut vendre des kleenex à l'entracte*.

あたしの悲しそうな顔を映画に撮ったら，みんなもらい泣きするほどのものよ．

Becker : *L'été meurtrier*

L

la
1. (chaîne の略) チャンネル
Y'avait sur *la* 3 "La nuit du chasseur".
3 チャンネルに「狩人の夜」があったわ．　　Pinoteau : *L'étudiante*
2. (queue) ペニス
Tu veux qu'on te *la* tienne, Karayan ?
（口笛を吹きながら立ち小便している相手に）カラヤンさん、あそこ持っててやろうか？　　Blier : *Les valseuses*
3. (bouche) 口
Ferme-*la*.
黙って！　　Heneke : *La pianiste*

■**la boucler** voir **boucler**
■**la faire** voir **faire**
■**se la faire** (se faire la bise) 頬にキスし合う

Au revoir ! / Bon, on *se la fait* ?
さようなら！/ じゃ，ほっぺにキスしようか？　　Huth : *Serial lover*

L.A. (Los Angeles) ロス
A côté de *L.A.*, tout me paraît tout petit.
ロスに較べるとどこもちっぽけに思えるのよ．　　Chabat : *Didier*

là (dans la tête) 頭が
Je suis tout à fait ordinaire. C'est vous qui êtes bizarre, *là*.
私のほうはまったく普通ですよ．あんたのほうがおかしいんでしょう．

Tacchella : *Escalier C*

■**ça va pas là ?** (ça va pas la tête?) 頭がおかしいんじゃない？
  Ça va pas là? Dégage!
  （スーパーのレジにりんご１個しか置かない相手に）あんたおかしいんじゃない？行ってよ！
  　　　　　　　　　　　　　　　　　　　　　Dumont : *La vie de Jésus*
■**en être là** (être arrivé à ce stade) その段階まで行っている，そこまで進んでいる
  Je vais quand même pas aller faire la manche à Casino, j'en suis pas là.
  そうは言っても大型スーパーへ物乞いに行きはしない，そこまで落ちぶれてはいない．
  　　　　　　　　　　　　　　　　　　　　　Dupeyron : *Salomé*
■**je suis là** (je vous écoute) 聞いてます
  Je sais que vous avez eu un accident de voiture mais je crois que je suis aussi choqué que vous. Allo? / Je suis là, oui.
  自動車事故に遭われたとか，でも私だってショック受けてますよ．もしもし？/ 聞いてますよ，どうぞ．
  　　　　　　　　　　　　　　　　　　Veber : *Le dîner de cons*
■**là où tu peux pas aller à ma place** (aux toilettes; aux chiottes) トイレに
  Où tu vas papa? / Là où tu peux pas aller à ma place.
  どこへ行くのパパ？/ 代わりに行ってもらえないとこだ．
  　　　　　　　　　　　　　　　　Jugnot : *Monsieur Batignole*

labsala
■**barka labsala** voir **barka**
lac
■**avoir le feu au lac** (être très pressé; avoir le feu au cul) とても急いでいる
  Mais qu'est-ce qu'il y a de si pressé! Oh, y'a pas le feu au lac.
  何をそんなに急いでるんだ！慌てることはないだろう．　　Corneau : *Série noire*
lâcher (laisser tranquille; ne plus importuner) そっとしておく，しつこくしない
  Et celui-là, comment que je vais lui exploser la gueule s'il ne me lâche pas!
  あのホテルの野郎め，うるさく勘定を催促したらうんとぶん殴ってやるからな！
  　　　　　　　　　　　　　　　　　　　Noé : *Seul contre tous*
■**lâcher avec** (ne plus parler de) もう話さない
  Tu me lâches avec Victor.
  ヴィクトルのことはもう放っとけ．　　　　Téchiné : *Les voleurs*

lacoste (chemise Lacoste : appellation commerciale et nom d'une société, du nom de son fondateur, René Lacoste champion de tennis)
ラコステ社のシャツ
J'vais dégueulasser mon *lacoste*.
俺のシャツを汚しちまう.　　　　　　　　　　　　Siegfried : *Louise*

lacry (bombe lacrymogène の略)　催涙ガスボンベ
Elle est où la *lacry*?
催涙ボンベ はどこ?　　　　　　　　　　　　　　Carax : *Pola X*

lamper (boire d'un trait, à grandes gorgées)　一気に飲む，がぶ飲みする
P't'être bien que le bourreau va venir *lamper* un coup de gnôle.
きっと死刑執行人が強い酒を引っかけにくるだろう.　　Giovanni : *Mon père*

lancer (élancer)　うずく
Ça *lance*... hou !
傷がずきずきするな…う！　　　　　　　Poiré : *Le Père Noël est une ordure*

langue
■**bouffer la langue** (embrasser profondément sur la bouche; rouler un patin)　ディープキスをする
Il est en train d'lui *bouffer la langue* !
奴は彼女とディープキスの最中だ！　　　　　　Dumont : *La vie de Jésus*

■**donner sa langue au chat** (renoncer à deviner, à trouver la solution)
当てるのをあきらめる，答えが見つからず匙を投げる
Devine... Il est très ancien... Alors tu *donnes ta langue au chat* ?
当ててみ て … とっても古い名前なのよ… お手上げ？
　　　　　　　　　　Bourguignon : *Les dimanches de Ville d'Avray*

■**tirer la langue** (faire des efforts pour vivre dans le besoin; être indigent)　カネに困ってなんとかしようと努力する
Je *tire la langue* pour payer mon loyer.
あたし部屋代払えなくてハアハアしてるのよ. Assayas : *Fin août, début septembre*

lapin
■**chaud lapin** (coureur de filles; homme porté sur les plaisirs sexuels, chaud de la pince)　好色男，好き者，精力絶倫の男
Ton frère, c'est un *chaud lapin*.
お前の弟も好きだなー.　　　　　　　　　　　Fassbinder : *Querelle*

■**faire le coup du lapin** (tuer *qn*. en lui brisant la nuque)　首を折って殺す
Le coup de pont l'avait tué sur la tête ... du *coup du lapin*.

（ゴンドラに乗っていて）橋に頭をぶつけて…首を折って死んでいたんだ．

Chiche : *Barnie et ses petites contrariétés*

larbin (domestique)　使用人，召使い

Il préfère faire le *larbin* sur sa trottinette.

バイクで使い走りをしてるほうがいいんだとさ．　　Gilou : *La vérité si je mens II*

lard

■**gros lard** (personne obèse)　でぶ

Fend-la-bise ! / Gros *lard* !

でか鼻野郎！／でぶっちょ！　　　　　　　　　　Monnet : *Promis...juré*

■**rentrer dans le lard**

1. (attaquer sans ménagement)　容赦なく攻撃する

Recommence ça et je te *rentre dans le lard* !

こんなことまたやってみろ，容赦なくピストルをぶっぱなすからな！

Rochant : *Aux yeux du monde*

2. (rouer de coups)　殴りつける

Il me casse les pieds ! / *Rentre*-lui *dans le lard* !

あの男にはうんざり！／殴ってやりゃいいんだ！　　Serreau : *Pourquoi pas*

large

■**croiser au large** (éviter à tout prix)　何としてでも避ける

Avec une fille comme elle, tu ferais mieux de *croiser au large*.

ああいう女は避けて通るほうが賢明だよ．　　　　　Becker : *L'été meurtrier*

■**prendre le large** (s'enfuir)　逃亡する

C'est une pute qui veut *prendre le large*.

その女は娼婦で，逃げ出そうとしてるんだ．　　　　Beineix : *Diva*

largué (ne pas pouvoir suivre ; ne plus comprendre)　ついていけない，落ちこぼれる

Le boulot, ça se passe bien ? Pas trop *largué* ?

仕事はうまくいってるか？無理だなんてことはないのか？

Audiard : *Sur mes lèvres*

larguer (abandonner ; se débarrasser de)　引き離す，捨てる，厄介払いする

Je vais le *larguer*.

あんなタクシーふり離してやる．　　　　　　　　　Krawczyk : *Taxi II*

T'*as largué* ton p'tit copain ?

あんた恋人をポイしたのか？　　　　　　　　　　Dumont : *La vie de Jésus*

larme; larmichette (très petite quantité de boisson) ほんの少しの量の飲物
Un petit coup de Porto pour fêter l'anniversaire. Oh, une *larme*!
お誕生日祝いにポルトをいかがです．まあ，ちょっぴりだったらいいでしょう？
Téchiné : *Hôtel des Amériques*

Je voudrais bien une petite *larmichette* de vin.
ワインをほんのちょっといただきたいわ．
Molinaro : *Cage aux folles II*

lascar(d) (homme; type; vaurien; enfoiré; drôle de type; gars de la cité) 男，ならず者，変な奴，阿呆，団地の男
Il est comment, ce *lascar*, au fait?
ところでその男ってどんな奴？
Despentes : *Baise-moi*

J'en ai huit comme ça partout dans la maison. J'les ai sous toutes les coutures vos *lascars*.
こういう防犯カメラが家中8つも付いていて，あんたのお尋ね者たちがあらゆる角度からばっちり写ってますよ．
Zeitoun : *Yamakasi*

Je suis un *lascar* de la cité comme vous.
俺もお前たち同様団地の人間だ．
Chibane : *Nés quelque part*

latex (préservatif; condom; caoutchouc; capote anglaise) コンドーム
Est-ce que quelqu'un aurait un préservatif pour mon ami? *Latex*...
どなたかコンドームを僕の友達にわけてやってくれませんか？ゴムのことです．
Nauer : *Les truffes*

latte (pied; chaussure) 足，靴
Le mec, il arrive, il met un grand coup de *latte* dans la porte, il est armé jusqu'aux dents.
男がやってきてドアを思いっきり蹴飛ばす．そいつは完全武装している．
Jaoui : *Le goût des autres*

laver (blanchir des capitaux) マネーロンダリングをする
Elles sentent mauvais ses billes...une boîte de nuit pour *laver* le fric... c'est ringard comme truc.
彼のカネは匂うんだよ…洗うのにディスコなんて…やりかたがダサいんだよな．
Téchiné : *Les voleurs*

Lavomatic (machine à laver automatique pour les voitures, pour le linge) 自動洗車機，コインランドリー
J'ai même passé à *Lavomatic* votre voiture.
あんたの車に自動洗車までしといたんだよ．
Poirier : *Western*

(Il était) Excité à l'idée de descendre deux fois par semaine au *Lavo-*

matic.

<small>(ワンルームマンションに新居を構えた) 友人は週に2度コインランドリーに行くと思って興奮していたよ．</small> <small>Chatiliez : *Tanguy*</small>

lechaim! (ヘブライ語．santé ; à la vie) 乾杯
Lechaim! lechaim!

<small>(恋人同士が杯をぶつけて) 乾杯！乾杯！</small> <small>Gilou : *La vérité si je mens II*</small>

lèche-cul (flatteur) おべっか使い
Mon père, c'est passé ? / *Lèche-cul* !

<small>(走っているバスの中から道路沿いに娼婦が立っているのを見て手で顔を隠し) 神父さん，もう過ぎましたか？ / このゴマすり野郎！</small> <small>Sinapi : *Nationale 7*</small>

léchouiller (embrasser sur la bouche) 口にキスする
T'as fais quoi au juste ? A part *léchouiller* une gonzesse ?

<small>あんたほんとうのところ何したの？女の子にキスするほかに？</small>

<small>Samuell : *Jeux d'enfants*</small>

lèdge
■**un peu lèdge〔léger ; lèg〕** (complètement à côté de la plaque ; à côté de la question ; sans grand intérêt) 見当違いの，的外れの，たいして面白くない
C'est vraiment pas ce qu'il a dit de mieux, je trouve. Enfin j'ai pas lu donc. C'est *pas* un peu *lèg* ?

<small>彼にしちゃあまりいい言葉とも思えないな．まあ読んではいないけど，ちょっと見当違いじゃないかな？</small> <small>Chéreau : *Ceux qui m'aiment prendront le train*</small>

lego (appellation commerciale et nom d'une société danoise dont la renommée est due à un jeu de construction pour enfants) 子供の組立玩具で有名なデンマークの会社と商品名 (デンマーク語の leg gogt「よく遊べ」より)
Elle m'a demandé ce que tu veux pour Noël. Elle a pensé à des *legos* mais elle sait pas lesquels.

<small>クリスマスにあんた何が欲しいだろうかっておばあちゃんに聞かれたわ．おばあちゃんはレゴがどうかって考えたんだけど，どれにしたらいいか分からないんだって．</small>

<small>Bardiau : *Le monde de Marty*</small>

légume (malade dans un état végétatif chronique) 植物人間
Je sais qu'on lui donne des tranquillisants…et puis qu'il passe ses journées sans dire un mot. / Ils vont en faire un *légume*.

<small>彼，安定剤を飲まされてるのは分かっているの…それに，一日中何もしゃべらないってことも．/ 植物人間にされちゃうわよ．</small> <small>Téchiné : *Alice et Martin*</small>

Lenôtre

Lenôtre (appellation commerciale et nom de société; traiteur et confiseur; chocolatier)　仕出し，菓子，チョコレート会社の商標名
Pour le traiteur, j'ai pensé qu'on pourrait prendre *Lenôtre*. / Pourquoi pas? Et c'est qui? / Comment? / Le traiteur, qui c'est? / C'est *Lenôtre*. Mais si vous préférez prendre le vôtre ... / Non, on n'a qu'à prendre le vôtre.
> 仕出屋はルノートル［うちの仕出屋］にしたらどうかと思ったんですけど．／いいんじゃありませんこと．それどちら？／何ですって？／仕出屋，どちらです？／ルノートル（うちの仕出屋）です，でもお宅の仕出屋でもよこざんすよ．／いいえ，お宅のにしたらいいんじゃありませんこと．　　　Gilou : *La vérité si je mens II*

lère
■**là là là là lère!** (j'ai fait ça, pas toi)　あんたになんか出来っこないわ，いい気味よ！（こどもが遊びで勝ち誇るときのはやし言葉）
Là là là là lère!
> あんたなんかだめね！　　　　　　　　　　　　　　Doillon : *Ponette*

les (政府，権力者，当局，敵などを指す　cf. **ils**)　奴等を，連中を
On va *les* déchirer, j'te jure.
> 大手の業者をきっとやっつけてやるからな．　　　Gilou : *La vérité si je mens*

■**dans les** 数詞 voir **dans**

lesté (avoir une arme sur soi; être armé)　武装している
C'est pas pour les enfants, ça c'est mon flingue. / Ça va, moi aussi j'suis *lesté*, pas de quoi béflan.
> ガキンチョの玩具じゃねえぞ，おれのハジキだ．／うるせえ，おれだって持ってら，いきがるんじゃねえ．　　　Kassovitz : *La haine*

lever
■**se lever** (séduire et entraîner avec soi)　引っかける，ナンパする
Je te laisse 5 minutes et tu *t'es* déjà *levé* une petite.
> ちょっと放っとくとすぐにナンパしてるんだから．　　Krawczyk : *Wasabi*

Lévitan (nom d'une chaîne de magasins spécialisés dans la vente de mobilier)　廉価家具のチェーン店
C'est pas meublé *Lévitan*.
> 高級家具を使ってる．　　　　　　　　　　Jugnot : *Monsieur Batignole*

lévo (volé の逆さ言葉)　盗んだ
J'l'ai pas acheté, j'ai *lévo*.
> これ買ったんじゃない，盗んだんだ．　　　　Siegfried : *Louise*

levrette
- **en levrette** (en rétro) 後背位で
  En levrette elle est bonne.
  あの女とは後背位でやるといいよ.　　　　　Blier : *Les valseuses*

lexomil (appellation commerciale d'un somnifère) 睡眠薬の商品名
Je vais prendre un *lexomil* et puis je vais dormir.
あたし睡眠薬を飲んで寝るわ.　　　　　Aghion : *Pédale douce*

lézard (problème) 問題
Moi j'veux pas qu'il y ait de *lézard* entre nous hein ?
僕たちの間に問題なんてあるのいやだからね.
　　　　　　　　　　Klapisch : *Chacun cherche son chat*

Libé (Libération の略) リベラシオン紙
Tu passes une annonce dans *Libé*.
新聞に募集広告出しといて.　　　　　Aghion : *Pédale douce*

ligne (dose de cocaïne disposée en ligne ; rail) 線状に置いたコカインの摂取量
Pas de tabac, pas d'alcool, pas de *ligne*.
タバコも酒も麻薬も駄目.　　　　　Aghion : *Pédale douce*

lillah
- **al hamdou lillah** voir **al**

limer (faire l'amour longuement) 長々とセックスする
On *a limé* affectueux.
俺達, 愛情を込めてたっぷり愛し合ったんだ.　　　Blier : *Tenue de soirée*

limo (limousine) リムジン
Elle est complètement niquée ! / C'est ma *limo* ?
あの車めちゃくちゃだね ! / 私のリムジンか ?　　　Poiré : *Les visiteurs*

linge
- **du beau linge** (du beau monde) 上流社会の面々
  Tiens, v'là *du beau linge*.
  おやおや, これはお歴々のお揃いで.　　　Gainsbourg : *Stan the flasher*

linotte
- **tête de linotte** (cervelle d'oiseau) のうたりん, 忘れっぽいひと
  Vous comprenez... J'ai une *tête de linotte*...
  お分かりでしょう, どうも私は忘れっぽくて…　　Poiré : *Les anges gardiens*

lion
- **avoir bouffé du lion** (être animé d'une énergie ou d'une agressivité

litre

inaccoutumées) いつにない勇気を示す，攻撃的になっている
Dis donc, ton collègue, il *a bouffé du lion*, hein !
おいおい，あんたのお仲間，なかなか強気じゃないか！
Bouchitey : *La lune froide*

litre (litre de rouge) 赤ワイン1リットル
Si t'arrives à la faire godiller, je te paye un *litre*.
あの女をイカせたら1杯おごるよ。
Blier : *Les valseuses*

loger (situer) 場所を突き止める
T'*as logé* mon maton ?
看守の住所分かったか？
Berberian : *Le boulet*

lolo (lait dans un biberon) 哺乳びんに入ったミルク
Mon *lolo*, mon *lolo*, mon *lolo* !
（幼い子供が）ミルク，ミルク，ミルク！
Moll : *Harry, un ami qui vous veut du bien*

loloche (sein ; lolo) 乳房
Il y a une grosse pute avec des *loloches* comme ça.
そこにはでぶの娼婦がいて，そのおっぱいったらこんななんだ．
Avary : *Killing Zoe*

longe
■**tirer sur la longe** (dépasser la limite) 度を超す
On t'avait fait confiance mais toi t'as préféré *tirer sur la longe* jusqu'à ce qu'elle casse.
お前のことは信用してたのに調子に乗って羽目を外したな．
Breillat : *Une vraie jeune fille*

look ; louque (英語. apparence ; aspect ; allure ; dégaine ; style vestimentaire) 外見，見かけ，スタイル，風采
Vous, la veuve noire, faut changer d'*look*, hein ! On vend des rêves ici, pas des cercueils !
あんた，それじゃ黒ずくめ未亡人じゃない，スタイルを変えなきゃ．ここは（旅行社だから）夢を売るとこで棺桶じゃないのよ．
Bunuel : *Salsa*

Il a un drôle de *look*.
あの人変な格好してるわ．
Poiré : *Les visiteurs*

Vous n'aimez pas son *louque* ?
あなたは彼女のスタイル好きじゃないの？
Klein : *Qui êtes-vous Polly Magoo ?*

lope
1. (homosexuel ; lopette) ホモ

Tu comprends, vieille *lope*?
お前分かるかよ、ホモ爺め！
Chéreau : *L'homme blessé*

2. (personne lâche) 憶病者
Assomme-moi cette *lope*!
あの腰抜けをぶんなぐってくれ！
Giovanni : *Mon père*

lopette (homosexuel; personne lâche sans courage et sans énergie)
女役のホモ，憶病者
Les hommes sont des *lopettes*.
男なんてみんな腰抜けよ．
Beineix : *Mortel transfert*

loser (英語．con; perdant; raté; malchanceux) 馬鹿，敗者
Tu sais quoi, y'a que deux portes de sortie pour les *losers* comme toi, la morgue ou le cimetière.
いいか，お前みたいな負け犬には出口は二つしかないんだ．死体置き場か墓場さ．
Guit : *Le ciel est à nous*

louche
■**à la louche** (de façon sommaire) 概略，おおよそ
Tu sais combien ça fait? *A la louche* un demi milliard.
私の資産はどれくらいだと思う？ざっと見積もっても5億だ．
Serreau : *Chaos*

louf(fe) (fou のラルゴンジ largonji 形．loufoque; dingue; fou) 気違いの
Qu'est-ce que vous chantez là? Vous êtes complètement *louf*!
何変なことほざいてるんだ？まったくいかれてる！
Corneau : *Série noire*

Tu sais où il crèche? / Non mais dis donc, t'es pas *louf*? Personne sait où il est.
あいつどこに住んでるか知ってるか？／おいおい，お前おかしいんじゃねえのか？奴の居所なんて誰も知りゃしねえのに．
Berto : *Neige*

T'es amoureux, mais tu ne sais pas qui ? / Tu trouves ça *louffe*?
お前惚れてるけど相手のこと知らないってわけか？／そういうの変かな？
Dupeyron : *Salomé*

loufiat (garçon de café; larbin) カフェのボーイ，使用人
Il suffit de filer quelques billets au *loufiat* qui s'en occupe.
抽選係の男にちょっとカネをつかませれば当たるようにしてくれるさ．
Nauer : *Les truffes*

louftingue (fou; louf; dingue) 気違いの
On force les agriculteurs à irriguer surabondamment d'une façon excessive et complètement folle, complètement *louftingue*.
農民は過剰に灌漑することを強いられているが，それは極端で，気違いじみて，正気を失うまでになっている．
Rohmer : *L'arbre, le maire et la médiathèque*

loulou
loulou (morve épaisse ; ordure du nez) 鼻くそ
　La prof c'est une malade, elle arrête pas de se fourrer les doigts dans le nez jusqu'à la cervelle pour chercher ses *loulous* qu'elle se colle sous le bureau après les avoir bien roulés entre le pouce et l'index.
　　女の先生ビョーキなのよ．しょっちゅう鼻の奥まで指を突っ込んで鼻くそをほじくり出しては親指と人差し指に挟んでこねくり回して机の下にくっつけるの．
　　　　　　　　　　　　　　　　　　　　Gainsbourg : *Charlotte for ever*

loup
■**être dans la gueule du loup** (s'exposer au danger) 危険に身を曝す
　Ils *sont dans la gueule du loup*.
　　あいつらやばいことになってるんだ．　　Molinaro : *La cage aux folles II*

louper
1. (ne pas réussir ; échouer) 失敗する
　Il devrait être là. Ou alors, l'affaire *a loupé*.
　　彼は戻って来てるはずだ．さもなきゃどじったってことさ．　　Bluwal : *1996*
2. (rater ; passer à côté) 逃す
　Ils t'*ont* pas *loupé*.
　　やっぱりやられたか．　　　　　　　　Gilou : *La vérité si je mens*
　Je veux pas *louper* une émission de télé tout à l'heure.
　　もうすぐ始まるテレビ番組見逃したくないのよ．　　Téchiné : *Barroco*
　La première à gauche, et ensuite la deuxième à droite, vous pouvez pas le *louper*.
　　最初の通りを左に，次ぎの通りを右に行くだけですから，間違えっこありませんよ．
　　　　　　　　　　　　　　　　　　　Klapisch : *Chacun cherche son chat*
■**ne pas en louper une** (faire sans arrêt, toujours la gaffe, la bêtise qu'il ne faut pas faire) いつも大失敗，大間違いをする
　J'ai laissé une godasse dedans ! J'*en loupe pas une*, moi.
　　俺，靴を片方置いてきちゃった！いつだってヘマするんだから．
　　　　　　　　　　　　　　Sautet : *Vincent, François, Paul et les autres*

loupiot (enfant ; môme) 子供，ガキ
　Y'en a trop, avec des cuisees plus grosses que celles de ton *loupiot* !
　　（蛙が）取れすぎだ．お前さんのガキの股より太いのだ．
　　　　　　　　　　　　　　　　　　　　Hubert : *Le grand chemin*

louque voir look
lourd
1. (stupide ; insistant) 間抜けな，のろまな，しつこい

Il est *lourd*, ce type.
あの男鈍いのよ.   Jaoui : *Le goût des autres*
2. (beaucoup) たくさん
Ça doit pas faire *lourd*.
じゃたいした稼ぎにはならないわね.   Marsahll : *Vénus Beauté*
Vous, et puis lui, y a à peu près que ça qui m'est arrivé de bien dans ma vie... Voyez, ça fait pas *lourd*, hein...
あたしの身に起きたいいことといったら、あなたとそれに彼しかないわ… ほらね、沢山はないでしょう…   Leconte : *La fille sur le pont*
3. (grosse affaire; affaire importante) 大事件、凶悪犯罪
Intrusion secteur Sully ! / Ce coup-ci, j'ai du *lourd*. /
（ルーヴルの怪人）シュリー地区に侵入！/ こりゃ大きなやまになるな.
             Salomé : *Belphégor*

lourde (porte) ドア
Si y a personne, tu boucles la *lourde*.
誰もいなかったら，ドアを開けないようにしろ.   Malle : *Zazie dans le métro*

lourder (renvoyer; congédier; virer) 解雇する、クビを切る
Ils m'*ont lourdé* au bout de deux mois.
2か月後にはクビだったんだ.   Rochant : *Vive la République*
Je vais sûrement *être lourdé* de mon boulot.
俺はきっとお払い箱だ.   Corneau : *Série noire*

loustic (type; zèbre; zigoto) 奴、野郎、男
Monsieur Jacquart donne les réponses à toutes les questions que je me suis posées depuis que j'ai rencontré ces deux *loustics*.
あの二人の奴に出会って以来，私が疑問視していたすべての問いにジャカールさんが答えを出してくれました.   Poiré : *Les couloirs du temps*

loute (femme) 女
Elle t'écrit toujours ta *loute* ?
お前のスケいまでも手紙よこすのか？   Rochant : *Aux yeux du monde*

lune (fessier) 臀部
Alors ce soir on nous montre la face cachée de la *lune* ?
（ゲイクラブで）さて今晩は「お月様」の普段は見えないところまで御開帳ですかな？
             Aghion : *Pédale douce*

lunette (ouverture ronde de la guillotine) ギロチンの首穴
On dit même que la carotide sur la *lunette* ben ça les zigouille avant la lame.

lustucru

囚人はギロチンの刃が落ちてくる前に，頚動脈を穴に入れたとき死んでるんだとさ．

Giovanni : *Mon père*

■**tu veux mes lunettes?** (Je t'aide à regarder?; tu veux mes yeux?) もっとよく見えるようにしてあげる？

Tu veux mes lunettes?

（若い女をじろじろ見ている夫に）眼鏡貸してあげようか？

Jugnot : *Monsieur Batignole*

cf. 人前で鼻くそを掘る子供に tu veux mon doigt? と言う

lustucru (pauvre diable; homme ridicule, niais) 哀れな奴，滑稽な男，阿呆

La tronche des mecs! La gueule qu'ils ont dû faire quand ils sont arrivés avec l'autre *lustrucru* là! / Ça devait pas être triste!

あの二人の死体運搬係の面見てみてえな！もう1体運んできて（前のがなくなっているのを見たとき）あいつらどんな顔をするか！ / お楽しみだな！

Bouchitey : *La lune froide*

luxe

■**c'est du luxe** (ça entraîne une dépense déraisonnable; ce n'est pas utile; c'est superflu; ça risque gros) カネがかかりすぎる，贅沢だ，大きな障害になる

Dans ma situation, une femme qui vole dans les magasins, *c'est du luxe.*

私ぐらいの地位にあると，妻が万引きするなんて大きな差し障りになるんだ．

Beineix : *Mortel tansfert*

M

m'

■**m'enfin** (mais enfin) そうは言っても

Vous n'êtes pas malade? / *M'enfin* papa, il a plus faim.

（もう食べないだなんて）具合が悪いんじゃないでしょうね？ / そんな，パパったら，彼お腹が一杯なのよ．

Zidi : *Deux*

Maalox (médicament contenant des antiacides) 胃散

Maalox / Acidité... Aigreur d'estomac.

（ごみ箱の中を漁って）マアーロックスってのがある． / 胃酸過多…胸焼けだ．

Berberian : *Paparazzi*

maboul (アラビア語. fou, débile) 頭がおかしい
　Il est fou, il est complètement *maboul*.
　　彼変よ，いかれてる.　　　　　　　　　　　　Tacchella : *Escalier C*

mac (maquereau の略) 娼婦のひも
　C'est ton *mac* ?
　　あれは君のひもか？　　　　　　　　　　　　Menges : *The lost son*

macach; makash (アラビア語. rien) ゼロ，なし
　La came, elle existe pas ! On l'a dans le cul, je te dis ! Pas d'assurance, *makash* !
　　（商品を全部盗まれて）商品なんて表向きには存在しないのさ．どうしようもないって言ってるだろう．保険もない，全部パーだ．　　Gilou : *La vérité si je mens*
　Pour ce qui est des bons coups, *macach* hein !
　　うまい話はぜんぜん俺に回してくれないのさ．　　Gilou : *La vérité si je mens*

macaque (personne laide) 猿のような醜男〔女〕
　Vas-y, répète ce que tu m'as dit tout à l'heure... Vas-y, tronche de *macaque* !
　　さあ，さっき言ったのをもう1度言ってみろ…さあ，猿面男め！
　　　　　　　　　　　　　　　　　　　　　　Noé : *Seul contre tous*

macaroni (Italien) イタリア人
　Arrête, *macaroni* !
　　いい加減にしろ，イタ公！　　　　Gainsbourg : *Je t'aime moi non plus*

macchab (cadavre; macchabée) 死体
　Tu n'es pas bien ? Ah tu viens d'voir les *macchab*'s, c'est ça ?
　　具合悪いのか？ああ，事故の死体を見たばかりだもんな．
　　　　　　　　　　　　　　　　　　Gainsbourg : *Je t'aime moi non plus*

machin
1. (chose; truc) なんとかいうもの（名前を知らないもの，名前を忘れたもの，はっきり名指したくない，名指すのが面倒なものの全体または一部について）
　Tu peux t'en servir de ce *machin* ?
　　これ使えるのか？　　　　　　　　　　　　Poirier : *Western*
　Un *machin* pressé. / Un *machin* ? / Au citron.
　　（バーのカウンターで）しぼったのちょうだい．/ しぼったのって？ / レモンの．
　　(un citron pressé レモンジュースのこと)
　　　　　　　　　　　　　　Demy : *Les parapluies de Cherbourg*
　C'est quoi cette histoire d'illéos *machin* ? / Illéostomie ? C'est un anus artificiel !

machine

イレオス何とかって何のこと？／ イレオストミー？人工肛門のことよ．

Limosin : *L'autre nuit*

2. (un tel) とかいう人
Cette Nadia *Machin*sky aurait été descendue parce qu'elle voulait parler ?

そのナディア・なんとかスキーって女は喋ろうとしたんで殺されたってわけか？

Beineix : *Diva*

Tu vis toujours avec *machin*, le petit qui loue des appartements ?

お前まだあのなんとかいった不動産屋のちび男と同棲してんのか？

Téchiné : *Rendez-vous*

On est là pour divertir la famille *machin*.

俺達は（演劇活動よりも）なんとか家の（結婚披露の）余興なんかやってんだ．

Lioret : *Mademoiselle*

3. (pénis) ペニス
T'es tellement sérieux que ton *machin*, il s'ennuie. Il en a marre d'être seul le soir.

お前真面目過ぎるからお前のあそこが退屈してるぞ．夜ひとりでいるのはもうやだって．

Garcia : *Le fils préféré*

4. (sein) 乳房
C'est un canon…des *machins*, pardon les filles, mais comme ça.

それが美女でね，オッパイがすごいんだ，こんなこと言って女の人たちごめんね，でもこんななんだ．

Lioret : *Mademoiselle*

machine (motocyclette; moto) オートバイ
Vasseur y secoue bien sa *machine*.

ヴァスールはマシーンの捌(さば)きがいい．

Miller : *La petite voleuse*

macho (スペイン語．homme à la masculinité despotique) 男性優位主義の男
Je prends la bagnole, chao ! / *Macho* !

車は使うよ，じゃーな！（女刑事を危険なところに一人残して去る．）／マッチョ！

Beineix : *Diva*

Tu passes pour un *macho* qui bouffe du pédé.

君はホモ狩りをやるマッチョだってもっぱらの評判だ．

Veber : *Le placard*

magner

■**se magner** (se dépêcher) 急ぐ
On se casse, *magne-toi*, dépêche-toi

ずらかるんだ，急げ，ぐずぐずするな！

Pirès : *Taxi*

Isa, tu *te magnes* !
　　イザ，急げよ！
　　　　　　　　　　　　　　　　　　　　　Serreau : *La crise*

magouille (trafic douteux; affaires peu claires)　闇取引，裏工作
　C'est *magouille* et compagnie.
　　あいつらみんな裏工作をする奴等だ．
　　　　　　　　　　　　　　　　　Jaoui : *Le goût des autres*
　Elle en savait trop sur ses *magouilles*.
　　彼女は旦那の裏を知りすぎたんだ．
　　　　　　　　　　　　　　　　　Beineix : *Mortel transfert*

magouiller (faire des magouilles; tricher; trafiquer)　闇取引をする，怪しいことをする
　Si tu voulais t'enrichir en *magouillant*, fallait te faire politicien ou avocat.
　　汚い手を使ってでも金持ちになりたければ，政治屋か弁護士になりゃよかったんだ．
　　　　　　　　　　　　　　　　　Kassovitz : *Assassins*
　Il *magouille* quelque chose avec son copain.
　　彼は仲間と変なことを企んでいる．
　　　　　　　　　　　　　　　　　Poiré : *Les visiteurs*

mail (英語．e mail; courrier électronique, télématique)　Eメール
　Tu as un *mail*?
　　君んとこEメール送れる？
　　　　　　　　　　　　　　　　　Bonitzer : *Petites coupures*

mailer (英語．envoyer un courrier électronique)　Eメールを送る
　On se *maile*.
　　メールで連絡し合おう．
　　　　　　　　　　　　　　　　　Bonitzer : *Petites coupures*

maille (argent)　カネ
　Moi je veux ma *maille*.
　　俺はカネを払ってもらう．
　　　　　　　　　　　　　　　　　Noé : *Irréversible*

main
■**avoir une main au cul** voir **cul**
■**les mains dans le dos** voir **dos**
■**main sur la gueule** (une claque; un coup de poing)　ビンタ
　Tu veux ma *main sur la gueule*?
　　お前殴られたいのか？
　　　　　　　　　　　　　　　　　Leconte : *Tango*
■**manger dans la main de** (accepter d'en dépendre; s'y soumettre)　支配を受け容れる，服従する
　Ils viendront vous *manger dans la main*.
　　あいつらあんたの言い成りになるさ．
　　　　　　　　　　　　　　　　　Devers : *Max et Jérémie*
■**mettre la main à la pâte** voir **pâte**
■**prendre son courage à deux mains** (rassembler son courage; se secouer)　勇気を奮い起こす

mais

Tu *prends ton courage à deux mains* et tu commences à compter, et tu te dis "avant vingt, je saute".
勇気を出して数え始めるんだ．20になる前に飛び降りるって決めて．
Leconte : *Félix et Lola*

■**une main devant, une main derrière** (tout nu; sans un sou; ruiné) 丸裸で，無一文で

Tu vas repartir comme tu es venu, *une main devant, une main derrière*... à poil.
ここから出ていくんだな，来たときみたいに，丸裸で．
Gilou : *La vérité si je mens*

On s'est retournés à Orly *une main devant, une main derrière*.
あたしたちは（アルジェリアから）オルリー空港に降り立ったときには無一文だったのよ．
Cabrera : *L'autre côté de la mer*

mais

■**il n'y a pas de mais** (pas d'objection; pas de discussion) 反対したって無駄だ

En conséquence de quoi, Monsieur Vincent Baraduc, vous êtes libre. / Mais je... / Il n'y a pas d'mais.
（法廷で裁判官が）よってヴァンサン・バラデュック氏，あなたを釈放する．／しかし私は…／つべこべ言うんじゃない．
Leconte : *Tango*

■**non(,) mais** (sans blague; ce n'est pas possible; c'est incroyable; non mais des fois) ふざけるな，いい加減にしろ，なんだと，冗談じゃない

Plus de cent mille? *Non mais* dites, il était fabriqué en quoi votre renard?
（この娘が盗んだ狐の毛皮は）十万以上もするって？　おいおい，何言ってやがる，その狐の毛皮っていうのは何で出来てんだ？
Miller : *La petite voleuse*

maïs (paquet de cigarettes à papier maïs) コーンペーパーの巻きたばこ

File-moi un *maïs*.
コーンのを一箱くれ．
Sinapi : *Nationale 7*

maison (bon; bien) 良い，良く，見事に

Moi, rien que d'en parler ça me fait triquer *maison*.
俺そんな話をしてるだけですごく立ってきちゃう．
Fassbinder : *Querelle*

■**maison fermée** (maison close; bordel) 売春宿

Est-ce que les propriétaires des *maisons fermées* sont prêts à les ouvrir?
娼家の所有者たちは開店するつもりなんでしょうか？　（ferméとouvrir が洒落になっている．）
Varda : *Les glaneurs et la glaneuse*

makash voir **macach**

mal
- **ça la fout mal** voir **foutre**
- **pas mal de** (beaucoup de) たくさんの，かなりの
  En ce moment, je vois *pas mal de* jeunes peintres.
  このところ若い画家にかなり会ってるの．　　　　　　　　　Tacchella : *Escalier C*

malade
1. (fou) 気が狂った
   Ça va pas ? T'es *malade* ? ... Faut te faire soigner toi !
   変だぞ，おかしいんじゃないか？ いかれてるよ，君．
   　　　　　　　　　Barbossa : *Les gens normaux n'ont rien d'exceptionnel*
2. (individu fou, désaxé, détraqué) 狂人
   Dans la cabine, il déchire la photo et jette les morceaux par terre comme un *malade*.
   電話ボックスのなかでその男は写真を細かく引き裂いて気違いみたいにまき散らしたんだ．　　　　　　　　　Truffaut : *L'amour en fuite*

maladie
- **en faire une maladie** (être très contrarié de qch ; en faire une jaunisse) 気に病む，苦にする
  T'as qu'à lui dire, tu la connais, elle va *en faire une maladie*.
  そう言ってやりゃいいでしょう，ああいう人だから，悔しがるでしょうね．
  　　　　　　　　　Fontaine : *Nettoyage à sec*
  On est tous faits pareil ... tu vas pas *en faire une maladie*.
  人間なんてみんな似たり寄ったりさ ... 君，気にすることはないよ．
  　　　　　　　　　Assayas : *Paris s'éveille*

malfrat (malfaiteur ; gangster ; truand) ごろつき，ヤクザ，悪党，ならず者
Et là, y'avait deux *malfrats*.
で，そこに悪党が二人いたんです．　　　　　　　　　Zeitoun : *Yamakasi*

malheur
- **faire un malheur**
1. (remporter un grand succès) 大当たりを取る，大成功する
   Vous allez *faire un malheur*.
   （おめかししてディスコに出かける女に）あんた大いにもてるわよ．
   　　　　　　　　　Téchiné : *Alice et Martin*
   Tu vas faire un cours là-dessus ? / Oh oui, tu vas *faire un malheur* avec ça.
   この話を講義のネタにするの？ / ああそうよ，大うけするわよ．
   　　　　　　　　　Lelouch : *Hasards ou coïncidences*

malheureux

Tu imagines le *malheur* qu'on peut *faire* avec ça en Europe.
これがあればヨーロッパでどんなに儲かるか想像してみてよ．
Gainsbourg : *Equateur*

2. (faire une action dont les conséquences peuvent être dures) とんでもないことをする，暴れる

S'il a réveillé Florian et Ondine, là, je *fais un malheur*!
もし寝ている子どもたちの目を覚ますようなことをあいつがしたら，只では済まないぞ！
Poiré : *Les visiteurs*

malheureux (insensé; fou) しょうがない，頭がおかしい

Malheureux, vous n'allez pas les mettre au frigo!
困った人ね，苺を冷蔵庫なんかに入れたらだめよ！
Ducastel : *Drôle de Félix*

■**si c'est pas malheureux** (c'est vraiment malheureux) 全くひどいもんだ，情けない

Elle a voulu m'faucher une paire de bloudjinnzes, la mouflette, dans ma boutique. / *Si c'est pas malheureux*!
あのガキンチョ娘，わしの店からジーンズを万引しようとしたんだぞ！／嘆かわしいもんだ！
Malle : *Zazie dans le métro*

Trop boutonnée la blouse...*si c'est pas malheureux*! Allez ben, retire un bouton, juste un!
（看護婦に）白衣のボタンを掛け過ぎだ… もったいない！さあ，ボタンを外して，一つだけでいいから．
Bardiau : *Le monde de Marty*

Regarde ça *si c'est pas malheureux*. Et ils appellent ça réhabiliter.
これ見てみろ，ひどいもんじゃないか．再開発なんて言ってるけど．
Kassovitz : *Assassins*

■**si c'est pas malheureux de** *inf*. (c'est vraiment lamentable de) …だなんて惨めだ，嘆かわしい

Si c'est pas malheureux d'les voir comme ça, ces deux-là!
あんな二人を見てると情けない！
Gilou : *La vérité si je mens*

malin (individu pas malin, pas intelligent, idiot) 抜けている人

Ça fait plusieurs jours qu'il me suit... il n'a encore jamais osé m'aborder. / Un *malin*, quoi? / Te moque pas de lui... c'est pas parce qu'on est délicat qu'on est idiot.
何日も前からあの男あたしの後をつけてるんだけどね… 話しかけようとしないのよ．／馬鹿なのさ．／馬鹿にしないでよ… デリケートだからといって馬鹿とは言えないのよ．
Chabrol : *Les bonnes femmes*

■**c'est malin** (c'est pas malin; c'est pas intelligent) 変なことを言うな，

馬鹿だ，（皮肉に）お利口さんだ
Je crois que c'est le lion. Un beau garçon hein ! Belle crinière ! / *C'est malin* !

あのライオンの面を着けているのが彼だと思うよ，美男子だよな．鬚(ひげ)が立派で． / 馬鹿みたい！　　　　　　　　　　　　　　　　　Pinoteau : *L'étudiante*

Vous vouliez trop, vous n'avez plus rien, *c'est malin* !

あんた欲張りすぎたのよ，元も子も無くしちゃったじゃない，愚かなことね！
Zidi : *Deux*

On règle nos montres. / J'ai pas ma montre. / *C'est malin*, ça !

（強盗に入る）時刻合わせしましょう． / あたし時計持ってこなかったの． / まあ，気が利いてるわね．　　　Baluducci : *Trop jolies pour être honnêtes*

■**faire le malin** (faire le mariol) 人目を引くように振る舞う，いばる
Tu *fais le malin*. Mais là, je vais te pourrir ta vie.

ムショでいいとこ見せようなんてしたら（看守長の）俺がお前にきつい暮らしをさせてやるからな．　　　　　　　　　　Berberian : *Le boulet*

malinoi
■**faire le malinoi** (faire le malin) 人目を引くように振る舞う
Toi tu *fais* trop *le malinoi*.

この野郎，格好つけすぎだ．　　　　　　　　Berberian : *Le boulet*

malle
■**se faire la malle** (partir ; s'enfuir ; quitter quelqu'un ou un lieu) 出る，逃げる，立ち去る
C'est tout de même étrange que ce mec qui est plein aux as, avec une femme pareille, *se fasse la malle*, ça pue non ?

それにしても不思議だよな，カネをうじゃうじゃ持ってて，あんないい奥さんがいるのに姿を消すなんて，変じゃないか？　　Chatiliez : *Le bonheur est dans le pré*

Et pendant ce temps-là, les deux cailleras, elles *s'font la malle*.

その間にも二人の悪党はずらかろうとしてました．　　Zeitoun : *Yamakasi*

malotru (personne sans éducation, de manières grossières, mufle, butor) 無学な不作法者
Foutez-moi la paix ! Et que je ne vous revoie jamais ! *Malotru*, petite merde, monstre !

放っといて！あんたたちの顔もう見たくないわ！がさつ者，くず，人でなし！
Leconte : *Les Grands ducs*

malpropre
■**comme un malpropre** (sans ménagement) 容赦なく，手ひどく，素

mama
気なく
Ils l'ont fourré dehors *comme un malpropre*, allez, du balai !
あいつらは手荒く彼を放り出したんだ．さあ，出てけってね． Resnais : *Mélo*

mama (diffuseur que l'on installe devant les projecteurs et qui permet d'atténuer l'impact de la lumière sur le sujet que l'on veut filmer) 光拡散器
Mets-moi un *mama*, là !
光拡散器を一つ置いてくれ，そこだ！ Robert : *Salut l'artiste*

mamie (grand-mère; vieille dame) おばあちゃん，老婆
Qu'est-ce que c'est que cette chose qui dort dans la cuisine ? / C'est *Mamie*. / La *mamie* de qui ? / *Mamie*.
台所で寝てるのはなんだ？／おばあちゃんだ．／誰のおばあちゃんだ？／おばあちゃん． Gatlif : *Gaspard et Robinson*

manche （女性名詞）
■**faire la manche** (mendier; solliciter la charité dans la rue, dans le métro) 物乞いをする
Je vais quand même pas aller *faire la manche* à Casino, j'en suis pas là.
そうは言っても大型スーパーへ物乞いをしに行きはしない，そこまで落ちぶれてはいない． Dupeyron : *Salomé*

manche （男性名詞）
■**s'astiquer le manche** (se masturber) オナニーする
Tu peux même pas *t'astiquer le manche*.
オナニーすることさえできないんだぞ． Kounen : *Le Dobermann*

manchot
■**ne pas être manchot** (être actif, adroit, dégourdi) 器用だ，抜け目がない，遣り手だ
Si on doit continuer de galérer, nous on fera autre chose, on est pas *manchots*.
この先も仕事がたいへんなら，他のことをするよ，手先が利くからね． Fontaine : *Nettoyage à sec*

M & M's (appellation commerciale de chocolat) チョコレートの商標
C'est pas des *M & M's*.
これはチョコレートなんかじゃないのよ． Guit : *Les kidnappeurs*

Manicol (mannitol, médicament utilisé dans le traitement symptomatique de la constipation) 便秘薬

De la coke...dix grammes...et quatre-vingt-dix grammes de *Manicol*.
（インチキ麻薬を作っていて）コカインを…10グラムに…マニコールを90グラム.
Guit : *Le ciel est à nous*

manière
■**en voilà des manières** (tu as des manières déplacées, impolies)
無作法なことして！行儀が悪いぞ
En voilà des manières ! Elle méritait bien que tu la battes, mais tu n'aurais pas dû.
まずいことしたわね！ そりゃ奥さんはなぐられてもしょうがないけど，なぐっちゃいけなかったのよ.
Bourguignon : *Les dimanches de Ville d'Avray*

manif (manifestation の略) デモ
Aujourd'hui j'suis sorti, j'suis allé à la *manif*.
今日は外に出てデモに行ったんだ.
Ducastel : *Jeanne et le garçon formidable*

manouche (romanichel; gitan) ジプシー
Forains, *manouches*, voleurs de poules, c'est pareil pour les gens.
移動遊園地の人間もジプシーも鶏泥棒も，町の人にとっては同じなんだ.
Leconte : *Félix et Lola*

manque
■**être en manque** (souffrir de la privation de drogue, de sexe, etc.)
ヤクの禁断状態にある，セックス，その他に飢えている
T'*es* comme *en manque*.
お前ヤクが切れてるみたいだぞ.
Masson : *En avoir*
Le Rectum, une boîte de pédés, vous connaissez pas ? / Pourquoi, t'*es en manqu*e ?
レクトムってオカマクラブ知らないか？ / どうして，お前うずうずしてるのか？
Noé : *Irréversible*

manquer
■**il ne manquait plus que ça** (c'est surprenant, choquant, scandaleux) そいつはショックだ，最低だ，おまけに…とは参った
Elle a des jumeaux ! Putain, il *manquait* plus que ça !
ワイフが双子を生んだって！参った，そんなことって！
Braoudé : *Neuf mois*

manteau
■**sous le manteau** (clandestinement; secrètement) こそこそと，秘かに
Je n'ai jamais rien fait *sous le manteau*, ni mineurs, ni zoophile, ni scatologie.

Manurhin

(私はポルノ映画監督だが) 裏の仕事をしたことはない，幼児ポルノも動物性愛もスカトロジーものにも手を出したことはないんだ． Bonello : *Le pornographe*

Manurhin (appellation commerciale de deux-roues motorisés) スクーターの商標

Vous vous faites dépasser par un *Man*

(タクシーの運ちゃんともあろうものが) スクーターに追い越されてるじゃないか．

Godard : *A bout de souffle*

maqué

■**être maqué avec** (se mettre en ménage; être à la colle) 同棲する

Ton p'tit giton il *est maqué avec* une pute qui lui fournit sa coke.

君の若いホモはコカインをまわしてくれる娼婦と同棲してるぞ．

Gainsbourg : *Charlotte for ever*

maquer (exploiter une prostituée) ひもとなって娼婦を働かせる

Je peux pas m'enlever de la tête qu'elle couche avec c'te ordure, qui va la *maquer*.

彼女があのげす野郎と寝て，そのうち食い物にされる様が頭にこびりついちゃって．

Sautet : *Quelques jours avec moi*

maquereau (proxénète) 娼婦のひも

C'est un vulgaire *maquereau* qui a eu la main un peu lourde.

あんなのは小物のひもで，ちょっと荒っぽいことやっただけさ． Beineix : *Diva*

maquiller (truquer) いんちきする

Quinte flush royal! si tu *maquilles* pas, tu la toucheras jamais.

ローヤル・フラッシュだ！お前なんかいかさまやらなきゃ絶対できっこないさ．

Kounen : *Le Dobermann*

marave (battre sévèrement; tuer) ひどく殴る，殺す

Si Yaya il apprend ça, mais il va t'*marave* hein.

もしあんたたちの仲がヤヤに知れたら，あんた殺されるわよ． Siegfried : *Louise*

marcher

■**faire marcher** (tromper; taquiner; raconter des mensonges; raconter n'importe quoi) だます，かつぐ

De Paris à Munich en mobylette...! Vous me *faites marcher*!

パリからミュンヘンまでバイクで行ったなんて，人のことかついでるのね！

Beineix : *Diva*

■**marcher à**

1. (abuser de) 乱用する

Je suis sûr qu'elle *marche au* Valium.

あの女きっと安定剤づけになってるな。 　　　　　　　　Noé : *Carne*

2. (vivre de; ne prendre que de) 生きている，…しか食べない
Depuis qu'il a été chez le juge, il est dingue. Il *marchait aux* antidépresseurs et il carburait au whisky.
> 判事に呼ばれてから夫はおかしくなってます．食べる物といったら抗鬱剤しか受付ず，飲物はウイスキーなんです． 　　　　Beineix : *Mortel transfert*

marcheur (coureur) 女好きの男
Vous savez ce que c'est un vieux *marcheur*? C'est vous.
> 好色爺ってどういうのか知ってる？ あんたのことよ． 　　Miller : *Le sourire*

Marie
■**Marie-couche-toi (-là)** (femme facile; prostituée) 尻軽女，娼婦
Elles les ont déjà filés ces bas, ces *Marie-couche-toi-là*.
> あんな商売女たちだもん，とっくにストッキングを伝線させちまってるさ．
> 　　　　　　　　　　　　　　　　　　　　　Monnet : *Promis... juré*

Marie Rose (marque de shampooing anti-poux) 毛虱駆除用シャンプー
Les poux ça ne part pas comme ça. Et je vous répète que je n'ai pas le droit d'appliquer la *Marie Rose* ... c'est considéré comme un médicament.
> 虱はそれくらいじゃ退治できないのよ．繰り返し言っときますけど マリローズ・シャンプーはここでは使えないの，医薬品扱いだから．
> 　　　　　　　　　　　　　　　Tavernier : *Ça commence aujourd'hui*

marin
■**avoir le pied marin** (ne pas être malade sur un bateau malgré le roulis ou le tangage) 船酔いしない
On *a le pied marin* tous les deux.
> あたしたち二人とも船酔いなんかしないものね． 　　Rohmer : *Conte d'été*

mariner (rester longtemps dans une situation désagréable) いやな状況に長いこととどまる
Je lui ai dit que t'étais pas là, ça le fera *mariner*.
> あんたは留守だって言っといたからあの人じりじりしてるでしょうね．
> 　　　　　　　　　　　　　　　　　　　　Berberian : *Paparazzi*

mariol(l)e
■**faire le mariole** (faire l'intéressant; faire le malin) 目立ちたがる，気取る
Je vous préviens, je suis champion départemental de tir alors, *faites pas les marioles*!

marmot

言っとくけど，この俺様は射撃の県チャンピオンだからな，味な真似しないほうが身のためだぞ．
Krawczyk : *Taxi II*

marmot (petit enfant) 幼い子供

Si au moment où j'allais lui gicler dedans, j'avais su qu'elle allait me foutre un *marmot* sur le dos, je me serais retenu.
あの女の中で射精する瞬間に，俺がガキを押しつけようとしているのが分かっていたら，出すのを抑えたんだが．
Noé : *Seul contre tous*

marner (travailler dur ; gagner sa vie en travaillant) がむしゃらに働く，働いて生活する

Je vais te faire *marner* un peu.
ちょっとばかり飯の種の仕事をやろう．
Ledoux : *En face*

marocain (variété de hasch nord-africain) 北アフリカ産のハシッシュ

Il y a un noir très bon et très sympa qui t'attend à la maison, si tu veux hein ? J'ai un petit *marocain* classique autrement, si tu préfères ... / Oui, mais il est cher, le noir ? / Euh ... oui ... plutôt ... 60 le gramme.
もしよかったらうちにとってもいい，とっても感じのいい黒ちゃんがあんたを待ってるわよ．なんだったら普通のモロッコ産のもあるけど．/ うん，そうね，黒は高いんでしょう？/ ううーん… そう… どっちかって言えば… グラム60よ．
Jaoui : *Le goût des autres*

marrant

■**être pas marrant** (poser des problèmes ; être ennuyeux) 問題を起こす，うるさくする

Ils *sont pas marrants* ce soir. / Ah non ... c'est dur.
（精神病院で騒がしい物音がしている．看護人たちの会話）今晩は患者たちは困ったものだな．/ ええ… 大変だわ．
Barbossa : *Les gens normaux n'ont rien d'exceptionnel*

marre

■**en avoir marre** (en avoir assez ; en avoir ras le bol) うんざりだ，もうたくさんだ

J'*en ai marre* que tout le monde m'engueule tout le temps.
あたしはしょっちゅうみんなから怒鳴られるのはもうご免よ．
Miller : *La petite voleuse*

Y'*en a marre*. Tu t'embrouilles avec tout l'monde !
あたしもう嫌．あんたってみんなと喧嘩ばっかりなんだもん！
Siegfried : *Louise*

marrer

■**se marrer**

1. (rire) 笑う

S'il y a un tremblement de terre, ça peut le sauver ! *Marre-toi*, le type des volcans l'a dit à la télé l'autre jour !
　　地震があったらあのヘルメットで助かるかもしれない．ほんとだってば，テレビで火山予知連の男が言ってたんだぞ！
Beineix : Diva

2. (s'amuser franchement) 心置きなく楽しむ
　Ta gueule, pour une fois qu'on *se marre* !
　　（ジグザグ運転に文句をつけられて）うるせえなー，せっかく楽しんでるのに！
Gainsbourg : Je t'aime moi non plus

marron (qui exerce irrégulièrement une profession) 不法に職業を営む
　Stupeur dans la salle, panique, médecin, médecin à moi, *marron* : maladie microbienne, six mois de repos.
　　（主演女優が舞台上で倒れて）客はあっけにとられ，騒然とする．医者が呼ばれるが，私の知ってるもぐりの奴で，細菌性の病気だから，半年の休養が必要と診断する．
Leconte : Les Grands ducs

■**être marron** (être dupé ; se faire avoir) 騙される
　Vous allez perdre. / Vous rigolez ! / Avec l'article 203, vous êtes *marron*.
　　（裁判は）あんたの負けですな．/ そんな馬鹿な！/ 203条でしてやられますね．
Chatiliez : Tanguy

■**faire marron** (duper ; tromper) 騙す
　Ça peut être n'importe qui... un mec que Partouche a *fait marron*, Partouche lui-même ?
　　（商品を盗んだ可能性のある奴は）いくらでもいるだろう，パルトゥッシュに騙された男とか，パルトゥッシュ自身とか？
Gilou : La vérité si je mens

Mars (appellation commerciale de confiserie chocolatée au caramel) チョコバーの商標名
　Maman, je peux avoir un *Mars* ?
　　ママ，チョコバー買ってくれる？
Dupeyron : Salomé

marteau
■**être marteau** (être cinglé) 頭がおかしい
　Tu deviens complètemement *marteau* !
　　お前ほんとにおかしくなっちまった！
Leconte : Tango

martel
■**se mettre martel en tête** (se faire du souci ; se tourmenter) 心配する，気をもむ
　Ne *vous mettez pas martel en tête*.
　　ご心配には及びませんよ．
Truffaut : Vivement dimanche

maso (masochiste の略) マゾヒスト
　T'es *maso* ou quoi?
　　あんたはマゾなのかよ？
Aghion : *Pédale douce*

　C'est peut-être que les bouchers attirent les *masos*.
　　それは肉屋がマゾ女を引き寄せるからなんだろう．
Noé : *Carne*

massacrer (frapper; battre avec violence; amocher) ぶん殴る
　Tu veux qu'on te *massacre* aussi ?
　　お前めちゃくちゃに殴られもしたいのか？
Despentes : *Baise-moi*

masse
■**être à la masse** (ne pas être dans un état normal, désaxé, déséquilibré) 常軌を逸した，普通じゃない
　T'*es* complètement *à la masse*.
　　お前ほんとにどうかしてるよ．
Le Pêcheur : *J'aimerais pas crever un dimanche*

■**pas des masses** (pas beaucoup) 多くはない
　Tu crois qu'il y en aura beaucoup qui choisiront Femme? / *Pas des masses*.
　　（宿題のテーマに）女を選ぶ子が多いと思う？/ あんまりはね．
Jacquot : *La désenchantée*

mat (matin の略) 朝
　Rendez-vous à 6 heures du *mat*.
　　午前6時に集合．
Zeitoun : *Yamakasi*

mataf (marin) 船員
　Je veux pas finir dans un bordel à *matafs*.
　　船乗り相手の淫売屋で一生を終えたくないわ．
Tavernier : *Laissez-passer*

matelas (grande quantité de billets de banque 分厚い札束
　Vous pensiez quoi? Vous faire un petit *matelas* pour vos vieux jours? Vous n'avez pas le droit. Vous allez rendre cet argent.
　　あんたどういうつもりだったんです？老後のために小金でもためておこうとでも？そんな権利はありませんよ．あのカネを返しなさい．
Chouraqui : *Les menteurs*

mat(t)er (regarder; observer) 見る，注意して見る
　Tu *mates* le volant? Il est beau, hein?
　　このハンドル見たか？素晴らしいだろう，な？
Pirès : *Taxi*

　Matte les pompes!
　　この靴すごいだろう！
Huth : *Serial lover*

matériel (queue; pénis) ペニス
　T'as le *matériel* en rideau.
　　ものが役立たない．
Bardiau : *Le monde de Marty*

mateur (voyeur) 覗き屋
　Ça va les *mateurs*? Vous voulez des jumelles?
　　（運動着姿の女子生徒をじろじろ見ている男子生徒たちに）元気，覗き屋さんたち？
　　双眼鏡貸してやろうか？
　　　　　　　　　　　　　　　　　　　　　Klapisch : *Péril jeune*

maton (gardien de prison) 看守
　T'as logé mon *maton*?
　　看守の居所突き止めたのか？　　　　　　Berberian : *Le boulet*
　Et toi la *matone*, ça te fait jouir les régimes!
　　それにそこのうるさい女，食事制限の男たちにいかしてもらえるのか．
　　　　　　　　　　　　　　　　　　　　　Sinapi : *Nationale 7*

matos [matɔs] (instrument; matériel audiovisuel; équipement) 器具，オーディオ，器財，装備
　Touche pas au *matos*!
　　機械に触るな！　　　　　　　　　　　　　Beineix : *Diva*
　J'emmène un peu de *matos*?
　　武器を少し持ってこうか？　　　　　　　Krawczyk : *Wasabi*

matraquer (infliger une lourde peine; faire payer trop cher) 厳罰を加える，法外なカネを払わせる
　Y'a une fliquette hystérique qui *matraque* dans votre quartier.
　　あんたの街には厳しく駐車違反を取り締まるヒステリー女警官がいるんだね．
　　　　　　　　　　　　　　　　　　Beineix : *Mortel transfert*

matricule
■**Ça va barder pour ton matricule** (la situation devient dangereuse pour toi) まずいことになる
　Si tes parents apprennent que tu fais l'école buissonnière, *ça va barder pour ton matricule*.
　　お前が学校さぼってるなんて親に知れたら，お目玉喰らうよ．
　　　　　　　　　　　　　　　　　　　Monnet : *Promis...juré*

matter voir **mater**

max (maximum; très cher) 最大限に，とても高く
　Tu ne peux pas rester ici ... Ça coûte un *max*.
　　このホテルにいられないわよ．目の玉が飛び出るほど高いんだから．
　　　　　　　　　　　　　　　　　　　　Poiré : *Les visiteurs*

mazeltov!; mazel tov!
1.（ヘブライ語．bonne chance!; félicitations!; bravo! mazel = chance; tov = bon）ご幸運を，おめでとう，いいぞ

mazette!

On va se marier. / C'est pas vrai? Eh ben *Mazeltov!* / Merci.
俺達結婚するんだ. / へえ, そりゃおめでとう. / ありがとう.
Gilou : *La vérité si je mens II*

Mazeltov pour le mariage!
結婚おめでとう！
Gilou : *La vérité si je mens II*

Mathilde est enceinte! / *Mazel tov!* Je suis heureuse!
マチルドが妊娠したんだ！ / おめでとう, あたし嬉しいわ！
Braoudé : *Neuf mois*

Mazel tov! Qu'est-ce que ça veut dire? / Chez nous ça veut dire bonne chance! / Au théâtre, on dit merde.
(お芝居の初日を明日に控えて新米プロデューサーや演出家が) マゼルトフ！ / それどういう意味？ / ユダヤ人語では幸運を祈ってって意味さ. 演劇関係者はメルドって言うんだぜ.
Berri : *Le cinéma de Papa*

2. (反語) 結構なことで

Moi je me marie dans un mois. / *Mazeltov*, ducon!
俺ひと月後に結婚するんだ. / やれやれ, 阿呆め！
Gilou : *La vérité si je mens II*

C'est parce que je parle avec Lili, c'est ça? Mais ça fait 15 ans qu'on se connaît. / *Mazel Tov!*
（お前がふくれてるのは）俺がリリーと話してるからか？ もう15年のつきあいだぞ. / お目出たい人！
Gilou : *La vérité si je mens*

mazette! (très bien) すごい, いいな, ヘー

Oh putain, oh *mazette!* Eh, t'es riche!
あらまあ, すごいわね, あんたってお金持ちなんだ！
Poiré : *Les visiteurs*

mec

1. (homme; type) 男

Je vois un *mec* et une nana, qui avaient l'air carrément plus louches.
男と女があたしの目に入ったんだけど, その人たち（万引女より）ずっと怪しげなのよ.
Rohmer : *4 aventures*

2. (amant; jules) 愛人, 男

Elle a déjà un *mec*.
彼女にはもう恋人いるんだって.
Nauer : *Les truffes*

mécanique

■**rouler les mécaniques** (rouler les épaules; prendre une attitude physique avantageuse; faire le fier-à-bras; rouler sa caisse) 肩で風を切って歩く, 空元気を出す, 空威張りする

Salut, mon Mickey, ça *roule les mécaniques*?
いらっしゃいミッケーちゃん, 元気でやってるかい？
Zidi : *Arlette*

mec(c)ano (appellation commerciale d'un jeu de construction pour les enfants) 子供用組立ゲームの商品名
　Il m'a donné un *mécano*.
　　その人，僕に組み立てゲームをくれたんだ． Thompson : *La bûche*

mèche
■**être de mèche** (être complice) 共犯者である
　Vous *êtes* quand même pas *de mèche*, tous les deux ?
　　まさかあんたたち二人ぐるじゃないんだろうな？ Blier : *Tenue de soirée*

mecton (petit mec) 若造，青二才
　Allez, allez, vas-y, sors les tripes, *mecton*.
　　さあ，さあ，ほら，勇気を出すんだ，若いの． Berto : *La neige*

médoc (médicament) 薬品
　Le Combivir, c'est nouveau, c'est deux *médoc* en un.
　　コンビヴィールってのは新薬で，2種類の薬が一つに入ってるんだ．
　　　　　　　　　　　　　　　　　Ducastel : *Drôle de Félix*

megagrove voir **grove**

mégalo (mégalomane の略) 誇大妄想狂
　Ta grue, tu crois pas que t'es un peu *mégalo* ?
　　（撮影に）クレーンなんてちょっと大袈裟じゃないかね？
　　　　　　　　　　　　　　　Garrel : *Sauvage innocence*

meilleur
■**c'est la meilleure** (c'est étonnant; c'est incroyable; ça c'est le comble; ça alors; il ne manquait plus que ça) 驚いたな，まさか，あんまりだ，ひどい話だ
　Tu crois que c'est moi, c'est ça ? / Je ne crois rien du tout, j'en suis sûre. / *C'est la meilleure*, ça ! Comment tu peux être sûre ?
　　俺の子だと思ってるってことか？ / 思ってるなんてもんじゃないわ．確かにそうなんだもん． / あきれたな，なんでまた確かだと思うんだ？
　　　　　　　　　　　　　　Gilou : *La vérité si je mens*
　Tiens, *c'est la meilleure* ! J'ai laissé une godasse dedans.
　　ほれ，いいざまだ，（落ちた池の中に）靴を片方置いて来ちまった．
　　　　　　　　Sautet : *Vincent, François, Paul et les autres*

■**que le meilleur gagne !** (du courage!; bonne chance!) (スポーツ競技，コンテストなどで) 正々堂々と闘いましょう！ がんばって！
　Que le meilleur gagne !
　　（そっくりさんコンテストで司会者が）みなさんがんばっていきましょう！
　　　　　　　　　　　　　　　　　　　Moix : *Podium*

mélasse

mélasse (situation pénible et inextricable)　動きが取れない状況
　Quand il était dans la *mélasse,* il venait voir madame Irzou, mais la *mélasse* moi, je ne peux rien contre.
　にっちもさっちも行かなくなるとあんたのお父さん，あたしに占ってもらいに来たもんだけど，そういうのはあたしにもどうにもならないもんね.
Leconte : Félix et Lola

mêler
■**de quoi je me mêle〔tu te mêles〕?** (ça ne te regarde pas ; mêle-toi de tes oignons)　余計なお世話だ
　Ecoute, tu la lâches ? / Hé, toi, *de quoi je me mêle ?*
　なあ，その女放っといてやれよ. / おい，お前，口を出すんじゃない！
Siegfried : Louise
　Si vous n'aviez pas d'érection, René ? / *De quoi je me mêle ?*
　勃起しないとしたら，ルネ君？ / 余計なお世話だ！
Sinapi : Nationale 7
　De quoi vous vous mêlez, hein ? Laissez-moi.
　口を出すんじゃない！俺に構わないでくれ.
Taccella : Escalier C

mélo
1. (mélodrame の略)　メロドラマ
　La vie, c'est un *mélo* puis les intellos dans les *mélos*, ben vous êtes nuls.
　人生ってメロドラマなのよ，それにインテリってメロドラマでは最低なの.
Lelouch : Hasards ou coïncidences
2. (mélodramatique の略)　メロドラマの
　Et à la fin, elle se jette dans un couloir d'avalanche. / *Mélo*, dis donc.
　そして最後に彼女は雪崩の峡谷に身を投げるんだ. / すごくメロドラマティックね.
Beineix : Diva

melon (imbécile)　馬鹿者
　Tu as choppé un de ces *melons* !
　大馬鹿者なんか盗み撮りしやがって！
Berberian : Paparazzi
■**porter le melon** (porter le chapeau ; avoir une responsabilité honteuse ; être accusé ; assumer une responsabilité)　失敗の責任を負わされる
　C'est pas encore moi qui vais *porter le melon ?*
　また俺が責任を取らされるんじゃないだろうな？
Sautet : Garçon

membré
■**bien membré** (qui a un gros pénis)　一物が立派な
　Ton cousin, il en avait une comme ça ? / Mouais, ceci dit, il était *bien*

membré pour son âge.
> お前の従兄弟ってのも俺のみたいのしてたのか？ / まあね，とにかくあの歳にしては大きかったわね。
> Megaton : *Exit*

mémé (vieille femme) 老婆
T'avais l'air de bien les embrouiller les deux *mémés* à l'entrée, là.
> あんた学校の入り口で婆さんを二人うまくたらしこんだみたいね。
> Siegfried : *Louise*

ménage
■ **faire bon ménage** (s'entendre bien) 仲がいい
Les intellos et le cul, ça n'*a* jamais *fait bon ménage*.
> インテリでセックスが巧いってやつはいたためしがないからな。
> Sinapi : *Nationale 7*

■ **petit ménage** (couple d'homosexuels) ホモのカップル
C'est un *petit ménage*.
> あそこに住んでるのはホモのカップルね。
> Balducci : *Trop jolies pour être honnêtes*

mener
■ **ne pas en mener large** (avoir peur; être inquiet, mal à l'aise) 不安だ，気詰まりだ
Je lui ai ri au nez, il *n'en menait pas large*.
> あいつをせせら笑ってやったらびくついてやがった。
> Téchiné : *Barroco*

méninges (esprit; cerveau) 心，脳
Tu me fatigues les *méninges*.
> お前といると気が休まらないな。
> Malle : *Zazie dans le métro*

■ **se creuser les méninges** (réfléchir intensément) 頭をしぼる
Creuse-toi les méninges au lieu de te lamenter.
> 嘆いてないで頭を働かせろ。
> Krawczyk : *Taxi II*

menotte (main d'enfant; petite main) 子供の手，可愛い手
Tiens la bien, cette biscotte, bien fermement dans ta *menotte*.
> ちゃんと持つんだ，そのビスコットを，お手手にしっかりと。
> Molinaro : *La cage aux folles*

mental (mentalité; moral) 気力，根性
Il faut garder un bon *mental*.
> 根性をしっかり持っていないとね。
> Despentes : *Baise-moi*

merci
■ **merci qui ?** (dis merci; n'oublie pas de dire merci; merci qui?; merci

merde

mon chien) ちゃんと御礼を言いなさい
Tu as dit merci ? / Dire merci ? / *Merci qui ?* / Merci monsieur Wagner.
［母親］御礼を申し上げたの？ / ［マックス］御礼を？ / ［母親］ちゃんと御礼を言うんだ． / ［マックス］ヴァグネルさん，ありがとう．　　Kassovitz : *Assassins*

merde

1. (individu méprisable, sans aucune valeur) ろくでなし，屑

Vous saviez tout ça et vous m'avez rien dit... Vous avez prévenu les autres avant de m'en parler à moi... Et moi je suis sa mère... vous êtes une *merde*...
あなたはそういった（息子が父親を殺した）ことを知っていながらあたしには何も言わなかった… あたしに話す前に他の人には知らせたのね… このあたしは母親なのに…あんたは最低よ…　　Téchiné : *Alice et Martin*

Le clodo c'est ton père ? Ça m'étonne pas que tu sois le fils de cette *merde*.
あの浮浪者があんたの父親なの？ あんたがあの屑の息子でも不思議はないわ．
Dupontel : *Bernie*

Alors là, d' la *merde*, on vous parle pas ! Enculés !
（扶養義務を怠ったとして裁判に負けた父親が息子とその友人で家族同様に可愛がってやった弁護士に）こんなんじゃ，この糞野郎ども，口をきいてやるものか，馬鹿者ども！　　Chatiliez : *Tanguy*

2. (hashishch; shit) ハシッシュ

T'en as pas assez de vendre ta *merde* là-bas ?
お前，あっちでヤクを売るのやんなっていなかったのか？
Dumont : *L'humanité*

3. (situation difficile; ennui grave) 厄介な事態，混乱，窮地

Les trois quarts de la planète, ils sont dans la *merde*, alors ils essayent de se radiner là où c'est moins la *merde*.
地球の4分の3の地域はいろいろ困った問題を抱えているんです．ですからそういったところの連中は問題の少ないところに押し掛けようとするんですよ．
Serreau : *La crise*

Je me demande comment Dieu pense qu'un homme doit agir quand son fils est dans la *merde* jusqu'au cou !
自分の息子が窮地に落ち込んでいるとき父親はどう行動すべきか神様の考えを知りたいもんだね！　　Guédiguian : *A la place du cœur*

4. (zut!; tant pis!; putain!) ちぇ！しょうがない

Elle a de jolies cuisses mais l'autre... *merde !* elles sont trop moches.

merde

一人はいいケツしてる，でももう一人は…ちぇ！二人ともブスすぎる．

Godard : *A bout de souffle*

5. (ah non alors!) だめだ！
   Le blé d'accord mais pas la Malaguti, *merde!* Je suis en rodage.
   カネは貸してやるが，オートバイは貸してやれない，だめだ．慣らし運転中だ．

Beineix : *Diva*

6. (bravo!; chouette!; c'est super!) 幸運を祈って，おめでとう，いいぞ！
   T'as décidé ? / Non, pas encore. / *Merde!*
   もう（フィアンセは）決めたの？／いいえ，まだ．／しめた！　　Huth : *Serial lover*
   J'ai une bonne nouvelle à t'annoncer, mon vieux. J'ai un enfant. / Ah *merde!*
   いいニュースがある．子供が産まれたんだ．／すげえ！

Truffaut : *Domicile conjugal*

■**bordel de merde** voir **bordel**

■**chercher la merde** (chercher la dispute, la bagarre) 喧嘩を売る
   Qu'est-ce qu'i veut, i *cherche la merde* ?
   なんだっていうんだ，あの野郎，喧嘩でも売ろうっていうのか？

Dumont : *La vie de Jésus*

■**de merde** (mauvais; désagréable; presque sans valeur) 悪い，ひどい，つまらない，ほとんど価値のない，くだらない
   Je fais des petites boulots *de merde*.
   僕はひどいアルバイトをしてる．　　　　　Guédiguian : *A la place du cœur*
   Si tu crois pouvoir lui courir après à travers tous les continents avec des salaires *de merde*.
   雀の涙ほどの給料で世界中あの女を探し求めて回れるとでも思っているのか？

Guédiguian : *A la place du cœur*

■**dire merde**

1. (se moquer; se foutre) 問題にしない
   Jouer du sax comme un fou, et tout le reste, je *dis merde* !
   サックスを気違いみたいに吹きたいんだ，それ以外はどうでもいい．

Bral : *Extérieur nuit*

2. (souhaiter bonne chance) 幸運を祈る
   Maintenant c'est vachement mieux, c'est le genre d'endroit où tu peux *dire merde* au patron.
   今じゃすごくいい．社長に頑張ってねって言いたくなるようなデパートになってるね．

Klapisch : *Riens du tout*

merde

A tout à l'heure. Je te *dis merde*.
   じゃまた演奏の後で，頑張ってね！　　　　　　　　　　Haneke : *La pianiste*

Mazel tov ! / Qu'est-ce que à veut dire ? / Chez nous ça veut dire bonne chance ! / Au théâtre, on *dit merde*.
   (お芝居の初日を明日に控えて新米のプロデューサーが演出家が) マゼルトフ！／それはどういう意味？／ユダヤ人語では幸運を祈ってって意味さ．演劇関係者はメルドって言うんだぜ．
   　　　　　　　　　　　　　　　　　　　　　　　　Berri : *Le cinéma de Papa*

■**four à merde** voir **four**

■**foutre la merde** (semer le désordre ; troubler)　混乱を引き起こす，騒ぎの種になる

Tu *fous la merde* et tu m'fais honte devant tout l'monde.
   (こんなところでセックスしているの見られたら) スキャンダルになって，あたしみんなに顔合わせられないわ．
   　　　　　　　　　　　　　　　　　　　　　　　　　　　　　　Zidi : *Deux*

C'est pas compliqué. Y'a pas de points de suspension qui viennent *foutre la merde*.
   言ってることは簡単だ．騒ぎの種になるような言い落としなんかないのさ．
   　　　　　　　　　　　　　　　　　　　　　Pinoteau : *L'étudiante*

■**mettre dans une belle merde** (mettre dans une situation très desagréable)　ひどい立場に陥らせる

Vous m'*avez mis dans une belle merde* !
   よくもまあこんな立場に追い込んでくれたよな！　　　Berberian : *Six-pack*

■**ne pas être dans la merde** (ne pas aller du tout ; être dans la merde jusqu'au cou)　ひどい窮地に立たされている

I bouge pas, putain. / On *est pas dans la merde* !
   (てんかんの発作を起して) もう動かないぞ．／困っちまったな！
   　　　　　　　　　　　　　　　　　　　　Dumont : *La vie de Jésus*

■**oui ou merde** (oui ou non)　イエスなのかノーなのか

On joue, *oui ou merde* ?
   ゲームするのかしないのかどっちなんだ？　　　Deville : *La paltoquet*

■**remuer la merde** (faire ressortir le passé)　昔の不愉快なことをほじくり返す

Ça vous plaît hein de *remuer la merde* !
   そんなことを蒸し返すのが嬉しいのかね．　　Mouriéras : *Dis-moi que je rêve*

■**sac à merde** voir **sac**

■**se foutre dans la merde** (se mettre dans une situation difficile, dans l'embarras)　厄介なことになる，窮地に立つ

Cette femme va *t'foutre dans la merde*.
あんな女に関わってると困ったことになるぞ． Beineix : *Mortel transfert*

merder
1. (ne pas réussir; échouer; foirer) ヘマをする，失敗する
   Quand une fille me plaît, je *merde* toujours le coup.
   好きな女ができても，俺はいつもドジるんだ． Noé : *Seul contre tous*
2. (mal fonctionner) うまく動かない
   Y'a un parachute qui lâche! / C'est pour ça qu'il y en a trois! Y'en a toujours un ou deux qui *merde*.
   パラシュートが一つゆるんでます．/ だから三つあるんだ．いつだって一つや二つはだめだから． Krawczyk : *Taxi II*

merdier (embarras; désordre; situation inextricable; pastis) 困惑，錯綜した状態，混迷，厄介な事態
Ça commence en France, en plein cœur du *merdier*, au pays du fromage et des collabos.
おれの人生はチーズと対独協力者の国，混迷の最中のフランスで始まる．
Noé : *Seul contre tous*

C'est le genre qui vous mène droit au *merdier*.
あの女にちょっかい出すと泥沼にはまり込むぞ． Blier : *Les valseuses*

merdique (mauvais; nul; ennuyeux; difficile) くだらない，いやな，つまらない，つらい
Tu vas encore chercher des solutions *merdiques*.
そんなんじゃまた愚にもつかぬ解決法を探ることになる．
Moll : *Un ami qui vous veut du bien*

Le casse-croûte est pas dégueulasse. Y'a que la musique qui est *merdique*!
（献血バスの中で）ここの弁当は悪くないのに，音楽だけはいただけないわ！
Varda : *Sans toit ni loi*

merdouille (situation fâcheuse; oh merde!) 困った状況，窮地，くそ！
J'aurais pas pu être cosmonaute. Oh *merdouille*, je perds mon blé là!
（遊園地の空中ブランコに乗って気持ちが悪くなり）俺には宇宙飛行士は無理だったよな，参った，こんなものに乗ってカネの無駄使いしちまった．
Bouchitey : *La lune froide*

mère
■de sa mère
1. (vachement; beaucoup) ひどく，とても
   Je suis déjà marié, je'peux pas être bigame! / Salaud! Enfoiré *d'ta mère*!

merlan

俺はもう結婚してるから重婚はだめだ．/ 人でなし，大馬鹿！ Zidi : *Arlette*

Putain *de ta mère*, viens ici !

畜生め，こっちへ来い！ Despentes : *Baise-moi*

2. (de mon cul) 取るに足らぬ，役立たずの，つまらない

Alors, tu vois, tu le mets comme ça, autour de ton poignet...et en même temps, tu fais un vœu... Et quand le bracelet tombe parce que les fils sont usés, eh bien ton vœu est exaucé, c'est un talisman. / C'est un talisman de la mort *de ta mère* !

いいかい，ほら，こうやって手首に巻いて，同時に願い事をするんだ．この腕輪が落ちるとき，毛糸はすり切れるからね，君の願い事は叶うんだ．お守りだよ．/ こんないんちきお守り，役に立つもんか！ Miller : *La classe de neige*

■**la vie de ma mère** (sur la vie de ma mère, je le jure) 母親の命に掛けて言うけど，誓って言うよ

La vie de ma mère, c'est vrai. J'suis trop tombé amoureux d'cette meuf.

俺誓ってもいいよ，ほんとなんだ．あの女にすごく惚れちまった．

Siegfried : *Louise*

■**baise ta mère** voir **baiser**
■**mutant de sa mère** voir **mutant**
■**nique ta〔sa〕mère** voir **niquer**
■**va voir ta mère au zoo** (va-t'en) 行っちまえ

Tu vas me parler sur un autre ton, toi, hein ? / *Va voir ta mère au zoo* !

そんな生意気な口聞いて！/ うるせえ，消え失せろ！ Arcady : *Dis-moi oui*

merlan (coiffeur) 美容師

Devine ce qu'on va lui faire au *merlan*.

あの美容師に何してやるか分かるか？ Blier : *Les valseuses*

■**faire des yeux de merlan frit** (regarder *qn.* en extase) うっとりと見つめる

Tu rencontres quelqu'un, il te *fait des yeux de merlan frit*, et il veut que tu l'accompagnes au cinéma ou que tu ailles danser avec lui. Qu'est-ce que tu fais ?

出会った人があんたをぽーっと見つめて映画に誘われたりダンスしに行かないかって言われたらあんたどうする？ Miller : *L'effrontée*

messe

■**faire des messes basses** (dire quelque chose de sorte que les autres n'entendent pas) ひそひそ話をする

Pas de *messes basses* tous les deux !

二人とも内緒話はしないでよ． Giovanni : *Mon père*

météo (météorologie, météorologique の略) 気象，気象の
Le travail des sauveteurs est rendu très difficile à cause des conditions *météo*.
救助隊の活動は気象条件にはばまれて困難を究めています。　　　Veber : *Le placard*

métèque (étranger établi dans un pays) よそ者
C'est qui ? / Un *métèque*, un rasta.
どういう男なんだ？/ よそ者よ．派手でやくざっぽい男．　　　Beineix : *Diva*

méthadone (médicament qui permet de supprimer les symptômes du manque qui surviennent lors de la privation de drogue) 麻薬禁断症状緩和剤
Vous auriez pas une petite dose en prime ? / Non mais on peut t'avoir un traitement à la *méthadone*.
(麻薬中毒の容疑者が刑事に) 喋ったらごほうびにちょっとヤクを貰えますか？/ おいおい，メタドン療法だったらしてやるよ．　　　Vergez : *JP Racket*

métro
■**avoir un métro d'avance** (être un peu en avance sur) すこし先手を取っている
Ils *ont un métro d'avance*.
奴等にすこし先を越されてるんだ．　　　Beineix : *Diva*

mettre
1. (faire l'amour ; baiser ; pénétrer) セックスする
Je te *mets*, Thérèse.
お前に入れちゃうからな．　　　Poiré : *Le Père Noël est une ordure*
T'es bonne à rien, t'es même pas bonne à *mettre*.
お前って女は役立たずだな，抱く気にさえならない．　　　Sinapi : *Nationale 7*
Tu l'encules, c'est ça ? Il aime se faire *mettre* ?
お前が爺のオカマを掘るんだろう？ 爺，入れられるのが好きなんだろう？
　　　Devers : *Max et Jérémie*

2. (infliger des coups) 殴る
T'as vu ce qu'elle lui *a mis* ?
すさまじかったわね，あの殴りようったら．
　　　Veysset : *Victor... pendant qu'il est trop tard*
Qu'est-ce que tu m'*as mis*, dis donc !
俺のことえらく殴りやがったな，おい！　　　Bluwal : *1996*

■**aller se faire mettre** (s'en aller ; disparaître ; aller se faire enculer) 立ち退く，立ち去る
Il dit qu'il veut aller dormir avec moi. / Dis-lui d'*aller se faire mettre*.

meuble

あの人あたしのとこへ行って眠りたいんだって．/ あいつに消えろって言え．

Fontaine : *Nettoyage à sec*

■**en mettre une** (donner une gifle) ビンタを食わせる

Une minute de plus et c'est moi qui allais vous *en mettre une*.

（あたしを殴るのが）ちょっと遅かったらあたしのほうが一発お見舞いしていたところでしたわ．

Aghion : *Pédale douce*

■**la mettre**

1. (pénétrer sexuellement) ペニスを挿入する

Est-ce qu'il vous caresse avant de vous *la mettre*, ou il entre tout de suite dès qu'il sent que c'est mouillé ?

前戯をしてから挿入するの，それともあそこが濡れてると感じたらすぐに入れるの？

Bonitzer : *Rien sur Robert*

2. (duper qn. à fond) 徹底的に騙す

Tu essaies de me *la mettre* à moi ?

俺のこと，とことん騙し続けるつもりなんだな？　　Gilou : *La vérité si je mens II*

■**pouvoir mettre** (pouvoir mettre au cul, où je pense ; je n'ai rien à foutre) どうでもいい

Ta came tu *peux* t'la *met*...putain tu m'laisses parler oui ?

お前の商品なんか糞食ら…おれに話をさせろ！　　Gilou : *La vérité si je mens*

■**se faire mettre** (se faire avoir ; être battu ; se faire tromper ; avoir) 騙される，してやられる，うち負かされる

Das gros lievre pas content du tout de *zetre fait mettre* par betite dordue !

（ドイツの）大きな兎こうは小さな亀に負けて悔しくてしょうがないのさ．（綴りはドイツ訛りを表す原文のまま．La Fontaine ではLe gros lièvre n'est pas du tout content de s'être fait mettre parla petite）

Pirès : *Taxi*

Il se fait plumer par les fonctionnaires et ici il *se fait mettre* par les intégristes !

彼はアルジェリアでは官吏どもにカネを巻き上げられ，こっちに来たら原理主義者に騙されてる．

Cabrera : *L'autre côté de la mer*

■**se faire mettre par derrière** voir **derrière**

■**se mettre avec** (vivre maritalement avec) 同棲する

Tu *t'es mise avec* ce blanc-là ?

お前あの白人と一緒に暮らしてるのか？　　Serreau : *Romuald et Juliette*

meuble

■**faire partie des meubles** (être parfaitement intégré ; appartenir depuis longtemps à un groupe, une collectivité, un lieu) 溶け込んでいる

Il *fait partie des meubles* ici, c'est plus un flic.
  彼はここにすっかり馴染んでいる，もうデカなんかじゃない．
Fassbinder : *Querelle*

meuf ; meufa ; muf (femme の逆さ言葉 ; femme, fille) 女，なおん
  Bonsoir... Y'a de la *muf*, y'a de la *muf* !
  （パーティに来て）こんばんわ…わースケだ，スケだらけだ！
Klapisch : *Peut-être*

  C'est ça, quand t'as une *meuf* sérieux.
  そりゃそうさ，女と真剣な仲になってれば． Dumont : *La vie de Jésus*

  Il essaye d'se faire la *meuf* de Greg.
  あの野郎グレッグのスケに手を出そうとしてるぞ！ Siegfried : *Louise*

  J'en ai niqué des *meufas*.
  俺，女たちとやりまくったんだ． Bensalah : *Le ciel, les oiseaux et ... ta mère*

meufa voir **meuf**

meule (cyclomoteur ; vélomoteur ; moto) モーターバイク
  C'est pas une *meule* de postier...c'est un racer !
  これは郵便配達夫のバイクとは違うんだ…レース用のオートバイなんだぞ！
Beineix : *Diva*

meules (fesses) けつ
  T'as vu les *meules* ?
  あの尻見たか？ Berberian : *Paparazzi*

miche (cul) 尻，セックス
  Je sais c'que tu cherches. Que j't'en file un bon coup dans les *miches*.
  お前の狙いは分かってる．俺に思いっきりオカマを掘られたいんだろう．
Gainsbourg : *Je t'aime moi non plus*

  Le truc qui me plairait, ce serait être boulangère. Je sais pas. C'est comme ça. / C'est pour les *miches*, non ? / C'est pour tenir la boutique.
  あたしやってみたいのはパン屋さんなの，どうしてかしらね．でもそうなんだもん．／一石二鳥ってわけ？／お店が目的よ．(miche の「丸形パン」と「尻」に掛けた洒落)
Chéreau : *Ceux qui m'aiment prendront le train*

■**avoir les miches** (avoir peur) 怖い
  T'*as les miches* ? / J'ai plus peur.
  お前怖いのか？／もう怖くない． Heynemann : *La question*

micheton (client) 客
  Claudius, un p'tit conseil quand même. A l'avenir, choisis mieux tes p'tits *michetons*.

michetonner

クローディアス，とにかくちょっと忠告しとく．これからはもっとよく客を選ぶんだな． Guit : *Le ciel est à nous*

michetonner (rechercher des passes rapides, occasionnelles) ショートの客を漁る

T'*as* bien *michetonné* ce soir !

あんた今夜はよくショートに励んだわね！
Veysset : *Victor ... pendant qu'il est trop tard*

mickey (individu peu intéressant, ringard) つまらない奴，いかさない男

Les p'tits *Mickeys* de Clodarec, j'leur pisse au cul.

部長の部下のごみ刑事どもの鼻を明かしてやるぞ． Kounen : *Le Dobermann*

mic-mac

1. (désordre) 混乱

Pour vous fourrer dans un *mic-mac* pareil, il fallait qu'il y ait un joli bas de laine.

あんたがこんなに混乱しているには結構な額のへそくりを見つけたに違いないな．
Corneau : *Série noire*

2. (magouille) 陰謀，企み

Quel nouveau *mic-mac* tu as inventé ?

また何か悪いこと企んでるんでしょう？ Thévenet : *La nuit porte jarretelles*

micro-ondes (four à micro-ondes) 電子レンジ

Le *micro-ondes*, pressée comme tu es toujours, ça pourrait peut-être te servir, non ?

電子レンジって，あんたいつも忙しいんだから，役に立つんじゃない？
Ducastel : *Jeanne et le garçon formidable*

midi

■**voir midi à sa porte** (juger, estimer une situation de son point de vue particulier) 自分の色眼鏡でしか見ない

Vous devez vous demander c'qu'un type comme moi fait ici plutôt qu'd'habiter dans un palace... / C'est vrai qu'c'est un peu surprenant, mais bon, chacun voit *midi à sa porte* !

あんたは僕みたいな男が高級ホテルじゃなくってこんなところで何してるのか変に思ってるでしょうね… / 確かにちょっと意外だけど，まあね，みんな勝手に解釈するんだから！ Zidi : *Arlette*

mille

■**mille cinq cent trois** (très nombreux) 数多くの

Tu vois la tête des gens à la DDASS ou je ne sais pas où, devant notre dossier : situation de famille : mère célibataire, père marié mais avec une autre, domicile fixe : *1 503* adresses.

（養子を申し込むのに）養護施設だかどこだかよく知らないけど，こんな書類を出したら，係りの人はどんな顔するか分かる？家族の状況の欄に，母親は未婚，父親は既婚だが別の女と同棲，連絡場所の所番地がごまんとあったら．

Thompson : *La bûche*

mille-pattes (poids lourd) 大型トラック
J'aimerais bien voir ton *mille-pattes*.

君の大型トラック見てみたいもんだな． Sinapi : *Nationale 7*

mimi
1. (mignon) 可愛い
C'est *mimi* comme ça.

（レースの付いた下着をみせて）こういうの可愛いでしょう．

Limosin : *L'autre nuit*

C'est mon p'tit frère. Trop *mimi* non ? / Oh, il est mignon.

これあたしの弟よ．すっごく可愛いでしょう？／まあ，可愛い． Siegfried : *Louise*

2. (minet ; jeune homme à la mode) おしゃれな若者
J'étais pas *mimi* ?

僕おしゃれな青年じゃなかった？ Vernoux : *Love etc.*

3. (caresse ; baiser) （鼻をこすり合わせる）キス，なでなで
Qui est-ce qui fait un *mimi*-Eskimo ?

（母親が二人の娘に）エスキモーキスを誰がする？ Kurys : *La Baule-les-Pins*

mince
■**mince alors!** (zut! ; flûte! ; merde!) ちぇっ，畜生
On m'a conseillé l'air de la région. / Ah ben *mince alors!* Moi si j'devais me r'poser, c'est pas par ici que j'irais.

（僕の病気に）この辺の空気がいいって勧められたので．／ちぇっ，そんなことって！私だったらこんなとこに静養にこないね． Allégret : *Une si jolie petite plage*

mine
■**avoir une petite mine** (avoir mauvaise mine) 顔色が悪い
Ça fait deux trois jours qu'on vous a pas vu. Vous *avez une petite mine*.

２，３日お見受けしませんでしたね．顔色が冴えませんよ．

Rivette : *Haut bas fragile*

minet (jeune homme à la mode) おしゃれな男の子
Toi, tu disais préférer les vieux, cette année tu te payes un *minet*.

君は年上の男性がいいと言ってたが，今年はどういうわけかお坊ちゃんがお相手かい．

Rohmer : *Conte d'automne*

minette (sexe de la femme) 女性性器
  On lui a drôlement chauffé, sa *minette*.
    あの女のプッシイちゃんをあつあつにしちまったもんな.　　　Blier : *Les valseuses*

minot (gamin; gosse) 子供
  J'étais tout petit, tout *minot*.
    私がまだ幼くて，ガキの頃だった.　　　Lioret : *Tombés du ciel*

minou (sexe de la femme) 女性性器
  Je m'occupe de son *minou*.
    私があの娘のあそこを可愛がってやってるのさ.　　　Blier : *Merci la vie*

minouche (ma chérie) かわいこちゃん
  Accélère, *minouche* !
    スピード出してよ，おねえちゃん！　　　Godard : *A bout de souffle*

minus [minys]（女性形不変）(imbécile; idiot; crétin) 阿呆, 能なし
  Il volait aux riches pour donner aux pauvres. / C'est pas Mandrin, c'est Karl Marx, petite *minus* !
    金持ちから盗んで貧者に与えていたのです. / それはマンダランじゃないカール・マルクスだろう, 馬鹿女め！　　　Grousset : *Kamikaze*

minute
■**minute(,) papillon!** (attends une minute; ne sois pas pressé; doucement) ちょっと待て，急ぐな，ゆっくり
  Hé, *minute papillon* !
    ちょっと，あたしを置いてかないでよ！　　　Poiré : *Les visiteurs*

mioche (enfant; gosse) 子供, ちび
  Bon effectivement, peut-être qu'un *mioche* de plus ou de moins, ça ne change pas grand-chose.
    そうですな，確かに，引率する子供が一人増えようと減ろうと大した違いはありませんからね.　　　Poiré : *Les anges gardiens*

Mir (appellation commerciale d'un détergent) 洗剤の商標
  Qu'est-ce que t'as mis dedans ? / De l'huile, c'est tout. / Mais quelle huile ? / Celle-là, là. / Le *Mir* citron... elle a fait cuire mon steak avec le *Mir* citron.
    これに何入れたんだ？ / オイルだけ. / どのオイル？ / あれ，あそこの. / 洗剤だ, 俺のステーキを洗剤で料理しやがった.　　　Gatlif : *Gaspard et Robinson*
  Crêpe réclame du *mir* couleur.
    クレープからの伝言. 色落ちしない洗剤買ってきて.　　　Pinoteau : *L'étudiante*

miro (myope) 近視の

Elle était tellement *miro* qu'au deuxième rang, elle n'aurait rien vu du tout.

彼女近視がひどいから（映画館の）2列目じゃ何も見えなかっただろうな。

Becker : *L'été meurtrier*

mirobolant (extraordinaire; merveilleux; mirifique) 素晴らしい，とてつもない，信じられない，すごい

Le plus formidable, le plus faramineux, le plus *mirobolant*, c'est que ça marche.

いちばんすばらしく，とてつもなく，信じられないことは，仕事がどんどんはかどっていくことだ。

Dayan : *Cet amour-là*

miroir

■**casser un miroir** (c'est se vouer à 7 ans de malheur) 鏡を割ると7年間不幸に見舞われる（など，迷信で凶とみなす）

C'est un signe de mort, c'est horrible ! / Il ne faut pas croire des choses pareilles, casser *un miroir*, c'est casser une assiette.

（鏡をうっかり落として割ってしまって）あたし死ぬってことだわ，恐ろしいこと！／そんなの迷信よ，お皿を割るのと同じことでしょう。

Varda : *Cléo de 5 à 7*

Miror (marque de produit qui sert à faire briller les cuivres) 銅製品を磨くための製品の商品名

La femme de ménage, elle m'l'a passé au *Miror*, cette connasse, elle m'a niqué une lamelle.

家政婦がこの彫刻に磨き粉をかけたんだ，あの馬鹿女，羽を1枚壊しやがった。

Gilou : *La vérité si je mens*

mise

■**sauver la mise** (tirer d'un mauvais pas) 窮地から救い出す

J'te remercie ! Tu nous *sauves la mise* !

有り難う，大いに助かったよ！

Krawczyk : *Taxi II*

misquina (アラビア語. pauvre) かわいそうに

Votre mère, *misquina*, la pauvre, vous auriez dû lui dire de venir à la maison.

かわいそうに，お母さまにも来るようにおっしゃればよかったのに。

Gilou : *La vérité si je mens*

missionnaire

■**à la missionnaire** (dans la position du missionnaire) 正常位で

Je l'ai démarrée en levrette, ensuite elle m'a sucé et puis on s'est terminés *à la missionnaire*.

まず彼女を後背位で抱いて，それから彼女がフェラしてくれ，正常位で終わりにした

mitard

んだ.   Blier : *Tenue de soirée*

mitard (cachot ; cellule disciplinaire dans une prison) 独房, 営倉
Du calme ou j'vous fous au *mitard* !
静かにするんだ, さもないと独房行きだぞ.   Gainsbourg : *Stan the flasher*

mitrailler (photographier ou filmer sans arrêt de tous côtés) あらゆる角度から被写体を撮り続ける
Il avait un appareil photo. Il n'arrêtait pas de me *mitrailler*.
あいつカメラ持って来ててね, (犯されてる) あたしを撮りまくってたわ.
                                             Ozon : *Les amants criminels*

M.L.F. (Mouvement de la Libération de la Femme の略) 婦人解放運動
On peut parler d'autre chose. De la pluie, du beau temps, du *M.L.F.*
別の話をしたっていいんだよ. お天気のこととか, M.L.F. のこととか.
                                       Eustache : *La maman et la putain*

mob (mobylette の略) ミニバイクの商標
Pourquoi qu'ils ont pris les adresses de tous les postiers en *mob* ?
どうしてその男たち, バイクで配達する郵便局員全部の住所を控えてったのかしら?
                                                      Beineix : *Diva*

moche

1. (laid ; affreux) 醜い, ひどい, みっともない
Elle a de jolies cuisses mais l'autre...merde ! elles sont trop *moches*.
一人はいいケツしてる, でももう一人は … ちぇ! 二人ともすげえブスだ.
                                              Godard : *A bout de souffle*
Les femmes qui se mettent Jicky ne sont jamais *moches* !
ゲランのジッキーを付けてる女性にブスがいたためしはない.   Leconte : *Tango*

2. (mauvais) 悪い
C'est bête qu'il fasse *moche* aujourd'hui.
今日天気が悪いなんて残念ね.   Rohmer : *4 aventures*

3. (triste ; ennuyeux) 惨めな, 嫌な
Avant parfois c'est mieux qu'après. / Mais avant, c'est maintenant et maintenant, c'est *moche* comme tout.
欲望を果たす前のほうがいいってこともある. /前って今のことよ. 今の状態なんてつまらないったらありゃしない.   Miller : *La petite voleuse*
Elle est sympa cette baraque hein ? / Moi je la trouve très *moche*.
この家いいじゃないか? / あたしはさえない家だと思うわ.   Braoudé : *Neuf mois*

mode

■**être mode** (être à la mode) 流行っている
Pierre *est* trop *mode*. J'ai beaucoup de mal avec les gens ancrés à ce

point-là dans le présent.
> ピエールは時代を追いすぎてるよ．どっぷり今の世の中に浸かっているああした連中にはあたしゃ付いていけないよ． Thompson : *La bûche*

mœlle
■**avoir la mœlle** (avoir la santé) 体調がいい
Il *a la mœlle* en ce monment, il va bien.
> あの選手は体調がいいですよ，元気です． Annaud : *Coup de tête*

moi
■**de toi à moi** voir **toi**

moins
■**c'est au moins ça** voir **ça**
■**moins que rien** (personne négligeable, insignifiante, sans importance) 取るに足らない人
Jimmy, on me l'a pris hier, des gendarmes avec une camionette bleue, comme des voleurs ... Comme si j'étais une *moins que rien*.
> 昨日警察が息子のジミーを連れてったわ，青い車に乗せて，まるで泥棒扱いよ，あたしなんか無視したって構わないってばっかりに． Tavernier : *Ça commence aujourd'hui*

Il paraît qu'on sera toutes jetées à la rue comme des *moins que rien*.
> （娼館が閉鎖になったら）あたいたちはみんな虫けらみたいに掃き出されちゃうのよ． Leconte : *Rue des plaisirs*

mois
■**fin de mois** (règles) 生理
Il veut toujours que je me balade comme ça (sans porter de culotte) même dans la rue. / Même en *fin de mois* ?
> あいつはこうしてろ（パンツをはかないで）って言うのよ，外でもよ．/ めんめの時でもか？ Blier : *Les valseuses*

■**le treizième mois** (le salaire de deux demi-mois; un mois de plus pour an; bonus; prime) 年間1か月のボーナス
Je gagne 4 500 francs par mois, primes comprises, sans compter *le 13e mois*.
> 僕は手当込みで4千5百フラン稼ぎますが，それとは別に1か月分のボーナスがでます． Fontaine : *Augustin*

mol(l)o (doucement, en faisant attention) そっと，注意しながら
Tu dis à tes copains que *molo* sur le distroy ?
> お前仲間にな，壊すのは程々にって言うんだぞ． Klapisch : *Peut-être*

môme

■**mollo mollo** (doucement) まあまあ
Ça se passe bien? / Wof ... *mollo mollo*...
うまくいってる？ / まあ，ぼちぼちってとこね．
Klapisch : Chacun cherche son chat

môme (enfant) 子供
Je vois des *mômes* déglingués.
(精神科医の) 僕は頭がいかれたガキを相手にしている．
Braoudé : Neuf mois

monde

■**c'est un monde** (c'est exagéré; c'est incroyable; ça dépasse tout)
ひどいことだ，とんでもないことだ
C'est un monde, ça. Il faut sévir, y a que ça.
(子供がこんな盗みを働くなんて) ひどいもんですな．厳しくしないとだめです．それしか手はありませんよ．
Miller : La petite voleuse

Je fais pas de toasts. / *C'est un monde* ça!
うちじゃトーストをやってません．/ お話にならんな！
Gainsbourg : Je t'aime moi non plus

mongol (idiot) 阿呆
J'ai réagi normalement quand j'ai su c'est qui qu'a fait ça ... un *mongol* profond.
誰がそんなことをしたか分かったときには普通に対応しましたよ．ひどい阿呆じゃね．
Tavernier : De l'autre côté du périph'

mongolien (arriéré mental; idiot) 知恵遅れの
Arrête de me traiter comme une *mongolienne*.
あたしを知恵遅れ扱いするのはやめなさいよ．
Aghion : Pédale douce

Qu'est-ce qu'elle me dit, la *mongolienne*!
あの馬鹿，何をほざいてるんだ！
Poiré : Le Père Noël est une ordure

monnaie

■**par ici la monnaie** (passe la monnaie; le profit est pour moi; c'est moi qui gagne) （賭けの）カネはいただきだ，儲けはこちらのものだ
Tu veux dire que je pourrais avoir l'honneur et l'avantage d'incarner cet hypothétique héritier? *Par ici la monnaie*!
僕がそのはっきりしない遺産相続人に成りすます名誉と，優先権を手に入れられるかも知れないってこと？ カネはいただきだね！
Varda : Les cent et une nuits

■**rendre à *qn.* la monnaie (de sa pièce)** (user envers *qn.* des mêmes mauvais procédés, lui rendre la pareille) 同じようなひどいやり方で仕返しをする
Il sautait Jeanne dans l'grenier. J'vais lui *rendre la monnaie de sa*

pièce! J'vais m'sauter le premier venu!
> 彼ったら屋根裏部屋でジャンヌとやってたの．こうなったら目には目よ！こっちも手当たり次第寝てやる！　　　　　　　　　　　Zidi : *Les sous-doués*

Elle peut pas cafter, sinon je lui *rends sa monnaie*!
> 姉さん，言いつけられないわよ．こっちだってお返ししてやるもんね．
> 　　　　　　　　　　　Hubert : *Le grand chemin*

Monsieur
■**Monsieur Propre** voir **Propre**

montagne
■**faire une montagne de** (donner une importance exagérée; y voir des difficultés imaginaires) 大げさに考える，難しく考えすぎる
Elle *ferait une montagne de* rien.
> あの女はつまんないことを難しく考えるでしょうからね．　　Rohmer : *Conte d'été*

monté
■**être bien monté** (avoir une virilité peu commune, bien membré) 精力絶倫の
Il m'a dit que t'aurais rien contre un petit cinq à sept avec un mec super *bien monté*.
> 彼の話だとあんたは精力絶倫の男性とちょいと濡れ事を楽しむのに異存はないそうだけど．　　　　　　　　　　　Gilou : *La vérité si je mens II*

morbac; morbaque (morpion) 虱
Elle est plus collante qu'un *morbaque*!
> あの女ときたらほんとにしつこいな！　　　　　Balasko : *Gazon maudit*

C'est la seule façon pour nous de se débarrasser de ces *morbacs*-là.
> あのダニみたいなデカどもを追い払うにはこの手しかない．　　Zidi : *Les ripoux*

morceau (belle fille; canon) 美女
Mama mia... Quel joli *morceau*!
> わー…すごい美女だ！　　　　　Balducci : *Trop jolies pour être honnêtes*

■**cracher le morceau** (faire des aveux, se mettre à table, casser le morceau) 白状する
Qu'est-ce qu'on fait maintenant? On *crache le morceau* à la dame ou on divorce?
> これからどうするの？ 奥さんに白状する，それとも離婚する？
> 　　　　　　　　　　　Lautner : *Joyeuses Pâques*

mordicus [mɔrdikys] (ラテン語．obstinément; opiniâtrement) 頑固に，執拗に

mordre

Sur mon extrait de naissance, vous m'avez collé *mordicus* "un père inconnu"!
先生はあたしの戸籍欄にしつこく「私生児」って書いたんでしょう。
Becker : *L'été meurtrier*

mordre
■ **à la mords-moi le nœud 〔le doigt; l'œil〕** (de façon peu sûre, risquée ou ridicule, peu sérieux; sur quoi on ne peut pas compter) あやふやな，馬鹿げた

Et nous on se racontait des histoires ... des histoires de famille *à la mords-moi l'nœud*.
で俺達は話合うんだ，家族のいんちき話をね。
Chéreau : *Ceux qui m'aiment prendront le train*

Tu crois que je vais me fourvoyer dans une histoire d'évasion *à la mords-moi l'nœud*.
この俺がそんなあやふやな脱獄計画に乗るとでも思ってるのか。
Berberian : *Le boulet*

■ **ça mord** (on va avoir un client) ねずみが掛かるぞ
Chef, *ça mord* ! / Oh putain, c'est du gros ça !
(スピード違反車取り締まりの警官が) チーフ，かかりました！/ やった，こりゃ大物だぞ！
Krawczyk : *Taxi II*

■ **morfler** (recevoir un coup; être condamné) 打撃を受ける，制裁を喰らう
Elles *ont morflé* aussi, hein, les deux grosses truies !
(あたしも殴られたけど) あの嫌らしい女達にもお返しをしてやったよ！
Poiré : *Les couloirs du temps*

Je préfère *morfler* tout seul que revoir une seule fois leurs sales gueules.
あの女どもの嫌な面を一度でも見るよりは，一人で罰を喰らうほうがましだ。
Noé : *Seul contre tous*

C'est pas toujours aux mêmes de *morfler*, non.
いつも同じ人が酷い目に会うってこともないでしょう。
Thompson : *La bûche*

C'était le boucher d'en face, il *a morflé* le pauvre.
あれは向かいで馬肉屋をやってた男で，臭い飯を食ってきたんだ，かわいそうに．
Noé : *Carne*

Un type qui tire sa crampe, et pour un orgasme de neuf secondes, son enfant doit *morfler* pendant soixante ans.
男がセックスして，9秒間のオルガスムを味わったために，生まれてくる子は60年も苦労しなければならないのだ。
Noé : *Carne*

morpion
1. (individu importun ou méprisable) うるさい奴，煩わしい人，卑劣な男
   J'ai l'impression de m'être fait enfler par deux *morpions*.
   どうやら二人のうるさい奴等にしてやられたようだ．　　Leconte : *Les Grands ducs*
2. (enfant insupportable) 手に負えない子供
   Il a réfléchi quelques minutes ce *morpion*.
   そのくそガキはちょっと考えた．　　Bénégui : *Au petit Marguery*

mort
■**à mort** (extrêmement ; à fond) すごく，徹底的に，極端に
   Tout baigne ? / Ça baigne *à mort*.
   万事快調か？/ すごく快調です．　　Krawczyk : *Taxi II*
   Ça fait futur *à mort*.
   その格好すごく未来っぽく見えるよ．　　Klapisch : *Peut-être*
   Il m'en veut *à mort*.
   彼俺のことえらく怒っている．　　Gilou : *La vérité si je mens*
   Je dîne avec elle et j'la baise *à mort*.
   俺だったら女と食事をしてそれからとことんやりまくるな．　　Berberian : *Le boulet*

■**la place du mort** (place du passager avant) 助手席
   Vous conduisez. Moi je passe derrière. Vous Simon, vous prenez *la place du mort*.
   あんた運転して．あたしは後ろに行くわ．シモンさんは助手席に乗って．
   　　Berberian : *La cité de la peur*

mortel
1. (génial ; très bon ; fantastique) とてもいい，すばらしい
   Putain, y sont *mortels* tes rouges à lèvres !
   すごい，あんたのルージュ最高よ！　　Siegfried : *Louise*
   Ch'suis sûre qu'ça va être *mortel*.
   きっと最高の出来よ！　　Zeitoun : *Yamakasi*
   C'est trop *mortel* Lourdes !
   ルルドはすごくよかったよ．　　Sinapi : *Nationale 7*
2. (ennuyeux ; terrible ; très mauvais ; chiant) 面倒な，ひどい，悪い，退屈な，嫌な
   Tu lui fais oublier qu'elle est vieille, c'est tout. / Mais c'est *mortel* ce que tu me racontes, là. Mais *mortel* !
   (引っかける女に) 年寄りだということを忘れさせればいいんだ．/ そんなのだめだ，だめだったら．　　Siegfried : *Louise*

morue

C'est vrai qu'là-haut c'est *mortel* même si c'est très beau.
山の上のほうってきれいだけど確かに退屈ね.
Dupeyron : *Salomé*

morue (prostituée ; fille) 娼婦，女

Et donc là j'fais un p'tit traffiquant de *morue* portugais.
そういうわけで女を売買する小物のポルトガル人の役をやりました.
Fontaine : *Augustin*

Regarde-moi cette *morue*-là. Elle porte même pas de culotte.
あの女見てみろ．パンツさえ穿いてないぞ.
Blier : *Les valseuses*

T'es une *morue*, hein? / Oui.
お前商売女なんだな？/ そうです.
Blier : *Les valseuses*

mot

■**ne pas dire un mot** (ne pas changer ; ne pas bouger) 変わらない

Y se froisse pas, 60 degrés en machine, la couleur elle *dit pas un mot*.
この生地は皺にならないし，60度の洗濯機に入れても変色なしだ.
Gilou : *La vérité si je mens*

■**se donner le mot** (s'entendre ; se mettre d'accord avec) しめし合わせる，ぐるになる

Mais vous *vous êtes* tous *donné le mot* ce soir?
おや今晩はみなさんお揃いで（よくいらっしゃいました）.
Dugowson : *Portraits chinois*

moteur! (que les appareils soient mis en marche afin que le tournage de la scène puisse débuter!) スタート！

Metteur en scène : *Moteur!* / Ingénieur du son : Ça tourne / Metteur en scène : Annonce / Assistant : Dolorès 33 sur un, première. / Metteur en scène : Action! ... Coupez.
［監督］スタート．/［録音技師］スタートします．/［監督］カチンコ．/［助手］ドロレス 1の33　テイク1 /［監督］アクション．…カット.
Toussaint : *La patinoire*

moto-crotte (motocyclette munie d'un aspirateur pour ramasser les crottes de chien) 犬の糞集めのオートバイ

Je parle d'une vraie idée, un truc d'intérêt public, quoi. / Vous voulez me foutre sur une *moto-crotte*?
僕が言ってるのはちゃんとした，公共の役に立つような考えだ．/ 俺を糞拾いオートバイに乗せようってんですか？
Pirès : *Taxi*

mou

■**bourrer le mou** (tromper ; finir par convaincre ; prendre la tête ; bourrer la chatte; baiser partout) 騙す，かつぐ，信じ込ませる，弄ぶ，慰み者にする

Ce qui me fait plaisir, c'est qu'après lui *avoir* bien *bourré le mou*, son prince charmant l'a balancée comme un fromage pourri.

　　俺にとって楽しいのは，あの女が白馬の王子様にさんざ玩具にされてからポイっと捨てられちまうってことさ． Noé : *Seul contre tous*

Est-ce que j'ai le droit de la laisser comme ça, sans lui dire adieu? Pour qu'elle vieillisse, qu'on la mette à la rue, et qu'elle devienne une clocharde, juste bonne à se faire *bourrer le mou* et fracasser la gueule par tous les clodos de Paris.

　　娘に別れの挨拶もせずに放ったらかしにしとくなんて俺に許されるだろうか？ 娘は年をとり，施設から放り出されホームレスとなり，パリ中の浮浪者に弄ばれ，殴られるしか能がなくなってしまう． Noé : *Seul contre tous*

Bourrer le mou des mômes avec des histoires de fées, de souris, de Père Noël, de bon Dieu, ça fait des adultes ni faits ni à faire.

　　子供におとぎ話とか，歯が抜けたときの鼠だとか，サンタや神様を信じ込ませるとろくな大人にならないわよ．
　　　　　　　　Demy : *L'événement le plus important depuis que l'homme a marché sur la lune*

mouais (oui; ouais; voui) うん，まあね（懐疑的）

Ton cousin, il en avait une comme ça ? / *Mouais*, ceci dit, il était bien membré pour son âge.

　　お前の従兄弟ってのも俺のみたいのしてたのか？ / まあね，とにかくあの歳にしては大きかったわね． Megaton : *Exit*

Je trouve que c'est parfait comme paysage. / *Mouais*, moi j'aime pas les deux rochers là-bas.

　　僕は完璧な景色だと思うな． / そうねー，あたしはあそこの二つの岩，気に入らないのよ． Doillon : *La fille de 15 ans*

mouchard (dénonciateur; indicateur de police) 密告者，スパイ，いぬ

Avec les *mouchards* qui traînent partout, il va se faire repérer.

　　こんなにいぬがうようよしてちゃ，彼はすぐに目を付けられるな．
　　　　　　　　　　　　　　　　　　　　Tavernier : *Laissez-passer*

moucharder (dénoncer) 密告する

Je *moucharde*.

　　俺たれこみ屋なんだぞ． Tavernier : *Laissez-passer*

moucher (réprimander; rembarrer) 叱りつける，やり込める

Tu as vu comment je l'*ai mouchée*.

mouflet

あの女を手厳しくとっちめてやっただろう。　　　　Poiré : *Les visiteurs*

■**ne pas se moucher du〔avec le〕pied** voir **pied**

mouflet (jeune enfant) 幼い子, ちび

T'es qu'une *mouflette*.

お前はまだ子供だ。　　　　Malle : *Zazie dans le métro*

moufter (réagir; protester) 文句を言う, 異議を唱える

Vous êtes le papa de Bao... Vous pouvez lui payer un super repas sans que personne n'ait à *moufter*.

あんたはバオのパパなんだから、あの子にすごいご馳走を食べさせたって誰も文句を言う筋合いじゃない。　　　　Poiré : *Les anges gardiens*

Les enfants, ils *mouftent* pas.

（テレビに頭をぶつけても）子供はぎゃーぎゃー言わない。　　　　Vernoux : *Love etc.*

mouillé

■**être mouillée** (éprouver un désir ou une excitation sexuelle intense)

強烈な性的欲望あるいは刺激を受ける

J'm'étais arrêtée devant une paire de bas, la révélation, j'*étais* toute *mouillée*.

あたし（ショーウインドーの）ストッキングの前で足を停めていたの、思いがけない発見だったわ、あたしすごく濡れてたのよ。　　　　Beineix : *Mortel transfert*

■**poule mouillée** voir **poule**

■**tout mouillé** (à peine) やっと

Il pèse dix kilos *tout mouillé*!

あの子は10キロそこそこだ！　　　　Jacques : *Je m'appelle Victor*

mouiller (compromettre) 巻き添えにする

Si je jacte, ça *mouille* tout le monde.

俺が喋ったらみんな巻き込まれるぞ。　　　　Bluwal : *1996*

Faradace *est mouillé*.

ファラダーチェが事件に巻き込まれてる。　　　　Bluwal : *1996*

moule (女性名詞)

1. (sexe de la femme) 女性性器

C'est ma *moule* qui est pourrie.

あたしのあそこがやられちゃったのよ。　　　　Blier : *Mercie la vie*

2. (chance) 幸運

T'as vraiment de la *moule*.

君はついてるな。　　　　Klapisch : *Péril jeune*

Je ne vois pas comment je peux arriver à 210 points, remarque à moins d'un gros coup de *moule* en philo.

<small>210点までは届かないだろうな，哲学でよほどの幸運に恵まれない限りはね．</small>

Klapisch : *Péril jeune*

■**en avoir ras la moule** (en avoir assez, en avoir ras le bol) うんざりだ
J'te jure, j'*en ai ras la moule*.

<small>もうほんとにうんざりなんだ．</small> Attal : *Ma femme est une actrice*

moule （男性名詞）
■**être dans le moule** (être obéissant) 従順である
Elle est tranquille, elle *est dans l'moule*.

<small>あのスケは大人しいし，言うことを聞く．</small> Siegfried : *Louise*

moulin (endroit où l'on entre sans problème) 勝手に入れる場所
J'en ai marre qu'on prenne mon cul pour un *moulin*.

<small>あたしのこといつでも自由にできるなんて思わないでよ！</small> Blier : *Les valseuses*

Y a trop de monde chez toi. C'est devenu un vrai *moulin*.

<small>あんたんとこって人が多すぎるわ．まるで公共物ね．</small> Pascal : *Adultère*

mouliner (bavarder) 喋る
Tu veux pas te taire deux minutes! Tu *moulines*... On dirait ma femme.

<small>お前ちょっとは黙ってられないのか！ 喋りまくって…まるで俺のかみさんみたいだ．</small>

Jugnot : *Monsieur Batignole*

moulu (très fatigué) へとへとの
Vous aussi, vous avez mal ? Enfin, pas mal *moulu*. Moi, c'est les cuisses.

<small>（セックスの後で）あなたも体痛い？ そう，かなり疲れたわね．あたしは股ね．</small>

Fonteyne : *Une liaison pornographique*

moumoute (couvre-volant) ハンドルカバー
On vient d'vous tirer vot'caisse mais vous inquiétez pas, on vous la ramène avec le plein, une *moumoute* pour le volant.

<small>あんたの車を取ったけど心配ご無用，満タンにして，ハンドルカバーをつけて返してやるからな．</small> Beineix : *IP5*

mouquère (femme; femme d'Afrique du Nord; prostituée) 女，北アフリカの女，娼婦
Depuis que la *mouquère* est partie, des comme ça, je t'en ai connues vingt-cinq.

<small>あの女が出てった後，あんたああいう女たくさん作ったの知ってるわよ．</small>

Pascal : *Adultère*

mouron (souci; tracas) 心配
On a l'air d'être son papa et sa maman...en train d'se faire un *mouron*

mousse

d'acier, parce'qu'on s'demande s'il peut rien lui arriver, si elle va pas faire une mauvaise rencontre, ou si elle risque pas d'attraper froid...
　俺たちまるで彼女のパパとママみたいだな，やきもきしちゃってさ，何かありゃしないか，悪い虫がつかないか，風邪を引きはしないかって．
Leconte : Une chance sur deux

mousse (bière)　ビール
　Elle est bonne la *mousse* !
　　ビールうまいなー！
Bouchitey : La lune froide

moutard (petit garçon)　幼い男の子
　Le *moutard*, il est à vous ?
　　あの子はあんたの？
Zidi : Les ripoux

　Je préfère aller dire un petit bonjour à tes deux *moutards*.
　　あんたのガキンチョ二人におやすみを言いに行くほうがよさそうだ．
Blier : Les valseuses

moyen (moyennement; pas beaucoup)　まあまあ
　J'aime *moyen* coucher avec les garçons.
　　あたし男の子と寝るのそれほど好きってわけじゃないの．
Améris : Mauvaises fréquentations

　Tu te serves de mon whisky sans me demander, ça me plaît *moyen* ! Mais tu pourrais au moins le ranger, non ?
　　あんたあたしのウイスキーを勝手に飲んでるのあんまり気に入らないのに．せめてしまうぐらいしたらどう？
Despentes : Baise-moi

moyenner
■**Il n'y a pas moyen de moyenner** (Il n'y a rien à faire)　手の打ちようがない，どうしようもない
　Tu veux pas qu'on s'voit ce soir ? *Y'a pas moyen de moyenner* ?
　　今晩会わないか？なんとかならないかな？
Siegfried : Louise

muf voir **meuf**

muflée
■**prendre une muflée** (être complètement ivre)　ぐでんぐでんに酔う
　Je suis sûr que t'en *prends* toi aussi *des muflées*.
　　あんたもきっと相当酔ってるね．
Marshall : Au plus près du paradis

multiplexe (cinéma multiplexの略．cinéma complexe multisalle)　シネマ・コンプレックス
　Il est parti par là, vers le *multiplexe*.

（銀行員が警官に）犯人はあっちのシネコンの方に逃げて行きました．

Veber : *Tais-toi*

mur
■**aller droit dans le mur** (aller droit à l'échec) 失敗間違いない
T'*allais droit dans le mur* avec ça.
（即興劇に）あんな出し物だったらきっと無様な結果に陥ってたよ．

Lioret : *Mademoiselle*

■**jusqu'au pied du mur** (jusqu'à la fin) 最後まで
Vous m'avez bernée, vous m'avez endormie *jusqu'au pied du mur*.
あんたったらあたしに巧いこと言って，とことんまで騙してたのね．

Giovanni : *Mon père*

mûr (ivre) 酔っぱらった
J'arrête, il y en a trois bien *mûrs*.
（チェアリフトを）停止します．へべれけのが3人来ましたから．

Chabrol : *Rien ne va plus*

muscu (musculé の略) 筋骨たくましい
Il est beau, *muscu*, pas de poils.
彼はハンサムで筋肉質，胸毛はない．

Berberian : *Paparazzi*

museau (visage) つら，顔
Tiens, pour te nettoyer le *museau*.
さあ，これで顔でも拭いとけ．

Miller : *La classe de neige*

musique
■**connaître la musique** (savoir de quoi il retourne, comment s'y prendre ; connaître la chanson) 先が読めている，やり方を心得ている
Qu'est-ce que vous faites ? / Je suis musicien. / Musicien... On la *connaît votre musique*.
あんた職業は？／音楽家です．／音楽家ね… あんたの手は読めてるわよ．（musicien と musique に掛けた洒落）

Rohmer : *Le signe du lion*

■**grande musique** (musique classique) クラシック音楽
Elles aiment pas le cinéma ? / Si, mais elles n'aiment pas la *grande musique*.
奥さんや娘さんたちは映画がお嫌いなの？／そんなことはないがクラシック音楽はだめなんだ．

Miller : *La petite voleuse*

mutant
■**mutant de sa mère** (super génial) すごい

mythe

Joyeux anniversaire Marty ! / *Mutant de sa mère* ! Un passeport pour Legoland !

誕生日おめでとう、マーティー！/ 最高！ レゴランドのパスポートだ！

Bardiau : *Le monde de Marty*

mythe (affabulation; invention) でっち上げ，絵空事

L'amour filial, ça n'existe pas. C'est un *mythe*. Ta mère, tu l'aimes juste quand elle te donne du lait. Et ton père, quand il te prête du fric.

親に対する愛なんてないね．そんなの嘘っぱちさ．母親を愛してるなんて，お乳を貰ってるときだけ，父親はカネを貸してくれるときだけのことさ．

Noé : *Seul contre tous*

mytho (mythomane の略. menteur) 嘘つき

C'est encore un type qui veut impressionner sa nana. Ah là là, qu'est-ce qu'il y a comme *mythos*, hein, ça fait peur !

ほらまた女の子をたらし込もうとしている奴だ．まったく嘘つきだらけでぞっとするね！

Gilou : *La vérité si je mens II*

Je suis qu'un gros *mytho*.

俺って大嘘つきってだけのことさ．

Gilou : *La vérité si je mens II*

mythomane (menteur; menteuse; mytho) 虚言症の人

Je crois que tu ferais mieux de partir. Miteux, minable, fauché, sans abri, *mythomane* !

出てかないとろくなことはないよ．このしょぼくれた，みじめで，宿無しの，すっからかんな嘘つき野郎！

Davila : *La campagne de Cicéron*

N

naadinomok; nâadin du mouk; nah dinh

■**nah dinh** (アラビア語．maudite soit la religion de ta mère; nique ta mère) おまえの母の宗教は呪われるがいい

Tu vas pas remettre ça, hein, *Nah Dinh* ! Du matin au soir, il m'a pris la tête avec Karine.

またその話の蒸し返しかよ．クソ食らえ．朝から晩までカリーヌ，カリーヌで頭にくるよ．

Gilou : *La vérité si je mens II*

Attention ! Chaud devant ! / *Naadinomok* !

危ないぞ！熱い鍋だぞ！(流しに投げ込むともうもうと蒸気があがる) / わーひでー！
Bénégui : Au petit Marguery

nabot (personne de très petite taille; nain) とても背丈が低い人
C'est qui ce *nabot*?
あのちっちゃい男は誰だ？
Berberian : Le boulet

nah voir **naadinomok**

nana (fille; femme; maîtresse) 娘，女，情婦
C'est encore un type qui veut impressionner sa *nana*. Ah là là, qu'est-ce qu'il y a comme mythos, hein, ça fait peur!
ほらまた女の子をたらし込もうとしている奴だ．まったく嘘つきだらけでぞっとするね！
Gilou : La vérité si je mens II
Juste devant moi, il y avait des flics qu'embarquaient une *nana*.
僕の目の前でデカが女をしょっ引いていったよ．
Beineix : Diva
Maman en a assez bavé! Et c'était toujours des *nanas*.
ママはずいぶん苦しんだわよ！それもいつだってパパの女のことでね．
Thompson : La bûche

nardin voir **nâadin**

nase; naze
1. (mort de fatigue) とても疲れた
   Je peux dormir là? Je suis un peu *nase*.
   そこで寝てもいいかな，ちょっと疲れちゃった．
   Téchiné : Alice et Martin
2. (stupide; imbécile) 馬鹿，阿呆
   Ça va pas ton mec ... quinze pour cent sur du black, il nous prend pour des *nases*.
   どうにかしてるぞ，そいつ … ブラックで15パーも取るなんて，俺たちを馬鹿だと思ってるのか．
   Téchiné : Les voleurs
3. (fou) 気違いの
   Je t'aime bien, Jules... t'es... t'es comme un petit frère. / Faut vraiment être *naze* pour sortir un truc pareil!
   君のこと好きだよ…，君は… 君は弟みたいなものだ．/ そんなこと言うなんてよっぽどおかしんだな！
   Ducastel : Drôle de Félix

nasebroque (cassé; qui ne fonctionne pas) 壊れた
Je pense que le moteur est *nasebroque*.
エンジンがダメかも．
Poiré : Les couleurs du temps

nat
■**sciences nat** (sciences naturelles の略) 自然科学

naviguer

Papa... Tu me dois cent balles... J'ai dix-huit en *sciences nat*!
パパ！…百フランの貸しよ…あたし自然科学で90点取ったんだから！
Gainsbourg : *Charlotte for ever*

naviguer (voyager; se déplacer beaucoup, souvent) 動きまわる，行ったり来たりする

Tu peux *naviguer* avec ton petit ours, comme ça c'est pas gênant.
こうしとけば（折り畳んでバッグに入れれば）熊の縫いぐるみを持って行ったり来たりするのにも邪魔じゃないよな．
Godard : *Je vous salue Marie*

naze voir **nase**

nazerie (connerie) 馬鹿なこと

Arrête ces *nazeries*!
こんな馬鹿なことやめろ！
Noé : *Irréversible*

nèfle

■**des nèfles** (rien; pas du tout) 何も，ぜんぜん

J'ai trouvé une place de serveuse dans un snack pourri où je suis payée des *nèfles*.
あたし，汚ったないスナックのウエイトレスの口を見つけたんだけど給料はくれないの．
Gainsbourg : *Stan the flasher*

négo (négociation の略) 交渉

Tu sais ce que c'est une *négo*? C'est ça une *négo*. Ouais, il a résisté, hein?
お前交渉って何だか分かってるのか？交渉ってこういうもんなんだ．な，彼，抵抗したろう？
Rochant : *Vive la République*

Neiman(n); Neman (marque du système antivol) 車の盗難防止装置の商品名

Vous allez me le niquer ce *Neimann*.
お前たち，この装置をぶっ壊してくれ．
Kassovitz : *La haine*

Vite! / Vous me stressez, j'en ai bloqué le *Neiman*.
急いで！／いらいらして，防止装置を解除できなくなっちゃったじゃないか．
Poiré : *Les couloirs du temps*

néné (sein de femme) 乳房

T'as des petits *nénés*?
（娘に）お前おっぱいが目立ち始めたんだな？
Miller : *L'effrontée*

nénette (jeune fille; jeune femme) 若い娘，若い女

On dirait que tu vas à la manif rien que pour draguer les *nénettes*.
君はまるでデモにナンパするためにだけ行ってるみたいだな．
Klapisch : *Péril jeune*

nerf
■**taper sur les nerfs** (agacer ; énerver)　気に障る，苛立たせる
Elle commence sérieusement à me *taper sur les nerfs*.
あの娘にはほんとにいらついてきたぞ．　　　　　　　Rohmer : *4 aventures*

Nes'
(Nescaféの略．appellation commerciale d'un café soluble fabriqué par Nestlé)　ネスカフェ
Y'a une boîte de *Nes'* dans la cuisine.
キッチンにインスタント・コーヒーの瓶がある．　　　Berri : *Tchao Pantin*

net
■**pas net** (louche ; suspect ; pas clair)　怪しい，変な，胡散臭い
Je vais tout de même vous contrôler. C'est *pas* très *net*, tout ça.
いずれにせよあなたのとこ税務査察することになりますよ．ああいったものはどうも胡散臭いですからね．　　　　　　　　　　　　Veber : *Le dîner de cons*
Il est où ? / Qui ça ? Le grand là, celui qu'a *pas* l'air *net* ?
彼どこにいる？ / 誰のこと？ あのでかいやつ？ なんだか怪しい男か？
Leconte : *Les Grands ducs*
Vous êtes sûre que ça va ? / Oui. / Vous avez votre code ? / Oui, oui. / Non, ça n'a n'a *pas* l'air très *net* tout ça.
（酔った娘をアパルトマンに送って来て車から降ろす）ほんとに大丈夫ですか？ / ええ． / ドアの暗証番号あります？ / ええ，ええ． / いや，どうも心もとないな．
Vincent : *La discrète*

net
(英語．internet ; la toile mondiale)　インターネット
Ça va être présenté dans les grands magasins la semaine prochaine. A la télé et sur le *net* aussi.
この新食品は来週デパートに出品されるし，テレビでもネットでも紹介されるんだ．
Thomson : *Décalage horaire*

neuro
(neurochirurgie の略)　神経外科
Il faut en parler à Brincourt en *neuro*.
ブランクール病院の神経外科に話をしておかないと．　　Arcady : *Dis-moi oui*

neveu
■**un peu, mon neveu** (bien sûr)　もちろん（「反響連鎖」"enchaînement par écho"による洒落）
C'est du cheval. / D'gueulasse ! Ça se mange ? / *Un peu, mon neveu*, c'est même une très bonne viande.
これは馬肉だ． / やだなー，食べられるもんなの？ / 決まってるさ，それどころかいい肉なんだぞ．　　　　　　　　　　　　　　　Kassovitz : *Assassins*

nez

■**avoir un coup〔un verre〕dans le nez** (être un peu ivre) 少し酔っている

Elle me l'a dit un jour où elle *avait un p'tit coup dans le nez*.
彼女ちょっと酔っぱらってた日にそのこと話してくれたわ。　　Ozon : *8 femmes*

L'homme, visiblement *un verre dans le nez*, descend.
その男は明らかにほろ酔いかげんで，車から出てくる。
Deville : *Péril en la demeure*

■**ça lui pend au nez** (ça risque fort de lui arriver) その危険性は大きい

Non pas encore, mais *ça lui pend au nez*.
（マラリアの症状は）まだ出てませんがその恐れは大きいですね。
Lioret : *Tombés du ciel*

■**faire un nez** (faire une moue de déception ; être contrarié, maussade)
がっかりする，不満を顔に出す

Voilà ta cousine ! Oh ! elle en *fait un nez*, la cousine !
ほら，従姉妹さんがみえたわよ。まあ，ご不満みたいね，従姉妹さん！
Resnais : *Mélo*

■**faire un pied de nez** (se moquer, en mettant le pouce sur le nez et les doigts écartés) （親指を鼻に当て，他の指をひらひらさせて）馬鹿にする，からかう

Je crois qu'il a voulu leur *faire un* dernier *pied de nez* en léguant tout à un couple de jeunes et beaux inconnus.
私はですね，故人は遺産全部を見知らぬ若くて美しいカップルに贈ることによって，当てにしていた連中に最後のあかんべいをしたのだと思いますよ。
Ledoux : *En face*

■**lever le nez de ses godasses** (ne pas être timide) 俯(うつむ)いていない，大胆に振る舞う

Ça t'arrive de *lever le nez de tes godasses* ?
君（女に対して）積極的な態度に出ることあるのかね？
Vernoux : *Love etc.*

■**passer sous le nez** (échapper) ふいになる

Si on attend, il va nous *passer sous le nez*.
もし（あのアパルトマンを買わないで）待っていたら，みすみすいい出物を逃してしまうわ。
Resnais : *On connaît la chanson*

■**prendre** *qn.* **dans le nez** (ne pas supporter) 毛嫌いする

Ça nous arrive à tous à un moment ou un autre de *prendre* un gamin *dans le nez*.

(幼稚園の先生をしてると) 誰でもある子が我慢できないってことをいつかは経験するものさ.
Tavernier : *Ça commence aujourd'hui*

■**se bouffer le nez** (se disputer âprement; se quereller) 激しく言い争う, 口論する, いがみ合う
Ils vont encore *se bouffer le nez* toute la soirée, non?
(あの二人の男を呼んだら) あいつらまた一晩中喧嘩してるだろう?
Becker : *L'été meurtrier*

■**sortir par les trous de nez** (ne plus supporter; en avoir assez; être dégoûté) 嫌悪を催させる, うんざりさせる
A huit heures du soir j'étais amoureux fou d'elle, à neuf heures le même soir elle me *sortait par les trous de nez*.
夜の8時には彼女が恋しくてしょうがないのに9時になるともう嫌でたまらなかったんだ.
Truffaut : *Domicile conjugal*

■**tirer les vers du nez** (faire parler; questionner habilement) 秘密を聞き出す, 誘導尋問する
Elle sait *tirer les vers du nez* comme personne.
ワイフは誰よりも鎌を掛けるのが巧いからね.
Lautner : *Joyeuses Pâques*

niac (Vietnamien; Asiatique) ベト公, アジア野郎
Monsieur TEFOU, TATRICHÉ... Bon, y'a ka l'appeler le *niak*.
防衛庁長官, ええと, テフウ (t'es fou お前馬鹿か), タトゥリシェ (t'as triché いんちきしたな) …しょうがない, もうアジ公でいこう.
Krawczyk : *Taxi II*

niacoué (Vietnamien) ヴェトナム野郎
T'as pas des copains, des *niacoués*?
お前ヴェトナム人の仲間がいるんだろう?
Noé : *Irréversible*

nibard (sein; nichon) 乳房
Vous touchez aux *nibards* de ma fille.
あんた俺の娘のおっぱいに触ってるんだろう.
Gainsbourg : *Stan the flasher*

nichon (sein) 乳房
Je n'ai même pas pu lui mettre la main aux *nichons*.
彼女のおっぱいに触ることさえできなかったんだ.
Eustache : *Mes petites amoureuses*

nickel

1. (propre; brillant) 清潔な, ぴかぴかの
La balle dans la nuque, c'est *nickel*.
首筋に撃ち込めばきれいにいく.
Kassovitz : *Assassins*

2. (impeccable) 完璧な, 欠点のない

nième

Comment vous sentez-vous là-dedans ? / C'est *nickel*.

この靴の履き心地はどうですか？／申し分ないですね.

Chéreau : *Ceux qui m'aiment prendront le train*

nième voir **énième**

nikoumouque (アラビア語. nique ta mère) ひでえ野郎だ，糞食らえ

Niquemouk ! / Pardon ? / Ça veut dire...longue vie.

ニックムック！／何ですって？／意味はですね…長生きなさいますようにってことです.

Gilou : *La vérité si je mens II*

n'importe quoi (n'importe quelles filles) どんな女

C'est vraiment pas le genre de mecs à sauter sur *n'importe quoi*.

あの人は女とみれば誰でもお構いなしに寝るような男じゃないわ.

Despentes : *Baise-moi*

nioulouke (英語の new look. style nouveau) ニュールック

C'est le *nioulouke*, le genre sac d'os.

それがニュールックってやつだ．とてもやせたスタイルなのさ.

Miller : *La petite voleuse*

nique (coït ; baise) 性交

Fini la *nique* ! Ras le bol.

セックスは終わりだ．もううんざり！

Blier : *Les valseuses*

niqué (atteint ; mauvais ; malade) いかれた，駄目な，具合の悪い

Il a toujours été comme ça...y a un gène de *niqué* au départ chez ce type.

あいつはいつもこんな風だった…奴は最初から遺伝子が一ついかれているんだ.

Leconte : *Les Grands ducs*

■**c'est niqué** (c'est foutu ; tu ne réussiras pas) 駄目になる，成功しない

Tu la chauffes à donf, sinon *c'est niqué*.

その女を一心不乱に口説きまくるんだ，さもないとオジャンだぞ.

Gilou : *La vérité si je mens II*

niquer

1. (baiser ; faire l'amour ; coucher avec) セックスする，寝る

On l'chope et on l'oblige à *niquer* mémé.

おじいちゃんを捕まえておばあちゃんとやらせよう.

Klapisch : *Peut-être*

Niquer, tu l'as déjà fait ? / Non. / Tu devrais, tu as l'âge...T'as jamais envie ?

女を抱いたことないのか？／うん．／もうしなけりゃな，年頃だもの…その気になったことないのか？

Dardenne : *La promesse*

niquer

Elle *a niqué* avec Charlie ?
あの女シャルリーと寝たのか？
Gilou : *La vérité si je mens*

Ça donne envie de *niquer*.
（生理の血を見ると）あたしセックスしたくなっちゃうのよ．
Despentes : *Baise-moi*

Au prix qu'elle m'a coûté, deux fois t'aurais pu la *niquer*.
あれだけ彼女にカネ払ったんだから，お前 2 発はできたのに．
Gilou : *La vérité si je mens II*

2. (endommager ; bousiller ; péter ; défoncer ; casser ; faire mal ; détruire) 傷つける，壊す，だめにする，押し潰す，苦しめる

La femme de ménage, elle m' l'a passé au Miror, cette connasse, elle m'*a niqué* une lamelle.
家政婦がこの彫刻に磨き粉をかけたんだ，あの馬鹿女，羽を 1 枚壊しやがった．
Gilou : *La vérité si je mens*

Arrête ! Tu m'*as niqué* la glotte. T'es fou, putain, ça fait mal.
（喉を締めつける相手に）やめろ，声門が潰れたぞ．気が違ったのか，畜生，痛いじゃないか．
Jaoui : *Le goût des autres*

Je vais la *niquer* cette porte !
このドアを突き破るぞ！
Poiré : *Le Père Noël est une ordure*

On te *niquera* la gueule !
顔をめちゃくちゃにしてやるぞ！
Heynemann : *La question*

C'est moi qui ai choisi de te *niquer* et de *niquer* ta vie.
あんたを苦しめ，生活をめちゃめちゃにしてやろうと決めたのはあたしよ．
Megaton : *Exit*

3. (perdre) なくす，失う

Fais chier, putain, et voilà, encore une carrière de *niquée*.
困るな，まったくもう，またしてもキャリアをふいにした．
Krawczyk : *Héroïnes*

4. (voler ; prendre) 盗む

Je l'ai pris au magasin la semaine dernière, il m'*a niqué* toute ma comptabilité.
先週そいつを雇ってやったんだが，会計の金をごっそり持ち逃げされた．
Gilou : *La vérité si je mens*

Tu lui *as niqué* ses bouteilles, merde !
彼の酒盗んだんだな，この野郎！
Pradal : *Marie, baie des anges*

5. (arrêter ; prendre) 捕らえる，逮捕する

niquer

J'ai pris deux otages pour pas qu'ils me *niquent*, dans le car.
とっつかまらないようにスクールバスのなかに，人質を二人連れてきている．
　　　　　　　　　　　　　　　　　　　　　　Rochant : *Aux yeux du monde*

Si vous faites une connerie, j'en plombe un et après il m'en reste un deuxième pour pas me faire *niquer*.
馬鹿なことしでかしたら人質の一人を撃ち殺す，それでももう一人残っているから俺を捕まえられないよ．　　　　　Rochant : *Aux yeux du monde*

6. (avoir; tromper; baiser; vaincre; duper; défier; se venger) 欺く，騙す，打ち負かす，一杯食わせる，参らせる，刃向かう，立ち向かう

A force d'être prêt à tout, tu vas bien y arriver à *niquer* l'monde entier.
君みたいに何でもかんでもやる気になりゃ，世間だって見返すこともできるだろうな．
　　　　　　　　　　　　　　　　　　　　　　　　　　Masson : *En avoir*

Vous croyez que je vais me laisser *niquer* comme ça !
はめられっぱなしじゃいませんからね！　　Gilou : *La vérité si je mens II*

Ils fabriquent en Chine. / Putain, on s'est fait *niquer*.
（俺達のウサギマーク製品を）中国でコピーしてやがる．/ ちぇ！やられた．
　　　　　　　　　　　　　　　　　　　Gilou : *La vérité si je mens II*

C'est pas tous les jours que tu rencontres une pointure comme ça. Je vais le *niquer*.
あんな大物にお目にかかれるのは滅多にないことなんだ．俺はそいつをハメてやるんだ．　　　　　　　　　　　　　　　Jaoui : *Le goût des autres*

Avec votre physique et mon métier on va tous les *niquer*, vous voulez parier ? / *Niquer* qui ?
あんたの容姿と俺の技がありゃみんなを参らせるぞ，賭けるかい？ / 参らせるって誰を？　　　　　　　　　　　　　　　Leconte : *La fille sur le pont*

7. (battre; frapper) 殴る，やっつける

Y m'demandent trois mille balles ! Sinon j'me fait *niquer* demain.
あいつら3千よこせっていうんです．払わないと明日俺，痛めつけられちゃうんです．　　　　　　　　　　　　　　　Gilou : *La vérité si je mens*

Nique-le, *nique*-le ! Tue-le, tue-le !
そいつを殴れ，殴るんだ！殺せ，殺しちまえ！　　Despentes : *Baise-moi*

■**niquer la mère à** (casser la gueule à; infliger une correction en frappant au visage) 痛めつける，懲らしめる

Si jamais y't'touche, j'lui *nique sa mère*.
野郎がお前に手を出したら，ただでは済まないぞ．
　　　　　　　　　　　　　　　　　　　　　　　　Siegfried : *Louise*

■nique ta〔sa〕mère!
1. (putain!, merde!) 畜生！
   Nique ta mère, sale bicot！
   畜生，アラブ野郎め！
   Dumont : *La vie de Jésus*
2. (super!, putain!) すげえ！最高
   Nique sa mère！Il a un calibre！
   すげえ！ハジキもってらー！
   Kassovitz : *Assassins*

   J'suis le père Noël! Cadeau! / Oh! J'hallucine! Bordel! *Nique ta mère*!
   （トラックからチンピラたちに麻薬の入った段ボール箱を投げてやる）俺はサンタだ．プレゼントだぞ！/ わー，夢じゃなかろうか！まったくもう，すげえや！
   Pascal : *Adultère*

■nique-toi! (va te faire foutre!, fous le camp!, il n'en est pas question!)
消え失せろ，真っ平ごめんだ．

T'en as d'autres comme ça dans ton harem? J'savais qu'tu tenais un supermarché, toi. / Vas-y, *nique-toi*!
他にもそういう女たちがお前のハーレムにいるんだろう．女達を囲っているのは分かってたんだ．/ さあ消え失せろ．
Siegfried : *Louise*

nitouche
■sainte nitouche (femme qui affecte la pruderie, l'innocence) 猫かぶり，かまとと

Dès qu'vous rencontrez une femme, la plus *sainte nitouche*, vous avez pas fini votre campari soda que déjà, des p'tites marques roses parsèment son cou, elle vous chope la main.
どんなに猫かぶりの女でも，男と会っていると，相手がまだカンパリ・ソーダを飲み終えないのに首にはピンクの斑点が出てきて，男の手をつかむんだ．
Beineix : *Mortel transfert*

niveau
1. (au niveau de) …に関して
   On aurait un os *niveau* sécurité?
   警備に問題があるようですな？
   Salomé : *Belphégor*
2. (préparatif) 準備
   J'pars quand? / Y'a les *niveaux* à faire. J't'appelle.
   出発はいつ？/ いろいろ準備がある．電話する．
   Beineix : *IP5*

nœud (pénis) ペニス

Un maniaque qui aime se faire pomper le *nœud* par un macchabée

noir

édenté.
　ホシは歯を削り取った死体でフェラをさせる変質者です。　　Berberian : *Six-pack*

■**pomper le nœud** (pratiquer la fellation)　フェラする
　Vous lui *pompez le nœud*.
　あの人にフェラしてあげなさい。　　　　　　Godard : *Sauve qui peut (la vie)*

■**sac de nœuds** (problème ; difficulté)　厄介ごと，難題
　La famille, c'est la merde, c'est un *sac de nœuds*, c'est un nid à problèmes.
　家族なんて厄介なものだ，悩み事の種だ，もめ事の巣なんだ．
　　　　　　　　　　　　　　　　　　　　　　Gatlif : *Gaspard et Robinson*

■**tête de nœud** (imbécile)　間抜け
　M'approche pas, *tête de nœud* !
　こっちへ来るんじゃない，阿呆！　　　Poiré : *Le Père Noël est une ordure*
　Ils veulent que je porte un bonnet de préservatif. Je vais ressembler à une *tête de nœud* !
　会社は（ホモの行進の山車に）僕にコンドームの形の帽子をかぶって乗れって言うんです．阿呆面をさらすことになっちゃうな．　　　　　　　Veber : *Le placard*

noir (haschisch)　ハシッシュ
　Il y a un *noir* très bon et très sympa qui t'attend à la maison, si tu veux hein ? J'ai un petit marocain classique autrement, si tu préfères... / Oui, mais il est cher, le *noir* ? / Euh...oui...plutôt...60 le gramme.
　もしよかったらうちにとってもいい，とっても感じのいい黒ちゃんがあんたを待ってるけど？ なんだったら普通のモロッコ産のもあるわ．/ うん，そうね，黒は高いんでしょう？/ ううーん… そう…どっちかって言えば…グラム60よ．
　　　　　　　　　　　　　　　　　　　　　　Jaoui : *Le goût des autres*

■**travailler au noir** (travailler sans que ce travail soit déclaré)　申告せずにもぐりで働く，違法労働をする
　Il n'est pas assuré, il *travaille au noir*.
　（怪我したけど）あの人保険は利かないのよ，もぐりで雇われてるんだもの．
　　　　　　　　　　　　　　　　　　　　　　Annaud : *Coup de tête*

noix (fesse)　尻
　Y a rien à foutre, c'est comme les mouches, faut qu'ils nous collent aux *noix*.
　どうしようもないな，あいつら蝿みたいにくっついてきやがる．
　　　　　　　　　　　　　　　　　　　　　　Blier : *Les valseuses*

- **à la noix** (sans valeur; sans intérêt) 無価値な，つまらない
  Tu vois où ça nous mène tes discours *à la noix*.
  あんたがろくでもないなこと言ってるからこういう破目になるのよ．
  　　　　　　　　　　　　　　　　　　　　　　　　Berto : *La neige*
- **briser les noix** (agacer; casser les noix, les couilles) いらだたせる，悩ませる
  Tu vas continuer longtemps comme ça à me *briser les noix*?
  いつまで俺をいらいらさせるんだ？　　　Gainsbourg : *Charlotte for ever*
- **casser les noix** (casser les couilles; briser les noix) いらだたせる，悩ませる
  Qu'est-ce que tu me *casses les noix* avec ton Miami?!
  またマイアミの話なんか持ち出してほんとにうるさい奴だな！　Nauer : *Les truffes*

nom
- **nom à coucher dehors** voir **coucher**
- **nom de nom que** (qu'est ce que...!; vraiment) なんと…なんだ，ほんとに
  Oh *nom de nom qu*'elle est belle!
  わー，すげえ美人だ！　　　　　　　　　　Blier : *Trop belle pour moi*
- **petit nom** (prénom) 名前
  C'est quoi votre *petit nom*? / Lison. / Ah, mais c'est gentil ça ... Lison comme prénom.
  名はなんていうの？/ リゾン．/ それはいいね，リゾンて名前は．
  　　　　　　　　　　　　Chatiliez : *La bonheur est dans le pré*

non? (n'est-ce pas?) …だろう？
  Ça va être romantique, *non*?
  それロマンティックじゃない？　　　　　　　Aghion : *Pédale douce*

non mais voir **mais**

nonante (quatre-vingt-dix) （スイス，ベルギーで）90
  Allô..., Elysée *nonante*-neuf, huitante-quatre?
  もしもし… エリゼ9984番ですか？　　　Godard : *A bout de souffle*
  Cinq mètres quatre-vingts divisé par deux? / *Deux mètres nonante*.
  5メートル80を2で割ると？/ 2メートル90．　　Dardenne : *Le fils*

nonosse (os (à un chien)) （犬用の）骨
  Viens Oscar, viens prendre un *nonosse*!
  （犬に）オスカール，おいで，骨を取りにおいで！　Skolimowsky : *Le départ*

nord

Tu as ramené un *nonosse* à maman ?
<small>(SMゲームで) ママに骨を持ち帰った？</small>　　　　　　　　Ozon : *Sitcom*

nord (loin)　遠くに，離れて

Il est sous mon lit. / De quel côté ? / Devinez, le sud, le *nord*, le chaud, le froid.
<small>本はベッドの下にあるの． / どの辺かな？ / 見つけて，その辺かな，離れたかな，近いかな，遠くになったかな．</small>　　　　Rivette : *Va savoir*

■**pôle nord** (très loin)　とても離れて

Je vais deviner. / Tiède, *pôle nord*...chaud...brûlant !
<small>酒瓶がどこにあるか当てるよ． / すこし近づいた，すごく遠くなった，近い，火がつきそう！</small>　　　Wargnier : *La femme de ma vie*

nouba (fête)　どんちゃん騒ぎ

On se retrouve à la station service et après, ben je vais essayer de monnayer tes bijoux...et puis *nouba* à Saint-Tropez !
<small>ガソリンスタンドで落ち合いましょう，あたしはあんたの宝石をお金に換えるようやってみる…それからサン・トロペで浮かれましょう．</small>
　　　　　　　　　　　　　　　　　Poiré : *Les couloirs du temps*

nougat (pied)　足

J'ai passé des soirées d'enfer à me faire chauffer les *nougats* à coups de liasse de cinq mille.
<small>5千フラン分の札束を燃やして足を暖め，素敵な夜を過ごしましたよ．</small>
　　　　　　　　　　　　　　　　Beineix : *Mortel transfert*

nouille

1. (individu sans énergie ni intelligence)　うすのろ

   Vous faites une belle bande de *nouilles* !
   <small>揃いも揃ってばかだなー！</small>　　　　　　　Krawczyk : *Taxi II*

2. (pénis)　ペニス

   Si ça te suffit pas, on peut appeler mon pote. / Ça me fait pas peur. / Simon, viens. Viens tremper ta *nouille* !
   <small>これじゃ物足りなかったら，ダチを呼んでもいいんだぜ． / あたし構わないわ． / シモン，来いよ．プッシーちゃんに息子を浸しに来いよ！</small>　　Bouchitey : *La lune froide*

■**avoir le cul bordé de nouilles** (avoir de la chance)　運がいい

T'*as* tout de même *le cul bordé de nouilles*, hein.
<small>それにしてもお前ってついてる奴だな．</small>　　Chatiliez : *Le bonheur est dans le pré*

Si je vous ai pas trouée de partout tout à l'heure, c'est vraiment que vous *avez le cul bordé de nouilles*.

さっき（の手裏剣投げで）あんたを穴だらけにしなかったのは，あんたが運がいい人だからだ．
Leconte : *La fille sur le pont*

nounou (nourrice) ばあや，乳母
Amène-lui une *nounou*!
彼奴に乳母でもあてがっとけ！
Bagdadi : *Hors la vie*

nounours (ours en peluche) 縫いぐるみの熊
On en commande 500, mais cette année les *nounours* non.
これを5百注文するけど，今年は熊はいらない．
Klapish : *Riens du tout*

nouvelle

■**tu auras de mes nouvelles** (je me vengerai; tu entendras parler de moi; je m'en souviendrai) 覚えてろ，今に思い知らせてやる
Je vous préviens, si vous avez entraîné mon fils dans des histoires louches, vous *aurez de mes nouvelles*.
言っとくけどな，息子を変なことに巻き込んだら只では済まないぞ．
Moll : *Un ami qui vous veut du bien*

■**tu m'en diras des nouvelles** (tu m'en diras sûrement du bien; tu m'en feras compliment) きっと気に入るよ
Je vais te faire un truc ce soir. *Tu m'en diras des nouvelles*.
夕食にいいもん作ってやるからね．おいしいんだぞ．
Veysset : *Victor ... pendant qu'il est trop tard*

nuance (il y a une nuance, une différence délicate) 微妙な違いがある
J'aime les femmes. Je n'veux pas vivre avec, *nuance*.
私は女が好きだ，というのと，一緒に暮らしたくはない，というのではニュアンスが違う．
Leconte : *Tango*

Et puis il était pas technicien, il était technicien de surface, *nuance*! ... balayeur.
それに，あの人技師なんかじゃなかったんだ．技師は技師でも清掃技師，違うだろう！... 掃除夫ってことさ．
Lioret : *Tombés du ciel*

C'est pas qu'elle aime pas, c'est qu'elle sait pas, *nuance*.
その女，フェラが嫌いなんじゃなくって，できないだけよ．違うでしょう．
Megaton : *Exit*

nuit

■**ne pas faire ses nuits** (ne pas dormir assez longtemps) 充分に寝ない
Sa deuxième fille ne fait toujours pas *ses nuits*.
下の娘は相変わらずらずよく寝てない．
Féret : *Rue du retrait*

393

nul

nul
1. (bon à rien) 役立たず
 T'es un *nul*.
 お前ってだめな奴だな. Ducastel : *Drôle de Félix*
2. (absurde) 非常識な,馬鹿げた
 Ils s'imaginent tous que s'ils étaient pas mariés, ils arrêteraient pas de baiser. Mais c'est complèmement *nul*.
 男は結婚してなきゃのべつやりまくれるって考えるが,そんなの馬鹿げている.
 Leconte : *Tango*
3. (sans valeur; mauvais) 価値のない,悪い,ゼロの,ひどい
 Ça c'est *nul* comme solution.
 そんなの解決法としてはだめだ. Moll : *Harry, un ami qui vous veut du bien*

nullard (celui qui est complètement nul, qui ne connaît rien) 無能な,無知な人
 Quand tu penses qu'on donne des millions par an à ces *nullards* !
 あんな駄目な奴らに年百万もの助成金をやるなんてあきれちゃうよな.
 Jaoui : *Le goût des autres*

numérique (traitement numérique の略) デジタル処理
 On va mélanger tout ça, vous allez voir, on fait des miracles avec le *numérique*.
 写真を合成するんだ,まあ見てろよ,デジタルですごいのができるんだから.
 Veber : *Le placard*

numéro (individu original, extravagant) 変わり者,変人
 Le Pascal Moneaux, c'est un drôle de *numéro*.
 パスカル・モノーって奴はほんとに変わってるんですよ.
 Veber : *Le dîner de cons*

nunuche (crédule; sot) お人好し,愚か者
 Quelqu'un qui est capable d'aimer entièrement et passionnément est romantique. C'est loin d'être la *nunuche* aseptisée que vous attendiez.
 徹底的に,情熱を捧げて愛せる人がロマンティックなの.あなたが期待していたような毒のないお人好しとはほど遠いのよ. Krawczyk : *Héroïnes*
 Très sûr de lui. Enfin, au moins c'est bref. Les autres sont tellement *nunuches*.
 大した自信ね.とにかく簡潔だわ.他の男のはほんとにお目出たいんだから.
 Rohmer : *Conte d'automne*

Nutella (appellation commerciale de crème à tartiner pour petis déjeuners, collations, repas légers, à base de noisette, de cacao maigre,

de sucre et autres adjuvants) クリームの商品名
"Avez-vous déjà fait l'amour en jouant avec de la nourriture ?" / 28 %, mais c'est dégueulasse ! / Ouais, mais avec du *nutella*, moi j'dis pas non !

 「あなたは食べ物を使ってセックスしたことがありますか？」/ 28％，まあいやらしい！/ うん，でもあたしニュテラだったらいいわ.   Tavernier : *L'appât*

nuts (barre chocolatée) チョコバーの商品名
Il m'a donné un *nuts*.
 あの人チョコバーをくれたのよ.   Chabrol: *Au cœur du mensonge*

nymphette (très jeune fille au physique attrayant, aux manières aguicheuses, à l'air faussement candide) 色気のあるかまととぶった美少女
Guido aime bien les *nymphettes*.
 ギドにはロリータ趣味があるからね.   Dugowson : *Portraits chinois*

nympho (nymphomane の略) 色情狂
Tu crois qu'il a que ça à foutre de venir traîner dans des chiottes pourraves voir un zombi tringler une *nympho* ?
 色気違いとゾンビがつるむのを見るためにだけあの男がこんな汚いトイレに来るとでも思ってるの？   Megaton : *Exit*

O

occase (occasion の略) 機会
J'peux pas laisser passer une *occase* pareille.
 こんなチャンスを見逃すわけにはいかないよ.   Pirès : *Taxi*

occasionnelle (pute occasionnelle の略) 臨時の娼婦
T'es une *occasionnelle* ? / T'as quelque chose contre les *occasionnelles* ? / Ben c'est-à-dire qu'elles savent rien foutre.
 君臨時にやってるのかい？/ 臨時の娼婦になにか文句でもあるの？/ そりゃテクニックがゼロだからさ.   Blier : *Mon homme*

occuper
■**occupe-toi de tes affaires!** (mêle-toi de ce qui te regarde!) 余計なお世話だ，人のことに口出しするな
Vous êtes de la police ? / Non, mais enfin... / Mais *occupez-vous de*

o.d.
　vos affaires.
　　あなた警察の方なの？ / そうじゃないけど… / だったら余計なお世話よ.
Rohmer : *4 aventures*

■**t'occupes!** (ne te mêle pas de ça!)　余計なお世話だ
　Tu l'as volée ? / *T'occupes !*
　　この車盗んだのか？ / うるせーな！ Kassovitz : *Assassins*

o.d. (英語 over dose の略. dose trop forte, surdose, excès)　オーバードーズ
　O.d. à l'exta.
　　エクスターズのオーバードーズ（で死んだのよ）.
Le Pêheur : *J'aimerais pas crever un dimanche*

œil
■**à l'œil** (gratuitement)　只で
　C'est le seul endroit à Paris où on peut téléphoner *à l'œil*.
　　あそこは只で電話を掛けられるパリでたった一つの場所なんだ.
Godard : *A bout de souffle*

■**avoir les yeux qui tombent** (avoir sommeil)　眠い, 瞼がくっつきそうだ
　J'*ai les yeux qui tombent.*
　　あたし眠たくてしょうがないの.　Veysset : *Victor... pendant qu'il est trop tard*

■**faire des yeux de merlan frit** *voir* **merlan**

■**l'œil dans l'œil** (en regardant dans les yeux; sans avoir honte)　真っ正面から, 恥ずかしがらずに
　C'est la première fois que j'ai dû affirmer à quelqu'un, *l'œil dans l'œil*, que j'aimais les hommes.
　　僕初めてだったんですよ, 自分がホモだってはっきり打ち明けなければならなかったのは. Veber : *Le placard*

■**mon œil!** (c'est pas vrai!; tu me mens; je ne crois pas; ne me raconte pas d'histoires!)　まさか, 嘘ついてる, 信じるもんか
　Pourquoi elle va mourir ? / Elle est très vieille. / *Mon œil,* oui *!*
　　どうしてその人死んじゃうの？ / とてもお年寄りだから. / そんなのは嘘っぱちだ！
Hubert : *Le grand chemin*

■**ne pas avoir froid aux yeux** (ne pas avoir peur; être audacieux, effronté)　恐れない, 大胆である, 厚かましい, 図々しい
　La bonne femme au 106, elle *a pas froid aux yeux*. Elle est sortie de la salle de bain complètement à poil.

œuf

106号の女ったら恥知らずなのよ，バスルームから素っ裸で出てくるんですもの．

Jacquot : *La fille seule*

■**ne pas avoir les yeux en face des trous** (mal distinguer après avoir fait la noce ; ne pas avoir une vision nette pour avoir trop bu, mal réveillé) 酔眼朦朧としている，目覚めが悪くはっきり見えない

On a jeté tous les alcools parce qu'on ne supporte plus les fins de repas... où tout le monde dit des âneries, ni les conducteurs avec *les yeux pas en face des trous*.

僕たち酒をみんな捨てちまったんだ，だって食事の終わりはひどいんだもん，みんな下らない話をするし，車を運転するっていうのに朦朧としてるんだから．

Serreau : *La crise*

■**rincer l'œil** voir **rincer**

■**s'en battre l'œil** (s'en moquer éperdument) 屁とも思わない

Quant à la réussite, je *m'en bats l'œil*.

出世するなんて，ぼくにはどうでもいいことだ．　　　　　Demy : *Lola*

■**se remettre les yeux en face des trous** (bien se réveiller) しっかり目を覚ます

Tu veux pas un petit calva avec ton café pour *te remettre les yeux en face des trous* ?

ちゃんと目が覚めるようにコーヒーにカルヴァドスをちょっと入れてやろうか？

Vincent : *La discrète*

■**taper dans l'œil** (séduire) 気に入る

J'pense que tu lui *as tapé dans l'œil*.

君，彼女の気に入ったみたいだよ．　　　　　Beineix : *Mortel tansfert*

■**tu veux mes yeux ?** (tu veux que je te prête mes yeux ? ; tu veux mes lunettes ? ; je te prête mes lunettes ? ; arrête de regarder ; tu m'aimes vraiment ?) そんなに見るんじゃないの（自分以外の人に目を奪われている相手に嫉妬からこう言う）

Tu veux mes yeux ?

あたしの目の前でよくも！　　　Chéreau : *Ceux qui m'aiment prendront le train*

œuf

■**va te faire cuire un œuf !** (va-t'en ! ; va voir ailleurs si j'y suis !) 消え失せろ

Elle m'a dit d'*aller me faire cuire un œuf*.

あんたの秘書ったらこの私にとっとと失せろって言うのよ．

Truffaut : *Vivement dimanche*

oignon
■**ce n'est pas mes oignons** (cela ne me regarde pas) 私には関係ない
C'est pas mes oignons mais ... tu comptes le garder ?
余計なお世話かもしれないけど、その子産むつもり？　　Téchiné : *Alice et Martin*

oiseau (membre viril; queue) おちんちん
Quand on veut tirer un coup à la hussarde, il y a deux règles à observer : ne jamais mettre un pantalon blanc et fermer sa braguette en rempochant l'*oiseau*.
立ったまま向きあってしたいときには守らなければならない規則がふたつあるの。白いズボンを穿かないこと，チンポをしまったらチャックを閉めること！
Heynemann : *La vieille qui marchait dans la mer*

■**le petit oiseau va sortir!** (ne bougeons plus; ouistiti!; un petit sourire!) 写真を撮りますよ，動かないで，チーズ
Attention, *le petit oiseau va sortir!*
さあ、レンズから鳩さんがでますよ！　　Jugnot : *Monsieur Batignole*

ombre (prison) 刑務所，監獄
On a consigne de mettre à l'*ombre* seulement des gros cas... Soit vous déposez plainte et il va à l'*ombre* pendant un temps, soit il sort ce soir.
重大な事件のみムショ送りにせよというお達しがでてるんだ。あんたが告訴すればこいつはしばらく臭い飯を食うことになるし，さもなければ今晩にも自由の身だ。
Kassovitz : *Assassins*

omerta (イタリア語. loi du silence; refus de répondre à toute personne étrangère à une mafia, par crainte de représailles) 黙秘の掟
Tu dis rien à Joss. / *Omerta*.
ジョスに何も言うなよ。/ 絶対言わない。　Le Roux : *On appelle ça ... le printemps*

on
1. (nous) 私たちは
On n'est pas très fort pour la cuisine.
僕たち料理にはあまり強くないんでね。　　Thévenet : *Sam suffit*
On s'est connu comme tout le monde, au bal.
あたしたちみんなと同じようにダンスパーティーで知り合ったのよ。
Varda : *Les glaneurs et la glaneuse*

2. (je) 俺は，あたしは
C'est terrible de se rendre compte qu'*on* est amoureuse d'un veau.
こんなグズに惚れてたかと思うと惨めね。　　Bénégui : *Au petit Marguery*

3. (tu, vous) お前は，あんたは

Eh, l'homme au taxi, paraît qu'*on* se marie.
タクシーのおじさんよ，結婚するって話聞いたけど． Malle : *Zazie dans le métro*
Alors, *on* a mis une belle cravate, hein !
あら，坊やいいネクタイしたのね！ Tati : *Mon oncle*
Je vais juste prendre un verre au bar. / Alors *on* me suit.
バーで一杯やりたいだけなんだ．/ じゃあこちらへ． Aghion : *Pédale douce*

op (opérateur の略) カメラマン
Tu peux avoir le meilleur chef *op*.
あんた最高のカメラマンに撮ってもらえるのよ． Berillat : *Sex is comedy*

ophtalmo (ophtalmologiste の略) 眼科医
Bensard, l'*ophtalmo*, vous connaissez ?
バンサールって眼科医知ってる？ Gilou : *La vérité si je mens*

or
■**avoir de l'or dans les doigts** (être très habile) とても器用だ
Il *a de l'or dans les doigts*.
こいつはすごく器用なんだ． Leconte : *Félix et Lola*

■**se faire des couilles en or** voir **couille**

orage
■**il y a de l'orage dans l'air** (l'atmosphère est à la dispute) 荒れ模様だ，一波乱ありそうだ
Ta gueule, hé connard ! / Y'a d'*l'orage dans l'air*.
この馬鹿，うるせえぞ！/ 険悪な雰囲気だな． Gainsbourg : *Stan the flasher*

orangina (appellation commerciale d'une boisson non alcoolisée, à base d'orange) オレンジジュースの商品名
Euh, et moi je voudrais un *orangina*.
そうね，あたしにはオランジーナをちょうだい． Tavernier : *L'appât*

ordo (ordonnance の略) 処方箋
T'aurais pas un peu abusé sur l'*ordo* ?
同じ処方箋を（何度も偽造して）使い過ぎじゃない？ Despentes : *Baise-moi*

ordure (fumier ; salaud) 下司野郎
Lâche-moi, *ordure* !
放してってば，この下司！ Poiré : *Les visiteurs*

oreille
■**avoir l'oreille Van Gogh** (ne plus sentir son oreille après avoir abusé du téléphone en non-stop) 電話の長話で耳の感覚がなくなる
Ma mère s'est séparée d'avec son mec, donc du coup elle m'a tenue

ortie

la jambe toute la soirée au téléphone, j'ai pas pu décrocher... je te raconte pas, j'*avais l'oreille Van Gogh* à la fin.

<small>ママがね男と別れたのよ，それでね一晩中電話でつかまっちゃって，切るわけにいかないでしょう…ほんとにもうしまいには耳が感じなくなっちゃったわよ．</small>

Klapisch : Chacun cherche son chat

■**casser les oreilles** (répéter à satiété; rebattre les oreilles) 耳にたこができるほど言う，悩ませる

Descends, pépé, descends! / Ah mais dis-lui de se taire, elle me *casse les oreilles*!

<small>(屋根の上に昇った年老いた祖父に）降りてよ，おじいちゃん，降りてったら！／おいおい，黙るようにいってくれ，うるさくてしょうがない！</small>　Dupeyron : Salomé

■**chauffer les oreilles** (faire une remontrance; ennuyer; importuner; les chauffer) 戒める，うるさがらせる，迷惑がらせる

Je lui avais dit de fermer sa gueule. Je vais lui *chauffer les oreilles*.

<small>弟には何もしゃべらないように言っといたのに．懲らしめてやらなきゃ．</small>

Rochant : Aux yeux du monde

■**tirer l'oreille** (éveiller le soupçon; attirer l'attention) 疑惑を抱かせる

C'est hier quand je suis tombé sur l'accident de ta bagnole, que ça m'*a tiré l'oreille*.

<small>昨日君の自動車事故の報告を目にしたときに，これは怪しいって気がしたんだ．</small>

Girod : Passage à l'acte

ortie

■**pousser grand-mère (mamie) dans les orties** (exagérer) やり過ぎる

Ils ont pas intérêt à *pousser Mamie dans les orties*.

<small>会社もやり過ぎないほうがいいわね．</small>　Klapisch : Riens du tout

os

1. (difficulté; obstacle; problème) 困難，障害，問題，面倒

En voiture tout est dangereux. Un pneu qui pète et tu t'retrouves à l'hosto. Tandis qu'ici si y a un *os*, tu t'désintègres!

<small>車に乗ってりゃ何だって危険だ．パンクすりゃ病院行きだろ．ところがヘリじゃ何かありゃ粉々だもんな！</small>　Leconte : Une chance sur deux

Y'a un *os*. / Quoi un *os*, quel *os*? / Y'en a deux qui sont restés dans la banque.

<small>問題がある．／問題って，どんな問題だ？／銀行内にまだ（ギャングが）二人いる．</small>

Kounen : Le Dobermann

oseille

2. (vie; corps) 命，体
   Bah mes *os* c'est mes *os*.
   （走行中のトラックの前に犬が飛び出したので，横から急ハンドルを切って危険な目にあわせた男に）へえ，俺の命，俺の命はどうしてくれるんだ.

   Carné : *Quai des brumes*

   Tu reçois deux coups dans l'*os*.
   （ゲームで）おじいちゃんは体に2発喰らってるんだ.

   Manzor : *36.15 Code Père Noël*

   De nos jours, on fait pas d'vieux *os* avec un uniforme.
   警官の制服なんか着ているとこのご時世じゃ長生きはできねえのさ.

   Kounen : *Le Dobermann*

■**coûter un os** (coûter cher) 費用がたくさんかかる
   J'ai une salle de sport et aussi un aquarium géant. / Dites, ça a dû vous *coûter un os*, tout ça.
   僕のアパルトマンにはスポーツ室もあるし，巨大な水槽もあるんだ. / あれやこれやでうんとお金が掛かったでしょうね.　　Renders : *Thomas est amoureux*

■**de tes os** (toi) お前
   Lâche-moi maintenant, mutante *de tes os* !
   もう放してくれ，うるせえサイボーグばばあ！　　Bardiau : *Le monde de Marty*

■**l'avoir dans l'os** (subir un échec) 失敗する，やられる，どじる
   Qu'est-ce qui s'est passé? On *l'a dans l'os*?
   どうしたんだ？実験はだめだったのか？　　Dupeyron : *La machine*

■**sac d'os** voir **sac**

■**tomber sur un os** (tomber sur une difficulté imprévue, un contretemps) 思わぬ障害にぶつかる，邪魔が入る
   Vous *êtes tombés sur un os*.
   （急病のため私有地を突っ切ろうとした人に）そう簡単には行かせませんよ.

   Sinapi : *Nationale 7*

   Alors ce permis? Il paraît que vous *êtes tombé sur un os*?
   免許はどうしたの？なんだか巧く行かなかったみたいね？　　Pirès : *Taxi*

oseille (argent; pognon; blé) カネ，ゼニ
   Si elle t'kiff tu sais c'est pourquoi? C'est pasqu'elle pense que t'as d'l'*oseille*.
   お前あの子に好かれてるとしたらなぜだか分かるか？お前がゼニを持ってると思われてるからだ.　　Siegfried : *Louise*

où

où

- **d'où** (pourquoi) どうして，なぜ

    D'où il est pas juif Charlie? Ohayoun, y s'appelle! Hamar!
    どうしてシャルリーがユダヤ人じゃないって言えるんだ？オハユーンって姓なんだぞ，この阿呆め！
    Gilou : *La vérité si je mens II*

    D'où tu me touches, toi? Me touche pas comme ça!
    何で俺に触るんだ？俺にそんな風に触るな！
    Siegfried : *Louise*

- **d'où il sort?** voir **sortir**
- **où c'que** (où est-ce que) どこに

    Où c'que t'habites, maintenant?
    お前今どこに住んでるんだ？
    Godard : *Pierrot le fou*

- **où je pense** voir **penser**
- **où que** (où; où est-ce que)

    Vous savez *où qu'*habite Mme Scamperlé?
    スカンペルレさんはどこに住んでるかご存知ですか？
    Brisseau : *De bruit et de fureur*

- **où tu vas?** (tu es fou; ça va pas) お前どうかしてるぞ，何を言ってるんだ，とんでもない

    Je suis bien avec vous. Je veux pas rentrer chez moi, je veux rester là... *où tu vas* là?
    (家族と喧嘩をしないように心にもないお世辞を考えている)「みんなといると楽しいよ．家に帰りたくないくらいだ．ここに泊まっていきたいよ」…俺どうかしてるな．
    Téchiné : *Ma saison préférée*

    Pour l'emmener chez les putes, ils ont qu'à embaucher quelqu'un. On n'est pas payé pour ça. / *Où tu vas?* Tu sais bien que c'est pas possible!
    あの身障者を娼婦のとこへ連れてくには（君じゃなくて）誰か雇えばいいんだ．そんなことで給料貰ってるわけじゃないんだから．／何言ってるのよ．そんなことできるはずないでしょ！
    Sinapi : *Nationale 7*

oual(l)ou (rien; pas question; rien à faire; wallou) ゼロだ，とんでもない，問題外だ

J'ai jamais eu de Rolls, moi. La piscine, tout ça c'est *oualou*.
俺ロールスなんて持ったことないし，家にプールがあるとかなんとかなんて話はハッタリさ．
Gilou : *La vérité si je mens II*

oublier

- **s'oublier** (faire dans *son* pantalon) 粗相する

    Ça arrive à tout le monde de *s'oublier*.

お漏らしをするなんて誰にでもあることさ．　　　Mouriéras : *Dis-moi que je rêve*

ouest

■**être à l'ouest**　(être défoncé, drogué, ivre, fou, très fatigué)　麻薬で恍惚状態にある，ラリッている，酔っている，頭がおかしい，くたくた

Qu'est-ce qu'on va faire là-bas? C'est loin, ça caille, en plus, il paraît que c'est moche. / T'*es à l'ouest* ou quoi? On a rencard avec Noëlle.

そんなとこへ行って何すんのよ？ 遠いし寒いしおまけにつまんないとこでしょう．/ あんたおかしいんじゃない？ ノエルと会うことになってるでしょう．

Despentes : *Baise-moi*

ouf　(fou の逆さ言葉)　気違いの，変な

T'es *ouf* toi, tu veux not'mort à tous?

お前おかしいんじゃないか，俺達みんなを死なせたいのか？　　Zeitoun : *Yamakasi*

J'ai une journée de *ouf* aujourd'hui.

今日は大変な一日なんだ．　　Gilou : *La vérité si je mens II*

Je savais que t'étais *ouf*, mais à ce point-là.

お前っていかれた奴だと分かってはいたが，これ程までとはな．

Gilou : *La vérité si je mens II*

ouh

■**ouh ouh les fantômes** voir **fantôme**

ouin　(onomatopée du premier cri d'un nouveau-né)　オギャア（産声の擬音）

Allez, tu y es presque! / *Ouiiiiin*!

さあ息んで，もうすぐよ．/ おぎゃーーー！　　Leconte : *Rue des plaisirs*

ours　(homme insociable, hargneux, qui recherche la solitude)　人付き合いの悪い人，むっつりした人

C'est un vrai *ours*, dès qu'il y a des gens quelque part, il se tortille.

あの人ってまったく人付き合いが悪いんだから，どこかに人の気配がすると，もう落ち着かないのよ．　　Chéreau : *L'homme blessé*

Sincèrement, des fois, t'as un côté un peu *ours*.

正直言ってお前ときどきぶっきらぼうになるからな．　　Leconte : *Félix et Lola*

oursin　(règles; ours)　生理

T'as tes doches… / qu'est-ce que c'est les doches? / Les périodes… les ragnagnas… les *oursins*.

君，今さわりなんだな… / さわりって何よ？ / つきのもの…めぐり… お客とも言う．

Gainsbourg : *Charlotte for ever*

ouste!　(sors!; dégage!; vite!)　出ろ，邪魔だ，速く

out
    Allez, allez *ouste* !
        さあさあ出るんだ！   Grousset : *Kamikaze*
    On vous dit *ouste*, dehors, du balai *!*
        邪魔だって言ってんだ，出ろ，さっさと！   Grousset : *Kamikaze*
    Allez, *ouste* au lit.
        さあ早く寝なさい．   Demy : *Lola*

out (英語)
■**être out** (être hors de combat; être dépassé; ne pas être dans le coup) 失格した，敗退した，時代遅れの
    Si tu n'es pas cubain ou colombien, tu *es out*. Qui va te donner du boulot? Personne.
        （サルサ関係の仕事に就こうとしたって）キューバ人かコロンビア人でない限り失格だね．誰も仕事をくれないよ．   Bunuel : *Salsa*

ouvrir
■**l'ouvrir** (parler) 話す，口を開く
    Tu *l'ouvres* plus?
        何とか言えよ．   Leconte : *Rue des plaisirs*

overdose (英語)
1. (dose trop forte; surdose; o.d.) 麻薬の過量摂取
    On sait pas exactement, enfin, l'*overdose* quoi.
        （死因は）はっきりしないんだけど，まあオーヴァードーズってとこだな．
                                          Klapisch : *Péril jeune*

2. (excès) 過剰
    J'avais qu'une trouille, c'est qu'il parte. Et maintenant c'est qu'il reste, pour toujours. / Effectivement, c'est l'*overdose*.
        前は息子が親離れすることだけが怖かった．今は居座ることよ，永遠に．/ たしかに甘やかしすぎたな．   Chatiliez : *Tanguy*

P

pa (papa) パパ
    Bonjour *Pa*.
        パパおはよう．   Miller : *La meilleure façon de marcher*
pa'ceque (parce que) なぜって

Vous voulez pas qu'j'vous raccompagne? *Pa'ceque* l'quartier ici l'soir il est un peu chaud.
送ってあげましょうか？　この辺は夜になると柄が悪いですからね．　　Beineix : *IP5*

pack (英語 emballage) カートン
On achète un *pack* et on va sur les quais?
ビール買って河岸へ行こうか？　　Despentes : *Baise-moi*

paf (ivre) 酔った
Vous êtes *pafs*?
あんたたち酔っぱらってるの？　　Rohmer : *Le signe du lion*

pagaille (désordre) 乱雑
N'allez pas voir ma chambre! C'est la *pagaille*!
僕の部屋を見ないでくれ．散らかってるから．　　Pinoteau : *L'étudiante*

page (lit; pageot) 寝台
Il me paume en trombe, d'un seul élan sur le *page*.
男はあたしを捕まえてあっと言う間にベッドに押し倒したのよ．
Godard : *Une femme mariée*

■**pages jaunes** (pages professionnelles de l'annuaire téléphonique)
電話帳の職業別欄
Ça existe encore, ça, détective privé! / Bien sûr ça existe. / Oui, on est même dans les *pages jaunes*.
私立探偵なんてまだあるの！/ もちろんありますとも．/ そうですよ，電話帳にだって載ってますから．　　Salvadori : *Cible émouvante*

pageot (lit) 寝台
Faut pas rougir çomme ça, mon vieux. C'est ce qui se passe dans un *pageot* entre un mec et une fille.
そんなに恥ずかしがることないよ，君．男と女がベッドを共にすりゃそういうことになるんだから．　　Miller : *La meilleure façon de marcher*

pain (coup de poing) 拳固
Ici, je me fais défoncer trois fois par semaine, alors un *pain* de plus ou de moins, ça me fera un arrêt de travail.
ここじゃ俺，週に3回は殴られてんだから，拳固の一つ二つどうってことはないし，休職できていいや．　　Dupontel : *Bernie*

■**ça ne mange pas de pain** (ça n'engage à rien) だからってどうってことはない
C'est un talisman qui peut exaucer trois vœux... / Et t'y crois? / Je sais pas. *Ça ne mange pas de pain*.

paire

これは三つの願い事を叶えてくれるお守りだ． / あんた信じてるの？ / さあね，だめでもともとだ．
                                                            Miller : *La classe de neige*

paire
■**se faire la paire** (s'enfuir) 逃げる
Entre mon séjour à l'ombre et l'autre pomme qui *s'est fait la paire*, le frigo a eu le temps de dégivrer.
俺のほうは臭い飯を食っていて，あの馬鹿女がずらかってる間に，冷蔵庫の霜取りが働いたんだろう．
                                                            Gainsbourg : *Stan the flasher*

paix
■**foutre la paix à *qn*.** (laisser *qn*. tranquille) ほっとく
Tu peux pas lui *foutre la paix*, toi !
彼女をそっとしとけないの！
                                                            Gilou : *La vérité si je mens*
Tu me *fous la paix* !
（猫に）お前は俺に何も文句を言わない．
                                                            Leconte : *Tango*

palmé
■**avoir les pieds palmés** (être paresseux) 仕事をしたがらない，怠惰である
Rémi *a les pieds palmés*.
レミーは怠け者だ．
                                                            Zonca : *La vie rêvée des anges*

panade (misère; mouise; purée) 困窮
Ça nous met un peu dans la *panade*.
（あなたに今休まれると）ちょっと困っちゃうな．
                                                            Serreau : *Chaos*

Paname (Paris) パリ
C'est des préjugés de gonzesses de *Paname*, ça !
そんなのパリ女どもの偏見だ．
                                                            Bensalah : *Le ciel, les oiseaux et … ta mère*

panard
■**c'est le panard** (c'est agréable; c'est le pied) 気持ちがいい
Quand il te la met au début ça fait un peu mal, après *c'est le panard*.
（ホモの男に）入れられたとき最初はちょっと痛いけど，後はいい．
                                                            Fassbinder : *Querelle*

■**prendre son panard; se prendre un panard** (jouir sexuellement; éprouver beaucoup de plaisir) 強烈な快楽を味わう，大いに楽しむ
Quel *panard* il va *prendre*, le grifton !
兵隊さんはよ（奥さんに会えて），おっそろしく楽しい思いをするんだろうな．
                                                            Blier : *Les valseuses*
Je *me suis* jamais *pris un panard* comme ça.

こんなに楽しい思いをしたことはなかったよ．　　Giovanni : *Les égouts du paradis*

panier
1. (panier à salade ; voiture cellulaire) 囚人護送車
   Ce soir ils sont au *panier*.
   今晩には奴等を護送車に乗せています．　　　　　　　　　　　　Pirès : *Taxi*
2. (sexe ; fesses) 性器，尻
   Tout ça parce que mon copain Luc lui a mis la main au *panier*.
   元はと言えばあたしの同僚のリュックが（ホモで）ベルナールのあそこにお触りしたからなのよ．
   　　　　　　　　　　　　　　　　　　　Téchiné : *Hôtel des Amériques*
■**coucouche panier** voir **coucouche**

panneau
■**tomber dans le panneau** (tomber dans le piège) 罠にはまる，騙される
   Tu crois que je vais *tomber dans le panneau*!?
   このわしがそんな手に引っかかるとでも思ってるのか!?　　Muyl : *Le papillon*

pantalon
■**en avoir dans le pantalon** voir **avoir**

papapapa! (oh là là!) まったくもう
   Papapapa, l'monde qu'y avait sur les routes!
   すごいんですよ，道に人がたくさん出てて！　　　　Dumont : *La vie de Jésus*

papier
■**papier cul** (papier hygiénique ; PQ) トイレット・ペーパー
   Alors qu'est-ce qui ne va pas ? / Le chauffage. / Le *papier cul*.
   で（工場の）問題点は？／暖房．／トイレット・ペーパー．　　Godard : *Passsion*

papillon (idées sombres) 暗い気分
   Tu aurais chassé mes *papillons*.
   あんたがいてくれたら鬱の虫も追い払ってくれたでしょうにね．　　Demy : *Lola*

papoter (parler beaucoup en disant des choses insignifiantes, bavarder) 他愛のないお喋りをする
   On *a papoté*, c'était charmant.
   俺達軽いお喋りをして，いい雰囲気だったぜ．　　　　Veber : *Le placard*

papouille (chatouilles ; caresses indiscrètes) くすぐり，いちゃつき
   Aimes-tu les baisers dans le cou ? Les *papouilles* ?
   首にキスされるの好き？ペッティングは？　　Resnais : *On connaît la chanson*

paquet (somme d'argent importante ; gros lot) 大金
   Ils avaient mis le *paquet* : caméras tout l'appartement.

para

(スパイ組織は)カネをつぎ込んで住まい全体に隠しカメラを設置しといたんだ。

Rochant : *Les patriotes*

para (parachutiste の略) 落下傘兵

Lui, c'est mon chef de service. Monsieur Poirier. C'est un ancien *para*.

彼が上司のポワリエさんで、元落下傘兵です。 Fontaine : *Augustin*

paracétamol (acétaminophène ; médicament pour soulager les douleurs, pour abaisser la température) 鎮痛解熱剤

Vous avez besoin d'autre chose ? / Oui, du fond du teint, de l'aspirine ou du *paracétamol*.

他にご用は？ / ええ、ファンデーションとアスピリンかパラセタモルをください。

Van : *Dans ma peau*

paradis

■**il ne l'emportera pas au paradis** (il en subira un jour ou l'autre les conséquences fâcheuses) 今に罰が当たるぞ、今に見てろ

De toute façon, *il ne l'emportera pas au paradis*. Tôt ou tard je le croiserai sur mon chemin, et ce jour-là...

とにかくこのままでは済まさんぞ。いずれ出会うこともあるだろう、その時には…

Gilou : *La vérité si je mens II*

parano (paranoïaque の略. trop méfiant) 偏執狂の、妄想症の、疑り深い

Je crois que c'est les flics. / T'es *parano*...les flics.

デカのしわざだと思う。/ デカだなんて…パラノだな。 Beineix : *Diva*

parapluie

■**avoir l'air d'avaler son parapluie** (être guindé, coincé, mal à l'aise) 物腰がぎこちない、しゃちほこばってる

Et d'ailleurs, un film dramatique où on ne rit pas, c'est un film qui *a avalé son parapluie* !

もっとも、観客が笑わない悲劇映画って堅苦しいんですよね。

Tavernier : *Laissez-passer*

■**comme un parapluie** (très mal) とても下手に

Il faisait l'amour *comme un parapluie*.

あの男ったらセックスものすごく下手なのよ。 Truffaut : *Vivement dimanche*

■**c'est pas parce que...que〜** (le fait de...n'est pas une raison suffisante pour le fait de 〜) …だからといって〜ではない

*C'est pas parce qu'*on prend une cuite *qu'*on arrête de boire.

酔っぱらうからといって酒をやめる人はいないよ。 Berliner : *Ma vie en rose*

C'est pas parce que je suis la bonne *que* je vais me laisser faire.

女中だからといって言いなりにはならないわよ.
C'est pas parce qu'on baise pas que je t'aime pas.
セックスしないからって愛してないわけじゃない.   Ducastel : *Drôle de Félix*
                 Ozon : *Sitcom*

pardi (pardieu; dame) そうとも, もちろん
Un jour c'était froid…*pardi*, les cuisines c'est loin.
ある日(死刑囚の)食事が冷えていたんだ … そりゃそうさ, 厨房が遠いんだもの.
                 Giovanni : *Mon père*

pardingue
■**coller sur le pardingue à *qn.*** (attribuer tout à *qn.*) 擦(なす)りつける, せいにする
Ils te la tabassent cinq minutes, elle te *colle* tout *sur le pardingue*.
サツがちょっと彼女をぶん殴ればみんな俺のせいにしちまうだろう.
                 Corneau : *Série noire*

pareil (pareillement; de la même façon) 同じように
On ne regarde plus les autres *pareil*.
人の見方も変わってくる.   Beineix : *Mortel transfert*
Tu crois qu'elle fait *pareil*?
あのウエイトレスも同じようにノーパンだと思うか?   Leconte : *Tango*

■**pareil que** (pareil à) …と同じような
Toi, tu n'es pas *pareille que* moi.
あんたはわたしとは違うわ.   Rohmer : *Le rayon vert*

parfum
■**mettre au parfum** (mettre au courant) 知らせる
Faudrait *mettre* ma mère *au parfum*.
ママに話したほうがいいかな.   Thompson : *La bûche*

parier
■**j'aurais parié** (j'en étais sûr) きっとそうだろうと思っていたよ
Tu n'as pas … cinq mille francs à me prêter jusqu'à midi? / Je l'*aurais parié*. T'es dégueulasse, Michel.
昼まで…5千フラン貸してくれないかな?/ そう来ると思ってたわ. やな人ね, ミシェルったら.   Godard : *A bout de souffle*

Paris-Brest
■**en faire un Paris-Brest** (en faire un fromage; en faire toute une histoire; faire chier) 大げさに騒ぎ立てる, 困らせる
Qu'est-ce qui se passe ici? / Oh, trois fois rien. Georgette a voulu prendre l'air, et Joseph *en fait un Paris-Brest*!

parler

何かあったの？／まあ大したことないのよ．ジョルジェットが気分転換しようとしたら，ジョゼフがわあわあ言ったの． Jeunet : *Le fabuleux destin d'Amélie Poulain*

parler

■**ça c'est parler** (c'est bien dit; tu as raison)　名言だ，君の言う通りだ
J'ai envie de me sentir vivant ! et niquer, ça me rend vivant ! / *Ça c'est parler* Dov ! on va se la donner grave.

　　俺は生きてるって実感したいんだ，セックスすると生きてるって気になるんだ！／いいこと言うな，ドヴ，俺達も大いにやりまくろう．　　Gilou : *La vérité si je mens II*

■**j'en parlerai à mon cheval** voir **cheval**

■**parle pour toi** (je n'accepte pas; ce que tu dis ne me concerne pas)
俺はごめんだ，関係ない
On n'a pas le droit de sortir. / *Parle pour toi* !

　　外出は許されてないんだから．／あたしはそんなの受け入れないわ．
　　　　　　　　　　　　　　　　　　　　　　　　　Breillat : *A ma sœur*

Je la déteste ! Je voudrais qu'elle crève, qu'on ait un accident de voiture ! J'm'en fous de crever avec ! / *Parle pour toi* ! Moi j'ai pas du tout envie de crever !

　　(妹が姉に) ママなんて大嫌いよ！くたばったらいいんだわ，自動車事故を起こして！あたし一緒にくたばったってかまいはしない！／あたしはご免よ．ぜんぜんくたばりたくはないわ．　　　　　　　　　　　　Breillat : *A ma sœur*

■**parlons-en** (ce que tu dis n'est pas vrai; tu parles)　そんなの嘘っぱちだ，まさか，よく言うよ
T'es une sardine, t'es faite pour vivre en boîte ! Moi, j'ai le sens des grands espaces ! / *Parlons-en* ! tu ne sors jamais de ton trou.

　　お前なんか鰯だな．缶詰んなかで生きてくのに向いてら．おれには広い空間のセンスがあるんだ！／まあ言わせておけば，あんたなんか自分とこから出たことないくせに！　　　　　　　　　　　　　　　　Tacchella : *Escalier C*

■**tu me parles autrement** voir **autrement**

■**tu parles (de)**

1. (bien sûr que non, tu dis ça mais ... , je ne te crois pas, tu te moques de moi)　嘘に決まってら，そんなこと言って，よく言うよ，…だなんて，まさか，なんという…なんだ！

C'est mon frère. / *Tu parles*, ton frère, à poil dans ton lit, c'est à moi que tu vas faire gober ça !

　　あたしの兄よ．／兄さんだなんてよく言うよ，裸で君のベッドに寝ててか，それを鵜呑みにさせようったって．　　　　　　　　　　　Serreau : *La crise*

parler

Ils appellent ça un salon. *Tu parles d'*un salon.
老人ホームの奴等はここをサロンと呼んでるけど，サロンだなんておこがましい．
Dupeyron : *Salomé*

Nono. *Tu parles d'*un nom !
ノノだなんて，そんなの名前かよ！
Fassbinder : *Querelle*

Ça pue dans cette chambre... On dirait une ménagerie. *Tu parles d'*une chambre de jeune fille !
お前の部屋臭いわ．まるで動物小屋ね．若い娘の部屋かしら！
Holland : *Olivier est là*

2. (vraiment ; bien sûr ; c'est normal ; et comment) ほんとに…だ，そうに決まってらー
Elle te plaît ? / *Tu parles* !
エッフェル塔は気に入ったかね？／そりゃもう！
Lioret : *Tombés du ciel*

De la bouffe pour les animaux. Des rayons entiers. C'est écœurant. *Tu parles d'*une société de merde.
（大型スーパーで）ペット食品がこの棚全部とは．反吐(へど)が出るな．まったくひでえ世の中だ．
Sinapi : *Nationale 7*

■**tu parles que**

1. (bien sûr que non ; tu dis ça mais ; ce n'est pas vrai) …だなんてよく言うよ
Tu parles que tu m'aimes. Je te fais horreur. Je te dégoûte. Y'a rien de plus moche que moi.
愛してるだなんて．あたしのこと嫌なんでしょう，嫌いなんでしょう．あたしほど醜いものないものね．
Breillat : *Romance*

2. (bien sûr que) もちろん…だ
T'as vu, y dorment dans la même chambre. / Oh ! *Tu parles que* j'ai vu.
あんた見た，あの二人同じ部屋で寝るわ．／見たかなんて，ばっちりよ．
Chatiliez : *Le bonheur est dans le pré*

Finalement, Marion, ils l'ont pas jetée du tout. *Tu parles qu'*ils l'ont gardée. Pour avoir quelque chose à échanger.
結局マリオンは車から放り出されなかった．渡さないに決まってたんだ．交換の人質用さ．
Leconte : *Rue des plaisirs*

■**tu parles si** (vraiment ; complètement) ほんとに…だ
C'est vraiment dangereux ? / *Tu parles si* c'est dangereux.
ほんとに危険なの？／危険極まりないんだ．
Arcady : *Pour Sacha*

Je suppose que ça t'intéresse. / *Tu parles si* je m'en fous !

parlot(t)e

君そういう話好きなんだろう．/ そういうのはぜんぜん受けつけないね．
Miller : *La meilleure façon de marcher*

Elle te plaît? / Oh bah... *Tu parles si* elle me plaît.
（この時計あげるけど）どう，気に入った？ / ああ… 決まってるだろう．
Téchiné : *Les égarés*

■**tu peux parler** (je peux faire le même reproche; c'est la même chose, tu as le même défaut que moi; tu n'as pas le droit de dire ça; je m'en fous; toi aussi, tu parles de ça mais c'est pire, tu es pire) お前もそうだ，同じだ，お前はそう言うがもっと悪い，そんなことがよく言えるな

Comment ça s'fait que tu es si gros? / Et vous... *vous pouvez parler*. / Pas d'insolence!
（家庭教師が男の子に）お前なんでそう太ってるんだ？ / 先生はどうだって言うんです… おあいこでしょう．/ 生言うな！
Gainsbourg : *Stan the flasher*

J'espère qu'tu t'intéresses pas à lui. / Et pourquoi tu dis ça? / Parce que lui, les femmes l'intéressent / Ben toi, *tu peux parler*, hein!
君，あいつに興味を持たなきゃいいが．/ なんでそんなこと言うの？ / だってあいつ女好きだからな．/ まあ，自分のことは棚に上げて！
Zidi : *Deux*

Va vivre ta vie normale avec tes pédés normaux! / Ça va pas. En plus *tu peux parler*!
あのノーマルなオカマのカップルのところでノーマルな生活をしたらいいんだ！ / あんたいかれてんじゃない．それに（自分がホモのくせに）よくまあしゃーしゃーと！
Thévenet : *Sam suffit*

Tu veux avoir l'air de quelqu'un d'extraordinaire. C'est facile d'être méchant. / *Tu peux parler*! Tu t'es vue, avec ton bonhomme?
あんた大物ぶりたいだけなのよ．意地悪するって楽だもんね．/ そういう自分はどうだっていうんだ？ 恋人にどういう態度取ってるか考えたことあるのか？
Tacchella : *Escalier C*

parlot(t)e (conversation oiseuse; échange de paroles insignifiantes)
無駄なお喋り，意味のない会話

C'est de la *parlotte* tout ce que tu me dis, moi ça me sert à rien.
あんたの言ってることなんてみんな無駄なお喋りよ，あたしのお芝居に何の役にも立たないわ．
Corsini : *La répétition*

parti (légèrement ivre) 少し酔った

Tu es *parti*. / Non, je ne suis pas *parti*, mais je vais partir. Je vais partir, je suis en retard.
君は少々酔ってるんだ．/ いや，酔ってなんかいないよ，これから出発だ．もう出

partouzer

発だ，遅れてるからね．(partir のほうには mourir, se tuer「死ぬ，自殺する」の意味が込められている)
　　　　　　　　　　　　　　　　　　　　　　　　　Malle : *Feu follet*

partir (éjaculer; jouir) 射精する
　Tout d'un coup c'*est parti*.
　　急にいっちゃったのよ．　　　　　　　　　Blier : *Les valseuses*

■**c'est parti** (ça va; ça ira; ok; d'accord; vas-y; ça ne dérange pas; allez; on y va; on commence) 大丈夫だ，巧く行くだろう，分かった，どうぞ，勝手にしろ，さあさあ，さあやろう
　Tu m'laisse juste le temps de m'refaire un peu d'tune et *c'est parti*.
　　ちょっとカネを調達する暇さえあればOKだ．　　Siegfried : *Louise*
　Tu veux pas plutôt essayer un petit gilet ou un pull ? / *C'est parti* !
　　かわいいチョッキとかセーターを着てみないか？ / やった！　Krawczyk : *Wasabi*
　C'est bon, vous pouvez partir... *C'est parti* !
　　（取り調べが終わって刑事が）もういい，行ってもいい… さあ行け！
　　　　　　　　　　　　　　　　　　　　　　　　Noé : *Irréversible*

■**partez!** (action!) アクション！
　Regrets 125, 7ème. / *Partez!*
　　「後悔」シーン125, テイク7！ / アクション！　　Zidi : *L'animal*

■**partir en couille** voir **couille**

partout

■**un (point) partout** (on est à égalité; on est quittes) これで対等だ
　C'était la vôtre? / Bah oui... / Eh ben ça fait *un point partout*.
　　乗り逃げされたのあんたの車か？ / うんそうなんだ… /（俺もやられたから）おあいこだな．　　　　　　　　　　　　　Leconte : *Une chance sur deux*
　En République, les hommes et les femmes ils ont les mêmes droits. Tu me jettes, je te colle, *un partout*.
　　フランスでは男も女も平等ですからね．あんたはあたしを捨てる，あたしはあんたにストーカーしてやる，これで対等ね．　Marshall : *Vénus Beauté*

partouze (ébats sexuels en groupe) 乱交，オージーパーティー
　A la limite, j'aimerais encore mieux me taper la vieille. Ou alors faire une *partouze* à trois.
　　極端なこと言えば，かかあのおふくろとやるほうがまだましだ．さもなきゃ3Pだ．
　　　　　　　　　　　　　　　　　　　　　　　　Noé : *Seul contre tous*

partouzer (participer à une partouze; organiser des partouzes; posséder sexuellement, baiser) オージーパーティーに出る，セックスする，やる

Pascal

Tout le monde le sait que tu *partouzes*.
みんな知ってるよ，君がオージーパーティーに出てるって． Kassovitz : *Assassins*

Pascal (ancien billet de 500 francs à l'effigie de Blaise Pascal) パスカルの肖像の旧5百フラン札

Il jette deux *Pascal* à la face de Lenny.
彼はレニーの顔に5百フラン札を2枚投げつける． Guit : *Le ciel est à nous*

pasque (parce que) なぜなら

Si elle t'kiff tu sais c'est pourquoi? C'est *pasqu*'elle pense que t'as d'l'oseille.
お前あの子に好かれてるとしたらなぜだかわかるか？お前がゼニを持ってると思われてるからだ． Siegfried : *Louise*

passe (moment passé avec une prostituée) ショートタイム

Une chambre pour les *passes* c'est vingt mille.
ショートに使う部屋は2万だ． Dardenne : *La promesse*

■**faire une passe** (être avec un client) （娼婦がショートの）客をとる

Dis tout de suite que je *fais des passes*.
あたしが売春してるってはっきり言ったらどう． Gainsbourg : *Stan the flasher*

passer

■**ça ne se passera pas comme ça** (je ne me laisserai pas faire; je n'accepterai pas) そうはさせないぞ

Si on essaie de me coller quoi que ce soit sur mon dos, je vous préviens, ça ne se passera pas comme ça.
どんなんだろうと俺に罪を擦(な)りつけようとしたら，言っとくが，只じゃすまさんぞ！
Corneau : *La menace*

■**ça passe** (je pardonne; je ne dis rien) 大目に見る，受け入れる

Le coup de la copine, *ça passe* une fois, mais pas deux.
友達が来るなんて手は1度は利くが，2度は通用しないぞ． Rohmer : *4 aventures*

■**passer sur**

1. (écraser) 轢(ひ)く

Fais pas le con! Il va t'*passer dessus*.
馬鹿なことするんじゃない！あいつの車に轢かれるぞ． Leconte : *Tango*

2. (passer sur le ventre de; posséder sexuellement) ものにする

L'Allemande, ils lui *sont tous* passés *dessus*.
みんなあのドイツ女と寝たんだ． Gainsbourg : *Equateur*

■**passer un savon** voir **savon**

■**y passer**

1. (subir un sort peu agréable et quasi inéluctable) 避けられない試練を受ける
   Les églises, les musées, tout *y passe*.
   教会だろうが，美術館だろうが，軒並み狙われごっそりやられた．
   Chabrol: *Au cœur du mensonge*
   Y sont historiques, trois générations de Charbonnel *y* sont déjà *passées*.
   (このトルコ式トイレは) 歴史的価値があるのさ．シャルボネル家が三代に渡ってがまんして使ってきたんだ．
   Chatiliez : *Le bonheur est dans le pré*
2. (mourir) 死ぬ
   Elles ont vraiment cru que vous alliez *y passer*.
   女工たちはあんたがもうだめかとほんとに思ったんだ．
   Chatiliez : *Le bonheur est dans le pré*
   Vous avez failli *y passer*.
   あんたもう少しでくたばるとこだったんだ．
   Heynemann : *La question*

passoire (mauvais gardien de but) 下手なゴールキーパー
   Oh la *passoire*!
   ひでえゴールキーパーだ！
   Bardiau : *Le monde de Marty*

pastaga (pastis) パスティス
   Je l'ai allumé au *pastaga*, de bon matin.
   俺は朝っぱらからそのデカをパスティスで酔っぱらわせたのさ．
   Megaton : *Exit*

pastis (situation embrouillée; merdier) 紛糾した事態，困ったこと
   J'ai un *pastis* avec une pute.
   娼婦と話がこじれてね．
   Blier : *Mon homme*

pataquès (confusion; désordre; scandale) 思い違い，混乱，騒ぎ
   Y a un *pataquès* avec la nouvelle.
   新入りの女のことで誤解がありましてね．
   Truffaut : *Vivement dimanche*

patate
1. (coup de poing) 拳骨
   Ils ont pris une série de *patates*.
   奴等は連続パンチを喰らいましたよ．
   Zeitoun : *Yamakasi*
   Putain, la *patate* qu'il lui a mise!
   すげえな，あいつに喰らわせたパンチ！
   Masson : *En avoir*
2. (dix mille francs; brique; tuile; bâton) 1万フラン
   Il te met une *patate* sur la table comme ça, en échange il te demande pas grand chose, il te demande juste de regarder ailleurs de temps en temps.

patati

男はテーブルの君の前にぽんと1万フラン置くんだが，その代償として大したことは要求しない，ただときどきよそを見ててくれればいいって言うんだ．

Jaoui : *Le goût des autres*

3. (imbécile) 馬鹿

J'vous f'rai remarquer que j'ai rien dit. / Justement, *patate*. Si t'as rien dit c'est qu't'es d'accord.

言っときますけど俺黙ってたよ．/ だからいけねえんだよ，阿呆め．何も言わないってことは賛成ってことじゃねえか．

Gainsbourg : *Je t'aime moi non plus*

■**avoir la patate** (avoir la pêche; avoir la forme) 元気だ

Elle *a la patate* ta grand-mère hein !

おばーちゃん元気じゃない！

Berberian : *Paparazzi*

■**en avoir gros sur la patate** (avoir de la peine; être affligé; avoir des regrets) 悲しみで胸がいっぱいである，後悔している

Une fille *en a gros sur la patate*, accrochée à une rambarde...

橋の欄干にしがみついて，女が悲しみで胸をいっぱいにしている．

Leconte : *La fille sur le pont*

patati

■**(et) patati patata** (long bavardage) 長いお喋り，ぺちゃくちゃ

Hermance t'a appelé. Elle veut que tu la rejoignes à La Campagne de Cicéron. Elle est toute seule *et patati patata*...

エルマンスがあんたに電話してきたわ．あんたにキケロの館に来て貰いたいんだって．独りぼっちとかぺらぺら…

Davila : *La campagne de Cicéron*

Il dit qu'il est le comte de Montmirail de *patati, patata*.

その男は自分がなんとかなんとか由緒あるモンミラーユ伯爵だって言うんだ．

Poiré : *Les visiteurs*

patauga

■**je te vois venir avec tes pataugas** (t'es pas délicat; je te vois venir avec tes sabots) 無神経だ

Allons voir tout de même. / *Je vous vois venir avec vos pataugas*.

とにかく見てみよう．/ あんたって見え見えね．

Malle : *Zazie dans le métro*

pâté

■**pâté-rillettes** (Français de souche) 生粋のフランス人

Elle sort avec un *pâté-rillettes*.

彼女本物のフランス人とデートしてるぞ．

Gilou : *Raï*

■**pathos** (catholique) カトリック教徒

Il s'est pris un nom de *pathos*. / Un nom de *pathos* ? / De catho.

彼はパトスの名前にしたんだ．/ パトスの名前って？/ カトリックのさ．
Gilou : *La vérité si je mens*

patin
■**rouler un patin** (embrasser profondément sur la bouche; rouler une saucisse, un pallot; bouffer la langue) ディープキスをする
J'ai failli lui *rouler un patin*.
俺もうちょっとでその子にディープ キスしそうになったんだ．　　Breillat : *Romance*

patraque (fatigué; pas en forme) くたびれた，元気がない
Mon frère est *patraque*.
弟は調子が悪いんです．　　Tavernier : *Laissez-passer*

patte (main) 手
Vous aimeriez bien promener vos *pattes* là-dessus.
お前らこんな女のあそこにお触りしたいんだろう．　　Blier : *Les valseuses*

■**bas les pattes!** (ne me touche pas!) 手を出すな！手をどけな！
Bas les pattes, Monsieur Klemmer!
触らないで，クレメールさん．　　Haneke : *La pianiste*

■**casser les pattes arrière** (faire l'amour en levrette) 後背位で激しくセックスする
Je vais te *casser tes petites pattes arrière*.
後背位でやって足腰を立たなくしてやるからな．　　Gilou : *La vérité si je mens II*

■**en avoir plein les pattes** (être très fatigué après une longue marche; en avoir assez) 歩き疲れる，うんざりする
On *en a plein les pattes*.
あんなに歩いてくたくたね．　　Blier : *Merci la vie*

■**graisser la patte** (soudoyer; corrompre avec de l'argent) 袖の下を使う，買収する
Même les écolos, le maire leur *a graissé la patte*.
市長はね，エコロジストさえも買収したんだ．
Rohmer : *L'arbre, le maire et la médiathèque*

■**mettre qn. dans les pattes** (faire rencontrer) 出会いの場を作る
Ils lui ont mis des types *dans les pattes*.
スパイ組織は目標の女に何人もの男をあてがってみたんだ．
Rochant : *Les patriotes*

■**se tirer des pattes** (s'enfuir) …の支配から逃れる，逃げ出す
Je voudrais *me tirer de leurs pattes*.
彼らんとこから逃げ出したいもんですよ．　　Tavernier : *Laissez-passer*

Paulo

■**tirer dans les pattes à *qn.*** (empêcher *qn.* de faire ; gêner) 阻止する，邪魔する
　On fait rien sans prévenir l'autre. On se *tire pas dans les pattes*.
　　独走は許さない．足の引っ張り合いはやめよう．　　Arcady : *Pour Sacha*

Paulo (gars ; ami ; copain) 若者，君
　Mes *Paulos*, elles montrent tout.
　　（ストリップ小屋の客寄せが叫ぶ）そこのお兄さんたちよ，うちのお嬢さんたちは何もかも見せるんだよ．　　Miller : *Le sourire*

paumé
1. (perdu ; égaré) 道に迷った
　Mais où je suis là ? Je suis *paumé* là !
　　いったいここはどこなんだ？迷っちゃったな！　　Miller : *Le sourire*
2. (désemparé ; déboussolé ; misérable) 途方に暮れた，困惑した，落ちこぼれた
　A la chaîne, si personne suit, si on suit pas tous en même temps, on est *paumés*.
　　流れ作業だから，もし誰も，もしみんなが同時についてこないと，困っちゃうのよ．
　　　　　　　　　　　　　　　　　　　　　　Masson : *En avoir*
　Tu ne t'en es pas aperçu qu'je suis *paumée*. J'ai besoin de m'éloigner, de faire le point.
　　あんたはあたしが行き詰まってるのに気付いていなかったのよ．あたしは家を出て，整理して考える必要があったの．　　Chiche : *Barbie et ses petites contrariétés*

paumer
1. (perdre) 失う
　Mon briquet ? Merde, ça fait une éternité que je l'*ai paumé*.
　　俺のライターだって？畜生，あれをなくしたのはずっと前だ．
　　　　　　　　　　　　　　　　　　　　　　Fassbinder : *Querelle*
2. (prendre ; arrêter) 捕まえる，捕らえる
　Il me *paume* en trombe, d'un seul élan sur le page.
　　男はあたしを捕まえてあっと言う間にベッドに押し倒したのよ．
　　　　　　　　　　　　　　　　　　　　　　Godard : *Une femme mariée*

■**Paupol** voir **Popaul**

paye

■**depuis une paye** (depuis longtemps) 長い間
　Vous vous étiez pas vus *depuis une paye*.
　　あんたがたは長いこと会っていなかったんですね．　　Miller : *Garde à vue*

payer

■**ça paye** (ça vaut la peine ; ça mérite d'être vu ; il faut voir ; c'est drôle ; c'est très amusant)　見ものだ，一見の価値がある，面白い

C'est le travelo du trois ? Alors là, mes enfants, hein, sublime ! Effet garanti : la tantouse je peux vous dire que *ça va payer* !

3人の役者のなかのゲイ役って彼か？ だったら，なあみんな，最高だよ！ 受けること間違いなし。オカマが面白いことは保証するよ。　　Leconte : *Les Grands ducs*

■**se payer *qch.*** (*qch.* は体の部分)
1. (avoir la chance de posséder)　いいものに恵まれている，いい…している
   C'est la plus belle gonzesse que j'aie jamais vue... T'as vu la paire de nichons qu'elle *se paye* ?
   パン屋のお姉さんほどきれいなスケ見たことないよ… あの格好いいオッパイ見た？
   　　　　　　　　　　　　　　　　　　　　　　　　　　　　　Nauer : *Les truffes*
2. (avoir la malchance de posséder)　格好が悪いものがついている
   T'as vu le cul que tu *te payes*, gros tas ?
   お前自分の格好悪いケツ見たことあんのか？ ふとっちょブスめ！
   　　　　　　　　　　　　　　　　　　　　　　　　　　　　　Nauer : *Les truffes*

■**se payer *qn.*** (obtenir ; avoir des relations sexuelles avec ; s'envoyer ; se faire)　ものにする，性的関係を持つ

Je vais tout de même pas croire que tu t'*es payé* Querelle.

お前がケレルを物にしただなんて信じるものか。　　Fassbinder : *Querelle*

■**tu me le payeras !** (je me vengerai ! ; je m'en souviendrai !)　そのうち思い知らせてやる，覚えてろ！

Tu me le payeras ! / Eh ben, il y a mis le temps.

このままではすまさないぞ。／ やれやれ，いまごろ気付いたか。
　　　　　　　　　　　　　　　　　　　　　　　Gilou : *La vérité si je mens II*

P.C.

1. (poste de commandement の略)　本部，司令室
   313 pour *PC*. J'entends des bruits bizarres.
   313号から司令室へ。変な物音が聞こえます。　　Salomé : *Belphégor*
2. (英語の personal computer の略．ordinateur individuel)　パソコン
   Fais-moi penser à te donner mon système d'alarme. Tu vas le mettre sur ton *PC*.
   僕の警報装置君にあげるの忘れてたら言ってくれ。君のパソコンに入れとくんだ。
   　　　　　　　　　　　　　　　　　　　　　　　　Berliner : *Ma vie en rose*

pé

pé

■**faire le pé** voir **pet**

peanut (英語. rien; zéro; clopinettes) つまらんもの

C'est *peanuts*.
そんなの価値がない.　　　　　　　　　　　　Berberian : *Paparazzi*

peau (vie; existence) 命, 人生

J'ai tout misé dans cette affaire, j'ai plus le choix, je joue ma *peau*, moi.
おれはこの取引に総てをつぎ込んだ, もう選択の余地がない, 命を賭けてるんだ.
　　　　　　　　　　　　　　　　Gilou : *La vérité si je mens II*

J'vais quand même pas risquer ma *peau* pour faire l'amour.
セックスするために命まで張りはしないよ.　　　　Leconte : *Tango*

■**avoir la peau de** (tuer) 命を貰う, 殺す

J'*aurai sa peau*!
そいつを殺してやる!　　　　　　　　　　　　Beineix : *Diva*

■**avoir la peau dure** (très résistant) 抵抗力がある, 手強い, 強靭だ

On vit dans un monde difficile. Faut *avoir la peau dure*.
今の世の中はたいへんよ, タフでなくっちゃね.　　Anglade : *Tonka*

■**avoir qn. dans la peau** (être passionnément épris de) 熱愛する

Elle m'*a dans la peau*.
あの女俺にのぼせてるんだ.　　　　　　　Blier : *Les valseuses*

■**ça coûte la peau du derrière〔des derrières〕** (ça coûte très cher; ça coûte la peau des fesses) とても高くつく

Si vous y allez avec deux amis, c'est encore plus cher. *Ça coûte la peau des…derrières*.
そのクラブに友達を二人連れてけば, もっと高くつく. 目玉が飛び出るほどだ.
　　　　　　　　　　　　　Poiré : *Le Père Noël est une ordure*

■**être〔se sentir〕bien〔mal〕dans sa peau** (être équilibré, décontracté)
精神が安定している, 落ち着いている〔…いない〕

Tu ne *te sens* jamais *mal dans ta peau*? / *Mal dans ma peau*? Tu es marrant, tu *es bien dans ta peau*?
あんた, のんびりしてられないってことないの? / のんびりしてられない? おかしな人だね, 君はのんびりしてるのかい?　Thévenet : *La nuit porte jarretelles*

■**faire la peau** (tuer) 殺す

Il a publiquement menacé le procureur de lui *faire la peau*.
あいつはみんなの前で検事を殺すって脅したんだ.
　　　　　　　　　　　　　　Guédiguian : *A la place du cœur*

■**la peau des fesses** voir **fesse**
■**ne pas donner cher de la peau de** (être persuadé que quelqu'un n'a pas d'avenir, qu'il va mourir) 未来はない，もうすぐ死ぬと思いこむ
Je sais pas ce que tu vas devenir, mais je *donne pas cher de ta peau*.
お前がこれからどうなるか知ったこっちゃないが，まあ先は長くはないな．
Zonca : Le petit voleur

■**sauver la peau** (sauver la vie) 命を助ける
Les mauvais pressentiments…c'est c'qui m'*a* toujours *sauvé la peau*.
悪い予感てやつだ…それでいつも俺は救われて来たんだ！
Leconte : Une chance sur deux

■**vieille peau** (vieille femme) ばばあ
Vous pourriez au moins demander la permission. / Ta gueule, *vieille peau* !
（わたしの地所を通して下さいって）せめて頼んだらどうなのよ．/ うるせー，くそばばあ！
Sinapi : Nationale 7

■**vouloir la peau** (vouloir tuer) 命を狙う
Il hurlait que j'étais une salope, que j'*voulais sa peau*.
夫はわめいてたわ，あたしは悪い女で俺を殺そうとしてるって．
Beineix : Mortel transfert

■**y laisser sa peau** (en mourir; y laisser la vie) 命を落とす，生涯を終える
Il disait : "J'y *laisserai ma peau*".
彼言ってたわ「俺はこれで死ぬだろう」って．
Kahn : L'ennui
J'aurais pu rester à Strasbourg et *y laisser ma peau*.
あたし，ストラスブールから出ないで，そこに骨を埋めることもできただろうに．
Ferran : L'âge des possibles
J' t'emmène d'un coup de moto, c'est rapide. / Si t'as envie d'*y laisser ta peau*.
あたしがオートバイに乗せてやってひとっ走りして取りに行けば，速いでしょう．/ 君（妹のオートバイに乗るんなら）死ぬ気じゃないとだめだぜ．
Bénégui : Au petit Marguery

pêche

1. (sein) 乳房
Tu sais…le mari de Rachel…celle qui a les *pêches* comme des pastèques, là.
なあ…ラシェルの旦那，ラシェルってほら西瓜みたいなデカパイの女さ．
Gilou : La vérité si je mens

pêcher

2. (énergie) 元気
   Elle a une *pêche* d'enfer.
   彼女すごく元気がいいんだよ.   Thompson : *La bûche*

■**donner la pêche** (remonter le moral) 元気づける
   Un militant comme toi ça peut que vous *donner la pêche*.
   君は闘士なんだからこのことは運動の励みにならないはずはない.
       Ducastel : *Jeanne et le garçon formidable*

pêcher (trouver une chose inattendue d'une manière incompréhensible) 思いがけないものを掘り出す, 仕入れる
   Où est-ce que vous *avez pêché* qu'il venait de Java ?
   彼がジャワ出身だなんて, どこをどう叩けばそういうことになるんだ？
       Lioret : *Tombés du ciel*

pécho (choper の逆さ言葉)

1. (voler) 盗む
   Y veut *pécho* la meuf à Greg !
   あの野郎グレグの女をとるつもりなんだ.   Siegfried : *Louise*

2. (draguer) ナンパする
   Là-bas on peut *pécho* des meufs !
   あそこでナンパできるぞ.   Bensalah : *Le ciel, les oiseaux et...ta mère*

3. (arrêter ; appréhender) 捕まえる, 逮捕する
   On va s'faire *pécho*. Moi j'veux pas m'faire *pécho*.
   みんな捕まっちゃうよ. 僕捕まるのやだ.   Siegfried : *Louise*

pédale (pédéraste ; homosexuel ; tante ; pédé) ホモ
   Je me demande pourquoi il y a toujours autant de *pédales* chez les bourgeois.
   どうしてブルジョワにはあんなにホモが多いんだろう.   Noé : *Seul contre tous*
   Lâchez-moi, sale *pédale* !
   離せよ, 汚いホモめ！   Poiré : *Le Père Noël est une ordure*

■**perdre les pédales** (perdre *son* sang-froid ; s'affoler ; déraisonner)
   冷静さを失う, 取り乱す
   Quand ça nous tombe dessus, on *perd les pédales*.
   そういうことがわが身に降りかかると動転してしまうもんだ.   Noé : *Irréversible*

■**se prendre les pieds dans les pédales** (s'embrouiller ; se prendre les pieds dans le tapis ; se tromper) 訳が分からなくなる, 混乱する
   Quand on lui a demandé des précisions, le type *s'est pris les pieds dans les pédales*.

その男は詳しい説明を求められると混乱しちまったんだ．　　　Godard : *Vent d'est*

pédaler
■**pédaler dans la semoule** voir **semoule**

pédé
1. (homosexuel) 男色家，ホモ
   Il est *pédé* cent pour cent.
   彼は正真正銘のホモよ．　　　Téchiné : *Alice et Martin*
2. (imbécile; enculé) 馬鹿野郎
   Salut les *pédés*!
   あばよ，馬鹿ども！　　　Leconte : *Tango*

pedzouille voir petzouille

pefli; péfli (flipper の逆さ言葉．avoir très peur) すごく怖がる
Y'avait les inspecteurs, les CRS, tout! on a *péfli*, nous!
刑事はいるし，機動隊までいて，俺達怖くなった．　　　Gilou : *Raï*

peinard; pénard (tranquille; peu fatiguant) 静かな，楽な，苦労のない
Tu te tiens *pénard* et tout se passera très bien.
お前が大人しくしてりゃ万事うまく行く．　　　Berberian : *Le boulet*
C'est con que t'aies dérapé, là. T'empochais le gros lot, on était *peinards*.
お前があんなふうに脱落しちまったのは馬鹿みたいだ．大金を手に入れて，楽してたのにな．　　　Chatiliez : *Le bonheur est dans le pré*

peine(-)à(-)jouir (homme qui est long à parvenir à l'orgasme) なかなか射精できない男
J'ai pas volé mon fric. Un *peine à jouir*.
これだけ稼ぐのたいへんだったのよ．なかなかイカない客でね．
　　　Veysset : *Victor ... pendant qu'il est trop tard*

peinture
■**ne pas pouvoir voir en peinture** (ne pas supporter; détester) 毛嫌いする
Je *peux plus* le *voir en peinture*.
もう息子の顔なんてみたくないわ．　　　Chatiliez : *Tanguy*

peinturlurer
■**se peinturlurer** (se maquiller trop) 厚化粧する
Je n'arrive pas à comprendre pourquoi une personne de ta qualité se croit obligée de *se peinturlurer* comme un clown.

pékin
あたしにはどうも分からないよ，お前ほどの女が道化みたいに顔を塗りたくらなけりゃならないなんて思いこんでるのが.
　　　　　　　　　　　　　　　　　　　　　　　　Haneke : *La pianiste*

pékin (civil ; individu) 民間人，男
Je veux pas un *pékin* planqué dans un coin !
関係者以外一人でも隠れているようなことがあってはならないぞ.
　　　　　　　　　　　　　　　　　　　　　　　　Salomé : *Belphégor*

peler
■**peler de froid** (avoir très froid) とても寒い
Je *pèle de froid*.
僕は寒くてぶるぶるしてる.
　　　　　　　　　　　　　　　　　　　Chouraqui : *Les menteurs*
■**se peler le cul** (avoir très froid) とても寒い
Je *me suis* déjà *pelée le cul* toute la nuit hier.
昨日一晩中寒い思いしたのよ.
　　　　　　　　　　　　　　　　Zonca : *La vie rêvée des anges*

pelle (baiser profond) ディープキス
Oh putain, la *pelle* ! Non mais regarde !
すげえ，熱々のキスだ！おい見てみろよ！
　　　　　　　　　　　　　　　　　　　Leconte : *Félix et Lola*
Tu vas pas comparer deux mecs qui s'flinguent et deux autres qui s'roulent des *pelles* ?
男が二人いるからと言って，ピストルを撃ち合うのと舌をからめ合うのとじゃ比べものにならないだろう？
　　　　　　　　　　　　　　　　Attal : *Ma femme est une actrice*

■**à la pelle** (en grande quantité) 大量に
J'étais au bord du suicide, soixante-dix malades par jour, pire qu'une pute à Barbès, des antibiotiques *à la pelle*.
僕は自殺寸前だったんだぞ，バルベスの娼婦よりひどい，1日に患者を70人も相手にして，抗生物質をふんだんに投与したりして.
　　　　　　　　　　　　　　　　　　　　　　　　Serreau : *La crise*

pelloche (pellicule) フイルム
La *pelloche*... magne !
フィルムをよこせ… 急いで！
　　　　　　　　　　　　　　　　　　　Berberian : *Paparazzi*

peloter
1. (caresser ; toucher sensuellement en palpant) 撫で回す
Tu les *pelotes* les vendeuses ?
あんた，女店員におさわりすることあるのかい？
　　　　　　　　　　　　　　　　　　　Blier : *Les valseuses*
2. (flatter) へつらう
Si t'étais pas tout le temps en train de la *peloter* ?
あんたがいつも嫁をいい気にさせてるからよ.
　　　　　　　　　　Moll : *Harry, un ami qui vous veut du bien*

se peloter (se caresser) なで回し合う

Tu t'en foutais bien des gosses quand tu *te pelotais* avec cette ...
お前（あのレズと）いちゃついてたときには子供のことなんかどうでもよかったくせに.
Balasko : *Gazon maudit*

peloteur (flatteur) おべっか使い

Espèce de *peloteur*!
このゴマすりめ！
Poiré : *Les anges gardiens*

pelure

1. (manteau) コート

    Va falloir que j'm'habille. Quelle *pelure* que je dois mettre ?
    あたしドレスアップしなきゃいけないんだけど，どのコートにしたらいい？
    Malle : *Zazie dans le métro*

2. (individu de peu d'envergure, méprisable) くず，下司野郎

    Deux simplets dont une *pelure*.
    おめでたい男が二人，その一方はゲスときてる．
    Leconte : *Une chance sur deux*

pénard voir peinard

pendant

■ pendant que tu y es (par la même occasion ; au point où tu en es)
そこまでするならいっそ…，ついでに

Oh excuse-moi. J'vais te chercher une éponge. / Oh mais oui ! Et puis une serpillière *pendant qu't'y es*!
（ワインをこぼして）あ，ごめん．スポンジを持ってくる．/ じゃついでにモップも！
Zeitoun : *Yamakasi*

Tu ne devineras jamais comment il s'appelle. / Je ne sais pas moi... Othello... / Othello ? ...pourquoi pas Clémenceau *pendant que tu y es*!
この犬の名前当てられっこないわね．/ そうだなー… オテロかな… / オテロですって… いっそのことクレマンソーにしたら！
Tavernier : *Un dimanche à la campagne*

pendule

■ en faire〔chier〕une pendule (donner trop d'importance à une chose insignifiante) 大げさに考える

Tu fais une prise d'otages. Tu sais que c'est très grave... / Oh ça va, eh, tu vas pas m'*en chier une pendule*!
あんた，人質を取ってるが，それってとても重大なことなんだぞ… / うるせーな，おおげさにがたがた言うんじゃねー！
Rochant : *Aux yeux du monde*

Il n'y a pas de quoi *en faire une pendule*, les mecs, non ?

penser

(新聞に知り合いの男が妊娠したって出ているからといって）大騒ぎすることもないだろう，なあ，みんな？

    Demy : *L'événement le plus important depuis que l'homme a marché sur la lune*

■**(re)mettre les pendules à l'heure** (mettre les choses au point) はっきりさせる，明らかにする

J'ai à vous parler. Il faudrait qu'on *mette les pendules à l'heure* !
  みんなに話して置くことがある．けじめをつけておく必要があるってことだ．
          Bellon : *Les enfants du désordre*

penser

■**je pense à ça** (j'y pense) そうそう，思い出したついでに言っとくけど
Tiens, *je pense à ça*, tu t'es bien rincé l'œil la dernière fois ?
 そうそう，あんたこないだあたしたちがしてるのばっちり見てったわね？
            Dumont : *L'humanité*

■**je pense bien** (bien sûr ; je crois que c'est oui) もちろん
Razon, il a peut-être eu des rapports avec Liliane ? / *Je pense bien*.
 ラゾンはリリアーヌと関係があったんでしょうか？/ そうでしょうね．
        Tavernier : *L'horloger de Saint-Paul*

Ça va ton travail ? / Oh *je pense bien*. J'ai un patron adorable.
 仕事は順調？ / そりゃそうよ，いい上司に恵まれてるもの．
          Rohmer : *Le signe du lion*

■**j'y pense** (pendant que j'y pense ; au fait ; j'ai une idée ; ça me vient à l'esprit) そう言えば，あ…思い出した
On vous avait brûlé les cheveux ? / Parfaitement ! / Ah, *j'y pense*, on aurait brûlé un home pour vieillards.
 (美容院で）髪の毛焼かれたことあるの？ / ほんとよ．/ そう言えば，老人ホームに火を付けた人がいたみたいね． Skolimowsky : *Le départ*

Ah tiens, *j'y pense*, tu as une lettre là, dans l'entrée.
 ああ，そうそう，玄関にお前宛の手紙がきているぞ． Vigne : *Comédie d'été*

■**mettre où je pense** voir **tu peux te la mettre ou je pense**

■**où je pense** (au cul ; dans le train ; dans le fion) あそこの
Mieux vaut l'épine au bois… / l'épine *où je pense*…l'épine au cul.
 （生徒が詩を暗唱している）森のいばらは優る… / あそこのもの…オチンチン
 (l'épine と les pines au cul を掛けた洒落) Truffaut : *Les 400 coups*

■**pense donc** (pas du tout ; bien sûr que non) そんなことはない
Enterrez ça tout de suite. / *Pensez donc*. J'ai de quoi leur faire des chemises jusqu'à la fin de la guerre.

penser

(第二次大戦中，フランスに落下傘で降下した英国兵がフランス人に落下傘を渡して)これをすぐに埋めないと．/ とんでもない，これで妻子に戦争が終わるまでのシャツを作ってやれますよ．
Oury : La grande vadrouille

■**penses-tu!** (mais non!, pas du tout!; quelle idée!; tu parles!)　まさか，とんでもない，冗談じゃない！

Hé, la pudeur, tu connais? / *Penses-tu!*
なあ，お前羞恥心てものがないのかよ？/ こんな女にそんなものあるかっていうんだ！
Blier : Les valseuses

T'as le souffle court. / Ah, *penses-tu*, je suis OK.
お前息切らしてるぞ．/ え，まさか，大丈夫だ．
Zidi : L'animal

■**quand je pense à〔que〕…!** (主節 je suis étonné, c'est dommage などが省略されている構文) …だなんてあきれたもんだ，…だとは残念だ

Quand je pense à tous les crétins qui sont partis en ricanant!
(この心身障害者施設に残っている連中を) あざ笑って出ていった (はいいものの失業している) 奴等なんてまったく馬鹿みたいだ．
Dupontel : Bernie

Quand je pense que je suis restée un an dans cette taule!
それにしてもあんな店に1年も我慢してたなんてくやしいわ！
Beineix : 37°2 le matin

■**tant que j'y pense** (par la même occasion; pendant que j'y pense)　忘れないうちに，ついでに

Tiens Philippe, *tant que j'y pense*, vous remettrez ça à Fournier.
そうそう，フィリップ君，これをフルニエに渡しといてくれたまえ．
Chabrol : La cérémonie

■**tu n'y penses pas** (certainement pas)　とうてい考えられない，まさか，とんでもない

Trouvez un prétexte pour ressortir. / *Vous n'y pensez pas.*
また出られる口実を見つけなさいよ．/ そんなこと．
Truffaut : L'homme qui aimait les femmes

■**tu penses**

1. (bien sûr; évidemment; mais oui) そりゃそうだ，当たり前だ，もちろん

Il y a longtemps que vous êtes là? / Ah, *tu penses*... il y a deux heures qu'il t'attend!
あんただいぶ前から来てるの？/ 決まってるでしょう… この人もう2時間も前からあんたのこと待ってたのよ．
Truffaut : Baisers volés

On nous a livré la télé. On a installé le satellite. *Tu penses*, ils sont en

penser

train de zapper comme des malades.
> テレビが来たのよ．衛星放送がはいるから，しょうがないわね，パパも弟も気違いみたいにチャンネルを変えてるわ．　　　　　　　Chabrol : *La cérémonie*

2. (mais non; tu parles; penses-tu) そうはいかない，駄目に決まっている
T'as qu'à lui téléphoner. Nous avons son numéro de téléhone. / Ah... *tu penses*! J'aurais l'air fin, moi...je vais appeler Langman et lui dire : "Dites donc, mon vieux, donnez-moi votre adresse pour que je vous envoie des fleurs".
> 電話して住所を聞けばいいでしょう．電話番号知ってるんだから．/ まさかそんな…みっともないだろう，ラングマンに電話して「なあ，君，花を贈りたいんだけど住所を教えてくれないかな」なんて！　　　　Truffaut : *Baisers volés*

■**tu penses bien** (c'est comme c'était prévu; c'est comme tu le pensais) やっぱりそうだ，お察しの通り
Tu penses bien! Les banques, elles te prêtent trois parapluies quand il fait beau, pas quand il pleut, va.
> （銀行から出て来て待っていた部下に）やっぱりだめだった．銀行なんて，天気がいいときには傘を3本も貸してくれるが，雨降りのときにゃだめなのさ．
> 　　　　　　　　　　Sautet : *Vincent, François, Paul et les autres*

■**tu penses si...** (bien sûr que...) もちろん…だ
Tu penses si je la connais! Ça fait quinze ans que l'oncle se présente comme ça.
> あんなのとっくに知ってるわよ！もう15年も伯父さんはああいう自己紹介をしてるんだもん．　　　　　　　　　　Varda : *Sans toit ni loi*

■**tu peux te le (la; les) mettre (foutre; carrer) où je pense** (je n'en veux plus; tu peux te le (la; les) garder; tu peux le (la; les) mettre dans la merde) 糞喰らえ！ごめん蒙る
Tes théories bidons sur la fatalité, *tu peux te les mettre où je pense*... parce que c'est pas vrai.
> あんたの怪しげな運命論なんて糞食らえよ…あんなのいんちきなんですもの．
> 　　　　　　　　　　　　　　　　　　Aghion : *Pédale douce*

Votre blâme solennel, *vous pouvez vous le mettre où je pense*.
> あなたの大層な譴責なんか糞喰らえですよ．　　Le Moine : *Le nain rouge*

Vos recommandations *vous pouvez vous les foutre où je pense*!
> あんたの推薦なんかいらねえよ．　　　　　　Gainsbourg : *Equateur*

Les freins sont dégueulasses et *vous pouvez vous la foutre où je pense*!
> ブレーキはひどいもんだ，こんな車捨てちまったらどうだ！
> 　　　　　　　　　　　　　　　　　Skolimowsky : *Le départ*

pépé (grand-père; vieillard) 祖父，年寄り
  A trente piges, on a l'air d'un *pépé*, au Bing-Bang.
    あのディスコへ行ったら，俺達30でもじじいに見えるだろうな.
                                            Becker : *L'été meurtrier*

pépée (femme; compagne; jeune femme attrayante) 女，愛人，魅力的な若い女
  Lâche cette *pépée* !
    その女を離すんだ！   Poiré : *Les anges gardiens*
  Il a eu des *pépées*... 1 000... 10 000 qui étaient folles de lui.
    彼は美女に囲まれてたんだ，千人も…1万人もの美女にさ，みんな彼に夢中だった.
                                            Rohmer : *Le signe du lion*

pépère
1. (grand-père; vieille homme) 祖父，老人
   Oh, mon *pépère*, allez, ras-le-bol !
     おい，爺さん，（駐車違反切符をきるなんて）もういい加減にしろ.
                                            Truffaut : *Domicile conjugal*
2. (tranquille; peinard) 静かな，心地よい
   Je te préviens, si c'est une station *pépère*, je rentre au bout de deux jours.
     言っときますけどひっそりしたスキー場だったら，あたし2日もしたら帰っちゃいますからね.
                                            Kahn : *Bar des rails*
   Conduite *pépère*, serrez à droite, c'est dimanche.
     安全運転でな，車を右に寄せて，日曜日だから. Leconte : *Une chance sur deux*
   J'ai une petite vie *pépère*.
     今は大人しく暮らしてるんだ.   Krawczyk : *Wasabi*
3. (sans problème) 問題がない
   Ça te va comme truc *pépère*, ça ?
     差し障りないストーリーってこういうのでいいかな？ Lioret : *Mademoiselle*

pépette
1. (femme) 女
   Qu'est-ce que veut la *pépette* ?
     あのスケ何したいんだって？   Miller : *Le sourire*
2. (argent) カネ，ゼニ
   J'vais prendre des *pépettes* mais je vais prendre des coups aussi.
     ゼニを取れるだろうが，ビンタも喰らうだろうな.   Berberian : *Paparazzi*

pépie (soif) 喉の渇き
  C'est d'avoir enterré sa femme qui lui a donné la *pépie*.

pépin

かみさんを葬ったんで喉が渇いたのさ． Hubert : *Le grand chemin*

pépin (problème; ennui; panne; difficulté) 故障，問題，困難，厄介なこと
Chaque fois qu'il y a un *pépin*, c'est quelqu'un de chez vous.
なにか問題が起こると，きまってお宅の人が原因だ．
Poiré : *Le Père Noël est une ordure*

En cas de *pépin*, on arrive.
何かあったら，すぐ駆けつけるからね． Berberian : *Six-pack*

Pépito (appellation commerciale de biscuits chocolatés) チョコレートコーティングのビスケット名
Je t'ai amené des *Pépito* comme t'aimais quand t'étais petite.
お前がちっちゃいとき好きだったペピートを持ってきてやったよ．
Siegfried : *Louise*

peps' (qui saute aux yeux; qui est dynamique) 目を引く，ダイナミックな
Ce que tu veux, c'est un résumé, quoi. Un truc moderne, un truc qui parle aux jeunes. Un truc *peps'*.
聞きたいのは要約なんだろう．現代的な，若者に訴えるようなもの．刺激的なものを．
Rochant : *Vive la République*

péquenot (paysan; plouc) 百姓
C'est une kermesse de *péquenots*.
こんなの田舎のバザーだもんな． Nauer : *Les truffes*

perdre

■**on n'aura pas tout perdu** (c'est mieux que rien; ça nous rapportera au moins quelque chose; on ne sera quand même pas venu pour rien; il y a quand même quelque chose de bon pour se consoler) 何もないよりはましだ，それはせめてもの救いだ．来た〔した〕だけの甲斐はあった．
Eh ben! *on n'aura pas tout perdu*.
（葬式に来て死者の双子の弟が突然現れたのを見て）これはこれは，せめてもの救いだ．
Chéreau : *Ceux qui m'aiment prendront le train*

perdu

■**un(e) de perdu(e), dix de retrouvé(e)s** (tu retrouveras facilement pour le〔la〕remplacer) いい相手はいくらでもいる
Allez, allez... *Un de perdu, dix de retrouvés*.
さあさあ，男なんか掃いて捨てるほどいるよ． Malle : *Zazie dans le métro*
Une de perdue, une de perdue... c'est con, elle était sympa.

代わりの女は幾らもいるって言うけど…残念だったよな，いい娘だったのに．

Leconte : *Félix et Lola*

perf (performance の略) 記録，成績

Je suis certain que tu peux faire une *perf* dimanche, sans l'aide de personne.

日曜日には誰の助けもなしにきっと記録が出せると思うよ． Anglade : *Tonka*

perf(ecto) (blouson noir de rocker, de la marque Perfecto) ロック歌手の黒皮ジャン

T'as changé toi, c'est fou, le petit *perfecto*.

君も変わったな，すごく，皮ジャンなんか着ちゃって． Klapisch : *Péril jeune*

perfs' (perfusion の略) 点滴

On vient remplir vos *perfs'*.

点滴の補充に来ました． Bardiau : *Le monde de Marty*

périph (boulevard périphérique の略) 環状道路

Va pas là-bas, c'est le *périph*!

そっちへ行くな，環状道路だぞ． Poiré : *Le Père Noël est une ordure*

perlouse (pet) 屁

Ça chlingue. Faut vraiment être le fils à personne, hein, pour lâcher une *perlouse* dans une bagnole.

臭え！車の中で屁をこくなんてまともな奴にはできることじゃねえよな．

Kounen : *Le Dobermann*

perme

1. (permission の略)（軍隊の）外出許可

Ton mec, il a une *perme*?

旦那は休暇なのか？ Blier : *Les valseuses*

2. (permanence の略) 自習室

Il est en *perme* avec Rouvel.

彼だったらルーヴェルと自習室に行ってるよ． Klapisch : *Péril jeune*

permettre

■**comme c'est pas permis** (au-delà de toute mesure; comme on n'a jamais vu; très) けた外れに，お目に掛かったこともないような，とても

Elle est belle *comme c'est pas permis*, elle est déjà commissaire!

彼女は飛びきりの美人で，もう警部になっているんだ． Pirès : *Taxi*

perpète (à perpétuité) 終身刑の

On prend *perpète*.

終身刑を喰らうぞ． Gilou : *La vérité si je mens II*

perquise

Vous allez en prendre pour *perpète*.
　　終身刑を喰らうぞ.　　　　　　　　　　　　　Salomé : *Belphégor*
■ **à perpète** (très loin ; à un endroit perdu)　すごく遠いところに
Je regarde les petites annonces. Si tu voyais ce qu'ils offrent! Ou alors *à perpète*.
　　求人欄を見てるんだけどね. ひどいもんばっかりだ! さもなきゃ僻地ときてる.
　　　　　　　　　　　　　　　　　Tavernier : *Une semaine de vacances*

perquise (perquisition の略)　捜索
Perquise légale!
　　合法的な捜索だ!　　　　　　　　　　　　Marx : *Rhapsodie en jaune*

perso (personnel, personnellement の略)　個人的な, 私的な, 個人的に
J'ai des trucs à faire, *perso*.
　　僕, することがあるんです, 個人的に.　　　Ducastel : *Drôle de Félix*
■ **être perso** (qui oublie *ses* partenaires)　個人プレーに走る, 身勝手な
Sois pas *perso*! Si tu veux, j'te prête ma copine.
　　(女の死体を) 独り占めするなよ! よかったら僕のダッチワイフを貸してやるから.
　　　　　　　　　　　　　　　　　　　Beineix : *Mortel transfert*

personne

■ **fils à personne** (fils de pute)　ひどい男, 獣じみた男
Ça chlingue. Faut vraiment être le *fils à personne*, hein, pour lâcher une perlouse dans une bagnole.
　　臭え! 車の中で屁をこくなんてまともな奴にはできることじゃねえよな.
　　　　　　　　　　　　　　　　　　　　Kounen : *Le Dobermann*

pesant

■ **valoir *son* pesant de cacaouètes** (être ridicule, cocasse)　滑稽だ, 珍妙だ
L'handicapé amoureux de la pute, ça *vaut son pesant de cacaouètes*.
　　娼婦に恋する身障者なんて傑作だよ.　　　　Sinapi : *Nationale 7*
Vous allez voir ce que vous allez voir, ça *vaut son pesant de cacahuètes*!
　　(セックスしているところを隠し撮りしたビデオテープを出してきて) まあ見てご覧なさい, おかしいんだから!　　Heynemann : *La vieille qui marchait dans la mer*

pesé

■ **emballé c'est pesé** voir **emballer**

pet

■ **avoir un pet de travers** (se plaindre de malaises, de fatigues continuelles)　いつも具合が悪く疲れていると嘆く

Elle *a* toujours *un pet de travers*.
あの女はいつだって調子が悪いってぼやいてるんだ。   Blier : *Tenue de soirée*

■**comme un pet** (rapidement) 速く
Il est parti *comme un pet*.
彼すっ飛んで行っちまいました。   Dupeyron : *La machine*

■**face de pet** (con ; face d'étron ; face de cul) 阿呆
Va te faire mettre...*face de pet* !
さっさと消え失せろ… 阿呆め！   Avary : *Killing Zoe*

■**faire le pet〔le pé〕** (faire le guet) 見張る
Tu *fais* bien *le pet* ?
ちゃんと見張ってる？   Poiré : *Les couloirs du temps*
On va ouvrir son sac. / Vas-y, *fais le pé*.
あの子のカバン開けて見ちゃおう。／ あんた行って見張ってて。
    Dugowson : *Mina Tannenbaum*

■**pas un pet** (pas du tout) ぜんぜんない
Je regardais qu'y a *pas un pet* de vent aujourd'hui.
今日はぜんぜん風がないなって見てたんだ。   Devers : *Max et Jérémie*

■**porter le pet** (porter plainte) 抗議する
Ils sont une bonne dizaine à *porter le pet* contre toi.
おまえに抗議してる人は優に十人はいるぞ。   Becker : *Les enfants du marais*

pétard

1. (pistolet) ピストル，ハジキ
Si j'entends encore un *pétard*, je monte.
もしまたハジキの音がしたら，上ってくからな。
    Poiré : *Le Père Noël est une ordure*

2. (joint ; cigarette de haschisch) ジョイント
Tu me frappes...parce que je me roule un *pétard* !
あんた俺を殴るのか… ジョイントを巻いてるぐらいで！   Berri : *Tchao Pantin*

3. (fessier) 臀部
Avec un *pétard* pareil, j'aurais honte de bouffer des saucisses.
そんな尻してたら，ソーセージなんか恥ずかしくって食えないな。
    Nauer : *Les truffes*

■**foutre en pétard** (mettre en colère) 怒らせる，不満を爆発させる
Ce qui le *fout en pétard*, c'est qu'avec toi, il y a toujours moins de trois produits sur l'ordonnance.
薬剤師がかんかんなのは，君の処方箋にはいつだって薬が3種類以下しか書いてな

pétasse

いってことだ.   Deville : *La maladie de Sachs*

pétasse (fille; femme; connasse; idiote) 女, スケ, 鼻持ちならない女, 馬鹿女

Tu pourras plus amener de *pétasses*. / Ça va.

  もうここへ女を連れて来ちゃだめよ. / 分かったよ.   Rochant : *Vive la République*

Comme ça j'aurais pas de pension à te verser, *pétasse* !

  そうなりゃお前に離婚手当も払えなくなるんだぞ, このあま！ Serreau : *La crise*

Arrête-moi cinq minutes à la maison de la presse. Je lui ai promis de lui rapporter Télé 7 Jours et Mariage. / Elles peuvent pas se lever leur cul, ces deux grosses *pétasses* ?

  そこの雑誌屋でちょっと車停めてくれ. ワイフに「週間テレビ」と「結婚」を買ってくって言っといたから. / お前のワイフも娘もひでえもんだな, それくらい自分で腰を上げればいいのに.   Chatiliez : *Le bonheur est dans le pré*

pété

1. (ivre) 酔った

Tenez, un peu plus. / Non, merci, ça va...je suis complètement *pétée*.

  ほら, もうちょっといかが？/ いえ, もうけっこう…あたしすっかり酔っぱらっちゃったわ.   Téchiné : *Alice et Martin*

2. (abruti par la drogue) 麻薬が効いた

J'étais déjà assez *pété*, j'étais avec une copine...on a pris un ecstasy.

  もうかなりヤクが回ってたんだ, 女の子が来てて…エクスタシーやったから.

                               Assayas : *Fin août, début septembre*

péter

1. (faire un pet; lâcher des vents) 屁をする

Je veux vivre seule, tu comprends ? Je veux pouvoir *péter* dans mes draps tranquille.

  あたしは独りで生活したいのよ. 布団の中で気兼ねせずにおならをしたいの.

                                    Serreau : *La crise*

Je rote, je *pète*, tu dis rien.

  わしがげっぷをしようと, 屁をひろうと（猫のお前は）何も言わない.

                                     Leconte : *Tango*

2. (se rompre; se casser) 壊れる

Les guitares électriques ça *pète* tout le temps.

  エレキなんてしょっちゅう壊れるんだから.   Salomé : *Belphégor*

3. (éclater; exploser) 爆発する, はじける, 破裂する

Si tu veux pas *péter*, bouge !

péter

爆弾で吹っ飛ばされたくなかったら，逃げるんだ． Siegfried : *Louise*

4. (casser les oreilles) うるさい音を立てる

Tu peux pas baisser ton truc toi. / Ça *pète* pas plus qu'avant.

そいつのボリュームさげてくれないか．/ 前ほどうるさくないな．
Le Pécheur : *J'aimerais pas crever un dimanche*

5. (briser; casser) 壊す，割る

Elle a voulu me *péter* le pied !

あの女あたしの足を駄目にしようとしたのよ！
Poiré : *Le Père Noël est une ordure*

Le bouton du volume *est pété*.

ヴォリュームのボタンが壊れてるんだ． Leconte : *Tango*

■**faire péter** (sécher) サボる

Fais péter les cours ! Aujourd'hui, c'est mon anniversaire.

学校なんかサボっちゃえよ．きょうは，俺の誕生日なんだから．
Kahn : *Roberto Succo*

■**péter à la gueule**

1. (cracher à la figure; manquer de respect) 顔に唾する，失礼な態度をとる

Y a des mecs doux qui te *pètent à la gueule*.

態度は優しくっても失礼な男っているからな． Blier : *Tenue de soirée*

2. (éclater; exploser) 性欲をむき出しにする

Elles en veulent les salopes ! Tu les touches à peine et paf ! Elles te *pètent à la gueule*.

(刑務所から出たての) 女達は男が欲しくてたまらないのさ．ちょっとでも触ってみろ，襲ってくるぞ． Blier : *Les valseuses*

■**péter la gueule à** (corriger; casser la figure) 顔を張り飛ばす

Où tu as pris ça? / A quelqu'un…un type, je lui *ai pété la gueule*.

これどこから持ってきたの？/ 人の…男の奴だ，そいつの顔をぶん殴って．
Chéreau : *L'homme blessé*

■**se la péter** (faire le fort; frimer; crâner; se la raconter; jouer les caïds) 強がる，格好をつける，大物振る

Tu l'as volé? / Ouais. / Alors, arrête de *t'la péter*.

お前が盗んだのか？/ うん． / だからって大物振るなよ． Siegfried : *Louise*

Il *se la pète*, il se la joue super chaud à la baston.

あいつ格好つけて，喧嘩で強いところ見せようってんだ． Kassovitz : *La haine*

■**se péter la gueule** (se casser la figure; se blesser) 転ぶ，怪我をする

petiot

Tu vas encore *te péter la gueule*.
お前また怪我をするぞ.
Gainsbourg : *Charlotte for ever*

■**se péter la tête** (se suicider en se tirant une balle dans la tête) ピストル自殺する

Je te flingue et je flingue tout le monde…et moi, après je *me pète la tête*.
お前を撃ち殺してやる，みんなもだ…それから俺は自分の頭をぶち抜く．
Rochant : *Aux yeux du monde*

petiot (petit) おちびさん

Quand on pense qu'il y a un *petiot* qui trinque.
ちっちゃな子が被害を受けてるって考えると嘆かわしい．
Poiré : *Les anges gardiens*

pétochard (peureux ; craintif) 怖がり，腰抜け

J'me barre. / *Pétochard* !
俺行くよ．/ 腰抜けめ！
Monnet : *Promis…juré*

pétoire (moto) オートバイ

Putain, è m'fait vraiment chier cette *pétoire* de branlo qui n'avance même pas !
やんなっちゃう，このやくざバイクときたら進もうともしないんだから！
Dumont : *La vie de Jésus*

peton (petit pied) 小さな足

Vous avez grandi devant elle, d'abord en vous haussant sur vos *petons* pour admirer votre jolie frimousse.
あなたはこの鏡の前で成長して，幼い頃は背伸びをして可愛い顔を見ようとしたんだね．
Skolimowsky : *Le départ*

pétrin (situation difficile ou dangereuse) 苦境，窮地，ピンチ

J'aurais jamais dû écouter, tu m'as foutu dans le *pétrin*.
お前の言うことなんか聞かなきゃよかった，よくもひでえ目にあわせてくれたな！
Monnet : *Promis…juré*

petzouille ; pedzouille (homme fruste ; paysan) 粗野な男，田舎者

Il est où le *petzouille* ?
どこに行ったんだ，あのがさつな野郎は？
Becker : *Les enfants du marais*

Cet enfant prendrait vite des manières de *pédzouille* si je ne le surveillais pas !
あの子はあたしが目を光らせてないとすぐに田舎っぺじみてきちゃうわよ．
Monnet : *Promis…juré*

peu

■**très peu pour moi** (je n'en veux pas ; ça ne m'intéresse pas) お断り

だ，そんなのつまらない

Je vous parie qu'en deux semaines, elle est de retour. / Vous croyez ? / Oui. / De toute façon, même si elle revient, c'est fini. *Très peu pour moi.*

きっと，2週間もすれば彼女帰ってくるわよ．/ そう思う？/ ええ．/ いずれにせよ，たとえ戻って来たにせよ，もう終わりだ．こっちで願い下げだよ．

Truffaut : *La nuit américaine*

■**un peu** (si tu oses) （命令法の後で）やれるんなら

Tu m'empêcheras pas. / Essaie *un peu* !

邪魔はさせないよ．/ やれるんならやってごらんよ．

Beineix : *La lune dans le caniveau*

■**un peu mon neveu** voir **neveu**

■**un peu que** (bien sûr que ; évidemment que) もちろん

Elle voulait plus quoi ? / Qu'il est bête ! Mais plus faire l'amour, tiens ! / Ah bon, c'est vrai ? / Ben tiens, *un peu que* c'est vrai !

小母さん何したくなくなったの？/ 馬鹿ねー！セックスに決まってるじゃないの！/ へー，ほんと？/ だから言ってるでしょう，もちろんほんとよ．

Hubert : *Le grand chemin*

Tu parles comme un mec qui a des couilles. / *Un peu que* j'ai des couilles.

お前勇気があるような口振りだな．/ もちろん僕にだって勇気はありますよ．

Devers : *Max et Jérémie*

C'est à toi l'ovni qui est dans la cour ? / C'est à moi. Ouais, *un peu que* c'est à moi.

中庭のUFOみたいなすごい車はあんたのかい？/ 俺のだ，うん，もちろん俺んだ．

Beineix : *37°2 le matin*

peuchère (南仏語．pauvre de lui) お気の毒に

On a beau être patron, on est pas beaucoup plus payé que les caissières. / On va le plaindre, *peuchère*.

店長だからってだめさ，レジ係よりずっと給料がいいわけじゃないんだ．/ みんなで同情してあげなくちゃ，かわいそうだもの． Guédiguian : *Marius et Jeannette*

peupon (pompe の逆さ言葉．seringue) 注射器

Il avait la *peupon* dans le bras.

彼は注射器を腕に刺していた．

Gilou : *Raï*

peur

■**avoir une peur bleue** (avoir une peur très vive, intense) 極度に怖がる

peut-ê'

J'*ai une peur bleue* des araignées.
あたしって蜘蛛がとっても怖いのよ．   Bénégui : *Au petit Marguery*

peut-ê' (peut-être) もしかしたら
Peut-ê' tu t'fais du souci?
もしかしたらあんた心配してるってこと？   Siegfried : *Louise*

pèze (argent) カネ，ゼニ
Faut juste que je passe chez moi, chercher le *pèze* et ma brosse à dents.
家にちょっと寄ってカネと歯ブラシを持ってこなくちゃ．   Corneau : *Série noire*

philo (philosophie の略) 哲学
Je lui prêtais de l'argent et il me faisait mes disserts de *philo*.
僕が彼にカネを貸してやると彼は僕の哲学の小論文を代筆してくれたんだ．
Vernoux : *Love etc.*

phone (ベルギーで．téléphone) 電話
Vous voulez le *phone*? / Oui, donne le *phone*.
電話いりますか？/ うん，貸してくれ．   Poiré : *Les anges gardiens*

photo
■**tu veux ma photo?** (arrête de me regarder comme ça; pourquoi tu me regardes comme ça?; ce n'est pas poli de me regarder comme ça) そんなにじろじろ見るな，なんでそう俺を見つめるんだ？そんなに俺をじろじろ見るなんて失礼だぞ
Et vous, qu'est-ce qu'il y a? *Vous voulez ma photo?*
あんたどうしたんだ？僕の顔に何か付いてるか？   Poiré : *Les visiteurs*

■**y a pas photo** (c'est indiscutable, flagrant) 議論の余地のない，明白な，文句無しの
Il me ressemble pas du tout ce bébé！ Je te jure qu'*y a pas photo*.
この赤ん坊俺にぜんぜん似てないよ！ほんとだぜ．   Krawczyk : *Taxi II*

piaf (oiseau; moineau) 鳥，雀
Tu veux savoir la dernière? Il a remis ça avec le *piaf* de la concierge.
最新ニュース知りたい？兄さんが管理人のカナリアをわざと逃がすのをまたおっぱじめたんだ．   Mouriéras : *Dis-moi que je rêve*

piailler (crier; criailler; protester) 喚きたてる
Bon écoutez, c'est la foire tous les soirs, ça *piaille*, ça crie, c'est une véritable chienlit！
いいですか，お宅は毎晩どんちゃん騒ぎですよ，喚いたり，叫んだり，まったく無秩序だ．   Rochant : *Vive la République*

piaule (chambre; logement) 部屋，住まい

On passe devant un palais somptueux / La *piaule* d'enfer !
　俺達は豪華な大邸宅の前を通ったんです． / 最高の住まいでした．
Zeitoun : *Yamakasi*

Mais viens, Mimile, je te dis que tu peux dormir dans ma *piaule*.
　来いったら，ミミル，俺の部屋で寝てもいいって言ってるだろう．
Rochant : *Vive la République*

■**piaule à roulettes** (caravane) キャンピングカー
　Voilà, c'est notre *piaule à roulettes*.
　これです，僕たちのキャンピングカーは．
Fontaine : *Nettoyage à sec*

picoler (boire excessivement) 大酒を飲む
　C'est vraiment de sa faute, hein, je te signale. Elle n'a qu'à pas *picoler* comme ça.
　言っときますけどこれは彼女のミスね．深酒をやめさえすればいいのよ．
Truffaut : *La nuit américaine*

　J'arrivais pas à me réveiller, j'*ai* tellement *picolé* hier soir.
　あたしなかなか目が覚めなかったの，昨日の夜とっても飲んじゃって．
Téchiné : *Alice et Martin*

Picon (appellation commerciale d'une boisson apéritive à base d'alcool, à la saveur caractéristique en raison de son amertume, due à la gentiane) リンドウの苦みが特徴のアペリティフの商標
　Un triple whisky, un cognac, une vodka, un *Picon* bière.
　ウイスキーのトリプル 1 杯，コニャック 1 杯，ウオッカ 1 杯，ピコンのビール割 1 杯持ってきて．
Salvadori : *Cible émouvante*

picorer (récolter des informations) 情報を漁る
　On sait où sont les radars. Les poules ça aime pas bien le changement, hein ! Ça *picore* toujours au même endroit.
　探知機がどこにあるかみんな知ってるよ．デカって変えるのあまり好きじゃないんだな．いつだって同じとこで網を張ってるんだから．
Pirès : *Taxi*

picouse ; piquouse (piqûre ; injection) 注射
　J'ai vu crever des jeunes éphèbes à l'agonie pour qui je ne pouvais rien qu'atténuer leurs ultimes souffrances avec mes *picouzes* de morphine à la con.
　美男子の青年たちの臨終を看取ってきたが，（医者の）俺にできることといったら仕方なくモルヒネを打って断末魔の苦しみを和らげることしかなかったんだ．
Gainsbourg : *Charlotte for ever*

　Tu veux une *piquouse* ? Ça va te réveiller va.

pied

　　ヤクでも打ってやろうか？　頭がはっきりするぞ. Dridi : *Pigalle*

pied
■**avoir deux pieds gauches** (être très maladroit)　非常に不器用である
　Dis plutôt que t'*as deux pieds gauches*.
　　（ボートから転落したのは）どっちかと言えば君がぶきっちょだからだ.
Othenin : *Piège à flics*

■**avoir le pied sur** *qn.* (avoir l'avantage)　有利である
　J'*aurai le pied sur lui*.
　　あたしのほうが彼より有利になるの. Breillat : *Romance*

■**ça fera les pieds à** (ça apprendra à; ça sera bien fait pour; ça donnera une leçon à)　いい薬になる，教訓になる
　Allez, au lit sans dîner, *ça lui fera les pieds*.
　　さあ，夕食なしで寝るんだ．これで懲りるだろう. Monnet : *Promis ... juré*

■**casser les pieds** (ennuyer)　うるさがらせる，悩ませる
　Pourquoi vous êtes partie? / Oh, ça me *cassait les pieds* avec toutes ces histoires d'argent.
　　どうして家を出ちゃったんだい？ / だって，お金のことでごたごたして嫌になっちゃったから. Deray : *La piscine*

■**c'est le pied** (c'est agréable, parfaitement réussi, bien, formidable)　いいもんだ，すばらしい，面白い，楽しい
　C'est vraiment *le pied* les mômes.
　　子供ってほんとにいいもんだな. Nauer : *Les truffes*
　Le pied! La voix qu'elle a!
　　最高！彼女の声って！ Beineix : *Diva*
　Tu as pu jouir? C'*était le pied*?
　　射精したのか？よかったのか？ Fassbinder : *Querelle*

■**comme un pied** (très mal; comme un manche)　ひどく下手に
　Il embrasse *comme un pied*.
　　あの子ったらキスものすごく下手なのよ. Mouriéas : *Dis-moi que je rêve*

■**marcher sur les pieds de** (manquer d'égards; chercher à évincer)　踏みつけにする，ないがしろにする，弾き出そうとする
　Tu es trop poire, tu te laisses toujours *marcher sur les pieds*.
　　あんたって人がよすぎるのよ，いつも踏みつけにされて. Othenin : *Piège à flics*

■**mettre à pied** (suspendre *qn.* dans ses fonctions)　停職にする
　On va tous se trouver *mis à pied*.
　　みんな停職になっちまうな. Ducastel : *Drôle de Félix*

pied

■**mettre les deux pieds dans la même chaussure** (être coincé) 動きが取れなくなる
Je te dicterai un truc qui lui *mettra les deux pieds dans la même chaussure*.
あいつの動きが取れなくなるような手紙を口述してやるよ． Aghion : *Pédale douce*

■**mettre les pieds sous la table** (s'installer pour manger sans avoir l'intention d'aider *sa* femme) （食事の準備をしている妻を手助けしようともせず）椅子にどっかり腰を据える（そして食事が出てくるのを待つ）
Je rentre chez moi guilleret, je *mets les pieds sous la table*, je dîne avec elle...
（冷たくなった妻との仲を修復するにはどうするかと尋ねられて）俺だったら陽気に家に帰って行って，椅子にのんびり座り，妻と食事をして…
Berberian : *Le boulet*

■**ne pas se moucher du〔avec le〕pied** (se croire quelqu'un d'important) 思い上がる
Elle habite avenue Foch, tu t'rends compte. Elle *se mouche pas avec le pied*, hein.
彼女，フォシュ通りにお住まいなんだぜ．うぬぼれもいいとこだ．
Truffaut : *Domicile conjugal*

■**pied au plancher** (au maximum; en écrasant la pédale de l'accélérateur) アクセルをいっぱいに踏み込んで
Tu vois l'avenue, là-bas? Pas de feux. Virage à gauche, *pied au plancher*.
あそこに通りが見えるだろう？ 信号はない．左にカーブしてるとこ でスピードを一杯にあげる． Bluwal : *1996*

■**prendre *son* pied** (éprouver l'orgasme; jouir) オルガスムに達する
Tu *prends* jamais *ton pied*?
お前いつもいかないのか？ Blier : *Les valseuses*

■**quel pied!** (c'est super!; que c'est bon!) すばらしい，なんていいんだ！
Moi, par contre, seule à Paris, *quel pied!*
あたしのほうはパリで一人ぼっちなんてつまんないわ！（反語） Zidi : *Deux*
Oh putain que c'est bon! ... *Quel pied*!
ああ，何ていいんだ！あーいく！ Noé : *Irréversible*

■**se lever du mauvais pied** (être mal réveillé; se lever du pied gauche) 寝起きが悪い
T'es pas de très bonne humeur ce matin, hein? / Ouais, je *me suis levé*

pieu

    du mauvais pied.

    今朝はご機嫌斜めみたいだな？/ ああ，寝起きが悪くってね．   Deray : *La piscine*

■**se lever du pied gauche** (être de mauvaise humeur) 機嫌が悪い

    Monsieur Adrien est de mauvaise humeur aujourd'hui. Il a dû *se lever* trop tard, et *du pied gauche*.

    アドリヤン坊ちゃんは今日虫の居所が悪いの．きっと朝寝坊をして寝起きが悪かったのね．   Vigne : *Comédie d'été*

■**trouver son pied** (jouir; prendre *son* pied) イク

    J'suis sûr que Nono y *a trouvé son pied*.

    ノノもきっと射精したと思うな．   Fassbinder : *Querelle*

pieu (lit) ベッド

    Je vais me trouver un *pieu* pour ce soir.

    今晩寝るところを探すことにしよう．   Noé : *Seul contre tous*

    Au *pieu*!

    (子供に) さあ寝るんだ！   Godard : *Pierrot le fou*

pieuter

■**se pieuter** (se mettre au lit; se coucher) 寝る

    Viens *te pieuter*. Je veux baiser.

    来て寝ろよ．抱きたいんだ．   Gainsbourg : *Equateur*

pif (nez) 鼻

    T'as vu son *pif* ? / Ça fait partie de son charme.

    彼の鼻見た？/ 彼の魅力の一部なのよ．   Rivette : *Va savoir*

■**au pif** (au juger; à l'estime; au pifomètre; à vue de nez) 勘で，当て推量で

    Je veux vérifier quelque chose : donne-moi un chiffre, *au pif*.

    ちょっと確かめたいことがあるんだ．なにか適当に数を言ってみて．   Leconte : *La fille sur le pont*

■**pour son pif** (pour lui; pour elle) 彼（女）のために

    Si y'en a qui sont clients, j'en ai encore *pour leur pif*.

    これ欲しい人がいればまだ分けてあげられるよ．   Kounen : *Le Dobermann*

pif(f)er (supporter) 我慢する

    Vraiment, je peux pas la *piffer* celle-là !

    ほんとにあれは鼻持ちならない女だな！   Ducastel : *Drôle de Félix*

pige (an; année) 年，歳

    J'ai passé quatre *piges* à l'hôpital psychiatrique.

    僕は4年精神病院に入っていたんだ．   Beineix : *Mortel transfert*

T'as trente-deux *piges*.
　君は32歳だ。　　　　　　　　　　　　　　　　　　Anglade : *Tonka*

pigeon (dupe; individu crédule; gogo) 騙されやすい人
Ils seront trop jouasses. Ça leur fera un *pigeon* tout trouvé.
　（こちらからカネを持って行ったりしたら）刑事どもははしゃぎすぎるだろう。そんなことをしたら鴨が葱を背負って行くようなもんだ。　　　Corneau : *Série noire*
Ils font endosser des chèques sans nom par un *pigeon*.
　彼らは無記名の小切手にカモに裏書きさせるんだ。　Gilou : *La vérité si je mens II*

piger (comprendre; savoir) わかる
Je suis sûr qu'elle me *pige* bien ta femme.
　奥さんだったらきっとよくわかってもらえると思うな。　Fontaine : *Nettoyage à sec*
Elle a dû *piger* qu'on n'allait pas vers la Tour Eiffel.
　娘にはエッフェル塔のほうへは向かっていないことがわかっていただろう。
　　　　　　　　　　　　　　　　　　　　　　　　Noé : *Seul contre tous*
J'*ai pigé* plein de trucs, là-bas.
　いろんな事がわかったんだ、アメリカに行ってる間に。
　　　　　　　　　　　　　　　　　　　　Gilou : *La vérité si je mens II*
Le talent, c'est du sentiment. Tu piges ? / *Pigé* !
　（演劇の）才能って感情だ。わかったか？ / わかった！
　　　　　　　　　　　　　　　　　　　Bellon : *Les enfants du désordre*

pignoler
■**se pignoler avec des cacahuètes** (se masturber; gagner très peu d'argent) マスターベーションする、自己満足に陥る、稼ぎがとても少ない
Je vais me marier, et moi faut que j'assure. Et je peux pas continuer à *me pignoler avec des cacahuètes*.
　俺結婚するんで経済的にしっかりしないと。だから僅かな稼ぎで甘んじていられないのさ。　　　　　　　　　　　　　　　　Gilou : *La vérité si je mens II*

pignouf (malotru; mufle) 不躾な人、がさつな人間、粗野な奴
Moi, je vous demande pas si votre père pue du cul ou si votre femme se pochtronne en cachette ! Espèce de *pignouf* !
　あたしのほうはあんたのお父さんのお尻が臭いとか、奥さんが隠れて酒を飲んでるかなんてことは尋ねませんよ、まったく失礼しちゃう！　Poiré : *Les visiteurs*

pile
■**c'est pile** (c'est parfait; c'est exactement ça) 完璧だ、まさにその通り
Ton personnage, c'est *pile* ça, c'est juste.
　あんたの演じた人物、完璧だったし、正確だったよ。
　　　　　　　　　　　　　　　　　　Attal : *Ma femme est une actrice*

pimpon (sirène d'une voiture de police) (パトカー，救急車の) サイレン
J'mets le *pimpon*?
サイレン鳴らしましょうか？
Grousset : *Kamikase*

Il s'est entaillé là. *Pimpon, pimpon*, hôpital, deux points de suture, elle m'a même pas appelé.
息子がここ切ってね．ピーポピーポって救急車で病院にかつぎ込まれて二針も縫ったのに母親は俺に電話さえしなかったんだ．
Sautet : *Garçon*

C'est toi Alice? / C'est pas Alice. La police! *Pim-pom*!
(ドアを叩く音に) アリスか？ / アリスじゃない，ポリスだ，ウーウーの．(-lice の音にかけた洒落)
Vergez : *Cambriolage*

Pim's (marque de biscuits au chocolat et à la confiture) 菓子の商品名
Mais j'en avais des gâteaux ... ils sont dans mon sac, c'est des *Pim's*.
お菓子入れといたのに… バッグに．ピムスよ．
Chéreau : *Ceux qui m'aiment prendront le train*

pinard (vin) 葡萄酒
Votre *pinard* aussi il est bon.
あなたのワインもおいしいですよ．
Blier : *Mon homme*

pince (menottes) 手錠
Mets-lui les *pinces*.
手錠を掛けろ．
Zidi : *Les ripoux*

■**à pince** (à pied) 歩いて
Où est le camion? / A une demi-heure *à pince*, d'ici.
トラックはどこにあるんだ？ / ここから歩いて30分のところだ．
Corneau : *La menace*

pinceau
■**s'emmêler les pinceaux** (s'embrouiller) 混乱する，訳がわからなくなる
Il s'appelle comment? / Jean-François, une fois il *s'est emmêlé les pinceaux* : il s'appelait Pierrot.
その男はなんて名前？ / ジャン=フランソワだけど，1度ぼーっとしちゃってピエロだって言ったわ．
Bluwal : *1996*

pincer (arrêter; prendre; surprendre) 逮捕する，捕まえる，現場を見つける
On les *a pincés* alors qu'ils cambriolaient des villas à Passy.
彼らはパッシーの豪邸に空き巣に入っていたところをパクられた．
Godard : *A bout du souffle*

On va se faire *pincer*.

このままじゃ捕まっちまうぞ. Ducastel : *Drôle de Félix*
Es-tu désolé parce que tu t'es fait *pincer*?
あんたポルノショップにいるところ見られたから謝ってるの？
Haneke : *La pianiste*

■**en pincer pour** (être amoureux de) 惚れる
T'*en pinçais pour* elle, non ?
彼女に気があったんだろう？ Leconte : *Félix et Lola*

pine (verge) 陰茎
Ça a été la *pine* de ce matin ?
今日はちゃんと朝立ちしたか？ Dumont : *L'humanité*

pineco (copine の逆さ言葉) 女友達
La renoi avec qui j'sortais, c'est la *pineco* à elle.
俺がつきあってた黒人女，彼女のダチなんだ. Richet : *Ma 6-T*

pinglot (pied) 足
Ça sent les *pinglots*.
足が臭いぞ. Poiré : *Les couloirs du temps*

pingouin (individu ; type ; policier) 男, 警官
Le *pingouin* y m'a pris pour un ministre.
あのボーイ，俺を大臣扱いしやがった. Kassovitz : *La haine*
Tu vas pas me laisser avec cette bande de *pingouins* paranoïaques ?
あのパラノどもに追いかけられてるのに俺を置いてくのか？
Nauer : *Les truffes*

pin's (culturiste) ボディビルをする人
Toi le *pin's*, tu dégages !
脳タリンの筋肉マンは消えちまえ. Samuell : *Jeux d'enfants*

pinter
■**se pinter** (s'enivrer) 酔っぱらう
J'adore *me pinter*.
僕は酔っぱらうの大好きなんだ. Breillat : *Romance*

pioche
■**tête de pioche** (personne entêtée, têtue) 頑固者, 強情な人
Vous savez ce qu'il disait mon mari des Bretons ? Ne le prenez pas pour vous, tous des *têtes de pioche* !
あのね，あたしの亭主がブルターニュの人たちのこと何て言ってたか知ってる？ 別にあんたのことってわけじゃないのよ. みんな頑固者だって.
Fontaine : *Nettoyage à sec*

pioncer (dormir) 眠る

Soixante pour cent du temps malade, vingt pour cent du temps à la recherche de ta prochaine dose, vingt pour cent tu *pionces*, dix pour cent tu gerbes.

60パーセントの時間は具合が悪く，20パーセントは次ぎにやるヤクを捜し回り，20パーセントは眠っていて，10パーセントはゲロゲロやってる．

Guit : Le ciel est à nous

pipe (fellation) フェラチオ

Deux cents la *pipe*, quatre cents l'amour avec préservatif!

フェラは2百，コンドーム付きセックスは4百フラン！　Beineix : *Mortel tansfert*

■**casser sa pipe** (mourir; crever) 死ぬ，くたばる

Tu t'inquiètes pas de savoir si le vieux Milos *a* pas *cassé sa pipe* ?

お前はこのミロス爺さんがくたばったかどうかなんて気にしないのか？

Jacques : Je m'appelle Victor

■**nom d'une pipe!** (merde!) 畜生！

C'est à moi que madame pose des questions, *nom d'une pipe* !

小母さんが質問してる相手はこの俺なんだぞ，まったくもう！

Jugnot : Monsieur Batignole

■**par tête de pipe** (par personne) 一人当たり

T'as refusé un mois, à trois cents balles par soir et *par tête de pipe* ?

お前1か月の契約を断ったのか，一晩一人当たり3百フランにもなるというのに？

Pinoteau : L'étudiante

■**tailler une pipe** (faire une fallation) フェラをする

Laisse-moi, petit connard ! / Mon Dieu ce vilain mot dans cette bouche faite pour *tailler des pipes* !

離してよ，このくそったれ！／おやまあ，フェラ向きの可愛いお口がそんな下品なこと言うなんて！

Guédiguian : A la place du cœur

pipeau

■**c'est du pipeau** (ce n'est pas sérieux; c'est du bidon; c'est du blabla, de la blague) 正気の沙汰じゃない，ふざけてる，まともではない

Payer avec de petits services, *c'est du pipeau*.

診て貰うのに用事を足して診察料代わりにするなんてあんまりですよ．

Beineix : Mortel transfert

L'amour, l'amitié, tout ça, *c'est du pipeau*.

愛情だとか友情だとか，そんなものみんな嘘っぱちさ．

Noé : Seul contre tous

■**jouer du pipeau** (mentir pour séduire) 巧いことを言って誘惑する

Juliette vous l'avez connue quand ? / Juste avant de vivre avec elle ... avant qu'elle s'fasse *jouer du pipeau* par un dragueur de plage.

ジュリエットとはいつ知り合ったんだ？ / 同棲を始めるすぐ前さ…彼女が海岸で男に甘い言葉で軟派される前だ。

Leconte : *Une chance sur deux*

pipette (cigarette) たばこ
Faut arrêter la *pipette*.

たばこをやめなきゃ。

Denis : *Nénette et Boni*

pipeuse (fellatrice ; pompeuse de bite) フェラ好きの女
Olivier Brachet, ça te rappelle rien ? / Sonia, la *pipeuse* de Vincennes ?

オリヴィエ・ブラシェって名前聞き覚えがないか？ / ヴァンセーヌの森のフェラ好きのオカマ、ソニアのことか？

Kounen : *Le Dobermann*

pipi

■**Madame pipi** (personne préposée aux toilettes dans un établissement public ; dame pipi) 公共施設のトイレ管理係女性
Je donne un franc à la *Madame pipi*.

トイレ小母さんに1フランあげるんだ。

Tavernier : *Une semaine de vacances*

■**pipi de chat** (liquide, boisson de mauvaise qualité ; chose sans valeur, sans importance) まずい飲物、安酒、つまらないもの
Ça c'est de la merde ! C'est du *pipi de chat*.

こんな酒最低だ！話にもならん。

Pirès : *Taxi*

piqué (un peu fou ; timbré ; toqué) 頭が変な
Pour toi aussi il y avait *piqué*, rabat-joie.

君にも悪口を用意しといた、頭のおかしい陰気女ってのを。

Miéville : *Après la réconciliation*

piquer

1. (voler ; prendre ; chaparder) 盗む、取る、かすめる、くすねる
Alors je la suis, elle *pique* du champagne, du confis...

それであたしその女の後をつけてくと、シャンペンとか脂漬けなんか万引きしてるのよ。

Rohmer : *4 aventures*

Il me *pique* mes terres, je lui *pique* sa fille, normal.

彼女のおやじさんが俺の土地をくすねるから、おれは娘をくすねるんだ、当たり前だろう。

Dupeyron : *Salomé*

2. (prendre ; arrêter) 捕らえる、逮捕する
Quand on *pique* un Européen. on le soigne beaucoup mieux que les troncs.

ヨーロッパ人をつかまえると、アラブ人よりずっと扱いが丁寧だ。

Heynemann : *La question*

piquouze

Y en a des gars de l'Assistance qui se sont barrés, mais ils se sont toujours fait *piquer*.
養護施設出の子で，逃げ出す奴もいたけど必ず捕まっちゃたよ．
Allégret : *Une si jolie petite plage*

3. (se mettre en colère ; piquer une crise) 怒り出す
Qu'est-ce que t'es en train de *piquer* encore toi ?
あんたまた何をつんつんしてるのよ？
Miller : *Le sourire*

■**faire piquer** (euthanasier) 安楽死させる
Faut la *faire piquer* la vieille d'à côté.
隣のばあさん（うるさいから）一服盛らないとな．
Huth : *Serial lover*

■**se piquer** (se droguer en se faisant des injections d'héroïne) 自分にヘロインの注射をする
Je fume un peu d'herbe de temps en temps, c'est vrai mais je ne *me suis* jamais *piqué*.
僕はハシッシュをときどき吸うけど，ヘロインの注射はしたことはない．
Guédiguian : *A la place du cœur*

piquouze voir **picouze**

pis (puis) それに
Ben les affaires, comme toujours. *Pis* juste l'anniversaire de mon p'tit.
（ここに来たのは）いつものように商用さ．それにちょうど子供の誕生日でね．
Allégret : *Une si jolie petite plage*

pisse
■**faire le pisse vinaigre** (dire des choses désagréables) 嫌みなことを言う
Vous n'attendez pas tout de même que l'amour vous donne le bonheur. / Robert, ne *fais* pas *ton pisse vinaigre*, bois.
あんただって恋愛が幸福をもたらすなんて期待してないだろう．/ ロベール，そんな嫌味言ってないで飲みなさい．
Miéville : *Après la réconciliation*

pisse-froid (personne froide et morose, ennuyeuse, pas sympathique) 陰気で冷ややかな人，興ざめな奴，嫌みな人
Je vous cherchais. / Manquait plus que le *pisse-froid* !
あんたを捜してたんですよ．/ おまけに陰気な奴まで現れた．
Salomé : *Belphégor*

pisser
1. (uriner ; faire pipi) 小便をする
Je dois *pisser* moi.

あたしもうおしっこしなきゃ. Dumont : *L'humanité*

2. (couler) 流れ出る
   Le miracle ce s'rait qu'elle (la fontaine) *pisse* le muscadet de ta cave, curé.
   司祭さんよ，この泉からお前さんとこの酒蔵のミュスカデでも出てくりゃ奇跡を信じてもいいがね. Hubert : *Le grand chemin*

3. (écrire) 書く
   Il va falloir que je *pisse* du rapport en cinq exemplaires.
   報告書を5部も書かなきゃいけなくなる. Le Pêcheur : *J'aimerais pas crever un dimanche*

■**c'est à pisser de rire** (c'est très drôle) とてもおかしい
  Vous n'arrêtez pas de faire du genre, *c'est à pisser de rire*!
  あんたたちって格好ばっかりつけて，おかしいったらありゃしない！ Téchiné : *Hôtel des Amériques*

■**comme il pisse** (facilement) 簡単に
  Il retourne sa veste *comme il pisse*.
  あいつは簡単に意見を変えますからね. Lautner : *Joyeuses Pâques*

■**laisser pisser** (laisser faire) 好きなようにさせる
  Tu as fait une connerie. Il fallait *laisser pisser*.
  お前馬鹿なことしたな．あいつの言いなりにならなきゃいけなかったのに. Othenin : *Piège à flics*

■**pisser à la raie ; pisser au cul** (mépriser) 蔑(さげす)む
  Nicole a raison, t'es vraiment vulgaire! / Nicole, je lui *pisse à la raie*.
  ニコールの言う通りだ．お前ってほんとに下品な奴だな．/ ニコールなんか糞喰らえだ. Chatiliez : *Le bonheur est dans le pré*
  Les p'tits Mickeys de Clodarec, j'leur *pisse au cul*.
  部長の馬鹿な部下どもの鼻を明かしてやる. Kounen : *Le Dobermann*

■**pisser sur** (mépriser ; pisser à la raie ; pisser au cul) 軽蔑する
  C'est à *se pisser dessus*.
  （この詩は）噴飯ものだ. Moll : *Un ami qui vous veut du bien*
  Je comprends pas pourquoi tu peux me laisser comme ça... Putain! / *Pisse*-moi *dessus*!
  あたしのこと，よくも放っておけるわね… ひどいったらありゃしない！ / せいぜい悪口を叩けばいいや. Collard : *Les nuits fauves*

pisseuse (fillette) 小娘
  Il se suicide à cause de cette *pisseuse*.

pitchoun(e)

彼はその小娘のせいで自殺するんだ． Gainsbourg : *Charlotte for ever*

pitchoun(e) (南仏語．petit enfant; petit chou) 幼い子
　Qu'il est chou le *pitchoune* !
　　まあなんて可愛い子！ Nauer : *Les truffes*

P.J. (police judiciaire の略) 司法警察
　Je voulais t'éviter un interrogatoire à la *PJ*.
　　署で君を尋問したくはなかったんだが． Salomé : *Belphégor*

placard (prison) 刑務所
　On va retourner au *placard*.
　　(こんな馬鹿なことしてたら) 俺達ムショに舞い戻りだぞ． Berberian : *Le boulet*

■**sortir du placard** (avouer *son* homosexualité) 同性愛者だと公表する
　Si vous voulez garder votre emploi, *sortez du placard*.
　　職を失いたくなかったら，自分はホモだと言うことだな． Veber : *Le placard*

placer

■**en placer une** (pouvoir parler; dire) 話す，発言する
　J'peux *en placer une* ?
　　話してもいいかな？ Siegfried : *Louise*
　Il t'*en* laisse pas *placer une*.
　　あの男は一方的に喋りまくるもんね． Lioret : *Mademoiselle*

■**être placé** (être adopté dans une famille) 養子になる
　Mes parents je sais pas qui c'est, quoi, on *a* toujours *été placé*.
　　両親なんてわからないってことさ，ずっと養子だったものね． Fontaine : *Nettoyage à sec*

placo (plaque de bois) 撮影機移動のために敷く木の板
　Voilà on fait la scène en un seul plan. On met des *placos* partout.
　　じゃあこのシーンはワンショットで行きましょう．プラコを敷き詰めてね． Breillat : *Sex is comedy*

plafond

■**être bas du plafond** (être sot, inintelligent) 間が抜けている
　C'est bas du plafond tout ça.
　　こんな悪口言い合って馬鹿みたいね． Miéville : *Après la réconciliation*

■**grimper au plafond** (éprouver du plaisir; grimper aux rideaux; prendre *son* pied) 快感を得る
　A chaque fois qu'on couche ensemble, ça m'fait *grimper au plafond*. Il me met dans tous mes états à chaque fois.
　　彼と寝る度にあたしいっちゃうの．毎回乱れちゃうのよ． Améris : *Mauvaises fréquentations*

plaire
■**si ça me plaît** (je suis libre de faire ce qui me plaît ; je fais ce que je veux) 何をやろうと勝手だろう，好きでやってんだ，うるせーな
Va te laver ! Tu veux encore attirer l'attention ? / Et *si ça me plaît* hein !
（厚化粧している娘に母親が）顔洗っておいで．それ以上に目立ちたいの？ / あたしの勝手でしょう．　　　　　　　　　　　　　　　　Handwerker : *Marie*

plan
■**faire un plan** (chercher à tromper) 欺(あざむ)こうとする
Mais c'est bien les hommes, hein ! T'as jamais essayé ? / Non ! M'*fais pas c'plan-là*.
（レズの女に迫られて）でも男はいいわよ．試したことないの？ / 話をそらさないでよ．　　　　　　　　　　　　　　　　　　Balasko : *Gazon maudit*

planche
■**planche à pain〔à repasser〕** (femme maigre et plate) 胸が薄い女
Moi aussi, j'aurais pu être mannequin, j'ai trop de formes, il leur faut des *planches*.
あたしだってモデルになれたでしょうけど，バストがありすぎるのよ．モデルはペチャパイでないとね．　　　　　　　　　　　　Klapisch : *Riens du tout*

plancher
■**cirer le plancher** (danser) 踊る
Bon allez, on va les laisser causer et nous on va aller *cirer le plancher*.
さあ，あの二人には話をさせておいて，僕たちはダンスをしに行こう．
　　　　　　　　　　　　　　　　　　　　　　　Fontaine : *Nettoyage à sec*
■**débarrasser le plancher** (sortir ; être chassé ; être forcé de quitter un lieu) 立ち去る，追い出される，出て行かざるを得ないことになる
Et toi quand est-ce que tu *débarrasses le plancher* ?
お前のほうはいつになったらお嫁に行くんだい？　Guédiguian : *A la place du cœur*
Je vais *débarrasser* le plancher.
あたしここを出ていきます．　　　　　　　　　　　　　　　　Ozon : *8 femmes*

planer
1. (être sous effet de la drogue ; être inconscient de ses actes ; rêvasser) 麻薬で朦朧としている，自分の行動に無自覚である，夢想に耽る
Tu t'en fous du fric. Tu *planes*, toi !
お前はカネなんかどうでもいいんだよな．夢に浸ってるんだから！
　　　　　　　　　　　　　　　　　　　　　　　　　Corneau : *Série noire*
2. (mettre en extase) 陶然とさせる，恍惚とさせる

planning

Les classiques, ça me fait pas *planer*.
クラシック音楽じゃ，あたしうっとりしないのよ。　　　Beineix : *Diva*

planning (英語. programme organisé d'opérations ; emploi du temps)
仕事の受け持ち，時間割り

Bonjour, je prends mon service aujourd'hui. / Vous savez où vous êtes sur le *planning* ?
今日は，あたし今日から仕事に就くんですけど。/ 持ち場はわかってますか？
　　　　　　　　　　　　　　　　　　　　　　　Jacquot : *La fille seule*

planque (cachette ; poste qui ne demande pas beaucoup de travail)
隠れ場所，隠し場所，閑職

J'ai leur *planque*.
あいつらの隠れ場所わかったぞ。　　　　　　　Krawczyk : *Taxi II*

T'as ta *planque* à la mairie.
お前には市役所って隠れ蓑があるもんな。　　Téchiné : *Alice et Martin*

■**en planque** (qui surveille un lieu suspect) 張り込み中の

Inutile d'y aller maintenant. J'ai deux inspecteurs *en planque*.
いまあそこへ行く必要はない。刑事を二人張り込ませているから。　Beineix : *Diva*

planquer (cacher) 隠す

J'le descends, on va l'*planquer*.
俺死体を下ろすから，みんなで隠すんだ。　Poiré : *Le Père Noël est une ordure*

Police ! Ouvrez ! / *Planquez*-nous !
警察だ！開けろ！/ 俺達を匿って下さい！　　　　　Huth : *Serial lover*

■**se planquer** (se cacher) 隠れる

Planquez-vous les gars !
みんな身を隠せ！　　　　　　　　　　　　　Zeitoun : *Yamakasi*

plante

■**belle plante** (belle jeune femme d'allure saine et vigoureuse) 健全でてきぱきした若い女性

Qui ça ? / La schleue, une belle *plante*, hein.
それ誰のこと？/ ドイツ女，ぴちぴちした美女だよな。　Gainsbourg : *Equateur*

■**plante grimpante** voir **grimpant**

planter

1. (abandonner ; laisser ; quitter) 放り出す，置き去りにする，捨てる

Frank nous *a plantés*, ça fait longtemps que je le voyais venir.
フランクがあたし達を見捨てたのよ，前からあたしには見え透いてたけど。
　　　　　　　　　　　　　　　　　　　　Téchiné : *Alice et Martin*

plaquer

    C'est pas le moment de me *planter*.
      こんな時に俺をほっぽりだすなんて.   Téchiné : *Les voleurs*

2. (tromper ; avoir ; ne pas payer ce qu'on doit) 騙す，一杯食わす，代金を払わない

    Le Sentier, c'est mort. On arrête pas de se faire *planter* ici.
      サンティエ街はもう終わりだ．焦げ付きがどんどん出ている．
          Gilou : *La vérité si je mens II*

    Qu'est-ce que tu fais là ? T'es en train de nous *planter* ou quoi ?
      お前そんなここに隠れてなにやってんだ？俺達をだまくらかそうっとしてるのか？
          Gilou : *La vérité si je mens II*

3. (tuer avec une arme blanche ; faire avoir un accident) 刀で突き刺す，殺す，事故死させる

    Tu dégages ou je te *plante* !
      どけ，さもないと突き刺すぞ！   Huth : *Serial lover*

    T'as failli nous *planter* là ! / Mais non, mais non, je contrôle.
      もうちょっとでみんな事故死ってとこよ！／いや，いや，ちゃんと運転してますよ．
          Fontaine : *Nettoyage à sec*

■**se planter**

1. (échouer ; se tromper ; faire une grosse erreur ; ne pas réussir) 失敗する，間違える，大きなへまをする，ドジる

    Je *me suis* encore *planté*. J'ai pris la mauvaise route.
      またへましちゃった．道を間違えたな．   Dupeyron : *Salomé*

    Avec la moto que j'ai en ce moment, je *me plante* à chaque coup.
      俺の今のマシーンじゃ，レースに出りゃ負けなのさ．   Miller : *La petite voleuse*

2. (aller dans le décor ; se viander) （車が）突っ込む，大きな事故に会う

    A gauche ! Tournez mais attendez, on va *s'planter*.
      左だ！曲がるんだ，おい，（店に）突っ込むぞ．   Pirès : *Taxi*

plaque (10 000 francs) 1万フラン

    Hier Olga m'a vidé le coffre, sept cent *plaques*.
      昨日オルガは私の金庫を空にした，7百万だ．   Beineix : *Mortel transfert*

■**être à côté de la plaque** (être à côté de la question, du problème) 的外れである，見当違いをしている，誤解している

    Tu me traites de raciste ! Ah non, tu *es à côté de la plaque*.
      あたしが人種差別主義？お門違いもはなはだしいわ！
          Thévenet : *La nuit porte jarretelles*

plaquer (abandonner brusquement ; laisser tomber) 急に捨てる，手放

plastique

す，放り出す，うっちゃる，縁を切る

Sa femme l'*avait plaqué* parce qu'un jour, elle l'a découvert en train de se faire éclater la rondelle par un de ses employés.

あいつは使用人にオカマを掘られているところを奥さんに見つかって捨てられちまったのさ．　　　　　　　　　　　　　　　Noé : *Seul contre tous*

Je crois que je vais tout *plaquer*.

俺，みんなやめちゃおうと思う．　　　Tavernier : *Ça commnce aujourd'hui*

Vous vous êtes fait *plaquer*, c'est ça?

あなた（女に）捨てられたってことね？　　Renders : *Thomas est amoureux*

Il paraît que tu *as plaqué*.

君，店をやめたんだってね．　　　　　Gilou : *La vérité si je mens*

plastique (chirurgie esthétique) 美容整形

Ne prononce jamais une date, jamais un chiffre, autrement je dis à tout le monde que tu as fait la "*plastique*".

日付とか数字を絶対口にしちゃ駄目よ，さもないとみんなに，あんたは整形してるってバラしちゃうから．　　　　　　　　　Truffaut : *La nuit américaine*

plastoc (en matière plastique) プラスチック製の

J'en ai une mieux, entièrement *plastoc*!

もっといい腕時計があるわ，ぜんぶプラスチックの！　　Beineix : *Diva*

plat

■**en faire (tout) un plat** (accorder trop d'importance à un événement insignifiant ; en faire toute une histoire, tout un fromage) 大げさに騒ぎ立てる，大げさに取る，言いがかりをつける

Finalement, c'est pas grand chose la mort. On *en fait tout un plat*.

結局，死なんてたいしたことはないのに，みんな大げさに騒ぎたててるんだ．　　　　　　　　　　　　　　　　Noé : *Seul contre tous*

Vous lui avez foutu sa vie en l'air, celle de sa mère aussi, la mienne aussi peut-être…bah, on va pas *en faire un plat*, c'est des choses qu'arrivent hein?

あんたはあの子の生活を台無しにしちまった，母親のも，それにもしかしたらこの俺のも…まあ，がたがた言うこともあるまい，よくあることだからな．　　　　　　　　　　　　　　　　Leconte : *Une chance sur deux*

■**être à plat** (être sans le sou) 一文なしである

Tu sais que je *suis* vraiment *à plat*.

あのな，俺すっからかんなんだ．　　　Noé : *Seul contre tous*

■**être mis à plat** (être résolu, expliqué clairement) 解決される，はつ

きり説明される
Tant que tout ça ne *sera* pas *mis à plat*, je ne recevrai personne de la PMI dans mon école.
<small>こうした問題がすべて片づかないかぎり，母子保健施設の人間は誰一人としてこの学校には入れないぞ！　　　　　　　　Tavernier : *Ça commence aujourd'hui*</small>

■**faire du plat** (flatter platement; chercher à séduire; courtiser; baratiner) 卑屈にへつらう，誘惑しようとする，ご機嫌をとる
Il *fait du plat* aux Verts.
<small>町長は緑の党に色目を使ってるのよ．　　Rohmer : *L'arbre, le maire et la médiathèque*</small>

■**plat du jour** (nouvelle prostituée) 新入りの娼婦
Je suis le *plat du jour*.
<small>あたし新入りよ．　　　　　　　　　　　Leconte : *Rue des plaisirs*</small>

■**remettre à plat** (réexaminer point par point) 隅から隅まで検討する
Il faut *remettre* toute l'installation *à plat*.
<small>（このビルの水道）施設を総点検しなきゃだめですね．
　　　　　　　　　　　　　　　Ducastel : *Jeanne et le garçon formidable*</small>

plateau

■**sur un plateau** (sans qu'il ait à faire le moindre effort pour l'obtenir) ぜんぜん苦労させず，すっかりお膳立てして，棚ぼた式に
Massoud t'a amené la Russie *sur un plateau*.
<small>このマスウド様はあんたにロシア市場を濡れ手に粟で提供したんだぞ．
　　　　　　　　　　　　　　　　　Gilou : *La vérité si je mens II*</small>
Je vais te servir comme un roi ! La vie *sur un plateau*.
<small>王様みたいにお仕えするわ．上げ膳据え膳で．　　Blier : *Mon homme*</small>

plein (beaucoup) たくさん
J'ai gagné ! J'ai gagné *plein* !
<small>（ルーレットで）勝ったわよ！すごく勝ったわよ！　　Leconte : *La fille sur le pont*</small>
Je dirai à maman qu'elle fasse une bonne mousse au chocolat, hein ? / Et puis je pourrais en manger *plein* ?
<small>ママにおいしいチョコレート・ムースを作ってくれるように頼んでやるよ．／で僕いっぱい食べてもいいの？　　　　Mouriéras : *Dis-moi que je rêve*</small>

■**plein de** (beaucoup de) たくさんの
La nuit il y a *plein de* bruits.
<small>夜だっていっぱい物音はするわよ．　　　　Rohmer : *4 aventures*</small>

pleurer
■**pleurer après** (réclamer avec insistance) しつこくせがむ

pli

Je *pleure* pas *après* l'assoc pour cinquante balles d'argent de poche par mois.
　月50フランの小遣いを組合にねだるような真似は俺だったらしないな.
Sinapi : *Nationale 7*

pli
■**ça ne fait pas un pli** (c'est évident ; c'est parfait ; ça ne présente aucune difficulté ; c'est fatal) 確実だ，造作ない，間違いなしだ
Izont des bloudjinnzes les surpluss américains ? / Ça fait pas un *pli* qu'ils en ont.
　ジーンズはあるの，アメリカの払い下げの？ / あるに決まってるさ.
Malle : *Zazie dans le métro*

C'est sous-taillé oui, ça fait pas un *pli*, c'est le cas de le dire.
　（試着品が）サイズが下なのは否定できないな（皺がなくてパンパンだ）まさにぴったりの言葉だ.
Gilou : *La vérité si je mens II*

plier (écraser ; détruire) ぶつける，壊す
Tu l'*as pliée* comment ? / Dans un lampadaire.
　どうやって車を壊しちまったんだ？ / 街灯にぶっつけて.
Miller : *Garde à vue*

plomb
■**mettre du plomb dans la cervelle** (rendre raisonnable) 慎重にさせる
Un petit séjour en taule vous *mettra* un peu de *plomb dans la cervelle*.
　ムショにちょっと滞在すれば少しは思慮深くなろうってもんだ.
Corneau : *Série noire*

■**péter un plomb〔les plombs〕** (perdre la tête ; perdre le sens des réalités ; disjoncter ; exploser de colère) おかしくなる，正気を失う，かっとなる，怒り狂う
J'ai l'impression que la solitude t'a un peu fait *péter les plombs*.
　あんた一人暮らしで少し気が触れたみたいね.
Chabrol : *Rien ne va plus*

Depuis la mort de mon père, il *a* complètement *pété les plombs*.
　親父が死んでからあいつプッツンしちゃったんだ.
Téchiné : *Alice et Martin*

Non mais Jacquart, là, vous *pétez les plombs* ! Vous devenez atrocement vulgaire !
　まあジャカールったらそんなにプンプンして，みっともないったらないわ.
Poiré : *Les visiteurs*

Y a pas idée d'*péter un plomb* pour ça !
　あれぐらいのことで怒るなんておかしいよ！
Dumont : *La vie de Jésus*

■**sauter les plombs** (s'enivrer) 酔っぱらう

Ma mère elle s'est barrée, mon père y *saute les plombs*.
おふくろは逃げだし，おやじは酒浸りだ.   Beineix : *IP5*

plombe (heure) 時間
Je mets toujours des *plombes* à me décider.
僕は決心するのにとても時間がかかるんだ.   Pirès : *Taxi*

plomber
1. (tuer avec une arme à feu) 射殺する
  Si je sors mon flingue, je te *plombe*.
  俺が銃を抜けば，お前を殺すことになる.   Kassovitz : *La haine*
2. (empêcher qn. de prendre son envol) 飛躍を妨げる
  Elle veut surtout pas que tu t'épanouisses. Ça se voit. Elle te *plombe*, elle fout ta vie en l'air !
  奥さんはなによりも君が才能を発揮するのを望んでいない. はっきりしてるよ. 君にブレーキをかけ，君の人生をだめにしたいのさ.
        Moll : *Harry, un ami qui vous veut du bien*
3. (rendre une ambiance lourde ; compromettre) 重苦しくする
  Pour ne pas *plomber* le dîner avec nos histoires de divorcés.
  離婚者同士の話で食事をだめにしないようにね.   Girod : *Passage à l'acte*

plombier (poseur de micros d'écoute clandestine) 盗聴係
Fais le *plombier*.
盗聴員になればいいんだ.   Othenin : *Piège à flics*

plonger (être emprisonné) 獄に入れられる
Comment tu le sais ? T'*as* déjà *plongé* ?
どうしてそんなこと知ってるんだ？ ムショに入ってたことあるのか？
      Giovanni : *Mon père*
Rien qu'avec la came, on peut te faire *plonger* quinze ans.
ヤクだけでも15年はぶち込めるんだぞ.   Kounen : *Le Dobermann*

plouc (paysan ; rustre ; lourdaud) 田舎っぺ，間抜け
Mon pauvre *plouc*... elle t'a embobiné.
鈍いのねあんたって！あの女にたぶらかされてるだけでしょう！
      Beineix : *La lune dans le caniveau*

plouf ! (onomatopée. bruit d'une grosse chose qui tombe (dans l'eau))
ズシン，バシャ
J'ai appris qu'il s'était marié. Alors, ni une ni deux : *plouf !*
彼が結婚したって知ったとたんに（窓から身投げして）ドシンよ.
      Truffaut : *La femme d'à côté*

plumard; plume (lit; pageot) ベッド
J'ai bien peur qu'avec vous la politesse finisse toujours au fin fond d'un *plumard*.
あんたが男に礼儀正しくすると，いつもお床入りってことになるのが心配だな.
Leconte : *La fille sur le pont*

Dans la *plume* tu vas dormir comme un pape.
ベッドでぐっすり眠るのよ.
Hubert : *Le grand chemin*

plumer (dépouiller; escroquer) カネを巻き上げる，ペテンにかける
Plumez-le bien.
あいつからカネをうんとふんだくってやりな.
Corneau : *Série noire*

plus
■**à plus!** (à plus tard) また後で，さようなら
Merci Pietro. *A plus!*
ありがとうピエトロ，じゃあね.
Anglade : *Tonka*

plutôt (très) とても，まったく
Ça va? / Oui, *plutôt* bien tu vois, et toi?
元気？／ええ，ほら，とっても，あんたは？
Ducastel : *Jeanne et le garçon formidable*

P.M.I. (protection maternelle et infantile の略) 母子保護施設
Tant que tout ça ne sera pas mis à plat, je ne recevrai personne de la *PMI* dans mon école.
こうした問題がすべて片づかないかぎり，母子保護施設の人間は誰一人としてこの学校には入れないぞ！
Tavernier : *Ça commence aujourd'hui*

pochard (ivrogne) 酔っぱらい
Réveille-toi, j'en ai marre que tu sois un *pochard*.
起きてったら，あんたが酔っぱらってるのもういや.
Breillat : *Romance*

Il était devenu abominablement *pochard*.
その男はひどい飲んべえになってしまったんだ.
Ruiz : *Le temps retrouvé*

poche
■**être dans la poche** (être réussi d'avance) 成功疑いないし，出来たも同然の
Si, un peu plus tard, elle me redemande du feu, c'*est dans la poche*, pas besoin de parler.
すこしたって，女がまた火を貸してといったら，もうオーケーってことさ，口説く必要なんかない.
Eustache : *Mes petites amoureuses*

■**faire les poches** (prendre ce qui se trouve dans les poches; en faire l'inventaire) 人のポケットのものを盗む，調べる

C'matin, pour voir, j'*ai fait les poches* dans la salle des profs. C'est très excitant de *faire les poches*.

今朝試しに，あたし教員室で同僚のポケットから盗んだのよ．ポケットさぐるってとっても刺激的ね．
Beineix : *Mortel transfert*

■**se mettre *qn*. dans la poche** (dominer pour neutraliser; se mettre bien avec...disposer de) 自在に操る，仲良くする，手玉に取る，骨抜きにする

A peine arrivé, il *s'est mis* le prof *dans la poche*.

あの転校生め，来たとたんに先公をいいようにしてる．
Braoudé : *Génial, mes parents divorcent*

Vous savez bien les distraire. Vous *vous les êtes* tous *mis dans la poche*.

あんたは身障者の気を紛らわすのが巧いね．みんな手なずけちゃってる
Sinapi : *Nationle 7*

■**s'en mettre plein les poches** (s'enrichir malhonnêtement; se remplir les poches) 私腹を肥やす

Dans ma propriété, je vais avoir, autour d'un admirable petit village, des maisons préfabriquées construites sur des terrains, qui appartiennent soit à des amis du maire, soit à la municipalité, soit à des gens qui *s'en mettent plein les poches*.

私の屋敷がある素晴らしい小さな村の周りに建て売り住宅ができるんだが，その地所っていうのがね，市長の友人達とか，市当局とか，私腹を肥やす連中のものなんだ．
Rohmer : *L'arbre, le maire et la médiathèque*

pochtronner

■**se pochtronner** (s'enivrer; se soûler) 酔っぱらう

Moi, je vous demande pas si votre père pue du cul ou si votre femme *se pochtronne* en cachette! Espèce de pignouf!

あたしのほうはあんたのお父さんのお尻が臭いとか，奥さんがこっそり酒を飲んでるかなんてことは尋ねませんよ，まったく失礼しちゃう！
Poiré : *Les visiteurs*

pogne

1. (main) 手

Moi, il m'en faut plein les *pognes*.

俺には手にずっしりくるようなおっぱいの女じゃなきゃだめだ．
Gainsbourg : *Je t'aime moi non plus*

2. (brioche en couronne) 王冠型のブリオッシュ

Voulez-vous un café? De la *pogne*?

pognon

コーヒーはいかがです？ブリオッシュは？　　Tavernier : *L'horloger de Saint Paul*

pognon (argent; oseille; blé) カネ

J'ai un petit peu besoin de *pognon*. / J'en ai pas du *pognon* !

あたしお金がちょっと要るんだけど. / ないよ, カネは.　　Blier : *Mon homme*

poil (cheveu) 髪の毛

J'avais engagé quelqu'un. Une dame très bien, très compétente. Très stricte, au *poil* gris.

前に人を雇ったことがあるんです. ちゃんとしたご婦人で, きちんと仕事ができる, とても厳格な, 白髪まじりの方でした.　　Sautet : *Nelly et Monsieur Arnaud*

■**à poil** (complètement nu) 真っ裸の

Qu'est-ce que tu fous *à poil* ?

真っ裸で何してんだ？　　　　　　　　　　　　　　　　Pirès : *Taxi*

Tu vas repartir comme tu es venu, une main devant, une main derrière... *à poil*.

ここから出て行くんだな, 来たときみたいに, 無一文で…丸裸で.

Gilou : *La vérité si je mens*

Mets-toi *à poil*.

裸になって.　　　　　　　　　　Gainsbourg : *Je t'aime moi non plus*

On va se foutre *à poil*, mon pote, comme les premiers hommes... et me demande pas pourquoi. J'ai envie de me foutre *à poil*, c'est tout.

君なあ, 原始人みたいに裸になろうよ. なぜって聞かれても困るな, ただ裸になりたいだけなのさ.　　Duchemin : *Faust*

■**au petit poil** (excellent; parfait) 優れた, 完璧な

Il est en parfait état. Tout a été révisé. Il est *au petit poil*.

このアパルトマンは完璧です. どこも点検済みです. 申し分ありません.

Toussaint : *Monsieur*

■**au poil** (parfait; très bien; parfaitement) 巧く, 完璧に, すばらしい

Il est dans la soute de cet avion? / Oui. Tout à fait. / Eh bien alors, voilà, c'est *au poil*.

手帳はこの飛行機の貨物室に入っているんですか？ / ええ, その通りです. / そうなんですか, それでしたらもう言うことはありませんな.　　Poiré : *Les anges gardiens*

Ça marche *au poil* cette bécane.

この機械大丈夫ですよ.　　　　　　　　　　　　　　Huth : *Serial lover*

C'est *au poil*, non?

(並べた空き瓶にバイクのヘルメットでボウリング遊びをして) 巧いもんでしょう？

Gainsbourg : *Charlotte for ever*

poil

Je peux le garder ? / Autant que vous voudrez. / *Au poil* !
この本すぐにお返ししなくてもいい？/ お好きなだけどうぞ． / やった！

Demy : Lola

■**avoir du (un) poil dans la main** (être paresseux)　怠け者だ，ぐうたらだ

Surtout ne mets pas la main à la pâte ! / La main à la pâte ... excellent titre ! / *Le poil dans la main*, c'est mieux.
あんたって人にやらせるだけね！/「やらせるだけの男」なんて戯曲のタイトルにぴったりだ． / ぐうたら男のほうがいいわ．

Jugnot : Monsieur Batignole

■**être de bon poil** (être de bonne humeur)　機嫌がよい

Je ne sais pas ce qu'elle a aujourd'hui, mais le moins qu'on puisse dire, c'est qu'elle n'*est* pas *de bon poil*.
彼女今日どうしたのか知らないけど，ご機嫌がよくないとだけは言えるわね．

Rohmer : Conte d'automne

■**être de mauvais poil** (être de mauvaise humeur)　機嫌が悪い

Ils vont être en train de faire la sieste. Ils vont *être de mauvais poil*.
両親は昼寝をするところだろう．（今押し掛けたりしたら）機嫌を悪くするよ．

Moll : Harry, un ami qui vous veut du bien

■**poil à** + 定冠詞 + 肉体の一部を表す語！ poil の前の語と韻を合わせて，からかったり，話の腰を折ったりする言葉遊び

Il tourne à droite... Moi je continue tout droit. *Poil au doigt* !
彼は右に… あたしは行くわ，まっすぐ．まっすぐ．

Tavernier : L 626

Vous trouvez que je gagne trop pour ce que je fais. / Exactement *poil aux dents* !
みんな僕が仕事の割には貰いすぎてると思ってるんだろう． / その通り，大当たり！

Varda : Les cents et une nuits

Ça fait rêver, hein ? *Poil au nez* !
すばらしくてうっとり，とりはだ立つよな？

Avary : Killing Zoe

■**poil du cul** (poil du pubis)　陰毛

J'ai trouvé trois *poils du cul* dans tes draps.
シーツのなかにあそこのお毛けが3本あったわよ．

Gainsbourg : Charlotte for ever

■**reprendre du poil de la bête** (reprendre des forces, de l'énergie)　元気を取り戻す，立ち直る

T'as pas trop mauvaise mine pourtant... / Ouais, je sens que je suis en train de *reprendre du poil de la bête*...surtout, j'ai bien dormi cette nuit.

poilant
> そうはいっても顔色そう悪くないじゃないか． / うん，元気を取り戻してるとこだ… とにかく昨日よく眠ったからね． Assayas : *Fin août, début septembre*

■**tarte aux poils** (sexe féminin)　女性性器
Allez y Messieurs, deux petites pièces de 10 balles pour bouffer une part de *tarte aux poils*.
> さーみなさん，女性の大事なとこがたった10フラン玉2個でなめなめできるよ．
> Dridi : *Pigalle*

■**un poil** (un tout petit peu)　ほんのわずか
Je trouve ça *un poil* glauque.
> この部屋はちょっぴり陰鬱だな． Ledoux : *En face*

Plus haut, Véronique, plus haut. / Là ? / Encore *un poil* plus haut.
> もっと高いところにして，ヴェロニック，もっと上. / ここ？ / もうちょっと上.
> Toussaint : *La patinoire*

Vous êtes *un poil* en retard, il est déjà vendu.
> ちょっと遅かったですね，その物件はもう売れてしまいました．
> Téchiné : *Rendez-vous*

poilant (comique ; très drôle)　コミックな，とてもおかしい
Vous pourriez pas m'accompagner à Angoulême ? / Quoi Angoulême ? La ville la plus *poilante* de France ?
> あたしをアングレームに連れてってくださらない？ / なんでまたアングレームに？ フランスでいちばんおかしな都市？ (Angoulême で Festival de B.D. が毎年開かれている)
> Miller : *Le sourire*

point
■**point barre** voir **barre**

■**(un) point (c'est tout)** (voilà tout ; il n'y a plus rien à dire ; il n'y a rien à ajouter)　それだけだ，これ以上言うことはない
Voilà cent balles, vous me filez les clefs et je monte voir cinq minutes s'il reste des fringues et je descends, *point*.
> 百フランやるから鍵を貸してくれ．ちょっと部屋に上って衣類が置いてあるか見て降りてくる，それだけだ． Leconte : *Félix et Lola*

Elle veut deux mille francs…et moi, je ne veux pas, *un point c'est tout*.
> 彼女は2千フラン要求している…私は拒否する，それだけのことだ．
> Rohmer : *4 aventures*

■**un point partout** voir **partout**
■**un point pour toi** (tu as raison ; j'ai pas pensé à ça ; ton argument est bon)　あんたの言うとおり，それは気がつかなかった，ごもっとも，筋が

通っている
Ton copain est porté là-dessus ? /J'ai pas de copain. Je suis porté sur la chose toute seule. / *Un point pour toi.*
> あんたの彼氏，あれ好きなの？ / 彼氏なんかいないわ．あたしオナニーがいいの．/ あんたには負けたわ． Despentes : *Baise-moi*

pointer (pointer au chômage; aller à l'ANPE) 失業中である
Qu'est-ce qu'il fait ? / Ben, il *pointe*, tiens.
> 彼何してるの？ / 何って失業者に決まってるでしょう． Sautet : *Quelques jours avec moi*

■**se pointer** (arriver; s'amener; apparaître) 着く，やって来る，姿を見せる
Tiens, te voilà toi ! C'est aujourd'hui que tu *te pointes* !
> おや，お前さんのおでましか！ 今日のこのこやって来るなんて！ Zonka : *Le petit voleur*

Cache-toi, y'a ma mère qui *se pointe*.
> 隠れて，ママが来る． Téchiné : *Alice et Martin*

A chaque fois qu'il *se pointe*, c'est pour un jour ou deux, et puis il squatte pendant trois semaines.
> あいつは一日二日といってやって来るんだけど，いつだって3週間は居座るのよ． Despentes : *Baise-moi*

Si vous *vous pointez* au Bureau de renseignements touristiques, on vous proposera de remplir ça.
> アメリカ観光局に顔を出すと，この書類に書き込むように言われるんだ． Berberian : *Six-pack*

Pourquoi tu *te pointes* pas en face de Santos ?
> なぜ真っ向からサントスと対決しないんだ？ Giovanni : *Mon père*

pointure (homme d'envergure; quelqu'un de très fort; mec puissant; homme hors du commun; champion) 並外れた男，非凡な男，大物，勢力家，スケールの大きい人

C'est pas tous les jours que tu rencontres une *pointure* comme ça.
> あんな大物にお目にかかれるのは滅多にないことなんだぞ． Jaoui : *Le goût des autres*

Comme délinquante t'es plutôt minable...les vraies *pointures* elles sont en taule.
> 君は小物ってとこだ…ほんとの大物はムショに入ってる． Téchiné : *Les voleurs*

Tu m'épates. Je te savais une *pointure*, mais alors là !
> 恐れ入りました．遣り手だとはわかってましたが，ここまでくると！． Gilou : *La vérité si je mens II*

poire

J'avais demandé une *pointure* moi.
私はもっとちゃんとした刑事をよこすように頼んどいたのに．　Salomé : *Belphégor*
C'est qui ce beau monde ? / Des *pointures* !
あの身なりのいい人たちは？ / 一流の学者たちさ！　　　　　Grousset : *Kamikaze*

poire
1. (visage) 顔，面
   La prochaine fois c'est en pleine *poire* que tu le recevras !
   （怒って花瓶を床にたたきつけて）この次はあんたの面にぶっつけてやるからね！
   Ozon : *8 femmes*
2. (personne naïve, facile à duper) 間抜け，騙されやすい人
   Ils ont l'air suffisamment prétentieux pour être de bonnes *poires*.
   あれだけ思い上がってりゃいい鴨になりそうだな．　Chabrol : *Rien ne va plus*
   Toi t'es la *poire*...tu bosses...tu fermes ta gueule.
   お前は甘く見られてんのさ…働くだけで何も言えないんだから．
   Assayas : *Paris s'éveille*

poireau (personne bête et crédule) 人のよい阿呆
Vous croyez que vous me faites peur, espèce de vieux *poireau* ?
あたしを脅せるとでも思ってるの，阿呆な爺に！　　Miller : *Le sourire*

■**faire le poireau** (attendre ; poireauter) 待つ
Je *fais le poireau*.
あたしは待つことにするわ．　　　　　　　　　　　Bluwal : *1996*

poireauter (attendre) 待つ
T'es en train de te taper une pouffiasse dans ton taxi pendant que je *poireaute* pour te présenter à mes parents.
あんたを両親に紹介しようとあたしが待ってるのにあんたは車のなかで女とやってんでしょう．　　　　　　　　　　　　　　　　　　Krawczyk : *Taxi II*

poiscaille (poisson) 魚
Ça sent drôle ! / *Poiscaille*.
変な匂いがするな．/ 魚さ．　　　　　　　　　Tavernier : *Laissez-passer*
Tu crois que tes *poiscailles* aiment la cervelle ?
お前の飼ってるピラニアは脳味噌が好きかな？　　Berberian : *Le boulet*

pois-chiche
1. (cervelle) 脳味噌
   Tu me fais pitié, va. T'as pas un gramme de *pois-chiche*, là-dedans.
   惨めな奴だよな，お前って，脳味噌の一かけらもないんだから．
   Plattner : *Les petites couleurs*

2. (imbécile) 愚かな人
　　Tiens, remets-nous une tournée, toi, le *pois chiche* !
　　ほら，ぼやぼやしてないであたしたちにもう１杯注ぎなさいよ．
Blier : *Mon homme*

■**avoir un pois-chiche dans la tête** (être complètement stupide; avoir un petit pois dans la tête) まったく愚かである
　　Est-ce que moi je te dis de te débarrasser de Prune, parce que c'est une conasse, qu'elle *a un pois-chiche dans la tête* ?
　　この俺が君に言ったかね，プリュヌが馬鹿で，頭が空っぽだから縁を切れだなんて？
Moll : *Harry, un ami qui vous veut du bien*

poison (personne acariâtre ou insupportable) 気むずかしい奴，がまんできない奴
　　Faut toujours que ça dégénère avec toi ... t'es un vrai *poison*.
　　どうしたって悪いほうに向かうんだから，お前は，困った奴だ．
Despentes : *Baise-moi*

poisse

1. (malchance) 不運
　　Se trouver sans fric, c'est dur. Mais quand t'as personne sur qui compter, c'est vraiment la *poisse*.
　　文無しっていうのも辛いが，頼れる人が誰もいないっていうのはほんとうに不運だ．
Noé : *Seul contre tous*

　　Je fais qu'des conneries...de toute façon depuis que Papa est mort, je suis comm ça...j'ai la *poisse*.
　　俺，馬鹿ばっかりやって…とにかくおやじが死んでから散々なんだ．
Dupeyron : *Salomé*

2. (misère profonde) 極度の惨めさ
　　Paris, c'est peut-être la zone. Mais la province , c'est carrément la *poisse*.
　　パリは惨めなところかもしれないが，地方になるとまったくひどい．
Noé : *Seul contre tous*

poisser (arrêter; surprendre en flagrant délit) 逮捕する，現行犯で挙げる
　　Avec tes conneries on a bien failli se faire *poisser*.
　　あんたが馬鹿やるから捕まりそうになったじゃない．
Blier : *Tenue de soirée*

poisson

■**faire une queue de poisson** (se rabattre brusquement devant un autre conducteur après l'avoir dépassé) 他の車の前方に割り込む
　　Il m'*a fait une queue de poisson* !

poivrot

こいつが俺の前に割り込んだんです.   Skolimowsky : *Le départ*

■ **ferrer le poisson** (attirer; séduire) 撒き餌をする

Ceci dit, entre nous...la ligne politique... il n'y a pas de quoi *ferrer le poisson*, pour l'instant hein. / Ferrer le poisson ? / Oui, il n'y a pas de quoi attirer le client ! Y'a pas de quoi séduire l'électorat, si tu préfères.

ここだけの話だけど…政治路線については… 今のところ撒き餌をする必要はないな. / 撒き餌をするって? / お客を引きつけることもないってこと, 支援者に巧いこと言うこともないって言ってもいい.   Rochant : *Vive la République*

poivrot (ivrogne) 酔っぱらい

Arrête de boire. / Fais pas chier. / *Poivrot* !

飲むのやめなさいよ. / うるせーな. / 飲んべえ!   Berri : *Tchao Pantin*

pola(c)k (polonais) ポーランド人

Tu es Gil, Gilbert Turko un *polak*.

お前はジル, ジルベール・テュルコ, ポーランド人だな.   Fassbinder : *Querelle*

■ **pété comme des polacks** (ivre mort) 泥酔した

Un soir on était *pétés comme des polacks*.

ある晩, 俺達ぐでんぐでんだったんだ.   Gainsbourg : *Stan the flasher*

politicard (politicien arriviste, sans scrupule) 出世欲の強い政治家

On s'est laissé blouser par les *politicards*.

俺達は政治屋にはめられたんだ.   Bluwal : *1996*

pollop (va te faire foutre) 真っ平ご免だ

Je lui ai dit à mon mari, tu veux que... *Pollop* !

あたしゃ言ってやったね, うちの人に, あんた… したいなんて言ってもあたしゃやだよって.   Malle : *Zazie dans le métro*

pomme (personne naïve; crédule; cave; poire; imbécile; pauvre pomme; banane) お人好し, 騙されやすい人, うぶな人, 愚か者

C'est pas des pédés./ Ils sont à la colle, t'as pas compris, pauvre *pomme*.

あの二人ホモじゃないわ. / 同棲してるんだぞ, わかってないな, おめでたい娘だ.   Gainsbourg : *Je t'aime moi non plus*

C'est pas une mobylette, hé, *pomme* !

これは(オートバイで)バイクなんかじゃないよ, 馬鹿なオッサンだな!   Tavernier : *Une semaine de vacances*

■ **ma〔ta...〕pomme** (moi〔toi...〕) 俺〔お前…〕

Ma tante est drôlement mieux que *vot'pomme*.

叔母さんのほうがあんたよりずっといいわよ.   Malle : *Zazie dans le métro*

Il aura deux clients. *Ma pomme* et toi.

そいつには客が二人できる．俺とお前だ． Devers : *Max et Jérémie*

■**pauvre pomme**　(imbécile ; banane)　馬鹿
Regarde, *pauvre pomme*, il est même pas chargé.
見てご覧，お馬鹿さん，ピストルに弾さえ込めてないんだぞ．
Leconte : *Félix et Lola*

■**pomme des dents**　(pomme d'Adam)　喉仏
Il m'écrase la *pomme des dents* !
こいつに喉を潰される！ Poiré : *Le Père Noël est une ordure*

■**tomber dans les pommes**　(s'évanouir)　気絶する
Dépêche-toi, je vais *tomber dans les pommes* !
急いで助けに来てくれ，僕，気を失いそうだ． Beineix : *Diva*

pompe　(chaussure)　靴
Les *pompes* ! Putain ça s'voit qu't'as ton chômage, toi !
その靴じゃ，お前失業中って見え見えだぞ！ Dumont : *La vie de Jésus*
Notre tueur a le droit d'avoir plusieurs paires de *pompes*.
ホシが靴を何足持っていようと文句は言えませんよ． Berberian : *Six-pack*
Files-y un coup de *pompe* si y s'approche.
猿が来たら蹴っ飛ばせ． Poiré : *Le Père Noël est une ordure*

■**cirer les pompes**　(flatter bassement ; cirer les bottes)　へつらう
Regarde dans quel trou on vit, avec ce connard qui veut qu'on lui *cire ses pompes*.
どんなにひどいところに住んでるのか見たらどう，人にへいこらさせたいあんな馬鹿を相手にしなきゃならないのよ． Beineix : *37°2 le matin*

■**coup de pompe**　(fatigue subite)　突然の疲れ
C'est un petit *coup de pompe* ?
疲れがどっとでただけだろう？ Resnais : *On connaît la chanson*

■**être à côté de ses pompes**　(ne pas être dans son état normal ; être dérangé)　頭がぼやっとしている，調子が狂っている
Moi non plus je ne comprends rien. Je *suis à côté de mes pompes*.
僕にもぜんぜんわからない．ちょっと変なんだ． Thompson : *Décalage horaire*

■**être〔se sentir〕bien dans ses pompes**　(être à l'aise)　快適である，のびのびしている
Vous êtes en train de détruire un foyer. Vous *vous sentez bien dans vos pompes* ?
あんたたちは家庭を壊そうとしてるんだぞ．よくのほほんとしていられるな？
Balasko : *Gazon maudit*

pomper

■**pompe à fric** (personne qui prend l'argent) カネを搾り取る人
Je vous crèverai tous les acteurs. Je vous hais, voleurs, *pompes à fric*.
お前ら俳優をみんな殺してやる．お前らが憎い，泥棒め，金食い虫め！
Leconte : *Les Grands ducs*

pomper (emprunter de l'argent ; taper) 搾り取る，捲き上げる
Et la bûche, non mais t'as vu ce qu'elle nous *a pompé* avec la bûche.
それにクリスマスケーキだからなんてっちゃって，あんなにお金出させたじゃない．
Thompson : *La bûche*

■**pomper l'air à** (importuner) うんざりさせる
Putain, elle va me *pomper l'air* toute la vie !
畜生，あの女には一生うるさくされるのか！
Kounen : *Le Dobermann*

■**pomper le cul** (donner des coups de pied au cul) 尻を蹴飛ばす
Je vais lui *pomper le cul*.
この女の尻を蹴飛ばしてやろう．
Noé : *Carne*

■**pomper le nœud** (pratiquer la fellation) フェラをする
Un maniaque qui aime se faire *pomper le nœud* par un macchabée édenté.
ホシは歯を削り取った死体でフェラをさせる変質者です．
Berberian : *Six-pack*

pompeuse (fellatrice) フェラ好きの女
Cette *pompeuse* de bites travaille pour le Dob ?
あのゲイボーイはドーベルマンと組んでるのか？
Kounen : *Le Dobermann*

pompon

■**avoir le pompon** (l'emporter sur l'autrui) 勝つ，一番だ
N'empêche que pour embêter le monde c'est toi qui *as le pompon*.
人に迷惑を掛けるってことじゃ，なんてったっておばあちゃんが一番だよ．
Mouriéras : *Dis-moi que je rêve*

■**c'est le pompon** (c'est le comble ; c'est le bouquet) それはひど過ぎる
J'en peux plus ! Je rentre chez moi. Les psycopathes, *c'est le pompon* !
あたしもうだめ！家に帰ります！頭が病気の人たちなんて，あんまりよ！
Jeunet : *Le fabuleux destin d'Amélie Poulain*

Popaul ; Paupol (membre viril) 男根
Faut porter des slips serrés ! Pas d'calçons, hein ! Quand ça frotte, *Paupol* se réveille !
（サルサを踊るときは）ぴったりしたパンツをはかなきゃ．トランクスじゃだめ！こすれ合うと息子が起きるんだ．
Bunuel : *Salsa*

Popof (Russe) ロシア人

C'est ni *Popof* ni un neveu de l'Oncle Sam.
ありゃロシア人でもなきゃあアメリカ人でもない． Godard : *Pierrot le fou*

popote
1. (cuisine) 料理
Tu feras la *popote*.
お前料理もしなきゃいけないんだ． Samuell : *Jeux d'enfants*
2. (qui a des préoccupations terre-à-terre de ménage, de cuisine, de vie familiale) 所帯じみた，現実的な
Elle est très *popote* dans le fond.
彼女ってほんとうは家庭的な女なんだ． Deray : *La piscine*

popotin (cul) 尻
Dès qu'ils voient une fille qui remue du *popotin* y plaquent la vieille.
男って若い娘がお尻を振るのを見るとすぐにかみさんを捨てちまうのよ．
Hubert : *Le grand chemin*

■**se bouger le popotin** (se presser) 急ぐ
Il faut *se bouger le popotin*.
急がなくっちゃ． Poiré : *Les couloirs du temps*

poquer (sentir mauvais ; puer) 悪臭がする
Putain, ça *poque* là-dedans.
わー，こんなか臭いったらない． Chatiliez : *Le bonheur est dans le pré*

porno (film à caractère pornographique) ポルノ映画
Elle m'a dit que si ça m'intéressait, je pouvais me faire un peu d'argent en posant pour des photos. / C'est peut-être pour du *porno*.
その女の人，もし興味があったら小遣い稼ぎに写真のモデルしてみないかって言うんだ．／もしかしたらポルノだぞ． Téchiné : *Alice et Martin*
Je sais comment on fait... j'ai vu des *pornos*.
どうやるか知ってるよ… ポルノビデオ見たことあるもん． Kassovitz : *Assassins*

porte
■**entre deux portes** (vite fait ; n'importe où) さっさと，場所におかまいなく
Sur les deux ou trois cents que j'ai dû baiser, je vais en reconnaître... quoi? vingt maximum, c'est normal, une fois t'es bourré, une fois c'est dans le noir, une fois c'est *entre deux portes*.
2, 3百人位の女と寝てるだろうけど，会ってそれとわかるのはそうだな，20人がいいとこだ．それもそうさ，酔っぱらってたり，暗闇でしたり，そそくさと済ませたりしてるんだから． Jaoui : *Le goût des autres*

taper aux porte
- **ne pas passer loin de la porte** (faillir se faire mettre à la porte; faillir se faire virer) クビになりそうになる
  T'es *pas passé loin de la porte*, mon pote.
  君もなー，もうちょっとでクビだったんだぞ．
  Veber : Le placard

taper aux porte voir **taper**

porté
- **être porté sur la chose** (aimer faire l'amour) セックスするのが好き
  Ton copain *est porté là-dessus*? / J'ai pas de copain. Je *suis portée sur la chose* toute seule.
  あんたの彼氏，あれ好きなの？/ 彼氏なんかいないわ．あたしオナニーがいいの．
  Despentes : Baise-moi

portnawak (n'importe quoi の逆さ言葉. portnaouaque, naouaque) いいかげんな
  On a rien le droit de faire ici. C'est *portnawak*!
  （患者の少年が）この病院は何をしてもいけないだなんて．そんなでたらめな！
  Bardiau : Le monde de Marty

Portos (Portugais) ポルトガル人
  Peut-être qu'il est Espagouin, ou *Portos*.
  あいつはスペ公か，ポルトガル野郎かもしれない．
  Noé : Seul contre tous

portrait (visage; figure; gueule) 顔，つら
  Pourquoi je lui ai pas aplati le *portrait* à ce fils de pute?
  何であん畜生のつらをぶん殴らなかったんだろう？
  Fassbinder : Querelle

poser
- **se poser là** (sortir de l'ordinaire; être remarquable dans son genre) 並外れている，相当なものだ
  Comme faux-derche, vous *vous posez là*, vous.
  あんたは偽善者として抜群だよ．
  Devers : Max et Jérémie
  La société est mal faite. / Réforme-la, si tu peux. Comme révoulutionnaire, tu *te poses* là!
  社会の仕組みが悪いのよ．/ できたら変えたらいい．相当な革命家だね！
  Rohmer : Le beau mariage

possible
- **pas possible**
  1. (pas vrai; incroyable) あり得ない，信じられない
  Il habite bien au fond de la cour? / Il habitait au fond de la cour. / Il a déménagé? / Non mais, figurez-vous qu'il est mort. / Comment ça, il

est mort? C'est *pas possible*, je l'ai rencontré, il y a seulement trois jours.
> あの画家，中庭の奥に住んでいるんですね？/ 住んでましたけどね./ 引っ越したんですか？/ それがね，亡くなったんです./ どういうことです，亡くなったって？ そんな，たった三日前に会ったばっかりなのに.　　Kahn : *L'ennui*

Notre type il a une tronche *pas possible* avec la mention serial-killer marquée dessus?
> ホシはなにかね，連続殺人犯でございって刻印がついたとてつもないツラでもしてるっていうのかね？　　Berberian : *Six-pack*

Regardez ça! / *C'est pas possible*, donne-lui une assiette correcte.
> これ見てください. / まさか，このお客さんにちゃんとしたお皿さしあげて.
> 　　Iosseliani : *Adieu, plancher des vaches*

2. (infernal; insupportable) 我慢ならない，とんでもない

J'avais le trac pour le concours, je deviens chieuse dans ces cas-là et je fais trinquer les autres. J'ai un caractère *pas possible*.
> あたしコンクールのときはあがるのよ，そういうときあたし嫌みな女になって，人を不愉快な目にあわせるの．あたしって我慢ならない性格してんのよ．
> 　　Téchiné : *Alice et Martin*

Ses yeux en plastique me collait une frousse *pas possible*.
> その（縫いぐるみの）プラスチックの目はものすごく怖かったんです.
> 　　Beineix : *Mortel transfert*

postillon (vin de table; vin ordinaire) テーブルワイン

C'est pas du *postillon* ça hein?
> これはそのへんに転がってるワインじゃないな.　　Bénégui : *Au petit Marguery*

pot

■**avoir du pot** (avoir de la chance; avoir de la veine) 運がいい

T'*as du pot*.
> お前ついてるな.　　Blier : *Les valseuses*

■**manque de pot; pas de pot** (pas de chance) 運がない

T'espérais que je sois con? Eh bien, *manque de pot*, mon pote!
> 俺が阿呆ならといいと思ってたんだろう？おあいにく様だな，おじさんよ！
> 　　Rochant : *Aux yeux du monde*

Je me disais qu'il y avait un truc un peu jumeau... C'est *pas de pot*.
> なんだか（あたしたちの間柄って）双子みたいなとこあるんじゃないかって思ってたの…ついてないわね.　　Thompson : *La bûche*

■**pot à tabac** voir **tabac**

potage

■**pot de colle** voir **colle**

■**prendre un pot** (boire quelque chose) 何か飲む

On *prend un pot*? Le bar est ouvert.

一杯やらない？バーが開いてるわ.　　　　　　　　　　Pinoteau : *L'étudiante*

■**rester comme des pots de fleurs** (rester sans bouger, sans rien faire) じっとしている，何もしないでいる

On va *rester* là toute notre vie *comme des pots de fleurs*? J'ai que le dimanche, moi, pour danser.

このディスコであたしをずっと壁の花にさせとくつもり？ あたしダンスができるの日曜しかないのよ.　　　　　　　　　　Becker : *L'été meurtrier*

■**tourner autour du pot** (hésiter; tergiverser) 躊躇する，言い逃れをする

Il faut pas avoir peur et *tourner autour du pot* comme tu le fais.

君みたいに怖がって迷ってたら駄目だ.　　　　　　　　Nauer : *Les truffes*

potage

■**être dans le potage** (être fatigué, mal réveillé; se trouver dans une situation désespérée) 疲れている，ぼんやりしている，にっちもさっちもいかない

Demain je vais *être dans le potage* pour discuter avec Rousseau.

（こんな寝不足じゃ）あした朦朧としててルソーの奴と渡り合えないぞ.

Lautner : *Joyeuses Pâques*

potasser (étudier sérieusement, à fond) 猛勉強する

J'*ai potassé* le dossier toute la soirée.

一晩かかって書類を徹底的に調べたんだ.　　　　　　　Miller : *Garde à vue*

pote (ami; camarade) 友達，仲間

Je croyais que c'était ton *pote*.

奴はおまえのダチだと思ってたが.　　　　　　　　Godard : *A bout de souffle*

poteau (camarade; ami intime; pote) 仲間，ダチ

C'est pas un ancien catcheur ton *poteau*?

あんたのダチって前レスラーしてたんじゃない？　　　　Poiré : *Les visiteurs*

poubelle (automobile usagée) 使い古した車

Non, laisse-le! Qu'il l'embarque sa *poubelle*, on a besoin de la place.

いや，放っとけ！あんなぼろ車くれてやれ，場所が必要だから.　　Pirès : *Taxi*

Tu la ranges, ta *poubelle*!

（猛スピードで走っているラリー車の後ろにつけたタクシーの運転手が）そこのポンコツ，道を空けろ！　　　　　　　　　　Krawczyk : *Taxi II*

poubelleyeur ("mot portemanteau" de poubelle + balayeur) 清掃

夫（「ごみ箱」と「掃除夫」をつなげたカバン語）
On pourrait être *poubelleyeurs* à Venise.
ヴェニスに行って塵集めして働けるわ.　　　　　　　　Doillon : *La fille de 15 ans*

pouce! (arrête temporairement!; on arrête) ちょっとタイム，タンマ，止めてくれ
Les gens devraient pouvoir dire "*Pouce!*". Même les guerres elles s'arrêtent le soir de Noël.
暴力沙汰も今日ぐらいタイムってことにしないとね．戦争だってクリスマスには一時停戦ってあるでしょう．　　　　　　　Poiré : *Le Père Noël est une ordure*
Gros bouffi ! / Bon stop ! *Pouce*, on arrête *!*
ふとっちょ！／もうストップ！タンマ，もう悪口はやめましょう．
　　　　　　　　　　　　　　　　　　Miéville : *Après la réconciliation*
Stop. Y'a *pouce* !
やめてくれ．休戦といこう．　　　　　　　　　　　　Chatiliez : *Tanguy*

poudre (héroïne) ヘロイン
Tu vends de la *poudre*, aussi ? / Non, je vends de l'herbe et du shit.
君はヘロインも売ってるのか？／いいえ，マリハナとハシッシュなの．
　　　　　　　　　　　　　　　　　　　Jaoui : *Le goût des autres*

pouf(fe) (poufiasse の略．femme facile; femme d'allure vulgaire) 尻軽女，下品な女
Elle fait pas un peu *pouf* ? / *Pouf* ? Non, elle fait pas *pouf*.
このドレス，娼婦っぽくない？／娼婦？いいえ，娼婦っぽくなんてないわ．
　　　　　　　　　　　　　　　　　　　　　Klapisch : *Peut-être*
Tu vois, t'as eu tort, t'aurais dû garder ta *pouffe*, parce que moi je reviendrai jamais, t'entends ? Jamais !
ほら，あんたまずったわね，あの浮気女と手を切らなければよかったのに，だってあたし家には戻りませんからね，いいこと？決してよ．　　Kurys : *A la folie*
Des *pouffes* comme ça, c'est rien bon qu'à vous faire caguer.
ああした誰とでも寝るようね女は人をうんざりさせるだけだ．
　　　　　　　　　　　　　　　　　　　　Corneau : *Série noire*
Je ne supporte pas les *poufs* qu'ont plus de fierté.
誇りをなくした女なんかごめんね．　　　　　　　　　Megaton : *Exit*

pouilleux (sale; misérable; pauvre) 汚い，惨めな，貧乏な（人）
C'est pas un rendez-vous de *pouilleux* ici.
ここは卑しい者が来るところではない．　　　　　　Poiré : *Les visiteurs*
J'ai jamais eu le flanc de me coltiner aux *pouilleux* sur le terrain.

poulaga

僕には貧乏人とまともに向き合う気力はないんだ。　　　Poiré : *Les anges gardiens*

poulaga
■**la maison poulaga** (la police) 警察
Vous connaissez un d'vos amis normalement constitué qui rêverait un jour de faire partie de *la maison Poulaga*?
あんたの友達のなかに普通のできをしていながらサツに入りたいなんて男がいますかね？
Pirès : *Taxi*

poule
1. (prostituée ; putain ; pute) 娼婦
Je trouve que les Parisiennes ont des robes trop courtes. Ça fait *poule*!
パリの女の服は短すぎるよ．商売女じみてる．　　　Godard : *A bout du souffle*

2. (petite amie) 恋人
C'est ta *poule*? / Evidemment c'est ma *poule*.
お前のスケなのか？／決まってるだろう俺のスケだ．　　　Miller : *Le sourire*

■**poule mouillée** (personne poltronne, timorée) 弱虫，意気地なし
Le dernier arrivé dans ma chambre est une *poule mouillée*!
部屋まで競争して負けたほうが弱虫だ！　　　Bardiau : *Le monde de Marty*

poulet (policier ; flic) 刑事，おまわり
Je les connais vos trucs de *poulets*.
あたしゃね，あんたたちデカのやり口はわかってますよ．　　　Beineix : *Diva*

Allez-y, appelez les *poulets* si ça vous chante.
さあ，おまわりを呼びたきゃ呼ぶがいいや．　　　Poiré : *Le Père Noël est une ordure*

poulette (fille) 娘
Dis donc, t'es devenue une belle petite *poulette* hein?
これはこれは，お前も綺麗なかわいい娘になったもんだな．
Miller : *La petite voleuse*

poum (onomatopée) パン
Elle est flic, *poum*! *poum*! *poum*!
ママはデカなんだ，（ピストルを撃つ真似をして）パン，パン，パン！
Ducastel : *Drôle de Félix*

poumon (sein) 乳房
Ce qu'il me faut c'est des gros *poumons*.
俺が欲しいのはデカパイの女だ．　　　Sinapi : *Nationale 7*

pour (au sujet de) …に関して
J'ai appris *pour* sa femme.
あいつの奥さんのことでわかったことがあるんだ．
Colombani : *A la folie ... Pas du tout*

■**c'est pour moi** (c'est moi qui invite) 私がご馳走します.
Faut vraiment que j'y aille. *C'est pour moi.*
仕事にもどらないと．ここは私が． Leconte : *Férix et Lola*

pouringue (pourri) おんぼろの
Il l'emmène dans une piaule *pouringue.*
亭主はムショ帰りの男をひどい部屋に連れて行く． Avary : *Killing Zoe*

pourquoi
■**pourquoi pas**
1. (c'est une bonne idée; je veux bien; volontiers) 喜んで，そりゃいいな
   Si je faisais couler un bain ? / *Pourquoi pas* !
   お風呂のお湯入れてあげる？／いいわね． Pinoteau : *La boum*
2. (bien sûr) もちろん
   Tu crois que ça va er ? / Oui, *pourquoi pas.*
   うまく行くと思う？／うん，もちろんさ． Dugowson : *Portraits chinois*
3. (j'en suis capable; je vais essayer; je pourrais le faire; chiche!) できるさ，構わないだろう，悪いか，やろうじゃないか
   Vous ne voulez pas me faire l'amour ? / Ici ? / *Pourquoi pas* ! / Non, nous sommes surveillés.
   あたしとしたくない？／ここで？／あたしへっちゃらよ．／だめだ，人に見られてるぞ．
   Eustache : *La maman et la putain*
   Non, ne me dis pas que t'es tombé amoureux ! / *Pourquoi pas* !
   （弟に）お前まさかあんな女に惚れたんじゃないだろうな！／いいじゃないか？
   Vergez : *Dans un grand vent de fleurs*

pour(r)ave (pourri) 腐った，ボロの
Tu crois qu'il a que ça à foutre de venir traîner dans des chiottes *pour-raves* voir un zombie tringler une nympho ?
色気違いとゾンビがつるむところを見るためにだけあの男がこんな汚いトイレに来るとでも思ってるの？ Megaton : *Exit*

pourri
1. (en mauvais état; usé; hors service) ぼろの，使い古した
   Tu pourras dire à Mamie qu'elle m'achète des nouveaux après-ski ? Ils sont tout *pourris* les miens.
   おばあちゃんにスノーブーツ買ってくれるように言ってくれない？ 僕のオンボロなんだもん． Serreau : *La crise*
2. (moralement corrompu) 心根の腐った
   Voleur, *pourri* !

pourrir

このいやしい泥棒め！ Serreau : *La crise*

pourrir (gâcher) 損なう
C'est pas parce qu'il est P.D.G. d'une multinationale qu'il va nous *pourrir* la matinée.

いくら多国籍企業の重役だからって朝っぱらから近所迷惑なことをしていいわけじゃない. Tavernier : *L 626*

pourriture (ordure) 腐った奴
Si tu reviens, je te mets un pain, *pourriture*!

戻ってきたらパンチを喰らわすからな，汚ねえ野郎め！ Braoudé : *Neuf mois*

poursoif (pourboire) チップ
Ton pourcentage de trois millions de dollars, tu ne l'as pas mentionné dans la confession. / Mais c'est à moi ce *poursoif*.

３百万ドルの手数料のことは懺悔のとき出なかったぞ. / でも，あの分け前は僕のもんですよ. Poiré : *Les anges gardiens*

pousser

1. (exagérer; abuser) あんまりだ，言い過ぎる
 Enlève tout de suite ces lunettes ridicules! / Oh, des lunettes à mille balles, faut pas *pousser*!

あんたそのみっともない眼鏡をすぐ外しなさいよ！/ へえ，千フランも出したのに，なによ. Miller : *L'effrontée*

Je vais te prêter une de mes robes. Laquelle tu veux? / Celle-là ... / Tu *pousses* dis donc, c'est ma robe de concert!

あたしのドレスを貸してあげるわ．どれにする？/ あれ…/ まあ，あんまりよ．あれはステージドレスなのよ！ Miller : *L'effrontée*

2. (énerver; pousser à bout; exaspérer; acculer) いらだたせる，追いつめる，怒らせる
Déconne pas! *Pousse* pas la bête.

馬鹿なことを言うな！そいつを挑発するな. Siegfried : *Louise*

■**pousser grand-mère 〔mamie〕 dans les orties** voir **ortie**
■**pousser le bouchon au loin** voir **bouchon**
■**se pousser** (bouger) 動く，場所を空ける
Eh ... tu *te pousses*!

おい，どけよ！ Robert : *Salut l'artiste*

poussière

■**... et des poussières** (et un peu plus de...) …とすこし
Tout à l'heure, t'as fait 11" 9 *et des poussières*.

さっき君は11秒9ちょっとの記録を出したんだ．
Anglade : *Tonka*

pouvoir
■**ce que «pouvoir»!** (à quel point!) すごく…だ！
Ce que vous pouvez être désagéable sans raison !
どこまであなたって人は訳もなく嫌な態度を取れるんでしょう！
Truffaut : *Baisers volés*

P.Q. (papier hygiénique ; papier cul) トイレットペーパー
Finalement ça finit par coûter plus cher. / Surtout en rouleaux de *P.Q.* à force.
(ああいうお腹の弱い奴がいると) 結局は高くつくんだ． / 終いには特にトイレットペーパーのロール代がね．
Huth : *Serial lover*

préférer
■**si tu préfères** (on peut l'appeler comme ça ; si tu veux) …とも言える
Vous voulez me remplacer ? Ah non, j'ai pas dit remplacer. J'ai dit aider. Quelqu'un en plus pour vous aider, vous assister *si vous préférez*.
私の後釜に誰かを雇うんですか？ / いや，そうは言っていない．手伝ってもらうと言ったんだ．君を手伝ってくれる人を誰か，君の助手と言ってもいい．
Audiard : *Sur mes lèvres*

prendre
■**ça ne prend pas** (ça ne marche pas ; tu ne réussiras pas à m'avoir)
その手は食わないぞ，そんな手に乗るものか
Attention, Emile ! Derrière vous ! / *Ça ne prend pas*, Simon.
危ないぞ，後ろを見ろ！ / 騙されはしないぞ！
Berberian : *La cité de la peur*

■**en prendre** (être fatigué ; avoir mal à) 疲れる，痛む
Mes reins, qu'est-ce qu'i z'*en prennent* !
俺の腰も後でひどく痛むだろうな！
Dumont : *La vie de Jésus*

■**en prendre plein la gueule** voir **gueule**
■**en prendre plein la tronche** voir **tronche**
■**en prendre pour** (être condamné à une peine) …の刑を宣告される
T'*en a pris pour* combien ?
お前どれくらい喰らったんだ？
Zidi : *Les ripoux*

Vous allez *en prendre pour* perpète.
終身刑を喰らうぞ．
Salomé : *Belphégor*

■**en prendre une** (recevoir une baffe) ビンタを喰らう
Pauline, pose cette valise. Tu vas t'*en prendre une*.
ポリーヌ，その荷物を置くんだ．一発喰らわせるぞ．
Berberian : *Le boulet*

preums!

■**prendre sur soi** (se dominer; se retenir) 自制する，我慢する
　Si *vous* ne *prenez* pas un peu *sur vous*, nous n'en sortirons pas.
　　あんたちょっと我慢してくれないと，みんなどうにもならないんだよ.
　　　　　　　　　　　　　　　　　　　Poiré : *Le Père Noël est une ordure*

■**prends ça!** (voilà; attrape ça!) 殴ってやる
　Ils ont commencé à se chamailler en bas. Paf, une gifle. "Tiens salope! *Prends ça!*"
　　下でもう言い争いを始めてたんでしょう．パチンと一発！「これでも喰らえ，このあま！」って言ってね.　　　　　　　　　Grousset : *Kamikaze*

■**s'en prendre une** (recevoir une baffe) ビンタを喰らう
　Tu *t'en es pris une*, là?
　　あんた殴られたの，そこ？　　　　　　　　　Despentes : *Baise-moi*

■**sortir d'en prendre** (ne pas être près de recommencer) もうこりごりだ
　Montez dans vos chambres et prenez un bain! / On *sort d'en prendre*!
　　(子供たちが水遊びから酔っぱらって帰って来たのを見て父親) 部屋に行って風呂に入るんだ. /もうたくさんだ！(水浴びをしたばかりの意味に掛けた洒落)
　　　　　　　　　　　　　　　　　Chatiliez : *La vie est un long fleuve tranquille*

preums! [prəms] (le premier) 一番！
　Attends! *Preums!*
　　待って！（相手より先に浴室に入り込もうとして）お先に！　　Huth : *Serial lover*
　C'est là les toilettes? / *Preums!*
　　トイレここ？/あたしが先よ！　　　　　　　　　Huth : *Serial lover*

preuve

■**la preuve** (en voici la preuve) これがその証拠だ，その証拠に…
　On peut pas vivre comme ça... C'est pas possible! / Ben si, *la preuve*.
　　(空港内に) 閉じこめられたままじゃ生きていけない… そんなの無理だ. / それがそうじゃないんだよな，俺達がその証拠だ.　　　Lioret : *Tombés du ciel*

prise (enregistrement d'un plan, entre le départ du moteur de la caméra et son arrêt demandé par le réalisateur) カットのテイク，撮影
　(実際には prise という語は表に現れず，序数詞だけで示される)
　Paméla, un, *deuxième*.
　　パメラ，1，テイク2.　　　　　　　　　　　Truffaut : *La nuit américaine*

prisu (Prisunic の略. chaîne de supermarchés) スーパーのチェーン店名
　Oh, des salades! Tu sais que je n'ai jamais vu de salades plantées. Non mais c'est vrai, je les vois toujours sous cellophane au *prisu*.

あら，サラダ菜だわ！ あたしねー，生えてるの見たことなかったのよ．ほんとだってば．スーパーの食品売場のセロハンにくるまったのばっかり．

Rohmer : *L'arbre, le maire et la médiathèque*

prix
■**avoir des prix** (avoir des réductions) 料金を割り引きして貰う
Tu crois que tu peux lui *avoir des prix* dans ton hôtel ?

あんたの勤めてるホテルで彼のために割り引きして貰えるかしら？

Jacquot : *La fille seule*

■**c'est le même prix** (ça se fera de toutes façons ; c'est la même chose ; tant pis) いずれにせよそうなる，結局同じことだ
Ça t'excitait, hein, d'aller te foutre à poil devant tous ces toubibs ! Eh bien, ce sera la prochaine fois. Et si Arnoux n'est pas content, eh bien *c'est le même prix*.

お前，医者どもの前で裸になるのを想像して興奮してたんだろう！ところがお預けだ．先生がご不満でもお生憎さまだよ．

Chabrol : *L'enfer*

■**faire un prix** (faire une réduction) 値引きする，勉強する
Elle te *fera un prix*.

彼女（値段を）まけてくれるかも．

Tacchella : *Escalier C*

■**ton prix sera le mien** (dis ton prix et je serai d'accord) 言われた金額を払うよ．
Je perds. *Votre prix sera le mien*.

私の負けです．言い値で結構です．

Krawczyk : *Wasabi*

prof
1. (professeur の略)
Je suis *prof* dans une boîte à bac à Villiers.

あたしヴィリエのバカロレア予備校の教師をしているの．

Pinoteau : *L'étudiante*

La *prof*, c'est une malade.

その女の先生，ビョーキなのよ．

Gainsbourg : *Charlotte for ever*

2. (professionnel の略) プロ
Fallait qu'elle fauche ! Elle avait ça dans le sang. J'ai vu des *profs*, des nains à côté.

あの女は盗まずにはいられなかったんです．根っからの盗人なんですね．彼女と較べたらお話にもならないようなプロを僕はたくさん目にしましたよ．

Beineix : *Mortel transfert*

projo (projecteur の略) 投光器
C'est quoi tous ces *projos* ?

prolo (prolétaire の略) プロレタリア
Travailleurs! *Prolo*!
あたしたちは労働者よ，プロレタリアよ！
なんでこんなにライトが当たってるんだ？
Lioret : *Mademoiselle*
Blier : *Les valseuses*

promener
■**se faire promener** (se faire avoir; se faire mener en bateau) 騙される
Moi je te dis que t'es en train de *te faire promener*.
僕は君が（彼女に）騙されてるんだと思うよ．
Jaoui : *Le goût des autres*

promettre
■**il ne faut pas lui en promettre** (avoir un fort appétit; être un chaud lapin) 食欲が極めて旺盛だ，性欲が強い
J'étais dans l'artillerie. / Bravo! Alors, *il faut* sûrement *pas t'en promettre*, hein?
（娼婦に）僕砲兵隊にいたんだ．/ 素敵！じゃきっとアレ強いんでしょう．（tirer「弾丸を発射する」と tirer un coup「一発抜く，セックスする」を掛けた洒落）
Truffaut : *Baisers volés*

promo (promotion の略) 昇進
Pense à ta *promo*, ça te fera bander.
昇進のこと考えればちゃんと立つぞ．
Aghion : *Pédale douce*

propre
■**c'est du propre** (c'est scandaleux) ひどいことだ，とんだことだ
Quand on connaît le coco, *c'est du propre*.
そいつを知ってるだけに腹が立つな．
Allio : *La vieille indigne*

Propre
■**Monsieur Propre** (appellation commerciale d'un produit d'entretien ménager) 家庭用手入れ商品の商標
Tu dois être la cousine à *Monsieur Propre*.
（そんなにきれいにしたがるのは）洗剤会社の一族か？
Bardiau : *Le monde de Marty*

proprio (propriétaire の略) 持主，大家
Il était gai, l'ancien *proprio*.
前のロフトの持ち主って陽気な人だったのね．
Beineix : *Diva*

prout (homosexuel passif) 女役のホモ
Un mec, *prout* à fond la caisse.
その男は100パーセント女役のホモに違いありませんや．
Serreau : *La crise*

provoc (provocation の略) 挑発

Tu trouves pas que tu en fais un peu la *provoc*, là.
  そうやって君，彼らを怒らせるようにしてんじゃない？　　　Arcady : *Pour Sacha*

Prozac (une marque d'antidépresseur)　抗鬱剤の商品名
Quinze jours de *Prozac* à raison d'un comprimé par jour.
  プロザック，1日1錠で15日分（の処方をあげる）.　　　Beineix : *Mortel transfert*

prune (contravention)　駐車違反
C'est un temps à neige, je m'entraîne pour le froid. Et vous, vous vous entraînez à quoi ? / A éviter les *prunes*.
  雪が降ってきそうな天気だから，寒さに備えてのトレーニングだ．あんたは？／違反にひっかからない訓練さ．　　　Beineix : *Mortel transfert*

pruneau (balle d'arme à feu)　弾丸
Y a mon copain qui a ramassé un *pruneau*.
  ダチが弾を喰らっちまったんだ．　　　Blier : *Les valseuses*
Arrête ou je te file un *pruneau* !
  黙れ，さもないとぶっ放すぞ！　　　Blier : *Les valseuses*

P.S.G. (Paris Saint-Germain の略．équipe de football)　パリサンジェルマン・サッカーチーム
Je suis pas du tout *P.S.G.*, c'est l'O.M., mon équipe.
  俺のひいきのチームはPSGじゃない，オランピック・ド・マルセーユだ．
　　　Veber : *Le placard*

pst; psit; pssit; psst (hé; hep)　おーい，さあ
Eh, *psst*, moi ça m'intéresse.
  ねえ，あんた，あたしそれ欲しいんだけど．　　　Tavernier : *Laissez-passer*

psy (psychiatre, psychologue, psychanalyste の略)　精神科医，精神分析医
T'en as de l'argent pour lui payer son *psy*.
  兄さんの精神分析医に払うカネはあるんだね．　　　Mouriéras : *Dis-moi que je rêve*

pt'et; p't-être (peut-être)　もしかしたら
C'est *pt'et* une histoire de fou.
  気違いじみた話に聞こえるかもしれないが．　　　Salomé : *Belphégor*
P't-être que ce que j'ai fait, ça la fera plus réfléchir.
  あたしがしたことであの女これからは考え直すかもしれないわよ．
　　　Rohmer : *4 aventures*

ptiote (petite)　かわいいおねえちゃん
Eh, *ptiote*, dis comment tu t'appelles, toi ?
  おい，そこのおねえちゃん，なんて名前なの？　　　Dumont : *L'humanité*

pub

pub (publicité の略) 宣伝，広告
C'est bien cette radio...au moins, il n'y a pas de *pub* toutes les cinq minutes.
(パトカーの中で) このラジオはいいですね…とにかくしょっちゅうコマーシャルが入らないのがいい。　　　　　　　　　　　　　　Kassovitz : *Assassins*

puces (marché aux puces) 蚤の市
On a fait les *puces* ensemble.
二人であっちこっちの蚤の市を見て回ったじゃないか．　　　Braoudé : *Neuf mois*

■**mettre la puce à l'oreille** (éveiller l'attention, la méfiance) 疑惑・警戒心を抱かせる
Tu arrêtes tes conneries. / C'est marrant, tout le monde me dit la même chose. / Ben, ça devrait te *mettre la puce à l'oreille*.
馬鹿はやめるんだ．/ おかしいわ，みんなあたしにそう言うんだもの．/ だったら少しは気をつけたら．　　　Chéreau : *Ceux qui m'aiment prendront le train*

■**sac à puces** (chien) 犬
Tu comprends, *sac à puces*.
お前わかるだろう，ワン公．　　　　　　　　　　Gainsbourg : *Stan the flasher*

puer (sentir; être louche, bizarre) 臭い，怪しい，変だ
Les yaourts sont pas périmés... Les œufs non plus. Ça *pue* le départ ça.
(有名女優の家のゴミを調べながら) ヨーグルトはまだ期限前…卵も．出発臭いな．
　　　　　　　　　　　　　　　　　　　　　　　　　　　Berberian : *Paparazzi*
C'est tout de même étrange que ce mec qui est plein aux as, avec une femme pareille, se fasse la malle, ça *pue* non?
それにしても不思議だよな，カネをうじゃうじゃ持ってて，あんないい奥さんがいる奴が姿を消すなんて，変じゃないか？　　Chatiliez : *Le bonheur est dans le pré*

puissant (bien; bon; formidable) 良い，素晴らしい
T'es trop belle. T'es la meuf la plus *puissante* de la cité.
君はすごくきれいだよ．団地で最高の女だ．　　　　　　　　　　Gilou : *Raï*

purée
1. (misère!; bon sang!; oh là là!) なんて嫌なんだ
Purée! le parfum de ma mère, y pue!
まいっちゃうよ，母の香水は臭いんだ！　　　　　　Siegfried : *Louise*
Purée, il commençait à faire froid*!*
(外で長いこと待たされて) やんなっちゃう，寒くなってきたし．　　Serreau : *Chaos*
2. (formidable; qui a de la chance) すごい，ついてる
C'est tellement facile. / Oh *purée*, vous avez de la chance vous.

(女をものにするなんて) ちょろいもんよ。/ すげえ，あんたついてるね。

Nauer : *Les truffes*

3. (quelqu'un qui vit dans la misère, qui est poursuivi par la malchance) 貧窮者，ツキのない人
   C'est une autre *purée*.
   相手のボクサーだって死にものぐるいで来るぞ。

Nauer : *Les truffes*

4. (sperme) 精液
   Si au moment où j'allais lui gicler dedans, j'avais su qu'elle allait me foutre un marmot sur le dos, je me serait retenu. Mais c'est comme ça. J'ai lâché la *purée*.
   あの女の中で射精する瞬間に，俺にガキを押しつけようとしているのがわかっていたら出すのを抑えたんだが．でもしょうがない．出しちまったのさ．

Noé : *Seul contre tous*

■**balancer la purée** (tirer avec une arme à feu; éjaculer) 銃を発射する，射精する
   Je te *balancerai* toute *la purée* dans le cul !
   お前にスペルマを最後の一滴までぶち込んでやるからな！

Blier : *Merci la vie*

■**purée de!** (putain de!) 忌々しい
   T'as pas vu la râpe ? / Je sais pas où elle est. / *Purée de* râpe !
   チーズおろし器見なかった？/ どこにあるか知らんよ。/ チーズおろしの糞ったれ！

Serreau : *Chaos*

pu(')s (plus) もう（…でない）
   Là, j'veux *pus* te voir.
   そんな君はもう見たくない。

Villeneuve : *Maelström*

   Tiens, je les vois *pu's*.
   おや，もう見えないぞ。

Tasma : *Jours de vagues*

putain

1. (merde!) 畜生！
   Putain, j'ai la dalle ! Pas de café à l'horizon !
   畜生，何にもない．ずっと向こうまでカフェがない！

Noé : *Seul contre tous*

2. (ah!; oh!; super!; oh là là!; vachement bien!) すごい，すてき，いいなー！
   Oh, oh, j'vais venir ! *Putain*, c'que c'est bon *!*
   わー，イキそうだ！すごい，なんていいんだ！

Leconte : *Tango*

   Putain, y sont mortels tes rouges à lèvres *!*
   すごい，あんたのルージュ最高よ！

Siegfried : *Louise*

putasser

Putain la baraque*!*
 わー，いかすおうち！
           Veysset : *Martha... Martha*

■**putain de!**

1. (abominable; odieux; sale; maudit) 忌まわしい，いまいましい，汚い
C'*putain d'*Arabe, i t'a draguée, c'est ça?
 あの糞アラブ野郎，お前をナンパしたのか？
           Dumont : *La vie de Jésus*

Quand le désir de baiser est parti, on se rend compte qu'on a plus rien à faire dans ce monde, et qu'il n'y a jamais rien eu d'autre dans *cette putain de* vie.
 性欲が失せてしまうと，この世ですることはもう何もない，この忌まわしい人生ではそれ以外何もなかったということがわかるんだ．
           Noé : *Seul contre tous*

Ah, *putain de toi!*
 こいつめ！
           Gilou : *La vérité si je mens*

*Putain d'*ascenseur*!*
 （エレベーターが相変わらず動かない）くそエレベーターめ！
           Serreau : *Romuald et Juliette*

2. (un(e) de ces; de ces; formidable; ce brave) すごくいい
Elle avait des *putains de* seins!
 彼女の胸ときたらすごいんだ！
           Veber : *Le placard*

*Putain d'*Eddy, il voulait pas en avoir l'air, mais il nous a fait un drôle de beau cadeau.
 エディーっていい奴だな，素振りには見せないけどすごい贈り物をしてくれたものだ．
           Beineix : *37°2 le matin*

putasser (vivre en prostituée) 売春で生活する
Tu vas encore aller *putasser* chez ton mari?
 （家賃を払うために）お前また亭主のとこに行って売春まがいのことするのか？
           Serreau : *Pourquoi pas?*

pute

1. (prostitiuée; putain; putasse) 娼婦
J'ai pas l'air trop *pute*?
 あたしあんまり娼婦じみてない？
           Davila : *La campagne de Cicéron*

Cette Nadia ... c'est une *pute*.
 そのナディアって女は娼婦だ．
           Beineix : *Diva*

2. (qui n'hésite pas à s'abaisser pour arriver à ses fins) 目的を果たすためだったら何をするのもいとわない．
Ça fait du fric mais ça risque aussi d'être un boulot un peu *pute*.

この仕事お金にはなるけどちょっと卑屈にならないといけないかもね．
Van : *Dans ma peau*

■**fils de pute** (con; imbécile; salaud)　馬鹿野郎
　Ce *fils de pute* veut cinquante dollars pour chacun.
　　あの野郎，みんなに50ドルずつ出せって言うんだ．　　Dardenne : *La promesse*
　Bande de sales *fils de putes* de Français !
　　汚ねえフランス野郎ども！　　Dumont : *La vie de Jésus*
　T'as pas envie que je fasse claquer mes couilles contre ton cul? / *Fils de pute* !
　　おれのオチンチンでお尻をしごいてやろういうか？ / この下司！
Despentes : *Baise-moi*

■**P.V.** (procès verbal の略．contravention)　交通違反
　Pour pas qu'on découvre sa voiture en bas d'chez toi, tu payes ses *P.V.*
　　君の家の下で彼女の車が見つからないように，違反切符を君が払ってるんだ．
Beineix : *Mortel transfert*

Q

quand
■**quand c'est pas** (il peut même arriver que)　のことさえある
　Je me fierais pas trop à ce genre de petits mecs qui se baladent un peu partout et qui draguent une fille sur chaque plage, comme ça, et *quand c'est pas* deux.
　　僕はあんまり信用しないなあ，あーいう若い男たちを，あっちこっちほっつき歩いてはどの浜辺でも一人は女の子をひっかけるんだが，二人ってことさえあるんだ．
Rohmer : *Pauline à la plage*

quarante
■**comme de l'an 40** voir **an**

quart
■**au quart de tour** (tout de suite; immédiatement)　一発で，すぐに
　Pour lui faire plaisir, j'ai serré, un peu. Elle a démarré *au quart de tour*, yeux blancs.
　　（彼女がしてって言うもんですから）喜ばせようと首を絞めたんです，ほんのちょっぴりですよ．そしたらはなから白目になったんです．　　Beineix : *Mortel transfert*

quartier
■**ne pas faire de quartier** (traiter sans ménagement; massacrer tout le monde) 誰も容赦しない，皆殺しにする

Allez-y tout droit, *pas de quartier*. Leur laissez pas le temps de réagir.
さあ突撃だ，構わず皆殺しにして反撃させるな.　　　Avary : *Killing Zoe*

■**quartier chaud** voir **chaud**

quasimodo (quasiment) ほとんど，言わば
Je dis pas qu'on devient des potes mais *quasimodo*.
彼女とダチになったとまでは言わないけど，それに近かったな.
Beineix : *Mortel transfert*

quatorze
■**ça repart comme en quatorze** (recommencer *qch.* avec le même élan comme si rien ne s'était passé) 何事も起こらなかったかのように活発に同じことを再開する

Appelle un toubib... Je t'en prie, me laisse pas crever... Lavage d'estomac et *ça repart comme en quatorze*.
(自殺が未遂に終わって) お医者さんを呼んで… 見殺しにしないで… なんて言ってるけど… 胃洗浄して… しばらくすると，なに食わぬ顔してまたおっぱじめるんだ.
Gainsbourg : *Stan the flasher*

que
■**pas que** (pas que ça; pas seulement ça) それだけではない

Finalement votre spécialité, c'est la tondeuse. / *Pas que*. Je fais tous les instruments mécaniques ou électriques de jardinage.
要するにご専門は芝刈り機ってことね. / だけじゃなくって，家庭園芸器具一切を扱ってます.
Chabrol : *Rien ne va plus*

québlo (bloqué の逆さ言葉) 足止めされている，動けない
Je suis *québlo*.
(重要な仕事があって) 身動きできない.
Gilou : *La vérité si je mens II*

quelque part (inconsciemment; vaguement) 無意識に，なんとなく
Tu ne veux pas le savoir parce que, *quelque part*...
君はそんなこと知りたくもないのさ，だって君は無意識に…
Pinoteau : *L'étudiante*

quelqu'un (petit ami; mec) 恋人，男
Y'a *quelqu'un*? / Y'a eu. Y'a plus.
恋人いるの? / いたけど，今はもういないの.
Pinoteau : *l'étudiante*

quenille (guenille; haillons) ボロ

C'était plus joli que toutes ces *quenilles*.
あれのほうがこんなボロよりきれいだったよ.
Klapisch : *Chacun cherche son chat*

quenotte (petite dent) 小さな歯
Il te manque une *quenotte*.
お前歯が1本なくなってるぞ.
Lomosin : *L'autre nuit*

quèqu'chose (quelque chose) 何か
Vous auriez pas une petite pièce…pour manger *quèqu'chose*.
小銭を恵んでいただけませんか…何か食べるのに.
Blier : *Mon homme*

quèque (qu'est-ce que) 何を
Quèqu'tu fous là?
お前何やってんだ?
Tati : *Jour de fête*

qu'est-c(e) (qu'est-ce que) 何を
Qu'est-ce t'attends, toi?
何をぼやぼやしてるんだ?
Sinapi : *Nationale 7*
Qu'est-c'tu parles?
お前何言ってるんだ?
Siegfried : *Louise*
Qu'est-c't'as?
どうした?
Siegfried : *Louise*

qu'est-ce que
1. (pour quelle raison ; pourquoi ; dans quel but) いったいなんだってまた, どうして (非難がこめられている)
   Qu'est-ce que tu es allé piquer ça?
   なんだってお前そんなもの盗みに行ったんだ?
   Garcia : *Fils préféré*
2. (ce que) 何を (間接疑問)
   Je ne comprends pas *qu'est-ce que* tu branles.
   あんた何してるんだかわからないわ.
   Gainsbourg : *Charlotte for ever*
   Je ne sais pas *qu'est-ce qu*'on fout ici.
   こんなとこで俺たち何してるんだろう.
   Anglade : *Tonka*
3. (qui est-ce qui) 誰が
   Qu'est-c'qu'a pu l'donner?
   いったい誰がサツに彼を売るような真似をしたのかしらね?
   Bertto : *La neige*

■**qu'est-ce que…comme～?** (quel～; quel genre de～) どんな～
Qu'est-ce que tu fais *comme* boulot?
お前どんな仕事してんだ?
Berri : *Tchao Pantin*
Un sondage sur quoi? / Sur le sexe. / Et *qu'est-ce que* vous posez

question

comme question*?*
何のアンケートですか？／セックスについて．／でどんな質問なんです？
　　　　　　　　　　　　　　　　　　Thévenet : *La nuit porte jarretelles*

■**qu'est-ce que... comme ～!** (que de ～!; ce que...de ～!) 何て多くの～だ！
C'est encore un type qui veut impressionner sa nana. Ah là là, *qu'est-ce qu'il y a comme* mythos, hein, ça fait peur*!*
ほらまた女の子をたらし込もうとしている奴だ．まったく嘘つきだらけでぞっとするね！
　　　　　　　　　　　　　　　　Gilou : *La vérité si je mens II*

*Qu'est-ce qu'*il dit *comme* conneries, ce Pilou*!*
何て馬鹿なことばかり言うんだろう，あのピルーは！
　　　　　　　　　　　　　　　　Manzor : *36.15 Code Père Noël*

Tu vois tes copains, je vois mes copines. / *Qu'est-ce que* vous devez nous casser *comme* sucre sur le dos*!*
君は君のボーイフレンドとつき合い，僕は僕のガールフレンドとつき合う．／すごく陰口をたたかれるんでしょうね！
　　　　　　　　　　　　　　　　　　　Breillat : *Romance*

■**qu'est-ce que j'ai fait au Bon Dieu pour... voir Dieu**
■**(qu'est-)ce que "pouvoir"!** (comme ...! . ce que ...!)　なんと…なんだ！
Te sentir misérable, *qu'est-ce que* tu *peux* aimer ça*!*
自分が惨めだって思うの，あんたって好きねー！　　　　Miller : *Le sourire*

Ce que tu *peux* être ronchon*!*
お前ってほんとに文句ばっかりの奴だな！　　Ducastel : *Drôle de Félix*

Tenez, je peux même lire les pages que Kundera se croit obligé de consacrer à Janacek, et pourtant dieu sait *ce que* ça *peut* être rasant.
そうだ，クンデラがヤナチェックについて書いておかなければと思った部分を読むことだってできるけど，それは恐ろしいほどうんざりする代物なんだ．
　　　　　　　　　　　　　　　　Bonitzer : *Rien sur Robert*

question (en ce qui concerne)　…に関しては
Ma mère, *question* méchanceté, on formait l'parfait duo avec ma mère. On ratait pas une occasion d'le rabaisser.
父をいじめると言う点では僕は母とぴったり息が合っていました．機会があれば必ず父を貶（けな）しました．
　　　　　　　　　　　　　　　　Beineix : *Mortel transfert*

■**pas question** (c'est hors de question)　問題にならない，だめだ！
Je vais rentrer à Paris. / *Pas question...* Tu balances une bombe et puis tu te tires ... non Alice, c'est trop facile.

あたしパリに帰るわ．/ それはないだろう．自分で騒ぎを起こしといて逃げ出すなんて…だめだアリス，安易すぎるよ．　　　　　　　　　Téchiné : *Alice et Martin*

■**quelle question!** (évidemment; ça va de soi; belle question!; cette question!) 当たり前だ，決まってる，言わずと知れたことよ，愚問だ
Tu veux boire quelque chose? / *Quelle question!*
何か飲むかい？/ もちさ！　　　　　　Eustache : *La maman et la putain*

queucla (claque の逆さ言葉) ビンタ
J'lui ai mis des p'tites *queuclas*, y bougeait plus.
そいつをちょいと殴ったら動かなくなっちゃった．　　　　Gilou : *Raï*

queue (pénis) ペニス
Monsieur Blanchet aime la *queue*.
ブランシェさんはおかまなんだ．　　　　　　Noé : *Seul contre tous*
Ça va devenir plus gros que ma *queue*.
胎児はすぐに俺のペニスより大きくなっちゃうだろうな．Téchiné : *Alice et Martin*

■**faire une queue de poisson** voir **poisson**

qui (qu'il)
Qu'est-ce *qui* tombe, t'entends?
すごい降りね，聞こえる？　　　　Allégret : *Une si jolie petite plage*

■**c'est qui** (qui est) 誰（間接疑問）
Je sais pas *c'est qui* Marchand.
マルシャンなんてどういう奴か知らない．　　　Audiard : *Sur mes lèvres*

■**c'est qui qui** (qui est-ce qui) 誰が
C'est qui qui nous a bassiné avec la Grande Distribution?
大手，大手ってうるさく言ってたのはどこのどいつだっけ？
　　　　　　　　　　　　　　　　　Gilou : *La vérité si je mens II*

Quiès (appellation commerciale d'un produit parapharmaceutique pour lutter contre les bruits) 耳栓の商標
Ça vous ferait rien de faire un peu moins de bruit…je suis mal foutu moi. / Tu veux des boules *Quiès*?
もうちょっと静かにして貰えないかな…具合がよくないんだ．/ パパ，耳栓あげようか？　　　　　　　　　　　　　　　Téchiné : *Alice et Martin*

quille (libération du servive militaire; mise en liberté) 兵役終了，除隊，釈放
Là, à 47 jours de la *quille*, tu crois que je vais me fourvoyer dans une histoire d'évasion à la mords-moi-le-nœud?
（ムショ暮らしを7年もして）あと47日で自由の身になるのに怪しげな脱獄計画に

quinquets

> この俺が乗るとでも思ってるのか？　　　　　　　Berberian : *Le boulet*
> Le volley-ball, les crevettes, le tennis et tout ça ! J'ai la *quille* !
> バレーボールも海老もテニスもみんなあたしはバイバイよ．　Blier : *Les valseuses*

quinquets (yeux) 目

> Ça va pas la tête, ouvre tes *quinquets* !
> あんたおかしんじゃない，目を開けてよく見なさいよ！　Serreau : *Pourquoi pas?*

quoi

1. (comment) 何て言ったの？
> Et puis la Place de la Concorde, avec l'Obélisque. / L'O *quoi*? / L'Obélisque. C'est un grand truc que Napoléon a volé aux Egyptiens.
> (子供にパリの地理を教えていて) それからコンコルド広場だ，オベリスクがある．/ オ何だって？/ オベリスクさ．ナポレオンがエジプト人から取って来た大きなもんさ．
> 　　　　　　　　　　　　　　　　　　　　　　Lioret : *Tombés du ciel*

2. (enfin) …だよ
> Allez, maintenant on y va. / Une minute *quoi* !
> さあ，もう行くんだ．/ すぐに終わるったら！　　Lioret : *Tombés du ciel*

■**c'est quoi** (ce que c'est)　それが何だか
> Tu sais *c'est quoi*? C'est la Tour Eiffel.
> あれなんだか知ってるか？エッフェル塔じゃないか．　Siegfried : *Louise*

■**ne pas avoir de quoi** (n'avoir ni seins ni fesses; ne pas avoir assez de formes)　胸も尻も出ていない
> Elle *a pas de quoi* ma copine, mais elle est super belle, Jeanne.
> 友達のジャンヌの体は魅力がないけど，すごくきれいなのよ．
> 　　　　　　　　　　　　　　　　　　　　　　Krawczyk : *Héroïnes*

■**…ou quoi ?**

1. (oui ou non?; ou il y a autre chose?)　…なんだろう，どっちなんだ，はっきりしろ，他に何かあるのか
> T'es ivre *ou quoi*?
> お前酔っぱらってるんだろう？　　　　　　　　Balasko : *Gazon maudit*
> Elle est dingue *ou quoi*?
> この女おかしいのと違うか？　　　　　　　　Salvadori : *Cible émouvante*
> Je suis enceinte. / De quoi? / Mais de toi! / Tu blagues *ou quoi?* et pourquoi moi? ... pourquoi pas Jean-Michel?
> あたし妊娠したの．/ 相手は？/ あんたに決まってるでしょう！/ 冗談だろう？どうして俺なんだ？ジャン＝ミシェルだっているだろう？　Handwerker : *Marie*
> Comment vendredi, mais c'est dans trois jours, ça ! Vous vous foutez

de moi, *ou quoi?*
> 金曜だって？ そんな，三日しかないじゃないか！ 馬鹿にするのもほどがあるぞ！
>> Sautet : *Vincent, François, Paul et les autres*

2. (vraiment) ほんとに…だなー
Vous ne savez faire que rigoler *ou quoi*?
> お前ら高校生ってほんとにふざけることしかできないんだからな．
>> Klapisch : *Péril jeune*

■**tu sais quoi ?** voir **savoir**

R

rab (supplément ; rabe ; rabiot) 追加，余り
Peut-être qu'ils voudront du *rab'*.
> もしかしたらあいつらお代わりを欲しがるかも．
>> Poiré : *Le Père Noël est une ordure*

racaille (ensemble de fripouilles ; caillera) ごろつきども，屑
Je vous donne 5 minutes pour virer cette *racaille* de chez moi.
> わしの家からあのごろつきどもを5分以内に放り出してくれたまえ．
>> Zeitoun : *Yamakasi*

raccrocher (abandonner définitivement une activité) 引退する
Oh merde ! Moi je *raccroche*.
> 畜生！この女とはもうやらないぞ．
>> Blier : *Les valseuses*

Vous *avez raccroché* après la mort de votre fils.
> あなたは息子さんを亡くされた後引退してますね．
>> Berri : *Tchao Pantin*

race
■**de ta 〔sa ; votre ; leur〕 race !** (vraiment) まったく
La putain *de ta race*, enculé ! Mais j'y crois pas une seconde, comment tu me touches ?
> この大馬鹿，まったく信じられない，あたしをいじりまわすなんて！
>> Despentes : *Baise-moi*

Oh putain, bande d'enculés ! Enculés *de votre race !*
> （仲間に騙されて女を口説く電話を母親に掛けさせられたことに気付いて）畜生，ひでえ奴等だ，まったく汚ねえ奴等だ！
>> Gilou : *La vérité si je mens*

Merde, putain *de sa race !*

racketter

(電話を途中で切られて) くそ！あん畜生め！　　Gilou : *La vérité si je mens II*

■**ta〔sa; votre; leur〕race!** (nique ta〔sa; votre; leur〕race の略. putain) 畜生！

Tu fais chier! / Oh *ta race* toi!

うるせえな！/ なんだと，この野郎！　　Gilou : *La vérité si je mens II*

Abus de biens sociaux... à cause du cabriolet que j'ai acheté à Karine ... *Sa race*!

カリーヌに車を買ってやったら会社財産乱用罪だとさ… まったくもう！

Gilou : *La vérité si je mens II*

Oh merde! / *Sa race*!

(強盗に入ったところ，犬に追われて) 糞！/ 畜生！　　Zeitoun : *Yamakasi*

■**transpirer *sa* race** (avoir très peur) とても怖がる

Le mec connu, on le voit qui *transpire sa race*.

その有名人がすごくびくついているのがわかった.　　Kassovitz : *La haine*

racketter (soumettre à une extorsion d'argent par chantage, intimidation ou terreur) ゆする，恐喝する

T'as qu'à te remettre à *racketter* à la maison de retraite.

また養老院でゆすりを始めりゃいいんじゃない.　　Mouriéras : *Dis-moi que je rêve*

raclée (correction) めった打ち，殴打

La *raclée* qui t'attend! Et tu l'auras pas volée!

うんと殴られるぞ. 自分が悪いんだから！　　Girod : *La banquière*

racler (rassembler) かき集める

J'ai pu *racler* dix mille balles.

1万フランかき集められた.　　Garcia : *Le fils préféré*

raclure (individu méprisable ou méprisé) 人間の屑

T'es une *raclure*, t'es une ordure.

お前は屑だ，下司野郎だ.　　Berberian : *Paparazzi*

Fous le camp, *raclure*!

この屑野郎，出てけ！　　Dupontel : *Bernie*

raconter

■**je te raconte pas** (c'est extraordinaire, incroyable, terrible; je te dis pas) それはすごいもんだ，お話にならない

Ma mère s'est séparée d'avec son mec, donc du coup elle m'a tenue la jambe toute la soirée au téléphone, j'ai pas pu décrocher... *je te raconte pas*, j'avais l'oreille Van Gogh à la fin.

ママがね男と別れたのよ，それでね一晩中電話でつかまっちゃって，切るわけにい

かないでしょう … ほんとにもうしまいには耳が感じなくなっちゃったわよ．
Klapisch : Chacun cherche son chat

radar (contrôle de la vitesse des voitures par radar) レーダーによる警察の交通速度違反取り締まり

Il risque pas d'être flashé par le *radar*.

あいつは（のろだから）ねずみ取りに引っかかる心配なんかないよ．
Jeunet : Le fabuleux destin d'Amélie Poulain

radasse (prostituée; fille vulgaire) 娼婦，下品な女

Qu'il ait surtout pas l'air d'avoir engrossé une *radasse*.

彼が娼婦をはらませたようにだけは見えないようにして欲しいわ．
Lautner : Joyeuses Pâques

rade (bar; bistrot) バー，ビストロ

Un mec en cavale qui prend le risque de dîner dans un *rade* à Paris.

あんたって逃走中なんだけどリスクを冒してパリのビストロで夕食を取ってるってとこね．
Bluwal : 1986

■**être en rade** (être abandonné) 見捨てられている，立ち往生している

Je suis en *rade* avec une gamine de cinq ans.

5歳の女の子の引き取り手がなくってこっちは途方に暮れてるんだ．
Tavernier : Ça commence aujourd'hui

■**laisser en rade** (abandonner) 見捨てる，打ち捨てておく

C'est pas parce que j'peux pas marcher qu'il faut me *laisser en rade*, hein ?

あたしが歩けないからって放ったらかしにしなけりゃならないってことはないでしょう？
Klapisch : Peut-être

■**tomber en rade** (tomber en panne) 立ち往生する，故障する

Je *suis tombée en rade* en face de chez nous.

あたしの車お宅の前でエンコしちゃったんでね． Balasko : *Gazon maudit*

Si tu *tombes en rade*, ici, tu presses sur la réserve.

もしガス欠になったらここだ，このボタンを押せばいい．
Iosseliani : Adieu, le plancher des vaches

radin (avare) けち

T'as pas plus moderne comme débouche-évier ? / Ah c'est des *radins* ici, mon vieux.

もっと新しいパイプ清掃機ないのかよ？ / ここはけちときてるからな，お前．
Poiré: Les couloirs du temps

radiner
■**se radiner** (venir) 来る
Les trois quarts de la planète, ils sont dans la merde, alors ils essayent de *se radiner* là où c'est moins la merde.
　地球の4分の3の地域はいろいろ困った問題を抱えているんです．ですからそういったところの連中は問題の少ないところに押し掛けようとするんですよ．
　　　　　　　　　　　　　　　　　　　　　　　Serreau : *La crise*

radio
■**silence radio** (aucune nouvelle) 音沙汰なし
Quand je lui ai dit que j'avais envie de te garder, rien, plus rien, *silence radio*.
　あんたを産みたいって言ったらね，もうなにも連絡ないの．音沙汰なしよ．
　　　　　　　　　　　　　　　　　　　　　Tavernier : *Ça commence aujourd'hui*
De quoi êtes-vous désolé? ... *Silence radio*.
　なんで謝ってるの？返答なしね．
　　　　　　　　　　　　　　　　　　　　　　　Haneke : *La pianiste*

radis (argent) ゼニ, カネ
J'ai pas un *radis*.
　俺は一文無しだ．
　　　　　　　　　　　　　　　　　　　　　Rohmer : *Le signe du lion*

raffut (tapage; bruit) 騒ぎ
Mais qu'est-ce que c'est que ce *raffut*?
　いったいあの音はなんだ？
　　　　　　　　　　　　　　　　　　　　　Poiré : *Les couloirs du temps*
Mais qu'est-ce qu'il y a? Vous en faites un *raffut*!
　いったいどうしたのよ？大騒ぎして．
　　　　　　　　　　　　　　　Molinaro : *A gauche en sortant de l'ascenseur*
C'est pas bientôt fini ce *raffut*?
　いい加減に騒ぎはやめなさい．
　　　　　　　　　　　　　　　　　　　　　Hubert : *Le grand chemin*

rafler (prendre et emporter promptement sans rien laisser) 一切合切かっさらう
Tous ces tarés, ils sont en train de tout jeter et moi je passe derrière et je *rafle* la mise.
　あの馬鹿者どもは何でも捨ててるだろう，それで僕はその後ろに付いてってお宝をすべて頂きってわけさ．
　　　　　　　　　　　　　　　　Varda : *Les glaneurs et la glaneuse*

ragnagna (règles) 生理
T'as tes doches... / Qu'est-ce que c'est les doches? / Les périodes... les *ragnagnas*.
　君今，さわりなんだな… / さわりって何よ？ / つきのもの…めぐりとも言う．
　　　　　　　　　　　　　　　　　　　　　Gainsbourg : *Charlotte for ever*

ragougnasse ; ragouniasse (nourriture peu appétissante) おいしくなさそうな食べ物
　Ce n'est pas une *ragouniasse*.
　これは単なる食べ物ではありませんよ。　　　　　　　Klapisch : *Riens du tout*

raide
1. (fauché ; démuni d'argent) お金がない
　Prends ta carte de crédit. Pour payer quand t'es *raide*.
　クレジットカードを持ってなさい，文無しのときの支払いに．
　　　　　　　　　　　　　Ducastel : *Jeanne et le garçon formidable*
2. (ivre ; soûl) 酔っぱらった
　Faut être *raide*. Faut beaucoup boire à partir de maintenant.
　酔っぱらおう．これからじゃんじゃん飲まなくっちゃ．　Despentes : *Baise-moi*
3. (très amoureux) 惚れ込んだ
　T'en étais *raide*, t'étais accro.
　あんたは彼女に惚れ込んでて，彼女なしではすまされなかった．
　　　　　　　　　　　　　　　　　　　　　　　Krawczyk : *Wasabi*

raie
■**pisser à la raie** (mépriser) 蔑(さげす)む
　Nicole a raison, t'es vraiment vulgaire ! / Nicole, je lui *pisse à la raie*.
　ニコールが言ってる通りだ，お前はほんとに下品だよ．/ ニコールなんか糞食らえだ！　　　　　　　　　　　Chatiliez : *Le bonheur est dans le pré*

rajouter
■**en rajouter** (exagérer) 誇張する，話に輪を掛ける
　Aie au moins l'élégance de pas *en rajouter*.
　(夫が愛人といたことをあっさり認めたので) せめて嘘ぐらいついてくださらない．
　　　　　　　　　　　　　　　　　　　　　　Dupeyron : *La machine*

râler (manifester *sa* mauvaise humeur ; grogner) ぶうぶう文句を言う，怒る
　C'est incroyable, au lieu de te réjouir de me revoir, tu ne fais que *râler*.
　僕が帰ってきて喜んでくれると思ったら文句ばっかり言うなんてあんまりじゃないか．
　　　　　　　　　　　　　Ozon : *Gouttes d'eau sur pierres brûlantes*
　Qu'est-ce t'as à *râler* ?
　なんでぶうぶう言ってるんだ？　　　　　　　　　　Masson : *En avoir*

rallonge
■**nom à rallonge** (nom à particule, à plusieurs éléments) de のついた名前，長ったらしい名前

ramasser

Il a sûrement un *nom à rallonge*.
あの人きっと貴族だわ。   Giovanni : *Mon père*

ramasser (recevoir) 喰らう
Vous en *ramassez* pour 20 ans au minimum !
あんたそれで20年は喰らうことになるよ。   Corneau : *La menace*

■**se ramasser** (échouer) 失敗する，落ちる
Au Kursaal, "Le Parrain", au Rexy, "Le Parrain" ... Dis donc, il n'y a que ça ! Il paraît que tous les autres films *se ramassent*.
クルサル座は「ゴッド・ファザー」、レキシー座も同じだ…　へー、これしかやってない、ほかの映画はみんなだめみたいだな。   Truffaut : *La nuit américaine*

ramdam (tapage; vacarme; chahut) 馬鹿騒ぎ，喧噪
Qu'est-ce que c'est que ce *ramdam* ?
あの騒ぎはなんだ？   Miller : *La meilleure façon de marcher*

rame ; ramée
■**ne pas en ficher〔foutre〕une rame〔une ramée〕** (ne rien faire) 何もしない，動かない
Tu peux pas comprendre cette vie-là, *en fich'pas une rame* et penser à rien.
姉さんにはああいう生活はわからないよ、何もせず、何も考えないんだよ。
Ducastel : *Jeanne et le garçon formidable*

T'*en fous* vraiment *pas une ramée* aujourd'hui, hein ?
(猫に) お前は今日のらりくらりしてたんだろう？   Leconte : *Tango*

ramener (rapporter) 戻す，返す，持って帰る
Ramène-la si ça te plaît pas.
気に入らなければこの車返せばいいじゃない。
Moll : *Harry, un ami qui vous veut du bien*

Je te *ramènerai* des gitanes hors taxe. / Rapporterai.
君に免税のタバコを買って行ってやる。／「買ってくる」って言わなくちゃ。
Vernoux : *Love etc.*

■**la ramener** (faire l'important; intervenir de façon prétentieuse; crâner) 偉そうにする，口をはさむ，格好をつける
Tous les bouchers chevalins de Paris le savent bien que ce petit Monsieur Blanchat aime bien la queue. Il aime tailler des pipes avec son cul. Alors qu'il ne *la ramène* pas.
パリ中の馬肉屋はみんなブランシャさんがオチンチン好きだってことよく知ってる。自分のお尻の穴でコックをしごくのがいいんだって．だから偉そうにするんじゃな

い.   Noé : *Seul contre tous*
Faut toujours que quelqu'un d'ailleurs *la ramène* sur les juifs.
　もっとも，ユダヤ人のことに口を出すやつがどうしたっているもんだわ.
                                     Attal : *Ma femme est une actrice*
C'est une connasse d'assistance sociale. / Educatrice spéciale. / Et tu *la ramènes* encore ?
　福祉局の馬鹿女よ. / 専門訓練士です. / なによ，また出しゃばる気？
                                     Sinapi : *Nationale 7*

ramer (faire des efforts en vue d'un résultat) 努力する
Mon père s'est pendu parce qu'il ne pouvait plus rembourser. Je l'ai vu *ramer* avec la banque, je l'ai vu *ramer* avec ton père.
　おやじは借金が返せなくて首つり自殺した．おやじが銀行や君のお父さん相手に金策に苦労しているところを見てきた.   Dupeyron : *Salomé*

rameuter (venir ; s'amener) 来る
Tu *rameutes* tout de suite, hein. Régina a collé une baffe à Luna !
　すぐに来てよ！レジーナがルーナをなぐっちまった！ Poiré : *Les anges gardiens*

ramoner (faire l'amour) セックスする
Je vais lui pomper le cul, je vais le lui *ramoner* tellement fort qu'elle va faire une fausse couche.
　この女の尻を蹴飛ばして，乱暴にセックスすれば赤ん坊は流れるだろう.
                                     Noé : *Carne*

■ **aller se faire ramoner** (aller se faire foutre ; aller se faire enculer ; aller au diable ; ne plus rien faire) 遠くに消えてしまう，どうにもならない
Tu repasses au juge le mois prochain. / Je m'en fous, je me serai tiré avant. Y pourront *aller* tous *se faire ramoner*.
　あんた来月また判事のところへ出頭するんでしょう. / そんなのどうでもいいの.どうせその前にずらかってるから．あたしにはもう手出しはさせないよ.
                                     Miller : *La petite voleuse*

rancard ; rencard
1. (rendez-vous) 会う約束
Laisse-nous passer. On a *rancard* à midi.
　俺達を通してくれ，昼に約束があるんだ.   Zeitoun : *Yamakasi*
J'ai un *rencard* hyper important.
　あたしすごく大事な約束があるのよ.   Despentes : *Baise-moi*
Quand ça vous prend, évitez de me filer *rencard*, vous savez, ça fait amateur, chao !

rancune

その気になっても，デートの約束なんかしないでね，素人じみてるわ，バイ！

Beineix : *Mortel transfert*

2. (personne avec qui on a rendez-vous) 会う相手
C'est ça ton *rancard*?

お前の会う相手ってあいつか？　　　　　　Berri : *Tchao Pantin*

rancune
■**sans rancune!** (tu ne m'en veux pas?; je ne t'en veux pas) 恨みっこなしにしよう，仲直りしよう

C'est bien, petit, t'apprends vite. / Sans rancune, Maurice? / Sans rancune!

いいぞ，物覚えが早いじゃないか．/ （さっきの失敗）怒ってないよな？/ ああ，仲良くやろう！

Gilou : *La vérité si je mens*

râpé
■**c'est râpé** (c'est raté; c'est fini, foutu) 失敗だ，終わりだ，無理だ

Le projet dans le 14e, *c'est râpé*.

14区のプロジェクトが流れちゃった．　Bellon : *Quelque part quelqu'un*

rappeler
■**se rappeler de** (se rappeler; se souvenir de) 覚えている

J' *me rappelle* plus *de* la fin.

歌の終わり思い出せないの．　　　　　　Moon : *Missisipi one*

J' *m'en rappelle*.

覚えてるわ．　　　　　　　　　　　　　Masson : *En avoir*

rappliquer
1. (venir; arriver) やって来る，来る，押し掛ける

Si c'était le cas, les keufs *auraient rappliqué* et on l'aurait dans le cul.

仮に警報装置が作動している場合には，もうサツが来ていて纏わりつかれているだろう．

Avary : *Killing Zoe*

Il *rapplique* ici avec une fille.

あいつは女を連れてここに来ている．　Chéreau : *La chair de l'orchidée*

2. (revenir) 戻ってくる

Martine? *Rapplique* ici! Y'a ton père au téléphone.

マルティーヌ？戻って来なさい！パパから電話よ．　Hubert : *Le grand chemin*

Il était furieux...n'empêche, il *a rappliqué*!

彼はかんかんだった … でもとにかく戻って来たんだ．　Beineix : *Mortel transfert*

rapporter
■**ça rapporte** (on peut en tirer beaucoup d'argent; c'est une bonne

affaire) カネになる，儲かる
Tu pourrais faire de la photo, *ça rapporte.*
君写真のモデルになれるのに，カネが入るぞ． Godard : *A bout de souffle*

raquer (payer) カネを払う
Pour être employée, faudrait d'abord *être raquée.*
雇ってもらうにはまず支払っていただかないと． Poiré : *Les couloirs du temps*
Et alors si on les fait *raquer* 50 balles par pipe... 20 000 divisé par 50... / Euh... 400 / Eh ben au bout de 400 pipes, on a le fric pour partir en Jamaïque.
だからフェラ1回に50フラン取れば… 2万割る50で… / ええと… 4百 / 4百回でジャマイカ行きのカネができる． Améris : *Mauvaises fréquentations*

ras
■**ras(-)le(-)bol** (ça suffit; y en a marre) たくさんだ，うんざりだ
Oh, mon pépère, allez, *ras-le-bol*!
おい，爺さん，（駐車違反切符をきるなんて）もういい加減にしろ． Truffaut : *Domicile conjugal*
Fini la nique! *Ras le bol.*
セックスは終わりだ．もううんざり！ Blier : *Les valseuses*
■**en avoir ras le bol〔cul; la moule〕** (en avoir assez; être excédée) 飽き飽きだ
Je bande mou. J'l'ai trop tiré. J'*en ai ras le cul.*
彼女にはもう立たないんだ．やりすぎたのさ．もうたくさんだ． Gainsbourg : *Stan the flasher*
T'as pas fini de poser des questions? J'*en ai ras le bol* de répondre à tes questions.
いつまで質問してるのよ？もう答えるのなんか嫌． Miller : *L'effrontée*

R.A.S. (rien à signaler の略) 異常無し
Tout va bien? / *RAS.*
変わりないか？/ 異常無し！ Giovanni : *Mon père*

rasant (ennuyeux) 退屈な
Tenez, je peux même lire les pages que Kundera se croit obligé de consacrer à Janacek, et pourtant dieu sait ce que ça peut être *rasant.*
そうだ，クンデラがヤナチェックについて書いておかなければと思った部分を読むことだってできるけど，それは恐ろしいほどうんざりする代物なんだ． Bonitzer : *Rien sur Robert*

raser (ennuyer; barber) うんざりさせる
Ses parents l'obligent à faire du violon, ça les *rase* et c'est moi qui

trinque.

親に無理矢理ヴァイオリンを習えって言われて，子供たちいやなのよ，そのとばっちりが（教える）あたしに来るわけ．　　　　　　　　Téchiné : *Alice et Martin*

raseur (personne qui ennuie; emmerdeur; chieur) うんざりさせる人，退屈な人

Dites donc, Mademoiselle, j'ai deux places pour écouter Shapero mercredi soir. Si ça vous intéresse, je vous emmène. / Non, merci je n'ai pas le temps. ... Ah quel *raseur* !

あのー，お嬢さん，水曜の夜シャペロの音楽会の券が２枚あるんですけど，もしよろしかったらお連れします．／いえ結構よ．暇がないの … まったくうるさい男だわ！

Truffaut : *L'amour en fuite*

C'est des *raseurs*, t'as pas compris. Et toi qui insistes pour les garder le week-end alors que moi, je voulais rester seul avec toi.

あんなお邪魔虫たち，君わかってないんだな，僕は君と二人だけでいようと思ったのにどうしてもあいつらに週末泊まっていけだなんて言うんだから．

Chiche : *Barnie et ses petits contrariétés*

rasoir (ennuyeux; assommant; rasant) 退屈な，うんざりさせる

Avec Thérèse c'est *rasoir*.

テレーズといるとうんざりするわ．　　　　Poiré : *Le Père Noël est une ordure*

rasta (rastaquouère の略．étranger aux allures voyantes affichant une richesse suspecte) 出所の怪しげなカネをひけらかす派手な素振りのよそ者

C'est qui ? / Un métèque, un *rasta*.

どういう男なんだ？／よそ者よ．派手でやくざっぽい男．　　　Beineix : *Diva*

rat (type avare, prétentieux, content de lui, sans intérêt) けち，自惚れ屋，気取り屋，つまらない奴

Va voir à côté si ces *rats* ont Canal plus.

あんた隣の部屋へ行って，あのけちどもがケーブルテレビを入れてるか見て来てよ．

Poiré : *Les couloirs du temps*

■**tête de rat** (face de rat; minable) ろくでもない奴

Qu'est-ce qu'elle me dit, la mongolienne ! / *Tête de rat* !

あの馬鹿女，何をほざいてるんだ！／ろくでなし！

Poiré : *Le Père Noël est une ordure*

■**trou à rats** (tout petit appartement pourri) 汚く狭いアパート

Tu veux me manipuler depuis ton *trou à rats* ?

あんたのぼろアパートから（機械で）あたしのこと操ろうとしてんでしょう？
Renders : *Thomas est amoureux*

ratatiner (battre; endommager gravement; démolir) 打ちのめす，大きなダメージを与える，壊す
　J'ai passé ma vie à me faire *ratatiner* la gueule.
　（ボクシングの試合で）俺はずっと顔をめちゃくちゃにされ続けてきた．
Nauer : *Les truffes*

rate
■**se mettre la rate au court-bouillon** (se faire du souci; se faire du mauvais sang) 気に病む，気をもむ
　Ça lui *a mis la rate au court-bouillon*.
　伯母さんは（男に捨てられたことを）気に病んでいるんだ．
Miller : *La petite voleuse*

rateau (ratage; échec; rebuffade) 拒絶，手ひどいあしらい
　J'me suis pris onze *rateaux* dans la soirée.
　今晩は11人の女の子に振られたよ．
Améris : *Mauvaises fréquentations*

rater
■**ça rate pas** (c'est inévitable, prévisible) それは避けられない，そうなるに決まってる
　C'est pas que je sois déçu, je m'y attendais ; eh ben *ça rate pas* : touchepipi... pelotage dans les couloirs, hein ?
　がっかりしてるわけじゃない．そうなると思ってたんだ．案の定，ペッティングしたり，廊下でいちゃいちゃやってたよな．
Leconte : *Les Grands ducs*

■**ne pas en rater une** (faire tout le temps des bévues, des sottises) しょっちゅうへまをする
　Déjà chez le toubib ! Maintenant ici ! Vous *en ratez pas une* !
　医者んとこでへましたと思ったらここでもか！へまばっかりだ！
Sinapi : *Nationale 7*

■**ne pas rater *qn.*** (réprimander sévèrement; punir) こっぴどくとっちめる，思い知らせる
　Moi je la connais cette race d'inspecteurs. Il va *pas vous rater*.
　教育視学官なんて連中，あたしはよくわかってるの．あんた標的にされるわよ．
Tavernier : *Ça commence aujourd'hui*

ratonade (brutalités exercées contre des maghrébins) アラブ人迫害
　Toujours le premier pour les *ratonades*.
　彼はいつだってアラブ人迫害の先頭に立つんだ．
Heynemann : *La question*

rave(-party)

rave(-party) (英語 grande fête musicale dans des usines désaffectées ou de vastes hangars) 工場跡地や広い倉庫などで行われるパーティー
On a souvent des gosses qui en prennent des quantités phénoménales au cours des *rave-party* à la mode.
　今流行のレーヴパーティーで抗鬱剤をあきれかえるほど多量に飲んだ若者が担ぎこまれます.　　　　　　　　　　　　　　Poiré : *Les couloirs du temps*

rayon

■ **en connaître un rayon** (être compétent) その分野に強い，通である
La psychiatrie, j'*en connais un rayon*.
　精神医学には僕詳しいんですよ.　　　　　Beineix : *Mortel transfert*

R.D.V. (rendez-vous の略) 予約
Les visites sont autorisées uniquement sur *RDV* les samedis et dimanches de 10 heures à 16 heures.
　面会は予約制のみで土日の10時から16時まで許可される.　　　Megaton : *Exit*

réac (réactionnaire の略) 反動的な
Les gens qui ont l'idée d'appartenance à une terre, enfin qui se croient des racines, c'est la marque, en général, de l'esprit le plus *réac* qu'on puisse imaginer.
　自分が土地に属していると考えている，つまり，土地と強い絆で結ばれていると思っている人々は，だいたいどうしようもなく反動的なのよ.
　　　　　　　　　　　　　Rohmer : *L'arbre, le maire et la médiathèque*

réaliser (comprendre pleinement) よく理解する
Tu vois le travail qu'il a sur le dos ? Tu *réalises* ?
　あの人がいろいろ仕事を背負い込んでるのわかってる？よく理解してるの？
　　　　　　　　　　　　　　　　　　Tavernier : *Laissez-passer*

rebecter

■ **se rebecter** (reconstituer *ses* forces; recouvrer *sa* santé) 元気を回復する
On dirait que tu *te rebectes* hein ?
　病気がよくなったみたいじゃないか.　　Giovanni : *Les égouts du paradis*

reb(e)lote (recommencement d'une même action) 同じ行為の繰り返し
Il me vomit dans la voiture. Dans la chambre, *reblote*.
　車のなかで吐いたんだが，部屋に入ったらまたやった.
　　　　　　　　　　　　　　　　　Berberian : *La cité de la peur*

re(u)beu (arabe の逆さ言葉である beur をさらに逆さにした言葉. lanvère) アラブ人

C'est pasque j'suis *rebeu*, hein ?
　俺がアラブ人だからそんなこと言うんだろう？　　　　　Siegfried : *Louise*
Tu veux être le prochain *reubeu* à se faire lyncher dans un commissariat ?
　お前だって警察でひどい目に遭わされるこの次ぎのアラブ野郎になりたくはないだろう？　　　　　　　　　　　　　　　　　　　　　　Kassovitz : *La haine*

rebrancher (associer de nouveau avec) 再び結びつける
Je pourrai peut-être essayer de le *rebrancher* avec Françoise.
　彼をまたフランソワーズに会わせてみることもできるかもしれません．
　　　　　　　　　　　　　　　　　　　　　　　　　　Serreau : *La crise*

réceptionner (aller chercher ; accueillir ; attendre) 迎えに行く，待つ
La personne à protéger est une vedette de cinéma, Simon Jérémi. Vous le *réceptionnez* à Nice.
　君が警護するのはシモン・ジェレミーっていう映画スターだ．ニースに迎えに行ってくれたまえ．　　　　　　　　　　　　　　　　Chabat : *La cité de la peur*

rechopper (arrêter de nouveau ; prendre de nouveau) 再び捕らえる
Tu sais le taxi là, on l'*a rechoppé* sur le boulevard, y'a pas cinq minutes. 190 km / h ... Il a baissé.
　あのタクシーな，ちょっと前に大通りでねずみ取りにまた引っかかったぞ．190キロだ．前より遅いな．　　　　　　　　　　　　　　　　Pirès : *Taxi*

recopier (faire la même chose) 同じことをする
Tu me *recopies*, putain.
　同じようにやれってんだ．　　　　　　　　　　　　　　Siegfried : *Louise*

récup (récupération の略) 回収したもの，廃品
On va utiliser que de la *récup*.
　廃品だけを使うことにするの．　　　Tavernier : *Ça commence aujourd'hui*

redéconner (faire des bêtises de nouveau) また馬鹿なことをする
Julien, il *a redéconné*, avec les vaches.
　ジュリアンの奴，また牛に馬鹿なことしでかしたんだ．
　　　　　　　　　　　　　　　　　　　Mouriéras : *Dis-moi que je rêve*

Redoute (maison de vente par correspondance) 通信販売会社名
J'ai du succès uniquement avec les pouffiasses qu'ont le catalogue de la *Redoute* comme livre de chevet.
　俺の人気があるのは通販のカタログしか読まないような馬鹿女たちにだけさ．
　　　　　　　　　　　　　　　　　　　　　　　　　Nauer : *Les truffes*

réduc (réduction の略) 割引料金
Moi, j'ai ni l'mec, ni les *réducs*.
俺のほうは，ホモの愛人も映画の割引もないんだよ．
Ducastel : *Jeanne et le garçon formidable*

référent (éducateur spécialisé) 介護士
A partir d'aujourd'hui je suis votre nouvelle *référente*.
今日から私があなたの介護に当たります．
Sinapi : *Nationale 7*

refiler
1. (donner; transmettre) 与える，渡す
Elle me *refilait* plein de trucs.
彼女はいろんなものを私にくれましたよ．
Beineix : *Mortel transfert*
Tu penses pas qu'il vaudrait mieux *r'filer* l'affaire à Paris ?
この事件は本庁送りにしたほうがいいと思わないか？
Zeitoun : *Yamakasi*
2. (transmettre) 伝染させる，うつす
J'espère que l'autre folle, elle m'*a pas refilé* la chtouille.
あの変な女に性病をうつされてないといいけどね．
Noé : *Seul contre tous*

refourguer (refiler; se débarrasser de nouveau) 再び押しつける
Ils t'*ont refourgué* la gosse ?
お前またあの子押しつけられたのか？
Hadzihalilovic : *La bouche de Jean-Pierre*

refoutre (remettre) 再び置く，また入れる
Je vous la rends ! Je suis pas prête de *refoutre* les pieds ici !
鍵は返しとくわ！ここにもう出入りする気はないから！
Beineix : *Mortel transfert*
Ça va pas être simple, maintenant, de le *refoutre* en taule.
あいつをムショに戻すのは簡単にいかなくなったぞ．
Annaud : *Coup de tête*

refroidir (tuer) 殺す
Ce fumier qui l'*a refroidi*, à l'heure qu'il est, il se marre.
彼をやった野郎，今頃笑ってるだろう．
Dridi : *Pigalle*

refus
■**ce n'est pas de refus** (je veux bien; avec plaisir; je dis pas non)
願ってもない，大歓迎
Elle va trinquer avec nous ? / *C'est pas de refus* !
(患者が病室で) 看護婦さん，俺達と飲むかな？ / 喜んで！
Chatiliez : *Le bonheur est dans le pré*

refuser
■**ne rien se refuser** (acheter des choses chères; être riche; avoir les moyens; ne pas s'embêter) 高いものを買う，金持ちである

J'ai acheté un Alechinsky. / *Tu te refuses rien.*
アルチンスキーの絵を買ったよ. / お金を惜しまないのね.　　Thévenet : *Sam suffit*

régaler
■**se régaler** (prendre un plaisir (sexuel) intense; prendre *son* pied) 性的快感を得る，感じる，大喜びする
Y va *se régaler* Simon.
(あんなドレス姿の姉を見たら) シモンは大喜びね.　　Hubert : *Le grand chemin*

regardant (avare; économe; pingre, qui choisit attentivement) けちな，よく考えて選ぶ
Je ne suis pas riche mais je ne suis pas *regardant*.
僕は金持ちじゃないけどみみったれじゃないからね.　　Thévenet : *Sam suffit*
Je suis *regardante* sur qui me lèche la chatte.
(あたしストリッパーだけど小屋で) 誰にでもプッシーを舐められたくないのよ.
　　Miller : *Le sourire*

regarder
■**ça se regarde** (c'est agréable de le [la; les] voir) 見るのが楽しい
Des filles, *ça se regarde*.
女って見てるの楽しいじゃないか.　　Noé : *Irréversible*
■**est-ce que je te regarde?** (tu veux ma photo?) じろじろ見るのは失礼よ
Est-ce que je te regarde?
なんでそんなにあたしのこと見るの?　　Marshall : *Vénus Beauté*
■**tu t'es déjà regardé?** (tu es mal placé pour dire ça; tu as justement les défauts que tu reproches à autrui; tu n'as pas le droit de dire ça; on n'est pas au même niveau) そんなこと言える立場にはない，自分のことは棚に上げて，そんなこと言われる筋合いはない
Mais j'ai rien fait. Et puis t'es pas ma mère. / Je ne voudrais pas être ta mère, t'es vraiment pas mon style de gosse! / Ah bon? / *Tu t'es déjà regardé?*
(そんなこと言ったって) 僕何もしてないよ．ママでもないのに (うるさいな) / ママでなくてよかったわ．あたし好みの子供と違うもの． / へえ，そうかな? / そんなことよく言えるわね.　　Handwerker : *Marie*
■**y regarder à deux fois** (considérer avec méfiance; réfléchir) 疑ってかかる，慎重に考える
Moi, je serais à votre place, j'*y regarderais à deux fois* avant d'aller voir l'avocat.

régime

あたしだったら，弁護士に（離婚の相談をしに）会う前にもう1度考え直しますけど．
Truffaut : L'homme qui aimait les femmes

régime (personne qui est au régime) 食事制限の人
Et que je ne voie pas un *régime* manger des gauffres !
（給食係が）制限の人にゴーフルなんてだめよ！
Sinapi : Nationale 7

réglo (réglementaire; franc; régulier) 規則通りの，まっとうな
Moi auusi je vous tiendrai au courant...comme ça ce sera *réglo*.
僕のほうでもなにかわかったらお知らせしますよ… それだったら文句はないでしょう．
Téchiné : Les voleurs

Je ne suis pas jaloux, c'est tout simplement que je ne te trouve pas très *réglo*.
俺は妬いてなんかいないさ，ただお前のやり口には裏があるように思えるってことさ．
Poirier : Western

Il a une affaire pour toi. Il est *réglo*.
弟がお前と取引したいって．約束を守る男だ．
Fassbinder : Querelle

régulière (épouse ou maîtresse en titre) 正妻，公認の愛人
Je suis ta bourgeoise ... ta *régulière*.
あたしあんたのかみさんだもん，奥さんだもんね．
Garrel : La naissance de l'amour

On va me prendre pour ta *régulière*.
あたしをボスの専属の女にしてくれるってわけ．
Marx : Rhapsodie en jaune

relax (英語)
1. (décontracté; à l'aise) くつろいだ，リラックスした
Demeurons entre couilles. C'est plus *relax*.
男同士で話し合おう．そのほうが気楽でいい．
Miller : Le sourire

2. (sois détendu; du calme!) 落ち着け
Relax, tous à l'aéroport je te dis.
ぴりぴりするな．デカはみんな空港だって言ってるだろう．
Pirès : Taxi

relou (lourd の逆さ言葉．con; dur à supporter; difficile; chiant; nul) 馬鹿な，鼻持ちならない，気難しい，うんざりする，嫌な
Tu crois pas qu't'es un peu *relou* ?
自分が嫌な奴だと思わないの？
Klapisch : Chacun cherche son chat

Et là, y'avait deux malfrats. / ...trois *relous* avec des têtes de bouledogues.
で，そこに悪党が二人いたんです．/ ブルドッグみたいな顔つきの嫌な野郎が3人です．
Zeitoun : Yamakasi

C'est *relou* cette ville !
こんな町はやんなっちゃう！　　　　Bensalah : *Le ciel, les oiseaux et…ta mère*

reluisant
■**pas reluisant** (pas brillant)　ぱっとしない
Il est *pas* bien *reluisant*.
あの人はあまりぱっとしないわ.　　　　Hubert : *Le grand chemin*

reluquer (lorgner; regarder du coin de l'œil avec convoitise; regarder avec intérêt et curiosité)　もの欲しそうに見る，面白そうにじろじろ見る
Elles poireautent, ça fait une heure qu'elles nous *reluquent*.
彼女たち待ってるんだ，もう1時間も俺達を盗み見てるんだぞ.
Blier : *Les valseuses*

J'en ai marre qu'on me *reluque* le cul !
（看護婦に尻に注射されるところに人が大勢入って来たのを見て）俺のケツを見るのはいいかげんにしろ！　　　　Poiré : *Les visiteurs*

remarquer
■**remarque** (je te signale tout de même que; je dois dire que)　つまりその…なんだ，ほらね，もっとも…だよ,
Complètement fêlé tu veux dire… / *Remarque*, comme commercial, il ferait un tabac, hein, il t'en laisse pas placer une.
あの男はいかれてるって言いたいんだろう… / もっとも営業マンにしたらいい成績かもよ，一方的に喋りまくるんだもの.　　　　Lioret : *Mademoiselle*

remettre (se rappeler; reconnaître)　誰だか思い出す
Bonjour, vous me *remettez* pas ? / Si, on s'est vu vendredi.
今日は，僕が誰だかわかりませんか？ / わかりますよ，金曜にお会いしたでしょう.
Jacquot : *La fille seule*

■**remettre ça** (recommencer)　また始める
Même Lulu y s'marie, c'grand nœud ! / Il fait c'qu'il veut Lulu, tu vas pas *remettre ça*, merde !
あの大馬鹿のリュリュだって結婚するのよ！ / リュリュはしたいことをするまでだ.
お前その話を蒸し返すんじゃないぞ！　　　　Zidi : *Arlette*

Tu lui casses pas la gueule ? / Tu veux que j'*remette ça* ?
彼を殴らないの？ / また殴って欲しいのか？　Gainsbourg : *Je t'aime moi non plus*

remo (mort の逆さ言葉)　死んだ
Il est tombé … *remo*.
彼は倒れたかと思ったら死んでた.　　　　Gilou : *Raï*

remonté (en colère)　憤慨した，怒りを表した

remonter
> Il est *remonté* à bloc le cousin.
> すごく憤慨してますよ，従兄弟は．
>
> Lioret : *Mademoiselle*

remonter
■**remonter ça** (rétablir *sa* situation ; se sortir de la mauvaise situation) 立て直す，抜け出す
> La vie, c'est un combat de tous les jours. Faut se battre. Je lutte. Et j'ai toujours lutté... Essaye de *remonter ça*.
> 人生は日々これ闘争だ．闘うんだ．わしは闘っている．いままでも闘って来た．苦境から脱出するように努力してみろ．
>
> Noé : *Seul contre tous*

remp(a)s (parents の逆さ言葉) 親
> On l'a ramené chez ses *rempas*.
> 奴を親のところへ連れてった．
>
> Bensalah : *Le ciel, les oiseaux et ... ta mère*

remuer
■**remuer *ses fesses*** (faire *qch.* vite ; se bouger) 急いでする，体を動かす
> Allez, *remue* un peu *tes fesses*.
> さあ，少しは動いたらどうだ．
>
> Gainsbourg : *Je t'aime moi non plus*

renauder (protester ; être en colère ; râler ; rouspéter) 抗議する，食って掛かる
> Vous avez vu mon fils? / Manu? ... On le surnomme l'avocat. Y *renaude* pour lui, puis pour les autres.
> 私の息子を見たかね？／マニュですか？ 弁護士ってあだ名がついてますよ．自分のためだけじゃなく他人のためにも抗議するんで．
>
> Giovanni : *Mon père*

rencard voir **rancard**

rencarder (renseigner ; donner des tuyaux) 情報を与える
> Il habite en face. Il me *rencarde*.
> そいつ（女優の家の）真向かいに住んでて，俺に情報をくれるのさ．
>
> Berberian : *Paparazzi*

rend' (rendre) 返す
> J'ai dû *rend'* la chambre.
> 部屋を返さなければならなかったんだ．
>
> Serreau : *La crise*

rendre (arriver) 到着する
> On n'*est* pas *rendu*.
> まだ目的地へは着いてないんだぞ．
>
> Leconte : *Tango*

■**tu te rends compte** voir **compte**

renoi (noir の逆さ言葉) 黒人
> La *renoi* avec qui j'sortais, c'est la pineco à elle.

俺がデートしてる黒人女は彼女のダチなんだ． Richet : *Ma 6-T*

rentre-dedans (avances amoureuses pressantes) 恋する相手に激しく迫ること

On a essayé de me faire du *rentre-dedans*. / Du quoi ? / Du *rentre-dedans* !
わしにラブアタックしてきた奴がいるんだ．／ ラブなんだって？／アタックだ！
Leconte : *Les Grands ducs*

rentrer (entrer) 入る

J'ai rien fait ! Merde ! Puisque je te dis que j'y *suis* même pas *rentré*.
僕何もしてないんだから，もう．あそこに入ってさえいないって言ってるだろう．
Tavernier : *Ça commence aujourd'hui*

J'aime pas que tu *rentres* comme ça.
黙って部屋に入ってこないでよ． Miller : *L'effrontée*

■**rentrer dans**

1. (heurter violemment) 激突する
   Je *suis rentré dans* un aveugle.
   盲人とぶつかったんだ． Nauer : *Les truffes*

2. (agresser ; attaquer ; se jeter sur ; protester) 攻撃する，飛びかかる
   Je crois qu'il veut plus rien faire. L'autre jour, j'avais insisté, il est allé à un rendez-vous, écoute, il est resté cinq minutes et il est reparti avant même d'être reçu. / Il faut peut-être que tu lui *rentres dedans*.
   うちの人ったらもう何もしたくないみたい．この間もね，うるさく言ったら面接に行ったんだけど，5分いただけで呼ばれる前に出て来ちゃったのよ．／ やっつけてやらなきゃいけないんじゃない． Sautet : *Nelly et Monsieur Arnaud*

   T'as vu comme il m'*est rentré dedans*.
   （俺は冗談を言っただけなのに）社長の剣幕ったらなかったよな．
   Veber : *Le placard*

■**rentrer dans la vie** voir **vie**

repasser (tuer ; assassiner) 殺す，殺戮する

Toi si le concierge t'emmerde, tu le *repasses*.
守衛がつべこべ言ったらかまわずにやれ． Avary : *Killing Zoe*

répèt' (répétition の略) 稽古

Au fait, c'est à quelle heure la *répèt'* ?
ところで稽古は何時だ？ Dumont : *La vie de Jésus*

répéter
■**répète voir** voir **voir**

reprendre

■ **on ne m'y reprendra plus** (je ne me laisserai plus prendre, tromper)
もうそんなことはさせないぞ，二度とその手は食わないよ
J'ai exécuté des ordres...*on ne m'y reprendra plus*.
私は命令を実行したまでだが…もうそんな真似はさせませんよ．
Costa-Gavras : L'aveu

requinquer (redonner des forces, de l'entrain) 元気づける，立ち直らせる
Donne-moi donc quelque chose qui le *requinque*.
（肉屋に）だからこの子を元気づけるようなものをちょうだいな．
Hubert : Le grand chemin

rerentrer (rentrer) 再び入る
Quelquefois, il sort de terre, ensuite, il y *rerentre*.
時々地下鉄は地下から出て，また地下に入るのさ． Malle : <i>Zazie dans le métro</i>

ressembler

■ **à quoi «ressembler»**
1. (quel accoutrement!) ひどい格好！
C'est quoi cette robe, et ces talons hauts ? *A quoi* ça *ressemble* ?
何よそんなドレス，おまけにハイヒールは？ なんてざまなの？ Annaud : <i>L'amant</i>
Ah non, vous voyez *à quoi* vous *ressemblez* ! Vous voulez aller là-bas comme ça ?
（パジャマ姿で廊下に出てきた夫に）だめだめ，そんな格好でパーティーに出るつもり？ Iosseliani : <i>Adieu, plancher des vaches</i>

2. (être impardonnable, scandaleux, inadmissible) ひどいもんだ，許せない
Il doit commencer à se demander *à quoi ressemblent* nos gueules de vieux cons.
俺達馬鹿年寄りはなんてひどいんだとあいつは思い始めるに違いないぞ．
Guédiguian : A la place du cœur

Mais *à quoi* ils *ressemblent* ces parents pour laisser leur gosse sortir seul la nuit ? / A rien. Ils ressemblent à rien.
子供を夜，外を独り歩きさせるなんて，親の顔が見たいわ．/ ゼロだ．そいつらゼロだ． Veysset : <i>Victor... pendant qu'il est trop tard</i>

■ **à quoi ressemble-t-il ?** (comment est-il ?) 彼はどんな様子の人なんですか？
Je voudrais bien savoir *à quoi il ressemble*.

親父がどんな人か知りたいんです。 Ducastel : *Drôle de Férix*

■**ça ne ressemble à rien** (c'est informe; ça n'a pas de sens; c'est peu banal, original) まともではない，意味をなさない，まともではない，ユニークである，奇妙である

Il serait temps que tu tombes amoureux d'une femme. Et ne me parle pas de cette Eleonore, *ça ne ressemble à rien.*

君も（本当の）女に恋してもいい頃だ。あのエレオノール（みたいな女子高生）を持ち出さないでくれ，あんなの問題にならないんだから。 Vernoux : *Love etc.*

Il faudrait leur redonner un petit coup de peinture à toutes ces baraques. *Ça ressemble à rien.*

コテージ全部をちょっと塗り替えないとだめだ。（一戸だけじゃ）みっともない。

Beineix : *37°2 le matin*

■**ça te ressemble** (c'est tout toi) いかにもお前らしい，お前の性格が出ている

J'ai envie de me tirer. / *Ça te ressemble.*

俺もう出ていきたいよ。/ お前らしいな。 Deray : *La piscine*

restau; resto (restaurant の略) レストラン

On se balade en montagne, on va au *restau.*

山歩きしたり，レストランに行ったりしてるのよ。 Serreau : *La crise*

Sept millions de francs envolés, c'était pas pour faire une donation aux *resto* du cœur.

7百万フラン消えちまったけど，まさかハートレストランに寄付したわけでもあるまい。 Beineix : *Mortel transfert*

reste (sexe; coït) 性器，性行為

Allons nous vider la tête. / Et le *reste* pendant qu'on y est.

（大仕事が終わったから）頭を空にしに行こう。/ ついでにあれもな。

Aghion : *Pédale douce*

rester

■**reste avec moi〔nous〕!** (reviens à toi!; ne me〔nous〕quitte pas!; ne m'abandonne〔nous abandonne〕pas!; ne meurs pas!) 気をしっかり持って，死なないで

Reste avec moi! Me laisse pas, je t'en supplie!

死ぬな，俺を一人にしないでくれ！ Megaton : *Exit*

Reviens, *reste avec nous!*

しっかりしろ，死ぬんじゃない！ Gatlif : *Mondo*

■**y rester** (mourir) 命を落とす，死ぬ

resto

Il a eu un accident de voiture. Il *y est resté*.
 彼自動車事故で帰らぬ人になったの.   Corsini : *La répétition*

Si j'ai failli *y rester*, c'est qu'ils étaient au courant.
 俺が死ぬところだったのはサツに情報が漏れていたからだ. Berberian : *Le boulet*

resto voir **restau**

retenir

■**je te retiens** (je me souviendrai en mal) よく覚えとく，二度と頼まない
Gérard, moi *j't'retiens*, hein ? L'an dernier avec ton beau-frère qu'a fait l'clown et les trois paquets de bonbons, on avait l'air ridicule.
 おい，ジェラール，忘れるもんかね，ほら，去年，(客集めに)お前の義兄がピエロをやってさ，みんなでボンボンを三袋配ったけど，みっともなかったじゃないか.
           Fontaine : *Nettoyage à sec*

Espèce de salopard, regarde-moi ça, se faire saloper la gueule pour 500 balles, en plus ! / Merci, *je vous retiens*.
 (歯科医に)この大悪党め，こんなのってある，人の歯をがたがたにしちまってさ，おまけに5百フランもボルなんて！/ 嬉しいお言葉ですね，よく覚えておきます.
          Poiré : *Les couloirs du temps*

■**si je me retenais pas** (ma main me démange ; je suis très fâché ; ça suffit) 言うことを聞かないとひどいよ，いいかげんにしろ
T'as qu'à y aller, si ça te fait tant plaisir. / Mina, je te jure, *si je ne me retenais pas*.
 (7歳の娘がバレエ教室に行くのが嫌だと言うと，親を喜ばせると思って行ってくれと母親が説得する) そんなに喜ぶんだったらママが行ったらいいのよ. / ミナ，こっちが大人しく言っているうちに言うこと聞きなさい. Dugowson : *Mina Tannenbaum*

retourner

1. (s'agir) 問題になる
Tout le monde à ma place voudrait savoir de quoi il *retourne*.
 どんな人だって私の立場だったらどうなっているのか知りたいと思うのが当たり前だわ.   Rivette : *Haut bas fragile*

2. (duper) 騙す
Oh oh les condés ! Marco, y vous *retourne*.
 おーい，刑事さんたち，マルコのやつ，騙してますよ.   Pirès : *Taxi*

rétro (rétrograde の略) 復古趣味の
Mon père était *rétro*.
 父がレトロだったんです.   Beineix : *Diva*

retrouver

■**je te retrouverai!** (je me vengerai !) 仇を取るからな，今にみてろ

Attendez-moi, je boite ! Portez-moi ! ... *Je vous retrouverai !*
　待ってくれ，びっこをひいてるんだ！車に乗せてってくれ！… 覚えてろ！
　　　　　　　　　　　　　　　　　　　　　Poiré : *Le Père Noël est une ordure*

■**on se retrouvera** (je me vengerai) 覚えてろ！
Papiers. Très bien. *On se retrouvera* !
　証明書．よし．だがこのままではすまさないぞ！　Guédiguian : *A la place du cœur*

■**s'y retrouver** (retrouver où on en est ; s'y reconnaître) （どういう状況・話か）わかる，見当がつく
Bon, comme ça on *s'y retoue* toujours.
　そう，その説明でもうわからないことはありませんな．　Rohmer : *Le signe du lion*

reubeu voir rebeu

réussir

■**c'est réussi !** (bravo !; ça y est !) （反語で）いいぞ，でかした，やってくれたね
Ah, merde ! / *C'est réussi !*
　（子供がボールで窓ガラスを割る）あ，しまった．／（母親が）お見事！
　　　　　　　　　　　　　　　　　Doniol-Valcroze : *La maison des Bories*

revenir

■**reviens !** (reviens à la vie !; reste avec moi !; ne meurs pas !) 死ぬな
Reviens, reste avec nous *!*
　（倒れている子に）しっかりしろ，死ぬんじゃない！　　　Gatlif : *Mondo*
Putain, *reviens* ! Pourquoi t'as fait ça, t'es con quoi, hein ?
　（手首を傷つけて浴槽のなかで意識を失っている若者に）畜生，死ぬなよ，なんだってまたこんなことを，お前馬鹿じゃないか！　　　Megaton : *Exit*

■**... s'appelle reviens** voir **reviens**
■**tête qui ne revient pas aux gens** (tête horrible ; terrible) ひどい顔，目も当てられない顔
J'ai une *tête qui revient pas aux gens*. Dès qu'ils me voient plus de cinq minutes, ils deviennent fous.
　俺って恐っろしい面してるだろう．俺のこと5分以上みてると，みんなおかしくなっちゃうんだ．　　　　　　　　　　　　　　Nauer : *Les truffes*

reverb (réverbération の略) 反響，残響
Monte-moi la *reverb*.
　エコーをもっと強めてくれ．　　　　　　　Poiré : *Les couloirs du temps*

reviens

■**il s'appelle〔ils s'appellent〕reviens** (il faudra me le〔les〕rendre) 必ず返して

rézipper

Je vais vous demander un petit moment. Je vais devoir expertiser toutes ces pièces au microscope. / Hep. *Ils s'appellent reviens*.
 少しお待ちいただけますか．この石をすべて顕微鏡で鑑定しなければなりませんので．／ねえちょっと，必ず返してね．
          Poiré : *Les couloirs du temps*

La vinasse *s'appelle reviens*.
 そのお酒返してよ．
          Poiré : *Les visiteurs*

rézipper voir **dézipper**

R.G. (Renseignements Généraux の略) 内務省国家警察情報局

Comment et quand vous êtes allés de Nice à Gstaad ? / Avant-hier, en avion. / Non. Vous êtes là depuis dix jours. Je me suis renseigné auprès du portier. / Dites-moi, colonel, vous étiez aux *R.G.* !
 あんたたちいつ，どうやってニースからグシュタートに来たんだい？／おととい，飛行機で．／いや，10日前からだ，ドアマンから聞いてる．／ねえ大佐，あんたスパイでもやってたの？
          Chabrol : *Rien ne va plus*

rhabiller

■**il peut aller se rhabiller** (il ferait mieux de renoncer) もう引っ込んだほうがいい

En Italie, quand un homme se cache, tous les gens du pays sont complices et les flics *peuvent aller se rhabiller*.
 イタリアじゃね，身を隠そうとする男がいると地元の人がみんなして匿(かくま)おうとするから警察もお手上げなのさ．
          Molinaro : *La cage aux folles II*

T'entends ce moulin ? / Ah, *ils peuvent aller se rhabiller* les citrons !
 このオートバイのエンジン音すごいだろう？／これじゃあ日本車も顔負けね！
          Beineix : *Roselyne et les lions*

Ricain (Américain の略) アメリカ人

Le seul problème avec les *Ricains*, c'est qu'ils niquent plus.
 アメリカ人でただ一つ問題になるのは彼らがもうエッチしないってことだ．
          Gilou : *La vérité si je mens II*

Riclès (boisson à la menthe) ミント入りの飲料名

Et mon *Riclès* ?
 あたしが頼んだリクレスはどうなってるの？
          Nauer : *Les truffes*

ric-rac

1. (de justesse; avec exactitude) 間際で，瀬戸際で，かろうじて

Il a déménagé *ric-rac*. Les Fritz sont arrivés chez lui dans la soirée.
 彼，引っ越しがかろうじて間にあった．その晩ドイツ軍が来たんだ．
          Tavernier : *Laissez-passer*

2. (juste suffisant) ぎりぎりの
Pourquoi tu lui as donné de l'argent ? C'était l'argent des clous, ça. On est *ric-rac*.
> どうしてあの女にカネをやっちゃったんだ？ あれは釘を買う金なんだぞ．俺たちぎりぎりの生活してるのに．
> Gatlif : *Gaspard et Robinson*

rideau

■ **en rideau** (en panne) 故障している
Ma voiture est tombée *en rideau*.
> 車が故障しちゃってね．
> Sautet : *Garçon*

Tu rêves toute ta vie d'avoir deux filles dans ta chambre et le jour où ça t'arrive, t'as le matériel *en rideau* !
> 一度でもいいから女をいっぺんに二人部屋に連れ込みたいとずっと夢みてて，いざそれが実現した日にかんじんのものが役立たないとは！
> Bardiau : *Le monde de Marty*

rien (très ; tout à fait) とても

Tu sens *rien* bon.
> 叔父さんすごくいい匂い！
> Malle : *Zazie dans le métro*

Vous êtes *rien* bath.
> あんたってチョー素敵よ．
> Malle : *Zazie dans le métro*

■ **ce n'est pas rien** (ce n'est pas une petite affaire ; cela compte) 生やさしい事ではない，容易じゃない，重要である，無視できない

C'est pas rien ce que tu demandes.
> あんたが頼んでることは大変なことよ．
> Sinapi : *Nationale 7*

C'est difficile aussi d'être un enfant. De devoir plaire à ses parents. Je le sais bien, hein, *c'est pas rien*.
> 子供の立場っていうのも難しいもんです．親の気に入るようにしなけりゃいけないんで．私にはよくわかってるんです，大変だってこと．
> Tavernier : *Une semaine de vacances*

rigoler

■ **ça me fait〔tu me fais〕doucement rigoler** (ça ne marchera jamais ; tu te fais des illusions) 考えが甘いな，そうは問屋が下ろさない

Je ne sais pas qui a été leur foutre dans la tête que s'ils me coupaient les vivres, je trouverais du boulot...comme si ça se trouvait comme ça... *Ça me fait doucement rigoler*.
> おれの親ったら誰に吹き込まれたか知らないが，生活費の援助を止めれば俺が仕事を捜すとでも思ったのさ，そう簡単には見つからないのに… 甘いよな．
> Tavernier : *L'appât*

rigolo

Vous *me faites doucement rigoler* tous les deux avec vos histoires !
あんたがたの恋物語なんてちゃんちゃらおかしくって聞いてらんねえよ！
Eustache : *La maman et la putain*

■**ça rigole pas dans** (il est〔ils sont〕sévère〔s〕, sérieux; ce n'est pas drôle) 厳しい，甘くない

Si je vais au café j'abuse, et si j'abuse, j'aurai pas en état pour le Père Noël, *ça rigole pas dans* les grands magasins.
カフェに行けば酒の度を過ごすし，度を過ごせば（デパートの宣伝の）サンタができなくなる，デパートの人ってやかましいんだ．
Beineix : *Mortel transfert*

Dans ces coins-là, *ça rigole pas*.
そうした国々じゃ生活が大変なんだ．
Miller : *L'effronté*

La terre *ça rigole pas*.
畑仕事って生半可じゃできない．
Varda : *Sans toit ni loi*

■**ne rigole pas** (ne ris pas; c'est sérieux) 笑うな，真面目な話だ

C'est très importants les doigts de pied chez une femme. *Rigole pas*.
足指って女にとっちゃとても大事なもんなんだ，マジなんだぞ．
Godard : *A bout de souffle*

■**tu rigoles** (tu plaisantes; mais non; pas du tout; au contraire) 冗談言ってるんだろう，からかってるんだろう

Tu t'en sers plus de ton bidule ? / Tiens, *tu rigoles* ! Heureusement que je l'ai.
伯父さんもうあの器具使わないの？／冗談じゃない．あれがあるんで助かってるのさ．
Miller : *La petite voleuse*

rigolo (amusant; drôle; comique) 面白い，変わっている，滑稽な

Elle vous plaît, mon enseigne ? C'est original, non ? / Oui, oui, c'est *rigolo*.
気に入った，お店の看板？独創的でしょう？／ええ，ええ，面白いわ．
Téchiné : *Alice et Martin*

rikiki ; riquiqui (petit; mesquin) ちゃちな，みすぼらしい，貧相な

Il fait *rikiki* et moche.
（こんな内装）貧乏たらしくってみっともないわ．
Jugnot : *Monsieur Batignole*

Un fiasco terrible. Une érection *riquiqui*.
ぜんぜん出来ないんだ．ちょこっとしか立たないんだから．
Vernoux : *Love etc.*

rimer

■**à quoi ça rime?** (qu'est-ce que ça veut dire ?; ça n'a aucun sens) それどういうこと？そんなの意味がないだろう？なんで？

J'enlève ton chandail. / Pas maintenant, Michel. / Oh! tu es énervante. *A quoi ça rime* ?

君のセーター脱がすよ. / 今はだめよ，ミシェル. / あーあ，君にはいらつくよ. どうしてだめなんだ？

            Godard : *A bout de souffle*

A quoi ça rime de prendre des risques ?

危険を冒したってしょうがないんじゃない？

          Tavernier : *Ça commence aujourd'hui*

Vous voulez dîner avec moi ? / *A quoi ça rime*, c'te histoire ?

（雇ったばかりの女中に）僕と食事なさいませんか？／それどういうことですの？

          Sautet : *Quelques jours avec moi*

■**ne rimer à rien** (n'avoir aucun sens) 無意味だ，馬鹿げている

Ça rime à rien, les études de chanteur ! T'as entendu ta voix ?

歌手の勉強したってしょうがないんじゃない，自分の声知ってるの？

            Masson : *En avoir*

rimmel

■**couler le rimmel** (pleurer) 泣く

La mort des hors-la-loi en cavale ça fait pas *couler le rimmel*.

脱走したアウトローが死んだって同情なんかしないわよ. Giovanni : *Mon père*

rincer

■**se rincer l'œil** (regarder avec plaisir un objet ou un spectacle érotique) 目の保養する

D'ici on voit tout ! Viens voir. Tiens, regarde, tu peux même *te rincer l'œil* !

ここから何でも見えるのよ！見に来なさいよ.（着替えをしている姉を認めて）ほら，見て，目の保養だってできるのよ！   Hubert : *Le grand chemin*

Tiens, je pense à ça, tu *t'es bien rincé l'œil* la dernière fois?

そうそう，あんたこないだあたしたちがしてるのばっちり見てったわね？

           Dumont : *L'humanité*

ringard (démodé; vieillot; nul; bon à rien; minable) 時代遅れの，だめな

Vous devez trouver ma réaction un peu *ringarde*.

きっと私の態度はちょっと古くさいとお思いでしょうね. Rohmer : *4 aventures*

Elles sentent mauvais ses billes...une boîte de nuit pour laver le fric ...c'est *ringard* comme truc.

彼のカネは匂うんだ…洗うのにディスコなんて…やりかたがダサいんだよな.

           Téchiné : *Les voleurs*

rioul （ヘブライ語の a ghioul. âne) 愚か者，間抜け

riper

Tu fais pas de conneries ! Attention, *rioul* hein !
変なことするんじゃないぞ，いいな，阿呆め！　　Gilou : *La vérité si je mens II*

riper (partir) 出る，立ち去る
Qu'est-ce que t'attends pour *riper* toi ?
何ですぐに出てかないんだ？　　Berberian : *Le boulet*

ripoux (pourri の逆さ言葉) 腐敗した
Son affaire, elle est morte *ripoux*.
彼の事業はぼろぼろになって潰れた．　　Gilou : *La vérité si je mens*

riquiqui voir **rikiki**

risquer (avoir une chance de ; pouvoir) チャンスがある，できるかもしれない
Et puis ça *risque* de valoir le coup.
それにやってみるだけの価値があるかもしれない．　　Chabrol : *Rien ne va plus*
Tu *risques* aussi de jouer les prolongations.
（親切な看守が死刑囚に）君にも延長戦をやるチャンスがあるかもしれない．
Giovanni : *Mon père*

rital (italien) イタリアの．イタリア人
Tu le vois plus parce que c'est un pauvre, parce que c'est un petit *rital* ignorant.
お前がもう親父に会わないのは，親父が貧乏で，無学のしがないイタ公だからだろう．
Garcia : *Le fils préféré*

riz

■**bol de riz** (Asiatique ; tête de riz) アジア人
Descendez ! / Eh, *bol de riz* !
（乱暴を働く客にタクシーのヴェトナム人運転手が）降りて下さい！/ おいこの黄色い野郎！　　Noé : *Irréversible*

R.M.I. (revenu minimum d'insertion の略) 社会復帰最低給付金
T'as de la chance, je viens de toucher le *RMI*.
あんたついてるよ．あたし給付金貰ったばかりなんだもの．　　Despentes : *Baise-moi*

RMiste (érémiste ; bénéficiaire du R.M.I.) 社会復帰最低給付金受給者
Moi je suis là en tant que femme, et en tant que *RMiste*.
あたしはここに女性として，またエレミストとして出席しています．
Rochant : *Vive la République*

robert (seins) 乳房
Mademoiselle Rouen n'est pas contente de son opération mammaire. Vous permettez une seconde. / Quand Robert et ton père décident de

m'associer, je me fais les mêmes. / *Roberts*?
(若い男性弁護士が中年の女性弁護士に目の前の依頼人のケースを説明する) ルーアンさんは豊胸手術にご不満なんです．（ルーアンに）ちょっと失礼．/（廊下に出て女性弁護士が話す）ロベールとあんたのお父さんが私をこの事務所に採用すると決めたとき私も同じようにしたわ．/おっぱいを？（人名のロベールにかけた洒落）

Tribot : *Avocats associés*

robinet
■**petit robinet** (zizi d'enfant) 子供のおちんちん
Maman, j'ai fini. / Alors mon chéri, les mains, les dents et le *petit robinet* et au lit !
ママ，僕食べ終わったよ．/ じゃいい子ね，手を洗って歯を磨いてオシッコしてから寝るのよ．

Demy : *L'événement le plus important depuis que l'homme a marché sur la lune*

rogne (colère) 怒り
Arrête, tu vas finir par me mettre en *rogne* avec tes airs.
やめてよ，そんな態度を取るとあたし怒るわよ．　　Pialat : *Sous le soleil de Satan*

rognon (couilles) 睾丸
Il est même pas capable, quand on a rien dans les *rognons* ... / Dans les ? / *Rognons*.
できっこないさ，玉になにもないんだから… / どこにだって？ / 玉．

Leconte : *Les Grands ducs*

roloto (アラビア語．nul ; nase ; tache) 駄目な奴
Ce mec, c'est l'*roloto* !
あいつはゼロだ．　　　　　　　　　　　　　　　　　　　　Gilou : *Raï*

romano (gitan ; romanichel ; bohémien) ジプシー
Tu laisses tes deux *romanos* seuls dans la maison ?
家にあの浮浪者を二人だけ置いてって大丈夫か？　　Poiré : *Les couloirs du temps*

rombière (femme prétentieuse) 気取った女，乙にすました女
C'est moi qu'elle traite de morue cette *rombière* !
あの女ったらお高くとまってさ，このあたしを娼婦呼ばわりするんだよ．

Monnet : *Promis... juré*

ronchon (personne qui a l'habitude de manifester son mécontentement) 不平家，気難かし屋
Ce que tu peux être *ronchon* !
お前ってほんとに文句ばっかりの奴だな！　　　　　Ducastel : *Drôle de Félix*

rond

rond

1. (ivre) 酔った
   Elle était complètement *ronde*. Elle a raté le virage.
   伯母さんぐでんぐでんでね，カーヴを曲がりそこねたんだ.
   Miller : La petite voleuse

2. (argent ; sou ; blé) カネ
   Si tu montres que tu n'as pas le *rond*, ils te foutent à la porte.
   カネがないとわかると，ホテルから追い出されてしまう. Noé : *Seul contre tous*
   J'ai pas un *rond*.
   俺一文無しなんだ.
   Dupeyron : Salomé

■**ça ne tourne pas rond** (ça va mal ; il y a quelque chose d'anormal)
調子が悪い，どこか変なところがある
En c'moment *ça ne tourne pas rond* chez vous.
このところあんたおかしいわよ. Beineix : *Mortel transfert*

■**en baver des ronds de chapeaux** (peiner ; souffrir ; subir de graves inconvénients) 苦しむ，ひどく苦労する
Elle m'*en a fait baver des ronds de chapeaux*.
彼女には散々な目に遭わされたよ. Truffaut : *Domicile conjugal*
J'espère que tu vas *en baver des ronds de chapeaux* quand tu auras compris tout ce que tu as perdu.
あんたが失ったものの大切さがわかったとき切ない思いをしてもらいたいわね.
Serreau : La crise

■**en être comme deux ronds de flan** (être ébahi, stupéfait) 目を丸くする，びっくり仰天する
Ta mère nous a écrit, figure-toi. T'en reviens pas hein ? Moi aussi, j'*en étais comme deux ronds de flan*.
あんたのママが手紙をくれたのよ. びっくりでしょう. あたしだって仰天よ.
Miller : La petite voleuse

rondelle (anus) 肛門

Sa femme l'avait plaqué parce qu'un jour, elle l'a découvert en train de se faire éclater la *rondelle* par un de ses employés.
あいつは使用人にオカマを掘られているところを奥さんに見つかって捨てられちまったのさ. Noé : *Seul contre tous*

■**péter la rondelle** (sodomiser ; casser la rondelle ; défoncer la rondelle)
肛門性交する
Je vais te *péter la rondelle*.

尻の穴に俺のモノぶち込んでやるからな.　　　　　Noé : *Irréversible*

ronron (appellation commerciale d'aliments pour chats)　キャットフードの商標

Il est gros comme le poing, j'arrête pas d'ouvrir des boîtes de *ronron*.
この猫, ちびのくせに一日じゅう缶詰を開けさせるんだ.　　　Veber : *Le placard*

roploplo (sein)　乳房

Il m'en faut plein les pognes. Les *roploplos* y'a qu'ça d'vrai !
おっぱいは手からはみだすぐらいのじゃなくっちゃ. それしか本物のおっぱいとは言えん.　　　　　Gainsbourg : *Je t'aime moi non plus*

rosbeef ; rosbif (Anglais)　イギリス人

Il est hors de question que les Chleus ou les *rosbeefs* nous soufflent le contrat.
ドイツ野郎やイギリス野郎に契約をかすめ取られるなんて以ての外です.
　　　　　Krawczyk : *Taxi II*

rose (sexe féminin ; clitoris)　女性性器, クリトリス

Je veux voir ta *rose*.
君のセックスが見たいんだ.　　　　　Breillat : *Romance*

■**à l'eau de rose** (romantique ; bébête)　甘ったるい, おセンチな, 幼稚な

Je préférerais une histoire *à l'eau de rose*.
どっちかというとロマンチックなお話のほうがいいな.　　Ducastel : *Drôle de Félix*

C'était un peu *à l'eau de rose*, mais ça avait du charme.
母が書いた小説は甘ったるいもんだったけど, それなりの魅力はあったわ.
　　　　　Ozon : *Swimming pool*

roteuse (bouteille de champagne)　シャンパンの瓶

Qu'est-ce que ça sera pour ces dames ? / Champagne. / Et une *roteuse* au sept !
何になさいますか？/ シャンパン. / 7番テーブルにシャンパン1本！
　　　　　Balducci : *Trop jolies pour être honnêtes*

roublard (qui fait preuve d'astuce)　悪賢い, こすからい

Un truqueur, même rusé, même *roublard*, finit par tomber dans ses propres pièges.
いくら狡猾で悪賢いペテン師でも自分の罠にはまるものさ.　　Thompson : *La bûche*

rouiller

■**se rouiller** (perdre *ses* facultés par manque d'activité)　活動不足で能力が衰える, 鈍る, さび付く

Je vais plaquer ici. Je suis en train de *me rouiller*. / Mieux vaut *rouiller*

roulé

que dérouiller.
 俺ここをやめるよ．腐っちまいそうなんだ．／ 腐るほうが苦労するよりましさ．
              Godard : *A bout de souffle*

roulé
■**bien roulé** (bien fait de sa personne ; qui a de jolies formes)　スタイルのいい，見事な体つきの
Vzêtes drôlement *bien roulée*.
 あんたってすごくスタイルがいいのね． Malle : *Zazie dans le métro*

rouleau
■**rouleau de printemps**　春巻
Un p'tit *rouleau de printemps* ?
 春巻でもちょっといかが？   Krawczyk : *Wasabi*

rouler (duper)　丸め込む，欺く
Starcey *a roulé* tout le monde : elle est enceinte de trois mois et elle s'est bien gardé de le dire.
 スターシーって女優はみんなを欺いていたのさ．妊娠3か月だというのに言わないようにしてたんだ． Truffaut : *La nuit américaine*

■**ça roule** (ça va bien ; ça marche ; je suis d'accord)　調子がいい，引き受けた，OKだ
Bon, un dernier et puis... / *Ça roule*.
 じゃあ，最後の1杯を飲んで…／ わかったわ． Jaoui : *Le goût des autres*
Tu embauches en pleine récession... *Ça roule* pour toi.
 こんな不況だっていうのに人を雇うのか… 君のほうは景気がいいんだな．
              Kassovitz : *Assassins*

roulette
■**comme sur des roulettes** (très bien ; très facilement)　順調に，とても巧く，いとも容易に
Tu crois que ça va marcher notre plan ? / *Comme sur des roulettes* !
 俺達のプラン巧く行くと思うか？／ お茶の子さいさい！ Pirès : *Taxi*

rouspéter (grogner ; râler)　文句を言う，不平を言う
Et puis mon mari *rouspète*.
 それでうちの人がぶうぶう言うんです． Deville : *La maladie de Sachs*

rouston (couilles)　睾丸
Fais-lui bouffer ses *roustons* à ce nuisible !
 その害虫野郎に自分のタマを食わせておやり！ Nauer : *Les truffes*

route
■**être sur les routes** (être en activité)　現役である

En tout cas à votre âge, d'*être* encore *sur les routes* : chapeau, hein !
とにかくあなたのお年で現役とは，脱帽ですよ！　　　　Leconte : *Grands ducs*

■**pour la route!** (boire pour avoir le courage)　元気付けに一杯やる
Tiens, *pour la route* !
そうだ，気付けに一杯やろう！　　　　Doillon : *La fille de 15 ans*

■**tracer *sa* route** (s'en aller précipitamment ; déguerpir)　さっさと立ち去る，立ち退く
Trace ta route !
早く行っちまえ！　　　　Sinapi : *Nationale 7*

ruban
1. (route)　道路
A bientôt sur le grand *ruban* !
じゃあまた国道で会おうな！　　　　Sinapi : *Nationale 7*
2. (longue route)　長い道のり
Moi j'vais te dire, les engueulades après deux mille bornes de *ruban*, très peu pour moi.
いいか，2千キロの長い道のりをこなしてきたっていうのに怒鳴られるのなんかごめんだね．　　　　Zidi : *Arlette*

rubis
■**payer rubis sur l'ongle** (payer comptant et jusqu'au dernier sou)
即金で全額支払う
On vous augmente ! Et croyez-moi, vous *serez payée rubis sur l'ongle* !
お手当を増額します．それに，間違いなく即金で全額支払いますからね！
　　　　Leconte : *Les Grands ducs*

rue
■**courir les rues** (être extrêmement banal, connu de tous)　ありふれている，周知のことだ
Un homme qui sait vraiment faire souffrir une femme, ça *court* pas *les rues*.
女を本当に苦しめられる男って珍しいのよ．　　　　Beineix : *Mortel transfert*

rupin (riche ; luxueux)　金持ちの，豪華な
C'est *rupin* ici !
ここって豪華ね！　　　　Poiré : *Les couleurs du temps*

Ruskof (Russe)　ロシア人
On était dans les commandos spéciaux en place au Japon dans les années 80 pour surveiller les *Ruskofs*.

rustine

俺たち80年代，ロスケを監視するために日本に配属された特殊班にいたんだ．

Crawczyk : *Wasabi*

rustine (marque commerciale de morceau de caoutchouc déjà apprêté avec de la colle)　パッチゴム（接着剤つきのゴム片．自転車のパンクの修理に使う）

T'as des *rustines* ?
　パッチゴム持ってる？

Rohmer : *4 aventures*

r'vlas (revoilà)　またやってきた

Te *r'vlas* !
　またお前か！

Berto : *La neige*

S

sable

■**le marchand de sable est passé** (les enfants ont sommeil, il faut les envoyer se coucher)　子どもたち，さあおねんねだよ．

Vous allez dormir ? / Pas tout de suite, je suis pas très copain avec *le marchand de sable*.
　もうお休みですか？ / いや，すぐにはね．僕は夜型なんだ．

Doillon : *La fille de 15 ans*

sabord

■**mille sabords !** (Bon Dieu ! ; merde !)　畜生！

Qu'y a-t-il ? *Mille sabords !*
　どうしたんだ，いったい？

Hergé : *Tintin Le trésor de Rackham*

sac (dix francs)　10フラン，（旧）千フラン

T'as vingt ou trente *sacs* à me filer ?
　兄さん，2,300くれない？

Despentes : *Baise-moi*

■**avoir des trucs dans son sac** (être très malin)　手練手管に長けている

Il *avait* mille et un *trucs dans son sac* pour réussir.
　あの人は成功の秘訣を脳味噌にいっぱい詰め込んでたのよ．

Ozon : *Huit femmes*

■**en faire un sac** (en faire une histoire, un plat)　大騒ぎする，つまらぬことで言いがかりをつける

C'est pas la peine d'*en faire un sac*.
　つまらんことでガタガタ言うこともないだろう．

Audiard : *Sur mes lèvres*

■**être un sac de viande** (ne pas être beau ; mou ; sans forme) 醜く，ぐにゃっとしている
　Je *suis* qu'*un sac de viande*.
　　俺は様にならない男だからな. Blier : *Tenue de soirée*

■**sac à merde** (individu méprisable) 卑劣な奴
　Vous avez tout salopé ma feuille, *sac à merde* !
　　あたしの書類をすっかりよごしちまったじゃない，この下司！
　　　　　　　　　　　　　　　　　　Poiré : *Le Père Noël est une ordure*

■**sac à viande** (sac de couchage) 寝袋
　Un sac à viande, une bouteille qu'on vide…voilà ce que je suis.
　　寝袋，空になる瓶…俺ってそんな人間なんだ. Dupeyron : *La machine*

■**sac à vin** (ivrogne) 大酒飲み
　Sac à vins !
　　この酔っぱらいめ！ Poiré : *Le Père Noël est une ordure*

■**sac d'os** (personne très maigre ; squelette) とても痩せた人
　C'est le nioulouke, le genre *sac d'os*.
　　それがニュールックってやつだ. とてもやせたスタイルなのさ.
　　　　　　　　　　　　　　　　　　　　　Miller : *La petite voleuse*

■**vider *son* sac** (s'épancher) 胸の内を打ち明ける
　J'ai l'impression d'être dans le château de Kafka. Allez, *vide ton sac*.
　　まるでカフカの小説だ. さあ，洗いざらいぶちまけるんだ.
　　　　　　　　　　　　　　　　　　　　　Chabrol : *Rien ne va plus*

sacquer ; saquer

1. (supporter) 耐える，我慢する
　Je peux pas la *sacquer* celle-là.
　　あたしもうあんな女我慢できない. Klapisch : *Chacun cherche son chat*
　Nadine peut pas me *saquer*.
　　ナディーヌは僕のこと耐えられないんだ. Holland : *Olivier est là*

2. (traiter sévèrement) 厳しく扱う
　J'vais vous faire *sacquer* moi.
　　(裁判で) 容赦しませんからね. Serreau : *Chaos*

■**se sacquer** (partir vite) 急いで立ち去る
　Putain, allez ! *sacquez-vous* ! J'suis pressé, moi.
　　おい，さあさあ！ とっとと消えろ！ 俺は時間がないんだ.
　　　　　　　　　　　　　　　　　　　　　Dumont : *La vie de Jésus*

sacré (maudit ; fameux) とんでもない，ひどい，すごい
　Vous avez un *sacré* culot, quand même !

sacrement!

　　それにしてもなんと図々しい！　　　　　　　Ducastel : *Drôle de Félix*
　T'es un *sacré* dégueulasse!
　　あんたってほんとに汚い人ね！　　　　　　　　Poiré : *Les visiteurs*

sacrement! (ケベックで. Bon Dieu!, merde!, putain!) ちぇつ，畜生，くそ！
　C'est mon premier char neuf ça, *sacrement!*
　　（車を壊されて）俺の最初の新車だっていうのに，もう！
　　　　　　　　　　　　　　　　　Lelouch : *Hasards ou coïncidences*

sado
■**sado maso** (sado-masochiste の略) サド・マゾヒスト
　Un *sado maso* qui s'éclate avec la pétasse là-bas.
　　あれはあそこのスケとよろしくやってるサドマゾの男だ．　Poiré : *Les visiteurs*

sagouin (personne malpropre; sale type) 不潔な男，下司，ゴキブリ野郎
　Il faut lui mettre les pieds en l'air! / Exact. Comme ça, sa jupe va tomber! / *Sagouin!*
　　彼女の両足を上に挙げなきゃ！／その通りだ，そうすりゃスカートが落ちるってもんだ．／下司野郎！　　　　　　　　　　　Poiré : *Les anges gardiens*
　Quel est le *sagouin* qui a pu faire ça?
　　こんなことをしでかしたのはどの糞野郎だ？　　Poiré : *Les visiteurs*

saigner
■**ça va saigner** (il va y avoir du grabuge, de la bagarre) ひと騒動あるぞ
　Faut encore que je coince Cloquet et là, *ça va saigner*.
　　クロッケの奴を追い詰めなきゃいかんが，そうなったら騒ぎだぞ！
　　　　　　　　　　　　　　　　　Serreau : *Romuald et Juliette*

Saint-Frusquin
■**tout le Saint-Frusquin** (tout le reste) その他一切合切，残り全部
　Je plaque tout, la neuropsychiatrie, Freud, *tout le Saint-Frusquin*.
　　俺はみんな捨てるんだ，神経精神医学も，フロイトも何もかもだ．
　　　　　　　　　　　　　　　　　Miller : *Le sourire*

salade
1. (mensonge; histoires) 作り話，嘘っぱち，でたらめ
　Arrêtez un peu avec vos *salades*!
　　そんなほら話はやめてくれませんか．　　Mouriéras : *Dis-moi que je rêve*
　J'espère que tu ne m'as pas raconté de *salades*.
　　嘘っぱちじゃないだろうな．　　Delannoy : *Maigret tend un piège*
2. (complication; ennui; événement fâcheux; problème) 混乱，問題，

面倒

Un jour je ferai un film qui s'appellera «Les *Salades* de l'amour».
いつか「恋の縺れ」って映画を撮るよ.　　　Truffaut : *La nuit américaine*

Je veux pas de *salades* avec ta mère.
あんたのおふくろさんとはいざこざを起こしたくないな.　　Téchiné : *Alice et Martin*

J'ai pas envie de faire de *salades* avec ça...
こんなことで気まずくなるのいやなんだけど…　　Téchiné : *Alice et Martin*

salaud (homme méprisable, répugnant; cochon)　下劣な，いけすかない男

T'es un beau *salaud*! Tu m'as jamais rappelé pour l'enregistrement du 28.
あんたってほんとにひどい人ね！28日の録音のこと連絡してこなかったじゃない.
　　　　　　　　　　　　　　　　　　　　Pinoteau : *L'étudiante*

On dirait Raquel! Mon *salaud*.
この絵ラクエル・ウエルチみたい.（腹の部分が布で隠してあるのを見て）あんたってエッチね！　　　　　　　　　　　　　　　　Beineix : *Diva*

salé (grivois; osé)　卑猥な，淫らな，大胆な

La lettre? Je ne l'ai pas encore lue. Il paraît qu'elle est drôlement *salée*?
手紙？まだ読んでないけど，すごくきわどいもんだって？　Lemoine : *Le nain rouge*

saligaud (salaud)　卑劣な野郎

Attrapez-moi ce *saligaud* et vivant!
あの卑劣な野郎を捕まえろ，生かしておくんだぞ！　　Krawczyk : *Taxi II*

salon

■**salon thaïlandais** voir **thaïlandais**

salopard (individu abject, sans moralité)　下劣な奴

Bande de *salopards*! Vous avez violé ma fille!
この屑どもめ！ひとの娘を強姦しやがって！　　Dumont : *La vie de Jésus*

salope (femme qui cherche le plaisir sexuel; pute)　色気違い，淫売

C'était une *salope*, et les hommes, elle se les tapait tous.
あの女，色気違いでね，男だったら誰にでも手を出していたのよ.
　　　　　　　　　　　　　　　　　　Davila : *La campagne de Cicéron*

saloper

1. (salir)　汚くする

Vous *avez* tout *salopé* ma feuille, sac à merde!
あたしの書類をすっかりよごしちまったじゃない，この下司！
　　　　　　　　　　　　　　　　　Poiré : *Le Père Noël est une ordure*

saloperie

2. (bousiller ; abîmer ; gâcher)　壊す，台なしにする，ふいにする
Tu vas arrêter un peu de *saloper* la vie des autres.
　お前少しは他人の生活を壊すのやめたらどうだ．
　　　　　　　　　　　　　　　Tavernier : *Ça commence aujourd'hui*

saloperie

1. (nourriture de très mauvaise qualité)　とても質が悪い食べ物
Ah, j'ai dû bouffer une *saloperie*.
　わー，あたしひどいもの食べたせいね．　　Thompson : *La bûche*
2. (quelque chose qui n'est pas bon pour la santé)（高脂肪食品，タバコなど）体に悪い食品・嗜好品
Dis-donc, c'est bon cette *saloperie*-là !
　おい，うまいなーこれ，体に悪いかもしれないけど．　Huth : *Serial lover*
3. (chose mauvaise, répugnante)　嫌悪を催させること，ひどいもの
Y en reste combien, des gus ? / Au moins une bonne centaine ! / Oh, *saloperie* de vie !
　候補者はまだどれくらい残ってる？/ 少なくともたっぷり百人は！/ あーあ，たまんない生活だ！
　　　　　　　　　　　　　　　Blier : *Mon homme*
T'es encore en train de regarder tes *saloperies* ?
　あんたまた嫌らしいビデオ見てるの？　　Despentes : *Baise-moi*
Merde ! *Saloperie* de solex !
　（突然バイクが故障して）畜生！このクソバイクめ！　Serreau : *Pourquoi pas ?*
4. (personne infecte, peu recommandable ; ordure)　恥知らず
Nudistes, chiftires, va, *saloperies*.
　ヌーディストのこそ泥！恥知らず！　　Miller : *La petite voleuse*

salopiau ; salopiot (individu ou enfant sale, qui fait des saletés)
汚い，汚いことをする人，子供
Vous savez ce qu'il m'a fait ce *salopiau* ?
　あんたあの下司がどんな真似したか知ってる？　Corneau : *Série noire*

SAMU (Service d'Aide Médicale d'Urgence の略)　緊急医療救助サービス
J'connais un médecin à côté. Ça ira plus vite que d'appeler le *SAMU*.
　近所の医者を知ってる．救急医を呼ぶより早いだろう．　Garrel : *Le vent de la nuit*

saoul ; soûl (ivre)　酔った
J'ai été *saoul* une fois.
　（子供が）僕酔っぱらったことあるんだ．　Tavernier : *Un dimanche à la campagne*

saouler ; soûler (ennuyer ; fatiguer)　うんざりさせる
Il voulait pas te reconnaître... Légitime, elle avait que ce mot-là à la

bouche. Qu'est-ce qu'elle a pu me *saouler* avec ça... Légitime !
>あいつは君を認知しようとしなかった．君のママは口を開けば嫡子，嫡子って，ほんとにこちらは参ったよ，嫡子でね．
>Téchiné : *Alice et Martin*

Nous *saoule* pas.
>うるさくしないでくれ．
>Kahn : *Bar des rails*

■ **saouler la tête** (ennuyer ; importuner) うんざりさせる，うるさがらせる
T'es nain depuis tout petit ? / Oh, arrête de me *saouler la tête* avec ça, hein !
>おじさんちっちゃいときから小人だったの？ / そんなこと訊いたりしていらいらさせるな！
>Siegfried : *Louise*

sapajou (homme petit et laid) 醜い小男
Pour Arthur : *sapajou*, anchois.
>アルチュールにこういう悪口はどう？ ちびっこの阿呆ってのは．
>Miéville : *Après la réconciliation*

sape (vêtement) 衣類
Comment tu veux vendre des *sapes* entre du claquos et du gruyère ?
>露天でチーズ屋の間に挟まってどうやって衣類を売れっていうんだ？
>Gilou : *La vérité si je mens II*

sapé (habillé) 服装をした
T'as vu comment t'es *sapé* ? Tu crois tu vas aller vivre sur Mars ?
>そんな格好しちゃって，火星にでも行って暮らす気か？
>Klapisch : *Peut-être*

saper
■ **se saper** (s'habiller) 服を着る
T'as vu comment tu *te sapes* ? On dirait un vieux schnock.
>あんた自分の格好わかってる？ まるで耄碌爺みたいよ．
>Mouriéras : *Dis-moi que je rêve*

saquer voir **sacquer**

satori (日本語．éveil à la connaissance de la vérité) 悟り
Moi, mon *satori*, c'est ça ! le zen dans l'art de la tartine.
>俺の悟りっていうのは，タルティーヌを作る技術のなかに宿る禅なのだ．
>Beineix : *Diva*

sauce
1. (courant électrique) 電流
Fais gaffe, j'envoie la *sauce*.
>気をつけて，電気を入れるわよ．
>Gainsbourg : *Charlotte for ever*

2. (sperme ; sauce d'amour) 精液

saucisse

Elle va le secouer à faire péter la braguette. Elle va lâcher la vapeur, toute la *sauce*!

> （ストリップ小屋の客寄せが）ストリッパーが身を捩るとズボンのジッパーがはじけちゃうよ，熱っつくなってお汁がみんな出ちゃうよ！
>
> Miller : *Le sourire*

3. (sang) 血液

Attention, vous marchez dans la *sauce*.

> 刑事さん，そこ被害者の血ですよ．
>
> Delannoy : *Maigret tend un piège*

4. (pluie) 雨

S'il prend toute cette *sauce* en moto...

> オートバイに乗っててこんな雨に降られたら...
>
> Le Roux : *On appelle ça ... le printemps*

■**balancer la sauce** (éjaculer; ouvrir l'eau de la lance)　射出する，放水する

Quel est l'abruti qui *a balancé la sauce*.

> 放水した馬鹿はどいつだ？
>
> Poiré : *Les couleurs du temps*

saucisse (andouille; imbécile)　間抜け

Arrêtez de gueuler, *saucisse*!

> わめくのはやめろ，この馬鹿！
>
> Poiré : *Les couleurs du temps*

sauf

■**tout sauf + 形容詞** (pas du tout...)　全然…でない，…とだけは言えない

Je ne voulais pas venir! Et puis je suis venu quand même... / Eh oui, bien sûr. Oh là là, ce n'est pas simple, hein? / C'est *tout sauf* simple.

> 来たくはなかったのに来ちゃったんだ．/ うん．そりゃそうだ．まったくな，単純じゃないってとこだな？/ 単純なんてもんじゃない．
>
> Resnais : *On connaît la chanson*

Pourquoi vous ne me laissez pas tranquille? / Ben alors là excusez-moi, mais vous avez l'air *tout sauf* d'être tranquille... D'ailleurs c'est ce qui me plaît.

> どうして私のことそっとしといてくれないの？/ お言葉ですが，あんたは全然そっとなんかしているようには見えませんよ．もっともそういうあなたが好きなんですがね．
>
> Marshall : *Vénus Beauté*

Tu me trouves mauvaise? / Non, ça non. Tu es *tout sauf* mauvaise.

> あたしを悪い女だと思う？/ いや，それはないね．悪いってことはぜんぜんないよ．
>
> Rivette : *Va savoir*

sauter

1. (posséder sexuellement; coucher avec; baiser; faire l'amour)　寝る，

ものにする
Il paraît qu'elle adore se faire *sauter* dans les bagnoles des mecs.
あの女，男の車んなかであれされるの大好きみたいよ．　Gilou : *La vérité si je mens*
C'est vraiment pas le genre de mecs à *sauter* sur n'importe quoi.
あの人は女とみれば誰でもお構いなしに寝るような男じゃないわ．
Despentes : *Baise-moi*

2. (annuler; supprimer) 無効にする
Il a de quoi me faire *sauter* mon permis pour 100 ans !
向こうは俺を百年間免停にするだけの証拠を握ってるんだ！　　　Pirès : *Taxi*

■**et que ça saute!** (vas-y rondement!, vivement!, vite!) 速やかに手際よくやれ
A Marignane, *et que ça saute !*
マリニャン空港へ，さっさとやれ！　　　Krawczyk : *Taxi II*

sauterie (fête) 祝宴
Demain c'est l'anniversaire de Lou, il organise une petite *sauterie*.
あしたはルーの誕生日で，ちょっとしたパーティーをやるんだ．
Guit : *Le ciel est à nous*

savoir

■**il faut savoir (ce que tu veux)** (il ne faut pas changer d'avis pour rien) ころころ意見を変えてはならない
T'as vu ses chaussures, maman ? / Y devient fou ! / *Faudrait savoir*, vous vouliez que je fasse de l'exercice, je fais de l'exercice !
ママ，パパったらナイキ履いてるわよ．/ おかしくなったのよ．/ はっきりしてくれよ．運動しろって言うから運動してるんだろう！
Chatiliez : *Le bonheur est dans le pré*

Y'a des gens à servir ici. / *Faudrait savoir.* Je croyais qu'on se parle.
この売場はお客さんが来ますからね．/ どっちかにしなさいよ．店の方針で話し合うことになってたでしょう．　　　Klapisch : *Riens du tout*

■**je ne sais pas** (euh; peut-être) そうね…，もしかしたら
Tu es triste ? / Oui, je crois. Un peu, *je ne sais pas*.
君悲しいのか？/ ええ，そうだと思うわ．ちょっぴりかもね．　　　Annaud : *L'amant*

■**je sais pas moi** (je ne sais pas exactement mais je vais essayer de répondre à ta question; euh par exemple; il y a beaucoup de possibilités) うーんそうだな，例えば，いろいろあるけど
On pourrait essayer la mode, le show-biz ou, *je sais pas moi*, le cinéma.
(あたしたちきれいだからOLやるよりも) ファッションとか芸能界とか，そうねほ

savoir

ら，映画なんかやってみたら？ Brisseau : *Choses secrètes*

■**on le saura** (n'insiste pas; j'ai compris; tu l'as déjà dit; tu te répètes, c'est pas la peine de répéter) わかったよ，もう言うな，うるさいぞ

Julien a fourré un de ses machins dans l'évier, c'était complètement bouché. Heureusement qu'elle était là, hein! pour me dépanner, alors, je lui ai proposé de... / prendre une douche, ouais. Tu peux pas t'empêcher de jouer les saints-Bernard, hein? C'est plus fort que toi. Tu devrais faire attention quand même. / Ben écoute! elle a été très sympa... Elle a même débouché... / L'évier, O.K. *on le saura*!

坊やが流しに何かつっこんじゃって，つまっちゃったのよ．幸いあの人がいて助けてくれたわ．それであたしいかがですかって言ったの．/ シャワーでもってだろう．お前人助けもいい加減にしないか？お前にはどうしようもないだろうが，注意しなきゃだめだぞ．/ そんな，いいこと，あの人とても親切で…詰まりを直してくれたのよ．/ 流しのだろう…わかってるよ，しつこいぞ！ Balasko : *Gazon maudit*

■**tu sais pas ce que je ...** (c'est étonnant ce que je ...) 僕が…したのはすごいもんだった

Moi je ne veux pas y aller! / T'as raison! *Tu sais pas ce que* j'ai vu dans un docu.

俺は孤児院なんかに行きたくない！/ そりゃそうだ．俺が見たドキュメンタリーはそりゃ恐ろしいもんだった． Fansten : *La fracture du myocarde*

■**tu sais quoi?** (je vais te dire quelque chose; j'y pense; tu connais la nouvelle?; écoute) いいこと，あのね，実はね，聞いて，あんた知ってる？

Où est-ce que tu vas habiter? / J'ai des cousins à Sartrouville. / Mais c'est vachement loin, Sartrouville. / Non, c'est à vingt minutes de Paris. / *Tu sais quoi?* Je partage un appartement avec une fille, là, qui s'en va en septembre. Alors si tu veux tu peux le partager avec moi.

どこに住むつもり？/ 従兄弟がサルトルヴィルにいるの．/ すごく遠いわよ．/ いいえ，パリから20分よ．/ あのね，あたし女の子とアパルトマンに一緒に住んでるんだけど，彼女9月に出るの．よかったらあたしと住まない？

Rohmer : *4 aventures*

Bien sûr qu'elle va revenir. *Tu sais quoi?* J'pense que tu lui as tapé dans l'œil.

もちろん彼女は戻ってくるさ．いいこと教えてやろうか？君彼女の気に入ったみたいだよ． Beineix : *Mortel transfert*

Et les décorations, *tu sais quoi?* : elle garde tout!

それにクリスマスの飾り，あんた知ってる？ あの人みんなとっとくのよ！
Thompson : *La bûche*

■va savoir

1. (peut-être; c'est possible; éventuellement) かもしれない，それもあり得る

   C'est peut-être ça qui t'a plu...le mystère. / *Va savoir*.
   あの女の謎めいたところが気に入ったんだろう．/ そうかも．
   Leconte : *Félix et Lola*

   J'me disais que, *va savoir*, un jour ou l'autre, on pourrait peut-être avoir besoin d'un type comme toi.
   ひょっとしたら，いずれお前のような男が必要になるかもしれないって思ったのさ．
   Leconte : *Tango*

2. (qui sait?; on ne sait pas; on ne sait jamais; je me demande; c'est un petit peu bizarre; c'est mystérieux) どうかな，わからない，何とも言えない，ちょっと変だ，不思議だ

   Il m'a donné son passe. J'l'ai gardé avec moi, *allez savoir* pourquoi.
   その患者は僕に（ペール ラシェーズ墓地の）合い鍵をくれたんだ，どうしてだか知らないが僕はそれをとっておいた．
   Beineix : *Mortel tansfert*

   La musique, ça marche aujourd'hui, demain *allez savoir*.
   音楽の事業は今はいいけど，この先どうなるかわかんないでしょう．
   Zidi : *Deux*

savon

■**passer un savon** (réprimander) 厳しく叱る

Quand il va appeler, je vais te lui *passer* un de ces *savons*.
彼が電話してきたらすごくどやしつけてやるからな．
Serreau : *Trois hommes et un couffin*

scénar (scénarioの略) シナリオ

J'écris un *scénar*.
シナリオを書いてるんだ．
Gainsbourg : *Stan the flasher*

Schleu (Allemand) ドイツ人

Il est hors de question que les *Schleus* ou les rosbeefs nous soufflent le contrat.
ドイツ野郎やイギリス野郎に契約をかすめ取られるなんて以ての外です．
Krawczyk : *Taxi II*

schlinguer (ドイツ語. sentir mauvais; puer) 悪臭を発する

J'aurais jamais pensé que les vieux pouvaient *schlinguer* autant.
老人がこんなにも臭いものとは考えたこともなかった．
Noé : *Seul contre tous*

schmit

Ça *schlingue* !
臭いったらない！
　　　　　　　　　　　　　　　　　Poiré : *Le Père Noël est une ordure*

schmit [ʃmit]　(ドイツ語．policier; flic)　警官，デカ
Y'a les *schmits*, Léo !
レオ，デカがいるぞ！
　　　　　　　　　　　　　　　　　Kounen : *Le Dobermann*

schnock　(vieil imbécile; gâteux)　ぼけ老人
T'as vu comment tu te sapes ? On dirait un vieux *schnock*.
あんた自分の格好わかってる？　まるで耄碌じじいみたいよ．
　　　　　　　　　　　　　　　　　Mouriéras : *Dis-moi que je rêve*

schtroumpf　(nain; homme petit)　小男，ちび
C'est un pote… / Ah ouais ? Tu fais dans les *Schtroumpfs* maintenant ?
この刑事は友達なんだ… / へえ？　あんた今度はちびの仲間入りか？　Pirès : *Taxi*
Flic, maître chanteur, *schtroumpf* !
デカでゆすりの常習犯で小男だなんて！
　　　　　　　　　　　　　　　　　Pirès : *Taxi*

schwartz　(ドイツ語．noir; coma)　暗黒，昏睡
Elle est restée combien de temps dans le *schwartz* ?
その子どれくらい意識を失ってたんだ？
　　　　　　　　　　　　　　　　　Arcady : *Dis-moi oui*

scier　(étonner; surprendre; suffoquer; tourmenter)　驚かす，苦しめる
Ben, au début ça m'*a sciée*.
そう，最初はびっくりしたわ．
　　　　　　　　　　　　　　　　　Thompson : *La bûche*
Je suis tombé sur un flic. Là, je *suis scié*.
デカに出会うなんて，もうびっくりだな！
　　　　　　　　　　　　　　　　　Devers : *Max et Jérémie*
On se grimpait pas. / Oh ben ça va *scier* Marina parce qu'elle aussi elle croyait, en général elle se goure pas.
彼女と寝てなんかいなかった． / へえ，マリーナがっかりするだろうな，予想が外れることめったにないから．
　　　　　　　　　　　　　　　　　Leconte : *Félix et Lola*

scotch　(英語．marque déposée d'un ruban adhésif)　接着テープの商標
Il colle les morceaux derrière avec du *scotch*.
男は破いた写真の裏にスコッチを使って張り合わせていた．
　　　　　　　　　　　　　　　　　Truffaut : *L'amour en fuite*

scotché　(fixé)　効果が定着した
Tu sniffes un peu de spécial K, t'es *scotché*. L'effet dure des heures et des heures.
スペシャルKをちょっと吸い込むと，効き目が安定して，それが何時間も持続するんだ．
　　　　　　　　　　　　　　　　　Guit : *Le ciel est à nous*

scotcher　(captiver)　心を捕らえる，虜にする，釘付けにする

sec

Comme si de rien n'était, je vais la *scotcher*.
何事もなかったふりを装って，彼女の気を引くようにしよう．
Gilou : *La vérité si je mens II*

Elle est belle cette meuf? Je l'adore. T'*es scotché* là hein?
あのスケいかすだろう？惚れてるんだ．お前目が吸い寄せられてら．
Zonca : *Le petit voleur*

scratch (英語．fermeture faite de deux bandes de fibres tissées en sens inverse et qui s'agrippent par contact, bande Velcro) マジックテープ

J'ai le *scratch* qui se barre à force d'exhiber mon sguègue.
あんまり俺のチンチン出してたらマジックテープがいかれちゃったよ．
Breillat : *Sex is comedy*

S.D.F. (sans domicile fixe の略) ホームレス

J'suis *SDF* à présent.
僕は今ホームレスなんです．
Siegfried : *Louise*

sec

1. (d'un seul coup; jusqu'aux dernières gouttes; cul sec) 一気に，最後の一滴まで

Tu bois tout, tout *sec*.
一気飲みするんだ．
Poirier : *Western*

2. (beaucoup) たくさん

Ça a dû saigner *sec* dans son tunnel de merde.
あいつの糞のパイプの中はきっと血がごぼごぼ流れただろうな．
Noé : *Irréversible*

■**aussi sec** (aussitôt; immédiatement; sans la moindre hésitation) 直ぐさま，躊躇せずに

Je vois Gainsbarre en train de brûler un Pascal. *Aussi sec*, j'ai foncé à ma banque.
僕がテレビを見ていたらゲンスブールが5百フラン札を燃やしているんだ．僕銀行にすっとんでったよ．
Beineix : *Mortel transfert*

Je vous saute dessus. *Aussi sec*.
あなたに襲いかかりますよ．ひと思いにね．
Malle : *Zazie dans le métro*

■**être à sec** (être sans argent) 財布がからっぽだ，一文無しだ

Ça t'embête de payer, là, je *suis à sec*?
君払って貰えるかな，僕今持ち合わせがないんだけど？
Ducastel : *Drôle de Félix*

■**l'avoir sec** (être déçu, contrarié, furieux) がっかりしている，いらだっている，腹を立てている

sécher

Ça n'a pas de l'air d'aller, toi... / Si, si, ça va, oui enfin, pas tellement quoi. Je sors d'une réunion avec des camarades...je *l'ai sec*!
<small>調子よくなさそうだな。/ いや，元気だ，と言いたいとこだがあんまりよくない。
会合があってね，同志との…それでいらついてるんだ。　Tavernier : *Laissez-passer*</small>

■**sec-sec** (complètement vide) まったく空の
Normalement, à *sec-sec*, je mets quoi?
<small>普通，空のときガソリンどれくらい入れてるんだろう?　Lioret : *Mademoiselle*</small>

sécher
1. (manquer; ne pas assister) 欠席する
Si vous *séchez* tous les cours, faut vous attendre à ce qu'ils soient vaches avec vous.
<small>あんたたち授業をみんなサボルんだったら，先生たちにいじめられるの覚悟しといたほうがいいわよ。　Klapisch : *Péril jeune*</small>
2. (tuer) 殺す
Je vais *sécher* le chef.
<small>今リーダーをやっつけちゃう。　Kassovitz : *Assassins*</small>

seconde
■**à la seconde** (pressé) 急いでいる，一秒を争っている
Mais t'es pas *à la seconde*.
<small>そんな，急ぐことはないでしょう。　Kahn : *Bar des rails*</small>

secouer
1. (conduire; se servir de) 運転する，扱う
Vasseur y *secoue* bien sa machine.
<small>ヴァスールはマシーンの捌きがいい。　Miller : *La petite voleuse*</small>
2. (posséder charnellement une femme) ものにする
D'habitude il les *secoue* une bonne fois les birds, et il les tèje.
<small>いつもは彼，女の子といくとこまで行くとみんなポイしちゃうんだ。
Beineix : *IP5*</small>

■**n'en avoir rien à secouer** (s'en moquer éperdument) ぜんぜん問題にしない
Moi, le réalisateur du film, elle *en a rien à secouer*.
<small>私はこの映画監督で，あんな女なんか相手にするものか。　Blier : *Merci la vie*</small>

secousse (coït) 性交
Les animaux, ils font ça pour se reproduire, pas pour la petite *secousse*!
<small>動物は繁殖が目的でアレするんだ。ちょこっと楽しむためじゃない。
Jacquot : *La désenchantée*</small>

sécu (sécurité sociale の略) 社会保障

C'est remboursé par la *sécu*.
そんなの保険で返ってくるよ。　　　　　　　　　　Gilou : *La vérité si je mens*

séfarade (juif d'un pays méditerranéen) 地中海諸国のユダヤ人
Vuibert? Bé, c'est pas *séfarade*, ça?
ヴュイベールって名前だって？そりゃセファラードの名前じゃないだろう？
　　　　　　　　　　　　　　　　　　　　　　Gilou : *La vérité si je mens*

sema (masse の逆さ言葉) 大きな塊
J'vais dormir, je vais bouffer, j'vais pousser, j'vais revenir *sema*.
（ムショに入って）よく寝て，食って，背を高くして，大きくなってシャバに戻って来るさ。　　　　　　　　　　　　　　　　　Kassovitz : *La haine*

semer (se débarrasser; distancer; quitter adroitement) 追い払う，引き離す
J'arrive pas à les *semer*! On est trop lourd, là.
あいつらの車，撒けないな，この車には人が多すぎて！　Krawczyk : *Taxi II*

semoule
■**patauger〔pédaler〕dans la semoule** (ne pas être en possession de toutes ses facultés) じたばたする，あがく，もたつく，立ち往生する
Je te trouve très sexy quand tu *pédales dans la semoule*.
あんたがもがいていると，とてもセクシーだわ．　Chabrol : *Le cri du hibou*
Et je te *patauge dans la semoule*!
こいつのまごつきようったらねえや！　　　　　Blier : *Tenue de soirée*

sentir
■**ne pas sentir** (ne pas supporter) 耐えられない
Je le *sentais pas* ce connard.
我慢ならない奴だったよ，あの馬鹿．　　　　Téchiné : *Alice et Martin*

septante (soixante-dix) （ベルギー，スイスで）70
Un gaufre et un Ice Tea, s'il vous plaît. / Oui, tout de suite. Et voilà. Ça fait *septante*-cinq.
ゴーフルひとつとアイスティーをください．/ ただいま．はい，どうぞ．75フランになります．　　　　　　　　　　　　　　Dardenne : *Rosetta*
Il mesure combien? Un mètre *septante*? Un mètre quatre-vingts? / Plutôt un mètre *septante*-cinq.
その人身長は？170？180？/ 175ってとこかな．　Dardenne : *La promesse*

sérieux (je parle〔tu parles〕sérieusement, je ne plaisante〔tu ne plaisantes〕pas; c'est sérieux; vraiment) 本当に，本当のところ，真面目な話
C'est ça, quand t'as une meuf *sérieux*.

serin

そりゃそうさ，女と浮ついた仲でなければ． Dumont : *La vie de Jésus*

Tu vas quand même pas t'faire chourrer ta meuf par un bicot, *sérieux*?

お前まさかアラブ野郎にスケを取られるんじゃあるまいな，真面目な話？
Dumont : *La vie de Jésus*

T'aurais pas fait des films pornos? *Sérieux*?

あんたポルノ映画に出てた？ほんとのところ？ Despentes : *Baise-moi*

Quand j'm'entraîne sur l'écran j'suis imbattable. Premier au championnat. Et à peine j'suis sur la route, j'm'emplâtre. / Tu devrais monter une souris dans ta bagnole à la place du volant. J'te jure y'a des handicapés y font ça, *sérieux*, hein!

シミュレーションじゃ誰にも負けないチャンピオンだけど，路上に出たとたんにコチコチになっちゃうのさ．/ おまえ車にハンドルの代わりにマウスを取り付けたらどうだ．そうやってる身障者もいるんだぞ，ほんとに．マジで言ってんだぞ！
Pirès : *Taxi*

■**ce n'est pas sérieux** (c'est une plaisanterie) ふざけている

Mais enfin, vous ne pensez tout de même pas sérieusement que ça peut avoir une influence? *C'est pas sérieux*.

そんな，あんたまさか本気で影響があるなんて考えてるわけじゃないでしょう？冗談じゃない． Berliner : *Ma vie en rose*

serin (pénis) ペニス

Ce qu'on veut voir sortir, c'est ton *serin*!

(口出しはやめにして) 出すのはお前のあれにしてみな． Blier : *Merci la vie*

séropo (séropositif の略) 血清診断が陽性の (特にエイズ SIDA について)

Tu veux d'venir *séropo* avec le dass qui court, c'est ça?

おまえ今はやってるエイズの検査で陽性になりたいってことか？ Gilou : *Raï*

serpillière (lavette; lopette; avorton) 役立たず，腰抜け，出来そこない

Tu es lamentable, tu es une *serpillière*!

あんたなんか哀れなもんね，大根役者よ． Corsini : *La répétition*

Elle a un problème, la *serpillière*?

何かへましたのか，この能なしレジ係が？ Nauer : *Les truffes*

serrer (saisir; attraper) 捕まえる

Si Juliette se fait *serrer*, qu'est-ce qu'elle va dire?

もしジュリエットがパクられたら，なんて言うかな？ Téchiné : *Les voleurs*

service (à votre service) どういたしまして

Ils ont déposé ça pour vous. / Ah oui, je l'attendais. Merci. / *Service*.

あなた当てにこれが届いてます．/ ああ，待ってたんだ．ありがとう．/ いえ．
Robert : *Salut l'artiste*

sévère (sévèrement) 厳しく
Quand j'dis choper, c'est choper *sévère*.
俺が捕まるって言ってるのは並大抵の違反じゃないんだ.　　　　Pirès : *Taxi*

sguègue (sexe masculin) 男性性器
J'ai le scratch qui se barre à force d'exhiber mon *sguègue*.
あんまり俺のチンチン出してたらマジックテープがいかれちゃったよ.
　　　　Breillat : *Sex is comedy*

shilum ; chilom (pipe à long tuyau et à petit fourneau, utilisée pour fumer de l'opium ou du haschich) 阿片またはハシッシュ用の長いパイプ
Avec elle, tu marches à quoi ? Au *shilum* ?
彼女とはお前何でラリッてんだ？ 長パイプでやってんのか？　　Siegfried : *Louise*

shit (英語. haschisch, hasch, merde) ハシッシュ
Tu vends de la poudre, aussi ? / Non, je vends de l'herbe et du *shit*.
君はヘロインも売ってるのか？ / いいえ，マリファナとハシッシュなの.
　　　　Jaoui : *Le goût des autres*

shitan (アラビア語. diable) 悪魔
C'est la cité du *shitan*, du *shitan* ; faut tous qu'on crève !
ここは悪魔の団地だ，悪魔のだ，みんなくたばることになる.　　Gilou : *Raï*

shoot (英語. piqûre, injection de drogue, notamment d'héroïne) 麻薬，特にヘロインを打つこと
Je me ferais bien un petit *shoot*.
ちょっとヘロやれれば嬉しいんだけど.　　Bellon : *Les enfants du désordre*

shooté (英語のshootから drogué) 麻薬中毒になった
Qu'est-ce qu'elle a en ce moment ? Elle est *shootée* ou quoi ?
この頃どうしたんだろうあの娘？ ヤクでもやってるってこと？
　　　　Dugowson : *Portraits chinois*

shooter (英語のshootから)
1. (tirer) 撃つ
J'*ai shooté* un keum hier.
俺，昨日男を撃ったんだ.　　　　Kassovitz : *Assassins*
Vas-y, qu'est-ce que t'attends ? Allez, *shoote*... Qu'on en finisse.
やれよ何ぐずぐずしてるんだ. さあ，俺を撃て… けりをつけなきゃ.
　　　　Gainsbourg : *Charlotte for ever*

2. (prendre une photo) 写真を撮る
J'ai pu *shooter* la plaque.
車のナンバープレートをカメラに収めといたよ.
　　　　Le Roux : *On appelle ça...le printemps*

show-biz

■**se shooter** (se faire une piqûre d'héroïne)　ヘロインを打つ
　Tu *te shootes* ?
　　　あんたヘロインやってるの？　　　　　　　　Thévenet : *Sam suffit*

show-biz (英語 show-business の略．industrie, métier du spectacle)
ショービジネス
　Vous êtes du *show-biz*.
　　　あんたたち芸能界の方なんですね．　　　　　Poiré : *Les visiteurs*

SICAV (société d'investissement à capital variable の略)　オープン投資信託会社
　C'est la femme d'un pékin bourré de blé ! Si tu lui dis où est sa bourgeoise, on amasse les *SICAV* à la pelleteuse.
　　　(誘拐されたのは) カネがうなるほどある民間人の奥さんだ．かみさんがどこにいるかそいつに教えてやれば投信がごっそりもらえるぞ．　Dupontel : *Bernie*

siège-auto (siège pour un bébé, qui se fixe sur un siège de voiture)
ベビー・シート
　Celle-ci ! ...Y'en a encore deux et le *siège-auto*.
　　　(荷物は) そのスーツケース！ それにまだ二つとベビーシート．
　　　　　　　　　　　　　　　　　　　　　　　　Thompson : *La bûche*

sinon (à part ça ; au fait ; par ailleurs)　ところで，それはそうと，それに
　J'ai vu sa femme. Ça rigole pas... Tu verrais comment elle lui parle, j'aimerais pas ça, une femme comme ça... / Et *sinon* vous faites quoi ? / Eh bien, je travaille à Rome.
　　　僕アルチューロの奥さん見たよ．それがきついんだ，小父さんにたいする口の利き方ときたら，僕ああいう女の人嫌だな… / そうそう，アルテューロさんは何をなさってるんです？/ ローマで働いてます．　　　Lioret : *Tombés du ciel*

　Et *sinon*, je sais pas si tu souviens d'Eric, au service ?
　　　ところで，兵役のとき一緒だったエリックのこと覚えてるかな？
　　　　　　　　　　　　　　　　　　　　　　　Dumont : *L'humanité*

　Oui, oui... *Sinon*, comment vous l'avez eu votre Grigri ?
　　　そう，そうなの… それはそうと，あなたの猫ちゃんどうやって飼うことになったの？
　　　　　　　　　　　　　　　Klapisch : *Chacun cherche son chat*

　Faut séduire dans ce métier, c'est ça le problème. Et ça avance tes toiles *sinon* ?
　　　この仕事では人の心を捕らえないとね，それが大変なのよ．で，あんたの絵のほうは進んでる？　　　　　　　　　　Dugowson : *Mina Tannenbaum*

　Pour les chambres et pour la salle de bain, c'est là-haut, sinon la cuisine est à gauche.

（別荘の管理人が客に）寝室と浴室は上にあります．台所はこの階の左手ですが．

Ozon : Swimming pool

siphoné (qui a l'esprit dérangé; fou) いかれた，頭が空っぽの
Ton copain est complètement *siphoné*.
あんたのお友達はほんとにいかれてるわ．

Poiré : Les couloirs du temps

sitcom (英語の situation comedy の略) ファミリードラマ，ソープドラマ，ホラー，メロドラマ，コメディーなどを網羅するジャンル
Ça t'intéresse vraiment cette *sitcom*?
あのホームドラマほんとうに面白いと思うの？

Ducastel : Drôle de Félix

skunk (英語．herbe; shit; merde) マリファナ
Goûte ça. C'est de la *skunk* extra strong. / Juste une taffe.
これやってみろよ．最強のマリファナだ．／一服だけ．

Klapisch : Peut-être

slip

■**ne pas avoir froid au slip** (ne pas avoir froid au cul; ne pas avoir froid aux yeux) 大胆である，恐れない，平然としている
J'étais chez mon psychanalyste, Michel Durand. C'est bien toi? *Pas froid au slip*, hein!
（刑事が新聞を読んで聞かせる．私が盗みを働いたとされたとき）「私は分析医ミシェル・デュランのところにいました」だってさ．君のことだよな．よくもまあしゃあしゃあと！

Beineix : Mortel transfert

sm (sado-masochisme の略) サドマゾの
C'était très *SM*.
そのお芝居はとてもサド・マゾ的だったよ．

Corsini : La répétition

smack (英語．héroïne) ヘロイン
On s'achète pour un million de *smack*.
百万ものヘロインを買うんだ．

Guit: Les kidnappeurs

smala (アラビア語．ensemble des personnes constituant la famille; entourage) お供，取りまき，一族
C'est quoi, toute cette *smala*?
あのぞろぞろくっついている人たちは何なのよ？

Poiré : Les couloirs du temps

Smarties (drogue) 麻薬（本来はボンボンの商品名）
Mollo sur les Smarties.
スマーティはあんまりやるんじゃないぞ．

Le Pêcheur : J'aimerais pas crever un dimanche

sniffer (renifler de la drogue) 麻薬を鼻から吸って摂取する
　T'as pas le flash quand tu *sniffes*.
　　コカインを嗅いだ位じゃヘロインを打つみたいにぱっとこないのよ.
　　　　　　　　　　　　　　　　　　　　Garrel : *Sauvage innocence*

sœur (encore la même chose ; cousin) また同じもの
　La choucroute ... sa p'tite *sœur* et les deux steaks !
　　（ウエイトレスが厨房に注文を伝える）シュークルート1丁…おまけにもう1丁,
　　それにビフテキ二人前！　　　　　　　　　Zidi : *Arlette*

■**et ta sœur !** (tu m'emmerdes ! ; ça ne te regarde pas ! ; tais-toi !) うるせえ, それがどうした, お前の知ったことか
　C'est bien fait ! / Qui est-ce qui a dit c'est bien fait ? Je suis Français moi ! / *Et ta sœur !*
　　（車を差別主義者に爆破されたアラブ系商人に）いい気味だ！/ 誰だ, いい気味だなんて言ったのは, 俺はフランス人なんだぞ！/ だから何だって言うんだ！
　　　　　　　　　　　　Chatiliez : *La vie est un long fleuve tranquille*

soft (英語. pas très choquant) 大人しい, ハードでない
　Elle vient de faire la couverture de Vital. C'est *soft*, elle porte un string.
　　彼女, ヴィタル誌のカバーガールになったんだ. でもソフトだよ, ストリングを付けてるからね.　　Gilou : *La vérité si je mens*

soif
■**boit sans soif** (buveur) 酒飲み
　Boit sans soif ! Marin d'eau douce !
　　大酒飲みめ！大海知らずの水夫め！　Hergé : *Tintin Le trésor de Rackham*

■**jusqu'à plus soif** (à satiété) 存分に, 嫌と言うほど
　Il a été pété et répété *jusqu'à plus soif*.
　　彼はプランを嫌と言うほど練習に練習を重ねました.　Krawczyk : *Taxi II*

soigner
■**falloir se faire soigner** (être malade ; être fou) 精神科に行く必要がある, 頭がおかしい
　Tu vas me foutre la paix à la fin ! / D'accord. *Faut te faire soigner*.
　　もう放っといてったら！/ わかった. お前いかれてるぞ.
　　　　　　　　　Barbossa : *Les gens normaux n'ont rien d'exceptionnel*

soleil (fesses) 臀部
　Un, deux, trois, *soleil* ! Un, deux, trois, *soleil* !
　　1, 2, 3, しり, 1, 2, 3, しり！（男の子が soleil と言いながらズボンを下ろして尻を見せる）　　　　　　　　　　　　　Miller : *L'effrontée*

solex (appellation commerciale d'un vélo équipé d'un moteur placé au-dessus de la roue avant ; Vélosolex)　原付自転車の商標名
Saloperie de *solex* !
　このクソバイクめ！　　　　　　　　　　　　　　Serreau : *Pourquoi pas?*

somnif (somnifère の略)　睡眠薬
T'inquiète, overdose de *somnifs*.
　心配すんな，睡眠薬の飲み過ぎなんて．　　　　Gainsbourg : *Stan the flasher*

songer
■**quand je songe que ...** ((je suis étonné) quand je pense que ...)　…と考えると驚きだ，感無量だ
Quand je songe que je vous ai vue jouer pour la première fois hier soir !
　昨日になって初めてあなたの舞台を拝見しただなんて驚いちゃいますね！
　　　　　　　　　　　　　　　　　　　　　　　　Ophüls : *La ronde*

sonné (cinglé ; abruti par l'ivresse ; qui a reçu un coup)　気が触れた，酔い，打撃などでぼうっとした
Il est *sonné*, avec le coup qu'il a pris dans le front.
　その子はぼうっとしてるんだ，額を殴られてね．　　Chéreau : *Homme blessé*

sonner
■**on ne t'a pas sonné** (on ne t'a pas appelé ; mêle-toi de tes affaires ; on ne t'a rien demandé)　お前なんかお呼びじゃない，余計なお世話だ
Je ne vous dérange pas au moins ? / Il est malade...Il ferait mieux de rentrer chez lui. / Toi *on t'a pas sonné*.
　お邪魔じゃないでしょうね？ / 彼具合が悪いんだ，うちに帰ったほうがいいんじゃないかな． / あんたは黙ってなさい．　　Téchiné : *J'embrasse pas*

sono (sonorisation)　音響装置
Tu pourrais pas baisser un peu ta *sono*, non ?
　音をちょっと低くしてもらえないかね？　　　　Tacchella : *Escalier C*

sorcier
■**c'est pas sorcier** (ce n'est pas difficile)　難しくない
Tu t'en sors bien. / Ben, *c'est pas sorcier* non plus.
　仕事なかなか巧くこなしてるじゃないか． / だって，難しいことないもん．
　　　　　　　　　　　　　　　　　　　　　　　Leconte : *Félix et Lola*

sortir
1. (avoir une relation sentimentale, érotique avec)　デートする，情交がある
C'est vrai que je *suis* beaucoup *sorti*.

sortir

　　　確かに女はたくさんいました．　　　　　　Gilou : *La vérité si je mens II*
　Je voulais *sortir* avec un type avec des poils.
　　　あたし毛深い男とデートしたかったのよ．　Fonteyne : *Une liaison pornographique*
　Un soir on *sort*, on s'embrasse, on se déshabille.
　　　ある晩デートして，キスして，服を脱いだの．
　　　　　　　　　　　　　　　　Fonteyne : *Une liaison pornographique*
　Les meufs qui se sont fait buter, c'est des filles avec qui le mec *est* déjà *sorti*. Il leur a coupé la langue parce qu'elles le suçaient mal.
　　　殺されたスケってのはそいつと寝た女たちよ．舌を切られたのはフェラが下手だったから．　　　　　　　　　　　　　　　　　　　　　Megaton : *Exit*

2. (dire) 言う，口に出す
　Ça va pas d'*sortir* des conneries pareilles? Tu vois pas qu'il souffre là?
　　　お前よくもそん馬鹿なこと言えるな？彼が苦しんでるのがわからないのか？
　　　　　　　　　　　　　　　　　　　　　　Gilou : *La vérité si je mens*
　Tu nous *sors* de ces histoires... Tu es bien sûr que tu ne t'es pas payé notre tête là?
　　　よくもそんな話を持ち出せるね…僕たちを馬鹿にしてるんじゃあるまいね？
　　　　　　　　　　　　　　　　　　　　　　Resnais : *Mélo*

3. (trouver qn. pour sortir avec) デートする相手を見つける
　J'aimerais bien m'taper une bombe, tu sais, m'*sortir* au moins une meuf, quoi...pas vraiment une bombe...même une cageot...une vilaine que j'puisse la niquer.
　　　きれいなスケをものにしたいよ，せめて相手をしてくれる女が一人は欲しいな…美女でなくってもいい…大した女でなくったってかまわない…ブスだってやれればいいよ．　　　　　　　　　　　　　　　　　　　　　　Siegfried : *Louise*

■**d'où sort-il〔sortent-ils〕?**

1. (il ne connaît〔ils ne connaissent〕rien; il sort〔ils sortent〕de la campagne) 何も知らない，知識がない，田舎者だ
　Tu connais pas la starteupe? Sans déconner, il *sort d'où* lui?
　　　スタートアップを知らないのか？ほんとに知識がないんだから．
　　　　　　　　　　　　　　　　　　　　　　Gilou : *La vérité si je mens II*

2. (c'est quel genre d'homme?; qu'est-ce que c'est ce type?) それはどういう奴だ？
　D'où il sort ce type-là? / Personne le connaît!
　　　それはどういう男なんだ？/ それが誰も素性を知らねえんで．　　Beineix : *Diva*

soulager

■ **en sortir (une bien bonne)** (raconter une histoire drôle) 面白い話をする

T'as dû *en sortir* aussi.

君も（際どい）小咄をやったんだろうな。　　　　　　Braoudé : *Neuf mois*

■ **s'en sortir** (s'en tirer; se tirer d'affaire; se débrouiller) 巧く切り抜ける，逃げ出す，抜け出す

Ce type m'énerve, y va pas *s'en sortir* comme ça.

あの男しゃくにさわるわ、このままじゃ済ませないわよ。　　Rohmer : *4 aventures*

sou (argent; pognon; fric; blé) カネ

Elle nous pique des *sous* aussi, en plein dans le porte-monnaie !

この娘、うちのお金も盗むのよ、財布からおおっぴらにね！

Miller : *La petite voleuse*

■ **quatre sous** (très peu d'argent) 僅かなカネ，三文

Il les a étripés pour leur faucher *quatre sous*.

そいつは恩人を僅かなカネのために惨殺したんだ。　　Giovanni : *Mon père*

■ **s'emmerder (s'embêter; s'ennuyer) à cent sous à l'heure** (s'ennuyer mortellement) ひどくうんざりする

Quand tu viens me voir, tu *t'emmerdes à cent sous à l'heure*, hein ?

あたしを見舞いに（病院に）来てるとき、あんた死ぬほど退屈なんでしょう？

Truffaut : *La femme d'à côté*

souffler (enlever à *qn*. par ruse ou à *son* détriment) 横取りする

Il est hors de question que les Schleus ou les rosbeefs nous *soufflent* le contrat.

ドイツ野郎やイギリス野郎に契約をかすめ取られるなんて以ての外です。

Krawczyk : *Taxi II*

souffre-douleur (tête de Turc) 虐待の的，なぶり者，いじめられっ子

Il y a un môme qui déguste et qui devient le *souffre-douleur*.

いじめられ、標的にされる子がいる。　　Tavernier : *Ça commence aujourd'hui*

souk (bordel; désordre; histoire) 混乱，さわぎ，悶着

C'est fini ce *souk* ! Tous les soirs c'est la même histoire.

ごたごたはやめなさい。毎晩同じ騒ぎなんだから。　　Sinapi : *Nationale 7*

soulager

■ **se soulager** (satisfaire un besoin naturel; uriner) 小便をする

Juste avant j'ai vu la femme qui *se soulageait* sur le bord de la route.

事故の直前にその女の人が道路端でオシッコしてるの見たんだ。

Limosin : *L'autre soir*

soupe

soupe

■**cracher dans la soupe** (mépriser ce dont on tire avantage)　役に立つものを軽蔑する

Moi je serais toi, j'attendrais avant de *cracher dans la soupe*.

あたしだったら役立つものにけちをつけないで待ってみることにするわ.

Blier : Tenue de soirée

■**remuer la soupe** (faire apparaître des choses cachées)　ほじくり返す

Dès que tu *remues* un peu *la soupe* ...

君がすこしでもほじくり返し始めたら…

Jaoui : Le goût des autres

souper　(地方語, ケベック語. dîner)　夕食をとる

Si tu m'autorises à inviter ta mère à *souper*, ben je l'emmènerais bien.

君が許してくれればお母さんを夕食にご招待したいね.

Lelouch : Hasards ou coïcidences

Je vais *souper*.

これから夕食なんだ.

Dumont : L'humanité

■**en avoir soupé** (en avoir assez)　飽き飽きしている

J'*en ai soupé* des amateurs.

素人にはこりごりだ.

Tavernier : Laissez-passer

sourdingue　(sourd)　耳が遠い

Tu m'avais pas dit qu'il était *sourdingue*, ton metteur en scène ?

あの監督さん, 耳が遠いってあんた言ってなかった？

Truffaut : La nuit américaine

souris

1. (fille; nana)　女

Qu'est-ce que c'est que cette *souris* ?

あれどういうスケなんだ？

Godard : A bout de souffle

2. (英語の mouse)　パソコンのマウス

Quand j'm'entraîne sur l'écran j'suis imbattable. Premier au championnat. Et à peine j'suis sur la route, j'm'emplâtre. / Tu devrais monter une *souris* dans ta bagnole à la place du volant. J'te jure y'a des handicapés y font ça, sérieux hein !

シミュレーションじゃ誰にも負けないチャンピオンだけど, 路上に出たとたんコチコチになっちゃうのさ. / おまえ車にハンドルの代わりにマウスを取り付けたらどうだ. そうやってる身障者もいるんだ, ほんとに. マジで言ってんだぞ！

Pirès : Taxi

■**croire à la petite souris** (La dent tombée continue à appartenir au corps et peut être utilisée par toutes les puissances mauvaises. Pour protéger l'enfant, on cache la dent de lait dans un trou de souris ou on l'enterre dans un cimetière. Par ailleurs, l'enfant place la dent sous son oreiller et, la nuit, une petite souris vient la prendre en laissant une pièce de monnaie ou un petit cadeau en échange)　迷信で，歯は抜け落ちても依然として肉体との関係を保っていて悪霊の手に渡ると危険なので子供の乳歯は鼠の巣穴に隠すか墓地に葬るべきであるという迷信．なお，子供が乳歯を枕の下に置いて寝ると，夜中に鼠が取りにやって来て代わりに小銭を置いていくと言われている．

Si ma dent tombe, je la mets sous mon oreiller. / Oui, mon chéri. / Il *croit* encore *à la petite souris* ?
　　僕の歯が抜けたら枕の下に入れとくね．／そうよ，いい子ね．／あの子まだ鼠の話信じてんのか？

　　　　Demy : *L'événement le plus important depuis que l'homme a marché sur la lune*

sous
■**faire sous soi**　(faire dans *sa* culotte; mouiller *sa* culotte)　おしっこをもらす

Peux-tu me porter aux toilettes ? J'vais *faire sous moi*.
　　（車いすの老女が息子に）トイレへ連れてってくれる？　もうがまんできないの．
　　　　　　　　　　　　　　　　　　　　　　　　　　　　　Chatiliez : *Tanguy*

sous-préfecture
■**de sous-préfecture**　(d'importance secondaire)　二流どころの

Avec toi, la pièce va devenir une vraie farce de *sous-préfecture*.
　　お前が出演したら，この作品も二流の茶番劇になっちまうぞ．
　　　　　　　　　　　　　　　　　　　　　　　　　　　　　Téchiné : *Rendez-vous*

S.P.A.　(Société Protectrice des animaux の略)　動物愛護協会

C'est pas la *SPA*.
　　動物愛護協会じゃないんだぞ．　　　　　　　　　　　　　　　　Pirès : *Taxi*

Spasfon　(phloroglucinol. antispasmodique)　鎮痙攣剤名

Spasfon. / Elle a des spasmes.
　　（スターのごみ箱を調べて）スパスフォンがあるぞ．／痙攣の症状があるんだな
　　　　　　　　　　　　　　　　　　　　　　　　　　　Berberian : *Paparazzi*

spèce　(espèce)　…野郎

Dites donc '*spèce* de satyre !
　　まあ，このひひ爺ったら！　　　　　　　　　　Gainsbourg : *Stan the flasher*

speed　(英語．amphétamines utilisées comme drogue)　スピード

speeder

Quand il est en manque de *speed*, il faut les filtrer une deuxième fois.
アンフェタミンが足りなくなるともう1度濾さなきゃいけないんだって.
Despentes : *Baise-moi*

speeder (英語のspeedから)
1. (rouler vite, se hâter) スピードを出す, 急ぐ
Comment on *a speedé*!
すごくスピードを出したよな!
Dumont : *La vie de Jésus*
2. (donner de l'énergie) 活力を与える
Tu aimes le coca? / Ouais, ça me *speede* un peu.
コーラ好きなの?/ うん, ちょっと元気が出るんだ.
Varda : *Kung-fu master*

squat (英語. logement vide occupé illégalement) 不法占拠された住まい
En ce moment dans le *squat* il n'y a pas d'eau et pas d'électricité.
今はこの住まいに水も電気もないの.
Klapisch : *Péril jeune*

squatter (英語. occuper ; habiter illégalement ; rester sans payer) 不法占拠する, 居候する
A chaque fois qu'il se pointe, c'est pour un jour ou deux, et puis il *squatte* pendant trois semaines.
あいつは一日二日といってやって来るんだけど, いつだって3週間は居座るのよ.
Despentes : *Baise-moi*

S.R.P.J. (Service régional de la police juduciaireの略) 司法警察地域圏署
C'est pas moi qui suis chargé de l'enquête... c'est le *SRPJ*.
捜査に当たっているのは俺じゃない… 司法警察のほうだ.
Téchiné : *Les voleurs*

starter [startɛr] (英語) チョーク
Tu as essayé sans le *starter*?
チョークを引かないでエンジン掛けようとしたのかい?
Moll : *Harry, un ami qui vous veut du bien*

cf. スターターは démarreur
C'est juste le *démarreur*, dans trois jours elle sera réparée.
スターターの調子が悪いだけだ. 三日後には車は使えるよ.
Moll : *Harry, un ami qui vous veut du bien*

starteupe (英語の start-up. jeune entreprise de haute technologie, à fort potentiel de croissance, soutenue par le capital-risque ou les stock-options ; jeune pousse) スタートアップ, ベンチャー企業
Tu connais pas la *starteupe*? Haute technologie!
お前スタートアップって知らねえのか? ハイテクのことだ.
Gilou : *La vérité si je mens*

s'te-plaît (s'il te plaît) お願いだ
　T'as une cigarette *s'te-plaît*.
　　タバコ１本くれない？　　　　　　　　　　　Salomé : *Belphégor*

stomato (stomatologie の略) 口腔科(こうこう)
　Je vais vous emmener en *stomato*.
　　口腔科に連れてってあげましょう。　　　　Téchiné : *J'embrasse pas*

stone (英語. qui est sous l'effet de la drogue; qui est étourdi) 麻薬の作用を受けて茫然とした
　Une fois accro, t'es soit *stone*, soit malade.
　　一度ヤクに取り付かれると、ぼーっとしてるか具合が悪いかのどっちかだ。
　　　　　　　　　　　　　　　　　　　　　　Guit : *Le ciel est à nous*

stop (英語. auto-stop) ヒッチハイク
　Il est reparti en *stop*.
　　彼はヒッチハイクで帰って行きました。　Moll : *Harry, un ami qui vous veut du bien*
　C'est dangereux de faire du *stop* avec tous les malades qui traînent.
　　坊や、変なのがうろうろしてるからヒッチハイクするなんて危険だよ。
　　　　　　　　　　　　　　　　　　　　　　Nauer : *Les truffes*

story-board (英語. scénarimage; dessin de l'histoire) ストーリーボード
　C'est pour un spot. J'ai vu le *story-board*, c'est vachement chiadé.
　　CMのスポットの仕事なんだ。ストーリーボードを見たけど、すごく緻密に出来てるよ。　　　　　　　　　　　　　　　　Téchiné : *Alice et Martin*

stress [strɛs] (英語. angoisse; pression; surmenage) ストレス
　Aigreurs d'estomac... C'est le *stress*, ça.
　　胸焼けってのはストレスから来てるんだ。　　Berberian : *Paparazzi*

stresser (英語のstressから. angoisser; surmener) ストレスがたまる
　On n'entend pas le moteur ! Ça me *stresse*, moi.
　　エンジン音がないと、俺ストレスになっちゃう！　　krawczyk : *Taxi II*

stronso (イタリア語. merde) 糞
　Stronso !
　　くそ！　　　　　　　　　　　　　　　　　　Berberien : *Paparazzi*

stup (stupéfiant の略. drogue) 麻薬
　Sorti des Baumettes il y a deux mois, 3 ans pour trafic de *stup*.
　　(奴は)ムショから２か月前に出てきた、麻薬密売で３年喰らってたんだ。
　　　　　　　　　　　　　　　　　　　　　　Bluwwal : *1996*

■**brigade de stups** (brigade des stupéiants の略) 麻薬取り締まり班

su'
Y s'est fait étendre devant chez Tati par la *brigade des Stups*.
彼は麻薬取り締まり班にタチの店の前で殺されたんだ. Berto : *La neige*

su' (sur) …の上に, …に関して
Un sacré boulot *su'*c't'bagnole !
この車は修理がたいへんだ！ Allégret : *Une si jolie petite plage*

subclaquant (près de mourir) 瀕死の
Un jour vous disparaissez, décomposée pour aller au chevet d'un mari *subclaquant*.
あるときは，死にそうな夫の病床に駆けつけるためにあなたは取り乱して姿を消す.
Sautet : *Nelly et Monsieur Arnaud*

sucer
1. (pratiquer la fellation ou le cunnilingus) フェラ, クンニをする
Vas-y, *suce*-le, enculé !
さあ, あの子をしゃぶってやれ, オカマめ！ Zonca : *Le petit voleur*
2. (consommer excessivement de carburant) 燃料をすごく食う
Qu'est-ce qu'elle doit *sucer* comme essence leur bagnole, là !
彼らの車はすごくガソリン食うだろうな！ Giovanni : *Mon père*
3. (couper le vent dans la course) 競技の先頭に立って風を切り後続の選手を助ける
Je me suis contenté de *sucer* tout le monde.
僕は他の選手たちの風を切ってやるだけで満足だったんだ.
Becker : *L'été meurtrier*

■**suce-moi la bite!** (va te faire foutre!) 消え失せろ
Ferme ta gueule ! / *Suce-moi la bite* !
黙れこの野郎！／てめえなんかとっとと失せろ！ Siegfried : *Louise*

■**va sucer!** (va te faire foutre! ; va te faire enculer!) 消え失せろ
Tu vas t'faire foutre ! / Vas-y, v*a sucer* !
失せやがれ, この野郎！／てめえこそ消えちまえ！ Siegfried : *Louise*

sucette (microphone ; micro) マイク
Tu la lâches ta *sucette*.
通信を打ち切れよ. Sinapi : *Nationale 7*

suceuse (fellatrice) フェラする女
C'est une *suceuse* de première.
ありゃ最高にフェラの巧い女だ. Despentes : *Baise-moi*

sucrer (supprimer) 削除する, 取る
C'est rien. Je vais te le *sucrer*.

平気さ，その男（写真から）消しちゃうよ． Berberian : *Paparazzi*

D't'façon, j'avais plein de problèmes avec ma femme... et puis ils m'*ont sucré* la garde de la gosse.

とにかく妻とはいろいろ問題があってね，娘の養育権を取り上げられちゃったんだ．

Berberian : *La cité de la peur*

sucrette (petite pastille à base d'édulcorant de synthèse, qui remplace le sucre) 人工甘味料

Voilà le café de Monsieur ... Je vous ai mis vos *sucrettes*.

はい，コーヒーをどうぞ．甘味料も入れておきましたよ． Blier : *Mon homme*

sud (près ; chaud) 近くに

Il est sous mon lit. / De quel côté ? / Devinez, le *sud*, le nord, le chaud, le froid.

本はベッドの下よ．/ どの辺だい？/ 見つけなさいよ，その辺かな，離れたわ，近くなった，遠くなった． Rivette : *Va savoir*

Suisse

■**Les Trois Suisses** (nom d'un magasin et d'une société de vente par correspondance) 通信販売会社名

Vous ne savez pas ce que j'ai trouvé dans le camion ? Le catalogue *des Trois Suisses* ouvert au chapitre des nuisettes.

トラックの中で何を見つけたと思います？通販のカタログで，婦人下着のところが開いてたんですよ． Jeunet : *Le fabuleux destin d'Amélie Poulain*

suite

■**de suite** (tout de suite の略) すぐに

Ouvre *de suite* !

すぐにドアを開けろ！ Poiré : *Le Père Noël est une ordure*

Tu me ramènes *de suite*.

すぐに連れ帰ってよ． Sinapi : *Nationale 7*

sup (supplémentaire の略) 超過の

Rien de nouveau, qui justifie nos heures *sup*.

残業までさせられたけど，何も新しい手がかりは出ませんでしたね．

Berberian : *Six-pack*

super

1. (formidable ; très beau) すばらしい，見事な

J'en ai une mieux, beaucoup mieux, *super*.

あたし持ってるの，もっといい腕時計，ずっといいわ，最高の． Beineix : *Diva*

sur-booké

2. (très) とても，すごく

Il a l'air *super* gêné ... il est avec sa femme, c'est mon client.
 あの男ばつが悪そう，奥さん連れで，あたしの客なのよ． Menges : *The lost son*

sur-booké (plein; très occupé; ne pas être libre du tout)　予定がぎっしり詰まった，まったく暇がない

Faut que j'y aille. J'suis *sur-booké* en ce moment.
 あたし行かなくっちゃ．予定がいっぱいなの． Anglade : *Tonka*

surface

■**en boucher une surface** (étonner)　驚かす

Si mon neveu me voyait, ça lui *en boucherait une surface* !
 もし甥があたしのこんな姿みたら呆気にとられるでしょうね．
  Varda : *Sans toit ni loi*

surin (couteau)　ナイフ

Y mériteraient tous un bon coup de *surin* ouais !
 あんな奴等，みんなぐさっとやりゃいいんだ！ Zeitoun : *Yamakasi*

Fais gaffe, il sort un *surin*.
 気を付けろ，ナイフを出したぞ． Fassbinder : *Querelle*

surpatte (réunion dansante; surboum)　ダンスパーティー

Non, ce soir je peux pas parce que j'ai une *surpatte* avec mon flirt.
 駄目なの，今晩は，ボーイフレンドとダンスパーティーに行くの．
  Berberian : *La cité de la peur*

surprise

■**surprises surprises** (caméra cachée)　ドッキリカメラ

C'est quoi ? C'est *surprises surprises*, y a des caméras planquées ?
 これはどういうことなんだ？ ドッキリカメラ？ カメラが隠してあるのか？
  Blanc : *Grosse fatigue*

swinguer (英語のswing より．danser)　踊る

Ça va *swinguer* !
 踊りましょう！ Plattner : *Les petites couleurs*

sympa (sympathique の略)　感じがいい

Pourquoi tu lui as pas donné ? / Parce qu'il avait pas une tête assez *sympa*.
 なんであの人に恵んで上げなかったの？ / だってあんまり感じのいい顔してなかったもの． Rohmer : *4 aventures*

Elle est *sympa* cette baraque.
 この家いい感じじゃないか． Braoudé : *Neuf mois*

système
■**porter〔taper〕sur le système** (énerver ; agacer)　神経を逆撫でする，いらだたせる，勘に触る
   Vous savez que ça commence à me *porter sur le système*.
   そうなんですよ，あたしもう我慢できなくなってきてます.
   Deville : *La maladie de Sachs*
   Ça me *tapait sur le système*, moi, la musique.
   俺，音楽を聞いていていらいらしてきちゃったんだ.　　Mouriéras : *Dis-moi que je rêve*

T

tabac
■**c'est le même tabac** (c'est la même chose)　同じ類のことだ
   C'est donc vrai que t'es un flic. / Non, non, c'est un déguisement pour vous amuser ... c'est comme son tutu, *c'est le même tabac*.
   じゃああんたは本物のデカなんだ. / いや，いや，みんなを楽しませるための変装なのさ. 彼のチュチュと同じことだ.　　Malle : *Zazie dans le métro*
■**faire un tabac** (remporter un succès immédiat)　たちどころに成功する，ヒットする
   On a *fait un tabac* avec nos costumes.
   俺たちのファッションで一発で成功したんだ.　　Duchemin : *Faust*
■**passage à tabac** (violences sur une personne qui ne peut se défendre)　(抵抗できない相手を) 痛めつけること
   Je n'ai jamais pu me remettre de ce *passage à tabac* sur la plage.
   あの海岸でぶちのめされたことから立ち直れないでいるんだ.
   Chabrol : *Rien ne va plus*
■**passer à tabac** (infliger une correction)　体罰を加える
   Pour me faire *passer à tabac* jusqu'à ce qu'ils me fassent avouer que c'est moi qui ai fait le coup.
   (警察の取り調べを受けることになれば) 俺があれをやったと自白するまでぶん殴られることになるんだぞ.　　Corneau : *Série noire*
■**pot à tabac** (homme petit et rondouillard)　ずんぐりした小男
   Je suis un *pot à tabac*.
   あたしは (ゲイなのに) ずんぐりむっちりよ.　　Poiré : *Le Père Noël est une ordure*

tabernacle!

tabernacle! (ケベックで. Bon Dieu!; putain!; merde!) ちぇっ, 畜生, しまった！
Dis donc, *tabernacle*, t'as tu les yeux dans le cul toi !
(カナダ人のタクシードライバーが駐車しておいた車にぶつけられて) おい, くそ! お前目をどこにつけてんだ！ (tu もケベック語 voir tu)
Lelouch : Hasards ou coïncidences

tableur (progiciel permettant la création, la manipulation et l'édition de données organisées sous forme de tableaux) 表計算ソフト
Est-ce que vous avez déjà travaillé sur des *tableurs* ?
表計算ソフトを使ったことある？
Audiard : Sur mes lèvres

tablier
■**rendre *son* tablier** (se démettre; démissionner) 辞める, 辞職する
Je n'en peux plus, je *rends mon tablier*.
あたしもう駄目, 辞めます.
Aghion : Pédale douce

tac (geste, bruit de l'acte d'amour) 性行為の動作, 音
Le 5 à 7... *tac, tac, tac*.
仕事帰りの浮気で…スッポンスッポンスッポンやる.
Braoudé : Neuf mois

tache (individu complètement nul, idiot, nul) 無能な人
La boîte à troubadours. Pauvre *tache* !
(タイムスリップして初めてテレビを見て) 吟遊詩人が出てくる箱だってよ. くだらないばばあだ！
Poiré : Les couloirs du temps
J'ai cherché partout les clés, j'ai même demandé à la caissière. Et rien ! / Quelle *tache* !
あたしあっちこっち鍵を捜したのよ. レジの人にも聞いたけどだめなの. / ドジ女だな！
Sinapi : Nationale 7

tacot (voiture; bagnole) 車
J'vous lave votre *tacot* ?
洗車しましょうか？
Allégret : Une si jolie petite plage

Tac-O-Tac; Tacotac (appellation d'un jeu d'argent et de hasard. Il y a deux fois plus de chances de gagner. Une au grattage, une au tirage.) 籤(くじ)の名 (その場でこすって当たりはずれを見るのと, 後での抽選の2回のチャンスがある)
Je voudrais trois paquets de Lucky et un *Tac-O-Tac*.
ラッキーを3箱とタッコタックを一つください.
Assayas : Fin août, début septembre
T'as une chance sur deux. Mais au moins si ça marche pas, tu le sais

tout de suite. C'est un peu comme au *Tac-O-Tac* : tu grattes et t'as la réponse !

チャンスは半分しかない．でも駄目だったにせよ，少なくともすぐにわかる．あの籤みたいなもんだ．こすれば結果がすぐでる． Pirès : *Taxi*

taf (travail; turbin) 仕事
J'ai pas que ça à faire là, j'ai un maximum de *taf* là.
することはこれだけじゃない．仕事がうじゃうじゃあるんだ． Gilou : *La vérité si je mens II*

C'est quoi ce nouveau *taf*-là ?
今度のその仕事って何だ？ Chibane : *Nés quelque part*

taffe (bouffée) 一服
Goûte ça. C'est de la skunk extra strong. / Juste une *taffe*.
これやってみろよ．最強のマリファナだ． / 一服だけ． Klapisch : *Peut-être*

Je peux tirer une *taffe* ?
一服吸わせてくれる？ Jacquot : *La fille seule*

tafiotte (pédé passif; tafiole) 女役のホモ
Arrête de chialer ! On dirait une *tafiotte*, là !
泣くんじゃねえ！まるでオカマじゃねえか！ Audiard : *Sur mes lèvres*

taguer (dessiner des tags, des peintures) スプレーでウオールペインティングをする，絵を描く
Il dit que vous êtes un homme bon. Votre âme est très claire, très belle. / C'est pour ça qu'il m'*a tagué* la tronche ?
あなたは善良な人だと彼は言っています．魂がとても澄んでいて，とても美しいって． / それで顔を描いたんですね． Veber : *Jaguar*

tailler (proférer des insultes; se moquer) 罵る，侮辱する，馬鹿にする
On arrête de s'*tailler*.
お互いに悪口言うのはやめよう． Pawlotsky : *Intimités*

■**se tailler** (s'enfuir; s'en aller; partir rapidement) 逃げる
Moi, je reste. Toi, *taille-toi*.
おれは行かない．お前はずらかれ． Godard : *A bout de souffle*

On *se taille* chacun de son côté.
めいめいがそれぞれの方角にさっさと出て行きましょう． Megaton : *Exit*

■**tailler la route** (partir; faire du chemin) 出発する
Pour moi y a qu'un truc qui compte : *tailler la route* !
俺にとって重要なのはここを出ていくことだけだ． Blier : *Les valseuses*

'tain ! (putain の略) 畜生

taka

Tu es mort en 2021, le 16 juin. / 'Tain 46 ans ! ... Merde !

パパは2021年の6月16日に死んだんだ． / 畜生！46歳じゃないか！…糞！

Klapisch : Peut-être

taka (tu n'as qu'à)　…すりゃそれでいいんだ

Pardon M'sieur, j'ai envie d'pisser. / J'veux pas l'savoir, *taka* t'ret'nir.

済みません先生，おしっこしたいんです． / こっちの知ったことか，我慢すりゃいいんだ．

Gainsbourg : Stan the flasher

takapa (tu n'as qu'à pas...)　…しなけりゃそれでいいんだ

Il t'a quitté... *Takapa... takapa... takapa* les prendre aussi jeunes.

（ホモの男に）あいつに捨てられたのか… ただ…簡単さ…あんなに若いのを相手にしなけりゃいいだけのことさ．

Gainsbourg : Charlotte for ever

talbin (billet de banque)　紙幣

Il y a 45 briques en *talbins*.

（金庫には）札が4千5百万入っている．

Bluwal : 1996

taloche (gifle)　ビンタ

Si je devais compter les *taloches* que j'ai prises !

あたしが喰らったビンタなんて数え切れないわ！

Hubert : Le grand chemin

tambouille (cuisine; popotte)　料理，おまんま

Puisqu'y veut se débrouiller tout seul avec son gourbi, il a qu'à faire pareil avec sa *tambouille*.

家で一人でなんとかやっていきたいんだったら，食事も同じようにすりゃいいのよ．

Hubert : La reine blanche

tampon (touché; j'ai gagné; ça y est)　触った！，勝った！

Tampon ! / Oh !

（先に木に触った方が勝ちになる遊びで）やった！/ 負けちゃった！

Rohmer : L'arbre, le maire et la médiathèque

Tanakan (médicament qui facilite la circulation sanguine)　血液循環改良剤

Je reprendrai du *Tanakan* chez le pharmacien, vous n'en avez plus.

薬局に寄ってタナカンをまた貰っておきます，もうありませんでしたから．

Chatiliez : Tatie Danielle

tanche (homme prétentieux)　自惚れ屋，気障な男

Dis donc vieille *tanche*, pourquoi ça s'appelle Le Perroquet, ton rade ?

よう，気障な爺さんよ，お前んとこのビストロなんでオウムって言うんだ？

Miller : L'effrontée

tangente

■**prendre la tangente** (partir discrètement)　こっそり逃げ出す

Ne va pas l'répéter. J'*ai pris la tangente*.
誰にも言うんじゃないぞ．俺姿をくらましたんだから．

Gainsbourg : *Stan the flasher*

tanner
1. (battre) 叩く，殴る
   Mon père m'*a tanné* les fesses à coups de corde.
   （売春したんで）父はあたしのお尻ロープで殴ったわ．　Giovanni : *Mon père*
2. (importuner avec insistance) しつっこく食い下がる，せがむ
   Ça fait deux semaines que je *tanne* les vieux pour la soirée de Barbara.
   もう2週間も親にバルバラのパーティーに行かせてってせがんだんだけどね．

Berliner : *Ma vie en rose*

tant
■**tant qu'à faire** (puisqu'il faut faire) どうせなら，それだったら
Désigne-moi n'importe quelle femme, seule, bien entendu, la plus belle *tant qu'à faire*.
女を誰でもいいから選んでくれ，もちろん一人でいる女だ，どうせなら一番の美女を．　　　　　　　　　　　　　　　　　　　　　　　　Leconte : *Tango*

J'peux prendre un foie gras chaud? *Tant qu'à faire*...
（食事に招待された浮浪者が）ホット・フォワグラをいただこうかな，この際だから．

Bénégui : *Au petit Marguery*

tante (homosexuel; tantouze; pédé) オカマ
Je suis pas une *tante*.
俺はオカマじゃないぞ．　　　　　　　　　　　Fassbinder : *Querelle*
Tu serais pas *tante*, par hasard ?
君まさかオカマじゃないだろうな？　　　　　　Blier : *Tenue de soirée*

tantôt (tout à l'heure) 先ほど
C'est humide par terre. / Attendez, *tantôt* j'ai apporté une bâche.
下は濡れてるわ．／待って下さい，さっき防水シートを持ってきておきました．

Allégret : *Une si jolie petite plage*

tantouze (homosexuel; tante; pédé) オカマ
Me faire traiter comme ça par une *tantouze* ?
オカマごときにこんな扱いを受けるなんて！　　Noé : *Seul contre tous*

tapé (un peu fou) ちょっといかれた
C'est de la ferraille. Y'a qu'un *tapé* comme toi pour en vouloir.
そんな屑鉄欲しがるのはお前みたいな変な奴だけだ．　Dupeyron : *Salomé*

tape-cul (voiture mal suspendue) 乗り心地の悪い車

taper

On veut juste un petit échange à l'amiable notre *tape-cul* contre votre limousine.
　俺達はただ納得ずくで俺達のボロ車とあんたのリムジンとを交換しようって言ってるだけだ。　　　　　　　　　　　　　　　　　　　Blier : *Les valseuses*

taper

1. (emprunter de l'argent)　カネを借りる
   S'il débarque, ne le laissez pas vous *taper*, il est très fort.
   　彼が不意にやってきてカネを都合してくれと言われても貸しちゃ駄目ですよ，彼はとても巧妙ですからね。　　　　　　　　Sautet : *Nelly et Monsieur Arnaud*

2. (vider ; prendre en abondance)　ごっそり頂く，大量に取る
   Tu *as tapé* dans la caisse.
   　お前レジから大金を持ち出してるんだろう。　　　Garcia : *Le fils préféré*

3. (atteindre la vitesse de ...)　…のスピードを出す
   Tes cannes, c'est toujours celles qui *ont tapé* à un 1/100 du record d'Europe.
   　君は欧州記録に百分の1秒まで迫った脚の持ち主には違いないんだぞ。
   　　　　　　　　　　　　　　　　　　　　　　　　　Anglade : *Tonka*

■se taper

1. (supporter qn. de désagéable ; se farcir ; faire quelque chose de pénible)　嫌な相手と付き合う，めんどうなことを押しつけられる，背負い込む，辛いことをする
   Si je travaillais la nuit, j'aurais plus à *me taper* leurs sales tronches toute la journée.
   　夜勤になればあの女どもの嫌な面を一日中見なくても済むな。
   　　　　　　　　　　　　　　　　　　　　　　　Noé : *Seul contre tous*
   Moi j'*me tape* tous les jouets électroniques du quartier à réparer.
   　（僕がIBMに勤めてるなんて嘘をつくから）近所で電子玩具が壊れるとみんな僕に直せって押しつけて来るんだ。　　　　　　　　　　　　　　Pirès : *Taxi*
   Tu viens pas *te taper* neuf mille bornes pour rien.
   　お前，何の目的もなしに9千キロもわざわざやって来たわけじゃなかろう？
   　　　　　　　　　　　　　　　　　　　　　　　　　Huth : *Serial lover*
   Tu vas pas *t'taper* la honte tout'ta vie quand même !
   　お前（木に登らないと）一生恥ずかしい思いをしなけりゃならないんだぞ！
   　　　　　　　　　　　　　　　　　　　　　　　Zeitoun : *Yamakasi*

2. (s'octroyer ; posséder sexuellement ; se faire)　ものにする，やる
   C'est pas une raison pour *se taper* une boniche.

558

taper

だからって女中に手を付けていいってことじゃないのよ.
Iosseliani : *Adieu, plancher des vcaches*

Vous pouvez pas *vous* en *taper* des comme ça.
お前らにはこんな上等な女は高嶺の花だ.
Blier : *Les valseuses*

3. (consommer; manger; boire) 食べる, 飲む

J'avais une pièce, je la gardais précieusement pour *me taper* un petit jus.
あたし大事に小銭持ってたのに, コーヒー飲もうと思って.
Blier : *Mon homme*

On va *se taper* une bonne bouillabaisse.
おいしいブイヤベースを食いに行こう.
Balducci : *Trop jolies pour être honnêtes*

4. (absorber; lire) 吸収する, 読む

Je *me suis* aussi *tapé* "les onze mille verges" d'Apollinaire.
あたしアポリネールの「一万一千の鞭」まで読みふけったのよ.
Gainsbourg : *Charlotte for ever*

■**s'en taper** (se moquer) 馬鹿にする

Je *m'en tape* du gamin. C'est Max qui m'intéresse.
チンピラはどうでもいい. 俺の狙いはマックスだ.
Devers : *Max et Jérémie*

■**se taper des poses** (faire le malin) 格好つける, 気取る

C'est un gars qui *s'tape des poses* avec sa voiture.
車を派手に乗り回してる奴だ.
Dumont : *La vie de Jésus*

■**se taper dessus〔sur la gueule〕** (se foutre sur la gueule; se disputer) 殴り合う, 喧嘩する

Il y a monsieur Albin et Salomé qui *se tapent dessus*.
アルバンさんとサロメがもめてます.
Molinaro : *La cage aux folles*

Y paraît qu'on va *s'taper sur la gueule*. Tu viens aussi?
喧嘩があるみたいだけどお前も来るか?
Dardenne: *La promesse*

■**se taper un bout de soi** (se masturber; se taper la queue) マスターベーションする

Elle attend, en comptant les mouches au plafond ... autant *se taper un bout de moi*.
あの女, 天井の蝿を数えながら男が終わるのを待ってるんだ. こんなんだったらオナニーをするほうがましだ.
Blier : *Les valseuses*

■**tape-là!** (tope-là; c'est promis; juré; d'accord) 約束だよ

Tape-là ... cochon qui s'en dédit !
指切りげんまん, 嘘ついたら針千本飲ーます!
Rohmer : *4 aventures*

■**taper aux portes** (demander de prêter de l'argent) カネを貸してくれと頼む

tapette

Il faut mentir. On peut pas passer sa vie à *taper aux portes*.
　嘘をつく必要があるわ．一生お金を無心しているわけにもいかないでしょう．
　　　　　　　　　　　　　　　　　　　　　　Chouraqui : *Les menteurs*

■**taper dans...** (prendre en abondance et sans choisir; se servir de...) 手あたり次第に大量に飲む

Vous passez votre temps à picoler, à *taper dans* les bouteilles d'alcool qui traînent partout.
　あんたって飲みっぱなしじゃない，そのへんにごろごろしている酒瓶に手あたり次第に口をつけて．　　　　　Iosseliani : *Adieu, plancher des vaches*

■**taper pour** (être d'accord pour) …で手を打つ

1 500 balles? / *Tape pour* 4 500.
　千5百フランでどうだ？ / 4千5百で決まりだ．　　　　　　Dridi : *Pigalle*

tapette (homosexuel; tante) ホモ

T'es pas un peu *tapette* sur les bords?
　お前ちょっとホモの気があるんじゃないか？　　Fassbinder : *Querelle*

tapeur (personne qui emprunte souvent de l'argent) 借金魔

Je ne suis pas un *tapeur*.
　僕はしょっちゅうカネを借りるような男じゃない．　　　Resnais : *Mélo*

tapiner (faire le tapin; se prostituer) 客引きをする，売春をする

Allez viens, on *tapine*. En copines on *tapine*.
　さあ，一緒に男を捕まえましょう．仲良く客引きしましょう．　Blier : *Mon homme*

tapis

■**au tapis** (tué) 殺した

Avec deux poulets *au tapis*, tu crois qu'c'est la fête?
　デカを二人も殺っといて浮かれてられると思うのか？　Kounen : *Le Dobermann*

tapisserie

■**faire tapisserie** (rester sans bouger) （人と話しもせず，踊りもせず）動かずにいる

Je *fais tapisserie*?
　俺にただじっとしていろって言うのか？　　　　Blier : *Tenue de soirée*

taquet

■**être au taquet** (rouler à la vitesse maximale d'une voiture) フルスピードで走る

Je *suis au taquet*.
　これで目一杯走ってるんだ．　　　　　　　　　Krawczyk : *Taxi II*

taré (imbécile; crétin; idiot) 白痴，馬鹿

Ils mettent du chauffage en plein été. Ils sont complètement *tarés*.
真夏だっていうのに暖房なんか入れて．まったく阿呆だ．
Moll : *Harry, un ami qui vous veut du bien*

tarif
■**à ce tarif-là** (si tu agis comme ça; de cette manière) そんな態度だったら

Il ne te plaisait pas? / Non, mais, il a l'air un petit peu dragueur sur les bords. / *A ce tarif-là*, tu ne vas rencontrer personne, hein!
あの男気に入らないの？/ うん，だって女たらしっぽいんだもん．/ あんたその調子じゃ男は見つかりっこないわよ！
Rohmer : *Le rayon vert*

tarin (nez; pif) 鼻

Il a le grand *tarin*.
彼大きな鼻してるの．
Poiré : *Les visiteurs*

tarlouze (homosexuel; pédé; tantouse) ホモ

C'est quoi ça, ce bruit là dehors? / C'est les *tarlouzes* en bas.
ありゃ何だ，外がうるさいのは？/ 下のホモたちが騒いでるのさ．
Noé : *Irréversible*

tarpé (pétard の逆さ言葉．joint; cigarette de haschisch) ジョイント

Passe-moi le *tarpé*.
そのジョイント回してくれ．
Chatiliez : *Tanguy*

tarte
1. (laid) 醜い

   Qu'est-ce qu'elle est *tarte*!
   すごいブスだ！
   Blier : *Les valseuses*

2. (stupide) 愚かな

   Pauvre *tarte*.
   あんたってお馬鹿さんね．
   Megaton : *Exit*

3. (gifle) ビンタ

   Si je vous flanquais une *tarte*?
   あんたを殴ったらどうする？
   Miller : *Le sourire*

   Deux *tartes* dans la gueule et il dira tout!
   ビンタを2発も喰らわせりゃなんでもしゃべるさ！
   Heynemann : *La vieille qui marchait dans la mer*

■**c'est pas (de la) tarte** (ce n'est pas facile; c'est très difficile) 容易ではない，簡単ではない，厄介だ

Ça va pas *être de la tarte*.

tartouille

そいつは大変だぞ.　　　　　　　　　　Tavernier : *Ça commence aujourd'hui*

Il y a de la famille de Béa qui est là ... Et *ce n'est pas de la tarte*.

ベアがいるのに身内まで顔を出した… こりゃ厄介だぞ.　　Poiré : *Les visiteurs*

Remonter les intermédiaires, *ça va pas être tarte*.

仲買人を辿っていくのはことだな.　　　　　Chabrol : *Au cœur du mensonge*

■**tarte aux poils** voir **poil**

tartouille (laid ; ridicule ; médiocre ; tarte) 醜い, 滑稽な, ぱっとしない

Deux filles sur une terrasse, quelles que soient les deux filles, même *tartouilles* ou bigleuses, y a forcément un mec qui mate.

テラスに娘が二人佇んでればどんな娘であろうと, ブスだって藪睨みだって, 覗いてる男が必ずいるものよ.　　　　　　Blier : *Merci la vie*

tas

1. (fille laide) 醜い女

   T'as vu le cul que tu te payes, gros *tas* ?

   自分のケツ見たことあるのか, 太っちょブスめ！　　Nauer : *Les truffes*

2. (homme gras et gros) 脂ぎったデブ男

   C'était qui ce gros *tas* ?

   あのデブ誰なのよ？　　　　　　　　Beineix : *37°2 le matin*

■**dans le tas** (dans un groupe ; sans viser précisément quelqu'un ; dans le grand nombre de gens en question) 大勢の中に, 無差別に

Si on les interroge tous un par un, vous croyez que *dans le tas* on va pas coincer trois ou quatre cents fellouzes, non ?

あいつらみんなを一人一人尋問すれば, 大勢の中に3,4百人の対仏アラブ戦士を挙げられるとは思いませんか？　　　　　Heynemann : *La question*

Reste assis ! Toi, reprends le volant ou je tire *dans le tas* !

座ってろ！お前運転するんだ, さもないと無差別に発砲するぞ！

Rochant : *Aux yeux du monde*

■**des tas de** (beaucoup de) たくさんの

Des tas de gens passent à toute allure, sans me voir.

(駅では) 多くの人たちがあたしのことなんか見もしないで足早に通り過ぎて行くの.

Leconte : *La fille sur le pont*

tasse

■**boire la tasse** (avaler involontairement de l'eau en se baignant) 泳いでいて水を飲む

Qu'est-ce qu'elle a ? / Elle *a bu la tasse*.

あの子どうしたの？/ プールの水飲んじゃったのよ.

Sautet : *Nelly et Monsieur Arnaud*

■**ce n'est pas ma tasse de thé** (ce n'est pas mon activité préférée; ça ne me convient guère; ce n'est pas mon truc)　それは私の趣味ではない

Thibaud, *c'est pas ma tasse de thé.*
（ヴァイオリニストの）チボーは私の好みじゃないんだ．

Damme : *Le joueur de violon*

tata
1. (tante)　叔母，伯母
   La vie de *tata* !
   ほんとだ！（伯母の命にかけて誓う）　　　Gilou : *La vérité si je mens II*
2. (homosexuel; tante)　ホモ
   Je vis avec un homme, oui, je suis une vieille *tata*.
   パパは男と暮らしてる．そうさ，老いぼれのホモなのさ．

Molinaro : *La cage aux folles*

tatane (pied)　足
J'aurais dû l'éclater sur place, ce minable. Un coup de *tatane* sur la gueule pour bien lui faire sentir mon casier.
あんなろくでもない奴はその場で殴るべきだったんだ．俺が前科者だってことを肌で感じてもらうために面に足げりを一発かましてやりゃ．　Noé : *Seul contre tous*

taulard (détenu)　受刑者，囚人
On a plein de chômeurs...un ancien *taulard*, un ancien toxico et un homosexuel.
失業者だらけだ…前科者，元ヤク中，ホモもね．　Rochant : *Vive la République*

taule
1. (prison)　刑務所
   Il est en *taule*, ce con-là.
   あの馬鹿，臭い飯食ってる．　　　　　　　Godard : *A bout de souffle*
   Je viens de sortir de *taule*.
   俺ムショから出たてなんだ．　　　Guédiguian : *A la place du cœur*
2. (maison; boîte; entreprise)　店，商店
   Fermez la *taule*.
   閉店にするんだ．　　　　　　　　　　　　　Gainsbourg : *Equateur*

taupe
■**vieille taupe** (vieille femme désagréable)　嫌な老女
Elle est encore là, la *vieille taupe*.

tax
 くそばばあ，まだいるんだ．
                Malle : *Zazie dans le métro*
tax (taxi) タクシー
 Je t'appellerai un *tax*.
 タクシーを呼んでやるよ．
                Beineix : *37°2 le matin*

taxer (mendier; rançonner; prendre; dérober; voler) ゆする，盗む
 Tu *taxes* dix balles à ton âge? Ça promet.
 お前その歳で10フランたかるのか？　先が思いやられるよ．
                Siegfried : *Louise*
 J'*ai taxé* la carte bleue du bouffon près du bar.
 俺はカウンターの近くにいた馬鹿野郎のクレジットカードを失敬してやったぞ．
                Kassovitz : *La haine*

t'barak
■**t'barak allah!** (アラビア語．Dieu te bénisse!) 神のご加護のあらんことを
 Qu'est-ce qu'il est beau mon fils! *T'barak Allah!* Khmousse alik!
 なんて息子は立派なんでしょう！　神のお恵みとご加護を！
                Gilou : *La vérité si je mens II*

tchac! (onomotapée d'un bruit sec et rapide) パッ，ピッ（擬音）
 J'ai tout de suite été amoureux de toi, immédiatement, *tchac!*
 君にすぐに恋しちゃったんだ，瞬間的に，ピピピって！
                Truffaut : *La femme d'à côté*

tchatche (conversation) 会話
 Je fais des *tchatches* avec des amis là-bas.
 国の友達と（パソコンで）チャットしてるんだ．
                Allouache : *Chouchou*

tchin(-tchin) (à ta santé; à la tienne) 乾杯
 A votre santé! / *Tchin*!
 乾杯！/ 乾杯！
                Corsini : *La répétition*
 Allez *tchin-tchin* hein! Je veux trinquer avec toi comme en Russie.
 さあ乾杯といこう．君とロシア風に乾杯したいんだ．
                Poirier : *Western*

tchou-tchou (mouvement du corps) 体の動き
 Elles vont nous faire un drôle de *tchou-tchou*!
 ストリッパーたちはすごい身の振りかたをしてくれるよ．
                Miller : *Le sourire*

technicien
■**technicien d'entretien** (technicien de surface) 清掃士
 Merci à notre *technicien d'entretien*.
 清掃士さんありがとう．
                Klapisch : *Riens du tout*
■**technicien de surface** (balayeur) 清掃士
 Et puis, il était pas technicien, il était *technicien de surface*, nuance!

... balayeur
> それに，あの人技師なんかじゃなかったんだ，技師は技師でも清掃技師，違うだろう！… 掃除夫ってことさ． Lioret : *Tombé du ciel*

Un *technicien de surface* pour le plateau.
> ステージへ清掃係を一人寄こしてください． Klapisch : *Riens du tout*

■**technicienne de surface** (femme de ménage; employée de maison) 清掃士

Je comprends, ce n'est pas drôle d'être employée de maison...ce n'est pas enrichissant... / *Technicienne de surface*, on dit plus employé de maison ou femme de ménage, on dit *technicienne de surface*.
> わかりますよ，家事従業員なんて面白いもんじゃないでしょう… 心が豊かになるもんじゃないし… / 清掃士よ，もう家事従業員とか家政婦なんて言わないの，清掃士って言うのよ． Thévenet : *Sam suffit*

Votre femme de ménage, par exemple... votre *technicienne de surface*.
> 例えばあんたんとこの家政婦さん…いやお手伝いさん． Beineix : *Mortel transfert*

techno (musique techno) テクノミュージック

Je pensais plutôt à une photo géante d'un champignon nucléaire, avec plein de petits personnages tout autour qui dansent de la *techno*.
> 壁紙を変えるとしたら原爆の茸雲の大きな写真でその周りにテクノを踊っている小さな人がいっぱいいるようなものよ． Krawczyk : *Wasabi*

téci (cité の逆さ言葉) 団地

J'prends l'genhar. On rentre à la *téci*.
> 俺がカネを取ったら団地へ帰ろう． Seguin : *Miskine*

tehon (honte の逆さ言葉) 恥

Je dis ça à une meuf, quoi. Mais la *tehon*, quoi. J'vais pas dire ça à ma meuf.
> 愛してるってスケに言うってことか．そんな，格好わるいこと．俺には言えないな． Siegfried : *Louise*

teillbou (bouteille の逆さ言葉) 瓶

C'est pas grave, tu paies pas la conso, on emmène une *teilbou*.
> だいじょうぶ，飲み代を払うことはない，持ち込めばいいんだ． Gilou : *Raï*

tèj (jeter, jeté の逆さ言葉) 投げる，捨てる

Elle m'a bouillave, elle...elle m'a *tèj* comme ça...là !
> あの女，俺を騙してぽいっと捨てやがった！ Bensalah : *Le ciel, les oiseaux et...ta mère*

télé

télé (télévision の略) テレビ
Il s'est pas occupé de moi très longtemps, dans une chambre d'hôtel sans oreillers, sans *télé*.
その男もあまり長くあたしのこと構ってくれなかったの，枕もテレビもないホテルの部屋でね. Leconte : *La fille sur le pont*

télé-hôtesse (réceptionniste-statndardiste) 受付兼電話交換手
J'ai trouvé un job très tranquille de *télé-hôtesse* chez Jet Tours.
あたし，ジェット・ツアーって会社の受付・電話係ってのんびりした仕事を見つけたの. Ducastel : *Jeanne et le garçon formidable*

téléthon (télévision + marathon. émission télévisée pour les malades génétiques) 遺伝子病患者支援のためのテレビ番組
Regarde-moi ça, on lui confierait l'argent du *téléthon*.
あんな（だらしのない）男にテレトンのカネを託すかね. Chabrol : *Rien ne va plus*

téma (mate の逆さ言葉. regarde) 見ろ
Téma, le pingouin y m'a pris pour un ministre.
（画廊のパーティーにもぐりこんでボーイにシャンパングラスを渡されて仲間に）見てみろ，俺大臣扱いだ. Kassovitz : *La haine*

tempérament
■**avoir du tempérament** (être porté sur la chose, sur l'amour) 色好みだ
Ben c'est comme ça, hein ! On *a du tempérament* dans la famille !
まあしょうがないわよ！色好みなのはうちの家系なんだから！
Haneke : *La pianiste*

temps
■**en deux temps (et trois mouvements)** (très rapidement et très facilement) 素早く，なんなく
Elle m'a évanoui *en deux temps et trois mouvements* !
お嬢さんにねあっしはあっと言う間に気絶させられちまったってわけで.
Tavernier : *La fille de d'Artagnan*

tend (attend) 待てよ
Attends, *tend*, *tend*, *tend*, va pas trop vite !
おい，待てよ，待つんだったら，そう先走るなよ！ Berberian : *Six-pack*

tenir (être ivre ; tenir une bonne cuite) 酔っぱらっている
Qu'est-ce que je *tiens* !
あたし酔ったわ！ Varda : *Sans toit ni loi*

■**en tenir une** (être ivre ; tenir une cuite) 酔っぱらっている
Je n'ai pas compris la moitié de ce qu'il disait... lui aussi, il *en tient une*

bonne.

彼が言ってる半分もわからなかった … 彼もすごく酔っぱらってたんだ．
Tavernier: Laissez-passer

■**qu'à cela ne tienne** (peu importe; que cela ne soit pas un obstacle; ce n'est pas grave) それで別に構わない，差し支えない，大したことはない
Je suis confus, j'avais complètement oublié. / Oh mais, *qu'à cela ne tienne*. Ce sera pour une autre fois.

申し訳ない，すっかり約束を忘れてて．/ いや，お気になさらないで，またいずれ．
Sautet: Quelques jours avec moi

■**tiens donc** voir **tiens**

tenu (juré; d'accord) 決めた，OK
500 balles qu'avant la fin de la semaine, je te l'amène à dîner. / Ah ouais ben 1000, 1000. / Ouais *tenu*. / *Tenu*.

週末前に彼女を食事に誘い出すことに5百フラン賭よう．/ うん，そうだな，千，千にしよう．うん，決めた．/ 決まりだ．
Arcady: Dis-moi oui

termoun (アラビア語．derrière; cul) 尻
Tiens, prends celui-là dans ton *termoun*.

ほれ，ケツを蹴っ飛ばしてやる．
Gilou: La vérité si je mens II

terreur (individu dangereux) 恐怖の的，乱暴者，よたもの
Regardez-moi ces deux *terreurs*.

この二人組のぶっそうな男を見てみろ．
Blier: Les valseuses

terrible

■**pas terrible** (médiocre) ぱっとしない，出来の悪い，ぞっとしない
J'ai un gros nez! C'est *pas terrible* pour une jeune fille de mon âge d'avoir un gros nez!

あたし大きな鼻してるでしょう．あたしぐらいの年頃の娘が大きな鼻してるなんてみっともないわ！
Krawczyk: Wasabi

Comment il est? / Il est buvable. / *Pas terrible*!

（去年の残りのワイン）味はどう？/ 飲めないことはない．/ おいしくはないわね！
Ozon: Sous le sable

test (英語．analyse biologique; test du sida) 検査，エイズ検査
J'ai fait mes *tests*, je suis négatif.

エイズ検査を受けたら陰性だった．
Aghion: Pédale douce

tétaniser (paralyser) 茫然とさせる，金縛りにする
Imaginez quarante crétins qui font zzzzz, zzzzz...pendant trois minutes!

têtard
Ben j'*étais tétanisée* sur l'estrade.
> 考えてもみてください，40人もの馬鹿生徒にブーン，ブーンて，蜂の真似を3分間やられてごらんなさい．あたし教壇で立ち往生でした．　　Beineix : *Mortel transfert*

têtard (enfant) 子供
Tu ne m'as jamais impressionné, ni toi ni ton *têtard*.
> お前にしろ，あのガキにしろ，俺にはなんともない．　　Chéreau : *L'homme blessé*

tête

■**avoir la tête en l'air** (oublier facilement; être tête en l'air) 物忘れする
J'ai trouvé quelqu'un pour faire mes courses...parce que moi j'*ai la tête en l'air*.
> 買い物をしてくれる人が見つかったのよ…だって，あたし物忘れがひどいでしょう．
> 　　Klapisch : *Chacun cherche son chat*

■**avoir une idée derrière la tête** (avoir une idée bizarre, inattendue, secrète, érotique) 変な考えを抱く，思いも寄らないことを考えつく
Je te raccompagne. / J'habite loin, tu sais. / C'est pas grave. / Si tu *as une idée derrière la tête*, c'est pas la peine. / Ah non, je n'*ai pas d'idée derrière la tête* !
> 送ってきますよ．/ 住まいは遠いのよ．/ 構いません．/ 下心があるんだったら無駄よ．/ そんな，下心なんてありませんよ．　　Rochant : *Vive la République*

Je me suis demandé si t'*avais une idée derrière la tête*.
> あんたエッチなこと考えてんじゃないかって思ってもみたわ．
> 　　Téchiné : *Les voleurs*

Qu'est-ce qu'elle *a derrière la tête*, cette fille ?
> いったい何を考えてるんだろうな，あの娘は？　　Téchiné : *Barroco*

■**ça va pas la tête** (tu es fou; ça va pas; non mais) 頭が変だぞ，そんなの駄目だ
Vous voulez qu'on sorte de l'aéroport ? *Ça va pas la tête* !
> 空港からみんなを連れ出したいって？ おかしいんじゃないの？
> 　　Lioret : *Tombés du ciel*

■**en avoir par-dessus la tête** (en avoir assez) あきあきする，たくさんだ
J'*en ai par-dessus la tête* de vos conneries !
> もうあんたたちの馬鹿げた言動にはうんざりだ！　　Leconte : *Tango*

■**être tombé sur la tête** (être fou, dérangé) 頭がいかれた
T'*es tombé sur la tête* ou quoi ?
> （親友の妻であるこのあたしを口説くなんて）あんた正気なの？
> 　　Vernoux : *Love etc.*

tête

Vous *êtes tombée sur la tête* pour venir vous enterrer dans c'trou.
　こんな田舎に引っ込むなんてどうかしてるんじゃないですか．
Deray : *Les bois noirs*

■**faire la tête** (bouder; être triste; faire la gueule)　ふくれる，ご機嫌斜めだ，悲しむ
Fais pas *la tête*.
　そんな顔するなよ．
Godard : *A bout de souffle*

■**faire monter la tête** (exciter la colère)　怒りをつのらせる
Mais écoute-moi ! Tu es en train de te *faire monter la tête* par tout le monde pour ne plus me voir.
　いいから僕の言うことを聞いてくれ．君はみんなにいろいろ吹き込まれてるんだ，僕等の仲を裂こうとして．
Gilou : *La vérité si je mens*

■**faire une grosse tête** (casser la gueule; faire la tête de Mickey)　殴る，頭をボコボコにする
On va leur *faire une* bonne *grosse tête* !
　あいつらの顔を充分にたたきのめしてやろう！
Molinaro : *La cage aux folles II*
Alors, t'as la trouille, là ? Eh bien viens...Viens, que je *fasse une grosse tête*. Alors qu'est-ce que t'attends ? Viens, on s'explique.
　おい，怖じ気づいたな？　ほら，来るんだ，来いったら，一発噛ませないと駄目か？
　おい，ぐずぐずするな，来いよ，片をつけるんだ．
Rochant : *Aux yeux du monde*

■**n'en faire qu'à *sa* tête** (n'agir qu'à *sa* fantaisie sans tenir compte d'autrui)　他人の忠告に耳を貸さない，好き勝手に振る舞う，気まぐれな行動をとる
Ce que pensent les voisins, tu t'en fous. De toute façon c'est toujours pareil, tu *n'en fais qu'à ta tête* !
　あんたは隣の人たちがどう考えようと平気なんだから．いずれにせよいつもの事ね，自分本位で行動するのよ．
Haneke : *La pianiste*

■**prendre la tête** (obséder; embêter; contrarier; tracasser)　頭から離れない，取りつく，付きまとう，うんざりさせる，いらだたせる，気をもませる
C'est une chose qui vous *prend la tête* même quand on dort ou quand on boit un canon.
　それは眠ってたって，飲んでたって頭につきまとって離れないんだ．
Beineix : *Mortel transfert*
Y dit qu'vous lui *avez pris la tête* avec des histoires à dormir debout pendant une heure.
　お偉いさんは言ってるぞ，お前に1時間も退屈な話を聞かされてうんざりしたって．
Zeitoun : *Yamakasi*

têter

Elle t'*a* bien *pris la tête* celle-là ! T'as déliré grave, là.
お前その女に相当のぼせてるな．譫言ばっかりならべて． Dupeyron : *Salomé*

■**saouler la tête** voir **saouler**
■**se foutre dans la tête** (avoir une idée fixe) 思い込む
Max *s'est foutu dans la tête* de m'baiser.
マックスはなにがなんでもあたしとセックスすることしか頭になかったのよ． Beineix : *Mortel transfert*

■**se monter la tête** (se faire des idées, des illusions; s'exalter; s'illusionner) 興奮する，のぼせ上がる，幻想を抱く
T'as tort ... tu *te montes la tête*.
そうじゃない… 君の考え過ぎだ． Assayas : *Fin août, début septembre*
Elles vont *se monter la tête*. Fallait pas les laisser dormir ensemble.
彼女たちかっかしてくるぞ．一緒に寝かしといちゃいけなかったんだ． Tavernier : *L'appât*

■**se payer la tête** (se moquer de) 馬鹿にする，嘲る
Les voilà vite devenues des alliées quand il s'agit de *se payer la tête* d'un homme.
男を笑いものにするとなると女ってすぐに同盟を結ぶんだから． Lemercier : *Quadrille*
Tu es bien sûr que tu ne *t'es pas payé notre tête* là ?
君ほんとに僕たちを馬鹿にしたんじゃないだろうな？ Resnais : *Mélo*

■**se péter la tête** voir **péter**
■**se prendre la tête** (s'énerver) いらいらする
Nous, on doit *s'prendre la tête* pour faire à bouffer.
こっちは食い物のことでいらいらしなきゃならないっていうのに． Bensalah : *Le ciel, les oiseaux et ... ta mère*

■**tête brûlée** voir **brûlé**

têter (boire) 飲む
Elle veut juste *têter* de ma bouteille.
この女は俺の瓶の酒を飲みたいだけなんだ． Noé : *Carne*

tétête (tête) 頭，顔
Il a plus la *tétête*.
（乳児の入浴練習用の人形の頭を胴体からはずして）もう頭がないぞ． Braoudé : *Neuf mois*

teub (bite の逆さ言葉．pénis) ペニス
J'ai pris une balle dans la *teub* !
俺，ペニスに弾喰らっちゃった！ Kounen : *Le Dobermann*

teuchi voir **teushi**

teuf (fête の逆さ言葉) 祭り，どんちゃん騒ぎ
Tu m'parles des meufs de la *teuf*?
宴会の女たちのこと言ってるのか． Chibane : *Nés quelque part*

teup〔u〕 (pute の逆さ言葉．putain; prostituée) 娼婦
A peine débarqué, t'sais c'qui m'dit, d'l'emmener faire une virée chez les *teupus*.
着いたとたんに奴何て言ったと思う，商売女のところへ連れてけってさ．
Gilou : *Raï*

teushi; teuchi (shit の逆さ言葉．haschisch; teushee; merde) ハシッシュ，マリファナ，大麻
J'ai pas ton *teuchi*.
お前のマリファナないよ． Siegfried : *Louise*
Il y avait des Turcs il y a super longtemps, genre des guerriers qui fumaient du *teushi* avant d'aller faire un massacre.
ずっと昔のことだけどトルコ人は，まあ戦士みないなものだね，殺戮(りく)に出る前にマリファナをやってたんだ． Kassovitz : *Assassins*

teuton (allemand) ドイツ語
Si tu crois qu'avec les copains, on se parlait *teuton*.
仲間とドイツ語なんかで話してなかったぞ． Tavernier : *Laissez-passer*

tex-mec (restaurant, bar mexicain) メキシコ風レストラン，バー
Le patron d'ici a aussi un *tex-mec*, rue Mouffetard.
このレストランのオーナーがムフタール街にメキシコ風レストランも持ってるんだ．
Le Roux : *On appelle ça ... le printemps*

tézig (toi) お前
J'ai commencé par lui dire que pour *tézig* l'Allemagne représentait l'avenir.
お前にとってドイツは未来を象徴するものだと彼にまず言っといたよ．
Jugnot : *Monsieur Batignole*

thaïlandais

■**brouette thaïlandaise** (position sexuelle dans laquelle l'homme est debout et soulève les jambes de la femme qui est couchée à plat ventre) タイ式手押し車
Le jeu est mieux que la fellation, 69... partouse, *brouette thaïlandaise*.
このゲームはフェラよりも69よりもオージーパーティーよりもタイ式手押し車よりもいい． Samuell : *Jeux d'enfants*

thalasso

■**salon thaïlandais** (salon de massages corps à corps pratiqués par de jeunes femmes; maison de passe) ソープランド, 風俗店
C'est qui la gonzesse qui gazouille, là? / C'est une hôtesse. Non, elle est en infirmière! / Vous êtes dans un *salon thaïlandais*, c'est ça?
（電話で）甘ったるい声出してるスケは誰よ．/ ホステスだ，いや，白衣を着てる．/ イメクラにいるってことね？
Krawczyk : *Taxi II*

thalasso (thalassothérapie の略) タラソテラピー
J'ai une copine qui travaille dans une *thalasso*.
タラソテラピーのエステで働いている女友達がいるの．
Balasko : *Gazon maudit*

thon
1. (fille laide, souvent grosse) （太った）醜女
C'est un *thon*.
ありゃブスだ．
Améris : *Mauvaises fréquentations*
2. (con) 馬鹿者
C'était un *thon* ce mec. Tu vaux beaucoup mieux.
あんな男馬鹿よ．あんたなんかもったいないわ．
Breillat : *A ma sœur*

thune (argent; pognon; fric, tune) カネ, ゼニ
Y a même un plan pour s'faire encore plus de *thune*.
もっとカネを作る計画だってある．
Gilou : *Raï*

ti
■**-ti** (est-ce que...? ; -i ...?) …なのか？
C'est-*ti* oui ou c'est-*ti* non？
イエスなのかノーなのか？
Malle : *Zazie dans le métro*

ticket
■**avoir un〔le〕ticket** (plaire; avoir une touche) 人気がある, 好かれる, もてる
J'ai une copine, je crois que tu *as un ticket* avec elle.
（このディスコに）女友達が来てて，あんたに気があるみたいよ．
Téchiné : *Hôtel des Amériques*
Il nous regarde! Je suis sûre que tu *as le ticket*.
あの男あたしたちを見てるわ！きっとあんたのこと気に入ったのよ．
Rohmer : *Le rayon vert*

tiennes (folies; bêtises; conneries) 愚行
Tu as encore fait des *tiennes*？
お前またとんでもないことやらかしたんでしょう？
Kassovitz : *Assassins*

tiens

1. (fais attention; regarde; voilà) ほら，さあ，ちょっと，いいか，見てごらん

    L'Obélisque, c'est un grand truc que Napoléon a volé aux Egyptiens... *tiens*...regarde.
    > (子供にパリの地図を説明して) オベリスクってナポレオンがエジプト人から盗んできたもんだ…ほら…見てごらん. Lioret : *Tombés du ciel*

2. (bien sûr; ça va de soi; évidemment) …に決まってるじゃないか，もちろん…だ

    On va où ? / Chez Valérie, *tiens* !
    > どこへ行く？ / ヴァレリーのとこに決まってるだろう. Belvaux : *C'est arrivé près de chez vous*

    Qui vous a dit ça ? / Bou-bou, *tiens*.
    > 誰がそんなこと言ったんだ？ / もちろんブウ・ブウよ. Becker : *L'été meurtrier*

3. (attrape!; pour toi!) これでも喰らえ，ざまあみろ

    Tu l'auras pas. / *Tiens* !
    > 試験に通らないな. /（枕でたたく）ほれ！ Samuell : *Jeux d'enfants*

■**tiens donc**

1. (je ne crois pas) へえ，そうかなー，まさかそんな

    Je te parie qu'il ne reviendra pas seul ce soir. / Avec sa fille, il osera pas. / *Tiens donc* !?
    > 彼は今晩きっと誰か連れてくるわ. / まさか娘ってわけにもいかないだろう. / へえ，そうかしら！ Deray : *La piscine*

2. (eh ... bien) それはすごい

    Elle a 25 ans, elle est restauratrice de tableaux. / *Tiens donc* !
    > 彼女はね，25歳で絵画の修復師なんだ. / ほうー！ Vernoux : *Love* etc.

tif (cheveu) 髪の毛

Je vais me faire les *tifs*.
> 俺，床屋に行って来よう. Tati : *Jour de fête*

tige (*qn.* qui ne comprend rien) 何もわからない奴

Ça nous arrive à tous à un moment ou un autre de prendre un gamin dans le nez. Parce que faut le reconnaître, y'en a des *tiges* !
> (幼稚園の先生をしてると) 誰でもある子が我慢できないってことをいつかは経験するものさ. 否定できないからね，箸にも棒にもかからない子がいるってことは！ Tavernier : *Ça commence aujourd'hui*

■**avoir la tige** (être en érection) 勃起している

tilt
>J'*ai la tige* depuis Athènes !
>>僕，アテネからずっと勃起しっぱなしなんだ． Arcady : *Pour Sacha*

tilt
■**faire tilt** (comprendre brusquement) 頭にひらめく，ぴんとくる
>Alors Adèle a *fait tilt*.
>>するとアデールにはぱっとひらめいたことがあったんだ． Bluwal : *1996*

timbré (fou ; cinglé) 気が違った，頭がいかれた
>Il est complètement *timbré* Michel !
>>ミシェルはまったくいかれてる． Arcady : *Pour Sacha*

tintin (rien du tout) なにもなし
>Elle veut ses 10 000 dollars avant, sinon *tintin* pour l'info.
>>あの女前金で1万ドルよこせって言ってる，さもないと情報はお預けだって． Othenin : *Piège à flics*

■**faire tintin** (être privé de ce qui est attendu ou dû) お預けである，あぶれる，ありつけない
>Alors pourquoi moi je *ferais tintin* ?
>>どうしてこの俺がお預けを食わされるんだ？ Corneau : *Série noire*

tintouin
■**tout le (ce) tintouin** (tout le reste ; tout ce truc ; tout ça ; que sais-je) こういったもの（みんな）
>Et combien ça lui coûte *tout ce tintouin* ?
>>で，こういうのみんなに彼はどれくらい払うの？ Marshall : *Vénus Beauté*
>Jamais aucune femme dans le monde entier n'a été aussi heureuse que moi, et je compte même les reines et les millionnaires, hein la Grace de Monaco, et *tout le tintouin*.
>>あたしほど幸せだった女は世界中に誰一人としていないわ，女王様だって，女億万長者だって，グレース・ド・モナコだって，誰と較べたっていいわ． Miller : *L'effrontée*

tip
■**tip top !** (super ! ; impeccable ! ; au poil !) 最高，完璧な，申し分のない，すばらしい
>Ça va ? / *Tip top* !
>>調子は？/ 最高！ Gilou : *La vérité si je mens*

tire (voiture ; bagnole) 車
>C'est toi qui conduisais la *tire*.
>>車を運転してたのは君だろう． Gainsbourg : *Charlotte for ever*

tire(-)au(-)cul voir cul

■**tire-fesses** (remonte-pente; téléski) シュレップリフト，パーリフト
Je vais l'installer au chaud et je vous retrouve au *tire-fesses*...
先生はこの子を暖かいところに置いてからみんなとリフトのところで落ち合うことにしよう．
Miller : *La classe de neige*

tirer

1. (voler; voler à tire) 盗む，ひったくる
Vaut mieux *tirer* une caisse qu'on connaît ?
知ってる車を盗んだほうがいいんじゃないか？
Pirès : *Taxi*
La came, on se l'est fait *tirer*.
商品を取られちまった．
Gilou : *La vérité si je mens*

2. (faire l'amour; baiser) セックスする
Freddy, qu'est-ce qu'i *tire* !
フレディーってよく女とやるよな！
Dumont : *La vie de Jésus*
J'avais envie de te *tirer* comme une chienne.
お前を雌犬みたいに犯してやりたかったんだ．
Chatiliez : *Le bonheur est dans le pré*

■**se faire tirer la figure** (se faire des liftings, lissages, déridages) 皺取り手術をする
Tu *t'es fait tirer la figure* ?
リフティングしてもらったのか？
Thompson : *La bûche*

■**se tirer** (s'en aller; partir; s'enfuir) 立ち去る，逃げ出す
Tu repasses au juge le mois prochain. / Je m'en fous, je *me serai tirée* avant.
あんた来月また判事のところへ出頭するんでしょう．/ そんなのどうでもいいの．どうせその前にずらかってるから．
Miller : *La petite voleuse*
Je peux pas *me tirer* !
抜け出すわけにはいかないわよ．
Thompson : *La bûche*
Allez, allez, fous le camp ! *tire-toi* !
さあさあ，出てけ，消えちまえ！
Chéreau : *Ceux qui m'aiment prendront le train*

■**tirer un coup** (faire l'amour (de façon expéditive)) （おざなりに）セックスする
J'ai sans arrêt la trique. Depuis que je suis ici, j'*ai* pas *tiré* un coup.
俺立ちっぱなしなんだ．なにせこの施設に入ってから一発もしてないんだから．
Sinapi : *Nationale 7*

t(')nah (アラビア語．bon à rien; connard) 役立たず，阿呆

toblerone

C'est quoi, cette bande de *tnah* ?
あの馬鹿どもは何だ？ Gilou : *Raï*

toblerone (appellation commerciale d'une friandise chocolatée) チョコレートの商品名

Et un *toblerone*. / Quarante.
それにトブレローヌ・チョコひとつ． / 40フランです． Lioret : *Tombés du ciel*

toc (imitation ; faux) まがいもの，模造品，偽物

Montre-leur la bague. Attention, c'est pas du *toc*.
彼らに指輪を見せてやれ．気をつけろ，本物なんだから．
Gilou : *La vérité si je mens II*

C'est du *toc*, non ?
これ模造品なんでしょう？ Rivette : *Va savoir*

■**et toc !** (bien envoyé ! ; et vlan !) 巧くやったぞ，参ったか

La petite Mona, elle est mineure. *Et toc !* Au trou !
（お前が性交渉を持った）モナちゃんは未成年だ．参ったか！ムショ行きだな！
Corneau : *Série noire*

■**toc toc !** (un peu fou) 少しおかしい，変な

Si j'allais claquer ? / T'es pas un peu *toc toc* ?
もし僕がくたばることになったら？ / あんた少しいかれてんじゃない？
Resnais : *Mélo*

tocard ; toquart

1. (individu peu intéressant ; homme sans valeur ; débile) つまらない奴，無能な奴，役立たず，小物

Y t'aurait pas écouté, c'était un *tocard*.
あんたの言うことに耳を貸さなかっただろうな，あいつは駄目な奴だったから．
Berto : *La neige*

Quel *tocard* !
（ボクサーに）なんて負け犬なんだ！ Nauer : *Les truffes*

2. (mauvais cheval) 勝ち目のない馬

T'as encore joué un *tocard* ?
お前また駄目な馬に賭けたのか？ Kassovitz : *Assassins*

toi

■**toi et ton〔ta, tes〕...** (tu m'ennuies avec ton ...) …なんか聞き飽きた，また…なのかよ

C'est comme toi, elle disait qu'elle voulait faire du football, mais c'est

des mots. / Et quel rapport avec moi ? / *Toi et ton* vélo.
> 君と同じだ，サッカーやりたいって言ってるけど，口先だけでね．/ それがあたしとどういう関係があるの？/ 君は馬鹿の一つ覚えみたいい自転車，自転車だもの．
>
> Godard : *Sauve qui peut (la vie)*

toile
■**se faire une toile** (aller voir un film)　映画を見に行く
　Je sors *me faire une toile*.
> これから映画を見に出る．　　　　　　　　　　　　Serreau : *Chaos*

toit
■**crier *qch.* sur les toits**　(clamer publiquement ; divulguer partout) 世間に広める，言い触らす
　Ça ne se *crie* pas *sur les toits*.
> こういうことはあからさまに話されることはないからね．　　Menges : *The lost son*

tombe　(être une tombe ; être muet comme une〔la〕tombe)　沈黙を守る
　On dira rien... des *tombes* OK.
> 何も言わない…黙ってるよ．　　　　　　　　　　Braoudé : *Neuf mois*

tomber
1. (séduire)　たらし込む，ものにする
　Ce qui n'empêche pas que je rêve d'être comme tous ces mecs qui ne se donnent aucun mal et qui *tombent* toutes les filles.
> そうは言っても僕だって何の苦労もせず女の子を片っ端から引っかける男達みたいになってみたいよ．　　　　　Rohmer : *Conte d'été*

2. (vaincre ; attraper ; arrêter)　やっつける，捕まえる
　Maintenant je vais *tomber* le julot.
> こんどはひもをとっ捕まえるからな．　　　　　　Tavernier : *L.627*

　Je *suis tombé* pour vol aggravé.
> 俺，過重窃盗でパクラレたんだ．　　　　　Audiard : *Sur mes lèvres*

■**si ça tombe**　(si ça se trouve ; peut-être)　もしかしたら
　Ce Marquet n'est peut-être pas absolument vrai. / Mais je vous trouve bien pessimiste pour un expert. Et *si ça tombe*, ce tableau est tout à fait vrai.
> このマルケはもしかしたら全く本物とは言い切れないのです．/ まあ，あんたったらエキスパートにしちゃペシミストね．ひょっとしたらこの絵本物に間違いないかも知れないのに．　　　　　Pinheiro : *La femme fardée*

tombeur　(séducteur)　女たらし，ドンファン

tonne

Alex c'est pas un *tombeur*.
アレックスは女たらしじゃないよ.   Téchiné : *Les voleurs*

tonne
■**en faire des (dix) tonnes** (en rajouter; en remettre)　余計なことをする，オーバーにする

Stanislas m'a offert une bague. C'est malin quand on va divorcer. Quel con! Il faisait semblant de ne pas comprendre. Il *en faisait des tonnes*.
スタニスラスったらさ，あたしに指輪プレゼントしたのよ．もうすぐ離婚するっていうのに，変なことするわね．なんて馬鹿なんでしょう！わかってない振りなんかしちゃって．それにしてもやりすぎよね．   Thompson : *La bûche*

Prends l'air dégagé. / Ça va les gars? / Pas la peine d'*en faire dix tonnes*.
(ラリーの車を奪おうとレーサーを気絶させ，レーサーのいでたちでテントから出る) 自然に振る舞うんだ．/（派手な身振りで）やあみんな元気か？/ そこまでやることないだろう.   Berberian : *Le boulet*

tonneau
■**du même tonneau** (du même genre)　同種の，似たり寄ったりの

Il paraît même que son père était *du même tonneau*, lui aussi.
（ホモなのは彼だけじゃなく）父親さえもその気があったみたいだ.   Noé : *Seul contre tous*

tonnerre
■**du tonnerre**
1. (excellent; remarquable; formidable; terrible)　素晴らしい，すごい

J'attends un bébé de toi. / Je vais lui faire une garde-robe *du tonnerre*.
赤ちゃんができたの. / それじゃ，立派な服を一揃え作ってやろう.   Duchemin : *Faust*

Vous allez faire un couple *du tonnerre*!
あんたたちはすごいペアーになりますよ.   Le Moine : *Le nain rouge*

2. (d'une façon formidable, très bien)　素晴らしく，とてもよく

Ma tri marche *du tonnerre*.
僕の三種混合（エイズ）治療薬はすごく効きますよ.   Ducastel : *Drôle de Félix*

■**tonnerre de Brest!** (Bon Dieu!; merde!)　畜生！

Tonnerre de Brest! Que faites-vous là?
畜生め！お前ら何をぼやぼやしてるんだ？   Hergé : *Tintin　Le trésor de Rackham*

tonton (oncle)　伯父さん，叔父さん

Je le connais le *tonton*.
あの子の叔父さんを知ってるよ.   Tavernier : *Ça commence aujourd'hui*

top (bref signal sonore) 短い信号音，ピッ・ピッ
　Et là là là, quelle image vous vient là? Par exemple maintenant, la voilà *top*! Quel âge il a?
　　ほらほら，（子供の）どんなイメージが浮かんでる？ 今だったら，そのイメージで，何歳になってる？
　　　　　　　　　　　　　　　　　　　　　　　　　Braoudé : *Neuf mois*

■**c'est le top** (c'est exactement le temps qu'il faut ; juste le temps nécessaire ; c'est fini) ぴったりその時間でできあがり
　Avec ce bouton on déroule, et avec celui-ci on rembobine. Voilà! En prenant appui sur la colonne avec le genou...45 secondes de pression... *c'est le top*.
　　（殺し屋が見習いに首を絞める器具の説明をする）このボタンでワイヤーが出て，これで巻き戻す．ほらね．膝で相手の脊椎を押しながら45秒締めれば一丁上がり．
　　　　　　　　　　　　　　　　　　　　　　　　　Salvadri : *Cible émouvante*

top (英語. beau ; bien) 美しい，素敵な
　Elle est pas trop *top*?
　　彼女すごくきれいだろう？
　　　　　　　　　　　　　　　　　　　　　　　　　Siegfried : *Louise*

■**être au top** (être le meilleur ; être au sommet ; être le plus fort) 一番良い，最高である，一番強い
　C'est sûr que toi, avec ton carnet à spirales, t'*es au top*.
　　あんたは（コンピューターではなく）スパイラル手帳があれば敵なしだね．
　　　　　　　　　　　　　　　　　　　　　　　　　Berberian : *Six-pack*

■**tip top** voir **tip**
toper
■**tope(z)(-)là!** (c'est dit ; c'est promis ; cochon qui s'en dédit!) 約束だ，手を打った
　D'accord? / D'accord. *Topez-là!*
　　いいわね？/ いいよ．約束した！
　　　　　　　　　　　　　　　　　　　　　　　　　Truffaut : *L'amour en fuite*

topo (histoire ; de quoi il s'agit) 事情
　Vous connaissez le *topo*.
　　どういうことかご存知ですね．
　　　　　　　　　　　　　　　　　　　　　　　　　Berberian : *Six-pack*

■**toquart** voir **tocard**
toqué (un peu fou ; bizarre) 少しおかしい，変な
　Tu me pardonneras un ou deux mots qui ne sonnaient pas trop bien. / Tu n'es pas *toqué*?
　　耳障りなことを少しもらしちゃって許してくれよな．/ 君なに言ってるんだ．
　　　　　　　　　　　　　　　　　　　　　　　　　Resnais : *Mélo*

torche-cul (écrit méprisable; livre, article sans valeur) くだらない著作
  Je ne lis pas les *torche-culs* qu'il fréquente.
    僕は彼が愛読しているようなくだらんものは手にしない.
    Tavernier : *Laissez-passer*

torcher (s'occuper) 世話をする
  Il t'a pas épousée... Tu nous *as torchés* à l'œil pendant quinze ans.
    親父はあんたと結婚しなかった…それでもあんたは15年間も何も要求せずに僕たち兄弟の面倒を見てくれた.
    Garcia : *Le fils préféré*

■**se torcher** (s'enivrer; se saouler) 酔う
  J'vais finir de *m'torcher* ailleurs !
    どこかよそへ行ってとことんまで酔っぱらうわ.
    Le Roux : *On appelle ça ... le printemps*

torchon
1. (journal; mauvais journal) 新聞, 低俗な新聞
  Si jamais je vois une photo dans un de vos *torchons*, ben ma gueule tu vas la prendre en pleine tronche.
    もしお宅の新聞のどれかに写真が載ったら, 面に頭突きを喰らわせてやるからな.
    Berberien : *Paparazzi*
  Ah le *torchon* ! ... deux colonnes.
    ああ, 赤新聞め！二段抜きで載せてやがる！
    Molinaro : *La cage aux folles*
2. (lit) ベッド
  Je suis crevée, je vais mettre la viande dans le *torchon*.
    あたしくたくた, 寝るとしよう.
    Chatiliez : *La vie est un long fleuve tranquille*

torgnole (coup; gifle; correction) 殴打, 仕置き
  Y t'a pas collé une *torgnole* ?
    (そんな口利いても) パパにひっぱたかれなかったの？
    Monnet : *Promis ... juré*

tôt
■**c'est pas trop tôt** (enfin; cela s'est fait longtemps attendre) 遅いね, やっと
  Mais où est-ce qu'elles sont ces putains de cigarettes ? ... Ah! *c'est pas trop tôt* !
    あたしのタバコどこにいっちゃったのかしら？...（バッグの中をかきまわして）あ, やっと見つかった！
    Tavernier : *L'appât*

total (somme toute; résultat) 結局, 要するに, その結果はこれだ
  J'ai passé mon temps à rêvasser, *total*, je suis paumé et je m'ennuie.
    僕はずっと夢想に耽って来ましたから結局落ちこぼれて退屈してるってわけです.
    Demy : *Lola*

C'est pas possible ! / Ah, tout le monde ! La dernière fois aussi c'était pas possible et puis *total*, hein !
　（どうやってホシが消えたか）まったく信じられん！／まったく，どの刑事も同じだ！この前の殺しのときもそうだった全く信じられんだって．その結果はどうだ！
Delannoy : *Maigret tend un piège*

■**c'est la totale** (c'est la catastrophe complète ; c'est le comble ; c'est complet)　それはひどすぎる，最悪だ
Après-demain, Charlotte m'amènera un bamboula ou un niak ... Et ce *sera la totale*.
　明後日シャルロットが黒人だかヴェトナム人だかを連れて来る．そうなったら泣き面に蜂だ．
Gainsbourg : *Charlotte for ever*

Totor
■**d'accord, Totor**　わかつた（「反響連鎖」"enchaînement par écho"による洒落）
D'accord, Totor, d'accord ... t'emballe pas !
　わかった，わかったわよ…そうかっかしないで．
Becker : *L'été meurtrier*

toubib (アラビア語．médecin)　医者
Moi je vous vois tous bosser presque autant que mes *toubibs*.
　あんたたちってみんなうちの病院のインターンたちとほとんど同じ位勉強してるわね．
Pinoteau : *L'étudiante*

touche (allure ; dégaine)　格好，外観
Des bas noirs, avec une couture le long d'la jambe et une incrustation à la cheville, la *touche* de vulgarité pour exciter les hommes.
　黒いシーム入りのストッキングでアンクレット付きよ．男を挑発する下品な様ね．
Beineix : *Mortel transfert*

■**avoir une touche** (plaire à ; marquer des points)　気に入られる，点数を稼ぐ
T'as une touche !
　お前彼に惚れられたな！
Veber : *Le placard*

■**être sur la touche** (être tenu à l'écart d'une activité)　（仕事から）外される
T'es sur la touche.
　（署長が刑事に）君には今度のヤマから下りてもらう．
Kounen : *Dobermann*

■**faire une touche** (être remarqué par qn. à qui l'on plaît physiquement ; plaire à)　魅了する，脈がありそうな態度を示される
Je crois que je *fais une touche*. / Qui ça ?

touché!

引っかかったみたいよ． / 誰が？　　　　　　　Chabrol : *Rien ne va plus*

■**pas touche!** (ne touche pas!)　触るな
Allons allons, *pas touche!*

さあさあ落ち着いて，あたしに触らないで．　　Poiré : *Les visiteurs*

touché! (j'ai réussi!)　やった
J'adore parler de moi, pose-moi des questions, t'es pas très curieuse. / Ben j'sais pas moi, parle-moi de ta fiancée... / *Touché!*

僕は自分のこと話すの好きなんだ．質問してよ，あんたあまり好奇心がないんだね． / じゃあ，そうね，フィアンセのこと話して． / やった．　Marshall : *Vénus Beauté*

touche-pipi (échange de caresses sexuelles)　ペッティングしあうこと
C'est pas que je sois déçu, je m'y attendais ; eh ben ça rate pas : *touche-pipi*...pelotage dans les couloirs, hein?

がっかりしてるわけじゃない．そうなると思ってたんだ．目に見えてるよな．ペッティングしたり，廊下でいちゃいちゃするなってな．　Leconte : *Les Grands ducs*

Toi, t'es jamais qu'un *touche-pipi*, t'es pas un queutard comme j'étais dans le temps.

あんたのはお医者さんごっこってとこだな，昔のわしの色狂いには及びもつかない．
Gainsbourg : *Stan the flasher*

touffe (toison pubienne ; poil)　陰毛
Attendez la première bouffée d'chaleur, c'est une éclosion d'corsages échancrés, une marée de T-shirts moule-tétons, de jupettes ras la *touffe*.

暑い風が吹くのを待ちかねたように胸の開いたブラウスや乳首がわかるTシャツ，お毛けすれすれの超ミニのスカートが氾濫するでしょう．
Beineix : *Mortel transfert*

C'est une vrai blonde? Elle est de quelle couleur sa *touffe*?

彼女ほんもののブロンドか？あそこは何色だった？　Klapisch : *Péril jeune*

toupet (culot ; effronterie)　厚かましさ，ずうずうしさ
Ah non monsieur, j'étais là avant vous, j'regrette. / Police! / Oh, mais quel *toupet*!

(タクシーを待っていた女が割り込もうとする男に）あら，あんた，あたしのほうが先よ，悪いけど． / （偽の手帳を見せて）警察！ / まあ，図々しいったら！
Beineix : *Mortel transfert*

tournicoter (aller et venir sur place ; tourniquer)　うろつく
Tu *tournicotes*! Tu finasses!

あんたそんなとこ行ったり来たりして，変なこと考えてるんでしょう！
Hubert : *Le grand chemin*

tout

■**à tout va** voir **va**

■**ce n'est pas tout ça** (à propos; excuse-moi; le problème c'est que; tout ça c'est bien; mais) ところで、悪いが、実は、残念だが
Voilà le travail !... Bon, *c'est pas tout ça*... mais, moi il faut que j'y aille.
どうだ、この出来映えは！…さて、悪いが私は行かなきゃ。　Truffaut : *Baisers volés*

■**c'est tout 人名** (c'est bien...) いかにも…らしい、…のやりそうなことだ
Je croyais que tu étais prévenue. / Non, comment veux-tu? *C'est tout Martha*, ça.
(僕たちが来るって) マルタが連絡してると思ってた。/ いいえ、しょうがないわ、マルタ流よ。　Veysset : *Martha... Martha*

■**comme tout** （形容詞に後置）(très; extrêmement) すごく、とても
Elle est mignonne *comme tout*.
彼女すごく可愛いな。　Gilou : *La vérité si je mens*

■**et tout** (et caetera; et tout ça) などなど、とかなんとか、いろいろ
On lui fait signe *et tout*. On tape sur la glace.
タクシーの運ちゃんに合図するとかいろいろやったのよ、しきりのガラスを叩いたり。
Rohmer : *4 aventures*

■**tout sauf** 形容詞 voir **sauf**

toute

■**à toute** (à tout à l'heure; à t'à l'heure) また後で
A toute ! Y a mon public qui s'impatiente.
後でね、お客さんが待ってるから。　Poiré : *Les visiteurs*

toutim(e) (le tout; la totalité; et tout le reste) 全部、その他諸々
Ecrivain célèbre, Académie Française et tout le *toutime*.
彼は有名作家で、アカデミー会員とか、諸々の肩書きを持っている。
Bluwal : *1996*

toutou (chien) ワンワン
Ont-ils bien mangé ces braves *toutous*?
わんちゃんたち、ちゃんと食べましたか？　Tati : *Les vacances de Monsieur Hulot*

tox(ico) (toxicomane の略) 麻薬中毒者
C'est vraiment qu'un sale *tox*.
ほんとに嫌な薬中としか言いようのない奴ね。　Despentes : *Baise-moi*
On a plein de chômeurs...un ancien taulard, un ancien *toxico* et un homo-sexuel.

traczir

失業者だらけだ…前科者，元ヤク中，ホモもね． Rochant : *Vive la République*

traczir (peur irraisonnée; trac) いわれない恐れ，恐怖
Vous allez finir par me flanquer le *traczir* avec vos histoires.

あんたの話しを聞いているとこわくなってきちゃいますよ． Blier : *Buffet froid*

trafalgar (cul) 尻
Les filles sont comme ça. Tu leur demandes, elles disent non. Tu leur mets la main au *trafalgar*, elles ne disent plus rien, ou alors elles disent oui.

女の子なんてそんなもんだ．いいだろうって迫るとだめだって言うくせに，尻に手を置くともう何とも言わないか，いいわって言うんだ．

Eustache : *Mes petites amoureuses*

traficoter (faire quelque chose de mystérieux) 怪しげなことをする
C'est pas grand chose à côté de ce que vous *traficotez*.

（オージーパーティーをやっていた男に）あんたたちがごそごそやってたことに較べればそんなの大したことじゃないわよ． Rochant : *Anna Oz*

train

■**coller au train** (être collant; être crampon) しつこくする，離れない
Il m'*a collé au train* pendant quinze jours.

２週間もあの男にしつこくされたわ． Chabrol : *Au cœur du mensonge*

Je vous *colle au train* tant que vous n'aurez point accepté de boire mon choco.

あんたがこのココアを飲むのを承知しない限りくっついて離れませんからね．

Poiré : *Les couloirs du temps*

Qui c'est? / Un connard qui me *colle au train* depuis ce matin.

あれ誰なの?/今朝からあたしにストーカーしてる馬鹿． Dupontel : *Bernie*

■**filer le train** (suivre; prendre en filature) 尾行する，追跡する
Je te conseille pas de me *filer le train*.

忠告しとくけど，後を追うなよな． Avary : *Killing Zoe*

Généralement quand on me *file le train*, c'est pas pour me demander en mariage.

あたしを尾行してるんだったらプロポーズってことはまずないわね．

Anglade : *Tonka*

prendre le train en marche (se joindre sur le tard à une action collective déjà en cours) 途中から加わる，便乗する
Excuse-moi…je *prends le train en marche*.

ごめんなさいね…話に割り込んだりして． Lautner : *Joyeuses Pâques*

■**se bouger le train** (ne pas fainéanter; se dépêcher) 行動する，急ぐ
On nous a coupé le téléphone ce matin, monsieur...je ne peux plus comm... / La poste! *Bougez-vous le train*!
　社長，今朝電話を切られてもう電話… / 局で電話だ！ 動くんだ！
Leconte : *Grands ducs*

■**se magner le train** (se dépêcher) 急ぐ
En *se magnant le train*, on peut attraper celui de dix heures.
　急げば，10時のやつに乗れるだろう． Leconte : *Grands ducs*

traînée (fille de mauvaise vie; prostituée) 身持ちの悪い女，娼婦
Pour les refiler à cette *traînée*? / Hey, attends! *Traînée*! Non mais tu t'es regardée, vieille morue?
　宝石をあのアバズレにあげるため？ / おい，なんだよ，アバズレとは，ふざけるんじゃねえよ，なに様のつもりだい，このうば桜！　　Poiré : *Les couloirs du temps*

Dehors! Petite *traînée*, va! Sale petite pute!
　（女中に）クビだよ，この娼婦め！ 相手構わず寝る汚い女なんか！
Iosseliani : *Adieu, plancher des vaches*

traîne-latte (miséreux; vagabond) 貧窮者，浮浪者
Je ne suis pas payé pour leur faire la psychanalyse moi, de vos clients, de vos *traîne-latte* de clients de merde hein.
　あんたのお客の精神分析をするんで僕は給料を貰ってるわけじゃないでしょう，あんたの最低な浮浪者もどきのお客のね．　　Corneau : *Série noire*

train-train (routine) 平凡な繰り返し
Et c'était bien? / Ecoute...ouais. Ça c'est le pire. / Eh ben, moi, c'est le *train-train*.
　それで，あれ［セックス］よかったの？ / そんなこと…そうなのよ，だから始末が悪いの．/ あたしのほうはおざなりね．　　Ferran : *L'âge des possibles*

Et après? / Et après ça sera normal. Le *train-train* reprendra. Je chercherai du travail...
　（葬式の）後はどうする？ / 後は普通ね．日常に戻るの，仕事捜しとか…
Téchiné : *Barroco*

traite (traître) 裏切り者，卑怯な奴
J'te tuerai! Sale *traite*!
　殺してやる，汚ねえ裏切り者め！ Berberian : *Le boulet*

traiter (insulter; injurier; se moquer de) 侮辱する，ののしる
De quoi, tu m'*as traité*, là? / De bouffon, va! fonbou!
　何だと，俺の悪口言ったな？ / 馬鹿って言ったんだ，このカバ！　　Gilou : *Raï*

tralala

■**(et) tout le tralala** (et tout ce qu'il y a dans ces cas-là; tout ce qui va avec; et caetera; et tout) とかなんとか，そんなようなもの，その他いろいろ

On est venu passer deux jours avec ma classe. On a visité les châteaux... Enfin vous savez, l'autocar, les pique-niques, *tout le tralala*.
<small>クラス全員で２日間の修学旅行に来たの．ほら，観光バスとか遠足とか，いろんなことをして． Arcady : *Dis-moi oui*</small>

Vous voulez que je vous apporte des œufs ? / Ah oui ! A l'hôtel moi j'aime bien *tout le tralala*.
<small>エッグをお持ちいたしましょうか？ / そうして，あたしホテルに泊まったときはいろんな物食べるの好きなの． Jacquot : *La fille seule*</small>

tranquille (tranquillement) のんびりと

Je dormais bien *tranquille* sur mon trottoir, sous un tas de cartons.
<small>俺はあそこのいつもの歩道で，段ボール箱をかぶってのんびり寝てたんだ． Jugnot : *Une époque formidable*</small>

Tu vas boire un coca, *tranquille*.
<small>コーラでも飲んで，のんびりと． Van : *Dans ma peau*</small>

Elle griffe pas, elle mord pas, elle écarte *tranquille*.
<small>あの女は引っかきもしないし，噛みもしない，平然と股を開くんだ． Blier : *Les valseuses*</small>

tranquillos [trăkilos] (tranquillement) 平然と

Le cascadeur devait me ramener au studio, et finalement il a embarqué Liliane... *tranquillos*.
<small>スタントマンが僕を撮影所に連れ戻してくれるはずだったのに，そいつはリリアヌをかっさらっちまったのさ…しゃあしゃあとね． Truffaut : *La nuit américaine*</small>

transfo (transformateur の略) 変圧器

Fais gaffe, t'es sur l'*transfo*.
<small>危ないぞ，変圧器に乗ってるから． Tati : *Playtime*</small>

transgénique (à qui on a transféré un ou plusieurs gènes supplémentaires qui se comportent comme de nouveaux caractères mendéliens) 遺伝子組替えされた

Il y a déjà plus de 40 % de la production mondiale de saumon qui serait *transgénique*.
<small>世界中の養殖鮭の40パーセント以上が遺伝子組替えされたものらしいですよ． Lioret : *Mademoiselle*</small>

transpirer
■**transpirer sa race** voir **race**
Tranxène (tranquillisant)　精神安定剤名
　Je lui ai fait son *Tranxène*.
　　彼女にいつもの安定剤をやっといた. 　　　　　　　Blier : *Merci la vie*

trav(elo)
1.　(homosexuel travesti en femme; travesti)　女装したゲイ, ニューハーフ
　Je fais pas trop *trav'* là ?
　　この服ゲイっぽく見えないかしら？　　　　　　Klapisch : *Peut-être*
　C'est un *trav*, il a une glotte.
　　ありゃオカマだよ，喉仏が出てる. 　　　　Gilou : *La vérité si je mens*
　Ils ont buté aussi le *travelo* ?
　　ゲイボーイもやっちゃたの？　　　　Poiré : *Le Père Noël est une pordure*
2.　(travaux forcés の略)　服役
　T'es condamné aux *trav'* à perpétuité.
　　お前終身刑を宣告されたんだぞ. 　　　　　　　Giovanni : *Mon père*

travailler (se livrer à la prostitution)　売春する
　C'est pas elle qui s'est fait *travailler* par la terre entière, non ?
　　あんたのママって誰彼なしに身を売ってたんじゃない？　　　　Megaton : *Exit*

■**travelo** voir **trav**

tremblement
■**et tout le tremblement** (et tout le reste; tout ce qui va avec)　その他諸々, 一式
　Avec le dossier qu'il a déjà ce pauvre gosse, il y va tout droit à l'institution, sauf que ce coup-ci, ce sera avec la DDASS *et tout le tremblement*, vu !
　　あの子はかわいそうにもういろいろ前科があるんだから，施設に直行だ，それも今度という今度は保健社会事業施設とその関連施設だぞ.
　　　　　　　　　　　　　　　　　　　Mouriéras : *Dis-moi que je rêve*
　J'ai commencé par lui dire que pour tézig l'Allemagne représentait l'avenir, la culture *et tout le tremblement*.
　　お前にとってドイツは未来を，文化を，その他諸々のものを象徴しているのだとドイツ軍の高官にまず言っといたよ. 　　　　Jugnot : *Monsieur Batignole*

trempe (volée de coups)　連続パンチ
　Tu vas te prendre une maudite *trempe*.
　　(ばれたら) すげえお仕置き喰らうぞ. 　　　　　　　Monnet : *Promis ... juré*

trente-six

■ **flanquer une trempe** (infliger une correction) 懲らしめる
Je quitte Paris pour échapper à deux bonnes brutes qui voulaient juste me *flanquer une trempe* et je me retrouve en face d'un coupeur de têtes.
(多額の借金を返さなかったばっかりに)僕に焼きを入れようとした二人の暴力団員の手から逃れようとパリを出てこっちに来たら，今度は首をかっ切る男に狙われる羽目だ。 Veber : *Jaguar*

trente-six (plusieurs) 幾つもの
Marie, j'en ai pas *trente-six*.
マリに決まってるじゃないか，何人もいるわけがない。 Leconte : *Tango*

■ **tous les trente-six du mois** (jamais; très peu souvent) 決して…ない，滅多に…ない
C'est pas en le voyant cinq minutes *tous les trent-six du mois* qu'il va te raconter sa vie.
滅多に会わないのにあっと言う間に帰っちゃうんじゃ息子だって自分のこと話しはしないわよ。 Jacques : *Je m'appelle Victor*

Mon père, il travaille à la SNCF, il est ambulant. Je le vois *tous les 36 du mois*.
父は国鉄に勤めてるんだけど，郵便車係で滅多に帰ってこないわ。 Bluwal : *1986*

trente-trois

■ **dites trente-trois** (prononcez trente-trois) (医者が背中から聴診するときに) トラントトロワと言いなさい
Dites 33. / Thirty-three. Thirty-three !
トラントトロワと言いなさい。/ (イギリス人の軍人が)サーティスリー．サーティスリー！ Oury : *La grande Vadrouille*

très (pas du tout) ぜんぜん，すこしも…でない（反語）
Vous parlez japonais ? / J'ai quelques notions. / Ouais, *très* intéressant. Vas-y, démarre, toi.
日本語話すのね？/ 基礎はあるけど．/（それを聞いていた友人が）わかったよ，つまんねえ話してないで，ほら，さっさと車を出せよ。 Chatiliez : *Tanguy*

Ils ont un métro d'avance. / Ben, c'est peut-être le poinçonneur des Lilas ! / *Très* drôle !
(女刑事が男刑事に)奴等に先を越されているわ。/ そりゃ，リラ駅の改札係だからだろ / くそ面白くもない！ Beineix : *Diva*

tricard (indésirable; interdit de séjour) 好ましからざる，入国してはならない，出入りを禁じられた
J'suis complètement *tricard* pour le mariage.

俺って結婚にはぜんぜん向いてないんだな．　　　Gilou : *La vérité si je mens II*

tricoteuse (fille de trottoir)　街娼
Toutes les putes de Paris ont travaillé pour moi. Les *tricoteuses*, les échassières.
パリ中の娼婦たちが僕のために働いてくれた．街娼だろうと，バーの娼婦だろうと．
Leconte : *Rue des plaisirs*

trifouiller (tripoter; manipuler)　いじくりまわす，かき混ぜる
Qu'est-ce qu'elle avait besoin d'aller *trifouiller* tous les fils?
どうしてあの女，配線をみんないじくりまわしたりしたのかしらね？
Poiré : *Le Père Noël est une ordure*

Vous pouvez pas un peu me foutre la paix, non? Vous êtes obligé de *trifouiller* dans ma vie comme ça?
あたしを少しはほっといてくれない？ あたしの生活をこんなに引っかき回すのやめられないの？
Renders : *Thomas est amoureux*

trimbal(l)er (traîner partout avec soi)　引っ張り回す
Il faut que je te *trimbale* dans une Cadillac rose?
(君を繋ぎとめるためには) ピンクのキャディラックに乗せて連れ回さないとだめだってことか？
Lelouch : *Itinéraire d'un enfant gâté*

■**qu'est-ce que je trimbal(l)e!** (que je suis bête!; qu'est-ce que je trimbale comme bagage de sottise!)　何て俺は馬鹿なんだ！
Mais *qu'est-ce que je trimballe!* Celui que je cherche est en bas dans la voiture.
俺っておっちょこちょいだな！ 捜してた帳簿は下の車の中にあるんだ．
Truffaut : *Baisers volés*

■**se trimbal(l)er** (se déplacer; aller et venir)　動く，行ったり来たりする
T'as vu comment je *me trimballe*?
俺がどんな格好で動き回っているか見たか？
Devers : *Max et Jérémie*

trimer (travailler dur)　汗水たらして働く
Les autres resteront à *trimer* comme des cons toute leur vie.
他の奴らは一生馬鹿みたいにあくせく働くままなんだ．
Brisseau : *De bruit et de fureur*

tringler (posséder sexuellement)　肉体を物にする
J'ai *tringlé* Adèle pendant cinq ans.
俺は5年間アデールの体を欲しいままにしてきた．
Gainsbourg : *Equateur*

trinquer (subir un désagrément, un dommage, des critiques, des attaques; être victime)　不愉快な目に会う，被害を被る，とばっちりを食

trip

う，槍玉にあがる，犠牲になる．

Quand on pense qu'il y a un petiot qui *trinque*.
　ちっちゃな子が痛い目に遭ってると考えると嘆かわしい．
　　　　　　　　　　　　　　　　　Poiré : *Les anges gardiens*

Tu sais qui a raison, chaque fois？ ... C'est les riches. Et les pauvres qui *trinquent*.
　いつも正しいのは誰だ？ …金持ちだ．貧乏人にしわ寄せが来るのさ．
　　　　　　　　　　　　　　　　　　　　Noé : *Seul contre tous*

J'avais le trac pour le concours, je deviens chieuse dans ces cas-là et je fais *trinquer* les autres. J'ai un caractèree pas possible.
　あたしコンクールのときはあがるの，そういうときあたし嫌いな女になって，人に当たり散らすの．あたしって我慢ならない性格してんのよ．
　　　　　　　　　　　　　　　　　Téchiné : *Alice et Martin*

Ses parents l'obligent à faire du violon, ça les rase et c'est moi qui *trinque*.
　親に無理矢理ヴァイオリンを習えって言われても子供はいやなのよ，そのとばっちりがあたしに来るわけ．
　　　　　　　　　　　　　　　　　Téchiné : *Alice et Martin*

Un minable qui *trinque* pour la galerie.
　あのろくでもない奴はみんなへの見せしめに殺されたのさ．
　　　　　　　　　　　　　　　　　　　　　　　Beineix : *Diva*

Vos parents se détestent et c'est vous qui *avez trinqué*.
　ご両親がいがみ合っていたんで，あなたが割を食ったんですよ． Dupontel : *Bernie*

trip（英語．extase; plaisir）恍惚状態，喜び

J'ai fait un *trip* terrible.
　あたしすごくトリップしたのよ．　　　　　　　　Beineix : *Diva*

triper（prendre plaisir; s'intéresser fortement）楽しむ，強い関心を示す

Elles veulent être architectes ou l'autre qui étudie des insectes, à chaque fois qu'elle voit une mouche, elle *tripe*.
　あたしのダチに建築家になりたいのもいるし，昆虫を研究してる女の子もいて，蝿を見る度に眼が輝くのよ．
　　　　　　　　　　　　　　　　　　　Siegfried : *Louise*

tripes（intestins; entrailles）人の腹部，腸，はらわた

Voilà ma mission dans ce monde. Sauver cet avorton qu'elle fait pousser dans ses *tripes*.
　(女に流産させるってことが) 俺の使命だ．腹の中で育てている胎児を救ってやることだ．　　　　　　　　　　　　　　　　　　Noé : *Carne*

■**sortir les〔ses〕tripes**（prendre *son* courage à deux mains）勇気を奮い起こす

Allez, allez, vas-y, *sors les tripes*, mecton.

さあ，さあ，ほら，勇気を出すんだ，若いの． Berto : *La neige*

tripette
■**ne pas valoir tripette** (être sans aucune valeur) 何の価値もない

Je vaux plus *tripette*, je suis incapable de rester en érection.

わしはもう廃人だ，すぐに萎えちまうんだから． Miller : *Le sourire*

trique (pénis en érection) エレクトしたペニス

Tu vas la sentir. / Que dalle ! T'appelles ça la *trique* ?

触ってみろ．/ ぜんぜんだ．こんなものペニスって言えるのか？
Fassbinder : *Querelle*

■**avoir la trique** (être en érection; bander) 勃起している

Est-ce qu'il *a la trique*, au moins ?

彼のものは役には立つんだろうな？ Garcia : *Le fils préféré*

D'habitude le matin j'*ai la trique*.

いつもは朝立ちしてるのにな． Blier : *Les valseuses*

triquer (être en érection) 勃起している

Avec la grosse, j'ai de plus en plus de mal à *triquer*.

かかあを相手にいているとだんだん勃起しているのが難しくなってきた．
Noé : *Seul contre tous*

Moi, rien que d'en parler, ça me fait *triquer* maison.

俺，そんな話をしてるだけですごく立ってきちゃう． Fassbinder : *Querelle*

triste
■**pas triste**

1. (gai; drôle; haut en couleurs; animé; amusant; pittoresque) 陽気な，楽しい，面白い，愉快な，変化に富んだ，盛り上がった，退屈しない

La tronche des mecs ! La gueule qu'ils ont dû faire quand ils sont arrivés avec l'autre lustrucru là ! / Ça devait *pas être triste* !

あの二人の死体運搬係の面見てみえな！もう1体運んできて（前のがなくなっているのを見たとき）あいつらどんな顔をするか！/ お楽しみだな！
Bouchitey : *La lune froide*

2. (terrible; énorme; pas facile) ひどい，簡単には行かない，難しい

Y a un mec qui m'a fait chier, putain, c'était *pas triste* !

男があたしにうるさくしてね，まったく，ひどいったらありゃしなかったのよ．
Beineix : *Diva*

C'est toi qui les as réceptionés les draps des Monnier ? Je ne sais pas ce qu'ils ont fabriqué dedans mais c'est *pas triste* !

tristouille

(クリーニング屋が) お前か，モニエさんとこのシーツ受付たのは？ 何をやらかしたのかしらんけど，これは大変だぞ！　　　　　　　　　Fontaine : *Nettoyage à sec*

tristouille (triste; sobre; discret) 地味な
  C'est la tenue pour séduire. C'est un peu *tristouille*.
  男の気を引く服なんだからね．これじゃちょっと地味だよ．
  　　　　　　　　　　　　　　　Klapisch : *Chacun cherche son chat*

trithérapie (traitement du sida associant trois antiviraux) エイズの三種の抗ウイルス剤による療法，多剤併用療法
  Je croyais que t'avais commencé une *trithérapie* ?
  君はもうカクテル療法始めたと思ってたけど？
  　　　　　　　　　　　　Ducastel : *Jeanne et le garçon formidable*

trognon (mignon; chou) 可愛い，可愛子ちゃん
  Ah Alice, c'est *trrrognon* !
  ああ，アリス，なんて可愛いんだ！　　　　　Miller : *Garde à vue*

■**jusqu'au trognon** (jusqu'au bout) 完全に，徹底的に，すっかり
  Tu exploites mon cadavre *jusqu'au trognon*.
  お前は俺が死ぬことをとことん利用しようってわけだ．　Téchiné : *Rendez-vous*

tromblon (individu stupide) 愚か者
  Va t'asseoir, le *tromblon* !
  お馬鹿さん，座るんだ．　　　Poiré : *Le Père Noël est une ordure*

tronc
1. (Arabe) アラブ人
  Quand on pique un Européen, on le soigne beaucoup mieux que les *troncs*.
  ヨーロッパの人間をとっ捕まるとアラブよりはずっと扱いがいいな．
  　　　　　　　　　　　　　　　　　Heynemann : *La question*

2. (estomac; lampe) 胃
  Sous prétexte d'échanges culturels, on va s'en coller plein le *tronc* pour pas un rond.
  文化交流をだしに地方の名士たちは懐をぜんぜん痛めることなくたらふく飲み食いするんだ．　　　　　　　　　　Truffaut : *La peau douce*

tronche
1. (visage) 顔
  J'ai pas envie non plus de me prendre un char en pleine *tronche*.
  戦車と正面衝突なんていうのもまっぴらごめんだね．　Krawczyk : *Taxi II*
  C'est pour ça qu'elles se font refaire la *tronche*.

Fais pas la *tronche*!

そういうわけで女はみんな顔の整形をしてもらうのね.

膨れっ面するな!

Siegfried : *Louise*

Ducastel : *Drôle de Félix*

2. (tête) 頭

Qu'est-ce qu'ils ont dans la *tronche*?

あいつらいったい何考えてるんだ?

Heynemenn : *La question*

■**arranger la tronche** (casser la gueule; arranger le portrait) 顔をぶんなぐる

Si l'infirmière vient, je suis ton oncle, ok? Sinon je t'*arrange la tronche*.

看護婦が来たら, 俺は叔父だって言え. さもないと見られないような顔にしてやるからな.

Serreau : *Chaos*

■**en prendre plein la tronche** (recevoir des coups dans la figure) 顔をぶん殴られる

Tu sais, conducteur à la RATP c'est pas un métier facile, parce que t'*en prends plein la tronche*.

あのな, メトロの運転手って楽な仕事じゃないんだ. なぜって, ぶん殴られることがあるんだから.

Dridi : *Pigalle*

■**tirer la tronche** (bouder) 膨れっ面をする

Arrête de *tirer cette tronche*.

そんな不機嫌な顔してるなよ.

Gilou : *La vérité si je mens II*

■**tronche dans la gueule** (coup de tête) 頭突き

Il y a quelqu'un qui veut ma *tronche dans la gueule*?

俺の頭突きを喰らいたい奴いるのか?

Becker : *L'été meurtrier*

troncher (posséder sexuellement; baiser) ものにする, セックスする

Y en a plein qui se font pas *troncher*!

男にやってもらえなくてうずうずしてる女がうじゃうじゃいるんだぞ.

Blier : *Les valseuses*

trône (siège de WC; lunette) 便座

Qu'est-ce que tu fais? / Je suis sur le *trône*!

あんた何してんのよ? / 大便してるんだ!

Jugnot : *Monsieur Batignole*

trop

1. (très; extrêmement) とても

Trop cool la vitrine! / C'est Noël.

すごくいいね, 店の飾り付け. /クリスマスだもんな.

Bardiau : *Le monde de Marty*

troquet

C'est *trop* cool!
　このCD，超すごい！
　　　　　　　　　　　　　　　　　　　　　Serreau : *Chaos*

C'est mon p'tit frère. *Trop* mignon non? / Oh, il est mignon!
　これあたしの弟よ．すっごく可愛いでしょう？ / まあ，可愛い！
　　　　　　　　　　　　　　　　　　　　　Siegfried : *Louise*

2. (impayable; excessif) 奇妙きてれつな，滑稽きわまる，すごい
Il est *trop*, lui!
　あいつは傑作だな！
　　　　　　　　　　　　　　　　　　　　　Tacchella : *Escalier C*

3. (formidable) 素晴らしい
C'est *trop* ce rêve!
　ママの夢いいねー！
　　　　　　　　　　　Veysset : *Y'aura-t-il de la neige à Noël?*

■**ne pas être trop de...** (avoir besoin au moins de...; ...sera juste; moins de..., ce ne serait pas possible) 少なくとも…は必要だ，…できりぎりだ

Je pense qu'on *ne serait pas trop de* deux!
　(死体を速やかに処理するには) 二人はいないと．
　　　　　　　　　　　　　　　　　　Girod : *Passage à l'acte*

troquet (café; bistrot) カフェ，ビストロ

Tu sais, Victor a foutu le bordel dans un *troquet* et les flics sont arrivés.
　あのな，ヴィクトールの奴ビストロで騒ぎを起こしたんでポリ公が来たんだ．
　　　　　　　　　　　　　　　　　Rochant : *Vive la République*

trou

1. (vagin) 膣
Soit t'es né avec un *trou*, et tu ne seras utile que si tu te fais bien bourrer.
　膣を持って生まれてきたら，それにちゃんと入れて貰うしか役に立つ人間になれない．
　　　　　　　　　　　　　　　　　　Noé : *Seul contre tous*

2. (petite localité; bled) 僻地，片田舎
Paris, c'est peut-être la zone. Mais la province, c'est carrément la poisse. Je me demande comment des gens peuvent passer toute une vie dans des *trous* pareils.
　パリは惨めなところかもしれないが，地方になるとまったくひどい．どうしてあんなところに死ぬまでいられるんだろう．
　　　　　　　　　　　　　　　　　　Noé : *Seul contre tous*

3. (prison) 刑務所
On a de quoi vous mettre au *trou* pour quelques années et vous êtes libre.
　こちらには君を数年ムショに入れとく証拠があるのに君を自由にしといてやるんだ

から．ピレス：*Taxi*

■**boire comme un trou** (boire beaucoup; avoir un trou sous le nez) 底なしに酒を飲む

C'est pas une raison de *boire comme un trou*. Tu vas tomber malade.

だからってがぶ飲みすることもなかろう．病気になっちゃうぞ．

Masson : *En avoir*

■**foutre au trou** (enfermer; mettre en prison) 閉じこめる，投獄する

Ce que tu veux, c'est *foutre* les malades *au trou*.

あんたの望みは，変な人たちは閉じこめちゃうってことね．

Rohmer : *4 aventures*

■**lécher le trou du cul** (flatter bassement; lécher le cul) おべっかを使う

Plutôt qu'aider un type à sortir d'une mauvaise passe, ils préfèrent *lécher* gratis *le trou du cul* d'un gros friqué, en espérant qu'il leur lâchera un petit pourboire.

あいつら，困ってる奴を助けようとするより，すこしはチップを貰えるんではないかと大金持ちにへいこらするほうがいいんだ．

Noé : *Seul contre tous*

■**trou du cul** (imbécile; personne insupportable) 愚か者，我慢できない奴

Va te faire fourrer chez les Grecs, eh *trou du cul* !

とっとと消えちまえ，この馬鹿もんめ！

Corneau : *Série noire*

Mais qu'est-ce que tu fais, petit *trou du cul* ?

おい，何やってんだ，このガキンチョめ！

Bardiau : *Le monde de Marty*

■**trou du cul de** (inintéressant; chiant) つまらない，嫌な

Tu préfères ton *trou de cul de* bled.

あんなつまらない田舎がいいのね．

Veysset : *Martha... Martha*

Il est dealer comme son grand frère, maintenant, *trou du cul de* Radouan...

兄さんと同じように売人になったんだ，ラドゥアンの馬鹿．

Despentes : *Baise-moi*

trouillard (peureux; poltron) 怖がり

Les Français sont des *trouillards*.

フランス人て憶病なんだ．

Godard : *A bout de souffle*

Moi j'y vais pas ! / *Trouillard* ! Moi j'ai déjà été.

僕そんなとこに登るのやだ！／弱虫！女の子のあたしだってもう登ったのよ．

Hubert : *Le grand chemin*

trouille (peur) 恐怖，怖じ気

Putain ! J'ai la *trouille*.

わー！怖い！

Despentes : *Baise-moi*

Tu leur as foutu la *trouille*.

trouver

あんたがいるんで彼らびびってるのよ． Tavernier: *Ça commence aujourd'hui*

■**péter de trouille** (avoir très peur) とても怖い
Vous *pétez de trouille*, hein?
あんた，怖くてしょうがないんだろう？ Chabrol: *Rien ne va plus*

trouver

■**ça se trouve** (ça peut arriver; ça arrive ces choses-là) そういうことも起こりうる
Ta mère va pas se rétablir parce que tu te maries? / *Ça se trouve*, oui!
あんたが結婚するからって，それでお母さんの病気がよくなるの？／そういうこともあるんだったら． Dugowson: *Mina Tannenbaum*

■**on me trouve** (fais attention) 気をつけるんだな，只では済まないぞ
Faut pas me chercher sinon *on me trouve*!
あたしにいちゃもんつけたら相手になってやるからね． Ozon: *Swimming pool*

■**si ça se trouve** (peut-être) もしかしたら
Si ça se trouve, ils n'y sont pas allés.
もしかしたら，あそこに行かなかったのかも知れない． Tavernier: *Ça commence aujourd'hui*

Si ça se trouve, on lui a rendu service.
（あの人を殺したけど）ひょっとしたら，あのひとのためによかったのかもよ． Poiré: *Le Père Noël est une ordure*

truc

1. (chose) こと
J'peux te demander un *truc* ... tu veux pas m'accompagner?
頼みたいことがあるんだけどな…ついて来てもらえないかな？ Poirier: *Western*

2. (quelque chose; bidule; machin) もの，なにか
Je voudrais faire un film ... vacances à la Baule, un *truc* comme ça.
俺映画撮りたいんだ，ボールでのヴァカンスってようなやつ． Pirès: *SWB*

Attends, tu as un *truc* là.
あら，髪の毛に何か着いてるわ． Chéreau: *Ceux qui m'aiment prendront le train*

Qu'est-ce que t'as pris là? T'as vu tes yeux? Pourquoi tu dois toujours prendre des *trucs* pour t'amuser?
何をやったの？目がどんなになってるかわかってる？楽しむときにどうしていつもああいうもの［麻薬］に手を出すのよ？ Noé: *Irréversible*

Je sens ton *truc* tout dur.
（姉弟がひとつベッドに寝ていて姉が）あんたの固くなってるの体に触ってるわ． Holland: *Olivier est là*

Tu as un *truc* avec lui ?
(女優の妻と共演の男優との仲を疑っている夫が) お前あいつと何かあるんだろう？
Attal : *Ma femme est une actrice*

■***son* truc** (*sa* spécialité, *son* domaine) よく使う手，得意とするもの
C'est *son truc* de m'asticoter.
しつこく悩ませるってのが彼の十八番なんだから．
Corneau : *Série noire*

Les maths c'est pas *ton truc*, hein ?
数学が苦手なんだろう？
Nauer : *Les truffes*

■**truc-chose** (machin; bidule) なんとかさん
Tu n'en parles pas à Maurice *Truc-chose*.
モーリスなんとかにはその話はしないことだな．
Chabrol : *Rien ne va plus*

truffe
1. (imbécile) 愚か者
   C'est une *truffe*.
   あの人抜けてるのよ．
   Jaoui : *Le goût des autres*
2. (sexe de la femme) 女性性器
   J'ai déjà la *truffe* humide.
   もうあそこ濡れてきちゃった．
   Bonello : *Le pornographe*

trumeau (personne âgée) 老人
Et vous un vieux *trumeau*, un tocard !
あんたなんか老いぼれのくずよ！
Miéville : *Après la réconciliation*

T.S. (tentative de suicide の略) 自殺未遂
J'ai fait une *T. S.*, il y a longtemps. / Je vous demande pardon, une quoi ? / *T. S.* : tentative de suicide. On m'a sauvée.
あたしずっと前にTSしたことあるの．/ もう1度言ってくれませんか？/ TSって，自殺未遂のことよ，救われちゃったけど．
Bonitzer : *Rien sur Robert*

tsouin-tsouin (fou) 気が変な
Il ne serait pas un peu *tsouin-tsouin* par hasard ?
あの人はひょっとしてちょっとおかしいんじゃないですか？
Poiré : *Les visiteurs*

tsouki (日本語．coup de poing) 突き
C'était apès le salut, il se pointe, il m'regarde, il m'balance un grand *tsouki* en plein visage.
(空手の稽古のとき) 礼の後あいつがやってきて，俺を見たかとおもうと，顔に強烈な突きを喰らわせやがった．
Berto : *La neige*

tssk
■**tssk, tssk** (non) いいや

tt'à

Je vous offre à boire ? / *Tssk, tssk.*
　　飲物をさしあげましょうか？／ いやいや.　　　　Tacchella : *Escalier C*

tt'à

■**à tt'à l'heure** (à tout à l'heure)　また後で
Ben, *à tt'à l'heure* !
　　じゃまたな！　　　　　　　　　　　　　　　Dumont : *La vie de Jésus*

ttt

■**ttt ttt** (ça va pas ; je suis pas d'accord ; tss-tss ; ta ta ta)　だめだめ
Alors, vous avez choisi ? / Oui, vous me donnez la blanquette de veau. / *Ttt, ttt*, pas la blanquette.
　　お決まりになりましたか？／ ええ，子牛のホワイトシチューにします．／ だめだめ，ホワイトシチュウはやめときなさい．　　　Truffaut : *L'homme qui aimait les femmes*

tu (ケベック語で．疑問の est-ce que あるいは 倒置に相当する)　…なのか？ (t'as tu は est-ce que tu as ... ? または as-tu ... ? と同じ)
Dis donc, tabernacle, t'as *tu* les yeux dans le cul toi !
　　（駐車しておいた車にぶつけられて）おい，くそ！ お前目をどこにつけてんだ！
　　　　　　　　　　　　　　　　　　Lelouch : *Hasards ou coïncidences*

tubar(d) (tuberculeux)　結核患者
Le premier macchabée que j'ai vu, c'était mon grand-père, qui est resté *tubar*, vieux polak.
　　あたしが見た初めての死体は祖父だったの，ずっと肺病の，ポーランド人の老人．
　　　　　　　　　　　　　　　　　　Eustache : *La maman et la putain*

T.U.C. (travail d'utilité collective の略　emploi temporaire dans une collectivité territoriale, une entreprise nationale, une association etc., réservé aux jeunes (16-25 ans) pour favoriser leur insertion sociale, et subventionné par l'Etat)　国庫補助による若年むけ臨時雇用
T'as rien d'autre à faire que de faire le con comme ça ? / Et qu'est-ce que tu veux que je fasse d'autre, hein ? Des *tucs*, c'est ça, des *tucs* ?
　　お前こんな［バスジャックみたいな］馬鹿なことする他にやることはないのかよ？／ 他に何をしたらいいんだ，え？ 国の臨時雇いか，そう言いたいんだな，国の臨時雇いをやれって？　　　　　　　Rochant : *Aux yeux du monde*

tuer

■**ça me tue** (c'est incroyable)　信じられない
Vous ne connaissez pas ? *Ça me tue*, ça, ça me tue.
　　ご存知ない？ た，たまげたな，もう．　　　　Braoudé : *Neuf mois*

tuile (accident ; malchance ; événement catastrophique)　不慮の災害,

事故，不運
Ça c'est la *tuile*.
とんだ災難ね.　　　　　　　　　Poiré : *Le Père Noël est une ordure*

tune (argent; fric; blé; thune)　カネ
Si ça peut me rapporter un peu de *tune*, c'est bien, non?
(写真のモデルで) 少しゼニになればいいだろう？　　Téchiné : *Alice et Martin*

■**mettre la tune** (payer)　支払う
J'te paie un verre? / T'as de quoi *mettre la tune*?
1杯おごろうか？ / お前カネあんのか？　　　Despentes : *Baise-moi*

tunnel
■**tunnel de merde** (rectum)　大腸
Ça a dû saigner sec dans son *tunnel de merde*.
あいつの糞パイプは大量に出血しただろうな.　　Noé : *Irréversible*

turbin (travail; taf)　仕事
J'vais pas t'déranger plus longtemps ... en plein *turbin*!
これ以上君の邪魔はしないよ… 仕事中だもんな！
Le Roux : *On appelle ça... le printemps*

turbine (anus; chocolat; turbine à chocolat; turbine à caca)　肛門
Ramonage du boyau, la *turbine* ensorcellée!
俺がレクトムを掘ってやりゃアヌスも夢心地ってもんさ.　Blier : *Tenue de soirée*

■**turbine à caca** (anus)　肛門
Bouge un peu ta *turbine à caca*.
少しはじっとしてないで働きなさいよ.　　Gainsbourg : *Charlotte for ever*

turbiner (travailler dur; trimer)　猛烈に働く
On *a turbiné* comme des dingues.
みんなすごく働いたんだ.　　　　　Poiré : *Les anges gardiens*

turbo
■**mettre le turbo** (accélérer; faire un démarrage foudroyant)　アクセルを踏む，急発進する
On *met le turbo* et on s'arrache.
(カネを盗んだら) 車で猛スピードでずらかる.　　Audiard : *Sur mes lèvres*

turlupiner (tourmenter; tracasser)　悩ます，苦しめる，気をもませる
Vous avez affaire à un ange gardien qui vous *turlupine*.
守護天使に取りつかれてきりきり舞いさせられてるんだろう.
Poiré : *Les anges gardiens*

Qu'est-ce que c'est, ton truc dans quinze jours? / Ah ah! Ça te *turlu-*

turvoi

pine, hein ? On va à Gstaad.
２週間後のって何よ？／ ははあ，気になるんだな．グシュタトに行くんだ．
　　　　　　　　　　　　　　　　　　Chabrol : *Rien ne va plus*

Y a tout de même un truc qui me *turlupine*. Où t'as trouvé tout ce pognon ?
やっぱり気に掛かることがあるんだ．あんな大金どこで都合したんだ？
　　　　　　　　　　　　　　　Chatiliez : *Le bonheur est dans le pré*

turvoi (voiture の逆さ言葉) 車
Qui c'est qui met du coco dans ma *turvoi* ?
俺の車にヤクを載せたのは誰だ？
　　　　　　　　　　　　　　　　　　　　　Gilou : *Raï*

tutute (bouteille de vin) 酒瓶
Maintenant ça va au *tutute*.
今頃あの女，酒浸りだ．
　　　　　　　　　　　　　　　Miller : *La petite voleuse*

tuyau (renseignement confidentiel) 秘密の情報
J'ai eu un *tuyau* pour Mario.
マリオに耳よりな情報を手に入れた．
　　　　　　　　　　　　　　　Fassbinder : *Querelle*

type (homme ; mec ; amant) 男，恋人
J'me disais que, va savoir, un jour ou l'autre, on pourrait peut-être avoir besoin d'un *type* comme toi.
ひょっとしたら，いずれお前のような男が必要になるかもしれないって思ったのさ．
　　　　　　　　　　　　　　　　　　Leconte : *Tango*

Oui, ça je veux bien croire que c'est différent, je suis même prêt à parier qu'avec ton *type*, sur un certain plan ...
そう，違うってことは認めてもいい，それに賭けてもいいな，今度の男とじゃ，ある面では…
　　　　　　　　　　　　　　　Vincent : *La discrète*

U

uc (cul の逆さ言葉) 尻
Tu vas lui toucher le *uc* ?
尻に触るんだろう？
　　　　　　　　　　　　　　　Pawlotsky : *Intimité*

un
■**être d'un** 形容詞 (très ...) すごく…である
J'adore Préjean, il *est d'un* chic.

une

あたしプレジャンって大好き．とってもシックなんですもの．
Tavernier : Laissez-passer

Je me suis bien amusée et pourtant j'ai trouvé le soleil *d'un* triste.
（カスバは）とても面白かったけど太陽がひどく悲しげだったわ．
Duvivier : Pépé le moko

Il *est d'un* drôle celui-là, hein?
彼ってとても変わった人でしょう？
Miller : Le sourire

Je les vois venir à des kilomètres, ils *sont d'un* lourd !
ああいう男たちってぴんとくるのよ，すごく鬱陶しいんだから．
Girod : Passage à l'acte

■**un 人名** (quelqu'un qui s'appelle...) …という人

Il y a *un* Bruno ici?
ここにブリュノって男いる？
Chéreau : Ceux qui m'aiment prendront le train

une

■**c'en est une** (c'est une tante) あいつはホモだ．

Au premier coup d'œil, je me suis dit : "Lui, *c'en est une*."
彼を一目見たとたんピントきたね．「ありゃホモだ」って．
Veber : Le placard

■**en raconter une** (raconter une histoire drôle) 小咄をする

Moi qui voulais t'*en raconter une* bien drôle ! / Elles sont jamais drôles tes vannes !
俺せっかく面白い話をしてやろうと思ったのに！／お前の話なんか面白かったためしはないぞ！
Pirès : Taxi

■**et d'une, et de deux** voir **et**

■**j'en ai une** (j'ai une histoire drôle, une devinette) 面白い話，なぞなぞがある

Moi j'*en ai une*. Alors c'est des putois qui se rencontrent et y'en a un qui dit à l'autre : tu pues toi.
あたし面白いのあるわ．スカンクがもう1匹のスカンクに会ってこう言うの．きみスカンク臭いって．
Veysset : Y'aura-t-il de la neige à Noël ?

■**ni une ni deux** (sans hésiter avant d'agir) とっさに，ためらわずに

Alors nous, *ni une ni deux*, on intervient.
（悲鳴を聞きつけたので）俺達はとっさに駆けつけたんです．
Zeitoun : Yamakasi

J'ai appris qu'il s'était marié. Alors, *ni une ni deux*, plouf !
彼が結婚したって知ったとたんに，（窓から飛び降りて）ズシンよ．
Truffaut : La femme d'à côté

■**une pour...et une pour～** (une cuillerée〔une bouchée〕pour ... et

usiner

une cuillerée〔une bouchée〕pour ~)（食べたがらない子供に）…のために一匙食べてちょうだい．それから~のためにも

Et *une pour* Jojo... Allez avale... Et *une pour* Rosalie.

（妻に対して子供にするようにスプーンで食べ物を与えながら）ジョジョのために一匙… さあ，飲み込むんだ… それにロザリーのために一匙．

Gainsbourg : *Stan the flasher*

usiner (travailler dur) 猛烈に働く

J'ai l'impression que ça *usine* ici !

みんなよく働いてるみたいだね． Beineix : *37°2 le matin*

V

va! (bien sûr que... ; crois-moi; tant pis!; espèce de...; allez) ほんとに…だぞ，…め！，しょうがないな

Si on peut appeler ça un métier ! / Imbécile, *va* !

あれ（強盗）を職業と言えればの話だけど．/ 馬鹿だなー！

Belvaux : *Ç'est arrivé près de chez vous*

Les banques, elles te prêtent trois parapluies quand il fait beau, ... pas quand il peut, *va* !

銀行なんて，天気がいいときには傘を3本も貸してくれるが，雨降りのときにはだめなんだぞ！ Sautet : *Vincent, François, Paule et les autres*

■ **à tout va**

1. (sans arrêt) 休みなく，絶え間なく

Ça gueule *à tout va*.

あの女わめきっぱなしだ． Poiré : *Le Père Noël est une ordure*

J'ai pas mal de visites. Je dois piquer *à tout va*.

（訪問看護婦が）伺うところがたくさんあるの．注射し続けになるわ．

Chabrol : *Au cœur du mensonge*

2. (sans retenue) 無制限に

Poker, roulette, baccara ... banque *à tout va* ... C'est Vegas.

（その船では）ポーカーだろうとルーレットだろうとバカラだろうと幾らでも貸す銀行まで揃っていて，まるでラスベガスだ． Othenin : *Piège à flics*

vacciné

■ **être majeur et vacciné** (être adulte; être assez grand pour prendre

ses décisions et *ses* responsabilités tout seul) ちゃんとした大人としてやっていける，充分に大人である
Juliette elle fait ce qu'elle veut ... elle *est majeure et vaccinée.*
ジュリエットは好きにしたらいいんだ … もう一人立ちしてるんだから．
Téchiné : Les voleurs

■**être vacciné à la merde** (emmerdant; ennuyeux) 世話を焼かせる
T'*es vaccinée à la merde* toi aujourd'hui !
今日の君にはうんざりだよ！
Beineix : 37°2 le matin

vache
1. (méchant; hostile; sévère) 意地悪な，敵意のある，厳しい
   Laissez-moi le temps, quoi ! soyez pas *vache* !
   時間を下さいよ，意地悪言わないで！
   Corneau : Série noire
2. (personne méchante; salaud; chameau; carne) 嫌なやつ，悪いやつ
   T'as vu ce qu'elle a écrit cette *vache*-là ?
   あの意地悪担任の書いた評価読んだ？
   Miller : L'effrontée
3. (putain !; c'est incroyable !) 畜生！ 信じられない
   Ah ! la *vache* ! Vous m'filez un d'ces bourdons !
   あーあ，やんなっちゃう！ えらく落ち込ませてくれるじゃないか！
   Leconte : Tango
4. (formidable !; terrible !; putain !; merde !) すごい，すばらしい
   La *vache* ! Je vais être papa !
   やあすばらしい！ 俺パパになるんだ！
   Braoudé : Neuf mois
   Je t'ai demandé pour être mon assistante. / Oh ! la *vache* !
   尼さんたちにあんたを助手にしてくれと頼んどいたわ．/ わー，やった！
   Miller : La petite voleuse
   Oh la *vache* ! Elle est belle !
   わー！ すげえ美人だ！
   Leconte : Tango

vachement
■**vachement de** (beaucoup de) たくさんの
Y'a *vachement de* mecs qui vivent en banlieue ...
郊外に暮らしてる男だってすごくいるよ．
Klapisch : Chacun cherche son chat

vacherie
(chose désagréable, pénible, injuste) 嫌なもの，辛いこと，不当なこと
Tout ce que j'essaye ça rate, tout ce que je touche ça se transforme en *vacherie*.
あたしがやってみるものはみんなドジるの，触るものはすべて塵ってとこね．
Leconte : La fille sur le pont

vacreux (moribond; personne peu recommandable) 瀕死の人, 悪い人
Dans cette cité-là, y'a plein les *vacreux*.
この団地にはね一杯いるんだ，悪党がね．　　　Tavernier : *De l'autre côté du périph'*

vadrouiller (se balader) ぶらつく
Vous *avez vadrouillé* dans les rues.
お前たち街をぶらついたんだな．　　　Corneau : *Série noire*

vago (voiture; wagon) 車
On l'a attaché sur le toit de la *vago*.
その男を車の屋根に縛りつけたんだ．　　　Gilou: *Raï*

vague
■**pas de vague!** (pas d'histoires!; calme-toi!) ごたごたを起こすな，落ち着け
C'est un don du ciel! Alors *pas de vagues!*
あいつは天から授かったカモだ！だから変な真似をするんじゃないぞ！
　　　Jugnot: *Une époque formidable*

valda (pastilles vertes parfumées à la menthe) 緑色のミント味のトローチ
■**crache ta valda; tu la craches ta valda** (vas-y; pars; dis ce que tu as sur le cœur) さあやれよ，進めろよ，思ってること言いな（交差点で信号が赤から青になっても発進しない運転手に言うことから）
Oh, JP, tu marques? / Bah alors, tu la *craches ta valda*?
（ゲームをしていて）おい，ジーペー，点を入れろよ．/ おい，さあ，やれったら．
　　　Rochant : *Aux yeux du monde*
Ben vas-y, *crache ta valda*. Qu'est-ce que tu veux?
さあ．言っちゃいなさいよ．どうしたいのよ？　　　Guit : *Les kidnappeurs*

val(l)ium (appellation commerciale d'un tranquillisant) 精神安定剤の商標名
Je suis sûr qu'elle marche au *Valium*.
あの女きっと安定剤漬けになってるな．　　　Noé : *Carne*
Il prend un *valium* toutes les trois heures.
パパは3時間ごとにヴァリオムを飲んでんのよ．　　　Dupeyron : *Salomé*

valse (activité sexuelle; valse de plumard) 交合
On a limé paresseux. / C'est la meilleure technique. Moi j'aime la *valse* lente.
俺達物憂げに愛し合ったんだ．/ それが最高の性愛術さ．おれはゆったりやるのがいいな．　　　Blier : *Tenue de soirée*

Van Gogh
■**avoir l'oreille Van Gogh** voir **oreille**

vania (appellation commerciale d'article d'hygiène pour les femmes. Société Béghin-Say-Vania) 生理用品の商標名
Des serviettes, s'il vous plaît… *Vania*… périodiques…
（男が薬局で）ナプキンを下さい…ヴァニア社の…生理用の…
Lioret : *Mademoiselle*

vanne (plaisanterie ; outrage ; mensonge) 冗談，侮辱，嫌味，当てこすり，嘘
Arrête tes *vannes*, j'suis pas d'humeur.
冗談はやめてくれ．そんな気分じゃない．
Gainsbourg : *Stan the flasher*
J'ai lâché une petite *vanne*. On ne vire pas un mec pour ça !
俺はちょっと当てこすっただけだ．それくらいでクビにはしないだろう．
Veber : *Le placard*
C'est facile de balancer des *vannes*, vous savez.
人に嫌味を言うのは容易ですもんね．
Devers : *Max et Jérémie*

vanné (fatigué) 疲れた
J'suis *vannée*, dehors. J'vais me coucher.
あたし外で働いてきてくたくた．もう寝るわ．
Veysset : *Victor…pendant qu'il est trop tard*

vanner (travailler à mort, jusqu'à l'épuisement) 死にものぐるいで働く
Ouais c'est ça, *vanne*.
うん，そうなんだ，がむしゃらに働くんだ．
Berberian : *Paparazzi*

vape
■ **être dans les vapes** (être hébété, à demi-inconscient de drogue, d'ivresse)（麻薬，酒で）ふらふらしている，朦朧としている
J'm'en souviens pas trop. J'*étais* un peu *dans les vapes*.
よく覚えてないのよ．ちょっとぼーっとしてたから．
Améris : *Mauvaises fréquentations*
Elle *est dans les vapes*. Faut appeler un toubib.
気を失ってるぞ．医者を呼ばなきゃ．
Blier : *Merci la vie*

vaseux (médiocre ; obscur ; peu clair ; fatigué ; qui se sent mal à l'aise ; qui a du mal à se réveiller) 凡庸な，明晰でない，訳のわからない，疲れた，落ち着かない，ぼうっとした，すっきりしない
J'ai lu un de ses livres…le dernier…franchement, j'ai trouvé ça assez *vaseux*.
彼の小説読んだことがある…最新作をね…正直言ってあまり大したもんじゃなかったね．
Assayas : *Fin août, début septembre*

vas-y que je te...

vas-y que je te... voir **aller**
vavaroum! (bonne chance!) 幸運を！
　Allez, courage, hein! *Vavaroum*!
　　さあ，しっかりな！がんばって！
　　　　　　　　　　　　　　Gilou : *La vérité si je mens*
V.D.I. (véhicule de combat d'infanterie の略) 歩兵戦闘車
　Evacuation par la *VDI*!
　　戦闘車で撤退！
　　　　　　　　　　　　　　Salomé : *Belphégor*
vé! (南仏語．vois!, regarde!) 見てみろ！
　Voilà *vé*! C'est celui-là qu'on veut vendre.
　　ほら，見てみろ．あれが売りに出てる物件だ．　Cabrera : *L'autre côté de la mer*
veau (personne veule, niaise ; prostituée peu active) のろま，うすのろ，やる気のない娼婦
　On va pas passer notre vie à se farcir du *veau*?
　　これ以上気のない女とおつきあいするのはごめんだぜ．　Blier : *Les valseuses*
　Quelle bande de *veaux*!
　　なんて馬鹿な奴等だ！
　　　　　　　　　　　　　　Bluwal : *1996*
　C'est terrible de se rendre compte qu'on est amoureuse d'un *veau*.
　　こんなグズに惚れてたかと思うと惨めだわ．　Bénégui : *Au petit Marguery*
■**tête de veau** (imbécile) 愚か者
　Vous traversez la forêt comme si c'était un parking, *têtes de veau*!
　　お前たちは森をパーキングみたいに歩いてるじゃないか，馬鹿どもめ！
　　　　　　　　　　　　　　Beineix : *IP5*

veilleuse
■**la mettre en veilleuse** (baisser la voix ; se taire ; mettre un peu moins fort) 声を低める，音をすこし下げる，黙る
　Ça se conduit à l'oreille. / Justement, *mets-la en veilleuse*.
　　このオートバイは耳で運転するんだ．／だったらふかすのはやめてくれ．
　　　　　　　　　　　　　　Beineix : *Diva*
　Ils vont *la mettre en veilleuse* avec Blade.
　　奴等はブラードのことは黙りを決め込むな．　Berberian : *Six-pack*
veinard (celui qui a de la chance) 運がいい人
　J'ai aussi un cadeau fabuleux pour toi, *veinard*.
　　お前ついてるよな，すごいプレゼントもあるんだぞ．　Bagdadi : *Hors la vie*
　T'es un *veinard* toi, tu sais.
　　お前ってついてる奴だな．
　　　　　　　　　　　　　　Gilou : *La vérité si je mens II*
veine (bonne chance ; bol ; cul ; pot) 幸運

Ne pleurez pas, Mademoiselle. Ça c'est bien ma *veine*, moi qui étais pressé.
　泣かないでくださいよ，お嬢さん．忙しいのについてるよな．（皮肉で）
Rohmer : 4 aventures

Y'a de la *veine* que pour la crapule.
　悪いやつしか運がないってことか．　　　Gainsbourg : Charlotte for ever

C'est pas de *veine*, j'ai téléphoné à trois filles, y en a pas une de libre.
　ついてないよな，女の子3人に電話したのに一人も来られないって．
Rohmer : Le signe du lion

velcro (marque déposée de matière utilisée pour la confection de fermetures de vêtements, de sacs etc., et consistant en deux tissus présentant respectivement à leurs surfaces des boucles et des barbules qui s'accrochent ; chacun de ces deux tissus) マジックテープ
Je m'étais retrouvé sous la chasuble bleue fermée par du *velcro*.
　私はマジックテープで留められた青い衣を着て再び床屋の椅子に座っていた．
Leconte : Le mari de coiffeuse

vendu! (ça marche) OK
Pour avoir "la rue Michel", faut faire comme ça. / D'accord Bernard. O.K., *vendu!*
　「ミシェル街」（撮影）の効果を出すにはそうしないと．／いいよ，ベルナール，オーケーだ．それでいこう．
Truffaut : La nuit américaine

On pourrait peut-être démonter les caméras ? / Démonter les caméras... *vendu!*
　撮影機を分解して調べるのはどうでしょう？／分解か…それにしよう．
Grousset : Kamikaze

venir (éjaculer; éprouver l'orgasme; jouir) 射精する，オルガスムに達する
Arrête de bouger. / Tu as mal ? / Non, au contraire. Je risque de *venir*, si tu continues à bouger.
　動くのをやめて．／痛いの？／いや，それどころか，君が動くのをやめないと今にもいきそうだ．
Fonteyne : Une liaison pornographique

Oh, oh! j'vais *venir*! / Non, pas maintenant! Attends encore un peu!
　あ，あ！いきそうだ！／だめ，まだいっちゃや，もうちょっと待って！
Leconte : Tango

■**voir venir** voir **voir**

vent
■**bon vent** (bon voyage; bonne chance; au revoir; adieu; bon débar-

ventouse

ras) さようなら，厄介払いできたぞ！
Elle s'en va ? *Bon vent*.
あの女出て行くの．せいせいするわ．　　　　　Becker : *L'été meurtrier*
Je t'ai assez vu, merci de m'avoir donné un coup de matin tout à l'heure, salut et *bon vent* !
お前にはうんざりだ，さっきは手助けしてもらってありがとよ，これでお別れだ，あばよ！　　　　　Veber : *Tais-toi*

■**du vent!** (va-t'en!; du balais!; dégage!)　出て行け！
Allez, allez, tire-toi, *du vent* !
さあさあ，とっとと消え失せろ！　　　　　Tacchella : *Escalier C*

ventouse

■**voiture ventouse** (voiture qui occupe pendant une durée excessive une place de stationnement dans une grande ville)　大都会の放置自動車
La Mercedes est une *ventouse* à nous.
あのメルセデスは俺たちが放置してるんだ．　　　　　Bluwal : *1996*

vérif (vérification の略)　確認
Voiture 33, c'est pour une *vérif*.
33号車より，確認の要請．　　　　　Le Pécheur : *J'aimerais pas crever un dimanche*

vérité

■**la vérité si je mens** (qu'il m'arrive un malheur si je mens)　絶対に嘘じゃない，嘘をついたら地獄に堕ちてもいい
Cette fois-ci, je te les rends, *la vérité si je mens* !
今度はカネを返すよ，誓って間違いない．　　　　　Gilou : *La vérité si je mens II*

verlan (inversion du mot l'envers, argot conventionnel consistant à inverser les syllabes de certains mots)　逆さ言葉 (envers「逆さ」の逆さが verlan となっている．なお，arabe の逆さ言葉 beur を更に逆さ言葉にした rebeu のような verlan du verlan を lanvère と言う
Ça veut dire quoi ripoux ? / Ah, tu connais pas le *verlan* ? T'inverses les syllabes des mots : ripou = pourri, pourri = ripou.
ripoux ってどういう意味？／あ，逆さ言葉知らないのか？ 語のシラブルを逆さにするんだ．ripou は pourri, pourri は ripou となる．(この映画の原題の説明になっていて，「腐れ刑事」を表している．)　　　　　Zidi : *Les ripoux*

verni (qui a de la chance)　運がいい
C'est fou ce qu'on est *vernis* !
俺達なんて運がいいんだろう！　　　　　Blier : *Les valseuses*

vérole

■**faire une vérole** (s'énerver)　騒ぎ立てる

Y a pas de quoi en *faire une vérole.*
  こんなことぐらいでぎゃーぎゃー言うことはないでしょう。　　Blier : *Les valseuses*

■**foutre la vérole** (causer des dégâts ; mettre en désordre)　被害を与える，混乱させる
C'est le corps enseignant qui nous *fout la vérole.*
  教師たちのせいであたしたち被害を被っているのよ。　　Blier : *Tenue de soirée*

vérolé (percé ; détraqué)　穴の開いた，壊れた
Il était *vérolé* ton tuyau.
  お前の情報は漏れてたんだ。　　Berberian : *Le boulet*

verre
■**casser du verre blanc** (casser un verre involontairement apporte le bonheur à condition qu'il s'agisse de verre blanc transparent, non coloré ou de cristal)　（迷信で）無色あるいはクリスタルの透明なグラスをうっかり割ると幸運が訪れる
Excusez-moi, je viens simplement de *casser mon verre.* / C'est pas grave, c'est du *verre blanc.* Ça vous portera chance.
  すみません，自分のグラスを割っちゃって。/ かまいません。無色のガラスですから，あんたたちに幸運をもたらしますよ。　　Molinaro : *La cage aux folles*

■**avoir un verre dans le nez** voir **nez**

vert
■**en voir des vertes et des pas mûres** (voir ou supporter des choses très choquantes, incongrues, excessives)　ショッキングな，場違いな，過激なものを見る
Bonsoir, ce soir on est venu ici à l'Olympia pour Max the Cat mais seulement il faut bien vous dire que le spectacle est dans la salle et je peux vous affirmer qu'on en *voit des vertes et des pas mûres.*
  皆様，今晩はここオランピア劇場からマックス・ザ・キャット・ショーの中継でございますが，ファッションショーがホールで行われていることも申し上げておかなくてはなりません。そこには確かに過激な衣装が見られます。　　Duchemin : *Faust*

verte (la fée verte の略 absinthe)　アブサン
Verlaine s'est suicidé à la *verte.*
  ヴェルレーヌはアブサンで自殺したんだ。　　Othenin : *Piège à flics*

veste
■**ramasser une veste** (subir un échec)　失敗する
Evidemment, j'ai bien pensé à Patrick, mais avec les *vestes* qu'il s'est *ramassées*, c'est pas évident.

veuve-poignet

もちろんパトリックにも参加してもらうことを考えたが，事業で失敗を重ねてるから難しいな．
Gilou : *La vérité si je mens*

veuve-poignet (masturbation masculine) 男の自慰

Ici, j'ai que la *veuve-poignet*.

ムショの中じゃマスしかねえ．
Gainsbourg : *Stan the flasher*

Viagra (英語．médicament pour le traitement des troubles de l'érection) バイアグラ，勃起障害用薬品名

Quatre-vingts ans, tomber amoureux d'une femme comme Olga, c'est du super *Viagra*.

80歳にもなってオルガのような女に惚れるなんて，最高の強精剤だね．
Beineix : *Mortel transfert*

viande (corps) 体

S'il n'y avait pas trois millions de chômeurs dehors, on trouverait personne pour soulever notre *viande*.

巷に 3 百万もの失業者があふれていなきゃ俺たち身障者の体を持ち上げてくれるような人なんか見つかりっこないさ．
Sinapi : *Nationale 7*

Je vais mettre la *viande* dans le torchon.

さて寝るとするか．
Chatiliez : *La vie est un long fleuve tranquille*

viander

■**se viander** (avoir un grave accident de la route; se tuer dans un accident) ひどい交通事故を起こす，交通事故で死ぬ

On a manqué deux fois de *se viander*.

2度もひどい事故で死ぬとこでしたよ．
Poiré : *Les visiteurs*

Y'a le car des joueurs qui *s'est viandé* !

選手たちの乗ったバスが事故起こしたぞ！
Annaud : *Coup de tête*

vicelard (vicieux) 淫蕩な，変態の

A la limite, j'aimerais encore mieux me taper la vieille. Ou alors faire une partouze à trois. Je suis sûr qu'elles aimeraient ça, les *vicelardes* : que je les enfile toutes les deux sur le lit du père de famille.

極端なこと言えば，かかあのおふくろとやるほうがまだましだ．さもなきゃ3Pだ．あの変態女どもあれが好きに決まってる．一家の父のベッドの上で俺に抱かれるのがさ．
Noé : *Seul contre tous*

Victor

■**tu as tort, Victor** お前は間違っている（「反響連鎖」"enchaînement par écho"による洒落）

Tu as tort, Victor.

それは違うよ、お前.（ここでは tu の名前が Victor なので洒落が二重になっている）
Salvadori : Cible émouvante

Vidal (dictionnaire recensant les noms des principaux produits pharmaceutiques commercialisées en France, et mis à jour chaque année) フランス薬剤年鑑

Est-ce que vous avez un *Vidal*?
薬剤年鑑見せてもらえないかしら？
Ozon : Sous le sable

vidé (fatigué; crevé) 疲れきった

Je me sens un peu *vidée*. Je veux rentrer chez moi.
あたし少し疲れたみたい．家に帰りたいわ．
Zidi : Deux

vie
■**faire la vie** (s'adonner à tous les plaisirs) 放埓な生活を送る

Qu'est-ce qu'elle irait raconter, que je *fais la vie*.
あの女何て言って回ると思う，あたしがふしだらな暮らしをしてるって言うでしょう．
Heynemann : La question

■**la vie de...** (je jure sur la vie de ...) …に誓って本当だ

Je te jure que j'serai bon. *La vie de* tata !
ほんとにちゃんとやるよ．誓うよ！
Gilou : La vérité si je mens

■**la vie de maman!** (oh!; bonne mère!; putain!; merde!) 畜生！しまった！

La vie de maman! ... j'ai perdu ma Maguen David!
大変だ … ダビデのメダルをなくしちゃった！
Gilou : La vérité si je mens

■**la vie de ma mère** voir **mère**
■**rentrer dans la vie de** (devenir intime avec) 親密になる

Tu vas essayer de *rentrer dans sa vie*, de la séduire, de t'en faire aimer.
その娘と懇ろになり，心を捕らえて愛されるように持っていくんだ．
Vincent : La discrète

vieille (mère) 母親

J'veux r'voir ma *vieille* avant qu'elle soit crevée.
俺オフクロが死ぬ前に会いたいよ．
Gainsbourg : Je t'aime moi non plus

vieux (père; parents) 父親，両親

En parlant des *vieux*, tu vas voir ma vieille comment qu'è va gueuler !
親っていえば，オフクロが俺をどんなにどやしつけるか見物だぞ！
Dumont : La vie de Jésus

J'ai lâché mon *vieux*.
俺，おやじの許離れたんだ．
Gilou : La vérité si je mens II

vingt

La vérité, c'est que moi je vis avec mes *vieux* dans un HLM.
本当のところは俺，おやじとおふくろと低所得者団地で暮らしてるのさ．
Gilou : *La vérité si je mens II*

vingt
■**le 20 heures** (le journal de 20 heures の略) 8時のテレビニュース
Même Bernadette on l'aurait cru! Seulement elle avait pas *le 20 heures*, elle pour aller le raconter.
（ルルドで聖母マリアの出現を目撃した）ベルナデット修道女のことさえ人は信じたかもしれないが，ただその時代には行ってその話をするテレビニュースなんてなかったんだ．
Lelouch : *Hommes femmes : mode d'emploi*

vingt-deux
■**vingt-deux de vingt-deux!** (bon Dieu!) ちえっ，くそっ
T'as quand même la trouille, hein? Les chocottes à zéro, *vingt-deux de vingt-deux!*
やっぱり怖いんだよな？　恐ろしく怖いんだ，畜生！
Corneau : *Série noire*

■**vingt-deux les flics** (attention!) 注意しろ，デカが来たぞ！
22, v'là les flics!... / Si on peut plus rigoler!
（子供が警官を見かけて仲間に叫ぶ）やばいぞ，デカだ！（警官が子供を署に連行する）もう冗談も言えないなんて！
Berri : *Le cinéma de Papa*

C'est quel numéro ici? / *Vingt-deux* ... comme pour *les flics*.
ここは何番地？／22番地…「注意しろ」ってときと同じさ．
Bourguignon : *Les dimanches de ville d'Avray*

■**vingt-quatre** (supermarché ouvert vingt-quatre heures sur vingt-quatre) 24時間営業のスーパー
Le bowling, le square, le hangar, les commerces, le *24*, tout ça tient dans un gros kilomètre carré.
ボウリング場，小公園，商店，倉庫，終夜営業のスーパーがみんな大体1平方キロ強のなかに収まっている．
Berberian : *Six-pack*

Elle est sortie du *24* y'a une dix minutes.
彼女はあのスーパーを10分前に出た．
Berberian : *Six-pack*

violon
■**pisser dans un violon** (ne servir à rien) 何の役にも立たない
J'en ai parlé deux cents fois, c'est comme si je *pissais dans un violon*!
そんなこともう何百回も話したのに，何の役にも立ってないみたいじゃないか！
Chatiliez : *Tanguy*

violoncelle (la même chanson triste; le refrain) 悲しげな歌，同じ

virer

泣き言の繰り返し
Je suis capable de rien, ni de me noyer correctement, ça a toujours été comme ça... / Et allons-y : le *violoncelle*, et que je te chiale un coup.

あたしって何もできないのよ，ちゃんと溺れ死にすることも，いつもこうなの…／さあさあ，せいぜい愚痴をこぼして，おいおい泣いてごらん．

Leconte : La fille sur le pont

vioque (personne âgée) 年寄り

Elle dort sur un gros tas de fric, la *vioque*.

婆さん，大金を隠し持ってるんだ．

Corneau : Série noire

Ta gueule, la *vioque* !

婆，うるせえ！

Klapisch : Chacun cherche son chat

virer

1. (perdre connaissance) 意識を失う

   Doucement. Fais gaffe, il est en train de *virer*. Elle est pas coupé cette dope.

   液をゆっくり入れろ．やばいぞ，こいつ気を失いかけてる．このヤク割ってなかったんだ．

   Dridi : Pigalle

2. (congédier; mettre à la porte; expulser) 追い出す，解雇する

   Tu t'es fait *virer* ?

   お前クビになったのか？

   Zeitoun : Yamakasi

   Je vous donne 5 minutes pour *virer* cette racaille de chez moi.

   わしの家からあのならず者どもを5分以内に追い出して貰いたい．

   Zeitoun : Yamakasi

   On a pas besoin de toi, tu *es viré* hein.

   お前なんか要らない，クビってことだ．

   Zonca : Le petit voleur

3. (enlever qch. de quelque part) 取り除く，始末する

   Tiens, *vire*-moi les cassettes là aussi.

   そうだ，そこのビデオも捨ててくれ．

   Sinapi : Nationale 7

4. (s'en aller; se tirer) 立ち去る

   Tu *vires* de chez moi !

   あんた家から出てってよ．

   Huth : Serial lover

   Vous me *virez* de cette cuisine.

   あんたたちこのキッチンから出てって．

   Huth : Serial lover

5. (devenir) …になる

   Tous les gardiens *viraient* mabouls.

   警備員がみんな狂気に犯されていった．

   Salomé : Belphégor

visu

■**virer sa cuti(e)** voir **cuti(e)**
visu (console de visualisation の略. display; moniteur) ディスプレー, モニター
　Tu l'as vu en *visu*? / Affirmatif.
　　怪人がモニターに映ってるか？／そうだ.　　　　　Salomé : *Belphégor*

vite
■**c'est vite dit** voir **dit**
■**vite fait** (très vite; rapidememt) さっさと，すぐ
　J'ai pas l'impression qu'tu vas le revoir *vite fait* ton Gaby, hein.
　　お前さんがすぐにギャビーとやらに会えるとは思えないな.　　Siegfried : *Louise*
　On est juste bon à s'rentrer dans l'chou, et à déguerpir *vite fait* pour pas risquer d's'attacher.
　　（男と女が一緒に暮らしたって）どうせ喧嘩して，情が移らないうちにさっさと逃げだそうとするのが落ちさ.　　　　　Leconte : *Tango*

vitriol (alcool; vin médiocre) アルコール，安葡萄酒
　Elle fait pas un bruit bizarre ta bécane? / Je la nourris au *vitriol*!
　　おまえのオートバイ変な音してないか？／アルコール入れてるからな！　Pirès : *Taxi*

vivement
■**vivement que** (je désire que ce soit rapidement accompli) 早くそうなればいい
　Vivement qu'on va à la plage.
　　早く海に行きたいな.（通常は que + subj. で qu'on aille となる）
　　　　　　　　　　　　　　　　　　　　　Dumont : *La vie de Jésus*

vœu
■**fais un vœu** (si tu fais un vœu maintenant, ton souhait est exaucé) 今，願い事をすると叶うよ（虹，流れ星，未経験なことなどに出会った時に）
　Regarde là vite...un arc-en-ciel, *fais un vœu*!
　　ほら虹だ…願いごとしたら！　　Lelouch : *Itinéraire d'un enfant gâté*
　Qu'est-ce que c'est? / Ben, du foie gras. / J'en ai jamais mangé. / *Fais un vœu*, c'est délicieux.
　　これなーに？／フォワグラさ.／食べたことないの.／願い事するといいよ．おいしいんだぜ.　　　　　Bénégui : *Au petit Marguery*

voilà
■**qui voilà** (je suis surpris de vous avoir au téléphone) 電話をくれるなんて珍しいね
　Bonjour, Thomas! / Ah mais *qui voilà*!

今日は，トマ！／やあ，これはこれは！　　　　　Renders : *Thomas est amoureux*

■**voilà le travail!** (tu vois le travail, le chantier, le tableau)　ざっとこんなもんだ，細工は流々だ

On a quand même obtenu un joli petit constat d'adultère. / Ah, pas mal. / *Voilà le travail*!

とにかく不倫現場の立派な記録を入手したんだ．／ああ，大したもんだ．／これがプロってものさ！　　　　　　　　　　　　　　　　Truffaut : *Baisers volés*

voile

■**mettre les voiles** (partir; s'enfuir)　立ち去る，逃げ出す

Si on *mettait les voiles*? Dans une heure y a un train pour Paris.

ここから逃げ出すなんていうのはどうだい？ 1時間後にパリ行きの列車があるぞ．
　　　　　　　　　　　　　　　　　　　　　　Téchiné : *Hôtel des Amériques*

voir

■**aller voir** (aller subir un traitement désagréable)　ひどい目に遭う

Ah! il *va voir* cet enculé!

あの野郎め，後悔させてやる．　　　　　　　　　Leconte : *Tango*

■**aller voir ailleurs** (avoir un amant, une maîtresse)　他に愛人がいる

Il *va voir ailleurs*. Pour ton équilibre, tu devrais prendre un amant.

君の亭主は女をこさえてるんだ．君もバランス上，恋人を作ったらどうだ．
　　　　　　　　　　　　　　　　　　　　　　Pascal : *Adultère*

■**ça s'est vu** (c'est déjà arrivé; on a déjà vu)　そういうことは前にもあった．

Ça peut aller jusqu'au crime, *ça s'est vu*.

それは犯罪にもつながりかねません．そういうことはもう起きています．
　　　　　　　　　　　　　　　　　　　　　　Belvaux : *Pour rire*

■**c'est tout vu** (c'est sans appel; c'est décidé une fois pour toutes; il n'y a pas à discuter; n'insiste pas)　もう決まったことだ，くどくど言うな

J'ai décidé de partir. / Ah non, pas question. J'ai besoin de vous. / *C'est tout vu*, je m'en vais.

私出ることにしました．／いや，それは駄目だ．あんたが必要なんだ．／今更変えられません．出て行きます．　　　　　　　　Koralnick : *Cannabis*

J'y vais plus. / Ecoute, nous verrons cela au calme. / *C'est tout vu*!

パパ，僕もうキャンプになんか行かない．／いいか，落ち着いて考え直そうじゃないか．／決めたことなんだ．　　　Chatiliez : *La vie est un long fleuve tranquille*

■**comme je te vois**

1. (réellement; vraiment)　現実に，本当に，この目ではっきりと

voir

Je te jure, Marie était dans ce camion, assise à côté du chauffeur! Je l'ai vue *comme je te vois*!
間違いないよ，マリはあのトラックに乗ってた，運転手の横にな，この目ではっきり見たんだ！　　　　　　　　　　　　　　　　　　　Leconte : *Tango*

2. (sans problème; vivant) 問題なく，元気に
Elle verrait le premier de l'an *comme je te vois*.
あの婆さん元日までぴんぴんしてるだろうよ．　　　　Hubert : *Le grand chemin*

■**en faire voir** (faire subir un traitement désagréable; faire souffrir; être méchant) ひどい目にあわせる，痛めつける
Il a insulté ma vieille grand-mère, il lui *en a fait voir*.
祖父は歳取った祖母に悪態をつき，いじめたのよ．
　　　　　　　　　　　　　　　　　Eustache : *La maman et la putain*

Il m'*en a* trop *fait voir*.
あの人には散々な目に遭わされてるのよ．　　　　　Sinapi : *Nationale 7*

■**en faire voir dans la gueule à** (en mettre à; frapper) 殴る
Je vais t'*en faire voir dans la gueule*!
顔をぶん殴ってやるからな！　　　　　　　　　Noé : *Seul contre tous*

■**il faudrait voir à voir** (il ne faut pas exagérer) 行き過ぎだ
Il paraît qu'on laisse traîner ses jolies mains dans le tiroir-caisse! / Hé, vous, la flicaille, *il faudrait voir à voir*, hein! Vous avez un mandat d'arrêt d'abord?
きれいなお手々をレジの中でごそごそさせたとか！／おい，デカさんよ，そりゃあんまりというもんだ．だいいち，逮捕状をお持ちかね？　Corneau : *Série noire*

■**il faut voir** (il faut réfléchir) よく考えてみないといけない
Je vous propose le double. Alors? / *Faut voir*.
あたしは２倍出すわ．どうする？／どうしようかな．　Carax : *Mauvais sang*

■**«impératif»**「命令法」+ **voir** (essaie de ... pour voir) 試しに…してみて，…してごらん
Touche *voir*. J'ai lavé mes cheveux, on dirait de la soie.
触ってみて．髪の毛洗ったの，絹みたいでしょう．　　　　Demy : *Lola*

Ecoute... Ecoute *voir*, comment tu t'appelles?
（親に捨てられたことを知らずに待っている子）坊や，聞くんだ…よく聞くんだよ，名前は何ていうんだい？　　　　　　Lelouch : *Itinéraire d'un enfant gâté*

■**je le vois de là** (ça se devine; il n'y a pas besoin d'explication; je vois ça d'ici) 察しがつく，言わなくたってわかる
J'ai rien de bien particulier. / Tu parles, *je le vois de là*.

voir

僕には別に変わったとこないけど．/ そんな，察しはついてるんだぞ．
Fassbinder : Querelle

■ **je t'ai assez vu, on t'a assez vu** (je veux plus te voir; j'en ai assez de toi) もう顔を見るのも嫌だ，お前にはうんざりだ

Allez casse-toi, *j't'ai assez vu*!

さあ消え失せろ，お前にはうんざりだ！
Gainsbourg : Stan the flasher

Allez, fiche le camp, va, *on t'a assez vu*! File!

さあ，出ってよ，あんたなんかもうご免よ，さあ，消えて！
Truffaut : Vivement dimanche

■ **je voudrais bien voir ça** (je n'y crois pas; je ne suis pas d'accord) そんなの信じられないな，そんなのご免だ

Quatre cents francs? Juste pour parler? Ça *je voudrais bien voir ça*!

4百フラン？（娼婦と）話をするだけで？まさかそんな！　Sinapi : *Nationale 7*

■ **on aura tout vu** (c'est incroyable; c'est invraisemblable; il faut le voir pour le croire) あきれたもんだ，意外だ，あんまりだ，ひどいもんだ

Il se prend pour un écrivain, ça alors, *on aura tout vu*.

彼ったら作家気取りなんだから，まったくあきれちゃうわね．
Dayan : Cet amour-là

Oh! vous avez vu ça. Un homme mettra au monde un enfant, par le Professeur Chaumont de la Tour. / Ah! Ah! *on aura tout vu*. Si les mecs s'y mettent à présent, on va bien s'marrer.

ヘー！この記事読んだ．男が子供を産むんだって，ショーモン・ド・ラ・トール教授の書いたもんだ．/ おやまあ，信じられんな．男までおっぱじめたらおかしくって！
Demy : L'événement le plus important depuis que l'homme a marché sur la lune

■ **on t'a assez vu** voir **je t'ai assez vu**

■ **on va voir ce qu'on va voir!** (je vais faire quelque chose d'important; je vais agir) このままではいないぞ，泣き寝入りはしないぞ，ちゃんとけりをつけてやる

On va voir ce qu'on va voir! La police saura bien calmer ce genre de choses.

（母親が男に娘を目の前で殴られるのを見て）覚えてなさい，警察に頼めばこういうことうまく処理してくれますからね．
Haneke : La pianiste

Cette petite n'a pas l'air d'avoir froid aux yeux. / *On va voir ce qu'on va voir*...

あの娘，大胆みたいだな．/ ちょっかいだしてみるか…　Bonello : *Le pornographe*

voir

■**ne pas pouvoir voir** (détester ; ne pas aimer du tout) 嫌う
Le curé *ne peut pas me voir*.
おれ司祭に毛嫌いされてたんだ.
Miller : *La petite voleuse*

■**pour voir** (si tu oses) やれるものなら
Répète un peu *pour voir* !
もう1度言ってみろ！
Nauer : *Les truffes*

■**répète voir !** (répète si tu oses ; ose répéter ; répète pour voir) 言えるもんならもう1度言ってみろ
Vous aussi je vous emmerde, tas de pédés foireux ! / *Répète voir !*
あんたたちなんか糞食らえよ，意気地なしのホモどもめ！／なんだと！
Blier : *Les valseuses*

■**tu peux aller te faire voir** (tu peux aller te faire foutre) 絶対嫌だ
Je veux son adresse. / Alors ça, *tu peux aller te faire voir*.
彼女の住所知りたいんだ. / そんなのぜったいご免よ.
Berberian : *Paparazzi*

■**tu te verrais** (tu aurais honte ; fais attention ; si tu te voyais tu dirais la même chose que moi, tu es ridicule) 格好悪いぞ，気をつけろ
Qu'est-ce que tu es speed ! / Mais non je suis pas speed. / Ben *tu te verrais*. Ça se boit pas comme ça. Ça se déguste.
あら，あんた飲むの速すぎるわよ！／そんなことないったら. / それが，みっともないの. カクテルって一気に飲むもんじゃなくって，ゆっくり味わうものよ.
Tavernier : *L'appât*

■**tu vas voir !** (je vais me mettre en colère ; je vais te taper) 怒るぞ，殴ってやるからな
Allez, au lit je te dis ! / Je veux pas ! Je veux pas ! / *Tu vas voir !*
さあ，寝るんだ！／寝たくない，やだ！／怒るぞ！
Sinapi : *Nationale 7*

■**tu vas voir ce que tu vas voir** (tu vas être étonné, tu vas comprendre) すごいとこ見せてやる，仕上げを見ろよ
Il est trop tôt. / Au contraire, ça fera plus vrai. *Tu vas voir ce que tu vas voir !*
早過ぎるぞ. / そのほうが真実味があるのよ. まあ見てなさい！
Othenin : *Piège à flics*

■**va voir...si j'y suis** voir **être**

■**voir venir** (avoir un peu d'argent ; vivre avec l'argent que l'on a à la banque ; pouvoir voir venir des ennuis, des problèmes) 少しカネが入る，余裕があるから困ったことが起きてもなんとかやってゆける
Vous êtes tombés sur une mine d'or, là c'est bien, pour vous. / Oui,

c'est bien...enfin pour Benoît, ca va lui permettre de *voir venir*, un peu.
> あんたたち金づるを見つけてよかったわね．/ うん，よかったよ…とにかくブノワにとっちゃね，これで彼もすこしは息がつけるってもんだ．
>
> Jaoui : *Le goût des autres*

■**voir venir qn.** (deviner les intentions de; comprendre à l'avance les intentions de) 相手の意図を見抜く

Frank nous a plantés, ça fait longtemps que je le *voyais venir*.
> フランクがあたし達を見捨てたのよ，前からあたしには見え透いてたけど．
>
> Téchiné : *Alice et Martin*

Je les connais tellement par cœur ce genre de filles, là, que tu *vois venir* à trois mille kilomètres.
> ああいう女達のことはよーくわかってますからね，目論見は全部お見通しよ．
>
> Assayas : *Fin août, début septembre*

Moi, les tordues je les *vois venir* de loin !
> 変態女なんてあたしピンと来るんだから！
>
> Sinapi : *Nationale 7*

■**vois-tu** (je vais t'expliquer; figure-toi) 実は

Voyez-vous, ma version est différente.
> ところが，私の解釈は違うんです．
>
> Ozon : *8 femmes*

■**voyons voir** (réfléchissons) よく考えてみよう

Voyons voir, on pourrait commencer par lui.
> そうだなあ，手始めに彼からやってみるか．
>
> Molinaro : *La cage aux folles II*

voiture

■**se ranger des voitures** (se retirer de la vie active illicite; mener une vie plus régulière ou moins dissipée que précédemment) 犯罪稼業から引退する，昔と違って今はまともに暮らしている

Maintenant, *rangé des voitures*, il n'y a plus que l'art qui m'intéresse.
> もう足を洗いましてね，興味があるのはアートだけです．
>
> Othenin : *Piège à flics*

Pour moi c'est des vieilles histoires tout ça ! Maintenant je *me suis rangé des voitures* comme t'as vu.
> （女を張り合うなんて）そんなことはもう昔のことだ．今は見てのように身を固めたんだからね．
>
> Huber : *La reine blanche*

Je ne suis pas vieille. Si tu te crois *rangée des voitures*, pas moi.
> あたしはばあさんじゃないのよ．あんたは男遊びを卒業したと思っていても，あたしはちがいますからね．
>
> Rohmer : *La femme de l'aviateur*

voler

■**ne pas l'avoir volé(e)**

vouloir

1. (être bien fait pour) 当然の報いである，自業自得である
   Eh Caroline, tu veux pas faire des travaux pratiques ? / Remarque, *tu ne l'as pas volée*, celle-là.
   (生物の時間，妊娠についての講義中)なあカロリーヌ，僕と実習してみないか？／(カロリーヌひっぱたく．他の生徒が)ほらな，身から出た錆だ．
   Klapisch : *Le péril jeune*

2. (l'avoir bien mérité) 充分それに値する，資格が充分ある
   Tu travailles toujours autant ? / Eh oui, les mauvaises habitudes. / On peut dire que tu *ne l'auras pas volée* ta gloire !
   (友人のヴァイオリン奏者に)いまでもしょっちゅう練習してるのか？／ああ，悪い癖でね．／君の名声も棚ぼたではないってことだ．
   Resnais : *Mélo*
   On va se prendre une jolie douche. On l'*aura pas volé* !
   (車で遠くから汗だくで帰ってきて)のんびりシャワーでも浴びましょう．それぐらいしたって悪くないわよね！
   Blier : *Merci la vie*

vouloir

■**comme tu veux〔voudras〕**

1. (ça m'est égal ; ça ne m'intéresse pas beaucoup) どんなのでも構わない，どちらでも，お好きなように
   Tu veux un mariage religieux ? / *Comme tu voudras*.
   教会で結婚式を挙げたい？／お好きなようになさって．
   Ferreri : *La grande bouffe*

2. (moi, je veux bien ; d'accord ; entendu) そうおっしゃるなら，そうさせて貰うよ，いいよ
   Allez tu vas coucher ici cette nuit et demain matin, on appellera ta voisine. / *Comme vous voulez*.
   今夜はここで寝てあしたの朝隣の小母さんに電話するんだ．／そうさせて貰うわ．
   Arcady : *Dis-moi oui*

3. (c'est ça mais ; c'est bien mais ; d'accord mais) そうでしょうとも，そう言ってるがいい，勝手にしろ
   Si tu veux qu'on en parle ? / Non. / *Comme tu veux* ... Tu sais que depuis ta démission à l'hôpital, ils font tous la gueule à ton père ?
   あたしが話してみてあげようか？／いいや．／勝手になさい…あのね，あんたが病院を辞めてから，医局員たちはみんな(院長の)お父さんに食って掛かってるのよ．
   Arcady : *Dis-moi oui*

■**en vouloir** (être plein d'ardeur) やる気満々である，張り切る
   Il sait beaucoup plus de choses que moi, on sent le type qui *en veut*.
   彼は私より色々知識もあり，やる気満々って感じだな．
   Sautet : *Garçon*

vouloir

- **en vouloir à *qn.*** (avoir de la rancune; être fâché) 恨む，怒る，悪く思う
  Il *m'en veut* à mort.
  彼俺のことえらく怒っている.　　　　　　　　　　Gilou : *La vérité si je mens*
  Tu *m'en veux* beaucoup ?
  俺のことすごく恨んでるんだろうな？　　　　　　　Poirier : *Western*
- **en vouloir à *qch.*** (avoir des visées sur; s'intéresser à) 狙う，関心を抱く
  Tous les mecs ... les jeunes, ils *en veulent à* leur cul, les vieilles *à* leur sac à main.
  男は誰だって若い女を見ればセックスしたがるし，オバンを見ればかね狙いね.
  　　　　　　　　　　　　　　　　　　　　　　　Kplapisch : *Péril jeune*
- **en vouloir pour son argent** (payer mais demander que ce soit bien) カネは出すがそれに見合ったものを要求する
  Y se fout de ta gueule. Il *en veut pour son argent*.
  あの男にからかわれてるんだぞ，ただでカネを出すような奴じゃないんだ.
  　　　　　　　　　　　　　　　　　　　Beineix : *La lune dans le caniveau*
- **en vouloir une autre** voir **autre**
- **il faut savoir (ce que tu veux)** voir **savoir**
- **je veux** (bien sûr) もちろん
  Vous avez une voiture ? / Ah, *je veux*.
  あんた車あるの？ / ああ，そりゃそうよ.　　　　Chabrol : *La cérémonie*
  Putain, ça usine, c'est tous les soirs comme ça ? / *Je veux*, oui.
  すげえ，あんたの店，てんてこ舞いだな，毎晩こんななのかい？ / そりゃそうさ.
  　　　　　　　　　　　　　　　　　　　　　　Beineix : *37°2 Le matin*
- **je veux bien mais ...** (je suis d'accord mais quand même) それは認めるけどそれにしても
  Je ne sais pas comment vous faites pour tenir ? / L'habitude... / *Je veux bien mais il y a des limites*.
  パリの人たちはどうやってこんな陰鬱な天気に耐えていかれるんだろう？ / 習慣ですわ … / そりゃわかるけど限度ってものがあるよな.　　Jacquot : *La fille seule*
- **je veux tout ce que tu veux** (je fais tout ce que tu veux) あんたのしたいことは何でもする
  Je te l'ai déjà dit, *je veux tout ce que tu veux*.
  前にも言ったけど，あたしあんたのお望み通りのセックスをしてあげるわ.
  　　　　　　　　　　　　　　　　　　　　　　　Haneke : *La pianiste*
- **qu'est-ce que tu veux** (c'est ainsi; c'est comme ça; on ne peut pas

vouloir

changer ; il n'y a rien à faire) 仕方がない，どうしようもない

La course à pied, c'est un don chez moi...*qu'est-ce que tu veux*, c'est dans les chromosomes.

> 徒歩競争には生まれつきの才能があるんだ，…どうしようもないよな，遺伝なんだもの.
> Beineix : *Diva*

J'en ai des fois dix, douze l'été. Quand les gens partent en vacances, on m'amène les chats, *qu'est-ce que vous voulez*.

> 夏には10匹から12匹もいることがあるのよ．ヴァカンスに出掛ける人たちがあたしんとこへ猫を連れてくるんだもの，しょうがないわ．
> Klapisch : *Chacun cherche son chat*

Ta sœur n'a aucune éducation ! C'est pas comme toi, hein. / *Que veux-tu* ? On a des natures différents, et puis Catherine est si jeune.

> 妹さんは躾がなってないわ！ あんたと較べると. / そんなこと言ったって．気質が違うんだし，それにあんなに若いんでしょう．
> Ozon : *8 femmes*

■**s'en vouloir** (se repentir ; se reprocher ; se sentir coupable) 後悔する，悪いと思う

Nous, on va aller jusqu'au bout de notre idée, sinon on est nul et on *s'en voudra* toute notre vie !

> 俺達はとことんまで計画を実行するよ．さもなきゃ俺達は何の価値もない，一生悔やんで過ごすことになる．
> Zeitoun : *Yamakasi*

C'est hormonal... Oh, je *m'en veux* d'être comme ça, c'est honteux !

> ホルモンのせいとはいえ，あたしったら嫌だわ，セックスしたいだなんて言って，恥ずかしい．
> Braoudé : *Neuf mois*

Je *m'en voudrais* de te casser la baraque.

> (あんたが女の人と親しくなるのを)ぶち壊したんだったら悪いわね．
> Bral : *Extérieur nuit*

■**si on veut** voir **si tu veux 2.**

■**si tu veux**

1. (je t'en prie) どうぞ

Je te raccompagne ? / *Si tu veux*.

> 送ってこうか？ / どうぞ．
> Klapisch : *Le péril jeune*

2. (si tu préfères, on peut l'appeler comme ça, peut-être) …とも言える，かも知れない

La poisse, ça s'explique pas hein, c'est comme l'oreille musicale, *si vous voulez*, on l'a ou on l'a pas.

運不運なんて説明つかないものよ．音感みたいなもんね，あるかないかってことに尽きるわ． Leconte : *La fille sur le pont*

C'est toi qui fixes les limites ? / Ouais, *si on veut*.
君が制限を設けるのか？/ うん，まあね． Vernoux : *Love etc.*

C'est une femme ? / Oui, oui, *si tu veux*.
（彫刻を見て）これ女の人？/ うん，そう見てもいい． Godard : *Paris vu par*

vot' (votre) あなたの

C'est *vot'* fils qui est sur le balcon, qui fait tout c'tapage.
お宅の息子さんがバルコニーに出て大騒ぎをしてるんですよ． Zeitoun : *Yamakasi*

voyage

■**ne pas passer le voyage〔Noël; le réveillon〕là-dessus** (ne pas s'y attarder outre mesure) のんびりしてはいられない

Quand l'chat n'est pas là, les souris !... Tu vois c'que j'veux dire... / On va *pas passer l'voyage là-dessus*.
鬼の居ぬ間にってやつだ！… 言いたいことわかるな…／こりゃうかうかしてられないぞ． Zidi : *Arlette*

voyager (être sous l'effet du LSD ; tirer une grande satisfaction) トリップする，大満足する

Il te fait *voyager*, hein ?
（セックスしながら）俺のモノでご満足みたいですな？ Nauer : *Les truffes*

vrai

■**c'est pas vrai** (c'est incroyable ; c'est pas possible ; c'est scandaleux) 信じられない，まさか，そんなのひどい

Oh ! *C'est pas vrai* !
（目の前に札束が降ってきたのを見た偽の盲目の乞食が）わー！夢じゃなかろうか！ Beineix : *Diva*

Mais *c'est pas vrai* ! Bon sang !
（明け方の絶対的静寂を満喫しようとしたのにトラクターに沈黙を破られて）こんなのないわ！まったくもう！ Rohmer : *4 aventures*

Il dit que *ce n'est pas vrai*, qu'elle est trop petite.
中国人は彼女と寝るなんて無理だ，幼すぎると言った． Annaud : *L'amant*

■**pour de vrai** (vraiment) 本当に，本気で

Je vous le promets, madame. / *Pour de vrai* ?
お約束します，奥さん．/ 間違いないわね？ Holland : *Olivier est là*

Tu sais garder un secret ? / Ouais. / Un vrai secret *pour de vrai*. Personne sait.

V.R.P.
お前秘密が守れるかな？／うん．／ほんとにほんとの秘密だぞ．誰も知らないんだ．
Dupeyron : La machine

V.R.P. (voyageur représentant placier の略) 委託販売外交員
Regardez là, les *VRP*.
見てご覧，あそこのセールスマンたち．
Masson : En avoir

vu (compris) わかつた
Je te dis demain soir. Alors, laisse-moi faire et casse pas les pieds, *vu*?
明日の晩だって言ってるだろう．だから僕に任せてうるさくしないでくれ，いいな？
Corneau : Série noire

On est la base, nous! Le ciment! Et le ciment ça pense pas, ça colmate! *Vu*!
俺達（警官）は社会の土台だ．セメントだ．セメントは考えない，穴を塞ぐだけだ．いいな！
Zeitoun : Yamakasi

vue
■**en mettre plein la vue** (impressionner ; épater) 圧倒する，幻惑する
Je veux vraiment leur *en mettre plein la vue*!
あたし記者たちをほんとにあっと言わせたいのよ．
Berberian : La cité de la peur

Il t'*en met plein la vue*, le grand maître.
巨匠に君は目がくらんだんだ．
Resnais : Mélo

W

wallou (アラビア語．rien, oualou) ゼロ
Tu sais qui on est pour eux nous? On est des nains! On est *Wallou*!
大手企業にとっちゃ俺たちゃ何だ？虫けらさ！屑だ！
Gilou : La vérité si je mens II

T'es un salaud de pas m'avoir dit que t'avais du chocolat. C'est pour les gonzesses que t'en as ... mais pour ton poteau ... *wallou*.
チョコレートを持ってるって言わないなんてひでえ奴だな．女の子にやる分はあっても，ダチにはゼロなんだから．
Monnet : Promis...juré

waou ; wouaouh ; wow (onomatopée) 驚き，感激，喜び，賛嘆を表す擬音語
Attends, je vais t'aider. Donne-moi la main, donne-moi la main. *Waou*! Voilà!

(明かりとりの窓から屋根に出ようとして) 待って，手を貸すから，僕の手を握って，手を握って．いいぞ！ ほら出た．

Kurys : *A la folie*

western (英語．dispute; problème) 活劇，喧嘩
Si on lui laissait encore la boutique, ça serait *western* tous les jours.
もしまだお母さんに店をまかせていたら毎日立ち回りだろうな．

Fontaine : *Nettoyage à sec*

wham
■**wham, bam, crac** (un deux trois) 一，二，三
Pour moi l'amour, c'est pas "*Wahm, Bam, Crac*". Moi, quand je fais l'amour, je suis pas pressé. Faut que ça dure, trois quarts d'heure, une heure.
僕にとってセックスは一，二，三ってなもんじゃない．やるときは急がない．45分も，1時間もかけなきゃだめなんだ．

Guit : *Le ciel est à nous*.

wof (bof) まあね
Ça se passe bien? / *Wof*... mollo mollo...
うまくいってる？ / まあ，ぼちぼちってとこね．

Klapisch : *Chacun cherche son chat*

wouaouh voir **waou**
wow voir **waou**

Y

y
1. (il) 彼は
   Mon chef *y* vous a pas vraiment à la bonne.
   うちの署長はほんとうに君達が嫌いなんだ．

   Zeitoun : *Yamakasi*

   J'voudrais bien qu'*y* s'barre, celui-là !
   あいつには出てってもらいたいな．

   Allégret : *Une si jolie petite plage*

2. (ils) 彼らは
   Y conduisent comme des culs là.
   ひでえ運転しやがる．

   Berberian : *Six-pack*

   Les p'tits, où *y* sont?
   ちびどもはどこにいるんだ？

   Veysset : *Y aura-t-il de la neige à Noël?*

3. (lui) 彼(女)に，彼(女)について

yaourt

Dis-*y* bonsoir d'ma part.
  よろしく言っといて.　　　　　　　　Allégret : *Une si jolie petite plage*

Tordez-*y* donc les parties viriles !
  奴の急所をねじりあげろ!　　　　　　Malle : *Zazie dans le métro*

4. (le) 形容詞に代わる中性代名詞 le

Enculé ! / C'est çui qui dit qui *y*'est.
  馬鹿もん！/ そう言う奴こそ馬鹿もんさ.　　Dupontel : *Bernie*

■**ça y est**

1. (c'est arrivé ; c'est terminé) うまくいった，しめた，これでいい

Ça *y* est ! Le rendez-vous est pris !
  やった！その娘と会う約束を取りつけたぞ.　　Vincent : *La discrète*

2. (c'est arrivé, je m'y attendais) やっちゃった，やっぱりね，ほーら言わんこっちゃない，やれやれ

Prépare-lui des œufs avec du foie haché fin pour Mimi. Elle adore ça, Mimi. / Mimi? / Mimi, la chienne de maman ! Ça *y* est.
  (物忘れがひどい妻に医者に行くように勧めるが取り合わない) ミミにレバーの細切れを入れた卵を作ってくれ. ミミのお気に入りだ. / ミミって？/ ミミっておふくろの犬だろう. ほら, やっぱりな.　　Holland : *Olivier est là*

■**c'est y... ?** (est-ce... ?) …ですか？

C'est-y qu'vous v'venez pour aller promener ?
  ここへは散歩に来たのね？　　　　　Allégret : *Une si jolie petite plage*

C'est-y bien la peine de la faire entrer ?
  霊柩車を無理に入れることもないんじゃないですか？　　Clément : *Jeux interdits*

■**y aller** voir **aller**

■**y a pas** (il n'y a pas de problème, c'est certain, c'est sûr) 問題はない，確かだ

Ils ont des belles gonzesses, *y a pas*.
  アメリカ男は美女に恵まれている, それは確かだ.　　Gilou : *La vérité si je mens II*

■**z'y va(s)** (vas-y の逆さ言葉) さあ，やってみろ

Le type te paye, tu rends la monnaie, tu refermes en doucuer et le petit ticket. Okay, *z'y va*.
  (新入りの店員に) 客がカネを出したら釣り銭を渡し, レジをそっと閉めレシートをやる. いいな, やってみろ.　　Dridi : *Pigalle*

yaourt (charabia) 訳のわからない言葉

Quand j'écoute de la musique anglaise ou américaine, je comprends pas les paroles, et quand je veux chanter moi, je chante uniquement

en *yaourt*.
> アメリカ音楽やイギリス音楽を聞いても歌詞がわからないから歌うだんになるとめちゃくちゃな歌詞でしか歌えない．
> <div align="right">Klapisch : <i>Le péril jeune</i></div>

Yop (appellation commerciale d'un breuvage parfumé qui ressemble à du yaourt très liquide) ヨーグルト飲料の商標
Tu seras en train de siroter un *Yop* avec une paille.
> 君はヨップをストローですすってるだろうな．
> <div align="right">Vernoux : <i>Love etc.</i></div>

youpi! (super!) やった！ いいぞ！
Asseyez-vous, y'a un café qui vous attend. / Ah, *youpi*!
> お座りなさいよ，あんたのコーヒーも注文して来るわ．/ わー，やったね！
> <div align="right">Varda : <i>Les glaneurs et la glaneuse</i></div>

youpin (juif) ユダ公
Tiens, voilà les *youpins*.
> おや，ユダ公どものお出ましだ．
> <div align="right">Doillon : <i>Un sac de billes</i></div>

Z

z
■**y(-)z(-)** (ils + リエゾン)
*Y z'*ont un dossier gros comme ça sur vous.
> サツにはお前たちに関する分厚い調書があるんだぞ．
> <div align="right">Zeitoun : <i>Yamakasi</i></div>

Les tuberculeux tant qu'ils tiennent debout, y font tout comme si *y-z*-étaient pas malades.
> 肺病患者ってね，立っていられる限りは病気じゃないみたいになんでもするからね．
> <div align="right">Allégret : <i>Une si jolie petite plage</i></div>

zaïmeur (alzheimer) アルツハイマー
Il est *zaïmeur*?
> アルツハイマーなの？
> <div align="right">Gilou : <i>La vérité si je mens</i></div>

zarbi (bizarre の逆さ言葉) 奇妙な
Qu'est-ce que c'est que ce truc? C'est *zarbi*!
> いったい何だこいつは？ 変な部屋だな！
> <div align="right">Ledoux : <i>En face</i></div>

zboub (アラビア語. membre viril; pénis; zob) ペニス
Si tu la touches, ton pénis, ta bite, ton *zboub* tomberont en poussière.

zébi

あの女の死体に触ると君のペニス、おちんちん、竿は粉々になっちゃうぞ．

Beineix : Mortel transfert

zébi
■peau de zébi (rien) ゼロ
On n'a qu'à jouer avec sa torche. / *Peau de zébi* ! Moi, j'use pas mes piles.

(停電中だから) 懐中電灯でトランプすればいいだろう． / 僕はまっぴらだね．電池を無駄にしたくない．

Miller : La meilleure façon de marcher

zen (日本語)
1. (secte boudhique du Japon, méditation pour atteindre l'illumination) 禅，悟りに到達するための瞑想

Moi, mon satori, c'est ça ! le *zen* dans l'art de la tartine.

俺の悟りっていうのはタルティーヌを作る技術のなかに宿る禅なのだ．

Beineix : Diva

2. (calme; vide) 落ち着いた，何もない，がらんとした

Non, reste *zen*, reste *zen* !

駄目だ，落ち着いてるんだ，落ち着いてろ． Klapisch : Peut-être

Dis-donc, c'est *zen* chez toi. / J'ai vendu tous mes meubles.

おいおい、お前んとこは禅寺かよ？ / 家具を全部売り払ったんだ．

Gilou : La vérité si je mens

Elle a toujours été *zen* comme ça, ta mère ?

(部屋に家具が全然無いのを見て) お母さんていつもこんなにきれいさっぱりの生活してたの？

Krawczyk : Wasabi

Pour ouvrir une japonaise, faut être *zen*.

日本車の鍵をこじ開けるには心を無にしてかからないと駄目だ． Beineix : IP5

Z.E.P. (zone d'éducation prioritaire の略) 教育優先地区
Il y a longtemps qu'on devrait être en *Z.E.P.*.

ここはずっと前に教育優先地区に指定されるべきだったのよ．

Tavernier : Ça commence aujourd'hui

zéro
■à zéro (très) とても，すごく
T'as quand même la trouille, hein ? Les chocottes *à zéro*, vingt-deux de vingt-deux !

やっぱり怖いんだよな？恐ろしく怖いんだ，畜生！ Corneau : Série noire

zguegue (membre viril; zigounette; zizi) おちんちん
Il est à poil. Regarde, on lui voit le *zguegue*.

彼真っ裸だ．見ろ，おちんちん出してる．

Berberian: *Paparazzi*

zicmu (musique の逆さ言葉) 音楽
 On va lui mettre un peu de *zicmu*.
 彼女にちょっと音楽をかけてやろう．

Beineix: *Mortel transfert*

zieuter (regarder) 見る
 Alors d'abord, on va *zieuter* une expo.
 それで先ずは展覧会を見に行こう．

Lemoine: *Le nain rouge*

zigot(t)o (individu; type; individu suspect; clown) 男，奴，変な男
 Et ce *zigoto*-là, c'est Lancelot?
 その絵に書いてある男はランスロかい？

Truffaut: *L'amour en fuite*

 Qui c'est ce type-là, qu'est-ce que c'est qu'ce *zigotto*?
 その写真の男は誰だ？ その変なのは？

Truffaut: *Domicil conjugal*

zigouiller (tuer) 殺す
 Tu faisais quoi? / Je *zigouillais* les sentinelles.
 （戦争で）何してたの？ / 歩哨をばらしてたよ．

Godard: *A bout de souffle*

zinc (avion) 飛行機
 Qui va nous filer un *zinc*?
 誰が俺たちに飛行機を回してよこすんだ？

Avary: *Killing Zoe*

zinzin (un peu fou, bizarre) ちょっと気が変な，奇妙な
 Il a l'air *zinzin*.
 その男ちょっとおかしいみたいですよ．

Poiré: *Les visiteurs*

zipper voir **dézipper**

zique (musique の略) 音楽
 Je peux te faire écouter des trucs mortels en *zique*.
 すごい曲を聞かせてあげられるぜ．

Klapisch: *Chacun cherche son chat*

zizette (sexe surtout de petite fille; petite chatte) （女の子の）性器
 Montre-moi ta *zizette*.
 君のオマンコ見せてよ．

Samuell: *d'enfants*.

zizi (pénis surtout de l'enfant; petit robinet) （子供の）おちんちん
 Le bébé, il a un beau *zizi*.
 （超音波造影写真を見せて）赤ちゃん，立派なおちんちんを付けてるわ．

Braoudé: *Neuf mois*

zob; zboub (membre viril; pénis) 男根，ペニス
 Qu'est-ce qu'y peut nous canuler avec son sexe...mon *zob* par-ci, mon *zob* par-là.
 あいつにはほんとにうんざりだ，いつもセックスの話ばっかりで…こっちでもオチ

zombie

ンチン，あっちでもオチンチンだろう． Miller : *Le sourire*

■**lécher le zboub** (flatter bassement) へつらう
Tu dis ça à un banquier, il t'ouvre le coffre et en plus, il te *lèche le zboub*.
この魔法の言葉を口にしただけで銀行家はカネをじゃんじゃん貸すし，おまけにへいこらするんだ． Gilou : *La vérité si je mens II*

■**peau de zob** (rien; zob) ゼロ
Tu connais pas le Moyen Âge? Ah, ben dis donc, toi, question culture, hein, *peau de zob*!
あんた中世知らないの？ あらまあ，あきれちゃうわね，教養なんて一かけらもないんだから． Poiré : *Les couloirs du temps*

■**tête de zob** (imbécile) 馬鹿
Cette *tête de zob* c'est mon cousin.
この阿呆，俺の従兄弟なんでさ． Gilou : *La vérité si je mens II*

zombie (idiot; demeuré) 知恵遅れの人，馬鹿
Tu crois qu'il a que ça à foutre de venir traîner dans des chiottes pourraves voir un *zombie* tringler une nympho?
色気違いと薄のろがつるむのを見るためにだけあの男がこんな汚いトイレに来るとでも思ってるの？ Magaton : *Exit*

zonard (sans abri vivant de petits boulots) 宿無し，浮浪者
On est des moins que rien, on est des *zonards*.
おれたちはゼロ以下の人間だ，浮浪者なんだ． Rochant : *Vive la République*

zone (endroit misérable, sale) 惨めな汚いところ
Paris, c'est peut-être la *zone*. Mais la province, c'est carrément la poisse. Je me demande comment des gens peuvent passer toute une vie dans des trous pareils.
パリは惨めなところかもしれないが，地方になるとまったくひどい．どうしてあんなところに死ぬまでいられるんだろう． Noé : *Seul contre tous*

zoner (être sans logis; mener la vie des clochards; vagabonder) あてもなくうろつく，放浪する，宿無しになる
A qui je vais pouvoir emprunter du fric? Non, je vais pas *zoner*, je vais pas me dégrader.
誰にカネを借りられるんだ？ いいや，浮浪者にはならない，身を落としはしないぞ． Noé : *Seul contre tous*

Qu'est-ce qui vous dit que c'est une cliente? / A force de *zoner* dans un quartier, on apprend des choses.

何でまた僕んとこの患者だなんて言うんだね？／実際このへんをぶらぶらしてるとだんだんいろんなことがわかってくるもんですよ． Beineix : *Mortel transfert*

Je *zonais*, les squats, la dope, tout ça ... il m'a tirée de là.

あたし前は放浪したり，人の家に泊まりこんだり，ヤクとかいろいろあったけど，あの人がそこから抜け出させてくれたのよ． Lauzer : *Mon père ce héros*

zonzon (prison) 監獄

Il peut plus sortir, c'est *zonzon* toute la journée.

もう外出できない，いちんちじゅうムショにいるようなもんだ． Seguin : *Miskine*

zoo
■va voir ta mère au zoo voir **mère**

zou (南仏語．vivement; vite!) 活発に，敏捷に，急いで

Allez, *zou* ! On vous attend à la salle à manger ! Allez plus vite que ça !

さあ，もたもたしてないで！みんな食堂で待ってるわ．さあ，ぐずぐずしないで！ Sinapi : *Nationale 7*

zouave
■faire le zouave (faire le clown) おどけてみせる

Lui, à part *faire le zouave* et raconter n'importe quoi !

あの人はね，おどけていい加減なことを言うしか能がないんだよ． Jugnot : *Monsieur Batignole*

zoziot (membre viril; zob) おちんちん

Tu regardes pas ! / Juré... De toute façon, je l'ai déjà vu ton *zoziot* !

僕見ないで！／約束… でも，あんたのオチンチンもう見ちゃったもん！ Hubert : *Le grand chemin*

参考文献

Références linguistiques et philologiques

Abraham, Jean-Pierre : *Dictionnaire des superstitions*   Robert Morel 1967
Andersen, Hanne Leth   Hansen, Anita Berit
      : *Le français parlé*   Actes du colloque international Université de Copenhague 1998
            Etudes romanes 47   2000
Armstrong, Nigel : *Social and stylistic variation in spoken french*   Jean Benjamins Publishing
            Company   2001
Bacha, Jacqueline : *L'exclamation*   L'Harmattan   2000
Ball, Rodney : *Colloquial French grammar*   Blackwell   2000
Becrer-Ho, Alice : *Les princes du Jargon*   Gallimard 2ᵉ éd.   1993
Bernet, Charles   Réseau, Pierre : *Dictionnaire du français parlé*   Seuil   1989
Blanche-Benveniste, Claire : *Approches de la langue parlée en français*   Ophrys 1997
            : *La langue parlée* in *Le grand livre de la langue française* (Yaguello)   Seuil   2003
Boudard, Alphonse   Luc, Etienne : *La méthode à Mimile*   Ed. du Rocher   1998
Brunet, Sylvie : *Les mots de la fin du siècle*   Belin   1996
Cadet, François : *Le français populaire*   QSJ 1172   PUF   1992
Cadet, François : *L'argot*   QSJ 700   PUF   1994
Camus, Renaud : *Répertoire des délicatesses du français contemporain*   P. L. O.   2000
Caradec, François : *Dictionnaire du français argotique et populaire*   Larousse Bordas   1998
Cellard, J et Rey, A : *Dictionnaire du français non conventionnel*   Hachette   1991
CNRS : *Trésor de la langue française*   1990
Colin, Jean-Paul   Mével, Jean-Pierre   Leclère, Christian : *Dictionnaire de l'argot français
            et de ses origines*   Larousse-Bordas   1999
Colin, Jean-paul   Mével, Jean-Paul   Leclère, Christian : *Dictionnaire de l'argot français
            et de ses origines*   Larousse   2001
Calbris, G. Montredon, J : *Des gestes et des mots*   Clé Internationale   1986
Débarède, Anne   Santiveri, Jean-Jacques : *Le dico de l'amour et de la sexualité*   Seuil   1996
Défancq, Bart : *Un aspect de la subordination en français parlé*   Etudes Romanes 47   2000
Demougeot, M. Duvillard, J : *Nouveau français, la compil*   Lattès   1994
Dontchef, Dontcho : *Dictionnaire du français argotique, populaire et familier*   Rocher   2000
            : *L'invention de la langue   Le choix des mots nouveaux*   Larousse Armand Colin   2001
Duneton, Claude : *Le bouquet des expressions imagées*   Seuil   1990
            : *Le guide du français familier*   Seuil   1998
Edouard, Robert : *Dictionnaire des injures*   Tchou   1979
            : *Nouveau dictionnaire des injures*   Sand et Tchou   1983
Enckell, Pierre : *Dictionnaire des jurons*   PUF   2004

Fattorusso, V : *Dictionnaire de poche des médicaments*   Masson   1994
Fournier, Sophie : *Badaboum et autres onomatopées*   Bonneton   2003
Franckel, J-J : *Futur simple et futur proche*   FM N° 182   1982   janv
Galisson, Robert   André, Jean-Claude : *Dictionnaire de noms de marques courants*   Didier   1998
Giraud, Robert : *L'argot du bistrot*   Marval   1989
Gordienne, Robert : *Dictionnaire des mots qu'on dit "gros"*   Editions hors commerce   2002
Goudaillier, Jean-Pierre : *Comment tu tchatches !*   Maisonneuve et Larose   2001
   : *De l'argot traditionnel au français contemporain des cités*   La linguistique   vol 38   2002-janvier   PUF
Guiraud, Pierre : *Dictionnaire érotique*   Payot   1978
Hanse, Joseph : *Nouveau dictionnaire des difficultés du français moderne*   3ᵉ édition   Duculot   1994
Hansen, Anita Berit & Maldrez, Isabelle : *La négation en français parlé*   Etudes Romanes   47   2000
Hermann : *Le dictionnaire des mots tabous*   Marabout   1988
Himelfalh : *Sigles et acronymes*   Belin   2002
Jouet, Jacques : *Les mots du corps*   Larousse   1990
Laroche-Claire, Yves : *Evitez le franglais, parlez français!*   Albin Michel   2004
Lasne, Sophie : *Dictionnaire des superstitions*   Sand   1985
Le Doran, Serge : *Dictionnaire San Antonio*   Fleuve noir   1993
Leeman-Bouix, Danielle : *Les fautes de français existent-elles?*   Seuil   1994
Lepoutre, David : *Cœur de banlieue   Code, rites et langages*   Editions Odile Jacob   2001
Levieux, Michel : *Cassell's colloquial French*   Cassell   1980
Liogier, Estelle : *Quelques approches théoriques pour la description du français parlé par les jeunes des cités?*   La Linguistique   Vol 38   PUF   2002-1
Louis, Patrice : *Dictionnaire des noms propres du parler commun*   Arléa   1996
Merle, Pierre : *Dictionnaire du français branché, suivi du guide du français tic et toc*   Points   1989
   : *Le blues de l'argot*   Seuil   1990
   : *Le Dico de l'argot fin du siècle*   Seuil   1996
   : *L'argus des mots*   L'Archipel   1997
   : *Argot, verlan et tchatches*   Les Essentiels Milan   1997
   : *Le Dico du français branché*   Seuil   1999
   : *Le Dico du français qui se cause*   Milan   1999
   : *Le prêt à parler*   Plon   1999
Merle, P et al : *Les mots nouveaux apparus depuis 1985*   Belfond   1989
Montvalon, Christine de : *Les mots du cinéma*   Belin   1987
Mosegaard, Hansen : *La polysémie de l'adverbe déjà*   Etudes Romanes 47   2000

Oblak, H et al. : *Les mouvements de mode*　Laffont　1984
Pavelin, Bogdanka : *Le geste à la parole*　Presses universitaires du Mirail　2002
Payet, L. : *L'argot*　Marabout　1992
Péchon, Daniel　Dauphin, Bernard : *Dictionnaire des difficultés du français*　Larousse　2001
Pierre-Adolphe, Philippe　Mamoud, Max　Tzanos, Georges-Olivel
　　　: *Le dico de la banlieue*　La Sirène　1995
　　　: *Tchatche de banlieue*　Mille et une nuits　1998
Rey, Alain & Chabtreau, S : *Dictionnaire des expressions et locutions*　Robert　1998
Rey, Alain et al : *Le grand Robert de la langue française*　Nouvelle édition　2002
Robert, Paul : *Le nouveau petit Robert*　Dictionnaire Le Robert　2000
Rochard, Loïc : *Brassens orfèvre des mots*　Le mot de passe　1996
Rudder, Orlando de : *Ces mots qui font du bruit*　JC Lattès　1998
Schifres, Alain : *Les Parisiens*　Lattès　1990
Seguin, Boris : *Cramps pas les blases*　Calmann-lévy　1994
Seguin, Boris　Teillard, Frédéric : *Les Céfrans parlent aux Français*　Calmann-Lévy　1996
Sourdot, Marc : *L'argotologie : entre forme et fonction*　La linguistique Vol 38　2002-1　PUF
Vandel, Philippe : *Le dico français / français*　Lattès　1992
Vidal : *Vidal de la famille guide des médicaments* 7e édition Larousse　2001
Yaguello, Marina : *Le grand livre de la langue française*　Seuil　2003
Walter, Henriette : *L'innovation lexicale chez les jeunes parisiens*　La linguistique, vol 20, fasc, 2 / 1984
　　　: *Le français dans tous les sens*　Robert Laffont　1988
　　　: *La créativité lexicale en français*　Le colloque international de la FIPE　le 26 juin 1997. Paris　日本フランス語教育学会会報 No 39　1998　7　31

方言

　Armogathe, Daniel / Kasbarian, Jean-Michel : *Dico marseillais*　Jeanne Laffitte　1998
　Avril, J. T. : *Dictionnaire provençal français*　Rediviva　1980
　Blanchet, Philippe : *Zou, Boulégan!*　Bonneton　2000
　Bouver, Robert : *Le parler marseillais*　Jeanne Jaffitte　1985
　Coupier, Jules : *Petit dictionnaire français-provençal*　Diffusion Édsid　1998
　Depecker, Loïc : *Les mots des régions de France* Belin　1992
　Hemon, Roparz : *Nouveau dictionnaire breton-français* Al Liamm　1973
　　　: *Dictionnaire français-breton* Al Alimm　1974
　Levy, Emil : *Petit dictionnaire provençal-français*　Carl Winter　1966
　Savinian : *Grammaire provençale*　Lacour / Rediviva　1991
　Walter, Henriette : *Le français d'ici, de là, de là-bas* JC Lattès　1998

カナダ，ベルギー，スイス，アラブ諸国，他
カナダ
Bauchemin, Normand Martel, Pierre Théoret, Michel :
   Dictionnaire de fréquence des mots du français parlé au Québec　Peter Lang　1992
Beaumont, Jean-Charles : *Le québécois de poche*　Assimil　1998
Bergeron, Léandre : *Dictionnaire de la langue québécoise*　VLB　1980
Bouchard, Gérard / Segalien, Martine : *Une langue, deux culture Rites et symboles en France et au Québec*　Presses de l'Université de Laval　1997
Boulanger, Jean-Claude : *Dictionnaire québécois d'aujourd'hui*　Dicorobert　1992
Corbeil, J. -C / Guilbert, L. : *Le français au Québec* Langue française　N° 31 Septembre 1976　Larousse
Darbelnet, Jean : *Dictionnaire des particularités de l'usage*　PUQ　1986
Desruisseaux, Pierre : *Dictionnaire des expressions québécoises*　Bibliothèque Québécoise　1990
   : *Trésor des expressions populaires*　Fides　1998
Dugas, André / Soucy, Bernard : *Le dictionnaire pratique des expressions québécoises*　Logiques Sociétés　1991
Dulong, Gaston : *Dictionnaire des canadianismes*　Septentrion　1999
Farina, Annick : *Dictionnaires de langue française du Canada*　Champion　2001
Forest Jean : *Anatomie du québécois*　Triptyque　1996
Halford, Peter W : *Le français des Canadiens à la veille de la conquête*　les Presses de l'Université d'Ottawa　1994
Horiot, Brigitte : *Français du Canada Français de France*　Niemeyer　1991
Lemieux, Monique / Cedergren, Henrietta : *Les tendances dynamiques du français parlé à Montréal* Tome Ⅰ, Ⅱ　Québec　1985
Martel, Pierre Cajolet-Laganière, Hélène : *Le français québécois*　Institut québécois de recherche sur la culture　1996
Mougeron, Raumond / Beniak, Edouard : *Le français canadien parlé hors Québec*　Presses de l'Université Laval　1989
Proteau, Lorenzo : *La parlure québécoise*　Les publicarions Proteau　1982
   : *Le français populaire au Québec*　Les publications Proteau　1991
ベルギー
Bal, Willy / Doppagne, Albert Al : *Belgicismes*　Duculot　1994
Blampain, Daniel et al : *Le français en Belgique*　Duculot　1997
Cléante : *Tours et expressions en Belgique*　Duculot　2000
Lebouc, Georges : *Le belge dans tous ses états*　Bonneton　1998

スイス
 Arès, Georges : *Parler suisse, parler français*　L'Aire　1994
 Manno, Giuseppe : *Le français non conventionnel en Suisse romande*　Peter Lang　1994
 Nicollier, Alain : *Dictionnaire des mots suisses de la langue française*　GVA SA　1989
 Thibault, André : *Dictionnaire suisse romand*　Zoé　1997

その他
 Calvet, Georges : *Dictionnaire tsigane-français*　L'asiathèque　1993
 Duclos, Jeanne : *Dictionnaire du français d'Algérie*　Bonneton　1992
 Krop, Pascal : *Tu fais l'avion par terre Dico franco-africain*　Lattès　1995
 Nallatamby, Pravina : *Mille mots du français-mauricien*　PUF　1995
 Pinalie, Pierre : *Dictionnaire élémentaire français-créole*　L'Harmatton　1992

 Landy, Eugene　堀内克明訳：*The undergtound dictionary*　『アメリカ俗語辞典』
  研究社　1975
 大井正博：『フランス略語辞典』　エディション・フランセーズ　2002
 大井正博：『フランス新語辞典』　エディション・フランセーズ　2003
 マケーレブ，ジャン　安田一郎：『アメリカ口語辞典』　朝日出版社　1983

著者略歴
1931年生まれ
1956年東京外国語大学卒業. 仏語・仏文学専攻
現在　東京都立大学名誉教授

映画関係　著書・教科書・翻訳

著書	『映画にみるフランス口語表現』大修館書店　1994
	『映画のなかのフランス口語 1700』大修館書店　1998
教科書	René Clément : Jeux interdits（共編）文林書院　1965
	René Clair : A nous la liberté　朝日出版社　1980
	Julien Duvivier : Pépé Le Moko　行人社　1987
	Jacques Demy : Les parapluies de Cherbourg　白水社　1987
	Claude Pinoteau : La boum　白水社　1989
	Jean-Luc Godard : A bout de souffle　白水社　1991
	Rohmer : 4 aventures de Reinette et Mirabelle　駿河台出版社　1991
	Claude Miller : La petite voleuse　白水社　1992
	Jean-Jacques Beineix : Diva　第三書房　1993
	Claude Pinoteau : L'étudiante　駿河台出版社　1994
	Yves Robert : La gloire de mon père（共編）第三書房　1996
翻訳	バルデム『太陽が目に染みる』（共訳）白水社　1966
	コスタ・ガブラス『ゼッド』白水社　1970
	クロード・ブリアリ『小さな約束』白水社　1973
	ジャン・ルノワール『ゲームの規則』新書館　1973
	クロード・ベリー『愛と宿命の泉』白水社　1988
	ジャック・ドミ『シェルブールの雨傘』白水社　1994

その他

参考書	『総合講座フランス語』白水社　1979
	『フランス語動詞活用の入門』白水社　1974
	『フランス語動詞ハンドブック』第三書房　1986
	『フランス語速修15日』創拓社　1994
翻訳	ピエール・ギロー『フランス語の成句』（共訳）白水社　1962
	フレデリック・ロベール『オペラとオペラ・コミック』白水社　1984
	アルフレッド・トマティス『モーツァルトを科学する』日本実業出版社　1994
	ジャック・ドミ『シェルブールの雨傘』白水社　1994

最新フランス語話語辞典　映画からの引用文付

2005年 6月20日　初版　第1刷　発行

著　者　　窪川　英水

発行者　　山崎　雅昭

発行所　　早美出版社

162-0042　東京都新宿区早稲田町80番地
TEL. 03(3203)7251　FAX. 03(3203)7417

© H. Kubokawa / sobi-shuppansha 2005

http://www.sobi-shuppansha.com

ISBN4-86042-029-2 C3585 ¥5800E

印刷：音羽印刷株式会社　　製本：有限会社愛千製本所